国学新读本

世说新语

赵成林 陈 艳 注说

河南大学出版社
·开封·

国学新读本编辑委员会

总策划　马小泉

主　编　李振宏

编　委　(以姓氏笔画为序)

马小泉　王　健　朱绍侯　刘小敏

李中华　李振宏　苏凤捷　何晓明

张云鹏　张富祥　宋会群　杨天宇

杨寄林　杨朝明　赵国华　郑慧生

姜建设　袁喜生　曹　峰　曹础基

曾振宇　戚良德　龚留柱　熊铁基

目　录

序 ………………………………… 李振宏（1）
《世说新语》通说 ……………………………（1）

德行第一 …………………………………（58）
言语第二 …………………………………（81）
政事第三 …………………………………（130）
文学第四 …………………………………（142）
方正第五 …………………………………（190）
雅量第六 …………………………………（225）
识鉴第七 …………………………………（245）
赏誉第八 …………………………………（259）
品藻第九 …………………………………（310）
规箴第十 …………………………………（344）
捷悟第十一 ………………………………（359）
夙惠第十二 ………………………………（364）
豪爽第十三 ………………………………（368）
容止第十四 ………………………………（375）

自新第十五 …………………………………（389）

企羡第十六 …………………………………（392）

伤逝第十七 …………………………………（395）

栖逸第十八 …………………………………（404）

贤媛第十九 …………………………………（413）

术解第二十 …………………………………（431）

巧艺第二十一 ………………………………（437）

宠礼第二十二 ………………………………（443）

任诞第二十三 ………………………………（446）

简傲第二十四 ………………………………（471）

排调第二十五 ………………………………（481）

轻诋第二十六 ………………………………（513）

假谲第二十七 ………………………………（528）

黜免第二十八 ………………………………（538）

俭啬第二十九 ………………………………（543）

汰侈第三十 …………………………………（547）

忿狷第三十一 ………………………………（554）

谗险第三十二 ………………………………（559）

尤悔第三十三 ………………………………（562）

纰漏第三十四 ………………………………（571）

惑溺第三十五 ………………………………（576）

仇隙第三十六 ………………………………（580）

参考文献 ……………………………………（585）

序

最近一些年来，一股"国学热"的思潮强劲涌动，在文化学界以至于整个社会上，引起了强烈反响。为什么在这样一个社会的大变革时代，在从传统社会向现代社会的转型期，最为传统的国学，却能引起国人的极大兴趣，这的确是一个值得思考和研究的问题。

"国学"作为一个学术文化概念，产生于近代。从渊源上讲，"国学"概念的产生，与"国粹"有些关联，并且是从对抗西学侵入的角度提出来的。今天，中华民族早已是一个独立于世界民族之林的自立自强的民族，全球经济一体化所带来的世界文化的汇合与交融，也早已是历史发展的必然趋势，而在这样的历史大势中，却会有"国学热"的产生，乍一看来，确有不可思议之处。但实际上，国学的当代走红，则与我们今天所处的历史时代有着一定的关系。

随着改革开放的迅速推进，随着市场经济的强劲发展，传统道德受到了强烈冲击，传统文化与现代文化观念的碰撞也日益强烈。于是，如何看待传统文化的问题，就严峻地提到了国人的面前。传统文化的出路何在，它从何而来，要走向何方，如何对之进行价值重估，一切关心文化问题，有着强烈历史责任感的人们，无不把关注的目光投向中国的传统学术。当然,也不排除一些对改革开放和市场经济所带来的冲击无法理解和接受,对现代经济发展对传统道德的亵渎强烈抗议的人们,自然而然地发出向传统文化复归而倡导国学的呼声。总之,不论是出于积极的思考,还是抱着一种向后看的心态,对国学的重视则成了最近十多年来一种普遍的文化选择。

于是,对待"国学热"就需要有一个分析的态度。对于任何一个民族的发展来说,传统文化都是其牢固的根基,是其一切历史的出发点,摒弃传统、甚至全盘否定传统文化,都是幼稚可笑的,不可取的。但一遇到问题就求助于传统,甚至一味狂热地提倡向传统复归,也是走不通的,过去那句常说的"倒退是没有出路的"话,虽说不是什么至理名言,却也还是有些道理的。这些年来,一些地方出现的中小学生、甚至幼儿园小朋友的读经热,就是一种值得注意的倾向。国学,毕竟是一种学术,需要有一定的文化基础,有一定的分析批判能力,才能对之进行识读、鉴别而决定其取舍。所以,严格地说,对于国学,尤其是经学,在当代中国,需要的是研究以及在此基础上的批判继承,而不是再像传统社会中那样采取唱诗班的方式,对青少年一代进行无分析地灌输。因此,如何弘扬传统文化,就是一个需要思考的问题。

正是基于以上考虑,为着弘扬优秀传统文化的需要,也为着对社会上盲目崇尚读经的风气有所引导,我们组织了这套"国学新读本"丛书,选择一些在中国传统文化中影响较大的国学典籍,对之进行简明扼要的注释,然后在读本前边,用较大篇幅解读该典籍的基本思想文化内涵,评述其在中国文化史上的地位和影响,并对如何阅读该典籍做出读书方法上的引导。通过这样一个较为翔实的导读内容,以批判分析的态度,给青年人的国学典籍阅读提供一个健康的思想导向。根据这样的宗旨,这套丛书,在大的结构上,每本都分为通说和简注两个部分,通说是导读的性质,简注在于疏通文字,希望这样的安排,能够为青年朋友和一般社会读者提供一个国学入门的向导。果能如此,也就实现了撰著者和出版者的愿望。

国学所以是国学,就在于它是我们祖国优秀民族文化和民族精神的载体。在这些国学典籍中,包含着民族文化的基因,蕴藏着民族精神的范型。衷心期待这套丛书能够成为广大读者学习国学精华,体认民族精神,继承祖国优秀文化遗产的良师益友。

李振宏

2008 年 2 月 28 日

《世说新语》通说

一 《世说新语》的成书

"作为文学小说诞生的可信标志,只能是魏晋之后的志怪、志人的笔记。"(蔡铁鹰《中国古代小说的演变与形态》,中国文史出版社2003年版)而在中国古代小说的先驱作品——魏晋笔记中,《世说新语》是最出众、最具有价值的经典之作,它成书于南朝刘宋时期,记述了从东汉末到东晋上层社会风流人士的言行。

《世说新语》又称《世说》、《世说新书》等。关于此书原名的问题,许多学者曾详加考究,至今未有定论。范子烨先生从刘孝标的《世说注》和史敬胤的《世说注》入手,推断《世说新语》早期书名为《世说》(具体参见范子烨《世说新语研究》,黑龙江教育出版社1998年版)。史敬胤,宋末齐初的学者,为《世说新语》作注时,距《世说新语》成书四五十年,比刘孝标的《世说注》早二十年左右。《尤悔》第四则,敬胤注:"……《世说》苟欲爱奇,而不详事理也。"

刘峻,字孝标,生于宋孝武帝大明六年(公元462年),离《世说新语》成书约二十年,而刘孝标的《世说注》也多次称《世说新语》为《世说》,兹引两例:

此星见,多为兵革事。此后十六年,文帝乃崩。盖知长星非关天子,《世说》虚也。(《雅量》第四十则刘孝标《世说注》)

若非太傅虚相褒饰,则《世说》谬设斯语也。(《赏誉》第一百四十三则刘孝标《世说注》)

亦如《捷悟》第六则、《贤媛》第十三则、《惑溺》第五则之刘孝标《世说注》皆称引《世说新语》为《世说》。

以上两种古注都离《世说新语》成书的年代不远,注释中提到的书名是比较可靠的。并且,《隋书·经籍志》、《旧唐书·经籍志》、《新唐书·艺文志》皆称《世说》,针对余嘉锡的说法——"其《隋志》以下但题《世说》者,省文耳"(《四库提要辨证》卷一七《世说新语》条),范子烨先生驳道:"后人称《世说新语》为《世说》,固有简称之意,然《隋志》诸书之著录,乃是遵从原名、存其旧貌之意……"(《世说新语研究》,黑龙江教育出版社1998年版)此言甚精当。所以,以《世说》为《世说新语》的原名是较为可信的。鲁迅《中国小说史略》:"宋临川王刘义庆有《世说》八卷,梁刘孝标注之为十卷,见《隋志》。今存者三卷曰《世说新语》,为宋人晏殊所删并,于注亦小有剪裁,然不知何人又加新语二字,唐时则曰新书,殆以《汉志》儒家类录刘向所序六十七篇中,已有《世说》,因增字以别之也。"清代沈涛《铜熨斗斋随笔》卷七:"……刘义庆书本但作《世说》,见《隋书·经籍志》。《艺文类聚》、《北堂书钞》诸类书所引,亦但作《世说》。《新书》、《新语》皆后起之名。"到唐代的时候,《世说》、《世说新书》、《世说新语》并行之,经宋代晏殊等人对此书进行删并整理后,《世说新语》之名就广泛流传开来并沿用至今。

《世说新语》的编撰者,自《隋书·经籍志》至清代之各种官、私书目均题为刘义庆。

刘义庆,东晋安帝元兴二年(公元403年)生,卒于宋文帝元嘉二十一年(公元444年),袭封临川王,官至尚书左仆射、中书令,谥号康王,所以史或称临川王或称康王。刘义庆本是宋武帝刘裕仲弟刘道怜之子,因刘裕少弟刘道规无子,便过继为嗣。而在之前,刘裕自己的儿子刘义隆少时曾为刘道规所养,且刘裕命之为继。但因"礼无二继,太祖还本,而定义庆为后"(《宋书·刘义庆传》)。太祖,即刘义隆,刘义庆的堂兄弟,后来的宋文帝。此人生性猜疑,上台后掀起了刘宋宗室内部的血雨腥风,对《世说新语》也可以说有客观上的促成作用,这点我们后面还将进一步介绍。

《宋书·刘义庆传》:"为性简素,寡嗜欲,爱好文义,才词虽不多,然足为宗室之表……少善骑乘,及长以世路艰难,不复跨马。招聚文学之士,近远必至。太尉袁淑,文冠当时,义庆在江州,请为卫军咨议参军;其余吴郡陆展、东海何长瑜、鲍照等,并为辞章之美,引为佐史国臣。太祖与义庆书,常加意斟酌。"

这大概为我们交代了《世说新语》能成书的三个条件:

一、内部条件——"爱好文义,才词虽不多,然足为宗室之表"。表,表率、出众者。《宋书·刘义庆传》:"义庆幼为高祖(按:宋武帝刘裕)所知,常曰:'此吾家丰城也。'"丰城,丰城剑的省称,据《晋书·张华传》记载,吴灭晋兴之际,天空斗牛之间(按:斗牛,古二十八星宿中的斗宿和牛宿,二宿之分野大致在吴越地区)常有紫气,张华听说雷焕精通星象,于是邀之共观天文,雷焕推断"斗牛之间颇有异气",是"宝剑之精,上彻于天耳",并谓剑在豫章丰城(今江西丰城县),后果然于此地掘得两宝剑,后世诗文遂用"丰城剑"赞美杰出的人才。可见,刘裕对侄儿刘义庆是非常赏识的。再者,刘宋宗室虽出身戎武,但是文化修养也并不逊色。《文心雕龙·时序》有言:"自宋武爱文,文帝彬雅,秉文之德。孝武多才,英采云构。"《宋书》卷六十四《郑鲜之传》:"高祖少事戎旅,不经涉学,及为宰相,颇慕风流。"《宋书》卷五《文帝本纪》:"博涉经史,善隶书。"据史籍记载,彭城刘氏曾有大量作品留世,不过现在大多已经亡佚。如《隋书·经籍志》收录:《宋武帝集》十二卷、《宋文帝集》七卷、《宋长沙王道怜集》十卷、《宋江夏王义恭集》十一卷。聂崇歧《补宋书·艺文志》又录:《刘道规集》四卷、《刘义欣集》十卷、《刘义宗集》十二卷、《刘义季集》十卷。如此家学传统,刘义庆从小耳濡目染,"爱好文义"也就不足为奇了。"才词虽不多",但刘义庆编撰的著作却颇丰,据《隋书·经籍志》记载,其总的著述如下:《江左名士传》一卷,《宣验记》十三卷,《幽明录》二十卷,《世说》八卷,《宋临川王义庆集》八卷,《集林》一百八十一卷。且据《旧唐书·经籍志》与《新唐书·艺文志》记载,刘义庆编撰的书还不只这些,但只有《世说新语》历代弥兴、经久不衰,其他作品多已亡佚(鲁迅《古小说钩沉》辑有《幽明录》二百六十五条、《宣验记》三十条)。刘义庆的此般才情兴趣、文学素养是《世说新语》诞生的重要条件。

二、辅助条件——"招聚文学之士,近远必至",有幕府文士为其"检寻赞润"。由于刘义庆喜欢招集文学之士,近人或据此认为《世说新语》成于众手。鲁迅先生《中国小说史略》:"《宋书》言义庆才词不多,而招聚文学之士,远近必至,则诸书或成于众手,未可知也。"虽前人于此也有所论及,但只有经鲁迅先生强调之后,学术界才立刻争相力捧,为大家普遍接受。凭借自身地位、权势与声望招揽文人墨客,著书立说的,在我国历史上早已有之。如众所周知的《吕氏春秋》,"吕不韦以秦之强,羞不如,亦招致士,厚遇之,至食客三千人。是时诸侯多辩士,如荀卿之徒,著书布天下。吕不韦乃使其客人人著所闻,集论以为八览、六论、十二纪,二十余万言。以为备天地万物古今之事,号曰《吕氏春秋》"(《史记·吕不韦列传》),成书之后,还将它刊布在咸阳的城门上,并在上面悬挂一千金,遍请诸侯各国的游士宾客,如果有人能增删一字,就给予一千金的奖励,成为一时佳话。无独有偶,西汉淮南王刘安——汉高祖刘邦的孙子,"招致宾客方术之士数千人,作《内书》二十一篇,《外书》甚众,又有《中篇》八卷,言神仙黄白之术,亦二十余万言"(《汉书·淮南厉王刘长传》),现流传下来的只有《内书》二十一篇,也就是现在我们看到的《淮南子》。看来,集体编撰有其历史渊源,再加上袁淑、鲍照等人确是才高之士,怀疑《世说新语》成于众手也绝非空穴来风。但不管怎样,我们认为在《世说新语》的编撰中起主导作用的还是刘义庆本人,正如周一良《关于〈世说新语〉的作者问题》(《清华大学学报》2006年第1期)所言:"《世说》的作者,一般认为是南朝宋代的临川王刘义庆。是否由刘义庆亲自执笔,尚不敢肯定。但至少在他的领导之下编撰而成,这是可以肯定的。当然其中贯穿着他的指导思想。"同时,一部如此隽永生动、掷地有声的佳作添加了幕府文人的润色与指正也是自然之事。明朝陆师道《何氏语林·后序》云:"义庆宗王牧将,幕府多贤,当时如袁淑、陆展、鲍照、何长瑜之徒,皆一时名彦,为之佐吏,虽曰笔削自己,而检寻赞润,夫岂无人?"清代毛际可《今世说·序》亦言:"予谓临川宗藩贵重,缵润之功,或有籍于幕下袁、鲍诸贤。"并且,据此学者们推断《世说新语》应杀青于元嘉十六年至元嘉十七年间(公元439~440年),地点是江州(今江西九江)。杨勇先生《〈世说新语〉"书名"、"卷帙"、"版本"考》(《杨勇学术论文集》,中华书局2006年版):"元嘉十六年,(刘义庆)出任江州刺史,书之编成,殆在此时也。"骆玉明《世说新语精读》(复旦大学出版社2007年版):"元嘉九年至十六年四月,刘义庆任荆州刺史,元嘉十六年至元嘉十七年十月,刘义庆任江州刺史,均是以宗室藩王的身份坐镇长江中游重地,下属颇具规模的幕僚机构,这应是他编撰或主持编撰书籍的最为合适的时期。"

三、政治环境——"世路艰难",遂"不复跨马",寄情文史。刘义庆个人的活跃时期,应该是他堂兄弟宋文帝刘义隆(公元424～453年在位)统治时,社会与边境算是相对稳定和平。但实际上大臣们却如履薄冰、人人自危,为何?宋武帝刘裕死后,皇子自相残杀争夺皇权,刘义隆凭借傅亮与徐羡之的力量顺利登上帝位。但是刘义隆猜疑心很强,为了巩固自己的地位,杀害了很多重要的大臣,比如以谋反罪处死了力挺他夺得江山的徐羡之与傅亮,以莫须有的罪名诛杀了荆州刺史谢晦、兖州刺史竺灵秀、江州刺史檀道济等顾命大臣。最令人扼腕的是檀道济,他追随刘裕东征西讨,立下赫赫战功,在刘宋历朝威望都很高;手下部将,骁勇善战,时人比作张飞、关羽之流;儿子们也非常有才气。于是"朝廷疑畏之",认为这对皇权构成很大威胁。元嘉十二年,宋文帝病重,就赶紧把道济召回朝廷。到了第二年春天,文帝的病情好转,就又把他遣回镇地江州(今江西九江),可道济刚准备乘船出发,竟突然被莫名其妙地诱捕诛杀,并殃及儿子及众部将。而原因只是刘义隆病情加重了,担心死后压制不了檀道济的势力!被捕的时候,檀道济气得把帽子往地上狠狠一摔,大吼道:"乃复坏汝万里之长城!"(以上参见《宋书》卷四十三《檀道济传》)"万里长城"古时常被用来比喻军队,而我们现在常用的成语"自毁长城"就源于此,比喻自己削弱自己的力量。当时,甚至连王室宗亲也同样战战兢兢,惶惶不可终日。文帝的弟弟刘义康长期任宰相,权倾朝野,后被贬为平民,又因文帝害怕义康参与谋反,竟把他赐死。据清人汪中《补宋书宗室世系表序》记载,刘宋六十年中,皇族一百二十九人,有一百二十一人被杀,其中八十人为骨肉自相屠杀;又据罗振玉《补宋书宗室世系表》统计,刘宋皇族一百五十八人,子杀父者一,臣杀君者四,骨肉相残杀者一百有三,被杀于他人者有六。(原载《永丰乡人杂著续编》,后收入开明书店《二十五史补编》,中华书局1955年重印)

周一良联系当时的政治背景,抓住"世路艰难"深入剖析,使人大受启发:"我想就是刘宋旧史里的隐晦之词,而被沈约沿用下来。……刘义庆的遭遇和《世说新语》成书时的政治社会背景,从义庆本传里的四个字可以窥见消息。他处在宋文帝刘义隆对于宗室诸王怀疑猜忌的统治之下,为了全身远祸,于是招聚文学之士,寄情文史,编辑了《世说新语》这样一部清谈之书……《世说新语》里记载的人物、事件、议论,都和刘义庆当时的政治社会背景相去甚远,不相涉及,而这正是他著述的宗旨所在。"(《魏晋南北朝史札记》,中华书局1985年版)并指出:"'骑马'这一行为,看来似乎给人以颇为奇妙的印象。在南朝末期,似乎总把骑马在某种程度上看成是与政治上的野心有关联的行为。也许因为政治斗争与军事有密切关系,而军事行动则必须骑马,因而把骑马作为有特殊意义的词汇,记录在案。"(《关于〈世说新语〉的作者问题》,《清华大学学报》2006年第1期)那么,刘义庆"不复跨马",就是欲将少年的报国壮志藏匿起来,从而逃避复杂的政治斗争,明哲保身。

此外,公元420年东晋灭亡时,刘义庆已经18岁了,对于魏晋风尚、人情轶事不可能无所耳闻,王世懋在《批点〈世说新语〉序》中说道:"晋人雅尚清谈,风流映于后世。而临川王生长于晋末,沐浴浸渍,述为此书。"易宗夔也说刘义庆"……去晋未远,竹林遗韵、王谢遗风不啻身亲酬酢,掇其语言,而挹其丰采也"(《新世说·自序》,台北:文海出版社1968年版)。正应了《赏誉》第三十四则之言:"讽味遗言,不如亲承音旨。"若不是刘宋士人对魏晋风流的普遍追慕与津津乐道,那么刘义庆等人恐怕也难以对魏晋名士的风流轶事如数家珍、信手拈来并深得其旨,那么我们也可能欣赏不到如此栩栩如生的人物群像、妙趣横生的语言与惟妙惟肖的各式情景。正如范子烨先生在《世说新语研究》(黑龙江教育出版社1998年版)中说的:"刘宋去魏晋未远,讲说前朝人物、故事也是当时的一种风气。《世说》的编撰,乃是这种社会风气的反映。"

除社会氛围外,文学上的准备也是很重要的。魏晋南北朝是一个文学自觉的时代。一方面,文学从学术中分化出来;另一方面,文学创作自觉追求审美情趣,这些影响并指导了《世说新语》的成书,反过来,《世说新语》又很好地从实践的角度诠释了这种自觉。这在分析体例安排和文学特色的时候都会有所谈及,此处暂不赘述。而很多故有文献也为《世说新语》的成书作了材料上的准备。鲁迅《中国小说史略》:"然《世说》文字,间或与裴郭二家书所记相同,殆亦犹《幽明录》《宣验记》然,乃纂辑旧文,非由自造……"《世说新语》并非完全由编者独创,而是在汇辑已有文献资料的基础上编撰成书的。"旧文"的来源主要有两种:

第一种,就是如鲁迅先生所说的跟《世说新语》同类型的记录逸闻轶事的志人小说,如东晋裴启的《语林》,郭澄之的《郭子》等。裴启,字荣期,河东(今属山西)人,好论古今人物,辑汉、魏、两晋人士的言论轶事编成《语林》,此书曾经非常流行,因谢安一语而废止,《世说新语·轻诋》有载:

> 庾道季诧谢公曰:"裴郎云:'谢安谓裴郎乃可不恶,何得为复饮酒?'裴郎又云:'谢安目支道林如九方皋之相马,略其玄黄,取其俊逸。'"谢公云:"都无此二语,裴自为此辞耳。"庾意甚不以为好,因陈东亭《经酒垆下赋》。读毕,都不下赏裁,直云:"君乃复作裴氏学!"于此《语林》遂废。今时有者,皆是先写,无复谢语。

谢安批评裴启其书言不符实。此书已经散佚,但在《太平御览》等文献中仍有零星遗存,鲁迅《古小说钩沉》中有所辑录,周楞伽在此基础上辑注《裴启语林》,共存一百八十五条。

郭澄之,字仲静,太原(今属山西)人,才思机敏,曾任刘裕的相国参军。其书《郭子》现也已散佚,鲁迅《古小说钩沉》辑有八十四条。

据刘强先生的博士论文《世说学引论》统计,《世说新语》采用《语林》达六十四条,占《语林》现有条目的三分之一强。采用《郭子》七十四条,比例更是惊人。

第二种,各类史书、传记。既有《史记》、《汉书》、《三国志》等正史,也有大量的杂史别传。自东汉后期,私家修史蔚然成风,《隋书·经籍志》:"灵、献之世,天下大乱,史官失其常守。博达之士,愍其废绝,各记闻见,以备遗亡。是后群才景慕,作者甚众。又自东汉以来,学者多钞撮旧史,自为一书,或起自人皇,或断之近代,亦各其志,而体制不经。"杂史、杂传思维比较活跃,形式比较多样,为《世说新语》提供了素材或灵感。

但是,《世说新语》并不是照搬文献,一般都有编者的第二创造,聊举几例便知:

《识鉴》第二十四则:

> 褚期生(褚爽)少时,谢公甚知之,恒云:"褚期生若不佳者,仆不复相士。"

刘孝标注引《续晋阳秋》:

> 爽字茂弘,河南人。太傅裒之孙,秘书监韶之子。太傅谢安见其少时,叹曰:"若期生不佳,我不复论士!"及长,果俊迈有风气。好老庄之言,当世荣誉,弗之屑也,唯与殷仲堪善。累迁中书郎、义兴太守。

将史传性质的人物背景介绍尽舍去不录,但取品鉴之言。

《忿狷》第二则:

> 王蓝田性急。尝食鸡子,以箸刺之,不得,便大怒,举以掷地。鸡子于地圆转未止,仍下地以屐齿蹍之,又不得。瞋甚,复于地取内口中,啮破即吐之。王右军闻而大笑曰:"使安期有此性,犹当无一豪可论。况蓝田邪?"

《语林》：

> 王蓝田食鸡子，以箸刺之不得，便大怒，投于地。

与《语林》相比，《世说新语》对于性急的王蓝田（王述）吃鸡蛋的情形极尽渲染，生动诙谐，让人忍俊不禁。

《贤媛》第六则：

> 许允妇是阮卫尉女，德如妹，奇丑。交礼竟，允无复入理，家人深以为忧。会允有客至，妇令婢视之，还，答曰："是桓郎。"桓郎者，桓范也。妇云："无忧，桓必劝入。"桓果语许云："阮家既嫁丑女与卿，故当有意，卿宜察之。"许便回入内。既见妇，即欲出。妇料其此出，无复入理，便捉裾停之。许因谓曰："妇有四德，卿有其几？"妇曰："新妇所乏唯容尔。然士有百行，君有几？"许云："皆备。"妇曰："夫百行以德为首，君好色不好德，何谓皆备？"允有惭色，遂相敬重。

《郭子》：

> 许允妇是阮德如妹，奇丑。交礼竟，许永无复入理。桓范劝之曰："阮家丑妇与卿，故当有意，宜察之。"许便入见，妇即出捉裾待之；许谓妇曰："妇有四德，卿有几？"答曰："新妇所乏唯容。士有百行，君有其几？"许曰："皆备。"妇曰："君好色不好德，何谓皆备？"许有惭色，遂雅相重。

《世说新语》站在凸显阮家女聪慧机智的角度，加入了许允妇猜想桓范、与婢女交谈的一幕，使得故事情节更完整有趣。

诸如此类，不胜枚举。刘义庆等人"纂辑旧文"之时，有目的有针对性地进行了自觉的改造和加工，或是删减，或是润色，或是扩充，不一而足。

同时，我们知道《世说新语》的广泛流行与经久不衰，还有赖于刘孝标精彩的注解，原文与刘孝标的注相得益彰，不可分离。所以在此简单介绍刘孝标的注。刘孝标，名峻，字孝标，是南朝梁代博学多才的学者。年轻时,读书甚为精勤,被称为"书淫"。据余嘉锡《世说新语笺疏》(中华书局1983年版)考证,刘孝标为《世说》作注的时间当为天监六七年(公元509~510年)间。刘孝标作注时引经据典、广征博稽,或为《世说》补充史料、申明文意;或考订异说、纠正纰缪;或注明典源、疏通字词;或收录异文,相映成趣。不仅注解水平十分之高,更难能可贵的是保留了大量现已亡佚的文献资料,于是使得《世说新语》愈加珍奇、厚重。刘孝标的注问世之后,《世说新语》早期的敬胤注也就湮没无息了,而刘孝标的注也因此与裴松之的《三国志注》、郦道元的《水经注》、李善的《文选注》并列成为"四大古注",它们代表着我国古文注疏的最高水准。

二 《世说新语》的体例

《隋书·经籍志》著录云:"《世说》八卷,宋临川王刘义庆撰;《世说》十卷,刘孝标注。"可见,当时刘孝标注的十卷本与刘义庆的原书并行。后来,由于刘孝标的注广博精深备受人们推崇而逐渐成为《世说新语》不可分离的部分,并发展为通行本。但是,无论是刘义庆的原本八卷本,还是刘孝标的注本十卷本,如今都已难窥其原貌。现存最早的唐写本《世说新语》残卷,存《规箴》二十四条、《捷悟》七条、《夙惠》七条以及《豪爽》十二条,共五十条。"残卷"末尾题"世说新书第六",它可能保存了刘孝标注十卷本的原来形态。民国初年,罗振玉将"残卷"从日本影印回国,有重要的参考价值。北宋时,著名文人晏殊对《世说新语》进行删并处理形成三卷本,我们现在看到的《世说新语》就是源于该本,三卷三十六门,上卷四门:德行、言语、政事、文学;中卷九门:方正、雅量、识鉴、赏誉、品藻、规箴、捷悟、夙惠、豪爽;余下的二十三门为下卷。

现存最完整最好的刊本当属南宋绍兴八年董弅刻本；其次是宋孝宗淳熙十五年的陆游刻本，原本无存，明嘉靖十四年吴郡袁褧嘉趣堂据淳熙本重雕，此本与绍兴本无甚大别，只是将上中下三卷的每卷又分上下两卷，成为六卷本。《四部丛刊》的《世说新语》就是根据这个刻本影印的。

《世说新语》仿刘向《说苑》之体制，分门隶事，以类相从。今本《说苑》共立二十个门类：君道、臣术、建本、立节、贵德、复恩、政理、尊贤、正谏、敬慎、善说、奉使、权谋、至公、指武、谈丛、杂言、辨物、修文、反质。从形式上来看，每个名目都是由两个字组成，这和《世说新语》很相像；同时有些门类的内容似乎也跟《世说新语》相近，如"贵德"与"德行"、"政理"与"政事"、"正谏"与"规箴"等等。但是它们又有明显差别，"《世说新语》虽然对所记人事不无褒贬，却并不以道德教训为最高目的"，也没有议论的尾巴，"在著作模式上它（《世说新语》）是源于子书的，尤其接近儒家借故事以说理的类型，所以其关注人类社会生活的态度与前者（《说苑》）仍然有相通之处；但另一方面，和《说苑》的经术化特征不同，《世说新语》的精神内核是玄学清谈，它的写作立场也由《说苑》式的道德教化转移到表现人性的丰富多彩，这当然会使人耳目一新"。（骆玉明《世说新语精读》，复旦大学出版社 2007 年版）《世说新语》一改中国传统主流文学经世致用的功利取向，积极地倾向于展现人本身的各种特性，既是人性自觉的反映，也是文学自觉的表现，"为赏心而作"、"远实用而近娱乐"的审美旨趣也就表明了《世说新语》之为志人小说的身份。

同时，《世说新语》作为"丛残小语"、"尺寸短书"，一方面继承了《论语》语录体的形式，以记言为主，简短明快，含蓄生动。只是《论语》"偏重论述思想"，《世说新语》"倾向规模神韵"。（刘强、吴寅《〈世说新语〉文体考辨》，《复旦学报》2005 年第 2 期）"以《世说新语》为代表的魏晋'世说体',正是继承并发展了语录体中以精粹之言为'眼'的叙事模式。虽然《论语》中言浓而事淡,《世说新语》中语境的描摹更为分明,但以言为全文中心却是一以贯之的……它在'以言见人'方面备受后人称赞。"(傅修延《先秦叙事研究》,东方出版社1999年版)另一方面,《世说新语》篇幅短小也是魏晋时期人物品评与清谈之风影响的结果,品藻与谈玄都崇尚言简义丰,那些凝练而隽永的言辞自然是刘义庆着重收录的内容。也正是因为《世说新语》采取了这种便于传诵识记、意味深长、短小精悍的记言形式,使得它大受欢迎,流传不息。

虽然《世说新语》总特点是依门系事、立类标目,但是门与门之间、每门内部各条之间还蕴涵着各种玄机,深藏着编者的独特匠心。

第一,开头安排"德行"、"言语"、"政事"、"文学"四门,即所谓"孔门四科"(《论语·先进》:"德行:颜渊,闵子骞,冉伯牛,仲弓。言语:宰我,子贡。政事:冉有,季路。文学:子游,子夏。"邢昺疏:"然夫子门徒三千,达者七十有二,而此四科唯举十人者,但言其翘楚者耳。"孔子弟子各有专长,聊以四科分别之),作为人物评鉴的品级标准,《世说新语》首推"孔门四科",表现了对儒学传统的尊崇。自汉代"罢黜百家,独尊儒术"之后,儒学成为主流思想,渗透于社会的各个方面。儒家主张"内圣外王"、家国同构,一方面"齐家"、"治国"、"平天下",另一方面修身养性以成君子,有一套系统的礼法制度与道德标准。但是到了魏晋时期,社会动乱,政治层面上立功扬名的愿望难以实现,转而寻求自身内心的慰藉,而"道家思想对人世黑暗和人生痛苦的激愤批判,以及对超越这种黑暗和痛苦的个体自由的追求,刚好符合亲身经历并体验到儒家思想的虚幻和破灭的门阀士族的心理"(李泽厚、刘纲纪主编《中国美学史》第二卷,中国社会科学出版社1987年版),于是玄学大盛,儒学衰微。"然而,其时虽然玄风大畅,儒学式微,但孔圣却仍然处于受尊崇的地位。"(王能宪《世说新语研究》,江苏古籍出版社1992年版)儒学风行多年,许多价值观念已经根深蒂固,虽然暂时衰弱,但仍有它潜在的生命力。事实上,为了巩固封建统治,到了刘宋王朝就已经开始复兴儒学,宋文帝还设立了儒、玄、史、文四学馆以突显儒学。《世说新语》首先安排孔门四科,自是编撰者受到这种政治举措影响的结果。同时,在文本中也有意无意地流露出对儒家提倡的"忠"、"孝"、"仁"、"义"等道德准则的推崇之心,这在前四门表现得很集中,而其他门也不乏其例,如:

陈元方遭父丧,哭泣哀恸,躯体骨立。其母愍之,窃以锦被蒙上。郭林宗吊而见之,谓曰:"卿海内之俊才,四方是则,如何当丧,锦被蒙上?孔子曰:'衣夫锦也,食夫稻也,于汝安乎?'吾不取也!"奋衣而去。自后宾客绝百所日。(《规箴》第三则)

……母都无戚容,语之曰:"为子则孝,为臣则忠。有孝有忠,何负吾邪?"(《贤媛》第十则)

"规箴",杨勇先生诠释为:"能以忠正之言相规劝箴砭之也。"(《世说新语校笺》,修订本,中华书局2006年版)郭泰,字林宗,博通经籍,善品评人物,声望很高,虽是东汉人,但《世说新语》将此言归入《规箴》,自然带有了编者的倾向,是对这种儒学道德准则的肯定。《贤媛》第十则也仍是对忠孝的强调。可见,儒家思想在《世说新语》中受到推崇是不争的事实。但是,这并不表明儒学是全书的中心思想,实际上,全书大量的篇幅都在记录名士们的玄虚清谈,玄学、佛教内容所占的比重远远超过儒学。翻开《雅量》、《识鉴》、《赏誉》、《品藻》、《捷悟》、《豪爽》、《容止》、《企羡》、《伤逝》、《栖逸》、《贤媛》、《术解》、《巧艺》、《任诞》、《简傲》、《排调》、《轻诋》等,我们随处可见士人们挥麈谈玄、坐论佛道、纵酒放任、娱情山水的情景。即使是与儒学有关的内容也不再那么严肃化、神圣化,而是更倾向于接近人性化,并极力地与玄佛调和。如《文学》第十八则:"阮宣子有令闻,太尉王夷甫见而问曰:'老庄与圣教同异?'对曰:'将无同?'""圣教"指的就是儒学,意谓:老庄、儒学都差不多吧。就一向被儒家大力提倡的"孝"来说,虽然魏晋也以孝治天下,但是守孝不那么注重繁文缛节,而是推崇发乎真情的孝。这从阮籍遭母丧可见一斑。《任诞》第九则:

> 阮籍当葬母,蒸一肥豚,饮酒二斗,然后临诀,直言:"穷矣!"都得一号,因吐血,废顿良久。

《任诞》第二则:

> 阮籍遭母丧,在晋文王坐,进酒肉。司隶何曾亦在坐,曰:"明公方以孝治天下,而阮籍以重丧显于公坐饮酒食肉,宜流之海外,以正风教。"文王曰:"嗣宗毁顿如此,君不能共忧之,何谓?且有疾而饮酒食肉,固丧礼也。"籍饮啖不辍,神色自若。

何曾以礼法自居,对于阮籍居丧期的无礼行为自然看不顺眼。但是,晋文王却十分维护阮籍,"司马昭之所以要保护阮籍","就是要借助他们宣扬一种'至孝'的本性,达到'以孝治天下'的目的"。此时"居丧趋向自然,表面上虽然常与丧礼相违背,实际上却更简易而深沉,既适应了士人中重老庄、贵自然的潮流,又不失以孝为治的根本"(王守华《世说新语发微》,上海文艺出版社1998年版)。这种不重形式的孝正是儒道融合的产物。

而赤裸裸直接践踏儒家礼法、违背三纲五常的言行在《世说新语》中更是比比皆是,如:

> 阮公邻家妇有美色,当垆酤酒。阮与王安丰常从妇饮酒,阮醉,便眠其妇侧。夫始殊疑之,伺察,终无他意。(《任诞》第八则)

儒家礼法，男女有别，阮籍竟与他人妻子饮酒作乐，还睡在妇人旁边，这对于真正的儒者来说是万万不可接受的。而妇人的丈夫见阮籍没有越轨行为，竟也若无其事，看来也是越名教而任自然的豁达之人。

  王浑与妇钟氏共坐，见武子从庭过，浑欣然谓妇曰："生儿如此，足慰人意。"妇笑曰："若使新妇得配参军，生儿故可不啻如此。"（《排调》第八则）

参军，指的是王浑的弟弟，钟氏的小叔子。钟氏是三国魏太傅钟繇的曾孙女，大户人家出身，竟说出如此惊世骇俗的话，这一方面是对儒家礼法的蔑视嘲弄，另一方面也正表明此时儒学地位的衰微。

第二，在各门内部，条目间基本上是按时代的先后顺序排列的。如《德行》共四十七则，第一则至第九则记录的是东汉人士之懿事，第十则至第十四则收录的是三国有德之人，第十五则至第四十四则载的是两晋间善人善事，第四十五则至第四十七则写的是晋末宋初士人之嘉行。而在以时代先后为序的前提下，将某一人或某一家族的人或相关的事集中排列，如《德行》第四则："李元礼风格秀整，高自标持，欲以天下名教是非为己任。后进之士有升其堂者，皆以为登龙门。"同门第五则继续写李元礼品赞荀淑、钟皓。《德行》第六则至第八则写的都是陈寔及其子元方、季方的事。《德行》第十则至第十三则都与华歆有关。但不能一概而论，也有例外，如《文学》，由第六十六则一分为二，前六十五则是传统意义上的"文学"，即学术：第一则至第四则为经学内容，第五则至第六十五则是玄学、佛学故事；而第六十六则至一百零四则是我们现在所理解的文学，即"纯文学"（诗、赋、文等）。两大系统有条不紊，系统内部又分小类，各个类别之内又以时间为先后。如此井然有序，可见编者用心之良苦。对于此种匠心，历来学者评价都很高，刘强在其博士论文《世说学引论》（网上下载）中总结道："'孔门四科'中的'文学'一科，几乎是'学术'的同义词。曹丕《典论·论文》首倡'盖文章，经国之大业，不朽之盛事'，将'文章'从'学术'中分离出来，其文体'八科'之论，又直接开启了陆机和刘勰的文体论。但是，真正从实践上对魏晋的文学观念加以系统梳理，还是南朝刘宋初年设置儒、史、文、玄四馆以后的事。如果说萧统的《文选》是对齐梁时代以《文心雕龙》为代表的文学—文体理论的实践总结的话，那么，《世说新语·文学篇》则是魏晋文学观念反映在文学创作上的一个突出代表。'一目中复分两目'，既保留了传统的'文学'观念下的'学术'的演变轨迹，又及时地总结了'文学自觉'的时代风气下，诗文歌赋历史变迁的'花絮'，体现了'纯文学'观念的日益成熟。"不论是在宏观上还是在微观上都处理得如此精致，《世说新语》能在同类小说中出类拔萃，成为经典之作也就不足为奇了。

第三，从《德行》到《仇隙》共三十六门，三十六门的排列有一定考究，总的来说，前褒后贬，存在一种价值递减趋势。范子烨先生《世说新语研究》认为"这实际上是与九品官人法之'九品模式'相对应"，并比照班固《汉书·古今人表》，将《世说新语》三十六门从"上上"至"下下"平分为九个品级，对应得十分齐整。对于这么精心的安排，刘强在《世说学引论》（网上下载）中评价道："《世说》的分类标准本身就是一个富含文化信息的'场'，有着远超史传与子书分类的广阔的阐释空间。它不仅对后世小说的分类影响深远，甚至还波及文人士大夫的人格心理的深层结构，值得大书特书。"同时，我们必须认识到，《世说新语》设三十六门是对人性多角度的观察和品评，人物形象穿梭在这个交错的网中逐渐丰满立体起来。所以，要获得这种比较全面的形象，我们需要将各门联系起来阅读。比如我们可以看到一个这样的王敦：

《识鉴》第六则:"潘阳仲见王敦小时,谓曰:'君蜂目已露,但豺声未振耳。必能食人,亦当为人所食。'""蜂目豺声"后被用来形容人极其凶残。

《汰侈》第一则:"石崇每要客燕集,常令美人行酒;客饮酒不尽者,使黄门交斩美人。王丞相与大将军尝共诣崇,丞相素不能饮,辄自勉强,至于沈醉。每至大将军,固不饮以观其变,已斩三人,颜色如故,尚不肯饮。丞相让之,大将军曰:'自杀伊家人,何预卿事!'"其残忍令人发指。连石崇的奴婢也看出来"此客必能作贼"(《汰侈》第二则)。

《世说新语》中也多次提及王敦发兵作乱之事,从传统的君臣观念来看,这可是个十恶不赦的乱臣贼子。但是就是这样一个人,桓温经过王敦之墓时,直云:"可儿!可儿!"(《赏誉》第七十九则)"可儿",令人称心的人。晋孝武帝亦说"王敦、桓温磊砢之流"(《排调》第六十则),"磊砢",可表壮大或高耸的样子,此处指才能卓越。《豪爽》门,开篇第一至第四则记的都是王敦之事,杨勇先生解题说:"豪爽,谓神气豪上,不落凡俗,言行举止爽朗令人意快也。"依范子烨先生所谓的"九品模式"来看,豪爽的王敦也算是中上品级的人物了,也算褒奖多多。通过"互见"的手法,让我们看到了一个真实的活脱脱的王大将军,有恶但也有可爱的一面。正如刘强博士所言,《世说》并不是将人物定性成单一的"圣人"或"愚人"等众多不可兼容的对立范畴,"人物的忠奸、美丑、善恶、良莠等特点都是不确定的、变动不居的,一个人物,既可以是《德行》、《方正》等'褒门'里的常客,也可以因为某种缺点或错误而被'发配'至《汰侈》、《纰漏》、《惑溺》等'贬门'中'曝光'和'示众'(如王戎、王导),因而也就获得了在一定程度上的客观性、真实性和立体感"。

另外,还有一个问题,就是《世说新语》各门之间条目数量多寡悬殊,《赏誉》达一百五十六则,而《自新》却只有两则,有人认为其中自有深意,但也有学者针锋相对,认为只不过是编者临时为凑数而勉强为之。编者究竟是不是有意如此安排,我们现在不得而知,但是我们能体会到编者竭力创造一种全新视角来观察、呈现人物形象的苦心。三十六门犹如三十六面镜子,从不同角度折射出绚丽的人间百态。

三 《世说新语》与魏晋风度

自鲁迅先生学术演讲稿《魏晋风度及文章与药及酒之关系》发表之后,"魏晋风度"即定格为一个美学范畴的概念,用来概括魏晋士人精神和言行的特征与风范。而《世说新语》以记载魏晋名流的言行轶事为主,自然最集中、最充分地展现了魏晋风度。下面略谈魏晋风度的表现形式。

(一)"当共言咏,以写其怀"——挥麈谈玄

> 孙安国往殷中军许共论,往反精苦,客主无间。左右进食,冷而复暖者数四。彼我奋掷麈尾,悉脱落满餐饭中。宾主遂至莫忘食。殷乃语孙曰:"卿莫作强口马,我当穿卿鼻。"孙曰:"卿不见决鼻牛,人当穿卿颊。"(《文学》第三十一则)

谈玄而至废寝忘食,饭菜都热了好几遍,最后甚至不顾形象互掷麈尾、对骂不已。睹此场景,我们不禁抚掌大笑。而这还只是一个缩影。

"谈玄"又称"清谈"、"清言"等。清谈之风源自东汉清议,《后汉书·党锢传》:"逮桓、灵之间,主荒政谬,国命委于阉寺,士子羞与为伍,故匹夫抗愤,处士横议,遂乃激扬名声,互相题拂,品核公卿,裁量执政,婞直之风,于斯行矣。"东汉末年,为了反抗宦官与外

戚弄权，士大夫阶层臧否人物、批评朝政，形成强大的舆论，试图利用这种清议来影响政治。但是，党锢之祸后，清议名士几乎被打击殆尽。士人们开始"对那种依凭群体话语形成权力话语的作法表示怀疑，所以，那种集体的理想主义就容易转向个人的理想主义，共通的道德准则与理想人格也就容易转向个人化的道德准则与理想人格"（葛兆光《中国思想史》第一卷，复旦大学出版社1998年版）。于是，原本政论性的清议，与魏晋时代兴盛的玄学相结合后，转变成个人性的"品鉴人伦"、"辨析名理"的清谈。鲁迅《中国小说的历史的变迁》："这种清谈，本从汉之清议而来。汉末政治黑暗，一般名士议论政事，其初在社会上很有势力，后来遭执政者之嫉视，渐渐被害，如孔融，祢衡等都被曹操设法害死，所以到了晋代底名士，就不敢再议论政事，而一变为专谈玄理；清议而不谈政事，这就成了所谓清谈了。但这种清谈的名士，当时在社会上却仍旧很有势力，若不能玄谈的，好似不够名士底资格；而《世说》这部书，差不多就可以看做一部名士底教科书。"能否谈玄成为衡量名士的重要标准，而擅长谈玄的即可名声大噪，《文学》第十八则"三语掾"的故事便是很好的证明。

魏正始年间，何晏、王弼等崇尚《老》、《庄》，开谈玄之风；阮籍、嵇康"越名教而任自然"紧跟其后，推波助澜；向秀、郭象作注《庄子》；王衍之辈又大扇玄风，清谈便盛极一时，波及齐、梁。清谈之士皆是名流，诸如谢安、王导、殷浩、庾亮、殷仲堪、孙盛、刘惔、王濛、孙绰、桓温、许询、韩伯、支道林、简文帝司马昱等，数不胜数。他们经常聚集在一起来个"头脑风暴"，研习玄佛、辩论"有无"、申述"声无哀乐"或探讨"才性四本"等等，总的来说，主要是围绕《周易》、《老子》、《庄子》所谓"三玄"而开展的，所以清谈常称之"谈玄"。如：

支道林、许、谢盛德共集王家。谢顾谓诸人："今日可谓彦会,时既不可留,此集固亦难常,当共言咏,以写其怀。"许便问主人:"有《庄子》不?"正得《渔父》一篇。谢看题,便各使四坐通。支道林先通,作七百许语,叙致精丽,才藻奇拔,众咸称善。于是四坐各言怀毕。谢问曰:"卿等尽不?"皆曰:"今日之言,少不自竭。"谢后粗难,因自叙其意,作万余语,才峰秀逸。既自难干,加意气拟托,萧然自得,四坐莫不厌心。支谓谢曰:"君一往奔诣,故复自佳耳。"(《文学》第五十五则)

支遁、许询、谢安、王濛齐聚一堂,就《庄子·渔父》各抒己见,阐发义理。

至于谈玄方式,王能宪先生的《世说新语研究》(江苏古籍出版社 1992 年版)中有精细归纳,除上述"临时捏题,四座皆通"的方式之外,还有"主客相对"式,"主客论辩通常是就某一论题展开,一人树义(或曰'唱理'),一人驳难,主客往复,探析玄理",这是谈玄的基本方式。"唱理",首先提出要谈论的玄理问题,"唱"通"倡"。圣人有情与否是魏晋玄谈的主要议题之一。儒、道皆主张圣人无情,汤用彤《魏晋玄学论稿》(上海古籍出版社 2005 年版):"汉儒上承孟、荀之辨性,多主性善情恶,推至极致则圣人纯善而无恶,则可以言无情,此圣人无情说所据理之一。汉魏间自然天道观盛行,天理纯乎自然,贪欲出乎人为,推至极致则圣人道合自然,纯乎天理,则可以言无情,此圣人无情说所据理之二。"而《老子》直接宣扬:"天地不仁,以万物为刍狗;圣人不仁,以百姓为刍狗。"《庄子·德充符》:"庄子曰:'吾所谓无情者,言人之不以好恶内伤其身,常因自然而不益生也。'"于老、庄看来,"情"是累物,为情所系则无法超然自处。魏晋玄学虽是儒道融合的学说,但是对于圣人是否有情却有不同的思考。《三国志·钟会传》裴松之注引何劭《王弼传》:"何晏以为圣人无喜怒哀乐,其论甚精,钟会等述之。弼与不同,以为圣人茂于人者神明也,同于人者五情也,神明茂故能体冲和以通无,五情同故不能无哀乐以应物,然则圣人之情,应物而无累于物者也。今以其无累,便谓不复应物,失之多矣。""王弼倡导'圣人有情'论,和汉末以来人们对情感越来越重视的背景有关。也就是说,他试图使'圣人'这一种理想化的概念,与日常生活中的人情有所沟通。"(骆玉明《世说新语精读》,复旦大学出版社2007年版)圣人有情论,体现了魏晋时期对个体生命价值的重视,而"圣人"不再被一些人奉为绝对的人伦典范,如:

> 王戎丧儿万子,山简往省之,王悲不自胜。简曰:"孩抱中物,何至于此!"王曰:"圣人忘情,最下不及情。情之所钟,正在我辈。"简服其言,更为之恸。(《伤逝》第四则)

"正在我辈",关注的是个体自然之情,而将所谓的圣人撇在了一边。《文学》第五十七则:

> 僧意在瓦官寺中,王苟子来。与共语,便使其唱理。意谓王曰:"圣人有情不?"王曰:"无。"重问曰:"圣人如柱邪?"王曰:"如筹算,虽无情,运之者有情。"僧意云:"谁运圣人邪?"苟子不得答而去。

王苟子认为圣人无情,面对"圣人如柱邪"的问难,又觉不满,圣人岂是一个硬邦邦的柱子?于是又用"筹算"来譬喻应对,虽然本身没有情感,但是通过人们的操作,它就会有变化。然而,道家主张顺其自然,自生自运,并非被操纵而得以周行变化。"运之者有情"于玄学义理颇相扞格,王苟子也因一语而遭时人嗤笑。

而谈玄之形式除上面谈到的两种之外,还有"自为客主",即在自问自答中阐发义理;还有"两人论辩,一人评判";还有"独自讲论"等。如:

> 傅嘏善言虚胜,荀粲谈尚玄远。每至共语,有争而不相喻。裴冀州释二家之义,通彼我之怀,常使两情皆得,彼此俱畅。(《文学》第九则)

裴徽可谓博通两家,终能调和两辩。

"三乘"佛家滞义,支道林分判,使"三乘"炳然。诸人在下坐听,皆云可通。……(《文学》第三十七则)

支遁一人宣讲"三乘"。佛理也是玄谈的主要内容。佛学与玄学本身也有许多相似的地方,汤用彤《汉魏两晋南北朝佛教史》(增订本,昆仑出版社 2006 年版)有言:"夫轻忽人事,逍遥至足,晋代名士与名僧之心胸,本属同气。贵无贱有,反本归真,则晋代佛学与玄学之根本义,殊无区别。由是而僧人行事之风格,研读之书卷,所用之名辞,所采之理论,无往而不可与清谈家一致。"名僧支道林、僧意、康僧渊、竺法深等本身也是清谈家,与名士谢安、殷浩、韩伯、王坦之、孙绰、许询等交好,常往来谈玄。

清谈日盛,逐渐成为魏晋名士的一种生活方式,成为身份高贵和情趣高雅的代表。谈玄家不仅要求才思敏捷,而且追求优美的形式——优雅的举止和美妙的言辞。如:

刘尹至王长史许清言,时苟子年十三,倚床边听。既去,问父曰:"刘尹语何如尊?"长史曰:"韶音令辞不如我,往辄破的胜我。"(《品藻》第四十八则)

又如:

……因论《庄子·逍遥游》。支作数千言,才藻新奇,花烂映发。王遂披襟解带,留连不能已。(《文学》第三十六则)

"韶音令辞"、"才藻新奇,花烂映发"称赞的都是声调和辞藻的优美。《文学》第十九则刘孝标注引邓粲《晋纪》曰:"遐(裴遐)以辩论为业,善叙名理,辞气清畅,泠然若琴瑟。"余嘉锡先生《世说新语笺疏》(中华书局 1983 年版)补充说:"晋、宋人清谈,不惟善言名理,其音响轻重疾徐,皆自有一种风韵。"

而仪容举止上的装饰最引人注目的便是谈玄的标志性道具——麈尾。

> 客问乐令"旨不至"者。乐亦不复剖析文句,直以麈尾柄确几曰:"至不?"客曰:"至!"乐因又举麈尾曰:"若至者,那得去?"于是客乃悟服。乐辞约而旨达,皆此类。(《文学》第十六则)

> 王夷甫容貌整丽,妙于谈玄,恒捉白玉柄麈尾,与手都无分别。(《容止》第八则)

宋吴曾《能改斋曼录》引释藏《音义指归》云:"《名苑》曰:'鹿之大者曰麈,群鹿随之,皆看麈尾所转为准。'今讲僧执麈尾拂子,盖象彼有所指麾故耳。"麈尾,"上为羽扇,中为扇柄,柄上贯以横轴,两侧饰以麈尾毛"(骆玉明《世说新语精读》,复旦大学出版社2007年版)。亦如《文学》第三十一则,孙盛与殷浩谈玄,情急之下竟互掷麈尾,以至麈尾毛掉落在饭菜中。魏晋士人挥麈谈玄,成为一种时尚,麈尾也成为高雅名士的特别标志。南齐大将陈显达就曾说过"麈尾是王谢家物"(《南齐书·陈显达传》)。

谈玄如此讲究,要做好自非易事,往往心力交瘁。如:

> 卫玠总角时问乐令梦,乐云:"是想。"卫曰:"形神所不接而梦,岂是想邪?"乐云:"因也。未尝梦乘车入鼠穴、捣齑啖铁杵,皆无想无因故也。"卫思"因",经日不得,遂成病。乐闻,故命驾为剖析之,卫即小差。乐叹曰:"此儿胸中,当必无膏肓之疾!"(《文学》第十四则)

卫玠思"因"成疾,可见用心之精苦。长成之后,曾与谢鲲彻夜谈玄,"尔夕忽极,于此病笃,遂不起"(《文学》第二十则),竟劳累过度,危及生命。

士人们整天坐而论道,不问时务使谈玄遭受了"清谈误国"的批评。在我们看来,清谈于社会的改良与推进确实没有太多的直接的积极的作用,但是这并不能抹杀它推动中国思想与哲学发展的贡献。它以玄学为内容,反过来促进了玄学的发展,而"玄学的辨名析理完全是抽象思维,从这一方面说,魏晋玄学是对两汉哲学的一种革命。研究中国哲学史的人,从两汉到魏晋,觉得耳目一新,这是因为玄学的精神面貌和两汉哲学比较起来,完全是新的。……在中国哲学史中,魏晋玄学是中华民族抽象思维的空前发展"(冯友兰《中国哲学史新编》第四册,人民出版社1986年版)。王守华先生于《世说新语发微》(上海文艺出版社1998年版)中也强调:"清谈玄学以老庄著作为武器,无疑是道家哲学的一次大普及……道家反对礼教,尊重自然,主张平等。尤其是它更能从宇宙本体的角度探讨人生,视野宽,眼界高,它不仅能补儒家哲学的不足,而且能抵制儒家驯服主义,'家禽道德'的恶性膨胀。清谈风习的出现,从近处说,适应了当时追求思想及个性解放思潮的需要。从远处看,它把两汉四百年来被人冷落遗忘的道家哲学捧上宝座,使之大放光芒,在形成民族性格的深沉和兼容方面,在丰富和繁荣文学艺术方面,都发挥了巨大的作用。"

(二)"乱世之英雄,治世之奸贼"——人物品鉴

在贯彻儒家道德标准的基础上,汉代主要通过"察举"和"征辟"方式选拔官吏,地方上的考察评议成为获取功名的重要依据。汤用彤先生指出:"溯自汉代取士大别为地方察举,公府征辟。人物品鉴遂极重要。有名者入青云,无闻者委沟渠。朝廷以名为治,士风亦竞以名行相高。声名出于乡里之臧否,故民间清议乃隐操士人进退之权。于是月旦人物,流为俗尚;讲目成名,具有定格,乃成社会中不成文之法度。"(《魏晋玄学论稿》,上海古籍出版社2005年版)人物品藻与士人的命运联系在一起,社会意义很大,并且成为一种风尚一直沿袭下来。东汉末年,士大夫还试图利用以品题人物为武器的"清议"来扭转宦官外戚任人唯亲、专擅朝政的局面,人物品藻也逐渐从考量"孝悌"等道德好坏转变成衡量才性

的高低。公元220年,魏文帝曹丕开始采用"九品中正制"的任人方式,"如果说两汉的人物品藻受儒家思想的约束,其首要标准是德行的话,那么'九品中正制'的推行,则完全体现了曹操'唯才是举'的思想"(董晔博士论文《世说新语美学研究》,网上下载)。曹操求贤若渴,重才不重德,明确提出"负汙辱之名,见笑之行,或不仁不孝而有治国用兵之术"(《三国志·魏志·武帝纪》,裴松之注)的人才皆可录用。然而,"九品中正制"最终也流于形式,人物品评也不再是入仕的重要依据,逐渐失去了它在政治上的社会意义。于是,人物品藻开始淡化政治的功利目的,逐渐转向关注个人的容貌、才情、风度等方面,而《世说新语》反映的正是指向个人的审美性的人物品藻。

虽然魏晋时期人物品藻的政治性已经弱化,但是仍然有流品等级的区别,影响着士人们在社会上的声誉。如:

世论温太真是过江第二流之高者。时名辈共说人物第一将尽之间,温常失色。(《品藻》第二十五则)

说的是南渡名士温峤,已被世人品定为第二流人物,但仍希冀更进一品,以至第一流名单将尽之时,惶恐失色。士人们对于流品的注重由此可知。

魏晋风度的显著特征之一就是对形体容貌的注重,姿容形貌自然也就成为品藻的重要内容。袁济喜先生在《六朝美学》(北京大学出版社1999年版)中指出:"六朝品鉴人物推崇貌美,一方面说明士族审美心理的轻靡,这与那时流行的喜好华美文风的审美情趣是一致的。另一方面,它也说明,随着魏晋以来人物审美意识的演进,人们开始注重对人物外貌美的独立品鉴。"《世说新语》亦特辟《容止》一门以彰风尚。

欣赏硬朗的将帅风度,如:

祖士少见卫君长云:"此人有旄仗下形。"(《容止》第二十二则)(旄仗:即旄幢,用牦牛尾为饰的旌旗,彰显将帅威仪。)

> 刘尹道桓公:"鬓如反猬皮,眉如紫石棱,自是孙仲谋、司马宣王一流人。"(《容止》第二十七则)

但更青睐肌肤白皙,婉柔有风姿者,常用洁白、珍稀的"珠玉"来喻其美,如:

> 何平叔美姿仪,面至白。魏明帝疑其傅粉,正夏月,与热汤饼。既啖,大汗出,以朱衣自拭,色转皎然。(《容止》第二则)

> 裴令公有俊容仪,脱冠冕,粗服乱头皆好,时人以为"玉人"。见者曰:"见裴叔则,如玉山上行,光映照人。"(《容止》第十二则)

> 骠骑王武子是卫玠之舅,俊爽有风姿。见玠,辄叹曰:"珠玉在侧,觉我形秽。"(《容止》第十四则)

以上所引皆是用自然风物来譬喻外貌美的,这是当时的风尚,又如:

> 刘尹云:"清风朗月,辄思玄度。"(《言语》第七十三则)

> 世目李元礼:"谡谡如劲松下风。"(《赏誉》第二则)

> 有人叹王恭形茂者,云:"濯濯如春月柳。"(《容止》第三十九则)

站在自然的角度来观察人物形貌,是魏晋时期特殊的文化心理使然。魏晋士人崇老庄之道,尚虚静之境,而亲近自然的生活,可以让他们超越世俗的诱惑与羁绊,从而获得"从容的、自如的和更富于诗意的生命姿态","魏晋人士正是试图通过自然去体悟作为宇宙本体的'道',试图通过实现人与自然的和谐达成人与道的一致",骆玉明在《世说新语精读》(复旦大学出版社2007年版)中如是分析。

> 简文入华林园,顾谓左右曰:"会心处不必在远,翳然林

水,便自有濠濮间想也,觉鸟兽禽鱼自来亲人。"(《言语》第六十一则)

《庄子》记有庄子与惠子同游濠梁之上和庄子垂钓濮水的事,后用"濠濮间想"表逍遥虚静的心境。"翳然林水"、"鸟兽禽鱼自来亲人",简文帝描绘了一幅人与自然和谐融洽的图景,恬静惬意,令人神往。"会心处不必在远",正如陶潜《饮酒》诗"结庐在人境,而无车马喧。问君何能尔,心远地自偏。采菊东篱下,悠然见南山"之意境。晋人热爱自然,赞美自然,反过来,自然会给人以熏陶,让人产生超然的心境与高雅的情趣,并将这种内心的喜好投射到人格要求的层面上。于是,《世说新语》所记载的品藻之所以多用自然之物为喻来品题赞美人物也就不足为奇了。宗白华《论〈世说新语〉和晋人的美》(《宗白华全集》第二卷,安徽教育出版社1994年版)对此有非常精辟的总结:

> 晋人的美的理想,很可以注意的,是显著的追慕着光明鲜洁,晶莹发亮的意象。他们赞赏人格美的形容词像"濯濯如春月柳","轩轩如朝霞举","清风朗月","玉山","玉树","磊砢而英多","爽朗清举",都是一片光亮意象。甚至于殷仲堪死后,殷仲文称他"虽不能休明一世,足以映彻九泉"。形容自然界的如"清露晨流,新桐初引"。形容建筑的如"遥望层城,丹楼如霞"。庄子的理想人格"藐姑射仙人,绰约若处子,肌肤若冰雪",不是这晋人的美的意象的源泉么?桓温谓谢尚"企脚北窗下,弹琵琶,故自有天际真人想"。天际真人是晋人理想的人格,也是理想的美。

当然,容止品鉴除了赞美容貌之外,对于由内而外散发出来的精神气质也非常注重。如:

> 魏武将见匈奴使,自以形陋,不足雄远国,使崔季珪代,帝自捉刀立床头。既毕,令间谍问曰:"魏王何如?"匈奴使答

曰:"魏王雅望非常,然床头捉刀人,此乃英雄也。"魏武闻之,追杀此使。(《容止》第一则)

虽然崔琰"眉目疏朗,须长四尺",可是匈奴使者还是一眼便识真英雄实乃曹操,因为他虽"姿貌短小",但"神明英发",气势逼人。这种精神气质受关注的程度甚至要胜过容貌之美,如:

> 谢遏绝重其姊。张玄常称其妹,欲以敌之。有济尼者并游张、谢二家,人问其优劣,答曰:"王夫人神情散朗,故有林下风气;顾家妇清心玉映,自是闺房之秀。"(《贤媛》第三十则)

济尼的话虽然好似无良莠之分,但实已有流品等级。张玄的妹妹顾家妇虽然甚有美质,但是只能算小家碧玉之类。而王夫人谢道韫则气宇非凡,神情俊朗,有"竹林七贤"的风范,是女流中的名士。前文讲到容貌的品评渗透了自然风物的因素,而精神风貌的品评同样受到了老庄的影响,多崇尚玄远、质朴与超然,从《世说新语》常用的品题之词便知,其有神、清、朗、简、旷、远、高、超、深、真、率、达、通、雅等等,聊取《赏誉》中的几则为例:

> 山公举阮咸为吏部郎,目曰:"清真寡欲,万物不能移也。"(第十二则)

> 武元夏目裴、王曰:"戎尚约,楷清通。"(第十四则)

> 谢幼舆曰:"友人王眉子清通简畅,嵇延祖弘雅劭长,董仲道卓荦有致度。"(第三十六则)

> 庾公目中郎:"神气融散,差如得上。"(第四十二则)

宁稼雨先生在《魏晋风度——中古文人生活行为的文化底蕴》(东方出版社 1992 年版)中对此分析道:"这种人格气质,实质上是老庄所提倡的超功利的审美人生态度的表现,他体现了追求个性精神自由的审美性质。"

人们品藻的内容除了容止之外,固然还有才情、气度之类,这些在《雅量》、《识鉴》、《赏誉》、《品藻》、《夙惠》中皆有生动精彩的记载,不待多言。

(三)"乘兴而行,兴尽而返"——率性而动

  王子猷居山阴,夜大雪,眠觉,开室命酌酒,四望皎然。因起彷徨,咏左思《招隐诗》。忽忆戴安道。时戴在剡,即便夜乘小船就之。经宿方至,造门不前而返。人问其故,王曰:"吾本乘兴而行,兴尽而返,何必见戴!"(《任诞》第四十七则)

王徽之此种雅举让我们很好地见识了什么叫真性情。天地之间,一个自由的灵魂独自翱翔,孤单但不孤独,雅兴相伴,任性而为,唯其自适尔。而另一则与之有异曲同工之妙:

  张季鹰辟齐王东曹掾,在洛见秋风起,因思吴中菰菜羹、鲈鱼脍,曰:"人生贵得适意尔,何能羁宦数千里以要名爵?"遂命驾便归。……(《识鉴》第十则)

"人生贵得适意尔"算是一种个性解放、追求自我的呐喊吧,今天的我们又何尝不希望能摆脱羁绊、享受生活呢?这种不为世务所累、适意人生的境界正是魏晋士人追求的理想状态,更可贵的是他们不只是呼唤,而是身体力行,努力去实现。此种洒脱与超逸足让后人仰慕不已,失意的李白苦吟"人生在世不称意,明朝散发弄扁舟",何尝不是对逍遥闲适的向往?踌躇的辛弃疾反问"尽西风,季鹰归未",虽欲力表报国决心,但对张季鹰又何尝不是心存羡慕呢?然而,他们也只能心慕神往而已,不能真正洒脱,这就越发反衬了魏晋士人们无拘无束、浪漫逍遥的可爱之处。

魏晋士人追求生活自适,亲近自然,喜欢质朴,于是对于本真的个性和行为都十分推崇。

  谢公称蓝田掇皮皆真。(《赏誉》第七十八则)

  简文道王怀祖:"才既不长,于荣利又不淡,直以真率少许,便足对人多多许。"(《赏誉》第九十一则)

"掇皮皆真"指表里皆真,不虚伪做作。此两则都是称赞王述的真率坦然,尽管没有特别才情,又贪慕名利,但是凭其率真一面便足可在士林中立足。又如:

> 祖士少好财,阮遥集好屐,并恒自经营,同是一累,而未判其得失。人有诣祖,见料视财物。客至,屏当未尽,余两小簏,箸背后,倾身障之,意未能平。或有诣阮,见自吹火蜡屐,因叹曰:"未知一生当箸几量屐!"神色闲畅。于是胜负始分。(《雅量》第十五则)

祖约爱钱,阮孚爱屐,就兴趣而言似乎都登不了高雅之堂,两者并无优劣之分。祖约赏玩钱财被人发现之后,难免心虚。但是,面对造访之人,阮孚蜡屐(给屐上蜡)不辍,言谈自如,神色悠然自得,自此便胜出祖约许多。

事实上,《世说新语》中记载了很多这种为常人所不齿的"特别嗜好",但只因嗜好者泰然处之,无所顾忌,自得其乐,反而赢得旷达、豪爽的美誉。

有喜欢听驴叫的,如:

> 王仲宣好驴鸣,既葬,文帝临其丧,顾语同游曰:"王好驴鸣,可各作一声以送之。"赴客皆一作驴鸣。(《伤逝》第一则)

> 孙子荆以有才少所推服,唯雅敬王武子。武子丧时,名士无不至者。子荆后来,临尸恸哭,宾客莫不垂涕。哭毕,向灵床曰:"卿常好我作驴鸣,今我为卿作。"体似真声,宾客皆笑。孙举头曰:"使君辈存,令此人死!"(《伤逝》第三则)

学驴叫以吊丧,也算是千古一绝了。还有喜欢种松柏、听挽歌的,如:

> 张湛好于斋前种松柏。时袁山松出游,每好令左右作挽歌。时人谓:"张屋下陈尸,袁道上行殡。"(《任诞》第四十三则)

虽然松柏与挽歌多是关乎死人之物，但是张湛、袁山松毫不忌讳，喜爱有加。当然也有喜欢雅致一点的，如前文提到的王徽之，他就特别喜爱竹子：

> 王子猷尝暂寄人空宅住，便令种竹。或问："暂住何烦尔？"王啸咏良久，直指竹曰："何可一日无此君！"（《任诞》第四十六则）

王徽之似乎将挺拔清幽的竹子当做了自己的身份标签，人到竹到，痴迷不已。苏东坡化用此典，于《于潜僧绿筠轩》中感慨："可使食无肉，不可使居无竹。无肉令人瘦，无竹令人俗。人瘦尚可肥，俗士不可医。旁人笑此言，似高还似痴。""无竹令人俗"、"俗士不可医"、"似高还似痴"，凭此真言，也算称得上王徽之的知音了。

当某种兴趣达到痴迷的程度时或许会转化为艺术，魏晋士人娱情自然，尘务不扰，专注一端，再加上社会审美的普遍转变与提升，使得魏晋艺术确实出现了蓬勃发展的景象。《世说新语》著录了较多在音乐、书法、绘画等方面有超凡才华的魏晋士人。其中就有大名鼎鼎的书法家王羲之和大画家顾恺之。

《晋书·王羲之传》称赞王羲之的书法线条"飘如游云，矫若惊龙"（《世说新语》将此语归入《容止》，用来描绘王羲之的仪表），从而获得"书圣"的美誉。对于顾恺之的绘画艺术着墨颇多，特别注重表现他绘画的独特技巧，如：

> 顾长康画裴叔则，颊上益三毛。人问其故，顾曰："裴楷俊朗有识具，正此是其识具。"看画者寻之，定觉益三毛如有神明，殊胜未安时。（《巧艺》第九则）

> 顾长康好写起人形，欲图殷荆州，殷曰："我形恶，不烦耳。"顾曰："明府正为眼尔。但明点童子，飞白拂其上，使如轻云之蔽日。"（《巧艺》第十一则）

> 顾长康画人,或数年不点目精。人问其故,顾曰:"四体妍蚩,本无关于妙处;传神写照,正在阿堵中。"(《巧艺》第十三则)
>
> 顾长康道:"画'手挥五弦'易,'目送归鸿'难。"(《巧艺》第十四则)

可见,顾恺之绘画注重"传神",利用眉目来传情,甚至在颊上平添"三毛"以使人注意画中人物的神情,善于用技巧来调和人物画的整体效果,并且结合人物特点,能恰到好处地安排写意背景,如《巧艺》第十二则:

> 顾长康画谢幼舆在岩石里。人问其所以,顾曰:"谢云'一丘一壑,自谓过之',此子宜置丘壑中。"

而且还认识到绘画中形貌易摹,神态难描,如此这般,难怪谢安对之赞不绝口:"顾长康画,有苍生来所无。"(《巧艺》第七则)认为其技艺之精湛前无古人。

魏晋士人发现自然,发现自我,依倚道艺、真率适意地生活着,但是当这种随心所欲放任到极致时,势必会造成个性张扬与社会规范、秩序之间的矛盾,也就是我们常说的"名教"与"自然"之间的矛盾。"在儒与道之间,形成了'有'与'无'、'名教'与'自然'的相互对立的理论系统。前者主要强调事物的规定性与秩序(它的背后就是以理念来规范事实的理想),后者则更多地重视事物的自然本性与可变性,尤其在庄子的思想里,它还更多地指向对个人精神自由的追求","魏晋时代'名教'与'自然'的紧张,其本质是已经不合时宜的社会伦理规范与越来越受重视的个人情感意志之间的紧张,僵硬的思维模式与活跃的精神力量之间的紧张",而玄学家王弼等人试图缓和这种紧张,"它的方法是用老庄的思想与语汇来解释儒家的经典,强调儒家'圣人'的行为准则以及他们所订立的礼法规则,是从因顺事物的自然本性出发的,所以人的道德行为应该是其本性的一种自然表露。譬如王弼说'自然亲爱为孝',孝既是法则,也是情感"。(以上参见骆玉明《世说新语精读》,复旦大学出版社2007年版)所以,一方面我们会看到士人们越礼任为的做法;另一方面我们又看到,只要是缘情而发,不管是领导阶层还是社会大众基本上都能接受甚至赞赏这种行为。《世说新语》中所提到的"死孝"与"生孝"就很能说明这个问题。

　　王戎、和峤同时遭大丧,俱以孝称。王鸡骨支床,和哭泣备礼。武帝谓刘仲雄曰:"卿数省王、和不?闻和哀苦过礼,使人忧之。"仲雄曰:"和峤虽备礼,神气不损;王戎虽不备礼,而哀毁骨立。臣以和峤生孝,王戎死孝。陛下不应忧峤,而应忧戎。"(《德行》第十七则)

　　为了更好地理解,我们可结合刘孝标注引的《晋阳秋》:"戎为豫州刺史,遭母忧,性至孝,不拘礼制,饮酒食肉,或观棋弈,而容貌毁悴,杖而后起。时汝南和峤亦名士也,以礼法自持。处大忧,量米而食;然憔悴哀毁,不逮戎也。"《礼记·檀弓》中有"丧礼,哀戚之至也;节哀,顺变也,君子念始生之者也","毁不危身",王戎鸡骨支床,哀恸过度以致身体哀毁,这是不合儒家礼法的,称之为"死孝"。杨勇先生《世说新语校笺》(修订本,中华书局2006年版)注释:"生孝者,以尽生人之礼;死孝者,则尽哀死之情。""生孝"注重的是礼,守丧者不至哀毁过度而伤及身体;"死孝"尽管践踏礼制,但是流露的是内心哀戚的自然真情,很容易伤身,而后者在魏晋士人看来更值得欣赏。而对于那些居丧期间饮酒吃肉的孝子更加爱护和赞许,这从阮籍遭母丧时的表现及外人反响可以看得很清楚(前文"《世说新语》的体例"一节对此有所论及,并分析了深层原因,读者可以联系起来阅读)。

　　我们知道魏晋风度一大特色就是士人们放诞不经,而居丧时吃肉喝酒,越名教而任自然的作风还只是魏晋士人们随心所欲的任诞生活的一个侧面。大家所熟知的还有：

裸裎。其最有名的故事便是"东床坦腹"：

> 郗太傅在京口，遣门生与王丞相书，求女婿。丞相语郗信："君往东厢，任意选之。"门生归，白郗曰："王家诸郎，亦皆可嘉，闻来觅婿，咸自矜持。唯有一郎，在东床上坦腹卧，如不闻。"郗公云："正此好！"访之，乃是逸少。因嫁女与焉。（《雅量》第十九则）

王羲之不仅书法好，性情也够真率，单凭露露肚子赢得美娇娘这点就足可传为美谈。后人特喜此典，常用"东床"或"东床坦腹"等来代指女婿。如五代王定保《唐摭言·散序》："公卿家率以其日拣选东床，车马阗塞，莫可殚述。"还有更让人叫绝的举动：

> 刘伶恒纵酒放达，或脱衣裸形在屋中。人见讥之，伶曰："我以天地为栋宇，屋室为裈衣，诸君何为入吾裈中？"（《任诞》第六则）

裈，裤子。刘伶裸体，不仅振振有词欲表现自我旷达，还借机将讥笑者好好地羞辱了一番，真叫人拍手称快。

饮酒。魏晋名士追求"使我有身后名，不如即时一杯酒"（《任诞》第二十则）的境界，上文提到的刘伶便是个实足的酒徒：

> 刘伶病酒，渴甚，从妇求酒。妇捐酒毁器，涕泣谏曰："君饮太过，非摄生之道，必宜断之！"伶曰："甚善。我不能自禁，唯当祝鬼神自誓断之耳。便可具酒肉。"妇曰："敬闻命。"供酒肉于神前，请伶祝誓。伶跪而祝曰："天生刘伶，以酒为名；一饮一斛，五斗解酲。妇人之言，慎不可听。"便引酒进肉，隗然已醉矣。（《任诞》第三则）

刘伶此举真是让人哭笑不得，《文学》第六十九则刘孝标注引《名士传》："（伶）肆意放荡，以宇宙为狭。常乘鹿车，携一壶酒，使人荷锸随之，云：'死便掘地以埋。'土木形骸，遨游一世。"无牵无累,唯有一酒。但是我们看了刘孝标注引刘伶所写的《酒德颂》,似乎感觉有存心买醉的嫌疑,兹引数句:"兀然而醉,慌尔而醒。静听不闻雷霆之声,熟视不见太(泰)山之形。不觉寒暑之切肌,利欲之感情。俯观万物之扰扰,如江汉之载浮萍。"喝醉之后尘世利欲便不会污染视听,不致熏心蠢蠢,看来也不过是借醉遗世而已。对于魏晋士人来说,酒可真是个宝物,既可以成为放浪形骸的催化剂,也可以成为全身远祸的保护伞,《晋书·阮籍传》:"文帝初欲为武帝求婚于籍,籍醉六十日,不得言而止。钟会数以时事问之,欲因其可否而致之罪,皆以酣醉获免","籍本有济世志,属魏晋之际,天下多故,名士少有全者,籍由是不与世事,遂酣饮为常。"由此,我们不难看出阮籍喝酒更多的是为了逃避政治,保全自我。王忱曾言"阮籍胸中垒块,故须酒浇之"(《任诞》第五十一则),可谓一语中的。连才气逼人的阮籍都是如此自处,就不难理解社会名士们为何如此好酒了。于是,以酒浇愁、纵情适意的行为在魏晋盛极一时,饮酒也就成为魏晋风度的一大标志,并且这种酒文化也一直流传至今。

吃药。这里吃药指的是服用五石散,一种烈性药物,以丹砂、雄黄、白矾、曾青、慈石五种矿物炼成,故称五石散。食用后,身体发热,宜进冷食,所以又称"寒食散"。但是,五石散是一种剧毒之药,一不小心甚至可以因此送命,所以吃药之后要注意调息以利散药排毒,需冷水浇身,吃冷食,喝冷酒,还须"行散"(行走发散药力)。相传其方始于汉代,盛行于魏晋。魏晋名士何晏、裴秀等都服散,竟成一时风气。五石散在魏晋之所以流行,大概与动荡时期生命苦短、自爱与颓废的士人们寻求延年益寿的心态有关。此外,该药还可能"有助于房中术,有助于他们性生活的享受"(王瑶《中古文学史论·文人与药》,北京大学出版社1986年版)。

何平叔云:"服五石散,非唯治病,亦觉神明开朗。"(《言

语》第十四则）

何晏，鲁迅称之为"吃药的祖师爷"，从"觉神明开朗"看来，吃药至少可以使精神亢奋，有较强的刺激性。而吃药能成为魏晋风度内容之一的真正原因还在于，吃药之后，皮肤容易磨破，所以士人们着宽大的衣服，穿木屐，披头散发，伴随着种种不遵礼法的放浪行为，这本来就是一种率性而动的名士风流，难免为士人所效仿播扬，吃药蔚然成风也就不难理解了。

四 《世说新语》的文学成就

《世说新语》诞生于文学自觉的时代，这种自觉首先表现在文学创作时对审美的自觉追求，不论是语言运用、篇章构思，还是修辞声韵都很讲究。这种审美的追求在《世说新语》中得到了近乎完美的体现。此外，作为一部志人小说，《世说新语》以"人"为中心，成功刻画了众多的人物形象，而语录体的基本叙述形式又留下了许多隽永生动的言辞，谈到此书的文学价值，这些都是不可忽视的典型。

（一）人物形象的刻画

依据余嘉锡先生《世说新语笺疏》，《世说新语》（包括刘孝标注）涉及各类人物达一千五百余人，魏晋两朝主要人物，无论是曹操、曹丕、司马氏、王导、桓温、谢安、陶侃等帝王将相，还是阮籍、嵇康等"竹林七贤"，还是曹植、杨修、陆机、左思、张华等文人才子，还是何晏、王弼、殷浩、王衍、刘惔、王濛、许询等清谈大家，还是王羲之、王献之、顾恺之等书画大师，还是王昭君、许允妇、谢道韫等贤媛名流，还是支道林、竺法深、康僧渊等佛门高僧，无不包含在内，可谓指不胜屈，难以数计。正如吕叔湘先生所言："一代人物，百年风尚,历历如睹。"(《笔记文选读》,上海古籍出版社1979年版)虽然我们将《世说新语》视为小说,但不可忽视的是它具有史传性质,由"纂辑旧文"而成,并非编者杜撰。鲁迅先生在《六朝小说和唐代传奇文有怎样的区别?——答文学社问》中指出:"则六朝人小说,是没有记叙神仙或鬼怪的,所写的几乎都是人事;文笔是简洁的;材料是笑柄、谈资;但好像很排斥虚构,例如《世说新语》说裴启《语林》记谢安语不实,谢安一说,这书即大损声价云云,就是。"此语一方面说明《世说新语》等六朝志怪小说力求真实,以实录精神如实地反映社会现实,真实地记录历史人物的嘉言懿行,正如刘师培先生所言"小说家言,体近于史"(《论文杂记》第十八则),可见《世说新语》明显地受到了史传传统的影响,这也是为什么《晋书》从中采纳大量材料的原因;但是另一方面,"材料是笑柄、谈资"等又说明《世说新语》等志人小说又与史传模式不完全相同,自有其特殊的定位,追求娱乐功能,弱化了复杂的人物背景,以突出人物性格为中心,着眼于细节和情节,对文献材料进行提炼、加工与润饰,甚至加入合乎情理的艺术夸张与虚构,正所谓"七分素材,三分水墨"。兹引一例:

> 襄阳罗友有大韵,少时多谓之痴。尝伺人祠,欲乞食,往太蚤,门未开。主人迎神出见,问以非时何得在此。答曰:"闻卿祠,欲乞一顿食耳。"遂隐门侧,至晓,得食便退,了无怍容。……(《任诞》第四十一则)

刘孝标注引《晋阳秋》:

> 友字宅仁,襄阳人。少好学,不持节检。性嗜酒,当其所遇,不择士庶。又好伺人祠,往乞余食,虽复营署庐肆,不以为羞。桓温常责之云:"君太不逮。须食,何不就身求,乃至于此!"友傲然不屑,答曰:"就公乞食,今乃可得,明日已复无。"温大笑之……

《世说新语》将罗友讨白食的做法设置了完整的情节,事件缘起、经过、结果都交代得很清楚,过程描写得也格外细致,"往太蚤(早)"、"迎神出见"之问答、"隐门侧,至晓"、"得食便退"一系列表现真让人不得不佩服罗友的"执著"与"潇洒"。与《晋阳秋》相比,《世说新语》淡化了人物背景的介绍,运用艺术手法将一个事件丰满起来,让人对罗友过目不忘,可读性更强。

《世说新语》中的人物刻画所运用的艺术手法大致有:

1. 通过对比来刻画人物

品藻人物时,经常将名士放在一起进行对比,从而决出高低,或各彰其长。如:

> 孙兴公云:"潘文浅而净,陆文深而芜。"(《文学》第八十九则)

> 明帝问谢鲲:"君自谓何如庾亮?"答曰:"端委庙堂,使百僚准则,臣不如亮;一丘一壑,自谓过之。"(《品藻》第十七则)

谢鲲将庾亮与自己相比,认为虽然庾亮很有政治头脑,但是自己更能寄怀高远、放情山水,可谓各有胜场。品藻时多用此类对比,言语简短寓意却往往比较深远。而另一类饶有趣味的对比是根据士人们对于同一情景的不同表现或反映来一决其品流高下。

> 华歆、王朗俱乘船避难,有一人欲依附,歆辄难之。朗曰:"幸尚宽,何为不可?"后贼追至,王欲舍所携人。歆曰:"本所以疑,正为此耳。既已纳其自托,宁可以急相弃邪?"遂携拯如初。世以此定华、王之优劣。(《德行》第十三则)

这个片段可谓跌宕起伏,耐人寻味。既有华歆、王朗之间的对比,同时也有各人自身前后态度的对比。面对求救者的出现,华歆的态度让我们觉得他似乎很不近人情,比较冷漠;而王朗似乎更具爱心。但是当危情迫近时,我们才发现原来真君子乃华歆也,有远见且重义;而王朗前后不一,有始无终,终难成盛德之士。又如在

那个动荡的岁月,胆识与从容是十分受人崇拜的,由下例便知:

> 桓公伏甲设馔,广延朝士,因此欲诛谢安、王坦之。王甚遽,问谢曰:"当作何计?"谢神意不变,谓文度曰:"晋阼存亡,在此一行!"相与俱前。王之恐状,转见于色;谢之宽容,愈表于貌。望阶趋席,方作洛生咏,讽"浩浩洪流"。桓惮其旷远,乃趣解兵。王、谢旧齐名,于此始判优劣。(《雅量》第二十九则)

桓温企图杀害谢安和王坦之从而为代晋自立扫清障碍。这是生死攸关、千钧一发的时刻,既是对智慧的考验,更是对心理素质的考验。王坦之紧张溢于形貌,而谢安从容淡定,还若无其事底气十足地吟咏一番,其城府与度量可见一斑,是真正能独当一面的人。也有根据不同的处事方式来对比臧否的,如:

> 过江初,拜官舆饰供馔。羊曼拜丹阳尹,客来蚤者,并得佳设,日晏渐罄,不复及精。随客早晚,不问贵贱。羊固拜临海,竟日皆美供。虽晚至亦获盛馔。时论以固之丰华,不如曼之真率。(《雅量》第二十则)

晏,晚。虽然羊曼、羊固都是拜官请客,但是设宴的方式却截然不同。羊曼不问贵贱,随客早晚,日渐晚饭菜也渐尽,晚来的客人就赶不上吃精美的食物了。饭菜的粗精由时间早晚决定,与来客身份贵贱并无关系。而羊固不论早晚,都以美食招待客人,即使晚到,也可享受美味佳肴。在我们现在看来,羊固的做法似乎要合情理些,请客当然要一视同仁均待以美食,以显主人殷勤之意。但是,魏晋士人崇尚自然,更喜欢羊曼真率的做法,羊固虽准备得很是辛苦,但反倒似乎有点矫揉造作,有沽名钓誉的嫌疑,不及羊曼来得轻松自在。如此对比,我们便十分清楚地看到了魏晋人的审美倾向。

2. 通过个性化的言行来刻画人物

《世说新语》描绘了一个巨大的人物群像,个个栩栩如生、呼之欲出。上文讲到一代画师顾恺之有其自己独特的一套绘画理论与技巧,其中最重要的便是善于通过眼睛来表达人的神明。"顾长康画人,或数年不点目精。人问其故,顾曰:'四体妍蚩,本无关于妙处;传神写照,正在阿堵中。'"(《巧艺》第十三则)刘义庆等人可谓是深得其旨,《世说新语》能成为志人小说的高峰之作很大程度上得益于擅长抓住个性化的言行举止来展现一个人的神韵,有传神写照之笔力。

> 殷洪乔作豫章郡,临去,都下人因附百许函书。既至石头,悉掷水中,因祝曰:"沉者自沉,浮者自浮,殷洪乔不能作致书邮。"(《任诞》第三十一则)

这是成语"付诸洪乔"或"洪乔寄书"的来历。殷羡,字洪乔,曾经被任命为豫章太守,赴任辞行时,京城人托他捎信,共有一百多封,到了石头城,他竟然将所有信付诸流水,还煞有介事地说"沉者自沉,浮者自浮",大有听天由命、顺其自然的意味,"不能作致书邮"又为何要答应接受任务呢?似属无赖不义之举,可在魏晋士人看来这是率性之举,无所顾忌,任我独行,是名士的放诞风范。这种行为怕也只有放在殷羡身上才觉风趣,也就是说这是独属于殷羡的个性化举动,这个狂妄之举甚至让他留名史册。殷羡有一更有名的儿子,那就是清谈高手殷浩,提到他,相信大多读者便会想起"咄咄书空"的典故,故事原委可见《黜免》第三则。又如《任诞》第十二则:

> 诸阮皆能饮酒,仲容至宗人间共集,不复用常杯斟酌,以大瓮盛酒,围坐,相向大酌。时有群猪来饮,直接去上,便共饮之。

嗜酒本是魏晋风度之一,而诸阮竟用大瓮喝酒,实乃海量,更绝的是可以与群猪共饮！是魏晋风流也感染了猪,想做饮士,还是诸阮认为群猪与己志同道合,共饮无妨？未为可知。但可以清楚的是这种豪迈恐怕也只能是魏晋时候的诸阮所为,环境与个性使然也。

又如：

> 桓公卧语曰："作此寂寂,将为文、景所笑。"既而屈起坐曰："既不能流芳后世,亦不足复遗臭万载邪？"(《尤悔》第十三则)

"文"、"景",指的是晋文帝司马昭与晋景帝司马师,他们都曾专权曹魏,企图篡位。桓温意欲效法二人,他曾废帝司马奕为东海王,改立简文帝司马昱,有图谋代晋自立之野心。刘孝标注引《续晋阳秋》曰："桓温既以雄武专朝,任兼将相,其不臣之心,形于音迹。"桓温坦然感慨,不臣之心昭然若揭。但是为了建功立业,不惜遗臭万年,自是一种非凡气魄,一般人岂敢如此张狂。明人王世懋点评说："曲尽奸雄语态,然自非常人语。"

诸如此类,《世说新语》中俯拾皆是,如上文提到的"雪夜访戴"的王徽之,以屋室为裤的酒徒刘伶,忆鲈鱼追求适意的张翰等等。这些人物形象都以其鲜明的个性与独特的言行举止,让我们啧啧称叹,喜爱不已。

3.通过细节描写来刻画人物形象

虽然《世说新语》篇幅短小,但是有时为了更细腻地描绘人物,也会不吝笔墨地进行各种细节描写。

> 王、刘共在杭南,酣宴于桓子野家。谢镇西往尚书墓还,葬后三日反哭。诸人欲要之,初遣一信,犹未许,然已停车；重要,便回驾。诸人门外迎之,把臂便下。裁得脱帻著帽,酣宴半坐,乃觉未脱衰。(《任诞》第三十三则)

刘孝标注引宋明帝《文章志》：

> 尚性轻率,不拘细行。兄葬后往墓还。王濛、刘惔共游新亭,濛欲招尚,先以问惔曰:"计仁祖正当不为异同耳?"惔曰:"仁祖韵中自应来。"乃遣要之。尚初辞,然已无归意。及再请,即回轩焉。其率如此。

由此,我们不难看出《世说新语》的艺术技巧,《文章志》利用王濛、刘惔的对话来对谢尚进行侧面描写,整体上的描述也比较概括,形象感显然不及《世说新语》。"初遣一信,犹未许,然已停车;重要,便回驾","然已停车"这一具体动作的加入,已将谢尚内心的真实想法揭示了出来,后来"回驾"就是自然而然的事了。而更有意思的是后文几处细节描写,"把臂便下"毫无寒暄等繁缛礼节,"裁得脱帻著帽,酣宴半坐,乃觉未脱衰",只脱了头巾戴上帽子便开始畅饮,开怀许久之后才发现丧服都没有脱掉!可见多么迫不及待!连自己叔父谢衰的丧事都是如此对待,更别说其他礼法了。《世说新语》将事件具体化,从细处着眼,一针见血地将谢尚"韵中自应来"的率性而为、不顾礼制的本质特点展现了出来。

又如我们前文提到的《忿狷》第二则:

> 王蓝田性急。尝食鸡子,以箸刺之,不得,便大怒,举以掷地。鸡子于地圆转未止,仍下地以屐齿蹍之,又不得。瞋甚,复于地取内口中,啮破即吐之。王右军闻而大笑曰:"使安期有此性,犹当无一豪可论,况蓝田邪?"

一刺、一怒、一掷、一蹍、一瞋、一内(纳)、一啮、一吐,这一系列的动作描写,将王蓝田狷急难耐却欲速则不达的狼狈可爱貌淋漓尽致地展现了出来,似乎给读者呈现了一场颇有趣味的小品演出,令人捧腹。

4. 通过心理描写来刻画人物形象

心理描写一般带有作者的揣测或是虚构,所以,讲究实录精神的史传文学对此是比较谨慎的,以至受史传文学影响的中国古代早期的小说也很少有心理描写。直到明清白话小说,心理活动描写才趋于成熟。处于小说萌芽阶段的《世说新语》,心理描写也不太多,但亦可偶见之,如:

> 钟会撰《四本论》始毕,甚欲使嵇公一见。置怀中,既定,畏其难,怀不敢出,于户外遥掷,便回急走。(《文学》第五则)

"竹林七贤"之一的嵇康才华横溢,是当时文学界的权威。而钟会是怎样的人呢?其他姑且不论,只说十三岁的时候,跟哥哥钟毓一起去面见魏文帝,钟毓紧张得满脸都是汗,而钟会却面不改色,从容如平常(参见《言语》第十一则),其心理素质应该是很好的了。可是,就是这个人写篇《四本论》,"甚欲使嵇公一见",非常想得到嵇康的赏识,结果"畏其难",到了门口,又怕遭到发难反驳,只好从房外扔进去,然后灰溜溜地跑掉。"欲"与"畏",一方面反衬出嵇康卓尔不群、才学出众而又难以亲近的特点,另一方面揭露了钟会想卖弄才思而又心虚卑怯的心理。但是,钟会终究不是泛泛之辈,最后成为司马氏的腹心,并借机将嵇康处死,这其中多少有妒才的情绪。

当然,《世说新语》塑造人物形象的艺术手法是多样的,并不只是局限于以上四种,比如,利用侧面烘托的手法来表现人物:

> 潘岳妙有姿容,好神情。少时挟弹出洛阳道,妇人遇者,莫不连手共萦之。左太冲绝丑,亦复效岳游遨,于是群妪齐共乱唾之,委顿而返。(《容止》第七则)

首先这里有潘安与左思的容貌对比,但是编者对于各自形貌美丑并未做细致具体的描绘,而是从妇女们对两人不同的反应和态度这个侧面来写,趣味十足,妙不可言。还有偏向用各式各样的比喻来形容士人们的姿容,这在前文已有论及。

（二）语言艺术的特色

《世说新语》以记言为主，其中有清谈家的论辩之词，有士人们的品藻之语，而个性化的语言又是刻画人物的上好途径，同时，作者叙事笔调简练、讲究美感，所以文中妙语连珠，字字珠玑。鲁迅曾在《中国小说史略》中评价《世说新语》："记言则玄远冷俊，记行则高简瑰奇。"下面大体感受一下《世说新语》的语言特点。

1. 言简义丰

《世说新语》多是"丛残小语"，叙事时往往惜墨如金，却同样能给人以震撼，如：

> 王戎俭吝，其从子婚，与一单衣，后更责之。（《俭啬》第二则）

> 王戎有好李，卖之，恐人得其种，恒钻其核。（《俭啬》第四则）

虽然每则只有短短的十六个字，但是情节却很完整，有人物，有原因，有过程，有结果，还有细节描写"恒钻其核"，有心理描写"恐人得其种"，还有戏剧性的收场"后更责之"，将王戎吝啬的形象刻画得惟妙惟肖，可谓传神之笔。

将《世说新语》与其他文献资料相比，更能看出编者笔法的凝练。

> 陶公性检厉，勤于事。……（《政事》第十六则）

刘孝标注引《晋阳秋》：

> 侃练核庶事，勤务稼穑，虽戎陈武士，皆劝厉之。……

"性检厉，勤于事"，寥寥六字，就把陶侃的性格描绘了出来。更著名的是《文学》第十八则"三语掾"的故事，"将无同"仅仅三字便将魏晋时期老庄哲学与儒学的复杂关系给揭示了出来。

2. 形象生动

谈人物品藻时,我们提及《世说新语》好用比喻来形容一个人的形貌,如:

> 王右军见杜弘治,叹曰:"面如凝脂,眼如点漆,此神仙中人。"……(《容止》第二十六则)

比喻是一种富有创造性的修辞,它能使本体形象化、通俗化,甚至美化、高雅化,能充分调动读者的想象力,而对于抽象的事物、义理来说,这种效果表现得尤为明显。

> 孔融被收,中外惶怖。时融儿大者九岁,小者八岁。二儿故琢钉戏,了无遽容。融谓使者曰:"冀罪止于身,二儿可得全不?"儿徐进曰:"大人岂见覆巢之下,复有完卵乎?"寻亦收至。(《言语》第五则)

果然虎父无犬子,孔融之子虽年幼但有胆识有远见。"覆巢之下,复有完卵乎"形象地揭示出孔融一家将不可避免地面临灭门之灾,虽然连才智过人的孔融都希望能保全双儿,但他的儿子却看得非常明白透彻,并无丝毫侥幸心理。再来看比喻盛餐:

> 有问秀才:"吴旧姓何如?"答曰:"吴府君,圣王之老成,明时之俊乂;朱永长,理物之至德,清选之高望;严仲弼,九皋之鸣鹤,空谷之白驹;顾彦先,八音之琴瑟,五色之龙章;张威伯,岁寒之茂松,幽夜之逸光;陆士衡、士龙,鸿鹄之裴回,悬鼓之待槌。凡此诸君,以洪笔为钼耒,以纸札为良田,以玄默为稼穑,以义理为丰年,以谈论为英华,以忠恕为珍宝,著文章为锦绣,蕴五经为缯帛,坐谦虚为席荐,张义让为帷幕,行仁义为室宇,修道德为广宅。"(《赏誉》第二十则)

其中韵味,自不待言,可谓流光溢彩,叹为观止!

此外,《世说新语》中经常使用 AA 式或 AABB 式的形容词,有摹声的,也有拟态的,使语言富于节奏、跌宕起伏,既形象生动,又带来视听上的美感。如下面引文中加点的形容词：

> 嵇康身长七尺八寸，风姿特秀。见者叹曰："萧萧肃肃，爽朗清举。"或云："肃肃如松下风，高而徐引。"山公曰："嵇叔夜之为人也，岩岩若孤松之独立；其醉也，傀俄若玉山之将崩。"（《容止》第五则）

> 王丞相云："刁玄亮之察察，戴若思之岩岩，卞望之之峰距。"（《赏誉》第五十四则）

> 刘伶身长六尺，貌甚丑悴，而悠悠忽忽，土木形骸。（《容止》第十三则）

> 谢公云："见林公双眼，黯黯明黑。"孙兴公见林公，"棱棱露其爽。"（《容止》第三十七则）

还有大量联绵词的使用，如下面引文中加点的：

> 王武子、孙子荆各言其土地人物之美。王云："其地坦而平，其水淡而清，其人廉且贞。"孙云："其山崔巍以嵯峨，其水㳌渫而扬波，其人磊砢而英多。"（《言语》第二十四则）

这些词既有意蕴美更有形式美，正如《文学》第八十六则所言："卿试掷地，要作金石声。"

3. 意在言外

这里所说的"意在言外"又分三种情况。

其一，玄之又玄，奥妙莫测。《世说新语》被人称作是一部清谈之书，士人们好发玄远虚胜之言，充满着哲学思辨性。如：

> 王辅嗣弱冠诣裴徽，徽问曰："夫'无'者，诚万物之所资，圣人莫肯致言，而老子申之无已，何邪？"弼曰："圣人体'无'，'无'又不可以训，故言必及'有'；老、庄未免于'有'，恒训其所不足。"（《文学》第八则）

王弼所言涉及"有"、"无"问题，我们似能意味些许，但是又觉深不可测，颇值得玩味。魏晋时期，既要个性张扬，追求自我；又要挽救规则，维持社会，所以需要将老庄之学与儒学结合起来，而正是玄学的主要创始人王弼开始在哲学的高度将"有"与"无"结合起来，也就是儒道结合。王弼回答裴徽的话，"反映了他的玄学思想的基本立场。本来，'圣人'即孔子的学说完全不涉及道家所反复强调的'无'本体，孔孟之'道'与老庄之'道'亦非同道，王弼却提出'圣人体"无"'（以无为本），其不言'无'只是因为'"无"又不可以训'；相反的情况，是老、庄并不脱离'有'，只是他们总是注意到'有'的不足。总之，言'有'者未尝脱离'无'，言'无'者用心在救助'有'，故圣人之教与老庄之原理原非异趋"。这是骆玉明先生《世说新语精读》（复旦大学出版社 2007 年版）的观点，以供参考，大家大可仁者见仁，智者见智，不必拘泥于此。这就是所谓的"玄之又玄"，似无尽头。又：

> 客问乐令"旨不至"者。乐亦不复剖析文句，直以麈尾柄确几曰："至不？"客曰："至！"乐因又举麈尾曰："若至者，那得去？"于是客乃悟服。乐辞约而旨达，皆此类。（《文学》第十六则）

这场谈玄让读者有点摸不着头脑，真玄乎！余嘉锡《世说新语笺疏》（中华书局 1983 年版）于此加按：

> 《公孙龙子》有《指物论》，谓物莫非指，而指非指。《庄子·天下》篇载惠施之说曰"指不至，至不绝"，此客盖举《庄子》以问乐令也。陆德明《释文》引司马云："夫指之取物，不能自至，要假物，故至也。然假物由指不绝也……"夫理涉玄门，贵乎妙悟，稍参迹象，便落言筌。司马所注，诚不如乐令之超脱……

由此，我们才大概明白客询问的是《庄子·天下》"指不至"的义理，而乐令利用麈尾敲几的动作来予以阐释：手指触东西（如几），并非手指本身接触而需要假借于物（如麈尾）；接触东西需要假借物,那么离开也需要通过假借物的拿走而实现(若至者,那得去)。这似乎有点绕,在余嘉锡先生看来,我们这便是落言筌了,还是读者能自己顿悟最好。这些言外之意,没有背景注入,没有相关的哲学思辨,实难琢磨出一二,常引人深思,亦饶有兴味。

其二,一语双关,含而不露。士人们经常用这种语言或互相调侃,或暗送讽喻,或妙化险夷,不仅能使人见识士人们的机智才学,而且也欣赏了颇有情趣的言语。

> 谢公始有东山之志,后严命屡臻,势不获已,始就桓公司马。于时人有饷桓公药草,中有"远志"。公取以问谢:"此药又名'小草',何一物而有二称?"谢未即答。时郝隆在坐,应声答曰:"此甚易解。处则为远志,出则为小草。"谢甚有愧色。桓公目谢而笑曰:"郝参军此过乃不恶,亦极有会。"(《排调》第三十二则)

郝隆解释远志、小草是同一种药材,只是因"处"、"出"而异名,暗讽谢安隐居一事有始无终,先隐逸有远志,后变节出仕如小草般碌碌,声价大跌。如此双关之语,在场的三人皆心知肚明,谢安也就难免有惭愧之色了。又:

> 王公与朝士共饮酒,举瑠璃盌谓伯仁曰:"此盌腹殊空,谓之宝器,何邪?"答曰:"此盌英英,诚为清彻,所以为宝耳。"(《排调》第十四则)

瑠璃盌,即琉璃碗。王导以琉璃碗腹空嘲弄周顗虚有其表而内无实才,周顗亦不示弱,以琉璃之"英英(晶莹)"、"清彻"自比,双关加比喻,两人心意相通,相当雅致,若直接铺陈其事,则将索然寡味。又:

> 晋武帝既不悟太子之愚,必有传后意,诸名臣亦多献直言。帝尝在陵云台上坐,卫瓘在侧,欲申其怀,因如醉,跪帝前,以手抚床曰:"此坐可惜!"帝虽悟,因笑曰:"公醉邪?"

(《规箴》第七则)

卫瓘,仗着酒劲,以手抚摸晋武帝之坐榻,感叹"可惜",言外之意无非是想说帝位传给太子不合适,虽然武帝完全明白卫瓘原意,但他却故意避开话锋,来个顺水推舟,"公醉邪?"听了这话,捉摸着卫瓘也无言可对了。读者只要稍微留意,还能发现很多这样机敏而不动声色的唇舌较量。

其三,无声之言,意味无穷。先来看一个经典之例:

> 卫江州在寻阳,有知旧人投之,都不料理,唯饷"王不留行"一斤,此人得饷便命驾。李弘范闻之,曰:"家舅刻薄,乃复驱使草木。"(《俭啬》第六则)

卫展,有老朋友来投靠,不予照料,只给一斤草药——"王不留行",是叫旧友"顾名思义",赶紧离开,旧友倒也识趣,立即策马而去。客主不交一言,倒也省去了许多尴尬。真是无声胜有声。这种无声交流还被东方朔用来救过人:

> 汉武帝乳母尝于外犯事,帝欲申宪,乳母求救东方朔。朔曰:"此非唇舌所争,尔必望济者,将去时,但当屡顾帝,慎勿言,此或可万一冀耳。"乳母既至,朔亦侍侧,因谓曰:"汝痴耳!帝岂复忆汝乳哺时恩邪?"帝虽才雄心忍,亦深有情恋,乃凄然愍之,即敕免罪。(《规箴》第一则)

"屡顾帝"、"慎勿言",这招果然打动了汉武帝,最终饶恕乳母。猜想若乳母哭哭啼啼向汉武帝喊冤,甚或数落汉武帝不念哺乳之恩,那么汉武帝可能觉得乳母仗势欺人、不思悔改,会大为恼火,乳母要活命也是不可能的了;但是只回头看看汉武帝、不发一言的话,可能会使人感觉到乳母知罪并愿意接受惩罚,唯一不舍的就是曾经乳哺过的汉武帝,凄惨哀怜,但凡性情中人估计都难免为之所动吧。无声之言可以使人免于死难,其威力自不可小觑。又:

> 殷荆州有所识作赋,是束晳慢戏之流。殷甚以为有才,语

王恭:"适见新文,甚可观。"便于手巾函中出之。王读,殷笑之不自胜。王看竟,既不笑,亦不言好恶,但以如意帖之而已。殷怅然自失。(《雅量》第四十一则)

这一则写得非常生动有趣。殷仲堪很欣赏一个熟人的文章,兴致勃勃地拿给王恭看。细节描写"便于手巾函中出之",看得出殷仲堪把此文当成宝贝,还包裹了一番,王恭读的时候,他还喜不自胜,寻思就等着王恭发表英雄所见略同的感慨吧。结果,王恭看完,不笑也不说话,只是将如意放在文章上。此举真是讳莫如深啊,有人认为用"如意帖之",自然是取"如意"——满意之义。但是从殷仲堪"怅然自失"可见,王恭的反映与殷仲堪所期待的相去甚远。《言语》第七十二则也记载有类似状况:"王中郎令伏玄度、习凿齿论青、楚人物。临成,以示韩康伯。康伯都无言,王曰:'何故不言?'韩曰:'无可无不可。'"也许,王恭与韩康伯的心态是一样的:不置可否。这至少可以明白,在王恭看来,其文并不如殷仲堪所宣扬的那么美不胜言,可王恭又不愿直接用言语打击殷仲堪的高涨热情,以免使其难堪,这也是王恭雅量的体现。于是,我们发现"不言好恶"在无形之中倒是省去了许多麻烦。

4. 雅俗共赏

《世说新语》中雅言与俗语共存,相映成趣。

雅,既体现于作者遣词炼句之中,又表现在魏晋人物虚胜雅致的谈吐上。

郑玄家奴婢皆读书。尝使一婢,不称旨,将挞之。方自陈说,玄怒,使人曳箸泥中。须臾,复有一婢来,问曰:"胡为乎泥中?"答曰:"薄言往愬,逢彼之怒。"(《文学》第三则)

"胡为乎泥中"与"薄言往愬,逢彼之怒"皆出自《诗经·邶风》。奴婢竟然能脱口而出,恰到好处地用诗经打趣相戏。连婢女都能有如此雅趣,名士的生活情致就可想而知了。虽然记载的是

汉朝人事,但是相信这股雅风必波及魏晋,甚至愈演愈烈。从魏晋士人的谈吐便知:

> 顾悦与简文同年而发蚤白。简文曰:"卿何以先白?"对曰:"蒲柳之姿,望秋而落;松柏之质,经霜弥茂。"(《言语》第五十七则)

> 客有问陈季方:"足下家君太丘,有何功德,而荷天下重名?"季方曰:"吾家君譬如桂树生泰山之阿,上有万仞之高,下有不测之深;上为甘露所沾,下为渊泉所润。当斯之时,桂树焉知泰山之高、渊泉之深?不知有功德与无也!"(《德行》第七则)

> 蔡洪赴洛,洛中人问曰:"幕府初开,群公辟命,求英奇于仄陋,采贤俊于岩穴。君吴楚之士,亡国之余,有何异才而应斯举?"蔡答曰:"夜光之珠,不必出于孟津之河;盈握之璧,不必采于昆仑之山。大禹生于东夷,文王生于西羌。圣贤所出,何必常处?昔武王伐纣,迁顽民于洛邑,得无诸君是其苗裔乎?"(《言语》第二十二则)

> 诸名士共至洛水戏,还,乐令问王夷甫曰:"今日戏,乐乎?"王曰:"裴仆射善谈名理,混混有雅致;张茂先论《史》、《汉》,靡靡可听;我与王安丰说延陵、子房,亦超超玄著。"(《言语》第二十三则)

有工整对偶、文言雅词、隽永典故等等,流露出华美、庄重之彩。

俗,是指《世说新语》的口语化,使用了大量的方言口语词汇,如:阿堵、阿奴、何物、馨(或作"尔馨"、"如馨"、"宁馨")、方幅、小悉、小却、可念等等。《世说新语》载入大量口语词,至少有两个重要的意义:其一,注入了一股活力,使行文更加灵动,常给人耳目一新的感觉,真切地再现了当时说话人的语气与神态,使得语言更加亲切、自然。其二,王力先生《汉语史稿》(中华书局2004年版)有言:"古代一切用汉语写来的文字记载,对汉语史来说,都有作为资料的价值。但是,特别值得注意的是接近口语的作品……"《世说新语》作为接近口语的作品,具有鲜明的时代特点与地域特色,被称为中古汉语的"活化石",所以备受语言学家的重视。兹引几例:

> 何次道往丞相许,丞相以麈尾指坐,呼何共坐曰:"来,来,此是君坐。"(《赏誉》第五十九则)

王导十分器重何充(字次道),把他当做接替丞相之位的不二人选,"来,来,此是君坐",如家常之话,亲切至极,两人亲昵程度不言而喻。又:

> ……别日,温劝庾见陶,庾犹豫未能往。温曰:"溪狗我所悉,卿但见之,必无忧也。"庾风姿神貌,陶一见便改观,谈宴竟日,爱重顿至。(《容止》第二十三则)

> 褚公于章安令迁太尉记室参军,名字已显而位微,人未多识。公东出,乘估客船,送故吏数人,投钱唐亭住。尔时,吴兴沈充为县令,当送客过浙江。客出,亭吏驱公移牛屋下。潮水至,沈令起彷徨,问:"牛屋下是何物人?"吏云:"昨有一伧父来寄亭中,有尊贵客,权移之。"令有酒色,因遥问"伧父欲食饼不? 姓何等? 可共语?"褚因举手答曰:"河南褚季野。"……(《雅量》第十八则)

"溪狗"、"伧父"皆是蔑称,前者是南朝士大夫对江西九江、豫章一带人的辱骂之词,后者是南方人对北方人的鄙称。试想若将这两个口语词换成文雅的书面词语,温峤与亭吏怕是搜肠刮肚也难找出完全与之对应的词来表达他们各自的情绪,只有用这个方言词才够味够爽,这种感觉对于方言区会讲普通话的读者来说应该深有体会。陶侃名望威重,温峤自然无意冒犯,而直呼"溪狗",

无非是以贬低陶侃的方式来让犹豫不决的庾亮放轻松,给予他心理暗示:这个家伙(陶侃)我很了解,没什么大不了的。而亭吏前一"伧父",后一"尊贵客",鲜明对比,献媚讨好的形象显露无遗。仅仅两个口语词就表达了如此丰富的情感,那么口语化创作倾向对《世说新语》整体的增色效果就不需烦言了。

对于《世说新语》的文学成就,我们只谈了人物的刻画与语言的艺术,但是,作为一部志人小说的圭臬,其成就远不止于此,比如还有炉火纯青的修辞艺术,其涉及的辞格有比喻、夸张、对比、双关、对偶、用典、设问、反问、排比、借代、顶针、拈连等等,甚易体会,不予赘述。

而《世说新语》对中国文学的影响不可谓不深远。

首先,作为魏晋南北朝志人小说的代表作,《世说新语》为中国文言小说开创了独特的编撰体例和记述方式,不仅对后世散文和小说的创作产生了深刻影响,还标志着一种新文体的诞生——"世说体"。唐宋以来,"世说体"续仿之作层出不穷,大致说来,唐有刘肃的《大唐新语》、王方庆的《续世说新书》,宋有王谠的《唐语林》、孔平仲的《续世说》,明有何良俊的《何氏语林》、李绍文的《明世说新语》、焦竑的《焦氏类林》等,清有王晫的《今世说》,至民国初年有易宗夔的《新世说》等等。然而,尽管后世狂热追慕而续仿不辍,但都无法复制《世说新语》的神韵与特有的风度,更反衬出《世说新语》独一无二、不可取代的魅力。

其次,《世说新语》所记录的魏晋时期的人物品题对我国美学和文艺批评产生了巨大影响。宗白华先生在《论〈世说新语〉和晋人的美》(安徽教育出版社 1994 年版)一文中指出:"中国美学竟是出发于'人物品藻'之美学。美的概念、范畴、形容词,发源于人格美的评赏。'君子比德于玉',中国人对于人格美的爱赏渊源极早,而品藻人物的空气,已盛行于汉末。到'世说新语时代'则登峰造极了。"又说:"中国艺术和文学批评的名著,谢赫的《画品》,袁昂、庾肩吾的《画品》,钟嵘的《诗品》,刘勰的《文心雕龙》,都产生在这热闹的品藻人物的空气中。后来唐代司空图的《二十四诗品》,乃集我国美感范畴之大成。"王能宪先生《世说新语研究》(江苏古籍出版社1992年版)分析,魏晋人物品题对我国美学与文艺批评的影响主要在于两点:一是"概念的移用",将人物品题的概念移用到美学或文艺批评领域,这类相关的语汇或范畴有风骨、风气、风神、风韵、风范、骨气、清远、清通、清婉、玄远、高远、淡远、情致、才情、淹通、简畅等等;二是"流品的划分","人物品题对人物流品优劣的划分也直接影响到后来的文艺批评",如南朝钟嵘的《诗品》,把从汉至南朝梁一百二十多位诗人分为上中下三品,或是像司空图《二十四诗品》一样分成不同的品类风格,并不一定有等级优劣之分,而这些都是与人物品题一脉相承的。

此外,《世说新语》的语言风格对后世影响深远,隽永生动、富含哲理,使人玩味不止,回味无穷,其中许多逐渐凝练为成语或典故,很多学者对此有所归纳,我们选取些大家常见的:难兄难弟(《德行》第八则,本意与现在常用义有很大不同,读者阅读时应注意),期期艾艾(《言语》第十七则),吴牛喘月(《言语》第二十则),新亭对泣(《言语》第三十一则),无可无不可(《言语》第七十二则),七步赋诗(《文学》第六十六则),洛阳纸贵(《文学》第七十九则),掷地金声(《文学》第八十六则),东床快婿(《雅量》第十九则),扪虱而谈(《雅量》第二十二则),秋风鲈鱼(《识鉴》第十则),老生常谈(《规箴》第六则),唾壶击缺(《豪爽》第四则),床头捉刀(《容止》第一则),鹤立鸡群(《容止》第十一则),洪乔寄书(《任诞》第三十一则),一往情深(《任诞》第四十二则)等等。稽《世说》之典,作诗赋词,后世文人更是乐此不疲,在此我们但各取李白、辛弃疾两例用典的情况。

李白：

《玉壶吟》：烈士击玉壶，壮心惜暮年。——王敦击缺唾壶事（《豪爽》第四则）

《留别广陵诸公》：临醉谢葛强，山公欲倒鞭。——山简醉酒事（《任诞》第十九则）

辛弃疾：

《水龙吟》：休说鲈鱼堪脍，尽西风，季鹰归未？——张翰秋风鲈鱼事（《识鉴》第十则）

《贺新郎》：翁比渠侬人谁好，是我常、与我周旋久。宁作我，一杯酒。——殷浩自辩之词（《品藻》第三十五则）

五　校注说明

（一）本书原文以上海书店1989年（据商务印书馆1926年重印本）出版的《四部丛刊》初编之《世说新语》为底本，以简体字横排。

（二）本书原文以下列版本参校：

1. 余嘉锡：《世说新语笺疏》，中华书局1983年版。
2. 徐震堮：《世说新语校笺》，中华书局1984年版。
3. 杨勇：《世说新语校笺》（修订本），中华书局2006年版。

（三）本书注释部分除参考以上专著外，还参考了以下各书：

1. 李毓芙：《世说新语新注》，山东教育出版社1989年版。
2. 许绍早：《世说新语译注》，吉林教育出版社1989年版。
3. 萧艾：《世说探幽》，湖南出版社1992年版。
4. 张永言主编：《世说新语辞典》，四川人民出版社1992年版。
5. 张万起编：《世说新语词典》，商务印书馆1993年版。
6. 吴金华：《世说新语考释》，安徽教育出版社1994年版。

7. 张㧑之:《世说新语译注》,上海古籍出版社 1996 年版。

8. 张万起、刘尚慈:《世说新语译注》,中华书局 1998 年版。

9. 王建设:《世说新语选译新注》,社会科学文献出版社 2004 年版。

(四)底本中的脱文、衍文,尽量保存原貌,凡据参校本补、删者,在注释中加以说明。

(五)底本中的古体字、异体字,其常用者直接改作今体,不常用者仍存古貌。

(六)本书注释重在解析字词、语汇,或存异本、异说,读者可以择善而从。

(七)同门注释尽量避免重复,如有必要,采取互见方式。

德行第一

1.陈仲举言为士则①,行为世范②,登车揽辔③,有澄清天下之志④。为豫章太守⑤,至,便问徐孺子所在⑥,欲先看之。主簿白⑦:"群情欲府君先入廨⑧。"陈曰:"武王式商容之闾⑨,席不暇暖⑩,吾之礼贤,有何不可?"

[注释]①陈仲举:陈蕃,字仲举,东汉汝南平舆(今河南省平舆)人,少有大志,曾言"大丈夫当为国家扫天下",官至太傅。则:准则,榜样。 ②世:指世人。范:模范。本句与前句互文。 ③登车揽辔:指初入仕途。汉时朝廷征召士人为官,公车传送。辔(pèi):驾驭牲口的嚼子和缰绳。 ④澄清天下:指使天下太平。东汉末国势板荡,社会动乱,故云。 ⑤豫章:汉郡名,治所在今江西省南昌市。太守:官职名,汉时指一郡的行政长官。 ⑥徐孺子:徐稚,字孺子,东汉豫章人,征辟不就,隐居自给。所在:住的地方。 ⑦主簿:官名,掌管文书事务,为太守属官。白:说。 ⑧群情:大家的意思。府君:对太守的尊称。廨(xiè):官署,旧时官吏办公地方的通称。这句的意思是下属希望陈仲举先到官衙去。 ⑨武王:周武王,姬姓,名发,起兵伐纣,灭商立周。式:通"轼",车前横木,此处作动词,双手扶轼,表示恭敬。商容:商纣时贤臣,为纣王所贬。闾:乡间,居住的地方。 ⑩席不暇暖:本指事务繁忙,连坐席都坐不热,此指周武王求贤若渴。

2.周子居常云①:"吾时月不见黄叔度②,则鄙吝之心已复生矣③!"

[注释]①周子居:周乘,字子居,东汉汝南安城(今河南省汝南东南)人,与陈仲举、黄叔度友善。 ②时月:指一段时间。黄叔度:黄宪,字叔度,东汉汝南慎阳(今河南省正阳)人,与周子居同举孝廉,以学、行著称。 ③鄙吝之心:鄙俗贪婪的情怀。

3.郭林宗至汝南①,造袁奉高②,车不停轨③,鸾不辍轭④,诣黄叔度⑤,乃弥日信宿⑥。人问其故,林宗曰:"叔度汪汪如万顷之陂⑦,澄之不清⑧,扰之不浊⑨,其器深广难测量也⑩。"

[注释]①郭林宗:郭泰,字林宗,东汉太原介休(今山西省介休)人,贫而志洁,有司征辟,以疾辞。汝南:汉郡名,治平舆(今河南省平舆北)。 ②造:拜访。袁奉高:袁阆,字奉高,汝南人。 ③轨:车两轮间的距离,此指车轮。 ④鸾:神话中凤凰一类的鸟,仙人常驾之,这里借指马。辍轭(è):解下套在马颈上的曲木。③④两句意思是不作长时间停留。 ⑤诣:拜访。黄叔度:见本门2注②。 ⑥弥日:终日,整天。信宿:再宿,住两晚。 ⑦汪汪:水势浩渺的样子。顷(qǐng):百亩。陂(bēi):水泽。 ⑧澄(dèng):使水中杂质沉淀下去。 ⑨扰:搅动。 ⑩器:器量,度量。

4.李元礼风格秀整①,高自标持②,欲以天下名教是非为己任③。后进之士有升其堂者④,皆以为登龙门⑤。

[注释]①李元礼:李膺,字元礼,东汉襄城(今河南省襄城)人,有品节,汉末参与谋诛宦官之事,事败被害。风格:作风品格。秀整:秀美整饬。 ②高自标持:对自己要求很高。标持:把守。 ③名教:以"三纲"、"五常"等道德伦理为主要内容的封建礼教。 ④升其堂:登上他的正厅,喻指与他结

交。 ⑤登龙门:传说鲤鱼跳上龙门后即化为龙,比喻人身份地位的变化。《太平广记》卷四六六引《三秦记》:"……龙门之下,每岁季春有黄鲤鱼,自海及诸川争来赴之。一岁中,登龙门者,不过七十二。初登龙门,即有云雨随之,天火自后烧其尾,乃化为龙矣。"龙门,即禹门口,在山西河津西北陕西韩城市东北,黄河至此,两岸峭壁对峙,形如门阙,故名。

5. 李元礼尝叹荀淑、钟皓曰①:"荀君清识难尚②,钟君至德可师③。"

[注释]①尝:曾经。叹:赞赏。荀淑:字季和,东汉颍川颍阴(治所在今河南许昌)人,博学高行。钟皓:字季明,东汉颍川长社(今河南长葛西)人,隐居密山,广授门徒,与陈寔(shí)、荀淑、韩韶并称"颍川四长"。 ②清识:高明的见识。尚:超过。 ③至德:至高的品德。师:仿效,学习。

6. 陈太丘诣荀朗陵①,贫俭无仆役,乃使元方将车②,季方持杖后从③,长文尚小④,载箸车中。既至⑤,荀使叔慈应门⑥,慈明行酒⑦,余六龙下食⑧。文若亦小⑨,坐箸膝前。于时太史奏⑩:"真人东行⑪。"

[注释]①陈太丘:陈寔,字仲弓,东汉颍川许(今河南许昌)人,曾官太丘(县名,治所在今河南永城西北)长,故称。荀朗陵:荀淑,曾任朗陵侯相,故称。荀淑:见本门5注①。 ②元方:陈纪,字元方,陈寔长子。将车:驾车。 ③季方:陈谌,字季方,陈寔少子。后从:跟在后面。 ④长文:陈群,字长文,陈寔孙子。 ⑤既至:到了以后。 ⑥荀:指荀淑。叔慈:荀淑第三子,名靖,字叔慈。应门:在门口迎接。 ⑦慈明:荀淑第六子,名爽,字慈明。行酒:依次斟酒。 ⑧余六龙:指靖、爽以外的六个儿子。荀淑有八个儿子,都有才能,时时称为"八龙",依次是俭、鲲、靖、焘、汪、爽、肃、敷。下食:上菜。 ⑨文若:荀淑之孙,荀鲲之子,名彧,字文若。 ⑩于时:正在这时。太史:掌管天文历法的官员。 ⑪真人:有才德的人。这句的意思是说,陈寔拜访

荀淑之事,上感天象,德星聚集,为太史察见并记录。按:这里明显有作者虚构的成分。

7. 客有问陈季方①:"足下家君太丘②,有何功德,而荷天下重名③?"季方曰:"吾家君譬如桂树生泰山之阿④,上有万仞之高⑤,下有不测之深⑥;上为甘露所沾⑦,下为渊泉所润⑧。当斯之时⑨,桂树焉知泰山之高、渊泉之深?不知有功德与无也!"

[注释]①客:人。陈季方:见本门6注③。 ②足下:对人的敬称。家君:《易·家人》:"家人有严君焉,父母之谓也。"后称父亲为家君、严君或家严。太丘:见本门6注①。 ③荷(hè):负,拥有。重名:厚重的名望。 ④泰山:五岳中的东岳,在今山东省泰安市。阿:大的丘陵。 ⑤万仞:极言其高。仞:古代长度单位,周制八尺为一仞,汉制七尺为一仞。 ⑥不测:不可测量。 ⑦沾:滋润。 ⑧渊泉:深泉。 ⑨斯:这,此。

8. 陈元方子长文①,有英才,与季方子孝先各论其父功德②,争之不能决,咨于太丘③,太丘曰:"元方难为兄④,季方难为弟⑤。"

[注释]①陈元方:见本门6注②。长文:见本门6注④。 ②季方:见本门6注③。孝先:陈忠,字孝先。论:争论。 ③咨:询问。太丘:见本门6注①。 ④难为:很难说是。④⑤两句中的兄、弟此指才德方面的高下。这两句的意思是元方、季方才德相当,难分高下。一作"元方难为弟,季方难为兄"。

9. 荀巨伯远看友人疾①,值胡贼攻郡②。友人语巨伯曰③:"吾今死矣!子可去④。"巨伯曰:"远来相视,子令吾去,败义以求生⑤,岂荀巨伯所行邪!"贼既至,谓巨伯曰:"大军至,一郡尽空,汝何男子,而敢独止?"巨伯曰:"友人有疾,不忍委之⑥,宁以我身代友人命。"贼相谓曰⑦:"我辈无义之人,而入有义之国⑧。"遂班军而还⑨,一郡并获全⑩。

[注释]①荀巨伯:东汉桓帝时颍川(今河南许昌)人,生平不详。远看友人疾:老远地去看望生病的朋友。 ②值:正碰上。胡:古代对北方少数民族的称呼。贼:强盗,这里指北方少数民族军队。 ③语(yù)……曰:对……说。 ④去:离开,逃离。 ⑤败义:败坏道义。 ⑥委:抛弃。 ⑦相谓曰:相互之间说。 ⑧国:地方。 ⑨班军:退军。 ⑩并:一起。获全:获得保全。

10. 华歆遇子弟甚整①,虽闲室之内严若朝典②。陈元方兄弟恣柔爱之道③,而二门之里④,两不失雍熙之轨焉⑤。

[注释]①华歆(xīn):字子鱼,东汉平原高唐(今山东省高唐)人。遇:对待。甚整:很严整。 ②虽:即使。闲室:这里指非正式场合。严:一作"俨"(yǎn),恭敬庄重。朝典:朝廷的仪典。 ③陈元方:见本门6注②。恣(zì):放任。柔爱之道:指温柔亲切的家庭氛围。 ④二门:内门,指家庭内部。 ⑤两:指华、陈两家。失:错失,破坏。雍熙之轨:和乐之道。

11. 管宁、华歆共园中锄菜①,见地有片金,管挥锄与瓦石不异②,华捉而掷去之③。又尝同席读书④,有乘轩冕过门者⑤,宁读如故,歆废书出看⑥。宁割席分坐⑦,曰:"子非吾友也。"

[注释]①管宁:字幼安,东汉北海朱虚(今山东省临朐)人,齐相管仲之后,与华歆、邴原为友。征辟不就,后以讲学为生。华歆:见本门10注①。

共:一起。 ②挥锄与瓦石不异:看见金子就像看见瓦石一样,照样挥锄如故。 ③捉:捡拾。掷去:扔了。这句的意思是说华歆还是有些心动。 ④席:坐具,古人以席铺地而坐。 ⑤轩冕:车和礼帽,这里是指穿礼服乘车。 ⑥废书:放下书。 ⑦割席:割开席子。后世以"割席"指绝交,典故出于此。

12. 王朗每以识度推华歆①。歆蜡日尝集子侄燕饮②,王亦学之。有人向张华说此事③,张曰:"王之学华,皆是形骸之外④,去之所以更远⑤。"

[注释]①王朗:字景兴,东海郯(tán)(今山东省郯城)人。识度:识见器度。推:推重。华歆:见本门10注①。 ②蜡(zhà)日:周代十二月祭祀百神之日。《礼记·郊特牲》:"蜡,索也。岁十二月,合聚万物而索飨之。""蜡日"也称"腊日",南朝梁宗懔《荆楚岁时记》称"十二月八日为腊日",后世遂称"腊八节"。燕饮:宴饮。 ③张华:字茂先,范阳方城(治所在今河北省固安)人,博学能文,著有《博物志》,后为赵王伦所害。 ④形骸:形体。"形骸之外"指表面化的东西。 ⑤去:距离,落后。

13. 华歆、王朗俱乘船避难①,有一人欲依附②,歆辄难之③。朗曰:"幸尚宽④,何为不可?"后贼追至,王欲舍所携人⑤。歆曰:"本所以疑⑥,正为此耳⑦。既已纳其自托⑧,宁可以急相弃邪⑨?"遂携拯如初⑩。世以此定华、王之优劣⑪。

[注释]①华歆:见本门10注①。王朗:见本门12注①。 ②依附:指搭乘其船。 ③辄(zhé):多次。难:为难,拒绝。 ④幸尚宽:指船幸好还有宽余的地方。 ⑤舍:丢弃。 ⑥本:本来,原来。所以:……的原因。疑:迟疑,犹豫。 ⑥⑦两句的意思是说,当初之所以不愿意载他,正是考虑到强盗追赶上来后不能相顾。 ⑧纳:接纳。自托:将自己托付给别人。 ⑨宁:难道。可:可以。以:因为。 ⑩拯:救助。 ⑪定:判定。

14.王祥事后母朱夫人甚谨①。家有一李树,结子殊好②,母恒使守之③。时风雨忽至,祥抱树而泣。祥尝在别床眠④,母自往暗斫之⑤,值祥私起⑥,空斫得被⑦。既还⑧,知母憾之不已⑨,因跪前请死⑩。母于是感悟⑪,爱之如己子。

[注释]①王祥:字休徵,晋琅邪临沂(治所在今山东省临沂北)人,古代著名孝子,被列为"二十四孝"之一。事:事奉。谨:恭敬小心。 ②结子:结的果子。 ③恒:经常,总是。 ④尝:曾经。别床:另外一张床。 ⑤暗:偷偷地。斫(zhuó):砍。 ⑥值:碰巧。私起:起床小便。 ⑦空斫得被:指没砍到人,砍在被子上。 ⑧既还:指王祥小便回来。 ⑨憾之不已:指因没砍到人而恨之不已。 ⑩请死:领死。 ⑪感悟:感动悔悟。

15.晋文王称①:"阮嗣宗至慎②,每与之言③,言皆玄远④,未尝臧否人物⑤。"

[注释]①晋文王:司马昭,字子上,温县(今河南省温县)人,司马懿次子,曹魏时专权,其子司马炎篡魏后尊之为文皇帝。称:宣称,说。 ②阮(ruǎn)嗣宗:阮籍,字嗣宗,三国魏陈留尉氏(今河南省尉氏)人,志气宏放,任性不羁,博览群书,尤好老庄,善弹琴,嗜酒,常以醉避事,"竹林七贤"之一。至慎:非常谨慎。 ③每:每次。言:言谈,谈话。 ④言皆玄远:言语都玄妙深远。 ⑤未尝:从不。臧(zāng)否(pǐ):褒贬。人物:人和事。

16.王戎云①:"与嵇康居二十年②,未尝见其喜愠之色③。"

[注释]①王戎:字濬冲,晋琅邪临沂(治所在今山东省临沂北)人,与阮籍、嵇康等为友,"竹林七贤"之一。 ②嵇康:字叔夜,魏谯(qiáo)国铚(zhì)

(今安徽省宿州西南)人,博学多闻,与东平吕安友善,后受吕安牵连下狱遇害。居:在一起。　③喜愠(yùn)之色:喜怒的表情。

17. 王戎、和峤同时遭大丧①,俱以孝称②。王鸡骨支床③,和哭泣备礼④。武帝谓刘仲雄曰⑤:"卿数省王、和不⑥?闻和哀苦过礼⑦,使人忧之。"仲雄曰:"和峤虽备礼⑧,神气不损;王戎虽不备礼,而哀毁骨立⑨。臣以和峤生孝⑩,王戎死孝⑪。陛下不应忧峤,而应忧戎。"

[注释]①王戎:见本门16注①。和峤(qiáo):字长舆,晋汝南西平(今河南省西平)人,家业富有,然性吝啬。大丧:父亲或母亲过世。据《晋书·王戎传》载,王戎遭母忧,时和峤居父丧。　②称:著称,闻名。　③鸡骨:形容极瘦。支:靠。床:坐具。　④哭泣备礼:哭泣尽哀,符合礼仪制度的要求。按:《礼记》等典籍中,对哭丧有细致的礼仪规定。　⑤武帝:晋武帝司马炎。刘仲雄:刘毅,字仲雄,东莱掖(今山东省掖县)人,有孝行。　⑥数(shuò):多次。省(xǐng):看望。不:同"否"。　⑦过礼:超过礼仪制度的要求。⑧备礼:准合礼法。　⑨哀毁骨立:哀痛损伤身体,使人瘦得只剩骨头。⑩⑪两句的意思是说,和峤的孝有节制,不伤身体,而王戎的孝无节制,不顾性命。

18. 梁王、赵王①,国之近属②,贵重当时③。裴令公岁请二国租钱数百万④,以恤中表之贫者⑤。或讥之曰⑥:"何以乞物行惠⑦?"裴曰:"损有余,补不足,天之道也⑧。"

[注释]①梁王:司马懿之子,名肜(tóng),字子徽,封梁王。赵王:司马懿之子,名伦,封赵王。　②国之近属:帝室的亲属,梁王、赵王都是晋武帝司马炎的叔父。　③贵重当时:在当时是高贵而重要的人物。　④裴令公:裴楷,字叔则,晋闻喜(今山西省闻喜)人,有识量,精通《老子》《周易》,官至中

书令,故称"令公"。岁:每年。请:请求。二国租钱:指梁、赵的税收。 ⑤恤(xù):救济。中表:中表亲戚,姑母、姨母、舅父的儿女。 ⑥或:有人。讥:嘲笑。 ⑦何以:为什么。乞物:乞讨东西。行惠:施行恩惠,此指帮助别人。 ⑧"损有余,补不足,天之道也"三句,语出《老子》:"天之道,损有余而补不足。人之道,则不然,损不足以奉有余。孰能有余以奉天下?唯有道者。"损:减。道:道理,法则。

19. 王戎云①:"太保居在正始中②,不在能言之流③。及与之言,理中清远④。将无以德掩其言⑤?"

[注释]①王戎:见本门16注①。 ②太保:指王祥,王祥官至太保,故称,王戎是他的同族晚辈。居:一作"君",当是"君"之误。正始:三国魏齐王曹芳年号(公元240~248年)。 ③能言:擅玄言清谈,按魏晋之际,士人崇老庄之学,好空谈玄理,称"清谈"或"清言"。何晏、王弼、夏侯玄等开此风气。 ④理中(zhòng):切合玄理。清远:高雅脱俗。 ⑤将(qiāng)无:莫非,表测度语气。以德掩其言:指德行更高显,掩盖其清谈。

20. 王安丰遭艰①,至性过人②。裴令往吊之③,曰:"若使一恸果能伤人④,濬冲必不免灭性之讥⑤。"

[注释]①王安丰:王戎,他曾封安丰侯,故称。遭艰:居父母丧。 ②至性:纯厚的性情,此指孝心。 ③裴令:见本门18注④。吊:吊唁。 ④恸(tòng):哀痛。 ⑤濬冲:王戎的字。灭性之讥:居父母丧悲哀过度,以致危害身体,是礼仪制度所不提倡的,所以王戎说如果巨大的哀恸真能伤身体,他就违反礼仪制度,要遭到讥议了。

21. 王戎父浑①,有令名②,官至凉州刺史③。浑薨④,所历九郡义故⑤,怀其德惠⑥,相率致赗数百万⑦。戎悉不受⑧。

[注释]①王戎:见本门16注①。浑:王浑,字长原,历任尚书、凉州刺史等职。 ②令名:好的名望。 ③凉州:州名,治所在姑臧(今甘肃武威)。刺史:官名,汉武帝时设,地位低于郡守,但以六条诏书监察地方官。成帝时改称州牧,后又复称刺史,三国至南北朝各州刺史多由都督兼任,加将军号,权力很大。 ④薨(hōng):周时诸侯死称"薨",后世三公官死亦称"薨"。 ⑤所历:所交往过的。九郡:指凉州统辖的区域。按:"九"当为"八"之误,据《晋书·地理志》载,凉州统八郡,即金城、西平、武威、张掖、西郡、酒泉、敦煌、西海。义故:义从(晋时州郡自募兵部)与故吏。 ⑥怀其德惠:感念他的道德和惠行。 ⑦相率:一起。赙(fù):以财物助人办丧事。 ⑧悉:全。

22.刘道真尝为徒①,扶风王骏以五百匹布赎之②,既而用为从事中郎③。当时以为美事。

[注释]①刘道真:刘宝,字道真,高平人。徒:服劳役的犯人。 ②骏:司马骏,字子臧,司马懿之子,封扶风王。赎:古代法律允许的以财物抵消对犯人的惩罚。 ③既而:不久以后。从事中郎:州刺史或将帅的幕僚。

23.王平子、胡毋彦国诸人①,皆以任放为达②,或有裸体者③。乐广笑曰④:"名教中自有乐地⑤,何为乃尔也⑥?"

[注释]①王平子:王澄,字平子,晋琅邪临沂(治所在今山东省临沂北)人,官至荆州刺史。胡毋彦国:胡毋辅之,字彦国,晋泰山郡奉高县(治所在今山东省泰安市东北)人,官至湘州刺史。 ②任放:任性放纵,略无约束。按:此为魏晋名士风度之一。 ③或:甚或,甚至。 ④乐(yuè)广:字彦辅,晋南阳淯(yù)阳(今河南省南阳市)人。笑:嘲笑。 ⑤名教:礼教,见本门4注③。乐地:快乐的地方。 ⑥何为:为何。乃尔:如此,竟这样。

24.郗公值永嘉丧乱①,在乡里甚穷馁②。乡人以公名德,传共饴之③。公常携兄子迈及外甥周翼二小儿往食④。乡人曰:"各自饥困,以君之贤,欲共济君耳⑤,恐不能兼有所存⑥。"公于是独往食,辄含饭箸两颊边⑦,还,吐与二儿。后并得存⑧,同过江⑨。郗公亡,翼为剡县⑩,解职归⑪,席苫于公灵床头⑫,心丧终三年⑬。

[注释]①郗(xī)公:郗鉴,字道徽,晋高平金乡(今山东省金乡)人,以儒雅著称。值:碰上,遭遇。永嘉丧乱:永嘉(晋怀帝年号,公元307~312年)五年,刘聪遣石勒歼灭晋军十余万人于苦县宁平(今河南鹿邑西南),俘杀太尉王衍等。同年,派刘曜率军攻破晋都洛阳,俘怀帝,杀王公士民三万余人,史称这一时期为"永嘉之乱"。 ②穷馁(něi):穷困饥饿。 ③传:轮传,一个接一个。共:一起。饴(sì):通"饲",供养。 ④迈:郗迈,字思远。周翼:字子卿。 ⑤济:救济,帮助。耳:语气词。 ⑥恐不能兼有所存:意思是不能兼顾所有的人。 ⑦辄:经常。箸(zhuó):置于。 ⑧后并得存:后来一起得以存活下来。 ⑨过江:"江"指长江,永嘉之乱后数年,西晋灭亡,东晋建立,中原士大夫相继渡江归附。 ⑩翼为剡(shàn)县:周翼做了剡县(今浙江省嵊州)令。 ⑪解职归:辞职回来。 ⑫席:席子,此用为动词,铺的意思。苫(shān):草席。灵床:停放尸体的床,此指灵位。 ⑬心丧:古丧礼,亲人去世,晚辈内心悲痛,称"心丧"。终:满。

25.顾荣在洛阳①,尝应人请②,觉行炙人有欲炙之色③,因辍己施焉④,同坐嗤之⑤。荣曰:"岂有终日执之,而不知其味者乎?"后遭乱渡江⑥,每经危急,常有一人左右己⑦。问其所以⑧,乃受炙人也。

[注释]①顾荣:字彦先,吴郡(治所在吴县,今江苏省苏州市)人。曾仕吴,吴亡后入洛阳,仕晋,永嘉之乱后复归吴。与陆机、陆云兄弟被称为"三俊"。 ②应人请:赴别人的宴请。 ③行炙(zhì)人:传送烤肉的人,侍者。欲炙之色:想吃烤肉的神色。 ④因:于是。辍(chuò):停止。施:给。焉:

之。此句的意思是将自己的烤肉给侍者吃。　⑤同坐:同席的人。坐:通"座"。嗤(chī):讥笑。　⑥遭乱渡江:指遭永嘉之乱后渡江南下。详见本门24注①和注⑨。　⑦左右己:意思是帮助自己。　⑧所以:(帮助自己的)缘由。

26. 祖光禄少孤贫①,性至孝,常自为母炊爨作食②。王平北闻其佳名③,以两婢饷之④,因取为中郎⑤。有人戏之者曰⑥:"奴价倍婢⑦。"祖云:"百里奚亦何必轻于五羖之皮邪⑧?"

[注释]①祖光禄:祖纳,字士言,范阳(今河北省涿州)人,九世孝廉,官至光禄大夫,故称。孤:幼年丧父。　②炊爨(cuàn)作食:烧火做饭。爨:灶。　③王平北:王乂(yì),字叔元,琅邪临沂(今山东省临沂北)人,曾官平北将军,故称。佳名:好名声,此指其孝。　④婢(bì):女奴,古代罪人的眷属没入官为婢,后用来通称受役使的女子。饷(xiǎng):赠送。　⑤因:于是,继而。取:录用。中郎:东晋诸公府或将军府的属官。　⑥戏:戏弄,调侃。⑦奴价倍婢:奴仆的价格是婢女的一倍。此句的意思是奚落祖纳,说王乂用两个婢女换了他为奴。　⑧百里奚:春秋时楚国人,字井伯(一作凡伯),虞大夫,晋灭虞,百里奚被俘。后来晋嫁女与秦穆公,百里奚为陪嫁奴仆,以为辱而逃,为楚人捉拿。秦穆公闻其贤,以五张羖皮赎之,后用为大夫,人称"五羖大夫"。后百里奚助秦穆公建立霸业。何必:怎么会。轻:自轻,自卑。羖(gǔ):黑色的公羊。此句是祖纳以百里奚自况。

27. 周镇罢临川郡①,还都②,未及上③,住泊青溪渚④,王丞相往看之⑤。时夏月,暴雨卒至⑥,舫至狭小⑦,而又大漏⑧,殆无复坐处⑨。王曰:"胡威之清⑩,何以过此?"即启用为吴兴郡⑪。

[注释]①周镇:字康时,晋陈留尉氏(今河南省尉氏)人,清约寡欲,为官

有异绩。罢临川郡:被免除临川(今江西抚州西)郡守的职务。　②还都:回都城建康(今江苏省南京市)。　③未及上:还没离船上岸。　④住泊:泊舟。住:通"驻"。青溪渚:水名,吴赤乌四年(公元241年)所凿,通秦淮。渚(zhǔ):水边。　⑤王丞相:指王导,字茂弘,晋琅邪临沂(治所在今山东省临沂北)人,历事东晋元帝、明帝、成帝三朝,恭谨自励。看:看望。　⑥卒(cù):同"猝",突然。　⑦舫(fǎng):有舱室的船。至:极。　⑧漏:指舱篷漏雨。　⑨殆(dài):几乎。处:地方。　⑩胡威:字伯虎,晋淮南寿春(今安徽省寿春县)人,武帝时官至清州刺史,封平春侯,为官以清廉著称。清:清廉。　⑪启用为吴兴郡:指任命周镇为吴兴(今江苏省吴兴县)郡守。"启用"当为"起用"。

28. 邓攸始避难①,于道中弃己子,全弟子②。既过江③,取一妾④,甚宠爱。历年后⑤,讯其所由⑥,妾具说是北人⑦,遭乱,忆父母姓名,乃攸之甥也。攸素有德业⑧,言行无玷⑨,闻之哀恨,终身遂不复畜妾⑩。

[注释]①邓攸:字伯道,晋平阳襄陵(治所在今山西省襄汾东北)人。始:当初。避难:指因石勒起兵而南逃。　②全:保全。弟子:弟弟的儿子。邓攸弟早亡,攸以为其唯有一息保全侄儿,理不可绝,而自己安定后尚可再生育。　③既过江:过江以后。"过江"指北方人民为躲避战乱而南渡长江归附东晋政权。　④取一妾:邓攸弃子后,妻不复孕,遂纳妾。取:同"娶"。⑤历年后:经过一年以后。　⑥讯:问。所由:从哪里来的。　⑦具说:一一地说,陈述。北人:指躲避战乱而南迁的长江以北的人。　⑧素:平日,向来。德业:德行。　⑨玷(diàn):污点。　⑩畜妾:纳妾,养妾。

29. 王长豫为人谨顺①,事亲尽色养之孝②。丞相见长豫辄喜③,见敬豫辄嗔④。长豫与丞相语⑤,恒以慎密为端⑥。丞相还台⑦,及未行尝不送至车后⑧。恒与曹夫人併当箱箧⑨。长豫亡后,丞相还台,登车后,哭至台门。曹夫人作篝封而不忍开⑩。

[注释]①王长豫:王悦,字长豫,王导长子。谨顺:严谨柔顺。 ②事亲:侍奉父母。色养:顺从父母容色,不违逆。《论语·为政》:"子夏问孝。子曰:'色难。'"朱熹注:"事亲之际,惟色惟难耳。"后世称尽孝为"色养"。③丞相:指王导,见本门27注⑤。 ④敬豫:王恬,字敬豫,王导次子,多才艺,不拘礼法。嗔(chēn):生气,不高兴。 ⑤语:交谈。 ⑥恒:总是。慎密:小心严密。端:首要。 ⑦还台:回衙。台:古代官署名,此指尚书省。⑧及未行尝不送至车后:此句的正确顺序应当为"及行,未尝不送至车后",指王导要走时,王悦总要送他上车。 ⑨恒:经常。曹夫人:王悦的母亲。併当(dàng):同"屏当",又作"摒挡",料理、收拾的意思。箧(qiè):小箱子。⑩作篝封:封起箱筐。篝(lù):竹子编的筐,此与箱箧同指。

30. 桓常侍闻人道深公者①,辄曰:"此公既有宿名②,加先达知称③,又与先人至交④,不宜说之⑤。"

[注释]①桓常侍:桓彝,字茂伦,晋谯国龙亢(治所在今安徽省怀远西北)人,东晋时官散骑常侍,故称。道:谈论。深公:僧人,竺道潜,字法深。②宿名:由来已久的名望。 ③加:又。先达:有名望的前辈。知称:赏识称赞。 ④先人:亡故的父亲。至交:至深的交情。 ⑤说:评说。

31. 庾公乘马有的卢①,或语令卖去②。庾云:"卖之,必有买者,即复害其生③,宁可不安己而移于他人哉④?昔孙叔敖杀两头蛇以为后人⑤,古之美谈,效之不亦达乎⑥?"

[注释]①庾公:庾亮,字元规,晋颍川鄢陵(今河南省鄢陵)人,官至征西大将军、荆州刺史。乘马:骑乘的马。的卢:白额入嘴的一种马。《相马经》上

称此马妨害主人。　②或:有人。令:让。　③即复害其生:指马又会妨害新的主人。　④宁可:岂能。不安己而移于他人:指因对自己不利而转嫁他人。⑤孙叔敖:春秋时楚国令尹,助楚庄王建立霸业。杀两头蛇:贾谊《新书》称,孙叔敖儿时,遇见两头蛇,传说遇见两头蛇的人必死,为使别人不再看见,他把蛇打死并埋了。以为(wèi)后人:为了别人。　⑥效:效仿,学习。达:通达。

32. 阮光禄在剡①,曾有好车,借者无不皆给。有人葬母,意欲借而不敢言,阮后闻之②,叹曰:"吾有车而使人不敢借,何以车为③?"遂焚之。

[注释]①阮光禄:阮裕,字思旷,晋陈留尉氏(今河南省尉氏)人,以德著称,朝廷征召为金紫光禄大夫,不就,但世人仍称之为"阮光禄"。剡(shàn):县名,治所在今浙江省嵊(shèng)州,阮裕曾隐居于此。　②后闻之:事后听说此事。　③何以车为:要车何用。

33. 谢奕作剡令①,有一老翁犯法,谢以醇酒罚之②,乃至过醉而犹未已③。太傅时年七八岁④,箸青布绔⑤,在兄膝边坐,谏曰⑥:"阿兄,老翁可念⑦,何可作此?"奕于是改容⑧。曰:"阿奴欲放去邪⑨?"遂遣之⑩。

[注释]①谢奕:字无奕,陈郡阳夏(今河南省太康)人,官至豫州刺史。剡令:剡县长。　②醇酒:烈酒。　③过醉:大醉。　④太傅:谢安,字安石,曾大败苻坚于淝水之上,卒赠太傅,故称。时:当时。　⑤箸(zhuó):穿。绔:裤子。　⑥谏:劝说。　⑦可念:可怜。　⑧改容:变了脸色,指内心震动。⑨阿奴:长对晚的昵称。　⑩遣:放走。

34. 谢太傅绝重褚公①,常称②:"褚季野虽不言③,而四时之气亦备④。"

[注释]①谢太傅:即谢安,见本门33注④。绝重:非常推重。褚(chǔ)公:褚裒(póu),字季野,晋河南阳翟(今河南省禹州市)人,有简贵之风,累迁江兖二州刺史,赠侍中、太傅。 ②称:说。 ③虽不言:即使不说话,意为不表露。 ④四时之气:本指一年四季的气象。此处指人的气度弘远。

35. 刘尹在郡①,临终绵惙②,闻阁下祠神鼓舞③,正色曰④:"莫得淫祀⑤!"外请杀车中牛祭神⑥,真长答曰:"丘之祷久矣⑦,勿复为烦⑧。"

[注释]①刘尹:刘惔(dàn),字真长,晋沛国萧(今安徽省萧县)人,有雅裁,官至司徒左长史、侍中、丹阳尹,为政镇静诚信。郡:指郡衙。 ②临终绵惙(chuò):病危,奄奄一息。 ③祠(cí)神:祭祀神灵。鼓舞:鼓乐舞蹈。 ④正色:神色严肃。 ⑤莫得:不可。淫祀:超出礼制地祭祀。 ⑥外请:外面办事人员请求。车中牛:拉车的牛。 ⑦丘之祷(dǎo)久矣:语出《论语·述而》:"子疾病,子路请祷。子曰:'有诸?'子路对曰:'有之。诔(lěi)曰:"祷尔于上下神祇(qí)。"'子曰:'丘之祷久矣。'"孔安国注曰:"孔子素行合于神明,故曰'丘之祷久矣'。"刘惔用孔子的话来比喻自己行为正直。 ⑧勿复为烦:不要再费事了。

36. 谢公夫人教儿①,问太傅②:"那得初不见君教儿③?"答曰:"我常自教儿④。"

[注释]①谢公夫人:谢安夫人,即刘惔之妹。教儿:教育儿子。 ②太傅:即谢安。 ③那得:怎么,晋时口语。初不见:从来不见。 ④我常自教儿:我常以自己的日常行为举止教育儿子。

37. 晋简文为抚军时①,所坐床上②,尘不听拂③,见鼠行迹,视以为佳。有参军见鼠白日行④,以手板批杀之⑤,抚军意色不说⑥。门下起弹⑦,教曰⑧:"鼠被害,尚不能忘怀⑨,今复以鼠损人⑩,无乃不可乎⑪?"

[**注释**]①晋简文:晋简文皇帝司马昱(yù),字道万,司马睿少子,在位三年。为抚军:永和元年(公元345年),昱为抚军大将军。　②床:古代称坐具为"床"。　③尘不听拂:不让打扫灰尘。　④参军:古官职名,为军府重要幕僚。　⑤手板:笏(hù)板,古代官员上朝或拜见上司时所拿,用以记事备忘。批:击打。　⑥意色不说:表情不高兴。说:同"悦"。　⑦门下:指手下人。起弹(tán):指要求处罚参军击打老鼠的事。　⑧教:教训,指司马昱斥责门下。　⑨尚:尚且。忘怀:丢在一边不管。　⑩损人:伤人,指处罚参军。　⑪无乃:岂不,不更。

38.范宣年八岁①,后园挑菜②,误伤指,大啼,人问痛邪?答曰:"非为痛③,身体发肤④,不敢毁伤⑤,是以啼耳⑥。"宣洁行廉约⑦,韩豫章遗绢百匹⑧,不受;减五十匹,复不受。如是减半⑨,遂至一匹,既终不受⑩。韩后与范同载⑪,就车中裂二丈与范⑫,云:"人宁可使妇无裈邪⑬?"范笑而受之。

[**注释**]①范宣:字子宣,晋陈留(治所在今河南省陈留东北)人,幼慧,家于豫章,征辟不就,博览经籍,尤通三《礼》。　②挑菜:锄菜。　③非为痛:不是因为痛。　④⑤两句:语出《孝经》:"身体发肤,受之父母,不敢毁伤,孝之始也。"　⑥是以:以是,因此。　⑦洁行:品行高洁。廉约:廉洁简约。　⑧韩豫章:韩伯,字康伯,晋颖川长社(今河南省长葛县)人,曾官豫章太守,故称。遗(wèi):赠送。　⑨如是减半:就这样依次减半。　⑩既终:最终,最后。　⑪同载:乘同一辆车。　⑫裂:撕。　⑬使:让,听凭。妇:指妻子。裈(kūn):裤子。

39.王子敬病笃①,道家上章②,应首过③,问子敬:"由来有何异同得失④?"子敬云:"不觉有余事⑤,唯忆与郗家离婚⑥。"

[注释]①王子敬:王献之,字子敬,晋琅邪临沂(今山东省临沂北)人,王羲之之子,亦善书,官至中书令。病笃(dǔ):病重。 ②道家上章:旧时迷信,人病重时请道士上表神灵,祈求消灾免难。 ③应首过:上章方法所规定的病人必须讲述自己的过失。 ④由来:向来。异同得失:偏义复词,指过失。 ⑤余事:别的事。 ⑥唯忆:只记得。与郗家离婚:王献之娶高平郗昙女郗道茂为妻,离婚,后娶晋简文帝女余姚公主。

40.殷仲堪既为荆州①,值水俭②,食常五碗盘③,外无余肴④。饭粒脱落盘席间⑤,辄拾以啖之⑥。虽欲率物⑦,亦缘其性真素⑧。每语子弟云⑨:"勿以我受任方州⑩,云我豁平昔时意⑪。今吾处之不易⑫。贫者士之常⑬,焉得登枝而捐其本⑭?尔曹其存之⑮。"

[注释]①殷仲堪:晋陈郡(今河南省淮阳)人,官振威将军、荆州刺史,后与桓玄兵争,战败被杀。既为荆州:做了荆州刺史以后。 ②值:遇上。水俭:因水灾而庄稼歉收。 ③食:吃饭。五碗盘:五样菜肴,意为俭朴。 ④外无余肴:此外没有其他菜肴。 ⑤饭粒脱落盘席间:饭粒掉在桌上。 ⑥啖(dàn):吃。 ⑦率物:作表率。 ⑧缘:缘于,因为。性:品性。真素:朴素。 ⑨语……云:对……说。子弟:家人,晚辈。 ⑩勿以我受任方州:不要因为我被任命为大州长官。 ⑪豁平昔时意:丢弃昔日心性。豁(huò):舍弃,破除。 ⑫今吾处之不易:指坚持过去的作风不变。 ⑬贫者士之常:语见刘向《说苑》:"夫贫者,士之常也;死者,民之终也。" ⑭焉得:怎能。登枝而捐其本:拥有小获而舍弃大性。枝:树枝。本:树根。这里皆用以比喻。捐:舍弃。 ⑮尔曹:你们。其:语气词,表强调。存:保存,记住。

41. 初①,桓南郡、杨广共说殷荆州②,宜夺殷觊南蛮以自树③。觊亦即晓其旨④,尝因行散⑤,率尔去下舍⑥,便不复还,内外无预知者⑦。意色萧然⑧,远同鬪生之无愠⑨。时论以此多之⑩。

[注释]①初:当初,开始,古人追述旧事时常用之语。 ②桓南郡:桓玄,字敬道,晋谯国龙亢(治所在今安徽省怀远西)人,大司马桓温少子,袭封南郡公,故称。后起兵谋反被诛。杨广:字德度,弘农(治所在今河南省灵宝县南)人。说(shuì):劝说。殷荆州:见本门40注①。 ③宜:最好。夺:夺取。殷觊(jì):字伯道(一作伯通),陈郡人,殷仲堪从兄,由中书郎出为南蛮校尉,殷仲堪欲反,觊大力阻拦,后竟忧死。南蛮:南蛮校尉。据《晋书·职官志》,晋武帝"置南蛮校尉于襄阳",时殷觊任南蛮校尉。自树:指自树力量,即增强自己的力量。 ④晓:知道。旨:意图。 ⑤尝:虚词无实义。因:趁。行散:魏晋南北朝士大夫喜欢服用一种烈性药物,叫五石散(一名寒食散),服后须行走以散发药性,即"行散",亦名"行药"。 ⑥率尔:轻易,随意。下舍:指普通百姓的房子。 ⑦内外:指家人和官衙同僚等。无预知者:事先没人知道。 ⑧意色萧然:神态安闲自在。 ⑨远同:深像。鬪生:即鬪穀於菟(wū tú),春秋时楚人,字子文,为楚令尹,亦称令尹子文,其人豁达,仕宦得失,不存于怀。《论语·公冶长》:"……令尹子文,三仕为令尹,无喜色;三已之,无愠色。" ⑩多:称赏。

42. 王仆射在江州①,为殷、桓所逐②,奔窜豫章③,存亡未测④。王绥在都⑤,既忧戚在貌⑥,居处饮食⑦,每事有降⑧。时人谓为"试守孝子"⑨。

[注释]①王仆射:王愉,字茂和,晋太原晋阳(今山西省太原市)人,以辅国司马出为江州刺史,始至,会殷仲堪、桓玄兵反,愉无防,仓皇奔临川,为玄所得,玄篡位,迁尚书左仆射,故称。江州:今江西省九江市。 ②为殷、桓所逐:被殷仲堪、桓玄用兵驱逐。 ③奔窜:逃窜。豫章:郡名,今江西省南昌

市。　④存亡未测：生死不明。　⑤王绥(suí)：王愉子，字彦猷，位至中书令、荆州刺史，桓玄败后，与父愉谋反，伏诛。在都：在建康（今江苏省南京市）。　⑥既：已经。忧戚：忧虑悲伤。在貌：形之于色。　⑦居处饮食：饮食起居，指日常生活。　⑧每事有降：事事都比不上从前。意思是心神不宁，寝食难安。　⑨谓为：称之为。试守孝子：父母丧，孝子"忧戚在貌，居处饮食，每事有降"，今其父未亡，故戏称"试守孝子"。

43. 桓南郡既破殷荆州①，收殷将佐十许人②，咨议罗企生亦在焉③。桓素待企生厚④，将有所戮⑤，先遣人语云⑥："若谢我⑦，当释罪⑧。"企生答曰："为殷荆州吏，今荆州奔亡⑨，存亡未判⑩，我何颜谢桓公⑪？"既出市⑫，桓又遣人问欲何言⑬，答曰："昔晋文王杀嵇康⑭，而嵇绍为晋忠臣⑮。从公乞一弟⑯，以养老母。"桓亦如言宥之⑰。桓先曾以一羔裘与企生母胡⑱，胡时在豫章，企生问至⑲，即日焚裘。

[注释]①桓南郡：指桓玄，见本门41注②。殷荆州：殷仲堪。桓玄、殷仲堪本共起兵谋反，后相互火并，晋安帝隆安三年（公元399年），玄破荆州（今湖北江陵），殷败亡。　②收：俘获。将佐：军将幕佐，指属官。十许人：表约数，即十来个人。　③咨议：咨议参军，属官名。罗企生：字宗伯，豫章人。亦在焉：在其中，指亦为被俘人员。　④素：平时。待企生厚：对待企生不错。⑤将有所戮：(桓玄)要处决一批人(被俘者)。　⑥遣人：派人，打发人。⑦若：如果，只要。谢：谢罪。　⑧当：定当。释罪：免除罪过(处罚)。　⑨奔亡：逃亡。按：殷仲堪城破逃出，为桓玄追获。　⑩判：分明。　⑪何颜谢桓公：有何脸面向您桓公谢罪(投降)。　⑫出市：带到刑场。⑬欲何言：有什么话说。　⑭昔：昔日，当年。晋文王：指司马昭，司马炎称帝后追尊其为文皇帝，故称。嵇康：字叔夜，谯国铚（今安徽省宿州西南）人，官中散大夫，世称嵇中散，为"竹林七贤"之一。　⑮嵇绍：字延祖，嵇康子，官至侍中，永安元年

(公元304年),东海王挟惠帝与成都王颖交战,在荡阴(今称汤阴)大败,他以身卫帝,被杀,血溅帝衣,后世推为忠君典范。 ⑯从:向。公:指桓玄。乞:请求。弟:指其弟罗遵生。此句意为罗企生为其弟求情,希望桓玄不要杀他。 ⑰如言:按他说的。宥(yòu):赦免。 ⑱羔裘:羊皮衣。与:给,赠送。母胡:母亲胡氏。 ⑲问:指被杀的消息。

44. 王恭从会稽还①,王大看之②。见其坐六尺簟③,因语:"恭卿东来④,故应有此物。可以一领及我⑤。"恭无言。大去后⑥,即举所坐者送之⑦。既无余席,便坐荐上⑧。后大闻之,甚惊,曰:"吾本谓卿多⑨,故求耳。"对曰⑩:"丈人不悉恭⑪,恭作人无长物⑫。"

[注释]①王恭:字孝伯,晋太原晋阳(今山西省太原市)人,清廉贵峻,志存格正,官历著作郎,丹阳尹,中书令,青、兖二州刺史。按《四部丛刊》本误作"五恭"。会(kuài)稽:郡名,治山阴(今浙江省绍兴市)。还:回来。 ②王大:王忱,字元达,小字佛大,故称,为王恭族叔。看:看望。 ③簟(diàn):席子。 ④恭卿:恭为名,卿为长辈对晚辈的昵称。东来:从东来。 ⑤可:可以。以:把。一领:一条。及:给。 ⑥去:离开。 ⑦举:拿,把。 ⑧荐(jiàn):草垫。 ⑨谓卿多:以为你有很多。 ⑩对曰:回答说。 ⑪丈人:对长辈的尊称。悉:熟悉,了解。 ⑫作人:为人(指性格作风)。长物:多余的东西。

45. 吴郡陈遗①,家至孝②。母好食铛底焦饭③,遗作郡主簿④,恒装一囊⑤,每煮食,辄贮录焦饭⑥,归以遗母⑦。后值孙恩贼出吴郡⑧,袁府君即日便征⑨,遗已聚敛得数斗焦饭⑩,未展归家⑪,遂带以从军。战于沪渎⑫,败,军人溃散⑬,逃走山泽⑭,皆多饥死,遗独以焦饭得活。时人以为纯孝之报也⑮。

[注释]①吴郡:郡名,治吴(今江苏省苏州市)。陈遗:生平不详。②家:居家,平日里。 ③铛底焦饭:锅巴。铛(chēng):一种平底锅。④主簿:官职名,负责处理文书事务。 ⑤装:带。囊:布袋。 ⑥贮录:储存。 ⑦遗(wèi):给。 ⑧后值:后来遇上。孙恩:一名灵秀,琅邪人,起兵逆反,后为临海太守辛昺消灭。贼:强盗,叛军。 ⑨袁府君:指任吴内史(相当于太守)的袁山松,陈郡阳夏(今河南省太康县)人,孙恩起兵,战死。即日:当天。征:征讨。 ⑩聚敛:聚集。斗(dǒu):古代计量单位。 ⑪未展:没来得及。 ⑫沪渎(dú):水名,即吴松江下游。《吴郡志》:"松江东泻海,曰沪海,亦曰沪渎。" ⑬溃(kuì)散:败散。 ⑭逃走山泽:四处逃亡。⑮纯孝:至孝。报:善报。

46. 孔仆射为孝武侍中①,豫蒙眷接②。烈宗山陵③,孔时为太常④,形素羸瘦⑤,著重服⑥,竟日涕泗流涟⑦,见者以为真孝子⑧。

[注释]①孔仆射:孔安国,会稽山阴(今浙江省绍兴市)人,能善树节,以儒素见称,曾任左仆射,故称。 ②豫蒙:蒙受。眷接:宠遇。 ③烈宗:孝武庙号。山陵:帝王的陵墓,此用为动词,指去世。 ④太常:官名,主管郊庙、礼乐之事。 ⑤形:身体。素:向来。羸(léi)瘦:瘦弱。 ⑥著:穿。重服:孝服。 ⑦竟日:整日。涕:眼泪。泗:鼻涕。流涟:泪流不断的样子。 ⑧孝子:臣对君,如子对父,所以说是"孝子"。

47. 吴道助、附子兄弟①,居在丹阳郡后②,遭母童夫人艰③,朝夕哭临④。及思至⑤,宾客吊省⑥,号踊哀绝⑦,路人为之落泪⑧。韩康伯时为丹阳尹⑨,母殷在郡⑩,每闻二吴之哭,辄为凄恻⑪,语康伯曰:"汝若为选官⑫,当好料理此人⑬。"康伯亦甚相知⑭。韩后果为吏部尚书,大吴不免哀制⑮,小吴遂大贵达⑯。

[注释]①吴道助:吴坦之,字处靖,小名道助,晋濮(pú)阳(今河南省濮阳市)人。附子:吴隐之,字处默,小名附子。 ②丹阳郡后:丹阳郡郡衙后面。丹阳郡:西汉置,三国吴移治建业(今江苏省南京市)。 ③遭母童夫人艰:母亲童夫人去世。 ④哭临(lìn):帝王死后,集臣民举行的哀悼仪式,此指哭悼其母。 ⑤思至:一说为"周忌"之误。"周忌"为旧俗,人死后每七天举行一次祭祀,直到七七四十九天。 ⑥吊省(xǐng):吊唁慰问。 ⑦号(háo)踊(yǒng)哀绝:哭号跳跃,悲痛欲绝。按:号踊为古代丧礼的内容之一。 ⑧路人:过路的人,陌生人。 ⑨韩康伯:见本门38注⑧。为丹阳尹:做丹阳太守。 ⑩母殷:母亲殷夫人。按:为殷浩之妹。 ⑪凄恻:哀伤。 ⑫选官:负责铨选之官,指选部(即吏部)尚书。 ⑬当:应当。料理:照顾,安排。 ⑭相知:了解,熟悉。 ⑮大吴:指吴坦之。不免哀制:指须遵制守丧,不得出仕。一说居丧间哀伤过度而死,见《艺文类聚》卷二〇引《孝子传》:坦之悲伤不已,"至七祭,吐血而死"。 ⑯小吴:指隐之。大贵达:富贵通达。

言语第二

1.边文礼见袁奉高①,失次序②。奉高曰:"昔尧聘许由③,面无怍色④。先生何为颠倒衣裳⑤?"文礼答曰:"明府初临⑥,尧德未彰⑦,是以贱民颠倒衣裳耳⑧!"

[注释]①边文礼:边让,字文礼,东汉陈留浚仪县(今河南省开封市西北)人,有文才,为人放旷,为曹操所杀。袁奉高:袁阆,字奉高,汝南人。②失次序:言行举止失常。 ③尧:传说中的五帝之一,名放勋,为陶唐氏部落首领,史称唐尧。聘:聘问,拜访。许由:字武仲,阳城(今河南省登封东南)人,相传尧要让位于他,不受,隐遁于颍水箕山间。 ④怍(zuò)色:惭愧表情。 ⑤颠倒衣裳(cháng):语出《诗经·齐风·东方未明》:"东方未明,颠倒衣裳。"此指边让"失次序",把上衣(衣)、下衣(裳)穿倒了。 ⑥明府:对太守的尊称。 ⑦尧德未彰:未彰尧德,即没有彰显出尧那样的德行。⑧是以:以是,因此。贱民:谦辞,犹言"小人"。

2.徐孺子年九岁①,尝月下戏②。人语之曰:"若令月中无物③,当极明邪?"徐曰:"不然。譬如人眼中有瞳子,无此必不明。"

[注释]①徐孺子:徐稚,字孺子,东汉豫章人,征辟不就,隐居自给。

②戏:玩耍。　③若令月中无物:假使月亮中没有东西。按:古人以为月中有桂树、兔、蟾蜍。

  3.孔文举年十岁①,随父到洛②。时李元礼有盛名③,为司隶校尉④。诣门者皆俊才清称⑤,及中表亲戚⑥,乃通⑦。文举至门,谓吏曰⑧:"我是李府君亲。"既通,前坐,元礼问曰:"君与仆有何亲⑨?"对曰:"昔先君仲尼与君先人伯阳有师资之尊⑩,是仆与君奕世为通好也⑪。"元礼及宾客莫不奇之⑫。太中大夫陈韪后至⑬,人以其语语之,韪曰:"小时了了⑭,大未必佳。"文举曰:"想君小时必当了了⑮。"韪大踧踖⑯。

  [注释]①孔文举:孔融,字文举,东汉鲁国(今山东省曲阜市)人,孔子二十四世孙,有文才,献帝时为北海相,后为曹操所杀。　②洛:洛阳,东汉京城,今河南省洛阳市。　③李元礼:李膺,字元礼,东汉襄城(今河南省襄城)人,有品节,汉末参与谋诛宦官之事,事败被害。　④司隶校尉:官职名,负责京师附近各郡治安并纠察官吏。　⑤诣门者:登门拜访者。俊才:才干杰出者。清称:有声望者。　⑥中表亲戚:姑母、姨母、舅父的子女。　⑦乃通:才通报。　⑧吏:指守门的人。　⑨仆:谦称,我。　⑩先君:先祖。仲尼:孔子,名丘,字仲尼,春秋时鲁国(今山东省曲阜市)人,儒家创始人。先人:亦先祖。伯阳:老子,姓李,名耳,字伯阳,道家创始人。有师资之尊:孔子曾"问礼于老子",故有师授关系。　⑪奕(yì)世:累世,世世代代。通好:交好。⑫奇之:以之为奇,认为是奇才。　⑬太中大夫:官名,属光禄勋。陈韪(wěi):《后汉书·孔融传》作"陈炜"。　⑭了了:聪慧。　⑮此句是孔融的反讽,按陈韪的逻辑,推出陈韪"大未必佳"的结论。　⑯大:十分。踧踖(cù jí):局促不安的样子。

  4.孔文举有二子,大者六岁,小者五岁。昼日,父眠,小者床头盗酒饮之,大儿谓曰:"何以不拜?"答曰:"偷,那得行礼①!"

[注释]①那得:哪能。

5. 孔融被收①,中外惶怖②。时融儿大者九岁,小者八岁。二儿故琢钉戏③,了无遽容④。融谓使者曰:"冀罪止于身⑤,二儿可得全不⑥?"儿徐进曰⑦:"大人岂见覆巢之下⑧,复有完卵乎⑨?"寻亦收至⑩。

[注释]①被收:被捕。曹操嫌忌孔融,遂使人诬陷之,逮捕下狱。 ②中外:指朝廷内外。 ③故:本来,正在。琢钉戏:一种儿童游戏。 ④了无遽(jù)容:全无惶恐之色。 ⑤冀(jì)罪止于身:希望罪只在我一人身上。 ⑥可得:可以。全:保全。不(fǒu):同"否"。 ⑦徐进:慢慢走上前,意为毫不惶恐。 ⑧大人:对父亲的尊称。覆巢:倾覆的鸟巢。 ⑨完卵:完好无损的鸟蛋。 ⑩寻:不久。收:逮捕。

6. 颍川太守髡陈仲弓①。客有问元方②:"府君何如③?"元方曰:"高明之君也。""足下家君何如④?"曰:"忠臣孝子也。"客曰:"《易》称:'二人同心,其利断金;同心之言,其臭如兰。⑤'何有高明之君而刑忠臣孝子者乎⑥?"元方曰:"足下言何其谬也⑦!故不相答⑧。"客曰:"足下但因伛为恭⑨,而不能答。"元方曰:"昔高宗放孝子孝己⑩,尹吉甫放孝子伯奇⑪,董仲舒放孝子符起⑫:唯此三君,高明之君;唯此三子,忠臣孝子。"客惭而退。

[注释]①颍川:郡名,汉代治所在阳翟(今河南省禹州市)。髡(kūn):同"髡",古代一种剃去犯人头发的刑罚。 陈仲弓:陈寔,字仲弓,东汉颍川许

(今河南省许昌)人。　②元方:陈纪,字元方,陈寔长子。　③府君:对太守的尊称。　④足下家君:您父亲。　⑤《易》称等句:见《周易·系辞上》,比喻人彼此相知,同心同德。利:锋利。臭(xiù):气味。　⑥刑:刑罚,处罚。⑦谬(miù):错误。　⑧故不相答:意为不屑回答。　⑨但:只不过。因伛(yǔ)为恭:因为背驼,假装恭敬(鞠躬)。此句意为你本无话可说,却声称不屑说。　⑩高宗:殷高宗武丁。放:放逐。孝己:武丁之子。《帝王世纪》:"殷高宗武丁有贤子孝己,其母早死,高宗惑后妻之言,放之而死,天下哀之。"⑪尹吉甫:周宣王贤臣。放孝子伯奇:《琴操》曰:"尹吉甫,周卿也。有子伯奇,母死,更娶,后妻生子曰'伯邦',乃谮伯奇于吉甫,于是放伯奇于野。宣王出游,吉甫从。伯奇乃作歌,以言感之。宣王闻之,曰:'此孝子之辞也!'吉甫乃求伯奇于野,而射杀后妻。"　⑫董仲舒放孝子符起:事情不详。董仲舒:汉武帝时人,广川(治所在今河北省景县西南)人,今文经学大师,对中国封建统治思想的确立起过巨大作用。

7. 荀慈明与汝南袁阆相见①。问颍川人士②,慈明先及诸兄③,阆笑曰:"士但可因亲旧而已乎④?"慈明曰:"足下相难⑤,依据者何经⑥?"阆曰:"方问国士而及诸兄⑦,是以尤之耳⑧。"慈明曰:"昔者祁奚内举不失其子,外举不失其仇,以为至公⑨。公旦《文王》之诗⑩,不论尧舜之德而颂文武者,亲亲之义也⑪。《春秋》之义⑫,内其国而外诸夏⑬。且不爱其亲而爱他人者⑭,不为悖德乎⑮?"

[注释]①荀慈明:荀爽,字慈明,一名谞,荀淑的儿子。袁阆:见本门1注①。　②颍川人士:颍川有名望的人物。　③先及诸兄:首先提到自己的几个哥哥。　④但可:只需。因:依靠。亲旧:亲戚朋友。而已:就够了。⑤难(nàn):诘难。　⑥经:经典,引申为原则、道理。宋刊本作"因",理由之意,亦通。　⑦方:刚才。国士:国内知名的人士。　⑧尤:责难。　⑨"昔者"三句:祁奚,春秋时晋国人,为中军尉,将告老辞职,晋侯要其推荐继任者,

他推荐仇人解(xiě)狐,解未上任就死了,晋侯要他再荐,他举荐自己的儿子午。世人把他当做为公而忘私的典型。事见《左传·襄公三年》。 ⑩公旦:姓姬名旦,周文王子,武王弟。武王死,成王年幼,代为摄政。《文王》之诗:见《诗经·大雅》。内容为称颂文王德业,相传为周公所作。 ⑪亲亲:亲敬亲密的人。 ⑫《春秋》:儒家经典,孔子作,以鲁国世代编年,记鲁及他国政事。 ⑬内其国:把周王朝的人事当做自己内部的。外诸夏:把中原其他分封国的人事当做外面的。⑫⑬两句的意思是说《春秋》亦体现了亲疏有别的原则。 ⑭且:虚词,无实义。 ⑮悖(bèi)德:违背道德。

8. 祢衡被魏武谪为鼓吏①,正月半试鼓②,衡扬枹为《渔阳掺挝》③,渊渊有金石声④,四坐为之改容。孔融曰⑤:"祢衡罪同胥靡⑥,不能发明王之梦⑦。"魏武惭而赦之⑧。

[注释]①祢衡:字正平,东汉末平原般(今山东省临邑东北)人,才情卓越,负性孤傲,与孔融、杨修友善。初依曹操,曹欲杀之而惧其才名,遂荐于荆州牧刘表,刘表复荐之江夏太守黄祖,黄祖卒杀之。魏武:曹操,字孟德,小名阿瞒,东汉沛国谯(今安徽省亳州)人,在汉末乱世中"挟天子以令诸侯",封魏公,晋爵魏王,其子曹丕篡汉后,追尊为武帝。谪(zhé):降职。 ②正月半:正月十五日。 ③枹(fú):鼓槌。《渔阳掺(càn)挝(zhuā)》:鼓曲名。 ④渊渊:象声词,《诗经·小雅·采芑》有"伐鼓渊渊"句。金石声:指声音铿锵有力。 ⑤孔融:见本门3注①。 ⑥胥(xū)靡:一作"绢縻",古代对一种被用绳索牵连着劳动的奴隶的称呼,此指傅说。相传商王武丁夜梦见贤人,命人画像四处寻找,后找到筑墙的傅说。 ⑦发:启发。明王:明哲之王,指曹操。此句意思是祢衡未能像傅说那样让曹操梦见,从而被重用。 ⑧赦(shè):宽免。

9. 南郡庞士元闻司马德操在颍川①,故二千里候之②。至,遇德操采桑。士元从车中谓曰:"吾闻丈夫处世③,当带金佩紫④,焉有屈洪流之量而执丝妇之事⑤?"德操曰:"子且下车。子适知邪径之速⑥,不虑失道之迷⑦。昔伯成耦耕⑧,不慕诸侯之荣;原宪桑枢⑨,不易有官之宅。何有坐则华屋⑩,行则肥马,侍女数十,然后为奇?此乃许、父所以忼慨⑪,夷、齐所以长叹⑫。虽有窃秦之爵、千驷之富⑬,不足贵也。"士元曰:"仆生出边垂⑭,寡见大义⑮,若不一叩洪钟、伐雷鼓⑯,则不识其音响也。"

[注释]①庞士元:庞统,字士元,南郡襄阳(今湖北省襄阳)人,与诸葛亮并称"凤雏卧龙",归刘备,后在攻城中中流矢而亡。司马德操:司马徽,字德操,颍川阳翟(今河南省禹州市)人,有知人之鉴,曾向刘备推荐诸葛亮。 ②候:问候,拜访。 ③丈夫:大丈夫,男子汉。 ④带金佩紫:佩带金印、紫绶。汉代只有相国、列侯才佩带金印紫绶,此泛指高官显贵。 ⑤焉有:哪有。屈:委屈。洪流之量:像洪流一样的才量。执丝妇之事:蚕桑一类妇人之事,指不足为的小事。 ⑥⑦两句:你刚才只知道走小路可以更快,但没考虑将会走入迷途。 ⑧伯成:伯成子高,尧时诸侯,禹登位后,见政日衰,遂辞官耕于野。耦(ǒu)耕:两人同耕,此泛指耕种。 ⑨原宪:字子思,春秋时宋人,孔子的弟子,安贫乐道。桑枢:桑木做门轴,喻指贫穷。 ⑩何有:何必。 ⑪许、父:许由、巢父,均为尧时隐身独善的高士。 ⑫夷、齐:伯夷、叔齐,商孤竹君二子,均不愿嗣爵,武王克商后,不食周黍,饿死在首阳山。 ⑬窃秦之爵:指吕不韦以阴谋手段拜相封侯。千驷之富:四马拉一车为一驷,千驷指非常富有。 ⑭生出:生长。边垂:边远的地方。垂:同"陲",边境。 ⑮寡:少。 ⑯叩洪钟、伐雷鼓:叩、伐皆是"敲击"的意思。洪钟、雷鼓:皆指声势浩大的乐器。

10.刘公幹以失敬罹罪①。文帝问曰②:"卿何以不谨于文宪③?"桢答曰:"臣诚庸短④,亦由陛下纲目不疏⑤。"

[注释]①刘公幹:刘桢,字公幹,东汉末东平宁阳(今山东省宁阳)人。以失敬罹(lí)罪:刘孝标注引《典略》云:"建安十六年,世子为五官中郎将,妙选文学,使桢随侍太子。酒酣,坐欢,乃使夫人甄氏出拜。坐上客多伏,而桢独平视。"桢即以此得罪。按:此记载不实,曹丕称帝时,刘桢已死。　②文帝:曹丕,字子桓,曹操长子,篡汉,国号魏。　③文宪:法令。　④庸短:平庸短浅。　⑤纲目不疏:网眼太密,指法网太过严密。

11. 钟毓、钟会少有令誉①,年十三。魏文帝闻之,语其父钟繇曰②:"可令二子来。"于是敕见③,毓面有汗,帝曰:"卿面何以汗?"毓对曰:"战战惶惶,汗出如浆④。"复问会:"卿何以不汗?"对曰:"战战栗栗,汗不敢出。"

[注释]①钟毓(yù):字稚叔,三国魏颍川长社(今河南省长葛)人,相国繇长子。钟会:字士季,官至司徒,后兵反被杀。少有令誉:年纪小时就有好的声誉。　②钟繇:字元常,家贫好学,历大理相国,迁太傅,擅长书法。③敕(chì):命令。　④浆(jiāng):泛指饮料,也指酒。

12. 钟毓兄弟小时①,值父昼寝,因共偷服药酒。其父时觉②,且托寐以观之③,毓拜而后饮,会饮而不拜。既而问毓何以拜④,毓曰:"酒以成礼⑤,不敢不拜。"又问会何以不拜,会曰:"偷本非礼⑥,所以不拜。"

[注释]①钟毓兄弟:指钟毓、钟会,见本门11注①。　②觉:醒了。③托寐:假装睡觉。　④既而:事后。　⑤酒以成礼:饮酒是礼仪的组成部分。　⑥偷本非礼:偷本来就违背礼义。

13. 魏明帝为外祖母筑馆于甄氏①,既成,自行视②,谓左右曰③:"馆当以何为名?"侍中缪袭曰④:"陛下圣思齐于哲王⑤,罔极过于曾、闵⑥,此馆之兴,情钟舅氏⑦,宜以渭阳为名⑧。"

[注释]①魏明帝:曹叡(ruì),字元仲,文帝曹丕长子。为外祖母筑馆于甄(zhēn)氏:在甄家为外祖母建造馆舍。按:明帝是文帝甄夫人所生。②自行视:亲自去视察。 ③左右:身边随从。 ④侍中:官名,为皇帝近臣。缪袭:字熙伯,三国魏东海兰陵(今山东省枣庄市)人。 ⑤圣思:聪明才智。齐:等同。哲王:明哲之王,指古代圣贤。 ⑥罔(wǎng)极:父母对子女的恩德或子女对父母的孝心。"罔极"出自《诗经·小雅·蓼(lù)莪(é)》:"父兮生我,母兮鞠我……欲报之德,昊天罔极。"曾、闵:曾参、闵子骞,皆孔子门人,以孝著称。 ⑦情钟:钟情,钟爱。舅氏:舅父家。 ⑧宜以渭阳为名:应该取名为渭阳。《诗经·秦风·渭阳》有"我送舅氏,曰至渭阳"句,诗为春秋时秦康公送别舅父晋文公所作,后遂以"渭阳"指对舅氏的深情。

14. 何平叔云①:"服五石散②,非唯治病,亦觉神明开朗③。"

[注释]①何平叔:何晏,字平叔,魏南阳宛(今河南省南阳市)人。姿容美,有傅粉何郎之称,开服散风气,善清谈,后为司马懿所杀。 ②五石散:一名寒食散,一种烈性药物,以丹砂、雄黄、白矾、曾青、慈石五种矿物炼成,故名。魏晋士大夫以为服用可以健体长生,故大行于世。 ③神明:精神。

15. 嵇中散语赵景真①:"卿瞳子白黑分明②,有白起之风③,恨量小狭④。"赵云:"尺表能审玑衡之度⑤,寸管能测往复之气⑥,何必在大,但问识如何耳⑦。"

[注释]①嵇中散:嵇康,字叔夜,魏谯(qiáo)国铚(zhì)(今安徽省宿州西南)人,博学多闻,与东平吕安友善,后受吕安牵连下狱遇害。赵景真:赵至,字景真,魏代郡(今山西阳高)人。 ②瞳子:瞳孔,此指眼睛。 ③白起:秦国名将,郿(今陕西省眉县)人,封武安君,曾坑杀赵国降卒四十万。 ④恨:

遗憾,可惜。量:气量,度量。小狭:狭小。 ⑤尺表能审玑衡之度:一尺长的标杆可以审度星斗的位置。玑衡:北斗七星中,第三颗名玑,第五颗名衡,此泛指星斗天象。 ⑥寸管能测往复之气:数寸长的律管可以测出变化不同的音律。 ⑦但问:只看。识:识见。

16. 司马景王东征①,取上党李喜以为从事中郎②,因问喜曰:"昔先公辟③,君不就④,今孤召君⑤,何以来?"喜对曰:"先公以礼见待⑥,故得以礼进退⑦;明公以法见绳⑧,喜畏法而至耳。"

[注释]①司马景王:司马师,字子元,司马懿长子,司马昭篡魏后,追尊他为"景王",故称。东征:正元二年(公元255年),镇东大将军毋丘俭、扬州刺史文钦兵反,师统兵讨伐。 ②取:征召。李喜:字季和,上党铜鞮(今山西省长治)人,少有高行,研精艺学,司马师辅政,为从事中郎,累迁光禄大夫,特晋赠太保。 ③先公:去世的父亲,犹"先君",此指司马懿。辟(bì):征召。 ④不就:不就任,不答应。 ⑤孤:古时王侯的自我谦称。 ⑥以礼见待:以礼相待。 ⑦得:只能,必须。进退:指处置、应对。 ⑧明公:尊称对方。绳:约束。

17. 邓艾口吃①,语称"艾艾"②。晋文王戏之曰③:"卿云'艾艾',定是几'艾'④?"对曰:"凤兮凤兮⑤,故是一凤⑥。"

[注释]①邓艾:字士载,魏末棘阳(今河南省新野东北)人,仕魏,官征西将军,封邓侯,后被诬而诛。 ②"艾艾":描绘他口吃。 ③晋文王:司马昭,字子上,温县(今河南省温县)人,司马懿次子,曹魏时专权,其子司马炎篡魏后尊之为文皇帝。戏:调侃。 ④定是几"艾":究竟有几个"(邓)艾"。 ⑤凤兮凤兮:出自《论语·微子》:"楚狂接舆歌而过孔子曰:'凤兮!凤兮!何德之衰?'" ⑥故:本来。

18.嵇中散既被诛①,向子期举郡计入洛②。文王引进③,问曰:"闻君有箕山之志④,何以在此?"对曰:"巢、许狷介之士⑤,不足多慕⑥。"王大咨嗟⑦。

[注释]①嵇中散既被诛:嵇康被杀后。嵇康:见本门15注①。 ②向子期:向秀,字子期,河内怀县(今河南省武陟西南)人,与山涛、嵇康、吕安友善,官至散骑常侍。举郡计入洛:应朝廷征聘,随计吏(向朝廷汇报地方人口、钱粮、狱讼等情况的官吏)一同到洛阳。 ③文王:即司马昭,见本门17注③。引进:接见。 ④箕山之志:尧时高士许由,为逃尧让天下于己,隐耕于箕山(今河南省登封东南),后遂以"箕山之志"称归隐独善。 ⑤巢、许:巢父、许由,见本门9注⑪。狷(juàn)介:拘谨守分,洁身自好。 ⑥不足:不值得。多慕:赞赏效慕。 ⑦大咨(zī)嗟(jiē):大加赞赏。

19.晋武帝始登阼①,探策得一②。王者世数③,系此多少④。帝既不说⑤,群臣失色⑥,莫能有言者。侍中裴楷进曰⑦:"臣闻天得一以清,地得一以宁,侯王得一以为天下贞⑧。"帝说,群臣叹服⑨。

[注释]①晋武帝:司马炎,字安世,咸熙二年(公元265年),司马炎代魏称帝,国号晋,都城在洛阳,史称西晋,谥"武",故称。登阼(zuò):即位,登上皇位。"阼"本为大堂前东面台阶,借为帝位。 ②探策得一:求签得到的数字是一。 ③王者世数:王位代数,政权能维持多少代。 ④系此多少:决定于这个数的多少。 ⑤不说:不高兴。说:同"悦"。 ⑥失色:变了脸色,指紧张。 ⑦裴楷:字叔则,晋闻喜(今山西省闻喜)人,有识量,精通《老子》、《周易》,官至中书令。 ⑧"天得一"三句:语出《老子·法本》,河上公注云:"天得一,故能垂象清明;地得一,故能安静不动摇;侯王得一,故能使天下平正。" ⑨叹服:赞叹佩服。

20. 满奋畏风①,在晋武帝坐②,北窗作琉璃屏③,实密似疏④,奋有难色⑤。帝笑之,奋答曰:"臣犹吴牛⑥,见月而喘⑦。"

[注释]①满奋:字武秋,高平人,官冀州刺史、尚书令。畏风:怕风。 ②在晋武帝坐:侍陪晋武帝坐。晋武帝:见本门19注①。 ③作琉璃屏:是琉璃屏风。 ④实密似疏:实际很严密,但看上去像有缝隙。 ⑤难色:为难的样子。 ⑥吴牛:江淮间的水牛。 ⑦见月而喘:水牛畏暑,见月疑是日,所以见月则喘。

21. 诸葛靓在吴①,于朝堂大会②,孙皓问③:"卿字仲思,为何所思?"对曰:"在家思孝,事君思忠,朋友思信④,如斯而已⑤。"

[注释]①诸葛靓(jìng)在吴:靓字仲思,琅邪(今山东省临沂北)人,魏司空诸葛诞之子,诞起兵反司马氏,遣靓入质于吴,以求吴的帮助。 ②于朝堂大会:在朝廷集会。 ③孙皓:字元宗,孙权之孙,吴国末主,后降晋。 ④信:忠诚。 ⑤如斯而已:如此罢了。

22. 蔡洪赴洛①,洛中人问曰:"幕府初开②,群公辟命③,求英奇于仄陋④,采贤俊于岩穴⑤。君吴楚之士⑥,亡国之余⑦,有何异才而应斯举⑧?"蔡答曰:"夜光之珠⑨,不必出于孟津之河⑩;盈握之璧⑪,不必采于昆仑之山⑫。大禹生于东夷⑬,文王生于西羌⑭。圣贤所出,何必常处⑮?昔武王伐纣⑯,迁顽民于洛邑⑰,得无诸君是其苗裔乎⑱?"

[注释]①蔡洪:字叔开,晋吴郡(今江苏省苏州市)人,有才辩,初仕吴,

后仕晋,官至松滋令。赴洛:到洛阳(西晋都城,今河南省洛阳市)。 ②幕府:本为将帅在外的营帐,此指军政大吏的府署。 ③群公:指为政者。辟(bì)命:征召。 ④仄(zè)陋:指不为人所注重的社会下层或鄙陋之处。 ⑤岩穴:指乡野。此句与上句互文,意思是广泛收罗人才。 ⑥吴楚:偏义词,此指吴,蔡洪为吴人。 ⑦亡国之余:亡国后的遗民。 ⑧应斯举:响应朝廷的征召。 ⑨夜光之珠:一种夜里能发光的珠宝,也称夜明珠。晋王嘉《拾遗记》载:"禹凿龙关之山,亦谓之龙门。至一空岩,深数十里,幽暗不可行。禹乃负火而进。有一兽状如豕,衔夜明之珠,其光如烛。" ⑩不必出于孟津之河:不一定出自孟津。《水经注·河水》:"梁山北有龙门山,大禹所凿,通孟津河。"孟津在今河南省孟津东、孟县东南。 ⑪盈握:满把,言其大。璧:玉器名,扁平、圆形、中心有孔,古代贵族用作礼器,也作佩戴的装饰。 ⑫昆仑之山:昆仑山,以产玉闻名。 ⑬大禹:姒(sì)姓,名文命,奉舜命治理洪水,舜死后即位,建立夏朝,后世视为圣王。生于东夷:出生于东夷之地。按:东夷之地为舜的出生地,不是禹的出生地。东夷:对东部少数民族的称呼。 ⑭文王:周文王,姬(jī)姓,名昌,殷时为西伯,武王灭纣后,立国周,追尊他为文王。西羌:西方少数民族名。 ⑮常处:固定的地方。 ⑯⑰两句:意思是武王建周后,把商遗民中不顺从的人迁到洛邑(今河南洛阳)。《尚书·多士》:"成周既成,迁殷顽民。" ⑱得无:该不会。苗裔(yì):后代。

23. 诸名士共至洛水戏①,还,乐令问王夷甫曰②:"今日戏,乐乎?"王曰:"裴仆射善谈名理③,混混有雅致④;张茂先论《史》、《汉》⑤,靡靡可听⑥;我与王安丰说延陵、子房⑦,亦超超玄箸⑧。"

[注释]①诸:众多。洛水:水名,发源于今陕西省洛南县,东南流,入河南省境,至巩县入黄河。戏:游玩。 ②乐(yuè)令:乐广,字彦辅,晋南阳淯(yù)阳(今河南省南阳市)人。王夷甫:王衍,字夷甫,琅邪临沂人,王戎从弟,后为石勒所害。 ③裴仆射:裴頠(wěi):字逸民,河东闻喜(今山西省闻喜)人,善言名理,履行高整,自少知名,官左仆射,故称。为赵王伦所害。名

理:魏晋及其后清谈家辨析事物名和理的是非同异。 ④混混:同"滚滚",水奔流不绝的样子。《孟子·离娄下》有"源泉混混,不舍昼夜"句。此指说话滔滔不绝。雅致:高雅的情致。 ⑤张茂先:张华,字茂先,晋范阳方城(今河北省固安县)人,博学善文,历事魏晋,后为赵王伦所害。《史》、《汉》:指司马迁的《史记》和班固的《汉书》。 ⑥靡靡可听:娓娓动听。 ⑦王安丰:王戎,封安丰侯,故称。延陵:此指季札。季札(吴国公子,以贤著称)避国隐居(一说受封)于延陵(今江苏省常州市),称"延陵季子"。子房:张良,字子房,本为韩国贵族,后助刘邦定天下,受封留侯。 ⑧超超玄箸:言论高妙不着形迹。

24. 王武子、孙子荆各言其土地、人物之美①。王云:"其地坦而平,其水淡而清,其人廉且贞②。"孙云:"其山崔巍以嵯峨③,其水㳌渫而扬波④,其人磊砢而英多⑤。"

[注释]①王武子:王济,字武子,晋太原晋阳(今山西省太原市)人,王浑第二子,有逸才,能清言,勇力绝人,娶武帝女常山公主,官至太仆。孙子荆:孙楚,字子荆,晋太原中都(今山西省平遥西南)人,与王济友善,官至冯翊太守。 ②廉且贞:廉洁坚贞。 ③崔(zuì)巍以嵯峨:"崔巍"、"嵯峨"同义复指,均指山高的样子。 ④㳌(xiá)渫(diè):同"浃渫",水涌流的样子。扬波:波浪翻滚。 ⑤磊砢(luǒ):众多的样子。英多:人才济济。

25. 乐令女适大将军成都王颖①,王兄长沙王执权于洛②,遂构兵相图③。长沙王亲近小人,远外君子④,凡在朝者,人怀危惧。乐令既允朝望⑤,加有婚亲,群小谗于长沙⑥。长沙尝问乐令,乐令神色自若,徐答曰:"岂以五男易一女⑦?"由是释然⑧,无复疑虑。

[注释]①乐令:即乐广,见本门23注②。适:嫁给。大将军成都王颖:司马颖,字叔度,晋武帝十八子,封成都王、大将军。 ②长沙王:司马乂,字士

度,晋武帝十七子,封长沙王。执权于洛:在都城洛阳握有大权。 ③构兵相图:以兵相图,欲以武力兼并。 ④远外:疏远排斥。 ⑤允:符合。朝望:朝廷的声望。 ⑥群小:小人们。谗:进谗言,讲坏话。 ⑦岂以五男易一女:乐广有五个儿子,若其倾向成都王,则为一个女儿而牺牲五个儿子,故云。 ⑧释然:释除怀疑。

26. 陆机诣王武子①,武子前置数斛羊酪②,指以示陆③,曰:"卿江东何以敌此④?"陆云:"有千里莼羹⑤,但未下盐豉耳⑥。"

[注释]①陆机:字士衡,晋吴郡(今江苏省苏州市)人,博学善属文,官著作郎、平原内史。成都王颖讨长沙王乂,任其为大将军,军败,受谗被诛。诣:拜访。王武子:见本门24注①。 ②斛(hú):容量单位,古代以十斗为一斛。羊酪(lào):羊乳制成的食品。 ③指以示陆:指着给陆机看。 ④江东:长江之东,今芜湖、南京以下长江南岸,亦名"江南"。敌:相当。此句的意思是问陆机家乡有何特产。 ⑤千里:湖名,在今江苏省溧阳县。莼(chún):莼菜,一种蔬菜。羹(gēng):带浓汁的食物。 ⑥盐豉(chǐ):咸豆豉,用煮熟的大豆发酵后制成的调味品,有咸、淡两种。

27. 中朝有小儿①,父病,行乞药②。主人问病,曰:"患疟也③。"主人曰:"尊侯明德君子④,何以病疟?⑤"答曰:"来病君子⑥,所以为疟耳⑦。"

[注释]①中朝:西晋建都洛阳,地处中原,渡江后,东晋遂以"中朝"称西晋,此指都城洛阳。 ②行乞药:去讨药。 ③疟(nüè):疟疾,以疟蚊为媒介,由疟原虫引起的周期性发作的急性传染病。 ④尊侯:对别人父亲的尊称。明德君子:德行清明的君子。 ⑤何以病疟:怎会患疟疾。旧俗谓疟疾为小鬼所致,不能侵犯正人君子,故问。 ⑥来病君子:前来困扰君子。 ⑦所以为疟:所以被称为"疟"。

28. 崔正熊诣都郡①,都郡将姓陈,问正熊:"君去崔杼几世②?"答曰:"民去崔杼③,如明府之去陈恒④。"

[注释]①崔正熊:崔豹,字正熊,晋燕国人,官至太傅丞。都郡:都城所在郡,即河南郡。　②去:离,距离。崔杼(zhù):春秋时齐国大夫,因争夺貌美的棠姜而杀齐庄公。几世:多少代。　③民:此为正熊自称。　④明府:汉魏以来对太守、州牧等的尊称。陈恒:春秋末齐简公大夫,与阚止争宠,后杀阚止和简公。

29. 元帝始过江①,谓顾骠骑曰②:"寄人国土③,心常怀惭。"荣跪对曰:"臣闻王者以天下为家,是以耿、亳无定处④,九鼎迁洛邑⑤。愿陛下勿以迁都为念。"

[注释]①元帝:晋元帝司马睿,字景文,晋琅邪恭王瑾之子,东晋建立者。始:刚。过江:建兴四年(公元316年),晋愍帝为匈奴所虏,次年遇害,司马睿即位于建康(今江苏省南京市),建立东晋王朝。　②顾骠骑:顾荣,字彦先,吴郡(治所在吴县,今江苏省苏州市)人。曾仕吴,吴亡后入洛阳,仕晋,永嘉之乱后复归吴。与陆机、陆云兄弟被称为"三俊"。　③寄人国土:司马家族本为中原人士,现流落江南,故云。　④是以耿、亳无定处:此句的意思是说商朝多次迁都。耿(gěng):一作"邢",在今河南省温县东,殷祖乙建都于此。亳(bó):商都城,有三亳,谷(穀)熟(在今河南商丘境内)为南亳,汤建都于此,蒙(在河南商丘境内)为北亳,即景亳,汤于此被拥戴为盟主;偃师(在今河南偃师境内)为西亳,盘庚迁都于此。　⑤九鼎:象征国家权力的九只宝鼎,相传为禹所铸。周武王灭商后迁九鼎到洛邑(周东都,故址在今河南省洛阳市)。

30. 庾公造周伯仁①,伯仁曰:"君何所欣说而忽肥②?"庾曰:"君复何所忧惨而忽瘦?"伯仁曰:"吾无所忧,直是清虚日来③,滓秽日去耳④。"

[注释]①庾公:庾亮,字元规,晋颍川鄢陵(今河南省鄢陵)人,官至征西大将军、荆州刺史。造:造访、拜访。周伯仁:周颛(yǐ),字伯仁,晋汝南安城(今河南省汝南东)人,有风流才气,少知名,累迁尚书仆射,为王敦所害。②何所欣说(yuè):有什么高兴的事。说:同"悦"。肥:肥胖。 ③直是:只是。清虚日来:清静襟怀一天天来临。 ④滓秽日去:污浊之气一天天远去。

31. 过江诸人①,每至美日②,辄相邀新亭③,藉卉饮宴④。周侯中坐而叹曰⑤:"风景不殊⑥,正自有山河之异⑦!"皆相视流泪,唯王丞相愀然变色⑧,曰:"当共戮力王室⑨,克复神州⑩,何至作楚囚相对⑪!"

[注释]①过江诸人:南渡的士大夫。西晋被匈奴所灭,司马睿于建康称帝,建立东晋,中原人士南下归附。 ②美日:天气晴好的日子。 ③新亭:亭名,三国时吴建,为名胜之地,故址在今南京市东南。 ④藉(jiè)卉(huì):坐在草地上。饮宴:饮酒宴会。 ⑤周侯:周颛,袭爵成武侯,故称。中坐:在座。 ⑥不殊:没有差别。 ⑦正自:只是。山河之异:山河破碎。西晋灭亡,中原沦陷,故云。 ⑧王丞相:王导,字茂弘,晋琅邪临沂(治所在今山东省临沂北)人,历事东晋元帝、明帝、成帝三朝,恭谨自励。愀(qiǎo)然变色:凄怆动容。 ⑨共:一起。戮(lù)力王室:为王室(国家)尽力。 ⑩克复神州:收复中原。战国时齐人邹衍称华夏之地为"赤县神州",后遂以"神州"指代中国。 ⑪楚囚:囚犯。典出《左传·成公九年》,晋景公观军府,见钟仪,问:"南冠而系者为谁?"有司对曰:"楚囚也。"后遂以指囚犯、俘虏。

32. 卫洗马初欲渡江①,形神惨悴,语左右云:"见此芒芒②,不觉百端交集③。苟未免有情④,亦复谁能遣此⑤?"

[注释]①卫洗(xiǎn)马:卫玠(jiè),字叔宝,晋河东安邑(今山西省夏县西北)人,颖识通达,娶乐广之女为妻,官太子洗马,故称。 ②芒芒:同"茫

茫",指长江水势浩渺的样子。　③百端交集:同"百感交集"。百端:百种(情绪)。　④⑤两句的意思是:如果不是没有情感的人,谁又能排遣这些愁恨?

33. 顾司空未知名①,诣王丞相②,丞相小极③,对之疲睡。顾思所以叩会之④,因谓同坐曰:"昔每闻元公道公协赞中宗⑤,保全江表⑥,体小不安,令人喘息⑦。"丞相因觉,谓顾曰:"此子珪璋特达⑧,机警有锋⑨。"

[注释]①顾司空:顾和,字君孝,晋吴郡人,累迁尚书令,卒后追赠侍中、司空,故称。未知名:尚未出名。　②诣:拜访。王丞相:即王导,见本门31注⑧。　③小极:小病,不舒服。　④叩会:敲击,意为提醒。　⑤每:经常。闻元公道:听元公(指顾荣,谥元,是顾和的族叔)说。公:尊称王导。协赞:协助辅佐。中宗:晋元帝司马睿的庙号。　⑥江表:指江南,从中原看,江南在长江以外,故称。　⑦令人喘息:意为令人焦急不安。　⑧此子:这个年轻人。珪璋(guī zhāng):玉制的礼器,比喻杰出的人才。特达:杰出通达。　⑨机警有锋:聪明有机锋。

34. 会稽贺生①,体识清远②,言行以礼③,不徒东南之美④,实为海内之秀⑤。

[注释]①贺生:贺循,字彦先,会稽山阴(今浙江省绍兴市)人,官至太常,卒后追赠司空。　②体识清远:见识清明高远。　③言行以礼:言行举止遵循礼法。　④不徒:不仅仅。东南之美:语出《尔雅》:"东南之美者,有会稽之竹箭焉。"贺循为会稽人,因此移用于他。　⑤实:确实。海内:古人以为中国四境环海,称境内为"四海之内"或"海内"。秀:杰出的人才。

35. 刘琨虽隔阂寇戎①,志存本朝②,谓温峤曰③:"班彪识刘氏之复兴④,马援知汉光之可辅⑤。今晋祚虽衰⑥,

天命未改⑦,吾欲立功于河北⑧,使卿延誉于江南⑨,子其行乎⑩?"温曰:"峤虽不敏⑪,才非昔人⑫,明公以桓、文之姿⑬,建匡立之功⑭,岂敢辞命⑮?"

[注释]①刘琨(kūn):字越石,晋中山魏昌(今河北省无极东北)人,官至并州刺史。隔阂(hé)寇戎:被敌军阻隔。指中原沦陷、晋室南迁,刘琨统领并州在北方。寇戎:指南侵中原的北方少数民族。 ②志存本朝:心怀故国。 ③温峤(qiáo):字太真,晋太原祁县(今山西省祁县)人,初为刘琨部下,奉刘琨命使江南,后仕东晋,官至骠骑将军,封始安公。 ④班彪:字叔皮,汉扶风安陵(今陕西咸阳东北)人,班固之父。识:认识到。刘氏之复兴:汉刘氏政权要复兴。按:西汉末年,天下大乱,隗嚣起兵天水,有窥觎之志,班彪作《王命论》以讽之。 ⑤马援:字文渊,扶风茂陵(今陕西省兴平东北)人,初为隗嚣部下,后归东汉,官伏波将军,封新息侯。知汉光之可辅:知道光武帝值得辅佐。刘孝标注引《东观汉记》曰:"(隗嚣)后见光武,曰:'天下反复,盗名字者不可胜数。今见陛下,寥廓大度,同符高祖,乃知帝王自有真也。'" ⑥祚(zuò):君位,国统。 ⑦天命未改:天意未变,指司马氏统治天下的命数未变。 ⑧河北:黄河以北。 ⑨使卿延誉于江南:让你在江南得到声誉。 ⑩子其行乎:你觉得可以吗。 ⑪不敏:自谦之辞,不聪明。 ⑫才非昔人:不像古代贤人豪杰那样有才能。 ⑬明公:尊称对方,明哲之公。桓、文之姿:齐桓公、晋文公(皆春秋时有作为的君主)那样的才能。 ⑭匡立:谓拯救国家,建立大业。 ⑮辞命:推辞使命。

36. 温峤初为刘琨使①,来过江。于时江左营建始尔②,纲纪未举③。温新至④,深有诸虑。既诣王丞相⑤,陈主上幽越、社稷焚灭、山陵夷毁之酷⑥,有《黍离》之痛⑦。温忠慨深烈⑧,言与泗俱⑨,丞相亦与之对泣。叙情既毕⑩,便深自陈结⑪,丞相亦厚相酬纳⑫。既出,欢然言曰:"江左自有管夷吾⑬,此复何忧?"

[注释]①温峤:见本门35注③。刘琨:见本门35注①。 ②于时:此时。江左:犹江东,此指东晋政权。营建始尔:刚开始建设。 ③纲纪未举:大政方针尚未实施。 ④新至:刚到。 ⑤王丞相:即王导,见本门31注⑧。 ⑥陈:陈述,述说。主上幽越:指西晋愍帝被囚禁。社稷:社,土神。稷,谷神。后用为国家的代称。焚灭:毁灭。山陵:皇家陵墓。夷毁:夷平毁坏。酷:惨烈。此句是温峤陈述西晋破亡的悲惨景象。 ⑦《黍离》之痛:《黍离》是《诗经·王风》中的一首诗,旧说周平王东迁后,大夫过故都,见宗庙、宫室尽为禾黍,伤感而作此诗,后遂以"黍离"代亡国之痛。 ⑧忠慨深烈:忠心、悲愤十分强烈。 ⑨言与泗俱:边说边流泪。泗:涕。 ⑩叙情既毕:叙说亡国情形完毕。 ⑪深自陈结:深入表明自己欲结合东晋、共图复国的意图。 ⑫厚相酬纳:诚恳地采纳(温峤的想法)。 ⑬管夷吾:字仲,春秋时齐桓公相。桓公九合诸侯,一匡天下,多依赖管仲之力。后有以管仲指代良相。此指王导。

37.王敦兄含为光禄勋①。敦既逆谋②,屯据南州③,含委职奔姑孰④。王丞相诣阙谢⑤。司徒丞相⑥,扬州官僚问讯⑦,仓卒不知何辞⑧。顾司空时为扬州别驾⑨,援翰曰⑩:"王光禄远避流言⑪,明公蒙尘路次⑫,群下不宁,不审尊体起居何如⑬?"

[注释]①王敦:字处仲,晋临沂人,王导从兄,以讨平杜弢之乱而任征南大将军,后居功自傲并谋逆,未果而病死。含:字处弘,累迁徐州刺史、光禄勋,参与王敦谋反,后被诛。光禄勋:官职名,光禄寺长官,九卿之一。 ②敦既逆谋:指王敦永昌元年(公元322年)以除刘隗为借口起兵。 ③南州:当是下文的"姑孰"。 ④委职:舍弃官职。奔:投奔。姑孰:地名,以近姑孰溪而得名,在今安徽省当涂境内。 ⑤王丞相:指王导。诣:到。阙(què):宫门、城门两侧的高台,借指宫廷。谢:谢罪。王敦为王导从兄,故谢罪。 ⑥司徒丞相:此处当有文字错讹。"司徒"或为"司空"之误,"丞相"或为衍文。王导大兴四年(公元321年)为司空,太宁元年(公元323年)为司徒,王敦起兵于永昌元年(公元322年),王导时为司空。 ⑦扬州官僚问讯:扬州

官僚下属想探问消息。王导时兼任扬州刺史。　⑧仓卒(cù):亦作"仓促",匆忙急迫。不知何辞:不知如何措辞。　⑨顾司空:见本门33注①。别驾:官职名。　⑩援翰:拿着笔。翰(hàn):毛笔。　⑪王光禄:指王含。远避流言:躲避谣言。　⑫蒙尘路次:蒙受尘土在路途之间,意为蒙受冤屈。　⑬审:清楚,知道。

38.郗太尉拜司空①,语同坐曰②:"平生意不在多③,值世故纷纭④,遂至台鼎⑤,朱博翰音⑥,实愧于怀。"

[注释]①郗太尉:郗鉴,字道徽,晋高平金乡(今山东省金乡)人。曾官太尉。拜司空:咸和四年(公元329年),郗鉴以车骑将军为司空,封南昌县公。　②同坐:同"同座",此指共事的人。　③平生:向来。意不在多:没有太高的意念(指志向、追求)。　④值:适遇。世故:世事。纷纭:纷乱,变故。　⑤遂:于是。至:升至。台鼎:当时以太尉、司徒、司空为三公。三公为朝廷重臣,如同星有三台,鼎有三足。　⑥朱博:字子元,汉杜陵人,官丞相。据说他临拜相时,有大声如钟鸣,时人意为空名得进之兆。翰音:飞向高空的声音。比喻徒有虚声。《易·中孚》:"翰音登于天,贞凶。"王弼注:"翰,高飞也。飞音者,音飞而实不从之谓也。"

39.高坐道人不作汉语①。或问此意②,简文曰③:"以简应对之烦④。"

[注释]①高坐道人:西域僧人,名尸黎密,为国王之子,让位于弟,自为僧,永嘉中始到中原,天姿高朗,风韵遒迈。不作汉语:不讲汉话。　②或问此意:有人问这有什么意图。　③简文:晋简文帝司马昱,字道万,谥简文。　④简:简省,省去。应对之烦:应酬对答的麻烦。

40.周仆射雍容好仪形①,诣王公②,初下车③,隐数人④,王公含笑看之。既坐,傲然啸咏⑤,王公曰:"卿欲希

嵇、阮邪⑥?"答曰:"何敢近舍明公⑦,远希嵇、阮⑧?"

[注释]①周仆射:周顗,见本门30注①。雍容:仪态高雅的样子。好仪形:形貌美好。 ②诣王公:拜访王导。 ③初下车:刚下车。 ④隐数人:依凭数人,即有数人服侍。 ⑤傲然:高傲的样子。啸咏:吟啸,啸歌。 ⑥希:希慕,效仿。嵇、阮:嵇康、阮籍,皆任性放旷之士。 ⑦⑧两句:哪敢舍近求远,抛开您而去学习嵇、阮呢?

41. 庾公尝入佛图①,见卧佛②,曰:"此子疲于津梁③。"于时以为名言。

[注释]①庾公:指庾亮,见本门30注①。佛图:梵语音译的佛教语,"佛寺"义,也写作"浮屠"或"浮图"。 ②卧佛:躺卧的佛像。《涅槃经》云:"如来背痛,于双树间北首而卧。"故后之图绘者为此像。 ③疲于津梁:因普度众生而疲劳了。"津梁"本为渡口和桥梁,此用为动词,引申为超度、普度。

42. 挚瞻曾作四郡太守、大将军户曹参军①,复出作内史②,年始二十九。尝别王敦③,敦谓瞻曰:"卿年未三十,已为万石④,亦太蚤⑤!"瞻曰:"方于将军⑥,少为太蚤;比之甘罗⑦,已为太老。"

[注释]①挚瞻:字景游,晋京兆长安(今陕西省西安市)人,太常虞兄子,少善属文,起著作郎,中朝乱,依王敦,为户曹参军,历安丰、新蔡、西阳太守等。 ②内史:晋时相当于太守。 ③王敦:见本门37注①。 ④万石(dàn):汉制官吏以俸禄分等级,郡守为二千石。挚瞻四任太守一为内史,故云万石。 ⑤蚤:同"早"。 ⑥方:比。将军:指王敦。 ⑦甘罗:战国时秦相甘茂的孙子,12岁时事吕不韦,出使赵,说服赵王割五城与秦,又劝赵攻燕,得燕11城,归国后因有功被封为上卿。

43.梁国杨氏子①,九岁,甚聪惠②。孔君平诣其父③,父不在,乃呼儿出为设果④。果有杨梅,孔指以示儿,曰:"此是君家果。"儿应声答曰:"未闻孔雀是夫子家禽⑤。"

[注释]①梁国:郡国名,治所在睢阳(今河南省商丘市南)。 ②惠:同"慧"。 ③孔君平:孔坦,字君平,晋会稽山阴(今浙江省绍兴市)人,善《春秋》,有文辞,历太子舍人,累迁廷尉卿。 ④设果:摆设果品。 ⑤夫子家禽:您家的鸟。

44.孔廷尉以裘与从弟沈①,沈辞不受。廷尉曰:"晏平仲之俭②,祠其先人③,豚肩不掩豆④,犹狐裘数十年⑤,卿复何辞此?"于是受而服之。

[注释]①孔廷尉:即孔坦,见本门43注③。从弟:堂弟。沈:字德度,会稽山阴人,官至琅邪王文学。 ②晏平仲:晏婴,字平仲,春秋东莱夷维(今山东省高密)人,齐国名相。俭:俭朴。 ③祠:祭祀。先人:祖先。 ④豚(tún)肩:猪腿。掩:遮盖。豆:古代食器,亦用作装酒肉的祭器,形似高足盘,大多有盖。此句意为祭品少,为人节俭。 ⑤犹狐裘数十年:尚且数十年穿狐皮衣。

45.佛图澄与诸石游①,林公曰②:"澄以石虎为海鸥鸟③。"

[注释]①佛图澄:晋高僧,出于敦煌,永嘉中至洛阳,能占见吉凶,石勒、石虎甚敬信之。与诸石游:与后赵国君石勒等人交往。 ②林公:支遁,字道林,陈留(今河南省陈留)人,晋时高僧。 ③石虎:字季龙,石勒从弟,石勒死后,石虎诛杀石勒诸儿袭位。为海鸥鸟:出自《列子·黄帝》:"海上之人有好鸥鸟者,每旦之海上,从鸥鸟游,鸥鸟之至者百住而不止。其父曰:'吾闻鸥鸟皆从汝游,汝取来,吾玩之。'明日之海上,鸥鸟舞而不下也。"此句意思是说僧

澄与石虎无利害冲突。

46.谢仁祖年八岁①,谢豫章将送客②,尔时语已神悟③,自参上流④。诸人咸共叹之曰⑤:"年少一坐之颜回⑥。"仁祖曰:"坐无尼父⑦,焉别颜回⑧?"

[注释]①谢仁祖:谢尚,字仁祖,晋陈国阳夏(今河南省太康)人,幼聪慧,丞相王导器重之,曾任尚书仆射、豫州刺史、镇西将军。 ②谢豫章:谢鲲,谢尚之父,曾为豫章太守,故称。将送客:带谢尚去送客。 ③尔时:那时,指谢尚八岁时。语:言语,谈吐。神悟:神妙聪明。 ④自参上流:自然参与上流人物之列。 ⑤咸共:一起,共同。 ⑥年少一坐之颜回:一座中年少的颜回。坐:同"座"。颜回:字子渊,亦称颜渊,春秋时鲁人,孔子弟子,敏而好学,安贫乐道,孔子屡称之。 ⑦坐无尼父:座上没有孔子。尼父:孔子名丘字仲尼,故称。 ⑧焉别颜回:怎能识别颜回。

47.陶公疾笃①,都无献替之言②,朝士以为恨③。仁祖闻之④,曰:"时无竖刁⑤,故不贻陶公话言⑥。"时贤以为德音⑦。

[注释]①陶公:陶侃,字士衡,鄱阳(今江西省鄱阳)人,少有大志,察孝廉,司空张华器重之,官至侍中太尉,封长沙公。疾笃:病危。 ②都无:完全没有。献替之言:进谏的话。献替:"献可替否"的简语,语见《左传·昭公二十年》:"君所谓可,而有否焉,臣献其否,以成其可;君所谓否,而有可焉,臣献其可,以去其否。" ③朝士:朝中人士。恨:遗憾。 ④仁祖:即谢尚,见本门46注①。 ⑤竖刁:春秋齐人,阉割入宫,得齐桓公宠信。齐相管仲病重,桓公问是否可以让其代相,管仲言否,桓公卒用之为相,后果乱齐国。 ⑥贻(yí):遗留。话言:话。 ⑦时贤:当时名贤。德音:善言。

48.竺法深在简文坐①,刘尹问②:"道人何以游朱门③?"答曰:"君自见其朱门,贫道如游蓬户④。"或云卞令⑤。

[注释]①竺法深:晋高僧,生平不详,与简文帝结殷勤之欢。简文:晋简文帝司马昱。坐:同"座"。　②刘尹:刘惔(dàn),字真长,晋沛国萧(今安徽省萧县)人,有雅裁,任司徒左长史、侍中、丹阳尹,为政镇静诚信。　③道人:晋时对僧人之称。宋叶梦得《避暑录话》:"晋宋间佛学初行,其徒犹未有僧称,通曰道人。"游:游走,出入。朱门:官宦人家,古时官宦人家门第漆成红色,故以之代称。　④蓬户:犹"蓬门",与"朱门"相对,指贫寒人家。　⑤或云卞令:有人说是卞令诘问竺法深。卞令:卞壸(kǔn),字望之,晋冤句(今山东省菏泽西南)人,曾官尚书令,故称。

49. 孙盛为庾公记室参军①。从猎,将其二儿俱行②,庾公不知,忽于猎场见齐庄③,时年七八岁,庾谓曰:"君亦复来邪④?"应声答曰⑤:"所谓'无小无大,从公于迈。'⑥"

[注释]①孙盛:字安国,晋太原中都(今山西省平遥)人,博学强识,历著作郎、浏阳令。庾亮为荆州,以为征西主簿,累迁秘书监。庾公:指庾亮,见本门30注①。记室参军:官职名,负责文书档案的属官。　②将:携带。　③齐庄:孙盛次子孙放,字齐庄。　④亦复:偏义复词,犹言"亦"。　⑤应声:随声,言其机灵反应快。　⑥所谓:所说的。无小无大,从公于迈:出自《诗经·鲁颂·泮水》,原意是说群臣都随鲁僖公前往泮宫。迈:出行。

50. 孙齐由、齐庄二人小时诣庾公①。公问齐由何字②,答曰:"字齐由。"公曰:"欲何齐邪③?"曰:"齐许由④。"齐庄何字,答曰:"字齐庄。"公曰:"欲何齐?"曰:"齐庄周⑤。"公曰:"何不慕仲尼⑥,而慕庄周?"对曰:"圣人生知⑦,故难企慕⑧。"庾公大喜小儿对⑨。

[注释]①孙齐由:孙潜,字齐由,晋太原人,孙盛长子。齐庄:见本门49注③。诣:拜见。庾公:指庾亮。 ②何字:别字是什么。 ③欲何齐:想与什么看齐,想与谁等同。 ④许由:尧时高士,见本门1注③。 ⑤庄周:战国宋蒙(今河南省商丘市)人,曾为蒙漆园吏,道家创始人之一,著有《庄子》一书。 ⑥慕:效慕。仲尼:孔子,见本门3注⑩。 ⑦圣人:指孔子。生知:天生智慧,不要学习就有知识。语见《论语·季氏》:"生而知之者,上也;学而知之者,次也。" ⑧企慕:企及。 ⑨大喜:十分喜欢。对:回答。

51. 张玄之、顾敷是顾和中外孙①,皆少而聪惠②。和并知之③,而常谓顾胜④,亲重偏至⑤。张颇不㾕⑥。于时张年九岁,顾年七岁。和与俱至寺中,见佛般泥洹像⑦,弟子有泣者,有不泣者,和以问二孙。玄谓:"被亲故泣⑧,不被亲故不泣。"敷曰:"不然⑨,当由忘情故不泣⑩,不能忘情故泣。"

[注释]①张玄之:字祖希,少以学显,官吏部尚书,与谢玄为南北之望,时称南北二玄。顾敷:字祖根,吴郡人,官至著作郎。顾和:见本门33注①。中外孙:孙子和外孙。 ②聪惠:聪明。惠:同"慧"。 ③和并知之:顾和对他们都很了解。 ④谓顾胜:认为顾敷超出(更聪明)。 ⑤亲重偏至:亲爱看重,有所偏移。 ⑥㾕(yān):心服。 ⑦佛般泥洹像:佛祖圆寂(死亡)的塑像。般(bō)泥洹(huán):梵语音译的佛教用语,也作"般涅槃",简称"涅槃"。 ⑧被亲:指被佛祖亲爱。 ⑨不然:不是这样。 ⑩忘情:忘怀人之常情,指修炼达到一种很高的境界。

52. 庾法畅造庾太尉①,握麈尾至佳②。公曰:"此至佳,那得在③?"法畅曰:"廉者不求④,贪者不与⑤,故得在耳。"

[注释]①庾法畅:《高僧传》作"康法畅","庾"当为"康"之误。晋僧人,

氏族、所出不详,曾著《人物论》。造:拜访。庾太尉:即庾亮,见本门30注①。 ②握麈尾至佳:所持的麈尾非常好。麈(zhǔ)尾:古人闲谈时执以驱虫、掸尘的一种工具。在细长的木条两边及上端插设兽毛,或直接让兽毛垂露外面,类似马尾松。因古代传说麈迁徙时,以前麈之尾为方向标志,故称。后古人清谈时必执麈尾,相沿成习,为名流雅器,不谈时,亦常执在手。 ③那得在:怎么还能拥有。意思是说怎么没被人要去。 ④求:索要。 ⑤与:给予。

53. 庾稚恭为荆州①,以毛扇上武帝②,武帝疑是故物③。侍中刘劭曰④:"柏梁云构⑤,工匠先居其下;管弦繁奏⑥,钟、夔先听其音⑦。稚恭上扇,以好不以新⑧。"庾后闻之,曰:"此人宜在帝左右⑨。"

[注释]①庾稚恭:庾翼,字稚恭,晋颍川鄢陵(今河南省鄢陵)人,太尉庾亮弟,少有大度,时论以经略许之,官荆州刺史,镇武昌(今湖北省鄂州)。 ②毛扇:用鸟的长羽毛制成的扇子,亦称羽扇。上:献给。武帝:应为"成帝"之误。刘孝标注云:"按庾怿以白羽扇献武帝,帝嫌其非新,反之。不闻翼也。"《晋书·庾怿传》云:"怿尝以白羽扇献成帝。" ③故物:旧物,已经用过的东西。 ④刘劭(shào):字彦祖,晋彭城丛亭(今江苏省铜山)人,博识好学,多才能,善草隶,官侍中、豫章太守。 ⑤柏梁云构:高耸入云的柏梁台。柏梁台为汉武帝所建,以香柏为梁,武帝尝与群臣饮酒和诗于此。 ⑥管弦繁奏:各种乐器的合奏。 ⑦钟:钟子期,春秋时楚人,以善知音著称。夔(kuí):舜的乐官,舜使其掌管音乐教化天下。 ⑧以:因为,凭。 ⑨此人宜在帝左右:这人适合在皇帝身边(因为他善于解决问题,正确劝引皇帝)。

54. 何骠骑亡后①,征褚公入②。既至石头③,王长史、刘尹同诣褚④,褚曰:"真长,何以处我⑤?"真长顾王曰⑥:"此子能言。"褚因视王,王曰:"国自有周公⑦。"

[注释]①何骠(piào)骑:何充,字次道,晋庐江灊(qián)县(今安徽省霍

山东北)人,任骠骑将军、宰相等职。 ②褚公:即褚裒,字季野,晋河南阳翟(今河南省禹州市)人,有简贵之风,累迁江兖二州刺史,赠侍中、太傅。 ③石头:地名,亦称石头城,故址在今江苏省南京市清凉山。 ④王长史:指王濛,曾为司徒左长史,故称。刘尹:即刘惔,见本门48注②。 ⑤处:处置,安排。 ⑥顾:看着。 ⑦周公:周公旦,周武王弟,武王死,成王幼,周公辅政,为名相,后借指有德行才能的宰辅。此指会稽王司马昱。

55. 桓公北征①,经金城②,见前为琅邪时种柳③,皆已十围④,慨然曰:"木犹如此,人何以堪⑤!"攀枝执条⑥,泫然流泪⑦。

[注释]①桓公:桓温,字子元,晋谯国龙亢(今安徽省怀远西)人,少有豪迈风气,为温峤所知,官迁琅邪内史、征西大将军、大司马,谥宣武侯。北征:桓温北征前后有三次,此次为太和四年(公元369年)伐燕。 ②金城:地名,在今江苏省上元北。 ③为琅邪时种柳:为琅邪内史时所种植的柳树。 ④围:长度单位,此指人双手拇指和食指围成的圈。 ⑤堪:忍受。 ⑥攀枝执条:拉扯着枝条。 ⑦泫(xuàn)然:流泪的样子。

56. 简文作抚军时①,尝与桓宣武俱入朝②,更相让在前③,宣武不得已而先之,因曰④:"伯也执殳,为王前驱⑤。"简文曰:"所谓'无小无大,从公于迈'⑥。"

[注释]①简文:简文帝司马昱,见本门39注③。作抚军:简文为太子时曾官抚军将军。 ②桓宣武:桓温,见本门55注①。 ③更相让在前:互相谦让,让对方走在前面。 ④因:于是。 ⑤"伯也"两句:出自《诗经·卫风·伯兮》,诗意是说男子拿着兵器,作为国王的先驱部队。此处为桓温活用,说自己是司马昱的前导。殳(shū):古代一种无刃的杖一类的兵器,以竹或木制成,多用作仪仗。 ⑥无小无大,从公于迈:见本门49注⑥。此处是司马昱自谦,谓跟随桓温。

57. 顾悦与简文同年而发蚤白①。简文曰:"卿何以先白②?"对曰③:"蒲柳之姿④,望秋而落⑤;松柏之质⑥,经霜弥茂⑦。"

[注释]①顾悦:字君叔,东晋晋陵无锡(今江苏省无锡市)人,有义行,官至尚书左丞。简文:即司马昱,见本门39注③。蚤:同"早"。 ②先白:犹言"早白"。 ③对曰:回答说。 ④蒲柳:蒲草、柳树,皆为入秋即凋萎的植物。姿:资质,本性。 ⑤望:临近。 ⑥质:资质,品质。与上文"姿"互文。⑦经霜弥茂:历经霜冻更加茂盛。

58. 桓公入峡①,绝壁天悬②,腾波迅急③,乃叹曰:"既为忠臣④,不得为孝子⑤,如何⑥?"

[注释]①桓公入峡:永和二年(公元346年),桓温率领七千余人伐蜀,军行长江三峡。 ②绝壁:陡峭的崖壁。天悬:从天垂下。 ③腾波:翻腾的波涛。迅急:急快。 ④⑤两句:引用《汉书》所载王阳、王尊的典故。王阳为益州刺史时,行军至九折阪,说:"奉先人遗体,奈何数乘此险?"于是辞官。后王尊为刺史,复经此,说:"王阳为孝子,王尊为忠臣。" ⑥如何:怎么样。意思是问部下愿为忠臣否,与部下共勉。

59. 初①,荧惑入太微②,寻废海西③。简文登阼④,复入太微,帝恶之⑤。时郗超为中书⑥,在直⑦,引超入,曰:"天命修短⑧,故非所计⑨。政当无复近日事不⑩?"超曰:"大司马方将外固封疆⑪,内镇社稷⑫,必无若此之虑。臣为陛下以百口保之⑬。"帝因诵庾仲初诗曰⑭:"志士痛朝危⑮,忠臣哀主辱⑯。"声甚凄厉。郗受假还东⑰,帝曰:"致意尊公⑱,家国之事⑲,遂至于此⑳。由是身不能以道匡卫㉑,思患预防㉒,愧叹之深㉓,言何能喻㉔?"因泣下流襟㉕。

[注释]①初:当初,古人追述过去时常用之语。 ②荧惑:火星。太微:星宿名,太微垣,古人认为是天庭,对应人间朝廷。荧惑犯太微,被视为对皇帝不利。 ③寻:不久。废海西:泰和六年(公元371年),大司马桓温废帝司马奕为东海王,次年又降为海西县公。 ④简文登阼:司马奕被废,司马昱被拥立,即简文帝。登阼(zuò):即位。阼:大堂前东面的台阶,借指帝位。 ⑤恶:厌恶,不安。 ⑥郗(xī)超:字景兴,晋高平金乡(今山东省金乡)人,司空愔子,少卓荦不羁,有旷世之度,为桓温参军,温废海西,超参与其事。中书:官名,中书郎。 ⑦直:同"值",值班。 ⑧天命:天意(对其帝位去就)。修短:长短。 ⑨故非所计:本来就不可预计。 ⑩政当无复近日事不:政局该不会再出现前不久那样的事(指废立)吧。不:同"否",疑问词。 ⑪大司马:指桓温。方将:正要。外固封疆:对外巩固边疆。 ⑫内镇社稷:对内安抚国家。 ⑬以百口保之:以全家性命担保。 ⑭庾仲初:庾阐,字仲初,晋鄢陵(今河南省鄢陵)人,官司空参军等职。 ⑮⑯两句:庾阐《从征》诗中的句子。 ⑰受假还东:被批假回浙东老家。 ⑱致意尊公:向令尊致意。 ⑲家国之事:国家大事(指桓温专权,擅行废立)。 ⑳遂至于此:已经到了这般地步。 ㉑由是:由于。身:自身,简文帝自指。以道匡卫:用道义匡复守卫。 ㉒思患预防:考虑到危机并预先防备。 ㉓愧叹:惭愧感叹。 ㉔喻:表达。 ㉕因:于是,表顺承。泣下流襟:泣下沾襟,眼泪打湿了衣襟。

60. 简文在暗室中坐①,召宣武②。宣武至,问:"上何在③?"简文曰:"某在斯④。"时人以为能⑤。

[注释]①简文:即简文帝司马昱,见本门39注③。 ②召:召见。宣武:指桓温。温谥宣武,故称。 ③上:皇上。 ④某在斯:我在这里。语出《论语·卫灵公》,盲人师冕见孔子,孔子告诉他台阶和坐席,引导他入席,说"某在斯,某在斯"(这是某人,这是某人,一一介绍之意)。此处"某"是简文自称。 ⑤时人以为能:当时人都认为简文善于援用古语。

61. 简文入华林园①,顾谓左右曰②:"会心处不必在远③,翳然林水④,便自有濠濮间想也⑤,觉鸟兽禽鱼自来亲人⑥。"

[注释]①华林园:园囿名,故址在今南京鸡鸣山南,三国吴所修,东晋建国后,仿西晋洛阳华林园加以修整,并亦命名华林园。 ②顾:回头。 ③会心处:令人心领神会的地方。不必在远:不一定要在僻远的地方。 ④翳(yì)然:树木荫深的样子。 ⑤濠濮间想:弃置世务、怡情山水的情怀。濠(háo)濮(pú):水名,《庄子·秋水》载,庄子与惠施游于濠水桥上,羡鱼之乐;又庄子钓于濮水,楚王使人往聘,庄子持竿不顾。濠在今安徽省凤阳县东北。濮水有二,一在今山东菏泽北,一在今河南滑县与延津县境。 ⑥自:自行。亲人:和人亲近。

62. 谢太傅语王右军曰①:"中年伤于哀乐②,与亲友别,辄作数日恶③。"王曰:"年在桑榆④,自然至此,正赖丝竹陶写⑤,恒恐儿辈觉⑥,损欣乐之趣⑦。"

[注释]①谢太傅:谢安,字安石,曾大败苻坚于淝水之上,卒赠太傅。王右军:王羲之,字逸少,晋琅邪临沂(今山东省临沂)人,善书法,官右军将军、会稽内史,故称。 ②中年伤于哀乐:人到中年,难免为喜怒哀乐所伤。 ③恶:指心情不好。 ④年在桑榆:人到晚年。桑榆:落日余晖照在桑榆枝梢上,后用指晚年。 ⑤正:全。赖:依靠。丝竹:乐器,此指音乐歌舞。陶写(xiè):陶冶性情,排遣胸怀。 ⑥恒:常常。觉:知道。 ⑦损:破坏。欣乐:欣悦快乐。

63. 支道林常养数匹马①。或言②:"道人畜马不韵③。"支曰:"贫道重其神骏④。"

[注释]①支道林:支遁,字道林,河内林虑人(一说陈留人),本姓闵,晋高僧,与谢安、王羲之等结方外之交。 ②或:有人。 ③道人:晋时对和尚的称呼。畜(xù)马:养马。韵:高雅。 ④贫道:支道林谦称。重:看重。神骏:形容良马、猛禽等姿态雄健。

64. 刘尹与桓宣武共听讲《礼记》①,桓云:"时有入心处②,便觉咫尺玄门③。"刘曰:"此未关至极④,自是金华殿之语⑤。"

[注释]①刘尹:即刘惔,见本门48注②。桓宣武:桓温,见本门55注①。《礼记》:儒家经典之一,相传为西汉戴圣编定,内容为先秦各种礼仪、伦理制度等。 ②时:时时,经常。入心处:会心处。 ③咫尺玄门:玄妙之门近在咫尺,意思是说离领会真谛不远。 ④此未关至极:这些讲解没有深入精髓。关:至。至极:至深,最高境界。 ⑤自是:只是。金华殿之语:指老生常谈的讲解。金华殿:汉殿名,在未央宫。《汉书》载,成帝时,"郑宽中、张禹朝夕入说《尚书》、《论语》于金华殿"。

65. 羊秉为抚军参军①,少亡②,有令誉③。夏侯孝若为之叙④,极相赞悼⑤。羊权为黄门侍郎⑥,侍简文坐⑦,帝问曰:"夏侯湛作《羊秉叙》,绝可想⑧。是卿何物⑨?有后不⑩?"权潸然对曰⑪:"亡伯令问夙彰⑫,而无有继嗣⑬,虽名播天听⑭,然胤绝圣世⑮。"帝嗟慨久之⑯。

[注释]①羊秉:字长达,晋太山平阳(今山东省新泰)人,官抚军参军。 ②少亡:过早去世,羊秉死时年仅32岁。 ③令誉:美好的声誉。 ④夏侯孝若:夏侯湛,字孝若,晋谯国(今安徽省亳州)人,善属文,官散骑常侍。叙:此为记叙死者生平并赞誉之的文体。 ⑤赞悼:赞美哀悼。 ⑥羊权:字道舆,徐州刺史悦之子,官至尚书左丞。黄门侍郎:官名,职责是侍从皇帝,传达诏命。 ⑦侍简文坐:侍候简文起居。 ⑧绝可想:(羊秉为人)可以想见。

⑨何物:何人,意思是问羊秉、羊权是否有亲戚关系。 ⑩有后不:有后人没有。不:同"否"。 ⑪潸(shān)然:流泪的样子。对:回答。 ⑫亡伯:故去的伯父。令问:犹"令名",美好的名声。夙(sù):向来。彰:显著。 ⑬继嗣:后代。 ⑭名播天听:名声传到皇上耳里。 ⑮胤(yìn):子孙。 ⑯嗟(jiē)慨:叹息感慨。久之:久。"之"为语助词,无义。

66. 王长史与刘真长别后相见①,王谓刘曰:"卿更长进②。"答曰:"此若天之自高耳③。"

[注释]①王长史:王濛,字仲祖,晋太原晋阳(今山西省太原市)人,神气清韶,少放迈不群,弱冠检尚,风流雅正,与刘惔友善,官至司徒左长史,故称。刘真长:即刘惔,见本门48注②。 ②长进:有进步。 ③天之自高:出自《庄子·田子方》:"若天之自高,地之自厚,日月之自明,夫何修焉?"意思是其境界天生而成,非修为所致。

67. 刘尹云①:"人想王荆产佳②,此想长松下当有清风耳③。"

[注释]①刘尹:即刘惔,见本门48注②。 ②人想:人们推想。王荆产:王微,字幼仁,小字荆产,琅邪人,荆州刺史王澄之子,历尚书郎、右军司马。佳:人品好。 ③此想长松下当有清风耳:与想象高大的松树下一定有清风一样。谓家风影响人的成长。

68. 王仲祖闻蛮语不解①,茫然曰:"若使介葛卢来朝②,故当不昧此语③。"

[注释]①王仲祖:王濛,见本门66注①。蛮语:南方方言。不解:不懂。 ②若使:假使。介葛卢:春秋时介国君主,传说其通兽语。 ③不昧:能通晓。

69. 刘真长为丹阳尹①。许玄度出都②,就刘宿③。床帷新丽④,饮食丰甘⑤。许曰:"若保全此处,殊胜东山⑥。"刘曰:"卿若知吉凶由人⑦,吾安得不保此。"王逸少在坐⑧,曰:"令巢、许遇稷、契⑨,当无此言。"二人并有愧色。

[注释]①刘真长:刘惔,见本门48注②。 ②许玄度:许询,字玄度,晋高阳(今河北省高阳)人,幼秀惠,众称神童,不仕,早卒。出都:离开都城。 ③就刘宿:住在刘惔处。 ④床帷:床和帐幔,代指用具。 ⑤丰甘:丰盛甘美。 ⑥殊胜东山:远远胜过隐居东山。东山在今浙江省上虞,风景优美,谢安曾隐居于此。 ⑦卿:称呼关系密切的人。知:相信。吉凶由人:凶吉否泰出于人事,即人可以把握命运之意。 ⑧王逸少:王羲之,见本门62注①。坐:同"座"。 ⑨令:假令,假使。巢、许:巢父、许由,均尧时隐士。稷(jì):周始祖,姓姬名弃,尧时为稷官(农官),封于邰。契(xiè):商始祖,舜时为司徒,佐禹治水有功,封于商。此以稷、契喻指居高位的贤人。

70. 王右军与谢太傅共登冶城①,谢悠然远想②,有高世之志③。王谓谢曰:"夏禹勤王④,手足胼胝⑤;文王旰食⑥,日不暇给⑦。今四郊多垒⑧,宜人人自效⑨,而虚谈废务⑩,浮文妨要⑪,恐非当今所宜。"谢答曰:"秦任商鞅⑫,二世而亡,岂清言致患邪⑬?"

[注释]①王右军与谢太傅:见本门62注①。冶城:城名,三国吴冶铸之所,故名,故址在今南京市朝天宫一带。 ②悠然远想:轻闲快乐,思绪飘扬。 ③高世之志:超越尘世的志趣。 ④夏禹:姒姓,名文命,原为夏后氏部落领袖,奉舜命治理洪水,后被选为舜的继承人,舜死后即位,建立夏代,后世视为圣王。勤王:为王事尽力。 ⑤胼胝(pián zhī):手掌脚底因长期劳动摩擦而生的茧子。 ⑥文王:周文王。旰(gàn)食:天晚才吃饭。 ⑦日不暇给(jǐ):本为白天没时间饮食供养,引申为时间不够用。 ⑧四郊多垒:四面多

军垒,意思是战乱频仍。 ⑨效:效力。 ⑩虚谈:空谈玄虚。废务:荒废政务。 ⑪浮文:浮华的言辞。妨要:妨碍要务。 ⑫秦任商鞅:秦国任用商鞅为相。商鞅:战国卫人,名鞅,原姓公孙,封于商,故称商鞅。 ⑬清言:清谈玄虚。致患:招致祸乱。

71. 谢太傅寒雪日内集①,与儿女讲论文义。俄而雪骤②,公欣然曰:"白雪纷纷何所似?"兄子胡儿曰③:"撒盐空中差可拟④。"兄女曰:"未若柳絮因风起⑤。"公大笑乐⑥。即公大兄无奕女⑦,左将军王凝之妻也⑧。

[注释]①谢太傅:谢安,见本门62注①。寒雪日:寒冷下雪之日。内集:家人集聚。 ②俄而:一会儿。雪骤:雪下得大了。 ③胡儿:谢朗,字长度,小字胡儿,谢安次兄谢据长子,官至东阳太守。 ④差:大致,大略。可拟:可以比拟。 ⑤因风起:乘风飘起。 ⑥大笑乐:大笑开怀。 ⑦无奕:谢奕,字无奕,官豫州刺史。 ⑧左将军:官职名。王凝之:字叔平,王羲之第二子,历江州刺史、左将军、会稽内史,后孙恩之攻会稽,城破被杀。

72. 王中郎令伏玄度、习凿齿论青、楚人物①。临成②,以示韩康伯③。康伯都无言④,王曰:"何故不言?"韩曰:"无可无不可⑤。"

[注释]①王中郎:王坦之,字文度,晋太原晋阳(今山西省太原市)人,器度淳深,有令名,官北中郎将、徐兖二州刺史等。伏玄度:伏滔,字玄度,晋平昌安邱(今山东省安邱)人,少有才学,官大司马桓温参军、著作郎、游击将军。习凿齿:字彦威,襄阳(今湖北省襄阳)人,少以文称,善公文,官至荥阳太守。论青、楚人物:评论青州、楚地的杰出人物。青州在今山东省东部,楚地为长江中游今湖南、湖北地域。 ②临成:刚写成。 ③韩康伯:韩伯,字康伯,晋颍川长社(今河南省长葛)人。 ④都无言:一言不发。 ⑤无可无不可:意思是不作评判。语出《论语·微子》:"我则异于是,无可无不可。"

73. 刘尹云①："清风朗月,辄思玄度②。"

[注释]①刘尹:刘惔,见本门48注②。 ②玄度:许询,见本门69注②。许询善清谈,为时人仰慕。

74. 荀中郎在京口①,登北固望海②,云:"虽未睹三山③,便自使人有凌云意④。若秦、汉之君⑤,必当褰裳濡足⑥。"

[注释]①荀中郎:荀羡,字令则,晋颍川临颍(今河南省临颍西北)人,清和有识,曾任北中郎,故称。京口:地名,在今江苏省镇江市境。 ②北固:山名,在京口北,三面临水,为镇江制高点。 ③三山:指蓬莱、方丈、瀛洲,传说中的三座神山。 ④凌云意:超越尘世、飘飘欲仙的志趣。 ⑤秦、汉之君:指秦始皇和汉武帝,据《史记》载,他们都希望长生不老,秦始皇曾派人入海求不老药,汉武帝在封禅泰山后曾至海上,希望见到蓬莱山。 ⑥褰(qiān)裳:提起下衣。濡(rú)足:湿脚,指涉水下海。

75. 谢公云①："贤圣去人②,其间亦迩③。"子侄未之许④。公叹曰:"若郗超闻此语⑤,必不至河汉⑥。"

[注释]①谢公:指谢安,见本门62注①。 ②贤圣:圣贤,才高德韶的人。去:离,超出。人:常人。 ③间:距离。迩(ěr):近。 ④子侄:晚辈。未之许:未许之,不同意这种看法。 ⑤郗超:见本门59注⑥。 ⑥必不至河汉:肯定不会认为是渺茫无边之论。河汉:天河,银河,此喻指不着边际之论。

76. 支公好鹤①,住剡东岇山②。有人遗其双鹤③。少时④,翅长欲飞⑤,支意惜之⑥,乃铩其翮⑦。鹤轩翥不复能飞⑧,乃反顾翅⑨,垂头,视之如有懊丧意⑩。林曰⑪:"既有凌霄之姿⑫,何肯为人作耳目近玩⑬?"养令翮成,置使飞去⑭。

[注释]①支公:支遁,见本门63注①。好(hào):喜欢。 ②剡(shàn):县名,今浙江省嵊州。岇(àng)山:山名,在今嵊州境内。 ③遗(wèi):赠送。 ④少时:过了不久。 ⑤翅长:翅膀长成。 ⑥意惜之:心里舍不得它。 ⑦铩(shā):剪除,伤残。翮(hé):鸟羽的茎,此借指翅羽。 ⑧轩翥(zhù):飞扬,此指振翅。 ⑨反顾:回过头看。 ⑩视之如有懊丧意:(鹤)看上去像很沮丧的样子。 ⑪林:支遁,字道林。 ⑫凌霄之姿:凌云的天资。 ⑬耳目近玩:耳目观赏的玩物。 ⑭置使:任使。

77. 谢中郎经曲阿后湖①,问左右:"此是何水?"答曰:"曲阿湖。"谢曰:"故当渊注渟著②,纳而不流③。"

[注释]①谢中郎:谢万,字万石,谢安之弟,才气高俊,少知名,官西中郎将、豫州刺史。曲阿(ē):古县名,治所在今江苏省丹阳县,本为楚云阳邑,秦始皇以此地有天子气,凿北冈以败其势,截直道使曲阿,因名曲阿。 ②故当:本当。渊:回水。注:流入。渟(tíng):水聚集不流。著:通"伫",滞留。此句意思是水流入并停蓄其中。 ③纳:流入。流:流出。

78. 晋武帝每饷山涛恒少①。谢太傅以问子弟②,车骑答曰③:"当由欲者不多④,而使与者忘少⑤。"

[注释]①晋武帝:司马炎,见本门19注①。饷:赠送,赏赐。山涛:字巨源,河内怀县(今河南省武陟西南)人,好老庄,有器量,为"竹林七贤"之一,历仕魏晋,至吏部尚书。恒:总是。 ②谢太傅:谢安,见本门62注①。 ③车骑:谢玄,字幼度,安兄奕子,神理明俊,善微言,历建武将军、兖州刺史,大败苻坚于淝水,卒赠车骑将军,故称。 ④欲者不多:要东西的人希求不多。 ⑤而使与者忘少:而使得给东西的人忘记了给得少。

79.谢胡儿语庾道季①:"诸人莫当就卿谈②,可坚城垒③。"庾曰:"若文度来④,我以偏师待之⑤;康伯来⑥,济河焚舟⑦。"

[注释]①谢胡儿:谢朗,见本门71注③。语(yù):对……说。庾道季:庾龢(hé),字道季,小字徐广,太尉庾亮之子,风情率悟,以文谈致称,历仕至丹阳尹、中领军。 ②诸人:一些人。莫:同"暮",晚上。当:会。就:近,引申为同。谈:清谈,谈论。 ③可:可要,应该。坚城垒:使城垒坚固,意思是加强防守。 ④文度:王坦之,见本门72注①。 ⑤我以偏师待之:我只需以部分力量对付他。偏师:侧翼部队,此喻指非全部精力。 ⑥康伯:韩伯,见本门72注③。 ⑦济河焚舟:典出《左传·文公三年》:"秦伯伐晋,济河焚舟。"意思是下定决心,背水一战。

80.李弘度常叹不被遇①。殷扬州知其家贫②,问:"君能屈志百里不③?"李答曰:"《北门》之叹④,久已上闻⑤;穷猿奔林⑥,岂暇择木⑦?"遂授剡县⑧。

[注释]①李弘度:李充,字弘度,晋江夏鄳(今湖北省江陵东南)人,初为丞相掾、记室参军,因家贫,求为剡县令,迁中书郎。不被遇:没得到赏识、重用。 ②殷扬州:殷浩,字渊源,晋陈郡长平(今河南省西华东北)人,有识度,善清谈,官扬州刺史,故称。 ③屈志百里:委屈大志,做县令。百里:古代一县辖境约一百里,故以代指县或县令。不:同"否"。 ④《北门》之叹:《北门》所称的不得志的叹息。《北门》为《诗经·邶风》中的篇名,内容写仕宦不得志。 ⑤久已上闻:早已让您知道。 ⑥穷猿奔林:穷途末路的猿猴投奔树林。 ⑦岂暇择木:哪里来得及选择树木。 ⑧授剡县:授职剡县令。剡县:县名,治所在今浙江省嵊州西南。

81.王司州至吴兴印渚中看①,叹曰:"非唯使人情开涤②,亦觉日月清朗③。"

[注释]①王司州:王胡之,字修龄,晋琅邪临沂(今山东省临沂北)人,官吴兴太守、司州刺史等,故称。吴兴:郡名,治所在今浙江省吴兴。印渚(zhǔ):地名,在吴兴郡於潜县(今浙江省临安)。刘孝标注引《吴兴记》曰:"于潜县东七十里,有印渚。渚傍有白石山,峻壁四十丈。印渚盖众溪之下流也。印渚已上至县,悉石濑恶道,不可行船;印渚已下,水道无险,故行旅集焉。"看:观赏。　②人情开涤(dí):心怀开阔清爽。　③日月清朗:天地日月清净明朗。

82. 谢万作豫州都督①,新拜②,当西之③,都邑相送累日④,谢疲顿⑤。于是高侍中往⑥,径就谢坐⑦,因问:"卿今仗节方州⑧,当疆理西蕃⑨,何以为政?"谢粗道其意⑩,高便为谢道形势,作数百语。谢遂起坐⑪。高去后,谢追曰:"阿酃故粗有才具⑫。"谢因此得终坐。

[注释]①谢万:见本门77注①。豫州:古代州名,管辖范围常有变化,东晋时主要辖有今安徽淮河以南部分地区。都督:古代的军事长官。《晋书·职官志》称:"江左以来,都督中外尤重。"　②新拜:刚刚任命。　③当西之:指要去豫州赴任,豫州在都城建康(今江苏南京)西,故云。之:去。　④都邑:指都城故旧。累日:多日。　⑤疲顿:疲劳困顿。　⑥于是:就在这时。高侍中:高崧(sōng),字茂琰,广陵(今江苏省江都)人,少好学,善史传,官吏部郎、侍中,故称。　⑦径就谢坐:径直走到谢万身边坐下。　⑧仗节方州:指出任州都督。仗节:拿着朝廷的信符。方州:大州,一说地方州郡。　⑨疆理:管理。西蕃:西边边陲,此指豫州。蕃:同"藩"。　⑩粗:大略,粗略。⑪起坐:即起座,站起,意为对其语感到折服。　⑫阿酃(líng):高崧小名。故:本来,确实。粗有:略有。才具:才干识见。

83. 袁彦伯为谢安南司马①,都下诸人送至濑乡②。

将别,既自凄惘③,叹曰:"江山辽落④,居然有万里之势。"

[注释]①袁彦伯:袁宏,字彦伯,晋陈郡阳夏(今河南省太康)人,官参军、大司马记室、东阳太守,有才思,善为文。谢安南:谢奉,字弘道,会稽山阴人,官安南将军、广州刺史、吏部尚书。 ②都下诸人:都城故旧。濑(lài)乡:地名,在今江苏省溧阳境内。 ③既自:本来已经。凄惘:凄凉怅惘。 ④辽落:辽远广阔。

84. 孙绰赋《遂初》①,筑室畎川②,自言见止足之分③。斋前种一株松④,恒自手壅治之⑤。高世远时亦邻居⑥,语孙曰:"松树子非不楚楚可怜⑦,但永无栋梁用耳。"孙曰:"枫柳虽合抱⑧,亦何所施⑨?"

[注释]①孙绰(chuò):字兴公,晋太原中都(今山西省平遥)人,少以文称,历太学博士、大著作郎、散骑常侍。赋《遂初》:写作《遂初赋》。《遂初赋》为孙绰仿效西汉刘歆同题赋之作,抒写自己安贫知足的情怀。 ②筑室:建房。畎(quǎn)川:地名,今不可考。 ③见:意为知。止足:知止知足。《老子》第四十四章:"……知足不辱,知止不殆……"分:本分,本性。 ④斋:房屋。 ⑤恒:经常。自手:亲自动手。壅(yōng)治:培土料理。 ⑥高世远:高柔,字世远,生平不详。时:当时。邻居:相邻而居。 ⑦松树子:小松树,一说为"松树先生"。楚楚可怜:茂密可爱。余嘉锡先生注云:"兴公为孙子荆之孙。高柔之言,乃斥其祖之名以戏之。孙答语中当亦还斥高柔祖父之名,但不可考也。" ⑧合抱:两手合抱之粗。 ⑨施:用。

85. 桓征西治江陵城甚丽①,会宾僚出江津望之②,云:"若能目此城者③,有赏。"顾长康时为客④,在坐⑤,目曰:"遥望层城⑥,丹楼如霞。"桓即赏以二婢。

[注释]①桓征西:桓温,曾官征西大将军,故称。治:修治。江陵:县名,

今湖北省江陵。　②会:聚集,会同。宾僚:宾客下属。江津:江边渡口。③目:品题,评论。　④顾长康:顾恺之,字长康,晋无锡(今江苏省无锡市)人,官参军、散骑常侍,博学多才,尤以绘画著称。　⑤坐:同"座"。　⑥层城:高城。

86. 王子敬语王孝伯曰①:"羊叔子自复佳耳②,然亦何与人事③?故不如铜雀台上妓④。"

[注释]①王子敬:王献之,字子敬,晋琅邪临沂(今山东省临沂北)人,王羲之的儿子,擅长书法,官至中书令。王孝伯:王恭,字孝伯,晋太原晋阳(今山西省太原市)人,清廉贵峻,志存格正,官历著作郎,丹阳尹,中书令,青、兖二州刺史。　②羊叔子:羊祜,字叔子,晋泰山南城(今山东省费县西南)人,武帝时,官尚书左仆射,都督荆州军事,谋划灭吴,未果。自复:自然,确实。③何与人事:与人事无关。与(yù):关涉。　④铜雀台:台名,亦作"铜爵台",汉末建安十五年冬曹操所建,铸大孔雀置于楼顶,舒翼奋尾,势若飞动,故名铜雀台。为曹操晚年行乐之所。故址在今河北省临漳西南古邺城的西北隅。

87. 林公见东阳长山曰①:"何其坦迤②!"

[注释]①林公:支道林,见本门63注①。东阳:郡名,治所在今浙江省金华县。长山:山名,在今金华县境。　②坦迤(yǐ):平坦连绵。

88. 顾长康从会稽还①,人问山川之美,顾云:"千岩竞秀,万壑争流②,草木蒙笼其上③,若云兴霞蔚④。"

[注释]①顾长康:顾恺之,见本门85注④。会稽:郡名,今浙江省绍兴市。　②壑(hè):山谷。　③蒙笼:笼罩。　④云兴霞蔚:云霞升腾弥漫。

89. 简文崩①,孝武年十余岁②,立③,至暝不临④。左右启⑤:"依常应临⑥。"帝曰:"哀至则哭,何常之有?"

[注释]①简文:东晋简文帝司马昱,见本门39注③。崩:帝王去世。 ②孝武:孝武皇帝司马曜,字昌明,简文第三子,在位23年,谥孝武。 ③立:指立为皇帝。 ④暝:日暮。临(lìn):哭吊。 ⑤启:告启。 ⑥依常:依照惯例。

90. 孝武将讲《孝经》①,谢公兄弟与诸人私庭讲习②。车武子难苦问谢③,谓袁羊曰④:"不问则德音有遗⑤,多问则重劳二谢。"袁曰:"必无此嫌⑥。"车曰:"何以知尔?"袁曰:"何尝见明镜疲于屡照、清流惮于惠风⑦?"

[注释]①孝武:孝武帝司马曜,见本门89注②。《孝经》:儒家经典之一,作者不可考,可能为孔门后学作,内容主要论述封建孝道,宣传宗法思想。 ②谢公兄弟:谢安、谢石兄弟。谢安:见本门62注①。谢石:字石奴,官至尚书令,封南康郡公。私庭讲习:在自家庭院预先讲演练习。 ③车武子:车胤,字武子,南平(今湖南省蓝山东)人,少家贫好学,官吏部尚书,封临湘侯。难苦问谢:对向谢氏兄弟发问感到为难。苦问:一再问,问得深入。 ④袁羊:袁乔,字彦升,小名羊,陈郡(今河南省淮阳)人,官益州刺史,从桓温平蜀,封湘西伯。 ⑤德音:善言,此指精深的见解。遗:遗失。 ⑥此嫌:指劳累二谢。 ⑦此句的意思是明镜不会对屡屡被照感到疲倦,水流不会害怕和风吹拂。意思是说二谢不会对被问感到麻烦。

91. 王子敬云①:"从山阴道上行②,山川自相映发③,使人应接不暇④。若秋冬之际,尤难为怀。"

[注释]①王子敬:见本门86注①。 ②山阴:今浙江绍兴。 ③自相映发:相互辉映。 ④使人应接不暇:意为美景使人目不暇接。

92.谢太傅问诸子侄①:"子弟亦何预人事②,而正欲使其佳③?"诸人莫有言者,车骑答曰④:"譬如芝兰玉树⑤,欲使其生于阶庭耳⑥。"

[注释]①谢太傅:谢安,见本门62注①。诸子侄:子侄们。 ②何预人事:何不参与社会实践。 ③正欲使其佳:使他们更优秀。 ④车骑:谢玄,见本门78注③。 ⑤芝兰玉树:芳草美树,指代人才。 ⑥欲使其生于阶庭耳:想要它生在自己庭院中,比喻希望自家出优秀人才。

93.道壹道人好整饰音辞①。从都下还东山②,经吴中③,已而会雪下④,未甚寒。诸道人问在道所经⑤,壹公曰:"风霜固所不论⑥,乃先集其惨淡⑦,郊邑正自飘瞥⑧,林岫便已皓然⑨。"

[注释]①道壹道人:晋高僧,姓竺名德,文锋富赡,擅言辞。整饰:修饰。音辞:言辞。 ②都下:都城建康。东山:山名,在今浙江省上虞县西南。 ③吴中:地名,今江苏省苏州一带。 ④已而:一会儿,不久。会:遇上。雪下:下雪。 ⑤所经:遇到的情景。 ⑥风霜:风雪。固所不论:固然不必说。 ⑦乃:语气词,无实义。惨淡:指天色阴暗。 ⑧郊邑:城乡。正自:才刚。飘瞥(piē):雪飘的样子。瞥:暂现,很快地出现一下。 ⑨林岫(xiù):树林山峦。皓然:洁白的样子。

94.张天锡为凉州刺史①,称制西隅②。既为苻坚所禽③,用为侍中④。后于寿阳俱败⑤,至都,为孝武所器⑥。每入言论⑦,无不竟日。颇有嫉己者⑧,于坐问张:"北方何物可贵?"张曰:"桑椹甘香⑨,鸱鸮革响⑩。淳酪养性⑪,人无嫉心。"

[注释]①张天锡:字纯嘏,安定乌氏(今甘肃省平凉西北)人,为凉州刺

史,后归苻坚,淝水之战后归东晋,官散骑常侍,封西平公。凉州:治所在姑臧(今甘肃省武威)。 ②称制:代行皇帝职权。西隅(yú):西部边陲。 ③既为苻坚所禽:为苻坚所擒后。前秦建元十二年(公元376年)灭前凉,擒张天锡。苻坚,前秦君王,在位27年,后为姚苌所杀。禽:通"擒"。 ④侍中:古代职官名,晋以后,曾相当于宰相。 ⑤于寿阳俱败:指东晋孝武帝太元八年(公元383年),苻坚南侵,进兵寿阳(今安徽省寿县),为东晋军大败,史称"淝水之战"。 ⑥器:器重。 ⑦每入言论:每次进宫谈论。 ⑧颇有嫉己者:很有些嫉妒的人。己:用于句中,无义。《左传·襄公二十七年》:"君子曰:'彼己之子,邦之司直。'乐喜之谓乎!"杨伯峻注:"《诗·郑风·羔裘》句。己,今本作其。昔时均读为忌,语中助词,无义。" ⑨桑椹(shèn):桑树结的果实。甘香:甜美。 ⑩鸱鸮(chī xiāo):猫头鹰。革响:鸟张翼声。 ⑪淳酪(lào):淳厚的奶酪。养性:颐养性情。

95. 顾长康拜桓宣武墓①,作诗云:"山崩溟海竭②,鱼鸟将何依③?"人问之曰:"卿凭重桓乃尔④,哭之状其可见乎?"顾曰:"鼻如广莫长风⑤,眼如悬河决溜⑥。"或曰⑦:"声如震雷破山⑧,泪如倾河注海⑨。"

[注释]①顾长康:顾恺之,见本门85注④。桓宣武:桓温,见本门55注①。 ②③两句:山崩海枯,鱼鸟无处托身,喻指桓温死后,自己将无所依靠。按:顾为桓参军,甚见亲重,故云。 ④凭:依靠。重:借重。乃尔:如此。 ⑤鼻如广莫长风:抽泣时鼻中气息如广莫长风。广莫长风:巨大的北风。《史记·律书》:"广莫风,居北方。"莫:同"漠"。 ⑥眼如悬河决溜:眼泪如瀑布河流下泻。悬河:瀑布。决溜:决口的河流。 ⑦或:另一种(说法)。 ⑧震:响雷。 ⑨倾河:倾泻的河水。注海:入海。

96. 毛伯成既负其才气①,常称:"宁为兰摧玉折②,不作萧敷艾荣③。"

[注释]①毛伯成:毛玄,字伯成,晋颍川(今河南许昌)人,官至征西行军参军。负其才气:对自己的才气很自负。 ②兰摧玉折:美好的事物被毁坏。兰:香草。玉:美玉。均用于比喻高尚的人品或优秀的才干。 ③萧敷艾荣:喻指品德低下而一时得意。萧、艾:均指恶草。敷:开花。荣:茂盛。

97. 范宁作豫章①,八日请佛②,有板③。众僧疑,或欲作答,有小沙弥在坐末④,曰:"世尊默然⑤,则为许可。"众从其义⑥。

[注释]①范宁:字武子,晋慎阳人,博学通览,官中书郎、豫章太守。②八日请佛:四月八日迎请佛像。四月八日为民间浴佛节,迎供弥勒佛。一说八日指十二月八日,释迦牟尼成道日。 ③板:写有文书的木板。 ④沙弥:梵语音译,意为刚受戒不久的小和尚。坐末:即座末,后排。 ⑤世尊:对佛祖的尊称。默然:不做声。 ⑥从其义:听从他的说法。

98. 司马太傅斋中夜坐①,于时天月明净,都无纤翳②,太傅叹以为佳③。谢景重在坐④,答曰:"意谓乃不如微云点缀⑤。"太傅因戏谢曰⑥:"卿居心不净⑦,乃复强欲滓秽太清邪⑧?"

[注释]①司马太傅:司马道子,简文皇帝第五子,封会稽王,领司徒、扬州刺史,进太傅,后为桓玄所害。斋:家居的房屋。 ②都无:全无。纤翳(xiān yì):细微的阴翳,指云朵。 ③叹以为佳:感叹为良辰美景。 ④谢景重:谢重,字景重,晋陈郡阳夏(今河南省太康)人,谢安之侄,明秀有才,为司马道子骠骑长史。坐:同"座"。 ⑤意谓:(在下)心中以为。乃:还。 ⑥因:于是。戏:调侃。 ⑦居心不净:心中不明净。 ⑧乃复:还要。强欲:力图。滓(zǐ)秽:玷污。太清:天空。

99. 王中郎甚爱张天锡①,问之曰:"卿观过江诸人经纬江左②,轨辙有何伟异③?后来之彦④,复何如中原⑤?"张曰:"研求幽邃⑥,自王、何以还⑦;因时修制⑧,荀、乐之风⑨。"王曰:"卿知见有余⑩,何故为苻坚所制⑪?"答曰:"阳消阴息,故天步屯蹇,否剥成象,岂足多讥⑫?"

[注释]①王中郎:一说为王坦之,他曾任中郎将。然坦之卒于孝武帝宁康三年(公元375年),而张天锡归东晋是在太元八年(公元383年)淝水之战后,故不可能与王坦之见面。此处或为作者误记,或王中郎另有其人。张天锡:见本门94注①。 ②过江诸人:指西晋南来归顺东晋的官员们。经纬:治理,谋划。江左:江东,指东晋国家。 ③轨辙:本为车迹,此指大政方针。伟异:高明特异。 ④后来之彦:与"过江诸人"相对而言,指后来来的人。彦(yàn):俊彦,有才能的人。 ⑤何如中原:与中原相比如何。中原:即"过江诸人"。 ⑥研求幽邃:深入研究,力求完善。 ⑦自王、何以还:在王、何以下。王、何:王导和何充,均为东晋宰相。 ⑧因时修制:因时制宜,制定法令制度。 ⑨荀、乐之风:意为荀、乐做得不错。荀指荀颢、荀勖,他们曾定礼乐律令。乐:未详何人。 ⑩知见有余:富有智慧、见识。 ⑪何故为苻坚所制:怎么会让苻坚制服?张天锡败归苻坚,见本门94注③。 ⑫"阳消"四句:意为命运所致,何必相讥?阳消阴息:阳衰阴长,事物变化发展。息:生长。天步:指国运。屯(zhūn)、蹇(jiǎn)、否(pǐ)、剥(bō):均《周易》卦名,为艰难不顺之卦象。

100. 谢景重女适王孝伯儿①,二门公甚相爱美②。谢为太傅长史③,被弹④;王即取作长史,带晋陵郡⑤。太傅已构嫌孝伯⑥,不欲使其得谢,还取作咨议⑦,外示縶维⑧,而实以乖间之⑨。及孝伯败后⑩,太傅绕东府城行散⑪,僚属悉在南门要望候拜⑫,时谓谢曰⑬:"王宁异谋⑭,云是卿为其计。"谢曾无惧色,敛笏对曰⑮:"乐彦辅有言,'岂以五男易一女⑯?'"太傅善其对⑰,因举酒劝之⑱,曰:"故自佳⑲!故自佳!"

[注释]①谢景重:谢重,见本门98注④。适:嫁。王孝伯:王恭,见本门86注①。刘孝标注云:"重女月镜适王恭子愔之。" ②二门公:两家的父亲。爱美:亲敬。 ③太傅:指司马道子。长史:官职名。 ④弹:弹劾。 ⑤带:统领。晋陵郡:郡名,治所在今江苏常州一带。 ⑥构嫌:结仇。 ⑦还:复,又。咨议:一作"谘议",咨议参军的简称。 ⑧外:表面上。絷(zhí)维:系缚。此有挽留的意思。 ⑨乖(guāi)间(jiàn):隔离,离间。 ⑩孝伯败:指安帝隆安二年(公元398年),王恭、庾楷、桓玄、殷仲堪等人起兵谋反,后兵败被杀。 ⑪行散:服用五石散后行走以发散药性,亦称"行药"。 ⑫僚属:下属。悉:全。要望候拜:等候拜望。 ⑬时谓谢曰:当时有人对谢重说。 ⑭王宁:王恭小名阿宁。异谋:指谋反。 ⑮敛笏:收拢笏板。笏:古时臣子朝见君主时所执的记事板。 ⑯岂以五男易一女:见本门25注⑦。 ⑰善:以为善,称许。 ⑱劝:勉励,赞许。 ⑲故自佳:确实非常好。

101. 桓玄义兴还后①,见司马太傅②。太傅已醉,坐上多客③,问人云:"桓温来欲作贼④,如何⑤?"桓玄伏不得起⑥。谢景重时为长史⑦,举板答曰⑧:"故宣武公黜昏暗、登圣明⑨,功超伊、霍⑩。纷纭之议⑪,裁之圣鉴⑫。"太傅曰:"我知,我知!"即举酒云:"桓义兴,劝卿酒⑬!"桓出谢过。

[注释]①桓玄:字敬道,晋谯国龙亢(治所在今安徽省怀远西)人,大司马桓温少子。后起兵谋反被诛。义兴还:从义兴太守任上回到都城。太元十七年(公元392年)桓玄出任义兴太守,不久辞官。义兴:郡名,治所在今江苏宜兴。 ②司马太傅:司马道子,见本门98注①。 ③坐:同"座"。 ④作贼:指起兵谋反。 ⑤如何:怎么办。 ⑥伏不得起:拜伏在地,不能起身。 ⑦谢景重时为长史:见本门98注④。 ⑧举板:举起笏板。 ⑨故宣武公:已故的桓温(谥宣武)。黜(chù)昏暗、登圣明:使昏暗之人黜退,使圣明之人

登立。指桓温废帝司马奕,立简文帝司马昱。 ⑩伊、霍:伊尹和霍光,均为古代贤明重臣。伊尹为商大臣,曾流放荒淫昏君太甲,在其改过后又迎其归位。霍光为西汉重臣,昭帝死,迎立昌邑王刘贺,不久因其荒淫而废之,立宣帝刘询。 ⑪纷纭之议:各种纷乱的说法。 ⑫裁:裁断,判断。圣鉴:圣明的鉴定。 ⑬劝卿酒:犹如今天的"干杯"。

102. 宣武移镇南州①,制街衢平直②。人谓王东亭曰③:"丞相初营建康④,无所因承⑤,而制置纡曲⑥,方此为劣⑦。"东亭曰:"此丞相乃所以为巧。江左地促⑧,不如中国⑨。若使阡陌条畅⑩,则一览而尽。故纡余委曲⑪,若不可测⑫。"

[注释]①宣武移镇南州:指桓温兴宁三年(公元335年)移镇姑孰(今安徽当涂),姑孰在建康南,故称南州。 ②制:建造,修制。街衢(qú):街道。 ③王东亭:王珣,字元琳,王导之孙,少以清秀称,封东亭侯,累迁尚书左仆射、尚书令。 ④丞相:指王导,见本门31注⑧。初营:最初经营。建康:东晋都城,今江苏南京。 ⑤因承:借鉴继承。 ⑥制置:设计布置。纡(yū)曲:曲折。 ⑦方:比。 ⑧地促:地形狭小。意思是多山陵河川,少广袤平原。 ⑨中国:指中原之地。 ⑩若使:假使。阡陌条畅:道路平直通达。阡陌:本指田间小路,此泛指道路。 ⑪纡余委曲:曲折迂回。 ⑫若不可测:好像深不可测的样子。

103. 桓玄诣殷荆州①。殷在妾房昼眠,左右辞②,不之通③。桓后言及此事,殷云:"初不眠④。纵有此,岂不以贤贤易色也⑤?"

[注释]①桓玄:见本门101注①。诣:造访。殷荆州:指殷仲堪,晋陈郡(今河南省淮阳)人,官振威将军、荆州刺史,后与桓玄兵争,战败被杀。 ②辞:推辞,拒绝。 ③不之通:不替桓玄通报。 ④初:当初,那时。不眠:

没有睡觉。 ⑤贤贤易色:出自《论语·学而》,孔安国注云:"言以好色之心好贤人则善。"意为人若能如好色一样好贤就好了。贤贤:以贤为贤,看重贤人。易色:轻色。

104.桓玄问羊孚①:"何以共重吴声②?"羊曰:"当以其妖而浮③。"

[注释]①羊孚:字子道,晋泰山(今山东省泰安市)人,官太学博士、太尉参军。 ②共重吴声:人们都很看重吴声。 ③妖:妖媚。浮:轻浮。

105.谢混问羊孚①:"何以器举瑚琏②?"羊曰:"故当以为接神之器③。"

[注释]①谢混:字叔源,晋陈郡阳夏(今河南省太康)人,谢安之孙,善文学,累迁中书令、尚书左仆射。 ②瑚琏:古代祭祀器皿,后用来比喻人的才干。典出《论语·公冶长》:"子贡问曰:'赐也何如?'子曰:'女,器也。'曰:'何器也?'曰:'瑚琏也。'" ③故当:应当,表猜测。接神之器:迎接神灵的器具。

106.桓玄既篡位后①,御床微陷②。群臣失色,侍中殷仲文进曰③:"当由圣德渊重④,厚地所以不能载⑤。"时人善之⑥。

[注释]①桓玄既篡位后:元兴二年(公元403年),桓玄废安帝,于姑孰登极,改元永始,次年被讨遭杀。 ②御床:皇帝的坐具。微陷:指坐具腿陷入地中。 ③殷仲文:殷顗从弟,桓玄称帝后曾任伪职。进:上前。 ④圣德:皇帝的德行。渊重:沉重。 ⑤厚地:大地。载:承受。 ⑥善:以为善,赞许。

107. 桓玄既篡位,将改置直馆①,问左右:"虎贲中郎省应在何处②?"有人答曰:"无省。"当时殊忤旨③。问何以知无,答曰:"潘岳《秋兴赋·叙》曰④:'余兼虎贲中郎将⑤,寓直散骑之省⑥。'"玄咨嗟称善⑦。

[注释]①直馆:宫廷值班卫戍的官署。直:同"值"。 ②虎贲(bēn)中郎省:官职名,即虎贲中郎将,负责宫中警卫。虎贲:勇士。省:官署。 ③忤(wǔ)旨:违逆皇帝的意旨。 ④潘岳:字安仁,晋中牟(今河南省中牟)人,为贾谧身边文人,"二十四友"之一,官至散骑常侍。 ⑤⑥两句:刘孝标注引赋叙云:"晋十有四年,余年三十二,始见二毛,以太尉掾兼虎贲中郎将,寓直散骑之省。高阁连云,阳景罕曜。仆野人也,猥厕朝列,譬犹池鱼笼鸟,有江湖山薮之思,于是染翰操纸,慨然而赋。于时秋至,故以'秋兴'命篇。"寓直散骑之省:借寓于散骑常侍官署值班,是说西晋无专门侍卫官署。 ⑦咨(zī)嗟(jiē)称善:赞叹称好。

108. 谢灵运好戴曲柄笠①。孔隐士谓曰②:"卿欲希心高远③,何不能遗曲盖之貌④?"谢答曰:"将不畏影者未能忘怀⑤。"

[注释]①谢灵运:南朝宋陈郡阳夏(今河南省太康)人,谢玄之孙,袭封康乐公,博学,善诗文,纵情山水。官秘书监侍中、永嘉太守、临川内史,后被诬遭诛。曲柄笠:类似曲盖的笠。 ②孔隐士:孔淳之,字彦深,刘宋鲁国(今山东曲阜市)人,隐居不仕,故称。 ③希心高远:志趣高远。 ④何不能:为何不能。遗:遗弃。曲盖:古代官府仪仗中的一种曲柄伞。此句意思是调笑谢灵运好戴曲柄笠,不忘世俗荣华。 ⑤将不:难道。畏影者:害怕自己影子的人。《庄子·渔父》称,有愚人,害怕自己的影子和足迹,竭力奔跑逃避它们,最后力竭而死。

政事第三

1.陈仲弓为太丘长时①,吏有诈称母病求假。事觉②,收之③,令吏杀焉。主簿请付狱④,考众奸⑤,仲弓曰:"欺君不忠⑥,病母不孝⑦,不忠不孝,其罪莫大。考求众奸,岂复过此?"

[注释]①陈仲弓:陈寔,字仲弓,东汉颍川许(今河南许昌)人。太丘长:太丘(县名,治所在今河南永城西北)县长。　②事觉:事发,事情败露。③收:逮捕。　④主簿:官职名,掌管文书印鉴等事务。付狱:下狱,羁押。⑤考:查考,纠举。众奸:其他不法行为。　⑥欺君:欺罔君主,指此吏使诈请假。　⑦病母:假称母亲有病。

2.陈仲弓为太丘长,有劫贼杀财主①,主者捕之②。未至发所③,道闻民有在草不起子者④,回车往治之⑤,主簿曰:"贼大⑥,宜先按讨⑦。"仲弓曰:"盗杀财主,何如骨肉相残?"

[注释]①劫贼:盗贼。财主:财物的主人　②主者:指主管官吏。　③未至发所:(陈寔)还没到事发现场。　④道:在路上。在草:坐蓐,妇女生产。不起子:不喂养婴儿。　⑤回车:掉转车头。治:处理。　⑥贼大:意思是盗

贼杀人案更重大紧急。　⑦按讨:追究,处理。

3. 陈元方年十一时①,候袁公②。袁公问曰:"贤家君在太丘,远近称之③,何所履行④?"元方曰:"老父在太丘,强者绥之以德⑤,弱者抚之以仁⑥,恣其所安⑦,久而益敬。"袁公曰:"孤往者尝为邺令⑧,正行此事。不知卿家君法孤⑨,孤法卿父?"元方曰:"周公、孔子⑩,异世而出;周旋动静⑪,万里如一⑫。周公不师孔子,孔子亦不师周公。"

[注释]①陈元方:陈纪,陈寔之子。　②候:陪侍。袁公:未详何人。　③远近称之:远近称赞。　④履行:行事,举措。　⑤绥之以德:以德绥之,用道德平服他们(豪强之人)。　⑥抚:安抚。仁:仁爱。　⑦恣:任凭。所安:指百姓安适的生活。　⑧孤:袁自称,由此可推袁当为王侯人物。邺令:邺(今河北省临漳境内)县令。　⑨法:效法,仿效。　⑩周公:周公旦,周武王的弟弟,成王的叔叔。成王幼,周公摄政,平定内乱,制定礼法,为史上著名贤臣。孔子:孔丘,春秋鲁人,儒家创始人,被后世推为圣人。　⑪⑫两句:意思是说周公、孔子行事,虽远隔年代,却如出一辙。

4. 贺太傅作吴郡①,初不出门②。吴中诸强族轻之③,乃题府门云:"会稽鸡④,不能啼⑤。"贺闻,故出行,至门反顾⑥,索笔足之曰⑦:"不可啼⑧,杀吴儿⑨。"于是至诸屯邸⑩,检校诸顾、陆役使官兵及藏逋亡⑪,悉以事言上⑫,罪者甚众⑬。陆抗时为江陵都督⑭,故下请孙皓⑮,然后得释⑯。

[注释]①贺太傅:贺邵,字兴伯,三国吴会稽山阴(今浙江绍兴市)人,官散骑常侍,出为吴郡太守,后迁太子太傅,故称。作吴郡:为吴郡(今江苏苏

州)太守。　②初:指刚到任时。　③强族:豪门大族。轻:轻视。　④⑤两句:嘲笑贺邵无能,贺为会稽人,故戏称之为会稽鸡。　⑥反顾:回头看。⑦索笔:向随从要笔。足:添加。　⑧⑨两句:承其人语,表示自己的愤怒和对这些豪强的警告。吴儿:吴人,指辖内豪族。　⑩屯邸(dǐ):仓库之类。⑪检校(jiào):检查。诸顾、陆:顾姓、陆姓这些大户人家。藏:窝藏。逋(bū)亡:逃亡犯人。　⑫言上:向上级汇报。　⑬罪者甚众:获罪的很多。　⑭陆抗:字幼节,吴郡人,丞相陆逊之子,孙策之外孙,为江陵都督,累迁大司马、荆州牧。　⑮故:特地。下请:顺长江而下来请求。孙皓:吴国末主,字元宗,孙权之孙。　⑯释:赦免。

5. 山公以器重朝望①,年踰七十犹知管时任②。贵胜年少③,若和、裴、王之徒④,并共宗咏⑤。有署阁柱曰⑥:"阁东有大牛⑦,和峤鞅⑧,裴楷鞦⑨,王济剔嬲不得休⑩。"或云潘尼作之⑪。

[注释]①山公:山涛,字巨源,晋河内怀(今河南省武陟境内)人,好老庄,与嵇康友善,为"竹林七贤"之一,先仕魏,后仕晋,累迁吏部尚书等。器重朝望:才干和名望。　②知管:掌管。时任:当时官员任命。　③贵胜年少:显贵的年轻人。　④和、裴、王:指下文提到的和峤、裴楷、王济。和峤:字长舆,晋汝南西平(今河南省西平)人,家业富有,然性吝啬。裴楷:字叔则,晋闻喜(今山西省闻喜)人,有识量,精通《老子》《周易》,官至中书令。王济:字武子,晋太原晋阳(今山西省太原市)人,有逸才,能清言,勇力绝人,官至太仆。　⑤宗咏:尊敬赞扬。　⑥署:题字。阁柱:官衙的柱子。　⑦阁东有大牛:将山涛比作牛。此句与以下三句是讥讽山涛等人的话。　⑧鞅(yāng):套在牛马脖子上的皮带,一说套在马肚子上的皮带。　⑨鞦(qiū):缠在牲口大腿后尾间的襻带。　⑩剔嬲(niǎo):纠缠。　⑪或云:有的说。潘尼:字正叔,晋荥阳中牟(今河南省中牟)人,少有清才,文词温雅,初应州辟,终太常卿。

6.贾充初定律令①,与羊祜共咨太傅郑冲②。冲曰:"皋陶严明之旨③,非仆暗懦所探④。"羊曰:"上意欲令小加弘润⑤。"冲乃粗下意⑥。

[**注释**]①贾充:字公闾,平阳襄陵(今山西省襄汾)人,历仕魏晋,封鲁郡公,有才识,与散骑常侍裴楷共定科令,废除苛严的旧法,制定出晋代的法律。律令:法令。 ②羊祜:字叔子,晋泰山南城(今山东省费县西南)人,武帝时,官尚书左仆射,都督荆州军事,谋划灭吴,未果。咨:咨询,请教。郑冲:字文和,荥阳开封(今河南省开封市)人,清虚寡欲,喜论经史,累迁司徒太保,晋受禅,晋升太傅。 ③皋陶严明之旨:此用以喻指称扬贾充等拟制的法令。皋陶(yáo):亦作"皋繇"、"皋繇",传说中虞舜时的司法官。 ④仆:自我谦称。暗懦:愚昧懦弱。探:管,过问。 ⑤上:指皇上。小:稍微。弘润:增饰,润色。 ⑥粗:略微,大致。下意:提出意见。

7.山司徒前后选①,殆周遍百官②,举无失才。凡所题目③,皆如其言。唯用陆亮④,是诏所用⑤,与公意异。争之,不从。亮亦寻为贿败⑥。

[**注释**]①山司徒:指山涛,见本门5注①。前后:意为多年来。选:指选拔人才。 ②殆:几乎。 ③题目:品评。 ④陆亮:字长兴,河内野王(今河南省沁阳市)人,因贾充之荐为吏部尚书,参与任选,后罢官。 ⑤诏:皇帝的诏令。 ⑥寻:不久。为贿败:因受贿而被免官。

8.嵇康被诛后①,山公举康子绍为秘书丞②。绍咨公出处③,公曰:"为君思之久矣④。天地四时⑤,犹有消息⑥,而况人乎?"

[**注释**]①嵇康被诛:嵇康与吕安友善,后吕安因事下狱,嵇康受牵连,嵇康与钟会有隙,钟会借机诬告之,嵇康遂被杀。 ②山公:指山涛,见本门5

注①。举:推举。康子绍:嵇康的儿子嵇绍,字延祖。秘书丞:秘书省的次官,负责文书处理等事务。 ③咨公:向山涛咨询。出处:出仕或隐居。 ④为君思之久矣:为你考虑这个问题已经很久了。嵇康被司马氏所杀,嵇绍又要被其所用,情理难安,所以这样说。 ⑤⑥两句:天地四季,犹有轮回转换。消:灭。息:生。

9. 王安期为东海郡①,小吏盗池中鱼,纲纪推之②。王曰:"文王之囿③,与众共之④。池鱼复何足惜?"

[注释]①王安期:王承,字安期,晋太原晋阳(今山西省太原市)人,汝南太守王湛之子,冲淡寡欲,为政清静,任东海内史,渡江后任从事中郎。东海郡:治所在今山东省郯城县境。 ②纲纪:综理府事的官员,如主簿之类。推:推究,追究。 ③④两句:见《孟子·梁惠王下》:"齐宣王问曰:'文王之囿方七十里,有诸?'孟子对曰:'于传有之。'曰:'若是其大乎?'曰:'民犹以为小也。'曰:'寡人之囿方四十里,民犹以为大,何也?'曰:'文王之囿方七十里,刍荛者往焉,雉兔者往焉,与民同之。民以为小,不亦宜乎?臣始至于境,问国之大禁,然后敢入。臣闻郊关之内有囿方四十里,杀其麋鹿者如杀人之罪,则是方四十里为阱于国中。民以为大,不亦宜乎?'"囿(yòu):园林。与众共:与百姓共享。

10. 王安期作东海郡,吏录一犯夜人来①,王问:"何处来?"云:"从师家受书还②,不觉日晚。"王曰:"鞭挞宁越以立威名③,恐非致理之本④。"使吏送令归家。

[注释]①录:逮捕。犯夜人:犯宵禁的人。 ②受书:受学。还:回来。③鞭挞(tà):鞭打。宁越:《吕氏春秋》所载发奋苦读之人,因苦于耕稼之劳,问其友如何能免,其友告诉他莫如学,"学,三十岁则可以达矣"。宁越不休不卧,学十五年而为周威公之师。立威名:树立威望名声。 ④致理之本:致治的根本。"理"当为"治",唐人因避高宗李治的讳所改。

11. 成帝在石头①,任让在帝前戮侍中钟雅、右卫将军刘超②。帝泣曰:"还我侍中!"让不奉诏,遂斩超、雅。事平之后③,陶公与让有旧④,欲宥之⑤。许柳儿思妣者⑥,至佳,诸公欲全之⑦。若全思妣,则不得不为陶全让,于是欲并宥之⑧。事奏,帝曰:"让是杀我侍中者,不可宥!"诸公以少主不可违⑨,并斩二人。

[注释]①成帝:晋成帝司马衍,字世根,明帝太子。石头:城名,故址在今南京市西。成帝咸和三年(公元328年),豫州刺史祖约、历阳太守苏峻破都城建康,迁成帝于此。 ②任让:乐安人,随苏峻作乱。钟雅:字彦胄,颍川长社(今河南省长葛)人。刘超:字世瑜,琅邪临沂(今山东省临沂北)人。成帝迁石头城后,钟雅、刘超谋护帝西逃,事泄,苏峻使任让捕杀钟、刘二人。 ③事平:指陶侃讨平苏峻、祖约之乱。 ④陶公:陶侃,字士衡,鄱阳(今江西省鄱阳)人,少有大志,察孝廉,司空张华器重之,官至侍中太尉,封长沙公。有旧:有交情。 ⑤宥(yòu):赦免。 ⑥许柳:字季祖,高阳人。思妣:许永,字思妣,许柳之子。 ⑦全:保全,意为不要因其父之罪受牵连。 ⑧并宥之:一起赦免任让和许永。 ⑨少主:指成帝,是时才九岁,故称。

12. 王丞相拜扬州①,宾客数百人并加沾接②,人人有说色③。唯有临海一客姓任④,及数胡人为未洽⑤。公因便还到过任边⑥,云:"君出⑦,临海便无复人⑧。"任大喜说。因过胡人前,弹指云⑨:"兰阇⑩,兰阇!"群胡同笑,四坐并欢。

[注释]①王丞相:王导,字茂弘,晋琅邪临沂(治所在今山东省临沂北)人,历事东晋元帝、明帝、成帝三朝,恭谨自励。拜扬州:指元帝时王导以丞相任扬州刺史。 ②宾客:宾朋。沾接:沾恩,款待。 ③说(yuè)色:容色喜

悦。说:同"悦"。　④唯有临海一客姓任:籍贯临海郡(在今浙江省临海境内)一位姓任的客人。刘孝标注引《语林》云:"任名颙,时官在都,预王公坐。"　⑤数:几个。胡人:西域人。洽(qià):"沾接"之意。　⑥因便:乘便。　⑦⑧两句:你一离开,临海就再无人才了。意思是揄扬恭维任。　⑨弹指:弹击手指,佛家的风习,用于欢喜、赞许、警戒等。　⑩兰阇(shé):即兰若,梵语音译,寂静无虑的意思。

13. 陆太尉诣王丞相咨事①,过后辄翻异②,王公怪其如此。后以问陆,陆曰:"公长民短③,临时不知所言④,既后觉其不可耳。"

[注释]①陆太尉:陆玩,字士瑶,吴郡(今江苏省苏州市)人,器量淹雅,累迁侍中、尚书左仆射、尚书令,平苏峻之乱有功,封兴平伯,赠太尉。王丞相:王导,见本门12注①。咨事:咨询商量事情。　②翻异:改变。　③公长民短:长、短犹尊、卑的意思。公:指王导。民:陆玩自称。陆是吴人,王导时领扬州刺史,故陆玩自称民。　④临时:指咨事时。

14. 丞相尝夏月至石头看庾公①,庾公正料事②,丞相云:"暑③,可小简之④。"庾公曰:"公之遗事⑤,天下亦未以为允⑥。"

[注释]①丞相:指王导,见本门12注①。石头:石头城,见本门11注①。庾公:庾冰,字季坚,晋陵(今江苏常州)人,讨苏峻有功,封新吴县侯,不受。王导死后,庾冰代为相。　②料事:处理事务。　③暑:天气热。　④小:稍微。简:简略。　⑤遗事:弃置不管世事,指无为而治。　⑥未以为允:认为不恰当。

15. 丞相末年①,略不复省事②,正封箓诺之③。自叹曰:"人言我愦愦④,后人当思此愦愦⑤。"

[注释]①丞相:指王导。末年:晚年。 ②略不复:基本不再。省(xǐng)事:管事,处理政务。 ③正:只。封箓(lù):公文簿。诺:签字同意。 ④愦(kuì)愦:糊涂。 ⑤思:思念。

16. 陶公性检厉①,勤于事。作荆州时②,敕船官悉录锯木屑③,不限多少。咸不解此意。后正会④,值积雪始晴⑤,听事前除雪后犹湿⑥,于是悉用木屑覆之,都无所妨⑦。官用竹⑧,皆令录厚头⑨,积之如山。后桓宣武伐蜀⑩,装船⑪,悉以作钉⑫。又云⑬,尝发所在竹篙⑭,有一官长连根取之,仍当足⑮,乃超两阶用之⑯。

[注释]①陶公:陶侃,见本门 11 注④。检厉:检束严厉。 ②作荆州:担任荆州刺史。 ③敕(chì):命令。船官:主管造船的官员。悉录锯木屑:把锯木屑全部收拢保存。 ④正(zhēng)会:正月初一僚属会集。 ⑤值:正逢。积雪:久雪,连日下雪。始晴:刚放晴。 ⑥听事:官衙中处理政务的大厅。除:台阶。 ⑦都:根本。妨:妨害。意思是湿的台阶铺上木屑后就方便行走了。 ⑧官用竹:官家所用竹子。 ⑨厚头:近根处的竹头。 ⑩桓宣武伐蜀:晋穆帝永和二年(公元 346 年),桓温征伐蜀地成汉政权,次年李势归降。 ⑪装船:造船。 ⑫钉:拼接木板时所用的竹签。 ⑬又云:另一个说法。 ⑭尝发所在竹篙:曾在当地伐竹做船篙。 ⑮仍当足:语意欠通顺。一说"仍"同"乃","当足"为以竹根当做篙的足(铁尖)。 ⑯超两阶用之:超两级提拔他。

17. 何骠骑作会稽①,虞存弟謇作郡主簿②,以何见客劳损③,欲白断常客④,使家人节量择可通者⑤。作白事成⑥,以见存⑦。存时为何上佐⑧,正与謇共食,语云:"白事甚好,待我食毕作教。"食竟⑨,取笔题白事后云:"若得门庭长如郭林宗者⑩,当如所白。汝何处得此人?"謇于是止。

[注释]①何骠骑:何充,字次道,晋庐江灊(qián)县(今安徽省霍山东北)人,官任骠骑将军、宰相等职。作会稽:指任会稽内史。 ②虞存:字道长,会稽山阴(今浙江绍兴市)人,风情高逸,官吏部郎。謇(jiǎn):字道真,官至郡功曹。 ③以:因。见客劳损:频于接见客人,身体劳累。 ④欲:打算。白:报告,此为建议的意思。断:拒绝。常客:一般客人。 ⑤家人:家仆。节:减除。量择:选择。 ⑥白事:报告的文书。 ⑦以见存:给虞存看。 ⑧上佐:高级佐僚。 ⑨食竟:吃完。 ⑩若得:若使,假使。门庭长:负责通报的门吏。郭林宗:东汉郭泰,擅鉴识人物。

18. 王、刘与林公共看何骠骑①,骠骑看文书,不顾之。王谓何曰:"我今故与林公来相看②,望卿摆拨常务③,应对玄言④,那得方低头看此邪⑤?"何曰:"我不看此,卿等何以得存⑥?"诸人以为佳。

[注释]①王:指王濛。王濛,字仲祖,晋太原晋阳(今山西省太原市)人,擅清谈,官至司徒左长史。刘:指刘惔,字真长,晋沛国萧(今安徽省萧县)人,有雅裁,任司徒左长史、侍中、丹阳尹,为政镇静诚信。林公:支遁,支道林,河内林虑人(一说陈留人),本姓闵,晋高僧,与谢安、王羲之等结方外之交。何骠骑:何充,见本门17注①。 ②故:特意。 ③摆拨:丢开,摆脱。常务:日常工作。 ④应对:应答,谈论。玄言:清谈,谈玄。 ⑤那得:怎能。方:只。 ⑥存:生存。

19. 桓公在荆州①,全欲以德被江、汉②,耻以威刑肃物③。令史受杖④,正从朱衣上过⑤。桓式年少⑥,从外来,云:"向从阁下过⑦,见令史受杖,上捎云根⑧,下拂地足⑨。"意讥不著⑩。桓公云:"我犹患其重。"

[注释]①桓公:桓温,字子元,晋谯国龙亢(今安徽省怀远西)人,少有豪迈风气,为温峤所知,官迁琅邪内史、征西大将军、大司马,谥宣武侯。在荆州:永和元年(公元345年)任荆州刺史。　②全欲以德被江、汉:希望以德治理辖地。全:全心,极力。德:德行,恩德。被(pī):覆盖。江、汉:指长江、汉水流域,即荆州辖地。　③耻:对……感到羞耻。以威刑肃物:用威严刑罚整肃人事。　④令史:官职名,职责为管理文书。受杖:被罚打板子。　⑤正:只。朱衣:红色官服。④⑤两句意思是执罚很轻,仅为象征性扑打。　⑥桓式:桓歆,字叔道,小名式,桓温第三子,官至尚书。　⑦向:刚才。阁下:官衙旁。　⑧⑨两句:意思是刑杖轻描淡写,不着人体。捎:拂,掠。云根:云脚。拂:与"捎"互文。地足:地面。　⑩著(zhuó):着力。

20. 简文为相①,事动经年②,然后得过③。桓公甚患其迟④,常加劝勉⑤。太宗曰⑥:"一日万机⑦,那得速⑧?"

[注释]①简文为相:简文帝司马昱太和元年(公元366年)起为丞相辅政,直至即位。　②事:办事。动:动辄,经常。经年:历时上年。　③得:才。过:办好。　④桓公:桓温,见本门19注①。迟:慢。　⑤劝勉:催促。　⑥太宗:即简文帝,太宗为其庙号。　⑦一日万机:即日理万机。　⑧那得:怎能。速:快。

21. 山遐去东阳①,王长史就简文索东阳②,云:"承借猛政③,故可以和静致治④。"

[注释]①山遐:字彦林,晋河内怀县(今河南省武陟)人,山涛的孙子,曾任东阳太守等职,为政严苛。去东阳:离任东阳(今浙江省金华)太守。②王长史:王濛,见本门18注①。就:向。简文:简文帝司马昱。索东阳:索要东阳太守职位。　③④两句:意思是说前任为政苛严,自己会以宽和无为的风格治理地方。承借:继承。猛政:苛严之政。和静:平和无为。致治:达到大治。

22.殷浩始作扬州①,刘尹行②,日小欲晚③,便使左右取襆④。人问其故,答曰:"刺史严,不敢夜行。"

[**注释**]①殷浩:字渊源,晋陈郡长平(今河南省西华东北)人,殷羡之子,少有重名,官至扬州刺史、中军将军。始:刚。作扬州:永和二年(公元346年),殷浩任扬州刺史。 ②刘尹:刘惔,见本门18注①。行:出行。 ③日:天色。小:稍稍。欲晚:近晚。 ④襆(fú):被,行李。

23.谢公时①,兵厮逋亡②,多近窜南塘下诸舫中③。或欲求一时搜索④,谢公不许,云:"若不容置此辈⑤,何以为京都⑥?"

[**注释**]①谢公时:谢安辅政时。 ②兵厮:士兵和仆役。逋(bū)亡:逃亡。 ③近:就近。窜:伏匿,隐藏。南塘:建康(今江苏省南京市)秦淮河南岸。舫(fǎng):泛指船。 ④或:有人。欲求:希望、建议的意思。一时:某一时间。搜索:搜捕。 ⑤容置:容留。此辈:这些人。 ⑥何以为京都:怎么叫京都呢。京都:《御览》一百五十五引作"京师"。《公羊传·桓公九年》:"京师者何?天子之居也。京者何?大也。师者何?众也。天子之居,必以众大之辞言之。"京师之所以为京师,正因它是大家所聚之地,所以谢公如此说。

24.王大为吏部郎①,尝作选草②。临当奏③,王僧弥来④,聊出示之⑤。僧弥得便以己意改易所选者近半,王大甚以为佳,更写即奏⑥。

[**注释**]①王大:王忱,字元达,小字佛大,为王恭族叔。吏部郎:官职名,负责选举的文书起草。 ②选草:拟任用的官员名单草案。 ③临当奏:快要上奏皇帝。 ④王僧弥:王珉,字季琰,小字僧弥,晋琅邪(今山东省临沂)人,丞相王导之孙,有才艺,善书行,累迁侍中、中书令,赠太常。 ⑤聊出示

之:随意拿出来给他看。 ⑥更写:改写。

25. 王东亭与张冠军善①。王既作吴郡②,人问小令曰③:"东亭作郡,风政何似④?"答曰:"不知治化何如⑤,唯与张祖希情好日隆耳⑥。"

[注释]①王东亭:王珣,字元琳,王导之孙,曾因功封东亭侯,故称,累迁尚书左仆射、尚书令。张冠军:张玄之,字祖希,任冠军将军,故称。善:友善,关系好。 ②既作吴郡:做了吴国(即吴郡,今江苏苏州)内史(同太守)以后。 ③小令:指王珣弟王珉。刘孝标注引《续晋阳秋》曰:"王献之为中书令,王珉代之,时人曰'大小王令'。" ④风政:风习教化。何似:怎样。 ⑤治化:治民教化。 ⑥情好日隆:情谊一天比一天浓厚。

26. 殷仲堪当之荆州①,王东亭问曰②:"德以居全为称③,仁以不害物为名④。方今宰牧华夏⑤,处杀戮之职⑥,与本操将不乖乎⑦?"殷答曰:"皋陶造刑辟之制⑧,不为不贤;孔丘居司寇之任⑨,未为不仁。"

[注释]①殷仲堪:晋陈郡(今河南省淮阳)人,官振威将军、荆州刺史,后与桓玄兵争,战败被杀。当:将要。之荆州:去荆州赴任。殷仲堪于太元十七年(公元392年)为荆州刺史,并都督荆、益、梁三州军事。 ②王东亭:见见本门25注①。 ③德:德行。居全:保全。称:著称,引申为优、好。 ④仁:仁爱。害物:伤害人物。名:与"称"互文。 ⑤方今:如今,现在。宰牧:统治,主宰。华夏:原指中原地区,此指荆州辖地。 ⑥处杀戮之职:处在掌管生杀予夺的职位上。 ⑦本操:本性操守。乖:背离。 ⑧皋陶(yáo):尧、舜时掌管刑罚的大臣。刑辟:刑罚。 ⑨司寇:主管刑狱、纠察的官职。

文 学 第 四

1. 郑玄在马融门下①,三年不得相见,高足弟子传授而已②。尝算浑天不合③,诸弟子莫能解④。或言玄能者⑤,融召,令算,一转便决⑥,众咸骇服⑦。及玄业成⑧,辞归,既而融有"礼乐皆东"之叹⑨,恐玄擅名而心忌焉⑩。玄亦疑有追,乃坐桥下,在水上据屐⑪。融果转式逐之⑫,告左右曰:"玄在土下水上而据木⑬,此必死矣。"遂罢追,玄竟以得免。

[注释]①郑玄:字康成,北海高密(今山东省高密)人,东汉著名经学大师,曾师从马融,受党锢之祸的牵连,遭拘禁十余年,著述甚富,献帝征为大司农,未至官而卒。马融:字季长,东汉扶风(今陕西省兴平境内)人,著名经学家,任校书郎、南郡太守等职,博识洽闻,广授门徒。在……门下:就……学习,当……的学生。　②高足弟子:弟子中的高足,高才生。本句指马融弟子有数千,不能一一传授,只能弟子轮次相传。　③算:推算。浑天:我国古代关于天体的一种学说,认为天地的形状浑圆如鸟卵,天包地外,就像壳裹卵黄一样,天半在地上,半在地下,其南北两极固定在天的两端,日月星辰每天绕南北两极的极轴旋转。合:相符。　④解:解释,解算。　⑤或:有人。⑥转:指转动浑天仪。决:解决,算出。　⑦咸:都。骇(hài)服:惊讶诚服。⑧业成:学成。　⑨既而:随后。融有"礼乐皆东"之叹:马融慨叹文化学说

中心东去了。礼乐:礼节和音乐,代指文化。马融是今陕西人,郑玄是今山东人,故马融有此慨叹。　⑩擅名:享有名声。　⑪据:拿着。屐(jī):木制的鞋,底大多有二齿,以行泥地。　⑫转式:运转栻桐推算。式:通"栻",古代占卜用具。　⑬据木:靠着木头。

2. 郑玄欲注《春秋传》①,尚未成时,行与服子慎遇②,宿客舍。先未相识③,服在外车上与人说己注《传》意,玄听之良久,多与己同。玄就车与语④,曰:"吾久欲注,尚未了⑤,听君向言⑥,多与吾同,今当尽以所注与君⑦。"遂为服氏注。

[注释]①郑玄:见本门1注①。《春秋传》:《春秋》为编年体史书,相传孔子据鲁史修订而成,所记起于鲁隐公元年(公元前722年),止于鲁哀公十四年(公元前481年),凡二百四十二年,叙事极简,用字寓褒贬之意。为其传者,以《左氏》、《公羊》、《穀梁》最著名。据文意,此处《春秋传》应为《左氏传》即《左传》。传(zhuàn):解说,注释。　②行:出行。服子慎:服虔(qián),字子慎,东汉河南荥阳(今河南省荥阳市)人,官九江太守,善著述,有《春秋左氏传训解》。　③先:以前。　④就:走近。语(yù):说话。　⑤了:完成。　⑥向言:刚才所说的话。　⑦今当尽以所注与君:意思是把自己所写的注稿赠给服虔。

3. 郑玄家奴婢皆读书①。尝使一婢②,不称旨③,将挞之④。方自陈说⑤,玄怒,使人曳箸泥中⑥。须臾⑦,复有一婢来,问曰:"胡为乎泥中⑧?"答曰:"薄言往愬⑨,逢彼之怒⑩。"

[注释]①奴婢:仆人。　②尝:曾。使:使唤。　③称旨:称心,满意。④挞(tà):用鞭子或棍子打。　⑤方自:仍然。陈说:指陈说原委、辩解。⑥曳(yè)箸(zhuó)泥中:拉到泥地里。　⑦须臾:一会儿。　⑧胡为乎泥

中:为什么在泥地中。此为《诗经·邶风·式微》中的句子:"微君之躬,胡为乎泥中?" ⑨⑩两句:《诗经·邶风·柏舟》中的句子,意思是去向他陈说,碰上他发怒。薄言:语助词,无义。愬:通"诉"。

4. 服虔既善《春秋》①,将为注,欲参考同异②。闻崔烈集门生讲《传》③,遂匿姓名④,为烈门人赁作食⑤。每当至讲时,辄窃听户壁间⑥。既知不能逾己⑦,稍共诸生叙其短长⑧。烈闻,不测何人⑨,然素闻虔名,意疑之。明蚤往⑩,及未寤⑪,便呼:"子慎,子慎!"虔不觉惊应。遂相与友善。

[注释]①服虔:见本门2注②。《春秋》:见本门2注①。善:精通。②参考同异:参考各种不同的观点。 ③崔烈:字威考,东汉高阳安平(今山东临淄东北)人,崔骃之孙,官至司徒太尉,封阳平亭侯。集:召集。门生:弟子,学生。 ④匿姓名:隐瞒姓名。 ⑤门人:同"门生"。赁(lìn):雇佣。作食:做饭。 ⑥辄窃听户壁间:意思是隔墙偷听。 ⑦既:后来。知:知道,觉得。逾:超过。 ⑧稍:渐渐。共:与。叙其短长:意思是评说崔烈的讲解。⑨测:知。 ⑩蚤:同"早"。 ⑪及:趁。寤(wù):醒。

5. 钟会撰《四本论》始毕①,甚欲使嵇公一见②。置怀中,既定③,畏其难④,怀不敢出⑤,于户外遥掷⑥,便回急走⑦。

[注释]①钟会:三国魏人,字士季,官至司徒,后兵反被杀。撰:撰写。《四本论》:论人的才(才干)、性(道德)关系的书,今佚。刘孝标注引《魏志》云:"会论才性同异,传于世。四本者,言才性同、才性异、才性合、才性离也。"始毕:刚完成。 ②嵇公:嵇康,字叔夜,魏谯国铚(今安徽省宿州西南)人,博学多闻,与东平吕安友善,后受吕安牵连下狱遇害。 ③既定:此处当有文字讹误。有人以为当为"既诣宅",脱"诣",讹"宅"为"定"。 ④畏其难

(nàn):害怕嵇康提问辩论。难:诘难。 ⑤⑥⑦三句:意思是钟会将书稿揣在怀中不敢当面拿出来给嵇康,而是远远地从屋外扔给他,并急忙跑了。本门或为虚拟巷谈,不尽真实。

6. 何晏为吏部尚书①,有位望②,时谈客盈坐③。王弼未弱冠④,往见之。晏闻弼名,因条向者胜理⑤,语弼曰:"此理仆以为极⑥,可得复难不⑦?"弼便作难,一坐人便以为屈⑧。于是弼自为客主数番⑨,皆一坐所不及。

[注释]①何晏:字平叔,三国魏人,貌美,善清淡,后为司马懿所杀。 ②位望:地位声望。 ③时:一时。谈客:玄谈之人。盈坐:满座。 ④王弼:字辅嗣,魏晋山阳高平(今山东省邹城境内)人,少而察惠,好老庄之学,通辩能言,卒时仅二十四岁。未弱冠:还不到二十岁。《礼记·曲礼》:"二十曰弱冠。"古代男子二十岁举行冠礼,表示成年,然身体尚未强壮,故称"弱冠"。后遂称男子二十岁或二十几岁的年龄为弱冠。 ⑤因:于是。条:条陈,一条条地说。向者:一向,一直以来。胜理:精微的玄理。 ⑥极:极致。 ⑦难(nàn):诘难,辩驳。不:同"否"。 ⑧屈:屈服。 ⑨自为客主:自问自答。数番:数轮,一问一答为一轮。

7. 何平叔注《老子》始成①,诣王辅嗣②,见王注精奇③,乃神伏④,曰:"若斯人⑤,可与论天人之际矣⑥。"因以所注为《道德二论》。

[注释]①何平叔:何晏,见本门6注①。《老子》:又名《道德经》,春秋时思想家李耳(又称"老聃")著,凡五千言,为道家的经典著作。汉河上公作《老子章句》,分为八十一章,前三十七章为《道经》,后四十四章为《德经》,故有《道德经》之名。始成:刚完成。 ②诣:拜访。王辅嗣:王弼,见本门6注④。 ③精奇:精妙神奇。 ④神伏:心悦诚服。 ⑤斯人:这个人。 ⑥论:谈论,探讨。天人之际:天道(自然)和人道(社会)之间的关系。

8.王辅嗣弱冠诣裴徽①,徽问曰:"夫'无'者②,诚万物之所资③,圣人莫肯致言④,而老子申之无已⑤,何邪⑥?"弼曰:"圣人体'无'⑦,'无'又不可以训⑧,故言必及'有';老、庄未免于'有'⑨,恒训其所不足。"

[注释]①王辅嗣:王弼,见本门6注④。裴徽:字文季,河东闻喜(今山西省闻喜)人,善玄谈,官至冀州刺史。 ②无:哲学概念,指虚无、空虚等,《老子》第四十章:"天下万物生于有,有生于无。" ③资:凭借。 ④圣人:指孔子。致言:施加言论,意思是论述。 ⑤老子:相传为春秋时期思想家,道教的创始人,姓李名耳,字聃,故亦称老聃。著《道德经》五千言,亦名《老子》,为道家的经典著作。申:申述,阐述。无已:不已,没完没了。 ⑥何邪:为什么呢。邪(yé):语气助词,表疑问。 ⑦体:体察。 ⑧训:解释,阐释。 ⑨老、庄:老子、庄子,皆为道家学说代表人物。庄子名周,战国时蒙人,著有《庄子》。未免于"有":不可避免要言及"有"。

9.傅嘏善言虚胜①,荀粲谈尚玄远②。每至共语③,有争而不相喻④。裴冀州释二家之义⑤,通彼我之怀⑥,常使两情皆得⑦,彼此俱畅⑧。

[注释]①傅嘏(gǔ):字兰硕,三国魏北地泥阳(今陕西省耀县东)人,官河南尹、尚书,善玄谈,尝与钟会等论才性同异。虚胜:指道家玄虚之境。 ②荀粲:字奉倩,颍川颍阴(今河南许昌)人,善玄谈。谈:清谈。尚:崇尚。玄远:玄奥深远。 ③每至:每当。共语:一起谈论。 ④争:争论。不相喻:相互不理解。 ⑤裴冀州:裴徽,见本门8注①。释:阐释。义:义理。 ⑥通:沟通。彼我:彼此。怀:怀抱,意趣。 ⑦得:满足,得意。 ⑧畅:意思同"得"。

10.何晏注《老子》未毕①,见王弼自说注《老子》

旨②,何意多所短③,不复得作声,但应诺诺④。遂不复注,因作《道德论》。

[注释]①何晏:见本门6注①。　②见:遇见,碰上。王弼:见本门6注④。旨:意旨。　③意:意趣,见解。短:浅薄,浅陋。此句的意思是说何晏对《老子》的见解不及王弼。　④但:只。诺诺:应答声。

11.中朝时有怀道之流①,有诣王夷甫咨疑者②,值王昨已语多③,小极④,不复相酬答⑤。乃谓客曰:"身今少恶⑥,裴逸民亦近在此⑦,君可往问。"

[注释]①中朝:东晋对西晋的称呼。怀道之流:向道之人、对道术感兴趣的人。怀:指心中存有。流:一类人。　②诣:拜访。王夷甫:王衍,字夷甫,王戎从弟,后为石勒所害。咨疑:请教解疑。　③值:碰上,恰巧。　④小:稍微。极:疲困。　⑤酬答:应酬回答。　⑥身:第一人称代词,《通鉴》卷八五:"晋人多自谓为身。"恶:不适。　⑦裴逸民:裴頠(wěi),字逸民,河东闻喜(今山西省闻喜)人,善言名理。

12.裴成公作《崇有论》①,时人攻难之②,莫能折③。唯王夷甫来④,如小屈⑤。时人即以王理难裴⑥,理还复申⑦。

[注释]①裴成公:裴頠,谥成,故称。《崇有论》:裴頠为针砭时俗崇尚虚无、推尊儒术礼法而作之文,今存《晋书·裴頠传》。　②攻难(nàn):攻击非难。　③折:挫败。　④王夷甫:见本门11注②。　⑤如:似乎,略显。小:稍。屈:败,劣势。　⑥⑦两句:意思是常人以王夷甫成说来驳难裴頠,但却又为裴頠所胜。申:表明,表达。

13.诸葛厷年少不肯学问①,始与王夷甫谈②,便已超诣③。王叹曰:"卿天才卓出④,若复小加研寻⑤,一无所愧⑥。"宏后看《庄》、《老》⑦,更与王语⑧,便足相抗衡⑨。

[注释]①诸葛宏(hóng):字茂远,晋琅邪(今山东省临沂)人,魏雍州刺史绪之子,有逸才,官至司空主簿。一作"诸葛宏"。学问:学习问道,犹今言学习。 ②始:当初。古人追述过去时常用语。王夷甫:见本门11注②。 ③超诣:高深玄妙,高超脱俗。 ④天才:天赋。卓出:杰出。 ⑤小加研寻:稍加钻研。 ⑥一无所愧:能胜过所有人。愧:羞惭。 ⑦《庄》、《老》:《庄子》和《老子》,道家代表作品,为当时清谈所本。 ⑧更:再。语(yù):对话,辩论。 ⑨抗衡:匹敌,相当。

14. 卫玠总角时问乐令梦①,乐云:"是想②。"卫曰:"形神所不接而梦③,岂是想邪?"乐云:"因也④。未尝梦乘车入鼠穴、捣齑啖铁杵⑤,皆无想无因故也。"卫思"因",经日不得⑥,遂成病。乐闻,故命驾为剖析之⑦,卫即小差⑧。乐叹曰:"此儿胸中,当必无膏肓之疾⑨!"

[注释]①卫玠(jiè):字叔宝,晋河东安邑(今山西省夏县西北)人,颖识通达,娶乐广之女为妻,官太子洗马。总角:古时儿童束发为两结,向上分开,形状如角,故称总角。《诗经·齐风·甫田》:"婉兮娈兮,总角丱(guàn)兮。""总角"后借指童年。乐令:乐广。 ②是想:意思是梦是思虑所致。 ③形神:身体,精神。接:接触。 ④因:因由。意思是梦必有因由。 ⑤未尝梦乘车入鼠穴、捣齑啖铁杵:没人梦过乘车进入鼠洞、把齑捣烂、吃铁杵的事。上述皆违背生活,故言。齑(jī):用醋、酱拌和,切成碎末的菜或肉。啖(dàn):吃。 ⑥经日不得:多日不得其解。 ⑦故:特意。命驾:吩咐驾车前往。剖析:分析解释。 ⑧差(chài):同"瘥",病愈。 ⑨膏肓(huāng)之疾:我国古代医学把心尖脂肪叫膏,心脏与膈膜之间叫肓。《左传·成公十年》:"疾不可为也,在肓之上,膏之下,攻之不可,达之不及,药不至焉,不可为

也。"后遂用以称病之难治者。

15. 庾子嵩读《庄子》①,开卷一尺许便放去②,曰:"了不异人意③。"

[注释]①庾子嵩:庾敳(ái),字子嵩,颍川鄢陵(今河南省鄢陵西北)人,侍中庾峻第三子,恢廓有度量,官至豫州长史等。《庄子》:见本门13注⑦。 ②开卷一尺许便放去:看了不多就丢开了。古时书卷成轴,看书时从右至左打开。一尺许:一尺左右,意思是说不多。 ③了不异人意:与常人意全无不同之处。

16. 客问乐令"旨不至"者①。乐亦不复剖析文句②,直以麈尾柄确几曰③:"至不④?"客曰:"至!"乐因又举麈尾曰:"若至者,那得去⑤?"于是客乃悟服⑥。乐辞约而旨达⑦,皆此类。

[注释]①客问乐令"旨不至"者:有人请问乐广"旨不至"之意。旨不至:《庄子》中关于认识的玄虚思辨,原作"指不至",后还有"至不绝",意思是指认外物永远达不到事物的实际,即使达到也不会有尽头。 ②剖析文句:解释原文字句。 ③直:只。麈(zhǔ)尾:古人闲谈时执以驱虫、掸尘的一种工具。在细长的木条两边及上端插设兽毛,或直接让兽毛垂露外面,类似马尾松。因古代传说麈迁徙时,以前麈之尾为方向标志,故称。后古人清谈时必执麈尾,相沿成习,为名流雅器,不谈时,亦常执在手。确(què):通"榷",敲击。几(jī):几案。 ④不:同"否"。 ⑤那得:哪会。去:离开。 ⑥悟:领会。服:心服。 ⑦辞约:语言精简。旨达:意思透彻。

17. 初①,注《庄子》者数十家,莫能究其旨要②。向秀于旧注外为解义③,妙析奇致④,大畅玄风⑤。唯《秋水》、

《至乐》二篇未竟而秀卒⑥。秀子幼⑦,义遂零落⑧,然犹有别本⑨。郭象者⑩,为人薄行⑪,有俊才,见秀义不传于世⑫,遂窃以为己注⑬。乃自注《秋水》、《至乐》二篇,又易《马蹄》一篇⑭,其余众篇,或定点文句而已⑮。后秀义别本出,故今有向、郭二《庄》,其义一也⑯。

[注释]①初:当初,古人追述过去时常用语。 ②究:穷尽。旨要:要领。 ③向秀:字子期,河内怀县(今河南省武陟西南)人,与山涛、嵇康、吕安友善。 ④妙析:精妙地解析。奇致:奇玄的境界。 ⑤大畅玄风:使研究玄学之风大畅。 ⑥唯:句首助词,无实义。竟:完成。卒:死。 ⑦⑧两句:意思是向秀儿子尚年幼,未识保管其父遗稿,使得学说散失在外。 ⑨别本:另外的抄本。 ⑩郭象:字子玄,河南人,少有才理,慕道好学,时人咸以为王弼之亚,其所注《庄子》,今仍通行。 ⑪为人薄行:人品不好。 ⑫传:流传。 ⑬窃:剽窃。 ⑭易:改动。 ⑮或:有些。定点:《晋书·郭象传》作"点定"。 ⑯义:大义要旨。

18. 阮宣子有令闻①,太尉王夷甫见而问曰②:"老庄与圣教同异③?"对曰:"将无同④?"太尉善其言⑤,辟之为掾⑥。世谓"三语掾"。卫玠嘲之曰⑦:"一言可辟,何假于三⑧?"宣子曰:"苟是天下人望⑨,亦可无言而辟,复何假一?"遂相与为友。

[注释]①阮宣子:阮修,字宣子,晋陈留尉氏(今河南省尉氏)人,阮籍从子,好老易,能言理,官鸿胪丞、太子洗马。令闻:好名声。 ②太尉:官职名,三公之一。王夷甫:王衍,见本门11注②。 ③老庄与圣教同异:意思是问道家学说与儒学相同还是不同。老庄:以老子、庄子代指道家学说。圣教:指儒家学说,西汉武帝尊崇儒术以后,儒教被读书人视为高出其他学说,故称。 ④将无:莫非。 ⑤善其言:以其言为善,认为他说得好。 ⑥辟(bì):征召。掾(yuàn):官府中佐助官吏的通称。 ⑦卫玠:见本门14注①。嘲:讥嘲。

⑧假:凭借。　⑨苟:如果。天下人望:意思是众望所归。

19. 裴散骑娶王太尉女①。婚后三日,诸婿大会。当时名士王、裴子弟悉集②。郭子玄在坐③,挑与裴谈④。子玄才甚丰赡⑤,始数交⑥,未快⑦。郭陈张甚盛⑧,裴徐理前语⑨,理致甚微⑩。四坐咨嗟称快⑪,王亦以为奇,谓诸人曰:"君辈勿为尔⑫,将受困寡人女婿⑬。"

[注释]①裴散骑:裴遐,字叔道,晋闻喜(今山西省闻喜)人,少有理称,辟司空掾、散骑郎。娶王衍第四女。王太尉:王衍,见本门11注②。　②悉集:都来了。　③郭子玄:郭象,见本门17注⑩。坐:同"座"。　④挑:挑逗。谈:玄谈。　⑤子玄:郭象。才:才学。丰赡(shàn):丰富,充足。　⑥数交:几次交锋。　⑦快:畅快,尽兴。　⑧陈张甚盛:旁征博引。　⑨徐理前语:意思是慢条斯理地分析。理:分析,剖析。　⑩理致:理趣。微:精妙。⑪四坐:四座。咨嗟(zī jiē)称快:赞叹叫好。　⑫君辈:你们。尔:这样。⑬受困:被困。寡人:晋人习惯自称寡人。

20. 卫玠始度江①,见王大将军②,因夜坐③,大将军命谢幼舆④。玠见谢,甚说之⑤,都不复顾王⑥,遂达旦微言⑦,王永夕不得豫⑧。玠体素羸⑨,恒为母所禁,尔夕忽极⑩,于此病笃⑪,遂不起⑫。

[注释]①卫玠:见本门14注①。度:同"渡"。　②王大将军:王敦,字处仲,晋临沂(今山东省临沂北)人,王导从兄,以讨平杜弢之乱而任征南大将军,后居功自傲并谋逆,未果而病死。　③因:由于。　④命:召来。谢幼舆:谢鲲,字幼舆,晋陈郡阳夏(今河南省太康)人,性通简,好老易,善音乐,以琴书为业,避乱江东,被豫章太守王敦引为长史。　⑤说:同"悦",喜爱。⑥都:全,根本。　⑦达旦:通宵。微言:谈玄。　⑧永夕:通宵。豫:通"与",参与。　⑨体素羸(léi):身体向来羸弱。　⑩尔夕:此晚。忽:忽然。极:疲

劳。　⑪于此:因此。病笃(dǔ):病重。　⑫不起:指病逝。

21. 旧云①,王丞相过江左②,止道"声无哀乐"、"养生"、"言尽意"三理而已③。然宛转关生④,无所不入⑤。

[注释]①旧云:传说的意思。　②王丞相:王导,字茂弘,晋琅邪临沂(治所在今山东省临沂北)人,历事东晋元帝、明帝、成帝三朝,恭谨自励。　③止:只。"声无哀乐"、"养生"、"言尽意"都是魏晋时玄谈的重要命题。嵇康作有《声无哀乐论》、《养生论》,欧阳建有《言尽意论》,对这些问题进行思辨。　④宛转:随顺变化。关生:牵连生发。　⑤入:联系,关涉。

22. 殷中军为庾公长史①,下都②,王丞相为之集③。桓公、王长史、王蓝田、谢镇西并在④。丞相自起解帐带麈尾⑤,语殷曰:"身今日当与君共谈析理⑥。"既共清言⑦,遂达三更⑧。丞相与殷共相往反⑨,其余诸贤略无所关⑩。既彼我相尽⑪,丞相乃叹曰:"向来语⑫,乃竟未知理源所归⑬,至于辞喻不相负⑭。正始之音⑮,正当尔耳⑯。"明旦,桓宣武语人曰:"昨夜听殷、王清言,甚佳。仁祖亦不寂寞,我亦时复造心⑰。顾看两王掾⑱,辄翼如生母狗馨⑲。"

[注释]①殷中军:殷浩,字渊源,曾任中军将军,故称。庾公:庾亮。长(zhǎng)史:官职名,汉相国、丞相,后汉太尉、司徒、司空、将军府各有长史,其后,为郡府官,掌兵马。　②下都:指从庾亮驻地武昌(今湖北鄂州)顺长江而下至京城建康(今江苏南京)。　③王丞相:指王导,见本门21注②。为之集:聚会为之送行。　④桓公:桓温。王长史:王濛。王蓝田:王述,字怀祖,晋太原晋阳(今山西省太原市)人,袭爵蓝田侯。谢镇西:谢尚,字仁祖。曾任镇西将军,故称。并:全。　⑤解帐带麈尾:解下系在帷帐上的麈尾。麈尾:

见本门 16 注③。　⑥身：我，晋时自称。共谈：一起谈论。析理：辨析玄理。　⑦既：即，便。清言：清谈，玄谈。　⑧遂：便，于是。三更：指半夜十一时至翌晨一时，此处约指半夜时分。　⑨共相往反：指多次交锋、反复辩难。　⑩略：全。关：及，参与。　⑪既：……之后。彼我：彼此。相尽：互相穷尽义理。　⑫向来语：刚才的论辩。　⑬乃竟：竟然。未知理源所归：不知主要义理所在了。意思是涉及问题多。归：往，在。　⑭辞喻：言辞。负：背。　⑮正始之音：指正始年间的清谈，当时何晏、王弼等人畅谈玄理，为后世所宗。正始：三国魏齐王曹芳年号，为公元 240~249 年。　⑯尔：如此。耳：语助词。　⑰时复：有时、时时的意思。造心：深入心中，意思是受启发。　⑱顾看：回头看。两王掾：指王濛、王述，他们都是王导的属官。掾（yuàn）：官府中佐助官吏的通称。　⑲辄：总是。翣（shà）如生母狗馨：如产仔后的母狗一样（机警）。馨：又作"宁馨"、"尔馨"，魏晋时口语，"如此"的意思。

23. 殷中军见佛经①，云："理亦应阿堵上②。"

[注释]①殷中军：见本门 22 注①。　②理：义理。阿堵：六朝时口语，"这、这个"的意思。

24. 谢安年少时①，请阮光禄道《白马论》②。为论以示谢③，于时谢不即解阮语④，重相咨尽⑤。阮乃叹曰："非但能言人不可得⑥，正索解人亦不可得⑦。"

[注释]①谢安：字安石，曾大败苻坚于淝水之上，卒赠太傅。　②阮光禄：阮裕，曾拜金紫光禄大夫，未就，然世人以此相称。道：讲述。《白马论》：战国赵人公孙龙的《公孙龙子》中的篇名，谓"白马非马"。《孔丛子》："赵人公孙龙云：'白马非马。马者所以命形，白者所以命色。夫命色者非命形。故曰白马非马也。'"　③为论：撰写论文。　④即：立即，马上。解：理解。　⑤重（chóng）：反复。咨（zī）：询问。尽：详尽。　⑥能言人：能清谈的人。　⑦正：只，就是。索解：寻求解答。

25.褚季野语孙安国云①:"北人学问渊综广博②。"孙答曰:"南人学问清通简要③。"支道林闻之④,曰:"圣贤固所忘言⑤,自中人以还⑥,北人看书如显处视月⑦,南人学问如牖中窥日⑧。"

[注释]①褚季野:褚裒,字季野,晋河南阳翟(今河南省禹州市)人,有简贵之风,累迁江、兖二州刺史,赠侍中、太傅。孙安国:孙盛,晋太原中都(今山西省平遥西南)人,博学强识,历著作郎、浏阳令。 ②北人:北方人,指长江以北的中原人。渊综广博:深厚博大。 ③南人:长江以南的人。清通简要:通达简明,意思是不芜杂。 ④支道林:支遁,河内林虑人(一说陈留人),本姓闵,晋高僧,与谢安、王羲之等结方外之交。 ⑤圣贤固所忘言:圣贤读书固然得意忘言。 ⑥中人:中等人,普通人。以还:以下。 ⑦⑧两句:北人看书像在宽广之地看月,南人学问像从窗户中窥日。刘孝标注云:"支所言但譬成孙、褚之理也。然则学广则难周,难周则识暗,故如显处视月;学寡则易核,易核则智明,故如牖中窥日也。"

26.刘真长与殷渊源谈①。刘理如小屈②,殷曰:"恶卿不欲作将善云梯仰攻③?"

[注释]①刘真长:刘惔,字真长,晋沛国萧(今安徽省萧县)人,有雅裁,任司徒左长史、侍中、丹阳尹,为政镇静诚信。殷渊源:殷浩,见本门22注①。谈:清谈。 ②理:陈理,辩辞。如:好像,看起来。小屈:稍劣。 ③恶(wū):何。作:造。将:带。善:好的。云梯:古代攻城时攀登城墙的长梯。仰攻:从下向上攻。意思是改变论辩方法。此句或有文字错讹。

27.殷中军云①:"康伯未得我牙后慧②。"

[注释]①殷中军:殷浩,见本门22注①。 ②康伯:韩伯,殷浩外甥。牙后慧:意思是言外的理趣。后以"牙慧"指旧有的观点、见解和说法等。

28. 谢镇西少时①，闻殷浩能清言②，故往造之③。殷未过有所通④，为谢标榜诸义⑤，作数百语，既有佳致⑥，兼辞条丰蔚⑦，甚足以动心骇听⑧。谢注神倾意⑨，不觉流汗交面⑩。殷徐语左右⑪："取手巾与谢郎拭面⑫。"

[注释]①谢镇西：谢尚，曾任镇西将军，故称。 ②殷浩：见本门22注①。能：擅长。清言：清谈，玄谈。 ③往造：前往拜访。 ④未过：不久。通：阐发。 ⑤标榜：揭示，品评。 ⑥佳致：精妙的理致。 ⑦兼：更有，又。辞条：言辞条理。丰蔚：形容文辞丰富。 ⑧动心骇听：是说言辞动人。骇(hài)：惊诧。 ⑨注神倾意：聚精会神的意思。 ⑩交面：满面。 ⑪徐：缓缓地。语(yù)：对……说。 ⑫拭面：擦脸。

29. 宣武集诸名胜讲《易》①，日说一卦②。简文欲听③，闻此便还④，曰："义自当有难易⑤，其以一卦为限邪⑥？"

[注释]①宣武：桓温，谥宣武，故称。集：聚集。诸：众多，各位。名胜：名流。《易》：古代卜筮之书，有《连山》、《归藏》、《周易》三种，合称《三易》，今仅存《周易》，简称《易》。富有哲理，汉代列为经书，称《易经》。 ②日：每天。说：讲解。卦：《周易》中一套有象征意义的符号。以阳爻、阴爻相配合，每卦三爻，组成八卦(即经卦)，如乾、坎、离等。象征天地间八种基本事物及其阴阳刚柔诸性。八卦互相重叠，组成六十四卦(即别卦)，如乾、需、蹇等，象征事物间的矛盾联系。 ③简文：简文帝司马昱，字道万，谥简文。 ④此：指"日说一卦"。还：回转。 ⑤义：义理。 ⑥其：表诘问，难道。

30. 有北来道人好才理①，与林公相遇于瓦官寺②，讲《小品》③。于时竺法深、孙兴公悉共听④。此道人语⑤，屡设疑难。林公辩答清析⑥，辞气俱爽⑦。此道人每辄摧屈⑧。孙问深公:"上人当是逆风家⑨,向来何以都不言?"深公笑而不答。林公曰:"白旃檀非不馥⑩,焉能逆风⑪?"深公得此义⑫,夷然不屑⑬。

[注释]①道人:和尚。才理:才辩,辩言析理。 ②林公:支道林,见本门25注④。瓦官寺:东晋名寺,故址在今南京西南。 ③《小品》:佛经指七卷本的《小品般若波罗蜜经》,与二十四卷本的《摩诃般若波罗蜜经》相对。④于时:当时。竺法深:晋高僧,生平不详。孙兴公:孙绰,字兴公,晋太原中都(今山西省平遥西南)人,历太学博士、大著作郎、散骑常侍。悉:都。共:一起。 ⑤语:讲授。 ⑥清析:即"清晰"。 ⑦辞气:言辞气度。爽:爽朗。⑧每辄:同义复指,总是。摧屈:摧折屈服,指论辩失利。 ⑨上人:对和尚的尊称。逆风家:赞誉德才超卓的人,谓其名声逆风远播。 ⑩白旃(zhān)檀:即白檀香。馥(fù):香。 ⑪焉能:怎能。此句意思是竺法深机辩有限,不能逆风播名。 ⑫深公得此义:意思是深公听了此话。 ⑬夷然:鄙视的样子。不屑:表轻视。

31. 孙安国往殷中军许共论①,往反精苦②,客主无间③。左右进食④,冷而复暖者数四⑤。彼我奋掷麈尾⑥,悉脱落满餐饭中⑦。宾主遂至莫忘食⑧。殷乃语孙曰:"卿莫作强口马⑨,我当穿卿鼻⑩。"孙曰:"卿不见决鼻牛⑪,人当穿卿颊⑫。"

[注释]①孙安国:孙盛,见本门25注①。殷中军:殷浩,见本门22注①。许:处,处所。共论:一起论辩。 ②往反精苦:指双方你来我往,论辩激烈。③客主:指论辩双方。间:空隙。 ④左右:指仆役。进食:准备饭菜。⑤数(shuò)四:多次,犹言"再三"。 ⑥彼我:双方。奋掷:奋力挥甩。⑦悉脱落满餐饭中:指麈尾上的毛脱尽,落满饭菜中。 ⑧莫:同"暮"。⑨强(jiàng)口:嘴硬,强辩。 ⑩我当穿卿鼻:承接上句骂对方为强口牛而来,穿牛鼻为控制驯服牛的途径,故此句包含詈骂对方和最终要挫败对方的

双重意思。 ⑪决鼻牛:鼻子被缰绳扯破的犟牛。 ⑫穿卿颊:鼻子被扯破,就在脸颊上穿洞系缰绳。亦为出言不逊的反击语。

32.《庄子·逍遥》篇①,旧是难处②,诸名贤所可钻味而不能拔理于郭、向之外③。支道林在白马寺中将冯太常共语④,因及《逍遥》。支卓然标新理于二家之表⑤,立异义于众贤之外,皆是诸名贤寻味之所不得⑥。后遂用支理。

[注释]①《庄子》:战国道家人物庄周的著作。《逍遥》:即《逍遥游》,《庄子》第一篇。 ②旧:过去,一直。难处:难解之处。 ③诸:各位。名贤:名流贤哲。钻味:钻研寻味。拔:超出。理:义理。郭:郭象。向:向秀。此二人皆注《庄子》,参见本门17注③和⑩。 ④支道林:晋高僧支遁,见本门25注④。白马寺:寺名,当时或有多处,此处可能指位于建康或余杭者。将:与。冯太常:冯怀,字祖思,长乐人,官太常,故称。共语:一起谈论。 ⑤卓然:卓越的样子。标:显示,树立。二家:指郭、向二家。表:外。 ⑥寻味之所不得:探求玩味但未有心得的。

33.殷中军尝至刘尹所①,清言良久,殷理小屈②,游辞不已③。刘亦不复答,殷去后,乃云:"田舍儿④,强学人作尔馨语⑤。"

[注释]①殷中军:殷浩,见本门22注①。刘尹:刘惔,见本门26①。 ②理:辞理。小:稍。屈:败屈。 ③游辞:虚浮不实的言辞,不入正题的言辞。 ④田舍儿:轻诋语,犹言"乡巴佬"。 ⑤强:勉强。尔馨:如此,魏晋时口语。语:指清谈语。

34.殷中军虽思虑通长①,然于"才性"偏精②。忽言及"四本"③,便若汤池铁城④,无可攻之势⑤。

[注释]①思虑:思辨。通长:通达深远。 ②才性:才性之学,人的才能品性之学。偏精:尤其精通。 ③忽:倘或。四本:《四本论》,关于人的才性异、同、离、合关系的思辨,参见本门5注①。 ④汤池铁城:坚固不可攻破的城池。汤:开水。池:护城河。 ⑤无可攻之势:意思是无懈可击。

35. 支道林造《即色论》①。《论》成,示王中郎②,中郎都无言③。支曰:"默而识之乎④?"王曰:"既无文殊⑤,谁能见赏⑥?"

[注释]①造:写作。《即色论》:文章名,又名《即色游玄论》,支遁佛学代表作,刘孝标注引《支道林集·妙观章》云:"夫色之性也,不自有色,色不自有,虽色而空。故曰:'色即为空,色复异空。'" ②王中郎:王坦之,字文度,有令名,官北中郎将、徐兖二州刺史等。 ③都:全。 ④默而识之乎:语出《论语·学而》:"默而识之,诲人不倦,何有于我哉?"默:暗暗地,私下。识(zhì):记。 ⑤⑥两句:既然没有文殊,谁能赏识我?《维摩诘经》曰:"文殊师利问维摩诘云:'何者是菩萨入不二法门?'时维摩诘默然无言。文殊师利叹曰:'是真入不二法门也。'"原经是文殊师利赞维摩诘默然无言,此处为王坦之戏讽支遁。

36. 王逸少作会稽①,初至②,支道林在焉③。孙兴公谓王曰④:"支道林拔新领异⑤,胸怀所及乃自佳⑥,卿欲见不⑦?"王本自有一往隽气⑧,殊自轻之。后孙与支共载往王许⑨,王都领域⑩,不与交言。须臾⑪,支退⑫。后正值王当行⑬,车已在门,支语王曰:"君未可去,贫道与君小语⑭。"因论《庄子·逍遥游》⑮。支作数千言,才藻新奇⑯,花烂映发⑰。王遂披襟解带⑱,留连不能已⑲。

[注释]①王逸少:王羲之,字逸少,晋琅邪临沂(今山东省临沂)人,善书法,官右军将军、会稽内史。作会稽:任会稽内史。 ②初至:刚到任。 ③在焉:指在会稽。 ④孙兴公:孙绰,见本门30注④。 ⑤拔新领异:标新立异,见解新颖。 ⑥胸怀所及乃自佳:意思是襟怀佳好。 ⑦不:同"否"。 ⑧本自:本来,向来。一往隽气:一股俊逸之气。 ⑨许:处。 ⑩领域:一说为"深闭固拒"意。 ⑪须臾:一会儿。 ⑫退:退下,离开。 ⑬当行:将要出行。 ⑭贫道:晋时称和尚为"道人","贫道"即其自称。小:稍微。语:交谈。 ⑮论:谈论。《庄子·逍遥游》:见本门32注①。 ⑯才藻新奇:才思、辞采新颖奇特。 ⑰花烂映发:像花一样灿烂辉映。 ⑱披襟解带:意思是袒露心胸、坦诚相见。 ⑲留连不能已:流连不已,交往不已。

37."三乘"佛家滞义①,支道林分判②,使"三乘"炳然③。诸人在下坐听,皆云可通④。支下坐⑤,自共说⑥,正当得两⑦,入三便乱⑧。今义弟子虽传⑨,犹不尽得⑩。

[注释]①三乘:佛教语,一般指小乘(声闻乘)、中乘(缘觉乘)和大乘(菩萨乘),三者均为浅深不同的解脱之道。亦泛指佛法。《魏书·释老志》:"初根人为小乘,行四谛法;中根人为中乘,受十二因缘;上根人为大乘,则修六度。虽阶三乘,而要由修进万行,拯度亿流,弥历长远,乃可登佛境矣。"佛家:佛教。滞义:疑难、不易通晓的义理。 ②分判:剖析。 ③炳然:明显的样子,明白的样子。 ④通:通悟,理解。 ⑤下坐:退下讲席,意思是停止讲授。坐:同"座"。 ⑥自共说:诸人一起讨论。 ⑦⑧两句:意思是众人只能说通两乘,到了三乘就混乱了。正:只。 ⑨⑩两句:意思是现在虽然还有支道林的弟子在传授三乘教义,但总不能深透。

38.许掾年少时①,人以比王苟子②,许大不平。时诸人士及于法师并在会稽西寺讲③,王亦在焉。许意甚忿④,便往西寺与王论理⑤,共决优劣。苦相折挫⑥,王遂大屈⑦。许复执王理⑧,王执许理⑨,更相覆疏⑩,王复屈。许谓支法师曰:"弟子向语何似⑪?"支从容曰:"君语佳则佳矣,何至相苦邪⑫?岂是求理中之谈哉⑬?"

[注释]①许掾(yuàn):许询,曾辟司徒掾,不就,然世仍称之。 ②人:有人。王苟子:王修,字敬仁,小字苟子,晋太原晋阳(今山西省太原市)人,明秀有美称,善隶书、行书,官著作佐郎、琅邪王文学,年二十四而卒。 ③时:某时,有一次。于法师:一作"支法师",从下文看,也当为"支法师",即支道林。法师:对高僧的尊称。会稽西寺:光相寺,在会稽城西,故称。讲:讲论。 ④忿:愤怒。 ⑤论理:论辩义理。 ⑥苦相折挫:相互艰苦地论辩。折挫:挫折,挫败。 ⑦遂:表结果。大屈:大败。 ⑧⑨两句:意思是双方互换观点。 ⑩更相:再次。覆:反复。疏:阐释,论辩。 ⑪弟子:自我谦称。向:刚才。语:论辩。 ⑫何至:何必。苦:过分,困辱。 ⑬求:追求。理中:切中义理。

39. 林道人诣谢公①。东阳时始总角②,新病起③,体未堪劳④。与林公讲论,遂至相苦⑤。母王夫人在壁后听之⑥,再遣信令还⑦,而太傅留之。王夫人因自出⑧,云:"新妇少遭家难⑨,一生所寄⑩,唯在此儿。"因流涕抱儿以归。谢公语同坐曰:"家嫂辞情忼慨⑪,致可传述⑫,恨不使朝士见⑬。"

[注释]①林道人:支道林。诣:拜访。谢公:谢安。 ②东阳:谢朗,谢安之侄,官至东阳太守,故称。时:那时,当时。始:刚,才。总角:古时儿童束发为两结,向上分开,形状如角,故称总角。《诗经·齐风·甫田》:"婉兮娈兮,总角丱兮。"后借指童年。 ③新:刚。病起:病愈。 ④堪劳:忍受劳累。 ⑤相苦:极力论难。 ⑥母王夫人:指谢朗母王夫人。刘孝标注引《谢氏谱》曰:"朗父据,取太康王韬女,名绥。" ⑦再:一再,多次。遣:派,使。信:传话的人。还:回,指回到内室。 ⑧因:于是。自出:亲自出来。 ⑨新妇:已婚

妇女对公婆、丈夫及夫家长辈、平辈亲属谦卑的自称。少(shào):年轻时。遭家难:遭受家庭变故,指丧夫(谢据早逝)。 ⑩寄:寄托,依靠。 ⑪家嫂:对别人称呼自己的嫂嫂。辞情:言辞情态。忼慨:慷慨。 ⑫致:通"至",极。传述:传颂。 ⑬恨不使:恨不得,真想。朝士:朝廷官员。

40. 支道林、许掾诸人共在会稽王斋头①。支为法师②,许为都讲。支通一义③,四坐莫不厌心④;许送一难⑤,众人莫不抃舞⑥。但共嗟咏二家之美⑦,不辩其理之所在⑧。

[注释]①支道林、许掾:指支遁、许询。诸人:等人。会稽王:简文帝司马昱,其即位前为会稽王。斋头:房中。头:语助词,犹"前头"、"后头"的"头"。②法师:魏晋以后,佛家开讲佛经,一人唱经,一人解释,唱经者称都讲,解释者称法师。 ③通:阐释,讲解。义:佛理。 ④四坐:四座,听众。厌心:满足。厌:同"餍"(yàn)。 ⑤送一难(nàn):提出一个诘难。 ⑥抃舞:拍手而舞。抃(biàn):鼓掌。 ⑦但:只。嗟咏:赞诵。 ⑧辩:同"辨"。

41. 谢车骑在安西艰中①,林道人往就语②,将夕乃退③,有人道上见者,问云:"公何处来?"答云:"今日与谢孝剧谈一出来④。"

[注释]①谢车骑:谢玄,曾任车骑将军,故称。安西:谢奕,谢玄父,官安西将军,故称。艰:指亲丧。 ②林道人:指支道林。往就语:前去谈论。③将:近。夕:傍晚。 ④谢孝:姓谢的孝子,谢玄。剧谈:畅谈。一出:一番,一通。

42. 支道林初从东出①,住东安寺中②。王长史宿构精理③,并撰其才藻④,往与支语,不大当对⑤。王叙致作数百语⑥,自谓是名理奇藻⑦,支徐徐谓曰:"身与君别多年⑧,君义言了不长进⑨。"王大惭而退。

[注释]①初:当初。从东出:刘孝标注引《高逸沙门传》曰:"遁居会稽,晋哀帝钦其风味,遣中使至东迎之。遁遂辞丘壑,高步天邑。"会稽(今浙江绍兴)在建康(今江苏南京)东南,故云。 ②东安寺:寺名,具体不详。 ③王长史:似指王濛,他曾任司徒左长史,然王濛卒于永和三年(公元347年),支道林进京在哀帝时(公元361~365年),二人不可能会于京师。或为传闻记录之误,或这个王长史另有其人。宿:预先,早先。构:拟定,创作。精理:精深的义理。 ④撰:通"选"。才藻:华丽的辞藻。 ⑤当对:犹"对当",相当、不相上下。 ⑥叙致:陈说理致。 ⑦自谓:自以为。名理:魏晋清谈家辨析事物名和理的是非同异。 ⑧身:自称,我。 ⑨义言:理言,清谈。了不长进:毫无长进。

43. 殷中军读《小品》①,下二百签②,皆是精微③,世之幽滞④。尝欲与支道林辩之,竟不得⑤。今《小品》犹存。

[注释]①殷中军:殷浩,见本门22注①。《小品》:佛经指七卷本的《小品般若波罗蜜经》,与二十四卷本的《摩诃般若波罗蜜经》相对。 ②下:写下。签:书签。有疑难处,加签以记之。 ③精微:精深。 ④世:当时,普遍。幽滞:幽微疑难。 ⑤竟:终。

44. 佛经以为祛练神明则圣人可致①。简文云②:"不知便可登峰造极不③?然陶练之功④,尚不可诬⑤。"

[注释]①祛(qū)练神明:佛教语,修智慧,断烦恼,意思是去除尘念,修炼智慧,便可成佛。圣人可致:此指成佛。 ②简文:简文帝司马昱。 ③登峰造极:达到最高境界,即成佛。后一个"不"同"否"。 ④陶练:陶冶习练。功:功用,作用。 ⑤诬:以有为无,抹杀。

45.于法开始与支公争名①,后情渐归支②,意甚不分③,遂遁迹剡下④。遣弟子出都⑤,语使过会稽⑥。于时支公正讲《小品》⑦。开戒弟子⑧:"道林讲⑨,比汝至⑩,当在某品中⑪。"因示语攻难数十番⑫,云:"旧此中不可复通⑬。"弟子如言诣支公⑭,正值讲,因谨述开意⑮。往反多时⑯,林公遂屈⑰,厉声曰⑱:"君何足复受人寄载来⑲!"

[注释]①于法开:晋僧,生平不详。刘孝标注引《名德沙门题目》:"于法开,才辩纵横,以数术弘教。"又引《高逸沙门传》:"法开初以义学著名,后与支遁有竞,故遁居剡县,更学医术。"始:当初,开始。支公:支道林。 ②情:人情。归:趋向。 ③意:心意,意怀。分(fèn):甘愿,满意。 ④遂:于是。遁迹:隐居,隐迹。剡(shàn)下:今浙江省嵊州一带。 ⑤遣:排遣。弟子:据《高僧传》,应为法威。出都:到都城建康去。 ⑥语使:吩咐,使。过:经过。会稽:郡名,今浙江绍兴。 ⑦于时:当时。《小品》:见本门43注①。⑧戒:告诫,教导。 ⑨讲:开讲佛法。 ⑩比:等到。 ⑪某品:某一部分。⑫因:于是。示语:教导。攻难:诘难。番:回。 ⑬旧:旧时,过去。此中:这些问题中。不可复通:不可讲通,不可通晓。 ⑭如言:按照吩咐。诣:到访。⑮谨:严格地,仔细地。述:讲述。意:意思,指诘难的问题。 ⑯往反:交锋,辩难。 ⑰遂:终于。屈:败。 ⑱厉声:严厉的声音,高声。 ⑲何足:何必。复:语助词,无义。寄载:托付。

46.殷中军问①:"自然无心于禀受②,何以正善人少、恶人多③?"诸人莫有言者。刘尹答曰④:"譬如写水着地⑤,正自纵横流漫⑥,略无正方圆者⑦。"一时绝叹⑧,以为名通⑨。

[注释]①殷中军:殷浩,见本门22注①。 ②自然:天然,非人为的。无心:无意。禀(bǐng)受:犹承受,指受于自然的体性或气质。此句意思是说人往往无意刻意去接受某种品性。 ③正:偏偏。善、恶:指品质的好坏。 ④刘尹:刘惔,见本门26注①。 ⑤写(xiè):"泻"的本字,倾注,倒。着(zhuó):在。 ⑥正自:只是。纵横流漫:四处漫流。 ⑦略无:全无。正:整齐的。者:句末助词,表示拟度。 ⑧一时:一时间,当时。绝叹:叹服,极赞。 ⑨名通:著名的通解。

47. 康僧渊初过江①,未有知者②,恒周旋市肆③,乞索以自营④。忽往殷渊源许⑤,值盛有宾客⑥。殷使坐,粗与寒温⑦。遂及义理⑧,语言辞旨⑨,曾无愧色⑩;领略粗举⑪,一往参诣⑫。由是知之⑬。

[注释]①康僧渊:晋高僧,西域人,生于长安,其余不详。初过江:晋成帝时与康法畅等渡江南下。 ②知:了解,认识。 ③恒:经常。周旋:周流,逗留。市肆:集市。 ④乞索:乞讨。营:营生,谋生。 ⑤忽:忽然。殷渊源:殷浩,字渊源。许:处。 ⑥值:正逢。盛有:多有,有很多。 ⑦粗与寒温:略微与他寒暄几句。 ⑧遂:于是,后来。及:涉及。义理:指玄学问题。 ⑨语言辞旨:指谈吐风范和义理内容。 ⑩曾无愧色:指相当不错。 ⑪⑫两句:所略述的内容,都是自己过去深刻领悟的。领略:领悟。粗举:略举。一往:一向。参诣:参悟,领悟。 ⑬由是知之:因此大家都知道他了。

48. 殷、谢诸人共集①,谢因问殷②:"眼往属万形③,万形来入眼不④?"

[注释]①殷、谢:指殷浩和谢安。诸人:等人。共集:聚在一起。 ②因:于是。 ③眼:眼睛,目光。往:投往。属(zhǔ):连接。万形:万物。 ④不:同"否"。

49. 人有问殷中军①："何以将得位而梦棺器②,将得财而梦矢秽③?"殷曰:"官本是臭腐④,所以将得而梦棺尸;财本是粪土⑤,所以将得而梦秽污。"时人以为名通⑥。

[注释]①人有:有人。殷中军:殷浩。　②位:职位,官位。棺器:棺材。③矢秽:屎。矢,通"屎"。秽:脏物。　④臭腐:不洁之物。　⑤粪土:鄙贱下劣之物。　⑥名通:通达之见。

50. 殷中军被废东阳①,始看佛经。初视《维摩诘》②,疑《般若波罗蜜》太多③;后见《小品》④,恨此语少⑤。

[注释]①殷中军:殷浩。被废东阳:被免职后居于东阳。穆帝永和十年(公元354年),殷浩北征失败,为桓温弹劾,被削职为民,徙居东阳(治所在今浙江金华)郡信安县(今浙江衢州境内)。　②初:开始。视:读。《维摩诘》:《维摩诘经》,通过维摩诘和舍利弗和文殊师利等的对话宣扬佛教教义。③《般若波罗蜜》:佛经。梵语的译音。"般若"或译为"波若",意译"智慧",佛教用以指如实理解一切事物的智慧,为表示有别于一般所指的智慧,故用音译,大乘佛教称之为"诸佛之母"。"波罗蜜"也写作"波罗密",也是梵语音译,意思是到彼岸,即由此岸(生死岸)度人到彼岸(涅槃、寂灭)。　④《小品》:见本门43注①。　⑤恨:遗憾,以为不足。

51. 支道林、殷渊源俱在相王许①。相王谓二人②:"可试一交言③。而才性殆是渊源崤函之固④,君其慎焉⑤。"支初作⑥,改辙远之⑦,数四交⑧,不觉入其玄中⑨。相王抚肩笑曰⑩:"此自是其胜场⑪,安可争锋⑫?"

[注释]①支道林、殷渊源:指支遁和殷浩。相王:简文帝司马昱,他即位前曾任丞相,封会稽王,故称。许:处。　②二人:一说"二人"为"支"之误,古本竖排,"二人"与"支"形近;从说话内容看,好像是对支道林说。　③试:

尝试。交言:交谈,玄谈。 ④而才性殆是渊源崤函之固:意思是说殷浩擅长才性之学,他论此时会有崤函之固,不可攻破。才性:才性之学,见本门5注①。殆:可能。崤函:崤山和函谷,自古为险要的关隘,函谷东起崤山,所以常并称。 ⑤其:语气词,表希勉的意思。慎:小心。 ⑥初:始,先。作:这里是发言的意思。 ⑦改辙远之:指改变策略,迂回不与正面交锋。改辙:更改行车的道路,此处比喻变更论辩方法。 ⑧数(shuò)四:再三,多次。交:交锋,辩论。 ⑨不觉入其玄中:意思是终于被殷浩深奥的玄理困住。 ⑩抚:轻拍。 ⑪自是:本来就是。胜场:擅长的方面。 ⑫安可:怎能。争锋:争胜,交兵作战。

52. 谢公因子弟集聚①,问:"《毛诗》何句最佳②?"遏称曰③:"昔我往矣④,杨柳依依⑤。今我来思⑥,雨雪霏霏⑦。"公曰:"讦谟定命⑧,远猷辰告⑨。"谓此句偏有雅人深致⑩。

[注释]①谢公:谢安,见本门24注①。因:趁。子弟:晚辈,子侄。集聚:聚在一起。 ②《毛诗》:即今本《诗经》,汉代传《诗》,有齐、鲁、韩、毛四家,前三家魏晋后渐失传,唯《毛诗》独盛。《毛诗》相传为汉初学者毛亨和毛苌所传。 ③遏:谢玄小字。称曰:犹说。 ④⑤⑥⑦四句:《诗经·小雅·采薇》中的句子,写战士出征、归来的时间景物。往:去,出征。来:归来。思:语气词,无义。雨(yù)雪:下雪。霏霏:大雪纷飞。 ⑧⑨两句:《诗经·大雅·抑》中的句子,意思是重大的方略要及时宣告于民。讦(xū)谟(mó):远大宏伟的谋划。定命:审定的号令。远猷(yóu):远大的谋略。辰:及时。告:宣告。 ⑩谓:认为。偏:最,很。雅人:借称人的言谈举止风雅不俗。深致:深远的情趣。

53. 张凭举孝廉①,出都②,负其才气③,谓必参时彦④。欲诣刘尹⑤,乡里及同举者共笑之。张遂诣刘。刘洗濯料事⑥,处之下坐⑦,唯通寒暑⑧,神意不接⑨。张欲自发⑩,无端⑪。顷之⑫,长史诸贤来清言⑬,客主有不通处⑭,张乃遥于末坐判之⑮,言约旨远⑯,足畅彼我之怀,一坐皆惊。真长延之上坐⑰,清言弥日,因留宿至晓。张退,刘曰:"卿且去,正当取卿共诣抚军⑱。"张还船,同侣问何处宿⑲,张笑而不答。须臾⑳,真长遣传教觅张孝廉船㉑,同侣愕愕㉒。即同载诣抚军㉓。至门,刘前进谓抚军曰㉔:"下官今日为公得一太常博士妙选㉕。"既前㉖,抚军与之话言㉗,咨嗟称善㉘,曰:"张凭勃窣为理窟㉙。"即用为太常博士。

[注释]①张凭:字长宗,晋吴郡(今江苏苏州)人,有意气,为乡间所称,学尚所得,敏而有文,补太常博士,累迁吏部郎、御史中丞。举:被推举。孝廉:"孝"指孝悌者,"廉"指清廉之士,分别为统治者选拔人才的科目,始于汉代,在东汉尤为求仕者必由之途,后往往合为一科。亦指被推选的士人。②出都:到京城建康。 ③负其才气:对自己的才气颇自负。 ④谓:说,宣称。必:一定。参:参与,与……同类。时彦:一时俊彦,当时名流。 ⑤诣:拜见。刘尹:刘惔,见本门26注①。 ⑥洗濯(zhuó):洗涤。料事:处理事务。 ⑦处之下坐:安排坐在末座。坐:同"座"。 ⑧唯:只。通寒暑:通寒暄,指客套应酬。 ⑨神意不接:心神上没有交流。 ⑩⑪两句:张凭想主动表现,却没有机会。自发:自我发动,主动表现。端:开始,此指开始的借口或机会。 ⑫顷之:不久,一会儿。 ⑬长史诸贤:长史等名贤。长史:太守属官。清言:玄谈。 ⑭客主:指论辩双方。不通:讲不通,不理解。 ⑮遥:远远地,因其坐于末座,远离主位,故云。末坐:末座。判:剖析。 ⑯言约旨远:语言简洁,见解深远。 ⑰延之上坐:请他坐到上座。 ⑱正当:会当,将要。取:邀请。共:一起。抚军:简文帝司马昱,其时任抚军将军,故称。 ⑲同侣:同伴。 ⑳须臾:不久。 ㉑遣:派遣,差派。传教:宣传教令的郡吏。觅:寻找。 ㉒愕愕:惊愕。 ㉓即:随即。同载:同乘一车。 ㉔前进

向前进去。　㉕下官:下级官员对上级的谦称。得:得到,求得。太常博士:官职名,属太常寺,掌管礼乐。妙选:佳妙的人选。　㉖既前:指张凭上前后。㉗话言:谈话言语。　㉘咨嗟(zī jiē)称善:感叹称好。　㉙勃窣(sū):犹婆娑,形容才气横溢,辞彩缤纷。理窟:玄理的渊窟,意思是学识渊博取之不竭。

54. 汰法师云①:"六通、三明同归②,正异名耳③。"

[注释]①汰法师:竺法汰,晋高僧。　②六通:佛教语,谓六种神通力,即神境智证通(亦云神足通)、天眼智证通(亦云天眼通)、天耳智证通(亦云天耳通)、他心智证通(亦云他心通)、宿住随念智证通(即宿命智证通,亦云宿命通)、漏尽智证通(亦云漏尽通)。神足通,谓其游涉往来非常自在;天眼通,谓得色界天眼根,能透视无碍;天耳通,谓得色界天耳根,听闻无碍;他心通,谓能知他人之心念而无隔碍;宿命通,谓知自身及六道众生宿世行业而无障碍;漏尽通,谓断尽一切烦恼而自在无碍。前五通,凡夫亦能得之,而第六通,唯圣者能得。三明:佛教语,谓能知宿世为宿命明,知未来为天眼明,断尽烦恼为漏尽明,彻底通达三明谓之"三达"。同归:同旨,旨趣相同。　③正:只。耳:罢了。

55. 支道林、许、谢盛德共集王家①。谢顾谓诸人:"今日可谓彦会②,时既不可留,此集固亦难常③,当共言咏④,以写其怀⑤。"许便问主人:"有《庄子》不⑥?"正得《渔父》一篇⑦。谢看题,便各使四坐通⑧。支道林先通,作七百许语⑨,叙致精丽⑩,才藻奇拔⑪,众咸称善。于是四坐各言怀毕⑫。谢问曰:"卿等尽不?"皆曰:"今日之言,少不自竭⑬。"谢后粗难⑭,因自叙其意⑮,作万余语,才峰秀逸⑯。既自难干⑰,加意气拟托⑱,萧然自得⑲,四坐莫不厌心⑳。支谓谢曰:"君一往奔诣㉑,故复自佳耳㉒。"

[注释]①许:指许询。谢:指谢安。盛德:敬称有高尚品德的人。王家:指王濛家。 ②可谓:可称,可以说是。彦:俊彦,贤俊。会:聚会。 ③此集:这类集会。固:本来。常:经常有。 ④当:理当。共:一起。言咏:指言谈,玄谈。 ⑤写:"泻"的本字,抒发。怀:怀抱,胸臆。 ⑥《庄子》:道家经典,见本门13注⑦。不:同"否"。 ⑦正:只。《渔父》:《庄子》中的篇名。 ⑧四坐:四座,在座的人。通:疏通,阐发。 ⑨许:表约数。语:字。 ⑩叙致:陈说情致。精丽:精良。 ⑪才藻:才情辞藻。奇拔:神奇高妙。 ⑫言怀:阐发想法。 ⑬少不自竭:没有不言殚意尽的。 ⑭后:随后。粗:大略。难(nàn):诘难。 ⑮因:继而。自叙其意:陈说自己的看法。 ⑯才峰秀逸:才华杰出。 ⑰既自:本已。干:干犯,进攻,此指发起辩论。 ⑱加:又。意气:气概,气势。拟托:模拟假托。句子的意思是不仅见解深刻周密,别人无从攻难,谈吐亦气势恢弘淋漓,有居高临下之姿态。 ⑲萧然:潇洒,悠闲。自得:自适。 ⑳厌心:满足。厌:同"餍"。 ㉑一往:犹一往无前,指气势淋漓。奔诣:切近义理。 ㉒故复:本来,确实。

56. 殷中军、孙安国、王、谢能言诸贤悉在会稽王许①。殷与孙共论《易象妙于见形》②,孙语道合③,意气干云④。一坐咸不安孙理⑤,而辞不能屈⑥。会稽王慨然叹曰:"使真长来⑦,故应有以制彼⑧。"即迎真长⑨。孙意已不如⑩。真长既至,先令孙自叙本理⑪,孙粗说己语⑫,亦觉殊不及向⑬。刘便作二百许语,辞难简切⑭,孙理遂屈。一坐同时拊掌而笑⑮,称美良久⑯。

[注释]①殷中军:殷浩。孙安国:孙盛。王:王濛。谢:谢尚。能言诸贤:擅长玄言的这些贤能之辈。悉:全。会稽王:简文帝司马昱,曾封会稽王。许:处。 ②《易象妙于见形》:孙盛著作。刘孝标注曰:"其论略曰:'圣人知观器不足以达变,故表圆应于蓍龟;圆应不可为典要,故寄妙迹于六爻。六爻周流,唯化所适。故虽一画而吉凶并彰,微一则失之矣。拟器托象,而庆咎交

著,系器则失之矣。故设八卦者,盖缘化之影迹也。天下者,寄见之一形也。圆影备未备之象,一形兼未形之妙,故尽二仪之道,不与乾坤齐妙;风雨之变,不与巽、坎同体矣。'" ③孙语道合:孙盛之语符合《易》理。道:道理,规律,此指《易》所含之理。 ④意气干云:气势冲天。干:犯,冲。 ⑤一坐:一座,所有人。安:妥善,稳妥,此处为"以为……妥善、稳妥"之意。 ⑥辞不能屈:言辞不能使之屈,即不能驳倒他。 ⑦使:假使。真长:刘惔。 ⑧故:必定,一定。制:制服,驳倒。 ⑨即:当即。迎:迎请。 ⑩意:料想。 ⑪令:使,让。自叙本理:陈述原来的义理。 ⑫粗说己语:大略陈说自己开始的话。 ⑬殊:很,非常。向:先前。 ⑭辞:言辞。难(nàn):诘难。简切:简洁精当。 ⑮拊(fǔ)掌:拍掌。 ⑯称美:赞美,称赞。

57.

僧意在瓦官寺中①,王苟子来②。与共语,便使其唱理③。意谓王曰:"圣人有情不④?"王曰:"无。"重问曰⑤:"圣人如柱邪?"王曰:"如筹算⑥,虽无情,运之者有情。"僧意云:"谁运圣人邪?"苟子不得答而去。

[注释]①僧意:名叫意的僧人,生平不详。瓦官寺:寺名,故址在今南京西北。 ②王苟子:见本门38注②。 ③唱理:宣讲玄理。 ④不:同"否"。 ⑤重(chóng):又。 ⑥筹算:古时刻有数字的竹筹,计算之用。

58.

司马太傅问谢车骑①:"惠子其书五车②,何以无一言入玄③?"谢曰:"故当是其妙处不传④。"

[注释]①司马太傅:司马道子,曾任太傅。谢车骑:谢玄,卒赠车骑将军。 ②惠子:惠施,战国宋人,名家代表人物之一,与庄子友善。其书五车:言其著述丰富。 ③入玄:涉及玄学。 ④故当是其妙处不传:应该是他学说中的精妙部分没有流传下来。

59.

殷中军被废①,徙东阳②,大读佛经,皆精解③。唯至事数处不解④,遇见一道人⑤,问所签⑥,便释然⑦。

[注释]①②两句:见本门50注①。 ③精解:透彻理解。 ④唯:只有。事数:刘孝标注云:"事数,谓若五阴、十二人、四谛、十二因缘、五根、五力、七觉之属。" ⑤道人:和尚。 ⑥签:书签,有疑难处,加签以记之。 ⑦释然:疑虑消除的样子。

60.殷仲堪精核玄论①,人谓莫不研究。殷乃叹曰:"使我解《四本》②,谈不翅尔③。"

[注释]①殷仲堪:晋陈郡(今河南省淮阳)人,官振威将军、荆州刺史,后与桓玄兵争,战败被杀。精核:精研,深入研究。玄论:玄学理论。 ②使:假使。解:明白,通晓。四本:才性论,见本门5注①。 ③谈:玄谈。翅:同"啻(chì)",仅,只。尔:如此。

61.殷荆州曾问远公①:"《易》以何为体②?"答曰:"《易》以感为体③。"殷曰:"铜山西崩④,灵钟东应⑤,便是《易》耶?"远公笑而不答。

[注释]①殷荆州:殷仲堪。远公:惠远,晋高僧,本姓贾,雁门楼烦(今山西宁武)人。 ②《易》:见本门29注①。体:主体。 ③感:感应。 ④⑤两句:刘孝标注引《东方朔传》称:"孝武皇帝时,未央宫前殿钟无故自鸣……东方朔曰:'臣闻铜者山之子,山者铜之母,以阴阳气类言之,子母相感,山恐有崩弛者,故钟先鸣。'"后南郡太守上书言山崩。又引《樊英别传》,所载为汉顺帝时钟鸣,樊英所云略同。

62.羊孚弟娶王永言女①。及王家见婿②,孚送弟俱往。时永言父东阳尚在③,殷仲堪是东阳女婿④,亦在坐。孚雅善理义⑤,乃与仲堪道《齐物》⑥。殷难之⑦,羊云:

"君四番后⑧,当得见同⑨。"殷笑曰:"乃可得尽⑩,何必相同?"乃至四番后一通⑪,殷咨嗟曰⑫:"仆便无以相异⑬。"叹为新拔者久之⑭。

[注释]①羊孚:字子道,晋泰山(今山东省泰安市)人,官太学博士、太尉参军。羊孚弟:名辅,字幼仁。王永言:王讷之,字永言,官至御史中丞。其女字僧首。 ②壻:同"婿",女婿。 ③东阳:王临之,曾任东阳太守,故称。在:健在。 ④殷仲堪:见本门60注①。刘孝标注引《殷氏谱》曰:"仲堪娶琅邪王临之女,字英彦。" ⑤雅:甚,颇。善:擅长。理义:即义理、玄理。 ⑥道:辩论。《齐物》:《庄子》中的篇名,认为宇宙间一切事物,如生死寿夭,是非得失,物我有无,都应同等看待。 ⑦难(nàn):诘难。 ⑧四番:指辩论四个回合。 ⑨当得见同:应当会和我见解相同。见:用在动词前面,称代自己,犹"见谅"之"见"。 ⑩尽:意思是辨析透彻。 ⑪通:叙说,陈述。 ⑫咨嗟(zī jiē):感叹。 ⑬仆:自我谦称。 ⑭新拔:新颖杰出。

63. 殷仲堪云:"三日不读《道德经》①,便觉舌本间强②。"

[注释]①《道德经》:指《老子》,见本门7注①。 ②舌本:舌根。间:处。强(jiàng):僵硬。

64. 提婆初至①,为东亭第讲《阿毗昙》②。始发讲③,坐裁半④,僧弥便云⑤:"都已晓⑥。"即于坐分数四有意道人⑦,更就余屋自讲⑧。提婆讲竟⑨,东亭问法冈道人曰⑩:"弟子都未解⑪,阿弥那得已解⑫?所得云何⑬?"曰:"大略全是⑭,故当小未精核耳⑮。"

[注释]①提婆:西域高僧,罽宾(今克什米尔一带)人,姓瞿昙。初至:指刚到建康。 ②东亭:王珣,字元琳,以功封东亭侯,王导之孙。第:府

第,家。《阿毗(pí)昙(tán)》:佛教论律经三藏梵语音译的合称,亦偏指论藏。晋法显《法显传·摩头罗国》:"众僧住处,作舍利佛塔、目连、阿难塔并阿毗昙、律、经塔。"章巽校注:"阿毗昙,即阿毗达磨(论),与毗奈耶(律)、素呾缆(经),合称三藏。" ③始发讲:刚开讲。 ④坐:同"座"。裁:同"才"。此句的意思是说听众没到齐。 ⑤僧弥:王珣弟王珉小字,王导之孙,有才艺,善行书,累迁侍中、中书令,赠太常。 ⑥都:全。晓:通晓,理解。 ⑦坐:同"座"。数四:犹言"三四",多个。有意:有才学。道人:和尚。 ⑧更:另。就:到。余屋:别的房间。 ⑨讲竟:讲完。 ⑩法冈道人:生平不详。 ⑪弟子:自我谦称。解:明白,弄懂。 ⑫阿弥:指王珉僧弥。那得:哪会。 ⑬所得云何:此句是说王珉理解得怎样。 ⑭大略全是:大体差不多。 ⑮故当:只是。小:稍微。精核:精准。

65. 桓南郡与殷荆州共谈①,每相攻难②。年余后,但一两番③,桓自叹才思转退④,殷云:"此乃是君转解⑤。"

[注释]①桓南郡:桓玄,袭封南郡公,故称。殷荆州:殷仲堪,曾任荆州刺史,故称。共谈:一起玄谈。 ②每:每每,常常。攻难(nàn):辩论,诘难。 ③但:只有。一两番:一两个回合。 ④转退:倒退。 ⑤转解:对问题理解了。

66. 文帝尝令东阿王七步中作诗①,不成者行大法②。应声便为诗曰:"煮豆持作羹③,漉菽以为汁④。萁在釜下燃⑤,豆在釜中泣。本自同根生,相煎何太急?"帝深有惭色。

[注释]①文帝:魏文帝曹丕,字子桓,曹操长子,篡汉,国号魏。东阿王:曹植,字子建,曹丕弟,封鄄城侯、东阿王,后又封陈王,有文才,为建安诗人中成就最卓越者,谥思,世称"陈思王"。 ②行大法:指处死。 ③羹(gēng):带浓汁的食物。 ④漉(lù):滤。菽(shū):豆类。 ⑤萁(qí):豆秆。釜

(fǔ):古炊器,敛口,圆底,或有二耳,置于灶口,上置甑以蒸煮。

67. 魏朝封晋文王为公①,备礼九锡②,文王固让不受③。公卿将校当诣府敦喻④。司空郑冲驰遣信就阮籍求文⑤。籍时在袁孝尼家⑥,宿醉⑦,扶起,书札为之⑧,无所点定⑨,乃写付使⑩。时人以为神笔。

[注释]①魏朝:三国魏,公元220年曹丕废汉称帝,建立魏朝,公元265年为晋武帝所篡。封晋文王为公:封司马昭为公。甘露三年(公元258年),司马昭晋封公。咸熙元年(公元264年)封晋王,死后谥文,故称晋文王。②备礼九锡:准备九锡之礼。九锡:古代天子赐给诸侯、大臣的九种器物,是一种最高礼遇。《公羊传·庄公元年》"锡者何?赐也;命者何?加我服也。"汉何休注:"礼有九锡:一曰车马,二曰衣服,三曰乐则,四曰朱户,五曰纳陛,六曰虎贲,七曰弓矢,八曰铁钺,九曰秬鬯。"魏晋六朝掌政大臣夺取政权、建立新王朝率皆袭王莽谋汉先邀九锡故事,后以九锡为权臣篡位先声。③固:坚决。让:谦让,推辞。 ④公卿将校:三公九卿和高级武官,泛指朝中文武大臣。当:将要。诣府:登门。敦喻:敦促劝说。 ⑤司空:官职名,三公之一。郑冲:字文和,荥阳开封(今河南省开封市)人,清虚寡欲,喜论经史,累迁司徒太保。驰:快跑,此为急忙的意思。遣:派遣。信:信使。就:到,向。阮籍:字嗣宗,志气宏放,任性不羁,博览群书,尤好老庄,"竹林七贤"之一。求文:指求劝说司马昭接受九锡的文章。 ⑥袁孝尼:袁准,字孝尼,陈郡阳夏(今河南省太康县)人,忠信居正,不耻下问,著书十万余言,官给事中。⑦宿醉:经宿尚未全醒的余醉。 ⑧书札为之:即为之书札,书写文书。⑨点定:指修改。 ⑩写:誊抄。

68. 左太冲作《三都赋》初成①,时人互有讥訾②,思意不惬③。后示张公④,张曰:"此《二京》可三⑤。然君文未重于世⑥,宜以经高名之士⑦。"思乃询求于皇甫谧⑧。谧见之,嗟叹⑨,遂为作叙⑩。于是先相非贰者莫不敛衽赞述焉⑪。

[注释]①左太冲:左思,字太冲,临淄(今山东临淄)人,晋初著名文学家,官秘书郎。《三都赋》:左思代表作,描写三国魏、蜀、吴京都邺(故址在今河南省安阳市)、成都(今四川省成都市)、建业(今江苏省南京市)壮观之赋。左思作《三都赋》十年乃成,一时传抄,洛阳纸贵。初:刚。 ②互:并,皆。讥訾(zǐ):讥评非议。 ③意:意怀。惬(qiè):快意。 ④示:给……看。张公:张华,字茂先,博学善文。 ⑤此《二京》可三:此作可以和《二京赋》并列成为三篇佳作,意思是可与《二京赋》媲美。《二京赋》,张衡作,包括《西京赋》和《东京赋》,铺写长安和洛阳的盛貌。 ⑥未重于世:未为世人看重。⑦宜:应该,最好。经高名之士:意思是经有名之人推荐。 ⑧询求:征求意见。皇甫谧(mì):字士安,安定朝那(今甘肃省平凉境内)人,累世富贵,隐居不仕,著有《高士传》等著作。 ⑨嗟(jiē)叹:感叹。 ⑩作叙:写作序言。叙:同"序"。 ⑪非贰:非议反对。贰:怀疑。敛衽(rèn):整饬衣襟,表示恭敬。赞述:赞美。

69. 刘伶著《酒德颂》①,意气所寄②。

[注释]①刘伶:字伯伦,晋沛国(今安徽省宿州)人,"竹林七贤"之一,性好酒,官建威将军。《酒德颂》:文章名,通过写饮酒乐趣,表达作者任性放达的生活态度。 ②意气:志趣,怀抱。寄:寄托。

70. 乐令善于清言而不长于手笔①,将让河南尹②,请潘岳为表③。潘云:"可作耳,要当得君意④。"乐为述己所以为让⑤,标位二百许语⑥。潘直取错综⑦,便成名笔⑧。时人咸云:"若乐不假潘之文⑨,潘不取乐之旨⑩,则无以成斯矣。"

[注释]①乐令:乐广,曾任尚书令,故称。手笔:指写作文章。 ②让:辞让。河南尹:河南郡(治所在今河南省洛阳)的最高行政长官。 ③潘岳:字安仁,荥阳中牟(今河南省中牟)人,晋文学家,官至黄门侍郎,为孙秀所害。表:奏章的一种,多用于陈请谢贺。《释名·释书契》:"下言上曰表,思之于内表施于外也。" ④要当:必须。得:得到,了解。 ⑤所以为让:辞让的缘由。 ⑥标位:揭示,阐释。许:表约数。语:字。 ⑦直:径直,言其文思快捷。错综:加工整理。 ⑧名笔:名篇。笔:魏晋六朝有"文"、"笔"之辨,一说有韵为"文",无韵为"笔"。 ⑨假:凭借。 ⑩旨:意旨。

71. 夏侯湛作《周诗》成①,示潘安仁②。安仁曰:"此非徒温雅③,乃别见孝悌之性④。"潘因此遂作《家风诗》⑤。

[注释]①夏侯湛:字孝若,谯国(今安徽省亳州)人,魏征西将军夏侯渊曾孙,有盛才,官至中书侍郎。作《周诗》:《诗经·小雅》中的《南陔》、《白华》、《华黍》、《由庚》、《崇丘》、《由仪》六篇,存目亡辞,夏侯湛因而补作。夏侯湛补作除刘孝标注引八句外今亦亡佚。 ②潘安仁:潘岳,见本门 70 注③。 ③非徒:不仅。温雅:温厚典雅。 ④乃:还。孝悌(tì):孝顺父母,敬爱兄长。性:性情。 ⑤《家风诗》:刘孝标注曰:"岳《家风诗》载其宗祖之德,及自戒也。"

72. 孙子荆除妇服①,作诗以示王武子②。王曰:"未知文生于情,情生于文?览之凄然,增伉俪之重③。"

[注释]①孙子荆:孙楚,字子荆,晋太原中都(今山西省平遥西南)人,与王济友善,官至冯翊太守。除妇服:妻子去世居丧期满,脱去孝服。 ②作诗以示王武子:写悼亡诗给王济看。刘孝标注引《孙楚集》诗曰:"时迈不停,日月电流。神爽登遐,忽已一周。礼制有叙,告除灵丘。临祠感痛,中心若抽。"王武子:王济,字武子,有逸才,官至太仆。 ③增:增加,加重。伉俪:夫妻。

重:深情。

73. 太叔广甚辩给①,而挚仲治长于翰墨②,俱为列卿③。每至公坐④,广谈,仲治不能对⑤;退⑥,著笔难广⑦,广又不能答。

[注释]①太叔广:字季思,东平(今山东省东平)人。甚:很,非常。辩给:便言捷给、能言善辩。给(jǐ):敏捷。 ②挚仲治:挚虞,字仲治,京兆长安人,少好学,师事皇甫谧,多所著述,官秘书监、太常卿,后在永嘉五年大饥中饿死。长:擅长。翰墨:笔墨,指写作文章。 ③列卿:位在九卿。 ④公坐:公开聚集。坐:同"座"。 ⑤对:应对,回答。 ⑥退:指聚会散退。 ⑦著笔:写作文章。

74. 江左殷太常父子并能言理①,亦有辩讷之异②。扬州口谈至剧③,太常辄云:"汝更思吾论④。"

[注释]①江左:江东,指东晋辖地。殷太常父子:指殷融、殷浩叔侄,殷浩是殷融兄殷羡之子,古人惯称"叔侄"为"父子"。并:都。能:擅长。言理:谈论玄理。 ②辩讷(nè)之异:口才敏捷和木讷的差别。 ③扬州:指殷浩,曾任扬州刺史,故称。口谈:口头谈论。至:极。剧:敏捷激烈。 ④更:再。思:考虑。论:观点。

75. 庾子嵩作《意赋》成①,从子文康见②,问曰:"若有'意'邪③,非赋之所尽④;若无'意'邪⑤,复何所赋⑥?"答曰:"正在有意无意之间。"

[注释]①庾子嵩:庾敳,字子嵩,见本门15注①。 ②从子:侄子。文康:庾亮,字元规,晋颍川鄢陵(今河南省鄢陵)人,官至征西大将军、荆州刺史,谥文康。 ③④两句:如果存在"意"的话,这篇赋没有说尽。 ⑤⑥两

句:如果不存在"意",那写的又是什么?

76. 郭景纯诗云①:"林无静树②,川无停流③。"阮孚云④:"泓峥萧瑟⑤,实不可言。每读此文,辄觉神超形越⑥。"

[注释]①郭景纯:郭璞,字景纯,晋河东闻喜(今山西省闻喜)人,博学多才,著名学者,官著作郎,后为王敦所害。 ②③两句:郭璞《幽思篇》中的句子,意思是树林中没有静止的树,河流中没有停滞的水。象征自然界万物无时无刻不处于运动变化之中。 ④阮孚:字遥集,陈留尉氏(今河南省尉氏)人,好酒,官丹阳尹。 ⑤泓(hóng)峥(zhēng):水流声。萧瑟:风吹木声。 ⑥神超形越:心神超迈。

77. 庾阐始作《扬都赋》①,道温、庾云②:"温挺义之标③,庾作民之望④。方响则金声⑤,比德则玉亮⑥。"庾公闻赋成⑦,求看,兼赠贶之⑧。阐更改"望"为"俊"⑨,以"亮"为"润"云⑩。

[注释]①庾阐:字仲初,颍川鄢陵(今河南省鄢陵)人,太尉庾亮同族,能属文,官散骑侍郎,领大著作。《扬都赋》是铺写建康(今江苏省南京市)盛况的赋,建康属扬州,故称扬都。 ②道:称道,赞扬。温:温峤,字太真,晋太康祁县(今山西省祁县)人,官至骠骑将军。庾:庾亮,见本门75注②。 ③挺:树立。义:道义。标:高标,榜样。 ④作:作为,担当。望:榜样。 ⑤方:比。金声:钟声,比喻声名洪大远播。 ⑥德:品德。玉亮:像玉一样亮泽,比喻人品德美好。 ⑦庾公:指庾亮。 ⑧兼:还,又。赠贶(kuàng):馈赠,赏赐。 ⑨⑩两句:意思是"亮"、"润"皆是玉有光泽的样子,改"亮"为"润"是为避庾亮的讳,改"望"为"俊"是为了与"润"押韵。云:句末语气词,无义。

78. 孙兴公作《庾公诔》①,袁羊曰②:"见此张缓③。"

于时以为名赏④。

[注释]①孙兴公:见本门30注④。庾公:指庾亮。诔(lěi):古代列述死者德行,表示哀悼并以之定谥(多用于上对下),亦泛指悼念的文章。 ②袁羊:袁乔,字彦升,小名羊,陈郡(今河南省淮阳)人,官益州刺史。 ③见此张缓:此句或有讹误。一说"张缓"是紧张松弛,是对庾亮功过评价有度;一说文章跌宕起伏,疏密有度;一说使弛缓懈怠者紧张。 ④于时:当时。名赏:出色的赏誉。

79. 庾仲初作《扬都赋》成①,以呈庾亮。亮以亲族之怀②,大为其名价③,云:"可三《二京》、四《三都》④。"于此人人竞写⑤,都下纸为之贵⑥。谢太傅云⑦:"不得尔⑧。此是屋下架屋耳⑨,事事拟学而不免俭狭⑩。"

[注释]①庾仲初:庾阐。作《扬都赋》成:见本门77注①。 ②亲族之怀:同族之情。 ③名价:犹声价,此用为动词,抬高声价。 ④可三《二京》、四《三都》:意思是《扬都赋》可与《二京赋》、《三都赋》相媲美。三、四:皆为动词,使……成为三,使……成为四。张衡《二京赋》分《西京赋》和《东京赋》两篇,左思《三都赋》分《魏都赋》、《吴都赋》、《蜀都赋》三篇,故云。参见本门68注①和⑤。 ⑤于此:因此,由此。竞写:竞相抄写。 ⑥都下:指都城建康。为之:因此。贵:变贵,涨价。 ⑦谢太傅:谢安,见本门24注①。 ⑧不得:不相称。尔:这样,指庾亮的评价。 ⑨屋下架屋:在屋子下面再建屋子,比喻重复、拟学从前且无法超越。耳:罢了。 ⑩事事:犹言"处处"。拟学:模拟仿照。俭狭:贫乏狭隘。

80. 习凿齿史才不常①,宣武甚器之②,未三十便用为荆州治中③。凿齿谢笺亦云④:"不遇明公⑤,荆州老从事耳⑥。"后至都见简文,返命⑦,宣武问:"见相王何如⑧?"答云:"一生不曾见此人⑨。"从此忤旨⑩,出为衡阳郡⑪,

性理遂错⑫。于病中犹作《汉晋春秋》⑬,品评卓逸⑭。

[注释]①习凿齿:字彦威,襄阳(今湖北省襄阳)人,善公文,官至荥阳太守。史才:史学才能。常:寻常,一般。 ②宣武:桓温。器:器重。 ③未三十:不到三十岁。治中:官职名,负责文书档案。 ④谢笺(jiān):感谢的信笺。 ⑤不遇:如果没遇上。明公:明哲的您,对人的敬称。 ⑥老:至老。从事:官职名,郡属官,地位很低。 ⑦返命:受差遣返回复命。 ⑧见相王何如:意思是见到司马昱,觉得他怎样。相王:司马昱即位前任丞相、封会稽王,故称。 ⑨一生:一生没见过这么优秀的人,意为对司马昱评价很高。 ⑩忤(wǔ)旨:违反意旨,不称心。桓温有谋逆之心,故不满对司马昱的赞扬。 ⑪出:外放,外任。衡阳郡:衡阳郡守。 ⑫性理:情绪和理智、神智。错:错乱。 ⑬《汉晋春秋》:汉晋历史著作,起汉光武帝,迄晋愍帝,强调正统,贬斥篡逆。书今已亡佚。 ⑭卓逸:卓越。

81. 孙兴公云①:"《三都》、《二京》②,五经鼓吹③。"

[注释]①孙兴公:见本门30注④。 ②《三都》、《二京》:左思《三都赋》和张衡《二京赋》,见本门68注①和⑤。 ③五经鼓吹:宣扬五经。二赋多涉及封建礼仪制度,宣扬儒家思想,故言。五经:《诗》、《书》、《礼》、《易》、《春秋》,儒家的五部经典,汉武帝置五经博士,始有五经之称。

82. 谢太傅问主簿陆退①:"张凭何以作母诔②,而不作父诔?"退答曰:"故当是丈夫之德表于事行③,妇人之美非诔不显④。"

[注释]①谢太傅:谢安。主簿:官职名,主管文书事务。陆退:字黎民,吴郡人,官至光禄大夫。是张凭的女婿。 ②张凭:见本门53注①。诔(lěi):古代列述死者德行,表示哀悼的文章。 ③故当:应该。丈夫:男子。德:德行。事行:事业行迹。 ④美:美德。显:彰显。

83. 王敬仁年十三作《贤人论》①，长史送示真长②。真长答云："见敬仁所作论，便足参微言③。"

[注释]①王敬仁：王修，见本门38注②。《贤人论》：王修文章名，内容论及贤人与理之关系，文可见刘孝标注引。 ②长史：指王濛，王修之父。真长：指刘惔。 ③足：可以。参：参与。微言：玄谈。

84. 孙兴公云①："潘文烂若披锦②，无处不善；陆文若排沙简金③，往往见宝④。"

[注释]①孙兴公：见本门30注④。 ②潘文：潘安的文章。烂：灿烂，有文采。披锦：展开着的锦绣，喻文章华美。 ③陆文：陆机的文章。排沙简金：拨开沙砾，选取金子。排：除去，拨开。简：通"拣"。 ④往往：处处。

85. 简文称许掾云①："玄度五言诗②，可谓妙绝时人③。"

[注释]①简文：简文帝司马昱。称：称赞。许掾（yuàn）：许询，字玄度，曾任司徒掾，故称。 ②五言诗：五字一句的诗歌，东汉末始兴盛，至东晋，玄言色彩浓郁，虽盛极一时，然"理过其辞，淡然寡味"，后世影响不大，作品多已亡佚。 ③妙绝时人：精妙为一时之极。绝：超越。

86. 孙兴公作《天台赋》成①，以示范荣期②，云："卿试掷地③，要作金石声④。"范曰："恐子之金石⑤，非宫商中声⑥。"然每至佳句，辄云："应是我辈语⑦。"

[注释]①孙兴公：见本门30注④。《天台赋》：即《天台山赋》，又作《游天台山赋》，写天台山的壮丽景色，文辞精美，赋载《昭明文选》。天台山：在今浙江省天台北，风景奇秀。 ②范荣期：范启，字荣期，慎阳（今河南省正阳）人，官至黄门郎。 ③试：试着，尝试。掷地：扔到地上。 ④作：发出。

金石声:钟磬一类乐器发出的声音,此用来指赋作文采优美,声韵铿锵。
⑤子:对人敬称,您。　⑥非宫商中声:不是五音之声,意为谯嘲孙绰自夸。
宫商:五音(宫、商、角、徵、羽)中的宫音与商音,此借指五音。　⑦应:确实。

87. 桓公见谢安石作简文谥议①,看竟②,掷与坐上诸客③,曰:"此是安石碎金④。"

[注释]①桓公:桓温。谢安石:谢安。简文:简文帝司马昱。谥:古代帝王、贵族、大臣、士大夫或其他有地位的人死后,据其生前业绩评定的带有褒贬意义的称号。此指按上述情况评定这种称号。议:奏议。　②竟:完毕。③掷:扔。坐:同"座"。　④碎金:指精美简短的文章。

88. 袁虎少贫①,尝为人佣②,载运租③。谢镇西经船行④,其夜清风朗月,闻江渚间估客船上有咏诗声⑤,甚有情致⑥。所诵五言,又其所未尝闻,叹美不能已⑦。即遣委曲讯问⑧,乃是袁自咏其所作《咏史》诗。因此相要⑨,大相赏得⑩。

[注释]①袁虎:袁宏,字彦伯,小字虎,晋陈郡阳夏(今河南省太康)人,官参军、东阳太守。少:年轻时。　②尝:曾经。为人佣:被人雇佣。　③载运租:运输田租。　④谢镇西:谢尚,字仁祖,官镇西将军,故称。经船行:乘船经过袁虎船而行。　⑤江渚(zhǔ):江中小洲,亦泛指江边。估客船:商船,指袁虎的船。咏诗:朗诵诗歌。　⑥情致:情韵。　⑦叹美:赞叹。　⑧遣:遣人,派人。委曲:详细。讯问:询问,打听。　⑨要:同"邀"。　⑩赏得:赏识亲近。

89. 孙兴公云①:"潘文浅而净②,陆文深而芜③。"

[注释]①孙兴公:见本门30注④。　②潘:潘岳,见本门70注③。浅而

净:浅白简洁。 ③陆:陆机,字士衡,晋吴郡(今江苏省苏州市)人,博学善属文,官著作郎、平原内史。深而芜:深奥芜杂。

90. 裴郎作《语林》①,始出②,大为远近所传。时流年少③,无不传写,各有一通④。载王东亭作《经王公酒垆下赋》⑤,甚有才情。

[注释]①裴郎:裴荣,字荣期,晋河东(今山西省永济)人,或名启。《语林》:又名《裴子》,记载汉、魏、晋人物言行轶事之书,已亡佚。 ②出:指脱稿问世。 ③时流:一时名流。年少:年轻人。 ④一通:一本,一部。 ⑤王东亭:王珣,曾封东亭侯,故称。《经王公酒垆下赋》:赋名,今亡佚。"王公"当为"黄公",本书《伤逝》及《晋书·王戎传》皆作"黄公酒垆",本书《轻诋》24刘孝标注引《续晋阳秋》云:"……叙其黄公酒垆,司徒王珣为之赋。"

91. 谢万作《八贤论》①,与孙兴公往反②,小有利钝③。谢后出以示顾君齐④,顾曰:"我亦作,知卿当无所名⑤。"

[注释]①谢万:字万石,谢安之弟,才气高俊,少知名,官西中郎将、豫州刺史。《八贤论》:谢万著,文已亡佚。"八贤"指渔父、屈原、季主、贾谊、楚老、龚胜、孙登、嵇康,八人中每两人为一组,一隐一仕,文章以处者为优、出者为劣。 ②孙兴公:见本门30注④。往反:指反复辩难。 ③小:稍。利钝:偏义词,指"钝",即失利。 ④顾君齐:顾夷,字君齐,吴郡人,曾辟州主簿,不就。 ⑤无所名:没什么可以称道的。

92. 桓宣武命袁彦伯作《北征赋》①,既成,公与时贤共看②,咸嗟叹之③。时王珣在坐④,云:"恨少一句⑤。得'写'字足韵当佳⑥。"袁即于坐揽笔益云⑦:"感不绝于余心⑧，泝流风而独写⑨。"公谓王曰："当今不得不以此事推袁⑩。"

[注释]①桓宣武：桓温。袁彦伯：袁宏，见本门88注①。《北征赋》：袁宏随桓温北征鲜卑，被命写此赋，赋文今残存。　②时贤：一时名流。③咸：全，都。嗟(jiē)叹：赞美称道。　④时：当时。王珣：字元琳，王导之孙，累迁尚书左仆射、尚书令。在坐：在座。　⑤恨：遗憾。　⑥得"写"字足韵当佳：用"写"字补足韵脚会更好。刘孝标注引《晋阳秋》曰："宏尝与王珣、伏滔同侍温坐。温令滔读其赋，至'致伤于天下'于此改韵……"　⑦于坐：于座，意思是"当场"。揽笔：拿过笔。益：增加，添加。　⑧感：感慨。不绝：绵绵不断。　⑨泝(sù)："溯"的异体字。流风：即风，一说为先贤遗风。写(xiè)：同"泻"，抒发感情。　⑩此事：指作赋。推：推许。意思是说袁宏为当时作赋高手。

93. 孙兴公道①："曹辅佐才如白地明光锦②，裁为负版绔③，非无文采④，酷无裁制⑤。"

[注释]①孙兴公：见本门30注④。　②曹辅佐：曹毗(pí)，字辅佐，晋谯国人，魏大司马休曾孙，好文籍，累迁太学博士、尚书郎。才：才气，才情。地：底子。明光锦：织锦名。　③裁：裁制。负版绔：负版人穿的裤子。负版：《论语·乡党》曰："孔子式负版者。"郑玄注曰："版谓邦国籍也，负之者，贱隶人也。"绔：同"裤"。　④文采：指花纹、色彩。　⑤酷：极，根本。裁制：裁剪制作。意思是指曹辅佐虽有才气，然写作时布局、润饰欠缺。

94. 袁彦伯作《名士传》成①，见谢公②，公笑曰："我尝与诸人道江北事③，特作狡狯耳④，彦伯遂以箸书。"

[注释]①袁彦伯：袁宏，见本门88注①。《名士传》：书名，今亡佚。刘孝标注云："宏以夏侯太初(玄)、何平叔(晏)、王辅嗣(弼)为正始名士；阮嗣宗(籍)、嵇叔夜(康)、山巨源(涛)、向子期(秀)、刘伯伦(伶)、阮仲容(咸)、

王濬冲(戎)为竹林名士;裴叔则(楷)、乐彦辅(广)、王夷甫(衍)、庚子嵩(敳)、王安期(承)、阮千里(瞻)、卫叔宝(玠)、谢幼舆(鲲)为中朝名士。"　②谢公:指谢安。　③道:说起,谈论。江北事:西晋的事情。东晋建都江南,故以江北称建都中原的西晋。　④特:只。狡狯(kuài):游戏,戏谈。耳:罢了。

95. 王东亭到桓公吏①,既伏阁下②,桓令人窃取其白事③,东亭即于阁下更作④,无复向一字⑤。

[注释]①王东亭:王珣,见本门90注⑤。桓公:指桓温。吏:任属官。②既:已经。伏阁下:拜伏在官衙。　③白事:给上级的报告文书。　④更作:重写,再作。　⑤复:重复。向:指被窃走的文书。

96. 桓宣武北征①,袁虎时从②,被责免官③。会须露布文④,唤袁倚马前令作⑤。手不辍笔⑥,俄得七纸⑦,殊可观⑧。东亭在侧⑨,极叹其才。袁虎云:"当令齿舌间得利⑩。"

[注释]①桓宣武北征:指太和四年(公元369年),桓温上书自征鲜卑政权前燕。　②袁虎:袁宏,见本门88注①。时:当时。从:随从。　③责:责罚。　④会:碰上。须:同"需"。露布:不缄封的文书,此指征讨的檄文之类。⑤唤:叫来。　⑥辍(chuò)笔:停笔。　⑦俄:顷刻间。　⑧殊:非常。⑨东亭:王珣,见本门90注⑤。　⑩当令齿舌间得利:意思是仅得到言语褒奖,没什么实际意义。袁宏被免官,故有此言。

97. 袁宏始作《东征赋》①,都不道陶公②。胡奴诱之狭室中③,临以白刃④,曰:"先公勋业如是⑤,君作《东征赋》,云何相忽略⑥?"宏窘蹙无计⑦,便答:"我大道公⑧,

何以云无⑨?"因诵曰:"精金百炼⑩,在割能断⑪。功则治人⑫,职思靖乱⑬。长沙之勋⑭,为史所赞。"

[注释]①袁宏,见本门88注①。始:当初。《东征赋》:内容为赞颂东晋初诸名臣的功绩。 ②都:根本。道:此为涉及、提及的意思。陶公:陶侃,字士衡,鄱阳(今江西省鄱阳)人,少有大志,官至侍中太尉,封长沙公。 ③胡奴:陶范,小字胡奴,陶侃之子,官至光禄勋。诱:诱骗。 ④临:对,此指威胁。白刃:利刃。 ⑤先公:犹言"先父",指故去的父亲。勋业:功勋业绩。 ⑥云何:为何。忽略:不重视,此指不提及。 ⑦窘(jiǒng)蹙(cù)无计:窘迫无对策。 ⑧大:极。道:称道。 ⑨云:说。 ⑩精金:好的金属,好钢。百炼:千锤百炼。 ⑪在割能断:用来切割,无所不断。 ⑫功则治人:功绩在于治理百姓。 ⑬职:职责。思:语助词,犹"则"。靖乱:平定叛乱,指平苏峻叛乱。 ⑭长沙:指陶侃,他被封长沙郡公,故称。

98.或问顾长康①:"君《筝赋》何如嵇康《琴赋》②?"顾曰:"不赏者作后出相遗③,深识者亦以高奇见贵④。"

[注释]①或:有人。顾长康:顾恺之,字长康,晋无锡(今江苏省无锡市)人,官参军、散骑常侍,博学多才,尤以绘画著称。 ②《筝赋》:顾恺之作,今残存。何如:与……相比怎样。嵇康:字叔夜,魏谯国铚(今安徽省宿州西南)人,博学多闻,与东平吕安友善,后受吕安牵连下狱遇害。《琴赋》:嵇康作,为写乐器的优秀赋作。 ③不赏者作后出相遗:意为不赏识者因它较《琴赋》后出而相遗弃。 ④深识者:与"不赏者"相对,指赏识《筝赋》的人。高奇:高超奇妙。见贵:意思是看重它。

99.殷仲文天才宏赡①,而读书不甚广博。亮叹曰②:"若使殷仲文读书半袁豹③,才不减班固④。"

[注释]①殷仲文:殷仲堪从弟,桓玄称帝后曾任伪职。宏赡(shàn):宏大富博。 ②亮:傅亮,字季友,入宋官至尚书令、光禄大夫,为刘裕所杀。一

说上文有文字错讹,"博"为"傅"之误,如此,则句读应为"而读书不甚广。博(傅)亮叹曰"。　③半袁豹:有袁豹一半多。袁豹:字士蔚,晋陈郡(今河南省淮阳)人,官历著作左郎、太尉长史、丹阳尹。　④才:才学。减:小。班固:字孟坚,扶风安陵(今陕西咸阳东北)人,东汉著名史学家、文学家,著有《汉书》等。

100. 羊孚作《雪赞》云①:"资清以化②,乘气以霏③。遇象能鲜④,即洁成辉⑤。"桓胤遂以书扇⑥。

[注释]①羊孚:字子道,晋泰山(今山东省泰安市)人,官太学博士、太尉参军。　②资:凭借。清:清冷。化:化成。　③乘:驾驭。霏:飘洒,飞扬。　④象:事物,物象。鲜:鲜明。　⑤即:接近。洁:洁物。　⑥桓胤:字茂祖,谯国人,少有清操,以恬退见称,官至中书令,后被诛。书扇:写在扇面上。在扇面题写书画是古人的一种风雅行为。

101. 王孝伯在京行散①,至其弟王睹户前②,问:"古诗中何句为最?"睹思未答,孝伯咏"所遇无故物③,焉得不速老④":"此句为佳。"

[注释]①王孝伯:王恭,字孝伯,晋太原晋阳(今山西省太原市)人,清廉高峻,志存格正,官历著作郎、丹阳尹、中书令等。京:指东晋京城建康。行散:魏晋南北朝士大夫好服五石散(一名寒食散),服后须行走以散发药性,叫做"行散",也称"行药"。　②王睹:王爽,字季明,小字睹,王恭之弟。③④两句:为东汉末文人五言诗,作者不可考,意思是时光流逝,事物代谢,人怎能不飞快老去?

102. 桓玄尝登江陵城南楼①,云:"我今欲为王孝伯作诔②。"因吟啸良久③,随而下笔。一坐之间④,诔以之成。

[注释]①桓玄:字敬道,晋谯国龙亢(治所在今安徽省怀远西)人,大司马桓温少子。后起兵谋反被诛。江陵:荆州治所,今湖北江陵。 ②王孝伯:王恭,见本门101注①。诔(lěi):见本门82注②。 ③吟啸:高声吟唱,吟咏。 ④一坐之间:小坐一会儿的工夫,指时间短。

103. 桓玄初并西夏①,领荆、江二州、二府、一国②。于时始雪,五处俱贺③,五版并入④。玄在听事上⑤,版至,即答版后,皆粲然成章⑥,不相揉杂⑦。

[注释]①并西夏:指晋安帝隆安四年(公元400年),桓玄灭掉荆州刺史殷仲堪,统有其地。西夏:六朝时指荆楚之地。 ②领:统领。二州:荆州、江州。二府:指八州都督府和后将军府。一国:南郡公封国。 ③五处:指二州、二府、一国。 ④版:版牒,指祝贺的文书。 ⑤听事:听事处,办公的场所。 ⑥粲然:有文采的样子。 ⑦揉杂:混杂。

104. 桓玄下都①,羊孚时为兖州别驾②,从京来诣门③,笺云④:"自顷世故睽离⑤,心事沦蕰⑥。明公启晨光于积晦⑦,澄百流以一源⑧。"桓见笺,驰唤前⑨,云:"子道子道⑩,来何迟!"即用为记室参军⑪。孟昶为刘牢之主簿⑫,诣门谢⑬,见云:"羊侯羊侯⑭,百口赖卿⑮。"

[注释]①下都:指晋安帝元兴元年(公元402年),桓玄率军沿江东下,攻入京城。 ②羊孚:见本门100注①。时:当时。兖(yǎn)州:此指南兖州,晋元帝时,在京口(今江苏镇江)侨置兖州,史称南兖州。别驾:魏晋时官名,为州刺史重要佐吏,总理众务。 ③诣门:登门拜访。 ④笺:指拜帖。 ⑤自顷:近来。世故:世事。睽(kuí)离:违背,乖离。 ⑥沦蕰(yùn):郁结,沉积。 ⑦明公:对对方的尊称。启:开启。积晦:长久的晦暗。 ⑧澄:澄清。⑦⑧两句是颂美桓玄安定时局。 ⑨驰:立即。唤:召唤。前:前来。 ⑩子道:羊孚的字。 ⑪记室参军:负责文书的官职。 ⑫孟昶(chǎng):字

彦达,晋平昌人,官丹阳尹,卢循起兵,惧而自杀。刘牢之:字道坚,彭城(今江苏省铜山)人,为谢玄参军,淝水之战有功,封武冈县男,参与平王恭、讨桓玄,后降桓玄,用为会稽内史。 ⑬诣门谢:登门谢罪。刘牢之归降桓玄后,为会稽内史,玄夺其兵权,刘欲袭玄,未果,自缢死,孟昶为其部属,故谢罪。
⑭羊侯:对羊孚的尊称。 ⑮百口:全家性命。赖:依赖。意思是生死存亡依靠羊孚保全。

方 正 第 五

1. 陈太丘与友期行①,期日中②。过中不至③,太丘舍去④,去后乃至。元方时年七岁⑤,门外戏⑥。客问元方:"尊君在不⑦?"答曰:"待君久不至⑧,已去。"友人便怒曰:"非人哉⑨!与人期行,相委而去⑩。"元方曰:"君与家君期日中⑪。日中不至,则是无信;对子骂父,则是无礼。"友人惭,下车引之⑫。元方入门不顾⑬。

[注释]①陈太丘:陈寔,字仲弓,东汉颍川许(今河南省许昌市)人,曾官太丘(县名,治所在今河南省永城西北)长。期(qī):约定。 ②日中:正午,中午。 ③过:超过。至:到达。 ④舍:放弃(等待)。去:离开。 ⑤元方:陈纪,字元方,为陈寔的长子。与父亲陈寔、弟弟陈谌均以德行著称,世称"三君"。 ⑥戏:嬉戏,游戏。 ⑦尊君:对别人父亲的尊称。不:同"否"。 ⑧待:等待。 ⑨非人哉:不是人应该做的事情。 ⑩相:指代性副词,代"我"。委:抛弃,舍弃。 ⑪家君:对自己父亲的称谓。 ⑫引:拉。 ⑬顾:回头。

2. 南阳宗世林①,魏武同时②,而甚薄其为人③,不与之交④。及魏武作司空⑤,总朝政⑥,从容问宗曰:"可以交未⑦?"答曰:"松柏之志犹存⑧。"世林既以忤旨见疏⑨,位不配德⑩。文帝兄弟每造其门⑪,皆独拜床下⑫,其见礼如此⑬。

[注释]①宗世林:宗承,字世林,南阳安众(今属河南省)人,以德行节操著称于世,世人多有慕名前来拜访者。 ②魏武:即曹操。 ③薄:轻视。其:代曹操。 ④不与之交:不与他交往。 ⑤司空:据《晋书·职官志》记载:"太尉、司徒、司空,并古官也。自汉历魏,置以为三公。""三公"所领职事大致相同,相当于宰相之任。曹操在汉献帝建安元年(公元196年)拜司空。⑥总:总揽。 ⑦未:本为否定副词,汉魏六朝,多置于句末,表示疑问。⑧松柏之志:《论语·子罕》中有"岁寒,然后知松柏之后凋也",此句喻自己品节坚贞,不与曹操交往的心志一如既往。 ⑨忤:抵触,违反。见疏:被疏远。 ⑩配:匹配,够得上,相当。此句乃是指宗世林因为违背曹操的心意,被曹操疏远,其地位低下,与他的德行不相称。 ⑪文帝兄弟:指魏文帝曹丕和他的兄弟们。造:拜访。 ⑫独:特意。床:一种坐具。此句意思是曹丕兄弟等人每次拜访宗世林时,都会在宗世林的坐榻前行晚辈礼,以示敬意。⑬见礼:受到礼遇。

3. 魏文帝受禅①,陈群有戚容②。帝问曰:"朕应天受命③,卿何以不乐④?"群曰:"臣与华歆服膺先朝⑤,今虽欣圣化⑥,犹义形于色⑦。"

[注释]①魏文帝:指曹丕,曹操长子,于汉延康元年(公元220年)篡汉称帝,国号魏,建都洛阳。禅:禅让,古代帝王让位给别人,本句指汉献帝禅让帝位于曹丕。 ②陈群:字长文,颍川许(今河南省许昌市)人,祖父陈寔,父陈纪,有识度。戚:忧愁,悲伤。 ③朕:皇帝的自称。应天受命:顺应天命,古代皇帝登位都认为是天的旨意,遵天命而行。 ④卿:对人表示亲热的称呼。何以:以何,为什么。 ⑤华歆:字子鱼,曹丕时代任司徒。服膺:牢牢记在心里,衷心信服。 ⑥欣:欣悦,对……感到高兴。圣化:圣人的教化,此处

指魏文帝即位。　⑦义形于色：正义之情显露在脸上。

4. 郭淮作关中都督①，甚得民情②，亦屡有战庸③。淮妻，太尉王凌之妹④，坐凌事⑤，当并诛。使者征摄甚急⑥，淮使戒装⑦，克日当发⑧。州府文武及百姓劝淮举兵⑨，淮不许。至期遣妻，百姓号泣追呼者数万人。行数十里，淮乃命左右追夫人还，于是文武奔驰，如徇身首之急⑩。既至，淮与宣帝书曰⑪："五子哀恋，思念其母。其母既亡，则无五子。五子若殒⑫，亦复无淮。"宣帝乃表⑬，特原淮妻⑭。

[注释]①郭淮：字伯济，太原阳曲（今山西省太原市）人，三国魏时任雍州刺史、征西将军。郭淮在关中三十余年，功绩显著，封阳曲侯。关中：在今陕西省，其地东有函谷关，南有武关，西有散关，北有萧关，居四关之中，故称关中。都督：官名，地方军政长官。　②甚得民情：很得民心。　③战庸：战功。庸：功绩。　④王凌：字彦云，太原祁（今山西省祁县东南）人，官至魏散骑常侍、建武将军，司马懿专权，立年幼的曹芳为帝，王凌谋立楚王曹彪，事败自杀，司马懿灭其三族。　⑤坐：牵连有罪。　⑥征摄：提取，捉拿。　⑦戒装：准备行装。　⑧克日：限定日期。克：约定或限定（时间）。　⑨举兵：指起兵抵抗。举：发动之意。　⑩徇：取。身首：自身性命。此句意思指郭淮手下的文武官员都奔驰前往，舍命追留夫人。　⑪宣帝：即司马懿，字仲达，温县（今属河南）人，其孙司马炎代魏称帝后，追尊他为晋宣帝。　⑫殒：死亡。⑬表：上奏文书。　⑭原：赦免。

5. 诸葛亮之次渭滨①，关中震动。魏明帝深惧晋宣王战②，乃遣辛毗为军司马③。宣王既与亮对渭而陈④，亮设诱谲万方⑤。宣王果大忿⑥，将欲应之以重兵⑦。亮遣间谍觇之⑧,还曰:"有一老夫,毅然仗黄钺⑨,当军门立⑩,军不得出。"亮曰:"此必辛佐治也。"

[注释]①诸葛亮:字孔明,琅邪阳都(今属山东省)人,三国蜀汉政治家、军事家。曾隐居在隆中(今属湖北省),被称为"卧龙",刘备三顾茅庐后,始出辅佐刘备,为其主要谋士。刘备称帝,诸葛亮为丞相,备死后,封武乡侯,主持蜀汉朝政大事,后病死军中。次:驻扎。渭滨:渭水的岸边。　②魏明帝:曹叡,字元仲,魏文帝曹丕的儿子,在位十三年。深惧:非常害怕。晋宣王:司马懿。　③遣:派。辛毗:字佐治,颍川阳翟(今属河南省)人,仕魏,历任卫尉等职。军司马:官名,魏晋时期,军司马在将军之下,综理军府之事,参与军事谋划。　④对渭而陈:隔着渭水列阵为峙。陈:陈军,列阵。　⑤设:制定。诱:引诱。谲(jué):诡计。万方:各种各样的方法。　⑥忿:发怒。　⑦将:将要。应之以重兵:指用雄厚的兵力应战诸葛亮部。　⑧间谍:侦探。觇(chān):偷看,侦察。　⑨仗:执,拿着。黄钺(yuè):兵器,以黄金为饰的大斧,古时为帝王专用,或赐予主持征伐的大臣。　⑩当:对着。军门:营门。

6. 夏侯玄既被桎梏①,时钟毓为廷尉②。钟会先不与玄相知③,因便狎之④。玄曰:"虽复刑余之人⑤,未敢闻命⑥。"考掠初无一言⑦,临刑东市⑧,颜色不异⑨。

[注释]①夏侯玄:字太初,三国谯(今安徽省亳州)人,曾任魏征西将军。大将军司马师专权,夏侯玄与李丰等人欲谋杀司马师并夺取司马氏在魏的权力,事情泄露被杀。被:遭受。桎(zhì):拘束犯人两脚的刑具。梏(gù):木制的手铐。"桎梏"常连用,拘系、囚禁的意思。　②时:当时。钟毓(yù):字稚叔,三国魏颍川长社(今河南省长葛)人,相国钟繇长子。为:担任。廷尉:掌管刑狱的官。　③钟会:字士季,官至司徒,钟毓之弟。相知:相交。　④因:趁着。狎(xiá):亲近。　⑤虽:即使,纵然。刑余之人:受过刑的人,此指有罪在身的人。　⑥闻命:听命,顺从。　⑦考掠:拷打。初无:从来没有,完全没有。

⑧临刑:将受死刑之时。东市:因汉代多在京城长安东市处决犯人,后来便以东市代指刑场。　⑨颜色不异:面色和以前没有什么两样。颜色:面色,脸色。

7. 夏侯泰初与广陵陈本善①。本与玄在本母前宴饮,本弟骞行还②,径入③,至堂户④,泰初因起曰⑤:"可得同⑥,不可得而杂⑦。"

[注释]①夏侯泰初:夏侯玄,字太(泰)初。陈本:字休元,广陵东阳(今属江苏省)人,曾任郡守、廷尉等职,迁镇北将军,有统御之才。善:友好。②骞(qiān):陈本的弟弟,字休渊,滑稽而多智谋,官至大司马。行还:外出归来。　③径入:直接进入。径:直往。　④堂户:内堂门户。堂:正房。⑤因:于是。　⑥⑦两句:此处指夏侯玄与陈本友善而前来拜见陈母,陈骞想趁此与夏侯玄交往是不合乎礼节的,因为陈骞的年龄、德望均不及夏侯玄,因而只有他前往拜访夏侯玄,二人才可以交往。

8. 高贵乡公薨①,内外喧哗②。司马文王问侍中陈泰曰③:"何以静之④?"泰云:"唯杀贾充以谢天下⑤。"文王曰:"可复下此不⑥?"对曰:"但见其上⑦,未见其下⑧。"

[注释]①高贵乡公:即曹髦,字彦士,魏文帝曹丕之孙,东海定王曹霖之子,正始中封郯县高贵乡公,齐王曹芳为司马昭所废,群臣迎之即皇帝位,后因威权日去,曹髦不胜废辱,遂率僮仆数百攻司马昭,反被司马昭党羽贾充所杀。薨(hōng):古代用来指称诸侯之死。　②喧哗:本指声音大而杂乱,此指议论纷纷。　③司马文王:即司马昭,司马懿的儿子,曹髦在位时任大将军。司马昭的儿子司马炎篡位后,追尊其为文帝,也称文王。侍中:官名,皇帝的侍从。陈泰:字玄伯,司空陈群之子,长沙临湘(今属湖南省)人,官至尚书左仆射,高贵乡公被杀,他号哭呕血而死。　④何以:即以何,用什么……静:形容词的使动用法,使……安静,平息。　⑤贾充:字公闾,襄陵(今属山

西省)人,曾在曹魏政权中担任大廷尉等职,晋代魏后,曾任司空、尚书令等职。谢:道歉。　⑥不:同"否"。此句的意思是说可否再想出一个要求更低一点的办法。　⑦⑧两句:此句的意思是说平息众怒,只能比杀贾充要求得更高,而不能更低。

9. 和峤为武帝所亲重①,语峤曰:"东宫顷似更成进②,卿试往看③。"还,问何如④,答云:"皇太子圣质如初⑤。"

[注释]①和峤:字长舆,西晋汝南郡(今属河南省)人,性贪,曾任中书令等职。为……所:被……。武帝:司马炎,西晋开国君主。亲重:亲近,器重。②东宫:太子居住的地方,此处即指武帝司马炎的第二子司马衷,后即帝位,史称晋惠帝。顷:进来。成进:长进。　③卿:古时君对臣的爱称。　④何如:怎么样。　⑤圣质如初:意思是说皇太子的资质跟先前一样,未见改变。圣:尊称。

10. 诸葛靓后入晋①,除大司马②,召不起③。以与晋室有仇④,常背洛水而坐⑤。与武帝有旧⑥,帝欲见之而无由⑦,乃请诸葛妃呼靓⑧。既来⑨,帝就太妃间相见⑩。礼毕,酒酣⑪,帝曰:"卿故复忆竹马之好不⑫?"靓曰:"臣不能吞炭漆身⑬,今日复睹圣颜。"因涕泗百行⑭,帝于是惭悔而出。

[注释]①诸葛靓(jìng):诸葛诞之子。甘露三年(公元258年),诸葛诞反魏,降东吴,靓质于吴,官至大司马,咸宁六年(公元280年),晋灭东吴,靓逃离。　②除:拜官授职。大司马:官名,魏晋时为军府官员,职位在将军之下。　③召:征召。　④以:因为。有仇:诸葛靓的父亲为司马昭所杀,故云。⑤背洛水而坐:洛水,即洛河,在洛阳附近。此句是说诸葛靓不面向晋的都城洛阳,表示不与之合作。　⑥旧:老交情。　⑦由:缘由,机会。　⑧诸葛妃:

诸葛靓之姐,为晋琅邪王的妃子,晋武帝司马炎的叔母,故称为太妃子。 ⑨既:……以后。 ⑩就:到。 间:处所,房间。 ⑪酒酣:饮酒至畅快时。 ⑫竹马之好:孩童时代的友情。竹马:儿童当马骑的竹竿。 ⑬吞炭漆身:据《史记·刺客列传》记载:战国时智伯被赵襄子所灭,他的门客豫让为报智伯的知遇之恩,吞咽木炭,用漆涂身,用来改变声音面貌,伺机刺杀赵襄子。诸葛靓用此典,表明不忘杀父之仇。 ⑭涕:眼泪。泗:鼻涕。

11. 武帝语和峤曰①:"我欲先痛骂王武子②,然后爵之③。"峤曰:"武子俊爽④,恐不可屈。"帝遂召武子,苦责之⑤,因曰:"知愧不?⑥"武子曰:"尺布斗粟之谣⑦,常为陛下耻之⑧。它人能令疏亲⑨,臣不能使亲疏⑩,以此愧陛下⑪。"

[注释]①武帝:指晋武帝司马炎。 ②王武子:王济,字武子,娶晋武帝之女常山公主为妻,性格忠正,当时武帝忌其弟齐王司马攸的才气和声望,要遣送司马攸回藩国,王济于此事一再谏阻,惹怒武帝。 ③爵之:封给他爵位。爵:此处用为动词。 ④俊爽:杰出豪爽。 ⑤苦:狠狠地。 ⑥不:同"否"。 ⑦尺布斗粟之谣:典出《史记·淮南衡山列传》,汉孝文帝时,淮南王刘长不奉法度,且聚徒党谋反,事发后,刘长被押解往蜀郡,死于途中。后有民谣曰:"一尺布,尚可缝;一斗粟,尚可舂。兄弟二人不能相容。"晋武帝司马炎逐其弟司马攸于藩外,致其弟司马攸怨愤病死,王济借此典讥讽晋武帝。 ⑧陛下:对帝王的尊称。耻之:以之为耻。 ⑨疏:名词,指关系疏远的人。亲:亲近。 ⑩亲:名词,关系亲近的人。疏:疏远。 ⑪愧:愧对。

12. 杜预之荆州①,顿七里桥②,朝士悉祖③。预少贱④,好豪侠,不为物所许⑤。杨济既名氏雄俊⑥,不堪⑦,不坐而去。须臾,和长舆来⑧,问:"杨右卫何在?"客曰:"向来⑨,不坐而去。"长舆曰:"必大夏门下盘马⑩。"往大夏门,果大阅骑⑪。长舆抱内车⑫,共载归,坐如初。

[注释]①杜预:字元凯,京兆杜陵(今陕西省西安市东南)人,司马懿的女婿,智谋渊博,明于治乱,累迁河南尹,为镇南将军,都督荆州诸军事,主要著作有《春秋左氏经传集解》。荆州:治今湖北省襄阳。　②顿:停顿。七里桥:地名,在今洛阳市东。《洛阳伽蓝记》载:"崇义里东有七里桥,以石为之,中朝杜预之荆州,出顿之所也。"　③悉:都,全部。祖:饯行的一种隆重仪式,祭路神后,在路上设宴为人饯行。　④少贱:年轻时家境贫寒。　⑤为……所:被……　物:众人。许:赞同,赞许。　⑥杨济:字文通,弘农(今陕西华阴)人,有才识,累迁太子太保,右卫将军,后与其兄杨骏一同被诛,杨济乃司马炎妻子的叔父。名氏雄俊:名门中的突出人物。　⑦堪:经得起,忍受。⑧和长舆:即和峤,见本门9注①。　⑨向:先前,往昔。　⑩大夏门:洛阳城门名。盘马:驰马盘旋。　⑪阅骑:检阅部队。骑(jì):一人一马为一骑。⑫内:同"纳",放入。

13.杜预拜镇南将军①,朝士悉至②,皆在连榻坐③。时亦有裴叔则④。羊稚舒后至⑤,曰:"杜元凯乃复连榻坐客⑥。"不坐便去。杜请裴追之,羊去数里⑦,住马,既而俱还杜许⑧。

[注释]①拜:授给官职。　②朝士:朝中官员。　③连榻:可供数人坐的长榻。　④裴叔则:即裴楷。　⑤羊稚舒:羊琇,字稚舒,泰山(今山东省泰安)人,通济有才干,为司马师景献皇后的叔父,故为晋室外戚,曾任左将军等职。　⑥乃复:竟然。连榻坐客:用长榻给客人坐。　⑦去:离开。　⑧既而:不久。俱:一起。许:处所。

14.晋武帝时①,荀勖为中书监②,和峤为令③。故事④,监、令由来共车。峤性雅正⑤,常疾勖谄谀⑥。后公车来⑦,峤便登,正向前坐,不复容勖。勖方更觅车⑧,然后得去⑨。监、令各给车自此始⑩。

[注释]①晋武帝:司马炎,西晋开国君主。 ②荀勖(xù):字公曾,颍川颍阴(今属河南省)人,十余岁即能属文,在魏时曾出仕任侍中,入晋后,曾任中书监、尚书令等职。中书监:官名,三国魏始置,与中书令职务相等而位次略高,并掌机密。 ③令:中书令。 ④故事:旧例,前代的制度。 ⑤雅正:文雅正直。 ⑥疾:厌恶,憎恨。 ⑦公车:官家所供用的车辆。 ⑧更:另,另外。 ⑨得:能够。 ⑩监、令各给车自此始:意思是说给中书监、中书令分别派车,由此开始。

15. 山公大儿著短帢①,车中倚②。武帝欲见之③,山公不敢辞。问儿,儿不肯行④。时论乃云胜山公⑤。

[注释]①山公:即山涛,字巨源,西晋河内怀县(今河南省武陟西)人,好老庄学说,为"竹林七贤"之一。山公大儿:即山涛的长子山该,字伯伦,雅有器识,官至左卫将军。著(zhuó):戴着。短帢(qià):用缣帛做成的一种便帽。 ②倚:斜靠。 ③武帝:晋武帝司马炎。 ④儿不肯行:依古制,山该戴便帽拜见天子,不妥,故山该不肯前去,说明山该人虽年幼,但有识见。 ⑤胜:超过。

16. 向雄为河内主簿①,有公事不及雄②,而太守刘淮横怒③,遂与杖遣之④。雄后为黄门郎⑤,刘为侍中⑥,初不交言⑦。武帝闻之,敕雄复君臣之好⑧。雄不得已,诣刘⑨,再拜曰⑩:"向受诏而来,而君臣之义绝,何如⑪?"于是即去⑫。武帝闻尚不和,乃怒问雄曰:"我令卿复君臣之好,何以犹绝⑬?"雄曰:"古之君子⑭,进人以礼⑮,退人以礼⑯;今之君子,进人若将加诸膝⑰,退人若将坠诸渊⑱。臣于刘河内,不为戎首⑲,亦已幸甚,安复为君臣之好?"武帝从之。

[注释]①向雄:字茂伯,晋河内山阳(在今河南省内)人,有节概,官至黄门郎,护军将军。为:担任。河内:河内郡,在今河南省以北地区。主簿:郡府的属官,主管文书簿籍。 ②及:牵连。 ③刘淮:字君平,沛国杼秋(在今江苏境内)人,少以清正著称,累迁河内太守、侍中、尚书、司徒等职。横(hèng)怒:大怒,暴怒。 ④杖:动词,鞭打。遣:驱逐。 ⑤黄门郎:亦即黄门侍郎,皇帝宫廷中给事官。 ⑥侍中:皇帝的近侍官。 ⑦初不:从不。 ⑧敕(chì):皇帝的命令或诏书。君臣之好:魏晋时期,州郡长官和僚属的关系也称为君臣关系。 ⑨诣:到……去。 ⑩再拜:古时的一种礼节,先后拜两次,表示礼节隆重。再:两次。 ⑪何如:如何,怎么样。 ⑫即去:立即离开。 ⑬何以:为什么。犹:仍然。 ⑭古之君子:引自《礼记·檀弓下》。 ⑮进:举荐。 ⑯退:罢免。 ⑰加诸膝:放在膝上,表示亲热。诸:"之于"的合音。 ⑱坠诸渊:推向深渊,表示狠心。 ⑲戎首:主谋挑起战争的人,此处意谓挑起事端者。

17. 齐王冏为大司马①,辅政。嵇绍为侍中②,诣冏咨事③。冏设宰会④,召葛旟、董艾等共论时宜⑤。旟等白冏:"嵇侍中善于丝竹⑥,公可令操之⑦。"遂送乐器,绍推却不受⑧。冏曰:"今日共为欢,卿何却邪?"绍曰:"公协辅皇室⑨,令作事可法⑩,绍虽官卑,职备常伯⑪。操丝比竹⑫,盖乐官之事,不可以先王法服⑬,为伶人之业⑭。今逼高命⑮,不敢苟辞⑯,当释冠冕⑰,袭私服⑱,此绍之心也。"旟等不自得而退⑲。

[注释]①齐王冏:字景治,齐王司马攸之子,少聪惠,及长,谦约好施,晋惠帝时,赵司马伦篡位,司马冏起义兵诛杀赵王司马伦,惠帝复位后,任大司马,辅政,骄恣专政,不复朝觐,后为长沙王所诛。大司马:汉哀帝时与丞相、大司徒并称"三公",至东汉,改大司马为太尉,魏晋以后,或并置,或单设,

或废改,多有变动,但即使设置,也只为荣衔。 ②嵇绍:嵇康之子,官至散骑常侍,为保护晋惠帝,中密箭而亡。 ③咨事:议事。 ④宰:官吏的通称。 ⑤葛旟(yú):字虚旟,齐王司马冏的下属,任从事中郎一职。董艾:字叔智,弘农(今河南省灵宝内)人,艾少好功名,齐王起义兵时,为齐王的右将军,齐王冏败后董艾与冏、葛旟一并被诛。时宜:时政。 ⑥丝竹:弦、管乐器。 ⑦操:演奏。 ⑧却:推辞,不接受。 ⑨协辅:辅佐。 ⑩可法:切合法度。 ⑪备:备用,此处乃表自谦之词。常伯:官名,即侍中。 ⑫比:并列,挨着。 ⑬法服:按礼法制定的专门的官服。 ⑭伶人:乐人,表演歌舞的人。 ⑮高命:尊贵的命令。 ⑯苟:苟且,不严肃。 ⑰释:放下,脱下。冠冕:本指古代官吏所戴的礼帽,这里泛指官服。 ⑱袭:穿。私服:便服。 ⑲不自得:不自在,不快意。

18. 卢志于众坐问陆士衡①:"陆逊、陆抗是君何物②?"答曰:"如卿于卢毓、卢珽③。"士龙失色④。既出户,谓兄曰:"何至如此! 彼容不相知也⑤。"士衡正色曰⑥:"我父、祖名播海内,宁有不知? 鬼子敢尔⑦!"议者疑二陆优劣,谢公以此定之⑧。

[注释]①卢志:字子通,范阳(今河北省涿州境内)人,尚书卢珽之子,历仕成都王长史、卫尉等官职。坐:同"座"。陆士衡:陆机,字士衡,吴郡人。②陆逊:字伯言,陆机的祖父,官至吴国的丞相。陆抗:陆机的父亲,任吴国大司马。何物:何人。 ③卢毓:卢志的祖父,字子家,任魏国司空。卢珽:卢志的父亲,曾任魏国卫尉。 ④士龙:陆机的弟弟陆云,字士龙,与陆机并有时名,号称"二陆",兄弟二人后均被成都王颖所害。失色:脸色苍白。在魏晋时期的礼法体制中,不能直接称呼自己或对方祖、父辈的名字,否则为大不敬,故卢志直言陆机祖、父名字后,陆云失色。 ⑤容:或许。不相知:不知道他们。相:表示动作偏指一方。 ⑥正色:脸色严肃的样子。 ⑦鬼子敢尔:鬼子竟然敢如此无礼! 鬼子:对人的憎称。又刘孝标注引《志怪》云:卢志远祖卢充聘崔氏女,未娶而崔氏亡,后充娶其亡灵并生子,子孙相传至卢志,故陆

机呼其为"鬼子"。尔:如此。 ⑧谢公:谢安。

19. 羊忱性甚贞烈①。赵王伦为相国②,忱为太傅长史,乃版以参相国军事③。使者卒至④。忱深惧豫祸⑤,不暇被马⑥,于是帖骑而避⑦。使者追之,忱善射,矢左右发⑧,使者不敢进,遂得免⑨。

[注释]①羊忱:字长和,平阳(今属山东省)人,世为冠族,曾任太傅长史、刺史、侍中等官职,后遭乱被害。贞烈:忠贞刚烈。 ②赵王伦:字子彝,位至相国,封赵王,篡晋惠帝位,惠帝复位后,被赐死。 ③版:此为授官之意。参相国军事:官名。 ④卒:同"猝",突然。 ⑤豫:通"与",干预,卷入。 ⑥不暇:来不及。被:通"披",即安放骑马的用具。 ⑦帖骑:指不用鞍辔,贴着马背骑马。 ⑧矢左右发:频频射箭。 ⑨免:逃脱。

20. 王太尉不与庾子嵩交①,庾卿之不置②。王曰:"君不得为尔③。"庾曰:"卿自君我④,我自卿卿⑤。我自用我法,卿自用卿法。"

[注释]①王太尉:即王衍,字夷甫,王戎从弟,后为石勒所害。庾子嵩:庾敳,字子嵩,颍川鄢陵(今河南省鄢陵西北)人,恢廓有度量,官至豫州长史等。 ②卿:称卿表示亲近。魏晋时代对于辈分、地位、官职不同的人的称谓很讲究,"卿"用于称呼同辈或低于自己的人,亲近而随便。置:放弃,停止。 ③君:对人的尊称。 ④君我:即称我为君,此处"君"为动词。 ⑤卿卿:即称你为卿,前一个"卿"为动词。

21. 阮宣子伐社树①,有人止之②。宣子曰:"社而为树③,伐树则社亡④;树而为社⑤,伐树则社移矣⑥。"

[注释]①阮宣子:阮修,字宣子,好《老子》、《易经》,清高傲物。社:土地

神,也指古时祭土地神之所——土地庙。社树:在土地庙前种树,作社的标志,称为社树。 ②止:阻止。 ③④⑤⑥四句:如果立社庙是为了栽树,则砍掉了树,社神也就不存在了;如果种树是为了立社庙,则砍掉了树,社神也就移走了。这是古代著名的破除迷信的故事,阮修坚持无鬼论,所以主张砍掉社树。

22. 阮宣子论鬼神有无者。或以人死有鬼,宣子独以为无,曰:"今见鬼者①,云箸生时衣服②,若人死有鬼③,衣服复有鬼邪④?"

[注释]①②③④四句:见王充《论衡·论死篇》:"世谓人死为鬼,有知,能害人。试以物类验之,人死不为鬼,无知,不能害人……夫为鬼者,人谓死人之精神。如审鬼者死人之精神,则人见之,宜徒见裸袒之形,无为见衣带被服也。何则?衣服无精神,人死,与形体俱朽,何以得贯穿之乎?"今:现在。箸(zhuó):穿。

23. 元皇帝既登阼①,以郑后之宠②,欲舍明帝而立简文③。时议者咸谓舍长立少④,既于理非伦,且明帝以聪亮英断⑤,益宜为储副⑥。周、王诸公⑦,并苦争恳切⑧。唯刁玄亮独欲奉少主⑨,以阿帝旨⑩。元帝便欲施行,虑诸公不奉诏⑪,于是先唤周侯、丞相入,然后欲出诏付刁⑫。周、王既入,始至阶头,帝逆遣传诏遏⑬,使就东厢⑭。周侯未悟⑮,即却略下阶⑯。丞相披拨传诏,径至御床前⑰,曰:"不审陛下何以见臣⑱?"帝默然无言,乃探怀中黄纸诏⑲,裂掷之⑳,由此皇储始定㉑。周侯方慨然愧叹曰㉒:"我常自言胜茂弘,今始知不如也!"

[注释]①元皇帝:晋元帝司马睿。登阼:皇帝即位。阼:帝位。 ②以郑

后之宠:由于对郑后的宠爱。郑后:字阿春,荥阳人,元帝妃,武帝太元十九年(公元394年),追尊为"简文宣太后",故称。　③舍:废除。明帝:司马睿的长子司马绍,在帝位三年。简文:晋元帝司马睿之子司马昱。　④咸:都。舍长立少:废掉长子而立少子。　⑤既……且:表示两种情况同时存在。伦:次序。以:由于。聪亮:聪明。　⑥益宜:更合适。储副:君位的继承人,即储君。　⑦周:此处指周𫖮,亦即下文的周侯。王:指王导,字茂弘,亦即下文的王丞相。　⑧并:一起。　⑨唯:只有。刁玄亮:刁协,字玄亮,东晋渤海饶安(今河北省内)人,官至尚书令,后王敦举兵攻入建康时被人劫杀。奉:尊奉。少主:此指简文帝。　⑩阿:迎合。帝:晋元帝。旨:旨意。　⑪奉:恭敬地接受。诏:诏书,皇帝颁布命令的文书。　⑫付:交付。　⑬逆:预先。传诏:皇帝身边负责传达皇帝诏令的侍者。遏:阻止。　⑭就:到……去。　⑮悟:理解,明白。　⑯即:立即,马上。却:后退。　⑰披拨:用手拨开。径:直接。御床:皇帝的坐榻。　⑱审:明白,清楚。　⑲探:掏,把手伸进去取东西。黄纸诏:古代帝王的文书多用黄纸写成,故有此说。　⑳裂:撕开。　㉑始:才。㉒慨然:感慨。

24. 王丞相初在江左①,欲结援吴人②,请婚陆太尉③,对曰:"培塿无松柏④,薰莸不同器⑤。玩虽不才⑥,义不为乱伦之始⑦。"

[注释]①王丞相:即王导,王导和司马懿的曾孙、琅邪王司马睿一向友善。永嘉元年(公元307年),司马睿任安东将军,出镇建邺(后改建康,今江苏南京)。司马睿在建康称帝(晋元帝),建立东晋政权,王导官居丞相。江左:长江下游地区。　②结援:结交。吴人:指生活在吴地的名门大族。③请婚:请求联姻。陆太尉:即陆玩。当时顾、陆、朱、张均为吴郡的名门大族。　④培塿无松柏:语出《左传·襄公二十四年》,意思是说小土丘上长不出松柏。培塿(pǒu lǒu):小土丘。　⑤"薰莸不同器":语出《孔子家语·致思》,意思是说薰、莸不能同盛在一个容器里面。薰:香草名。莸(yóu):臭草名。④⑤两句在此处表示两家门第不相当。　⑥不才:没有才能,此处为谦

辞。 ⑦义:按道义。乱伦:扰乱人伦关系,此处指门第不相当而结成姻亲关系。魏晋时期,门阀制度很严格,士族和庶族不通婚姻。王导虽出身北方士族,但南渡江左,勋名不著,故被陆玩拒绝。

25. 诸葛恢大女适太尉庾亮儿①,次女适徐州刺史羊忱儿②。亮子被苏峻害③,改适江彪④。恢儿娶邓攸女⑤。于时谢尚书求其小女婚⑥,恢乃云:"羊邓是世婚⑦,江家我顾伊⑧,庾家伊顾我⑨,不能复与谢裒儿婚。"及恢亡⑩,遂婚⑪。于是王右军往谢家看新妇⑫,犹有恢之遗法⑬,威仪端详,容服光整。王叹曰:"我在遣女⑭,裁得尔耳⑮!"

[注释]①诸葛恢:字道明,琅邪阳都(今山东省境内)人,其祖诸葛诞,曾任魏司空,后为文帝所诛,其父诸葛靓,曾任吴大司马。诸葛恢名亚于王导、庾亮,累迁尚书令,死后谥敬。适:女子出嫁。庾亮:字元规,颖川鄢陵(今河南境内)人,其妹妹为晋明帝妃,庾亮在明帝时任中书监,明帝卒,晋成帝(司马衍)继位,庾亮曾任中书令,领江、荆、豫三州刺史,都督六州诸军事,镇武昌。庾亮儿:即庾会,字会宗。 ②羊忱儿:羊楷,字道茂,官至尚书郎。③亮子被苏峻害:晋成帝咸和二年(公元327年),苏峻举兵反晋,庾亮、温峤、陶侃征讨,庾亮的儿子被苏峻杀害。苏峻:字子高,晋山东掖(今山东省境内)人,有才学。他于咸和三年(公元328年),以征讨庾亮为名,与祖约起兵反晋,攻入建康,大肆杀掠并专擅朝政。不久温峤、陶侃起兵讨伐,他战败被杀。④江彪(bīn):字思玄,陈留(今河南省境内)人,江统之子,博学知名,累官国子祭酒、护军将军,著有文集五卷。 ⑤恢儿:诸葛恢之子诸葛衡,字峻文,官至荥阳太守。邓攸:字伯道,平阳襄陵人,清和平简,贞正寡欲。 ⑥谢尚书:即谢裒,字幼儒,晋陈郡(今河南省境内)人,曾任吏部尚书,所以又称谢尚书,其子谢石,字石奴,任尚书令,性贪婪。 ⑦世婚:世代联姻。 ⑧⑨两句:意思是说我家眷顾着江家,庾家眷顾着我家。伊:他。 ⑩⑪两句:庾亮和诸葛恢均为北方的士族,谢家则为后起士族,故还不为一些大的士族认可,所以诸葛恢拒绝与谢家联姻。诸葛恢死后,诸葛氏衰微,才嫁女至谢家。 ⑫王右

军:王羲之。新妇:晋宋风俗,新婚三日,新妇见公婆,众宾客都列见。 ⑬遗法:遗留的家风。 ⑭遣女:嫁女。 ⑮裁:同"才"。得:能。尔:这样。耳:而已。

26. 周叔治作晋陵太守①,周侯、仲智往别②。叔治以将别,涕泗不止。仲智恚之③,曰:"斯人乃妇女,与人别,唯啼泣。"便舍去。周侯独留与饮酒言话,临别流涕,抚其背曰:"奴好自爱④。"

[注释]①周叔治:周谟,字叔治,周𫖮次弟,官至中护军。作:出任。晋陵:郡名,在今江苏省。 ②周侯:即周𫖮。仲智:周嵩,字仲智,周谟的哥哥,性直,每以才气凌物。 ③恚(huì):生气。 ④奴:晋宋时口语,昵称。自爱:自己保重。

27. 周伯仁为吏部尚书①,在省内②,夜疾危急③。时刁玄亮为尚书令④,营救备亲好之至⑤,良久小损⑥。明旦报仲智⑦,仲智狼狈来⑧,始入户,刁下床对之大泣,说伯仁昨危急之状。仲智手批之⑨,刁为辟易于户侧⑩。既前,都不问病,直云⑪:"君在中朝⑫,与和长舆齐名⑬,那与佞人刁协有情⑭!"径便出⑮。

[注释]①周伯仁:即周𫖮,字伯仁。 ②省:官署名,汉制总群臣而听政为省,尚书、中书等官署都设在禁中,因称为省,沿用既久,"省"即成为官署之名,元代"中书省"兼管"尚书省"的职权,权更重,成为中央地位最高的官署,称地方最高行政官署为"行中书省",简称"省",是现在"省"的来历。 ③疾:生病。 ④刁玄亮:刁协,见本门23注⑨。尚书令:尚书省长官,综理政务。 ⑤备:尽。亲好:亲朋好友。至:极,最。 ⑥小:同"稍"。损:病情减轻。 ⑦明旦:第二天早晨。报:告诉,告知。仲智:周嵩,周伯仁的弟弟。

⑧狼狈:急快的样子。 ⑨批:击打。 ⑩辟易:躲避。 ⑪直:只是。 ⑫中朝:指西晋。 ⑬和长舆:和峤,见本门9注①。齐名:名声并重。 ⑭佞人:善于用花言巧语谄媚的人。情:交情。 ⑮径:径直,直接。

28. 王含作庐江郡①,贪浊狼籍②。王敦护其兄③,故于众坐称:"家兄在郡定佳④,庐江人士咸称之⑤。"时何充为敦主簿⑥,在坐,正色曰⑦:"充即庐江人⑧,所闻异于此⑨。"敦默然。旁人为之反侧⑩,充晏然神意自若⑪。

[注释]①王含:王敦兄,字处弘,跟从王敦叛乱,被荆州刺史王舒沉杀江中。庐江郡:地名,在今安徽省内。 ②贪浊:贪污。狼籍:也作"狼藉",纵横散乱的样子。据说狼常靠草而卧,起则践草使乱以灭其迹,后以"狼籍"一词形容杂乱。这里喻指王含声名很坏。 ③王敦:字处仲,琅邪(今山东境内)人,东晋时任大将军之职,总揽军政大权。护:袒护。 ④家兄:对人称自己的兄长。定:一定。佳:好。 ⑤咸:都。称:称赞。 ⑥何充:字次道,庐江(今属安徽霍山)人,东晋成帝时官任宰相,穆帝二岁即位,又与大臣庾冰共辅幼主。充虽无澄正改革之能,而以社稷为己任,凡所选用提拔,皆以功臣为先,不以私恩树亲戚,谈者以此重之。主簿:地方行政长官属下掌管文书的官吏。 ⑦正色:脸色严肃。 ⑧即:就是。 ⑨于:介词,和,与。此:代词,代王敦所言。 ⑩反侧:不安的样子。 ⑪晏然:坦然,态度安闲平和的样子。神意自若:神色态度非常自如,和平常一样。

29. 顾孟著尝以酒劝周伯仁①,伯仁不受。顾因移劝柱②,而语柱曰③:"讵可便作栋梁自遇④!"周得之欣然⑤,遂为衿契⑥。

[注释]①顾孟著:顾显,字孟著,吴郡人,骠骑顾荣兄之子,少有重名,泰兴中为散骑侍郎,早逝。劝:劝饮,敬酒。 ②因:于是。移:转换。劝柱:劝柱子喝酒。 ③语:告诉。 ④讵:表示反问,难道,哪里。遇:对待。 ⑤得

之:此处指听到顾孟著说的话。欣然:高兴的样子。　⑥遂:于是,就。为:成为,结为。衿契:情投意合的朋友。衿:同"襟"。契:投合。

30. 明帝在西堂会诸公饮酒①,未大醉,帝问:"今名臣共集,何如尧舜②?"时周伯仁为仆射③,因厉声曰④:"今虽同人主,复那得等于圣治⑤!"帝大怒,还内⑥,作手诏满一黄纸⑦,遂付廷尉令收⑧,因欲杀之。后数日,诏出周⑨,群臣往省之⑩。周曰:"近知当不死⑪,罪不足至此!"

[注释]①明帝在西堂会诸公饮酒:按:明帝未即位,周颛(伯仁)已为王敦所杀,故疑为元帝之误。诸公:群臣。　②何如尧舜:意思是说当今与尧舜时代比起来怎样啊。　③仆射:周伯仁在元帝时曾任尚书左仆射,其职权仅次于宰相。　④因:于是,就。厉声:大声。　⑤圣治:英明的治理。　⑥内:内宫。　⑦手诏:君主亲手写的诏书。　⑧廷尉:官名,主管刑狱。收:逮捕。　⑨诏出周:指下诏令释放了周伯仁。出:释放。　⑩省(xǐng):省视,探望。　⑪近:当初。

31. 王大将军当下①,时咸谓无缘尔②。伯仁曰③:"今主非尧舜,何能无过!且人臣安得称兵以向朝廷!处仲狼抗刚愎④,王平子何在⑤?"

[注释]①王大将军:指王敦,见本门28注③。当下:指王敦在永昌元年(公元322年),引兵沿江东下进犯京师建康。　②时:时人。咸:都。无缘:无缘无故。尔:这样。　③伯仁:周颛,字伯仁。　④处仲:王敦字处仲。狼抗:暴戾。刚愎:固执己见。　⑤王平子:王澄,字平子,琅邪临沂(今山东省内)人,王澄为荆州刺史,因滥杀流民,流民反抗,王澄兵败逃亡,途经王敦处,因言语失和,被王敦所杀。

32. 王敦既下①,住船石头②,欲有废明帝意。宾客盈坐③,敦知帝聪明,欲以不孝废之。每言帝不孝之状,而皆云:"温太真所说④,温尝为东宫率⑤,后为吾司马,甚悉之⑥。"须臾,温来,敦便奋其威容⑦,问温曰:"皇太子作人何似?"温曰:"小人无以测君子⑧。"敦声色并厉,欲以威力使从己⑨,乃重问温:"太子何以称佳?"温曰:"钩深致远⑩,盖非浅识所测;然以礼侍亲⑪,可称为孝。"

[注释]①下:指王敦举兵东下。 ②住船:将船停靠。石头:石头城,在建康附近,在魏晋时是军事要塞。 ③盈坐:满座。 ④温太真:温峤,字太真,曾任太子中庶子,后任王敦左司马。 ⑤东宫:太子居住的地方。率:卫率,官名,即太子的侍卫官。 ⑥悉:清楚,知道。 ⑦奋:振作。威容:严肃的面容。 ⑧测:度量。 ⑨从:服从。 ⑩钩深致远:语出《周易·系辞上》:"探赜索隐,钩深致远。"此处喻指才识广博精深。 ⑪侍亲:侍奉父母。

33. 王大将军既反,至石头,周伯仁往见之①。谓周曰:"卿何以相负②?"对曰:"公戎车犯正③,下官忝率六军④,而王师不振⑤,以此负公。"

[注释]①周伯仁:周顗,字伯仁。 ②何以:以何,为什么。相负:辜负我。相:在这里表示动作偏指一方。 ③戎车:兵车。犯正:以邪犯正,以下犯上,此处指谋反。 ④下官:周顗的谦称。忝(tiǎn):谦辞,愧。六军:指朝廷的军队,即王师。 ⑤王师不振:王敦攻陷石头城后,周顗等领兵反攻,结果大败。此处的"不振"是失败的委婉说法。

34. 苏峻既至石头①,百僚奔散②,唯侍中钟雅独在帝侧③。或谓钟曰:"见可而进④,知难而退⑤,古之道也。君性亮直⑥,必不容于寇仇⑦,何不用随时之宜⑧,而坐待其弊邪⑨?"钟曰:"国乱不能匡⑩,君危不能济⑪,而各逊遁以求免⑫,吾惧董狐将执简而进矣⑬。"

[注释]①苏峻:字子高,长广掖(今属山东省)人,少有才学,仕郡主簿,举孝廉。讨王敦有功,升任历阳太守。公元325年,晋成帝既立,王导、庾亮当政。苏峻恃功骄溢,有轻朝廷之心。朝廷内争中失势的王公亦多与苏峻勾结。祖约在寿春亦恃名望功劳,对朝廷深有不满。于是苏峻联结祖约,以诛执政庾亮为名,举兵反晋,攻入建康,大肆杀掠并专擅朝政,不久温峤、陶侃起兵讨伐,苏峻战败被杀。 ②百僚:百官。奔散:奔逃。 ③唯:只有。侍中:皇帝的侍从官员。钟雅:字彦胄,颍川长社(今河南省长葛)人,少孤,好学有才志,累迁至御史中丞。苏峻之难,钟雅为前锋监军假节,领精勇千人抵御苏峻。钟雅因兵少,不敢击,退还。不久王师败绩,钟雅与刘超侍卫天子,并为贼所害。帝:晋成帝。侧:旁边。 ④⑤两句:语出《左传·宣公十二年》,意思是说要见机行事。 ⑥性:品性。亮直:耿直。 ⑦于:此处表示被动语态。寇仇:仇敌,此处具体指苏峻。 ⑧随时之宜:指根据现实情况,采取适宜的措施,即权宜之计。 ⑨弊:祸害。 ⑩匡:匡扶。 ⑪济:扶助。 ⑫逊遁:逃避。免:免祸。 ⑬董狐:春秋时晋国的太史,亦称史狐。《左传·宣公二年》记载,晋灵公聚敛民财,残害臣民,执政大臣赵盾,多次苦心劝谏,灵公非但不改,反而欲杀赵盾。赵盾被逼无奈,只好出逃。后晋灵公被赵盾族弟赵穿带兵杀死,董狐以"赵盾弑其君"记载此事,后来孔子赞叹说:"董狐,古之良史也。"后世对不畏权贵、秉笔直书的史著,往往誉为"董狐之笔"。执:持。简:古代的书写材料,用竹或木制成。

35. 庾公临去①,顾语钟后事②,深以相委③。钟曰:"栋折榱崩④,谁之责邪?"庾曰:"今日之事,不容复言,卿当期克复之效耳⑤。"钟曰:"想足下不愧荀林父耳⑥!"

[注释]①庾公临去:庾公指庾亮。咸和三年(公元328年),苏峻攻入建康,庾亮领兵抵抗,兵败,逃往江州。 ②顾语:反复叮咛。钟:指钟雅。

③委：托付。 ④栋折榱崩：此处以房子倒塌来比喻国家倾覆。栋：脊檩。榱（cuī）：屋椽。 ⑤期：期望。克复：此处指打败苏峻，收复京师。效：成功。
⑥荀林父：据《左传》记载：楚庄王围郑，晋使荀林父率师救郑，与楚战于邲，晋师败绩。荀林父归，请死，晋平公将许之，士贞子谏而止，后林父果立战功。

36. 苏峻时①，孔群在横塘为匡术所逼②。王丞相保存术③，因众坐戏语④，令术劝群酒⑤，以释横塘之憾⑥。群答曰："德非孔子⑦，厄同匡人⑧。虽阳和布气⑨，鹰化为鸠⑩，至于识者⑪，犹憎其眼⑫。"

[注释]①苏峻时：指苏峻叛乱时。 ②孔群：字敬林，会稽山阴人，官至御史中丞。横塘：地名，在今南京市。匡术：苏峻的同党，跟从苏峻叛乱，兵败后降归晋朝。孔群与堂兄孔愉经横塘，遇匡术，孔愉与匡术交谈，孔群却不理，匡术欲杀孔群，经愉求情才得免。 ③王丞相：王导。保存：庇护、保全的意思。 ④⑤⑥三句：意思是王导趁大家笑谈之际，让匡术向孔群敬酒，试图以此来化解两人横塘结下的怨恨。释：消除。憾：怨恨。 ⑦⑧两句：据《家语》记载，孔子到宋国去，路过匡，匡简子派兵围攻孔子，子路想要反抗，被孔子阻止，曰："夫诗书之不讲，礼乐之不习，是丘之过也。若述先王之道而为咎者，非丘罪也，命也。"后子路弹剑，孔子和之，曲三终，匡人解甲而归。此句的意思是说："我的德行比不上孔子，可所遭的灾难却和孔子在匡地一样。"
⑨⑩⑪⑫四句：据《礼记》记载，仲春之月，鹰化为鸠。我国古代气象学中以一定物候来反衬一定节气，在二十四节气中，每一节气分三候，每一候记载着应时出现的物候现象，惊蛰三候是桃始华、仓庚鸣、鹰化鸠。鹰化为鸠，就是仲春之月的物候。此句的意思是指即便鹰变成鸠形，但认识它的鸟，仍然憎恨它的眼睛，以此来讥讽匡术。

37. 苏子高事平①，王、庾诸公欲用孔廷尉为丹阳②。乱离之后，百姓凋弊③。孔慨然曰④："昔肃祖临崩⑤，诸君亲升御床⑥,并蒙眷识⑦,共奉遗诏⑧。孔坦疏贱⑨,不在顾命之列⑩。既有艰难⑪,则以微臣为先⑫,今犹俎上腐肉⑬,任人脍截耳⑭!"于是拂衣而去⑮,诸公亦止⑯。

[注释]①苏子高:苏峻,字子高。事平:指叛乱被平定。 ②王、庾:指王导和庾亮。孔廷尉:孔坦,字君平,官至廷尉卿。为丹阳:任丹阳(郡名,治所在今江苏南京)尹。 ③凋弊:生活困苦。 ④慨然:感情愤激的样子。 ⑤肃祖:晋明帝司马绍的庙号。崩:《礼记·曲礼》记:"天子死曰崩,诸侯死曰薨,大夫死曰卒,士曰不禄,庶人曰死。" ⑥亲升御床:亲自走到皇帝的御座旁。 ⑦蒙:敬辞,承蒙。眷识:恩待赏识。 ⑧奉:接受。遗诏:先帝的遗命。 ⑨疏贱:粗疏卑微。 ⑩顾命:指天子临死之时,将身后事托付给朝臣。 ⑪艰难:指事态危急。 ⑫微臣:孔坦自己的谦称。以……为先:把……置于前头。 ⑬犹:好像。俎(zǔ):切肉的砧板。 ⑭脍(kuài):细切。截:切截。 ⑮拂衣:抖甩衣服,表示生气。 ⑯诸公亦止:意思是说各位大臣也就再也不提孔坦任命的事情了。

38.孔车骑与中丞共行①,在御道逢匡术②,宾从甚盛③,因往与车骑共语④。中丞初不视⑤,直云⑥:"鹰化为鸠⑦,众鸟犹恶其眼⑧。"术大怒,便欲刃之⑨。车骑下车抱术曰:"族弟发狂,卿为我宥之⑩。"始得全首领⑪。

[注释]①孔车骑:孔愉,字敬康,会稽山阴人,累迁尚书左仆射,赠车骑将军,故称。中丞:即孔愉的堂弟孔群。 ②御道:京城内皇帝巡行时所走的官道。匡术:见本门36注②。 ③宾从:宾客和侍从。盛:多。 ④因:于是。往:到……去。此句意思指匡术前往和孔愉交谈。 ⑤初不:全不。 ⑥直:只是。 ⑦⑧两句:见本门36注⑨⑩⑪⑫四句。 ⑨刃:杀。 ⑩宥(yòu):赦免,宽恕。 ⑪全首领:指保全性命。

39.梅颐尝有惠于陶公①。后为豫章太守②,有事③,

王丞相遣收之④。侃曰:"天子富于春秋⑤,万机自诸侯出⑥,王公既得录⑦,陶公何为不可放⑧?"乃遣人于江口夺之⑨。颐见陶公,拜⑩,陶公止之⑪。颐曰:"梅仲真膝,明日岂可复屈邪⑫?"

[注释]①梅颐:字仲真,汝南西平(今河南省西平境内)人,元帝初任豫章太守。梅颐之弟叫梅陶,字叔真。陶公:即陶侃。据邓粲《晋纪》记载:"初有谮侃于王敦者,乃以从弟廙代侃为荆州,左迁侃广州。侃文武距廙而求侃。敦闻大怒。及侃将莅广州,过敦,敦陈兵欲害侃,敦咨议参军梅陶谏敦,乃止……"按史书所叙,则有惠于陶侃者是梅陶,不是梅颐。尝:曾经。惠:恩惠。于:引出动作的对象,可翻译为"对于"。 ②为:担任。豫章:郡名,在今江西省南昌市。 ③有事:犯事。 ④王丞相:王导。遣:派人。收:收狱,逮捕。 ⑤富于春秋:指人正年轻,精力旺盛。 ⑥万机:纷繁的政务。此句意思指天子年富力强,而国家的政务却由诸侯处理,暗讽王导专权。 ⑦王公:指王导。得:能够。录:逮捕。 ⑧陶公:陶侃的自称。 ⑨夺:抢夺,指从王导手下解救。 ⑩拜:跪拜叩头,一种表示恭敬的礼节。 ⑪止:阻止。 ⑫明日:指日后。岂:表示反问,难道。屈:屈膝。此句意思指梅仲真是不肯轻易向人屈膝的。

40. 王丞相作女伎①,施设床席②。蔡公先在坐③,不说而去④。王亦不留。

[注释]①王丞相:即王导。作:设置,安排。女伎:歌舞女。此句意思是说王导安排女伎表演。 ②施设:布置,摆设。床席:坐具。 ③蔡公:蔡谟,字道明,济阳考城(今河南省民权)人,博学有识,历仕晋元帝至康帝四朝,曾讨伐苏峻叛乱,曾任中书侍郎、扬州刺史等职。坐:通"座"。 ④说:通"悦",高兴。去:离开。

41. 何次道、庾季坚二人并为元辅①。成帝初崩②,于时嗣君未定③。何欲立嗣子④,庾及朝议以外寇方强⑤,嗣子冲幼⑥,乃立康帝⑦。康帝登阼⑧,会群臣,谓何曰:"朕今所以承大业,为谁之议?"何答曰:"陛下龙飞⑨,此是庾冰之功,非臣之力。于时用微臣之议⑩,今不睹盛明之世。"帝有惭色⑪。

[注释]①何次道:何充,字次道。庾季坚:庾冰,字季坚,太尉庾亮之弟,累迁车骑将军、江州刺史。元辅:辅政大臣,此处指宰相。 ②成帝:司马衍,字世根,明帝长子,在位十七年。崩:古人对"死"有许多讳称,《礼记·曲礼》记载:"天子死曰崩,诸侯死曰薨,大夫死曰卒,士曰不禄,庶人曰死。" ③嗣君:即位的皇帝,用以称皇太子,也称之为储君。 ④嗣子:君主的嫡长子。 ⑤朝议:朝中评议。外寇:指在北方建国的胡族。方:正。 ⑥冲幼:年龄幼小。 ⑦康帝:司马岳,成帝的同母弟,于咸康八年(公元342年)继承帝位。⑧登阼:即帝王位。 ⑨龙飞:比喻帝王即位。语本《周易·乾》:"飞龙在天,利见大人。" ⑩用:采用。微臣:何充自谦之词。议:意见。 ⑪惭色:惭愧的神情。

42. 江仆射年少①,王丞相呼与共棋②。王手尝不如两道许③,而欲敌道戏④,试以观之⑤。江不即下⑥,王曰:"君何以不行⑦?"江曰:"恐不得尔。"傍有客曰:"此年少戏乃不恶⑧。"王徐举首曰⑨:"此年少非唯围棋见胜⑩。"

[注释]①江仆射:指江彪,见本门25注④。 ②王丞相:指王导。棋:指下围棋。 ③手:指下棋的技艺。道:棋局上棋子的行列。许:左右。 ④敌道戏:对等地下棋,即不让子对下。敌道:平手。 ⑤试以观之:试图以此来观察江彪。 ⑥即下:即刻下棋。 ⑦行:走棋。 ⑧不恶:不错。 ⑨徐:慢慢地。举首:抬起头。 ⑩见胜:见长。

43. 孔君平疾笃①,庾司空为会稽②,省之③。相问讯甚至④,为之流涕⑤。庾既下床⑥,孔慨然曰⑦:"大丈夫将终⑧,不问安国宁家之术⑨,乃作儿女子相问⑩。"庾闻,回谢之⑪,请其话言⑫。

[注释]①孔君平:孔坦,字君平。笃:(病)重。 ②庾司空:即庾冰,庾亮的弟弟,庾冰死后赠司空,故称。为会稽:担任会稽内史。 ③省:省视,探望。 ④问讯:问候。甚至:备至。 ⑤流涕:流泪。 ⑥床:坐榻。 ⑦慨然:感慨的样子。 ⑧大丈夫:孔君平自称。终:死。 ⑨"安"、"宁":在此处均用作使动词:使……安宁。术:方法,策略。 ⑩乃:却。儿女子:妇孺之辈。问:慰问。 ⑪回:转身。谢:道歉。 ⑫请其话言:请问孔君平要说的话,即请孔君平留下遗言。

44. 桓大司马诣刘尹①,卧不起。桓弯弹弹刘枕②,丸迸碎床褥间③。刘作色而起④,曰:"使君⑤,如馨地⑥,宁可斗战求胜⑦?"桓甚有恨容⑧。

[注释]①桓大司马:即桓温,曾任大司马。诣:到……去,拜访。刘尹:即刘惔,曾任丹阳尹。 ②弯弹:拉弯弹弓。弹刘枕:弹射刘尹的枕头。 ③丸迸碎床褥间:意思是说弹丸射到枕头,迸裂破碎,散落在床褥之间。按:古人常用陶材质或石头做枕头。 ④作色:变了脸色,指神情变得严肃或生气。 ⑤使君:称呼桓温,桓温曾为徐州刺史,刘惔属徐州人,故呼桓温为使君。 ⑥如馨:晋宋时俗语,犹如此、这样。 ⑦宁:岂可。因为桓温乃行伍出身,故士族出身的刘惔用这句话讽刺他,意思是说桓温做什么事情都离不开本行。 ⑧恨容:不满的神色。

45. 后来年少多有道深公者①,深公谓曰:"黄吻年少②,勿为评论宿士③。昔尝与元、明二帝④,王、庾二公周旋⑤。"

[注释]①后来:后成长起来的,后辈。年少:年轻男子。深公:竺法深,晋时高僧。 ②黄吻:幼儿。鸟雏口黄未褪,看着像黄吻,用以比喻人年纪轻。 ③宿士:资深之士。 ④元、明二帝:晋元帝司马睿、晋明帝司马绍。 ⑤王、庾:指王导、庾亮。周旋:打交道,应酬。

46. 王中郎年少时①,江虨为仆射②,领选③,欲拟之为尚书郎④。有语王者,王曰:"自过江来⑤,尚书郎正用第二人⑥,何得拟我?"江闻而止。

[注释]①王中郎:即王坦之,曾任北中郎将,时称王中郎。 ②江虨:见本门25注④。仆射:魏晋南北朝尚书省的长官,为尚书令之副。 ③领:兼任。选:指选曹,官名,主铨选官吏事。 ④拟:打算。尚书郎:官名,晋时此职主管文书起草,有劳苦之怨,而无实权之惠,成为寒士应聘之位。 ⑤过江:指东晋建国。 ⑥正:仅,只。第二人:第二流的人,魏晋时看重出身门第,第二流的人即出身寒微的人,王坦之出身望族,故不屑此职。

47. 王述转尚书令①,事行便拜②。文度曰③:"故应让杜许④。"蓝田云:"汝谓我堪此不⑤?"文度曰:"何为不堪?但克让自是美事⑥,恐不可阙⑦。"蓝田慨然曰:"既云堪,何为复让?人言汝胜我⑧,定不如我⑨。"

[注释]①王述:字怀祖,太原晋阳(今山西省太原市西南古城)人,少孤,安贫守约,不求闻达,袭爵蓝田侯,又称王蓝田。转:迁官。尚书令:官名,尚书省长官,晋时相当于宰相。 ②事行便拜:意思是任命公文一下来,就去上任。拜:接受官职,上任。 ③文度:王坦之,字文度,王述的儿子。 ④让杜许:谦让给杜许(杜许未详何人)。 ⑤谓:认为,以为。堪:能够(胜任)。不:同"否"。 ⑥但:只是。克:能够。让:辞让。美事:令人称颂的事情。

⑦阙:同"缺"。 ⑧人言:别人说。 ⑨定:终究,毕竟。不如:比不上。王述在此批评了王坦之不实事求是,而沿袭官场世故的作风。

48.孙兴公作《庾公诔》①,文多托寄之辞②。既成,示庾道恩③。庾见,慨然送还之④。曰:"先君与君⑤,自不至于此⑥。"

[注释]①孙兴公:孙绰,字兴公。太原中都(今山西省平遥西南)人,迁居会稽(今浙江绍兴),是东晋士族中很有影响的名士。绰袭父爵为长乐侯,官拜太学博士、尚书郎。哀帝时,迁散骑常侍,统领著作郎。《庾公诔》:庾公,此指庾亮。诔:一种叙述死者生前事迹、表示对死者的哀悼之情的文体。孙绰集载此诔文曰:"咨予与公,风流同归。拟量托情,视公犹师。君子之交,相与无私。虚中纳是,吐诚诲非。虽实不敏,敬佩弦韦。永载话言,口诵心悲。" ②托寄之辞:假托不实的话。 ③庾道恩:庾羲,字叔和,小名道恩,庾亮第三子,曾任建威将军,吴国内史。 ④慨然:感慨的样子。送还:退回。 ⑤先君:已故的父亲。 ⑥自不至于此:不至于如《庾公诔》中所言那般亲密。

49.王长史求东阳①,抚军不用②。后疾笃③,临终④,抚军哀叹曰:"吾将负仲祖⑤。"于此命用之⑥。长史曰:"人言会稽王痴⑦,真痴。"

[注释]①王长史:王濛,字仲祖,曾为司徒左长史,故称。求东阳:求任东阳太守。 ②抚军:简文帝司马昱,曾任抚军将军,故称。 ③疾笃:病势沉重。 ④临终:即将死亡。 ⑤负:对不起。 ⑥于此:于是,晋时常用语。 ⑦会稽王:简文帝在即位前曾被封为会稽王。痴:实心眼。

50.刘简作桓宣武别驾①,后为东曹参军②,颇以刚直见疏③。尝听记④,简都无言。宣武问:"刘东曹何以不下意⑤?"答曰:"会不能用⑥。"宣武亦无怪色⑦。

[注释]①刘简:字仲约,南阳(今属河南省)人,官至大司马参军。桓宣武:大司马桓温。别驾:官名,州刺史佐史,也称别驾从事史,刺史出巡,别乘传车随行,故称别驾。 ②东曹参军:曹,官署之称,魏晋时期军府分东、西曹,各置参军,参议军事。 ③见疏:被疏远。 ④听记:听教令,或曰听讯,即听审、听断之义。 ⑤下意:表达意见。 ⑥会:应当,终究。 ⑦怪色:责怪的表情。

51. 刘真长、王仲祖共行①,日旰未食②,有相识小人贻其餐③,肴案甚盛④,真长辞焉。仲祖曰:"聊以充虚⑤,何苦辞⑥?"真长曰:"小人都不可与作缘⑦。"

[注释]①刘真长:刘惔,字真长。王仲祖:王濛,字仲祖。 ②日旰(gàn):天色晚,日暮。 ③小人:魏晋时重视门第观念,士族把普通百姓称作小人。贻:赠送。餐:指饭食。 ④肴案:饭菜。案:古代有短脚、盛食物的木托盘。 ⑤聊以:姑且。充虚:犹充饥。 ⑥辞:拒绝,推辞。 ⑦都:全。作缘:结缘,打交道。

52. 王修龄尝在东山①,甚贫乏②。陶胡奴为乌程令③,送一船米遗之④。却不肯取⑤,直答语⑥:"王修龄若饥,自当就谢仁祖索食⑦,不须陶胡奴米⑧。"

[注释]①王修龄:王胡之,字修龄。东山:山名,在会稽郡,东晋名士常隐居于此。 ②甚:很。贫乏:贫困。 ③陶胡奴:陶范,字道则,小字胡奴,陶侃第十子,在陶侃诸子中最知名,历尚书秘书监。乌程令:乌程县令。乌程,县名,在今浙江省湖州。 ④遗(wèi):赠送。 ⑤却:推辞。 ⑥直:径直。 ⑦就:到。谢仁祖:即谢尚。索:讨要。 ⑧不须:不用,不要。王修龄拒绝赠米,疑是出于门第之见。王、谢是士族,陶氏本出身寒门,虽有大功也不易跻身士族之列。

53. 阮光禄赴山陵①,至都②,不往殷、刘许③,过事便还④,诸人相与追之。既亦知时流必当逐己⑤,乃遄疾而去⑥,至方山不相及⑦。刘尹时为会稽⑧,乃叹曰:"我入⑨,当泊安石渚下耳⑩,不敢复近思旷傍⑪。伊便能捉杖打人⑫,不易⑬。"

[注释]①阮光禄:即阮裕,字思旷,曾任光禄大夫,故称。山陵:帝王陵墓,此处指公元342年成帝死,葬在兴平陵,阮裕闻之,前往拜祭。 ②至都:指到了东晋都城建康。 ③殷、刘:指殷浩、刘惔。许:处所。 ④过事:办完事情。 ⑤既:又作"阮"。时流:指当时的名流。逐己:追赶自己。 ⑥遄(chuán)疾:迅速地。 ⑦至方山不相及:意思是说诸人追赶阮裕,直到方山,都没有赶上。方山:山名,在今江苏江宁东。 ⑧刘尹:指刘惔,当时刘惔担任会稽郡守。 ⑨⑩⑪⑫⑬几句:"我要是到了会稽郡,一定得把船停靠在安石渚,不敢再靠近阮裕旁,他即便手上拿着棍子来打,我也不改变主意。"当时阮裕、谢安(安石)都在会稽东山隐居,而谢安是刘惔的妹婿,且其平日携妓游赏,结交名流,阮裕静处,自守其志,不与人交,故刘惔这样说。泊:停靠船舶。渚:小洲。杖:刑具。傍:同"旁"。

54. 王、刘与桓公共至覆舟山看①,酒酣后②,刘牵脚加桓公颈③,桓公甚不堪④,举手拨去。既还⑤,王长史语刘曰⑥:"伊讵可以形色加人不⑦?"

[注释]①王、刘与桓公:指王濛、刘惔和桓温。覆舟山:在今南京,东连钟山,北临玄武湖,形如覆舟,故有此名。看:游览。 ②酒酣:喝酒到兴致高、有醉意。 ③牵脚:提起脚。加:放置。 ④不堪:不能忍受。 ⑤既还:回来后。 ⑥语:对……说。 ⑦伊:他。讵(jù):难道。形色加人:犹给人脸色看。不:同"否"。

55. 桓公问桓子野①:"谢安石料万石必败②,何以不谏③?"子野答曰:"故当出于难犯耳④。"桓作色曰⑤:"万石挠弱凡才⑥,有何严颜难犯⑦!"

[注释]①桓公:即桓温。桓子野:桓伊,字叔夏,小字子野,谯国铚县(今安徽省宿州)人。桓伊少有才艺,善声律,累迁豫州刺史,赠右将军。 ②谢安石:谢安,字安石。料:揣度,料想。万石:谢万,字万石,谢安的弟弟。谢万曾任豫州刺史,在晋穆帝升平三年,受命北伐燕国。可是他骄傲自大,不能安抚将士,结果未遇敌而兵溃。 ③何以:以何,为什么。据本书《简傲》记载:"谢公甚器爱万,而审其必败,乃俱行,从容谓万曰:'汝为元帅,宜数唤诸将宴会,以说众心。'"推此而言,谢安曾劝勉谢万体恤将士,与此处记载不一致。 ④犯:冒犯,冲撞。 ⑤作色:脸上变色,指神情变严肃或发怒。 ⑥挠弱:懦弱。凡才:平庸的人。 ⑦严颜:威严的颜容。

56. 罗君章曾在人家①,主人令与坐上客共语②,答曰:"相识已多,不烦复尔③。"

[注释]①罗君章:罗含,字君章,桂阳枣阳(今属湖北省)人,临海太守罗彦的曾孙,累迁散骑常侍、廷尉、长沙相等官职。 ②令:让。坐:同"座"。 ③不烦:不耐烦。尔:这样。

57. 韩康伯病①,拄杖前庭消摇②,见诸谢皆富贵,轰隐交路③,叹曰:"此复何异王莽时④!"

[注释]①韩康伯:韩伯,字康伯,东晋玄学思想家,颍川长社(今河南省长葛)人,历任豫章太守、丹阳尹、吏部尚书。病:生病。在古汉语中,"病"常指病得很重,"疾"则常指一般的生病。 ②拄杖:拄着手杖。前庭:正屋前的庭院。消摇:同"逍遥",指散步。 ③轰隐:象声词,车马行声。交路:遍布道路。 ④此复何异王莽时:意思是说谢氏家族的显赫与汉代的王莽时期没有什么两样。王莽:本为西汉的外戚,西汉末,王莽独揽朝政,接着自立为王,改

国号为新,王莽在位时,其宗族共有十侯、五大司马,气焰嚣张。

58. 王文度为桓公长史时①,桓为儿求王女,王许咨蓝田②。既还,蓝田爱念文度③,虽长大犹抱著膝上④。文度因言桓求己女婚。蓝田大怒,排文度下膝⑤,曰:"恶见⑥!文度已复痴⑦,畏桓温面。兵⑧,那可嫁女与之!"文度还报云⑨:"下官家中先得婚处⑩。"桓公曰:"吾知矣,此尊府君不肯耳⑪。"后桓女遂嫁文度儿⑫。

[注释]①王文度:王坦之,字文度。为:担任。桓公:桓温。长史:官名,最早设置于汉代,为幕僚之属的长官。 ②许:答应。咨:询问,商量。蓝田:王蓝田,即王述,王文度的父亲。 ③爱念:疼爱。 ④犹:还,仍然。抱著膝上:抱在腿上。 ⑤排:推开。 ⑥恶见:讨厌看见。 ⑦已复:竟然。痴:痴呆。 ⑧兵:军人,此称桓温的儿子。桓温虽为桓荣之后,桓彝之子,但桓彝之先世名位不昌,不在名门贵族之列。故桓温虽位极人臣,而当时士大夫犹鄙其家世门第,不以士流处之,正是基于这种门第观念,所以王述不肯把孙女许配给桓温的儿子。 ⑨报:答复。 ⑩下官:王文度的自谦之辞。先得婚处:原先已有约为婚姻的人家。 ⑪尊府君:对他人父亲的尊称。 ⑫后桓女遂嫁文度儿:据《晋书·王恺传》,王坦之子王愉为桓温的女婿。刘孝标注引《王氏谱》曰:"坦之子恺,娶桓温第二女……"按当时的门第观念,名门之女,必不可下嫁寒族,可寒族之女,却可嫁给名门,所以有桓温女嫁王文度之子一事。

59. 王子敬数岁时①,尝看诸门生樗蒲②,见有胜负,因曰:"南风不竞③。"门生辈轻其小儿④,乃曰:"此郎亦管中窥豹,时见一斑⑤。"子敬瞋目曰⑥:"远惭荀奉倩⑦,近愧刘真长⑧。"遂拂衣而去⑨。

[注释]①王子敬:即王献之,字子敬。 ②门生:依附世族在其门下供役使的人。樗蒱(chū pú):古代的一种游戏,似掷骰子。 ③南风不竞:《左传·襄公十八年》:楚伐郑,师旷曰:"不害,吾骤歌北风,又歌南风。南风不竞,多死声,楚必无功。"南风:南方的音乐。不竞:指乐音微弱。原指南音微弱不强劲,预示着处在南方的楚军战不能胜。此处是喻指樗蒱的胜负。 ④轻:轻视。小儿:小孩。 ⑤郎:僮仆称其主人之子。管中窥豹,时见一斑:从竹管的小孔里看豹,只看到豹身上的一块斑纹。比喻只看到事物的一部分,指所见不全面或略有所得,在此处用以讽喻王献之的一知半解。 ⑥瞋(chēn)目:瞪大眼睛,表示愤怒。 ⑦荀奉倩:荀粲,字奉倩。 ⑧刘真长:刘惔,字真长。荀粲和刘惔二人为人清高,不与俗人交往。王献之与门生语,且招致侮辱,故云。 ⑨拂衣:挥动衣服,形容激动或愤激。

60. 谢公闻羊绥佳①,致意令来②,终不肯诣③。后绥为太学博士④,因事见谢公,公即取以为主簿⑤。

[注释]①谢公:即谢安。羊绥:字仲彦,太山(今山东省内)人,官至中书侍郎。佳:优秀。 ②致意:向人表达真实的心意。 ③终:终究。诣:拜见。 ④太学:古代学校名,即国学,始创于西汉武帝时期,鼎盛于东汉。其后,经曹魏、西晋,洛阳太学至北朝末衰落,历时六七百年。博士:官职名,博士的任务主要为掌教弟子,当国有疑事时亦要掌承问对。 ⑤取:任用。主簿:官名,汉代中央及郡县官署多置之,其职责为主管文书办理事务,到魏晋时渐为将帅重臣的主要僚属参与机要总领府事。

61. 王右军与谢公诣阮公①,至门,语谢②:"故当共推主人③。"谢曰:"推人正自难④。"

[注释]①王右军:王羲之。谢公:谢安。阮公:阮裕。 ②语:告诉。 ③推:推崇,推重。 ④正自:恰好,就是。

62. 太极殿始成①,王子敬时为谢公长史②,谢送版使王题之③。王有不平色④,语信云⑤:"可掷箸门外。"谢后见王曰:"题之上殿何若⑥,昔魏朝韦诞诸人⑦,亦自为也⑧。"王曰:"魏阼所以不长⑨。"谢以为名言。

[注释]①太极殿:晋宫殿名。 ②王子敬:王献之。为:担任。谢公:谢安。长史:秦时为丞相属官,相当于丞相的秘书长;两汉以后成为将军属官,是幕僚之长。 ③版:即牍,用来书写的木简,版通常作方形,故又称"方";孔颖达《春秋左传正义》云:"简之所容,一行字耳。牍乃方版,版广于简,可以并容数行。凡为书,字有多有少。一行可书者,书之于简;数行可尽者,书之于方;方所不容者,乃书于策。" ④平:满意。 ⑤信:使者,此处指被谢安差遣来送版的人。 ⑥⑦⑧三句:比起到殿顶上去题字怎么样,过去魏国的韦诞等人,也是这样做了的啊。据《晋书·王献之传》记载:"太元中,新起太极殿,安欲使献之题榜,以为万代宝,而难言之,试谓曰:'魏时,陵云殿榜未题,而匠者误钉之,不可下,乃使韦仲将悬橙书之。比讫,须鬓尽白,裁余气息。还语子弟,宜绝此法。'献之揣知其旨,正色曰:'仲将,魏之大臣,宁有此事?使其若此,有以知魏德之不长也。'安遂不之逼。" ⑨阼:国运。

63. 王恭欲请江卢奴为长史①,晨往诣江,江犹在帐中。王坐,不敢即言②,良久乃得及③。江不应,直唤人取酒④,自饮一碗,又不与王⑤。王且笑且言⑥:"那得独饮⑦?"江云:"卿亦复须邪⑧?"更使酌与王⑨。王饮酒毕,因得自解去⑩。未出户⑪,江叹曰:"人自量⑫,固为难⑬。"

[注释]①王恭:字孝伯,太原晋阳人。祖父王濛,司徒左长史,风流标望。父亲王蕴,亦得世誉。王恭清廉贵峻,历丹阳尹、中书令等职。江卢奴:江敳,字仲凯,小字卢奴,济阳考城(今河南省民权)人,历黄门侍郎、骠骑咨议等职。为:担任。 ②不敢即言:不敢马上说明来意。 ③良久:好一会儿。乃:才。

得:能够。及:表达来意的意思。 ④直:径直。 ⑤与:给。 ⑥且……且:一边……一边。 ⑦那得:怎么能够。 ⑧须:同"需"。 ⑨更:再。酌:斟酒。 ⑩解:脱身。去:离开。 ⑪户:家门。 ⑫自量:自己估量自己。 ⑬固:本来。

64. 孝武问王爽①:"卿何如卿兄②?"王答曰:"风流秀出③,臣不如恭;忠孝亦何可以假人④。"

[注释]①孝武:晋孝武帝司马曜。王爽:字季明,太原晋阳(今山西省境内)人,忠孝正直,是王恭的弟弟。 ②卿何如卿兄:你和你的哥哥相比,怎么样啊。 ③风流秀出:风采特异,才华出众。 ④假人:给予人,意思是不比人逊色。

65. 王爽与司马太傅饮酒①,太傅醉,呼王为小子②。王曰:"亡祖长史③,与简文皇帝为布衣之交④;亡姑、亡姊⑤,伉俪二宫⑥。何小子之有!"

[注释]①司马太傅:指司马道子,简文帝司马昱第五子,封会稽王,领司徒、扬州刺史,晋太傅。后为桓玄所害。 ②小子:对人的不敬之称。 ③亡祖:称已死的祖父,王爽的祖父王濛曾任司徒左长史。 ④布衣之交:指不在乎身份地位的交往。 ⑤⑥两句:王爽的姑姑为王濛之女,讳穆之,为哀帝皇后。王爽的姐姐为王蕴之女,讳法惠,为孝武皇后。

66. 张玄与王建武先不相识①,后遇于范豫章许②。范令二人共语③。张因正坐敛衽④。王孰视良久⑤,不对⑥。张大失望,便去。范苦譬留之⑦,遂不肯住⑧。范是王之舅⑨,乃让王曰⑩:"张玄,吴士之秀⑪,亦见遇于时⑫,而使至于此⑬,深不可解。"王笑曰:"张祖希若欲相识,自应见诣⑭。"范驰报张⑮,张便束带造之⑯。遂举觞对语⑰,宾主无愧色。

[注释]①张玄:亦名玄之,字祖希,与谢玄并称南北二玄。王建武:即王忱,字元达,北平将军王坦之第四子。王忱初作荆州刺史,后为建武将军,所以人称王建武。王忱性情放达不拘礼法,晚年尤嗜酒,一饮连月不醒,或裸体而游,每叹三日不饮,便觉形神不相亲。卒于官,谥曰穆。先:先前。 ②范豫章:范宁,字武子,颍阳(今河南省许昌市南)人,曾任豫章太守,故称。许:处所。 ③令:让。共语:交谈。 ④因:于是。敛衽:整理衣襟,表示恭敬。 ⑤孰视:注目细看。孰:同"熟"。 ⑥对:应答。 ⑦苦譬留之:再三挽留。譬:晓喻,使人知晓。 ⑧遂:表示最后的结果,终于,到底。 ⑨范是王之舅:范宁之妹为王忱之母,故云。 ⑩让:责备。 ⑪秀:德行才艺出众的人。 ⑫见遇:被礼遇,被敬重。 ⑬而使至于此:指让张玄受冷落。 ⑭自应见诣:自然应该到我的府中来拜谒我。 ⑮驰报:奔赴报告。 ⑯束带:指整饰衣冠。造:拜访。 ⑰遂:于是。觞(shāng):盛满酒的杯,亦泛指酒器。

雅量 第六

1. 豫章太守顾劭①,是雍之子②。劭在郡卒,雍盛集僚属自围棋③,外启信至④,而无儿书⑤,虽神气不变⑥,而心了其故⑦。以爪掐掌⑧,血流沾褥⑨。宾客既散,方叹曰:"已无延陵之高⑩,岂可有丧明之责⑪!"于是豁情散哀⑫,颜色自若。

[注释]①豫章:郡名,治所在今江西南昌。顾劭(shào):一作顾邵,字孝则,三国吴郡(今江苏苏州)人,二十七岁为豫章太守,举善以教民,风化大行,在郡五年卒。 ②雍:字元叹,累迁尚书令,封阳遂乡侯。 ③盛集:大集。僚属:下属。自:正。围棋:古代的一种博戏。 ④外:外仆。启:禀报。信:信使。 ⑤书:书信。 ⑥神气不变:神态气色没有变化。 ⑦了:清楚,明白。故:原委。 ⑧爪:指甲。 ⑨褥:坐垫。 ⑩已无延陵之高:即使没有季札那么高蹈。延陵:指季札,春秋时吴国公子,封于延陵(今江苏武进),故称延陵季子。《礼记·檀弓下》载:延陵季子长子死,葬时"其坎深不至于泉,其敛以时服",并云"骨肉归复于土,命也",孔子谓其合礼。 ⑪丧明之责:《礼记·檀弓上》载,春秋时子夏丧子,因悲哭而眼睛失明,曾子前去吊问,指责他哀伤危身。 ⑫豁情散哀:开豁情怀,散发悲哀。

2. 嵇中散临刑东市①,神气不变,索琴弹之②,奏《广陵散》③。曲终,曰:"袁孝尼尝请学此散④,吾靳⑤,固不与⑥,《广陵散》于今绝矣!"太学生三千人上书⑦,请以为师,不许。文王亦寻悔焉⑧。

[注释]①嵇中散:嵇康,曾任魏中散大夫,故称。临刑东市:将被处死。嵇康与吕安友善,吕安因事入狱,嵇康被钟会诬陷受牵连,又嵇康与魏宗室有婚,遭司马氏嫉恨,最终被杀。东市:汉代在长安东市处决判死刑的犯人,后以"东市"泛指刑场。 ②索:索要。 ③《广陵散》:古琴曲名。散:曲名,如操、弄、掺、淡、序、引之类。 ④袁孝尼:袁准,字孝尼,陈郡阳夏(今河南省太康)人,忠信居正,不耻下问,著书十万余言,官给事中。 ⑤靳(jìn):吝啬。 ⑥固:坚决。不与:指不传授。 ⑦太学生:朝廷在京城设置的最高学府的学生。 ⑧文王:指司马昭,他在魏被封晋王,死后谥文王。寻:不久。

3.夏侯太初尝倚柱作书①,时大雨,霹雳破所倚柱②,衣服焦,然神色无变,书亦如故。宾客左右皆跌荡不得住③。

[注释]①夏侯太初:夏侯玄,字太初,三国谯(今安徽省亳州)人,曾任魏征西将军。大将军司马师专权,夏侯玄与李丰等人欲谋杀司马师并夺取司马氏在魏的权力,事情泄露被杀。尝:曾经。倚:靠。作书:写作书信。 ②霹雳:迅雷。 ③跌荡不得住:震荡得站立不稳。

4.王戎七岁①,尝与诸小儿游。看道边李树多子②,折枝③。诸儿竞走取之④,唯戎不动。人问之,答曰:"树在道边而多子,此必苦李。"取之,信然⑤。

[注释]①王戎:字濬冲,晋琅邪临沂(治所在今山东省临沂北)人,与阮籍、嵇康友善,"竹林七贤"之一。 ②子:果子,果实。 ③折枝:树枝被压弯。 ④竞:争相。走:跑。取:采摘。 ⑤信然:果然如此。

5. 魏明帝于宣武场上断虎爪牙①,纵百姓观之②。王戎七岁,亦往看。虎承间攀栏而吼③,其声震地,观者无不辟易颠仆④,戎湛然不动⑤,了无恐色⑥。

[注释]①魏明帝:曹叡,字元仲,魏第二代君主。宣武场:魏讲武场所。②纵:放纵,听任。 ③承间(jiàn):乘间隙。攀:攀爬。栏:栏杆。 ④辟易:躲避。颠仆:跌倒。 ⑤湛(zhàn)然:安然。 ⑥了:根本。

6. 王戎为侍中①,南郡太守刘肇遗筒中笺布五端②,戎虽不受,厚报其书③。

[注释]①侍中:官职名。秦始置,两汉沿置,侍从皇帝左右,出入宫廷,与闻朝政,逐渐变为亲信贵重之职。晋以后,曾相当于宰相。 ②南郡:郡名,治所在今湖北江陵。刘肇:生平不详。遗(wèi):赠送。筒中笺布:一种优质细布。端:古代布匹长度单位,两丈为一端。 ③厚:盛情地。报:回复。书:信。

7. 裴叔则被收①,神气无变,举止自若。求纸笔作书,书成,救者多,乃得免。后位仪同三司②。

[注释]①裴叔则:裴楷,字叔则,晋闻喜(今山西省闻喜)人,有识量,精通《老子》《周易》,官至中书令。被收:被关押。裴楷与杨骏为儿女亲家,杨骏因罪被杀,裴楷被牵连入狱。 ②位:居位,官位。三司:官名,三司即三公,汉称太尉、司徒、司空为三司。"仪同三司"谓非三司而仪制同于三公。

8. 王夷甫尝属族人事①,经时未行②,遇于一处饮燕③,因语之曰:"近属尊事④,那得不行⑤?"族人大怒,便举樏掷其面⑥。夷甫都无言⑦,盥洗毕,牵王丞相臂,与共载去⑧。在车中照镜,语丞相曰:"汝看我眼光,乃出牛背上⑨。"

[注释]①王夷甫:王衍,字夷甫,王戎从弟,后被石勒所害。属:同"嘱",嘱托。族人:同族人。 ②经时:经过一段时间。行:办好。 ③一处:一同。饮燕:饮酒宴会。燕:同"宴"。 ④近属尊事:不久前拜托您的事。 ⑤那得:哪得,怎么。 ⑥榼(lěi):盛食品的扁盒,中间有隔,形制不一。 ⑦都:全。 ⑧共载去:同车离开。 ⑨出牛背上:语意不太确切,或为当时口语。刘孝标注云:"王夷甫盖自谓风神英俊,不至与人校。"盖牛好斗,王衍不与人斗,故有此语。

9. 裴遐在周馥所①,馥设主人②。遐与人围棋,馥司马行酒③。遐正戏④,不时为饮⑤,司马恚⑥,因曳遐坠地⑦。遐还坐⑧,举止如常,颜色不变⑨,复戏如故。王夷甫问遐⑩:"当时何得颜色不异?"答曰:"直是暗当故耳⑪。"

[注释]①裴遐:字叔道,晋河东闻喜人,少有理称,辟司空掾、散骑郎。周馥:字祖宣,汝南(今河南省汝南)人,官至镇东将军。 ②设主人:做东道主宴请客人。 ③司马:魏晋时,州刺史带将军开府者,置府僚司马。行酒:依次斟酒劝引。 ④戏:博戏,此指围棋。 ⑤不时为饮:没及时饮酒。 ⑥恚(huì):愤怒,怨恨。 ⑦因:于是。曳(yè):拖,拽。 ⑧还坐:坐回座位。 ⑨颜色:脸色,神色。 ⑩王夷甫:王衍,见本门8注①。 ⑪直是:只是。暗当:隐忍。刘孝标注云:"一作'暗故当耳',一作'真是斗将故耳'。"

10. 刘庆孙在太傅府①,于时人士多为所构②,唯庾子嵩纵心事外③,无迹可间④。后以其性俭家富⑤,说太傅令换千万⑥,冀其有吝⑦,于此可乘⑧。太傅于众坐中问庾,庾时颓然已醉⑨,帻堕几上⑩,以头就穿取⑪,徐答云:"下官家故可有两娑千万⑫,随公所取。"于是乃服。后有人向庾道此⑬,庾曰:"可谓以小人之虑,度君子之心⑭。"

[注释]①刘庆孙:刘舆,字庆孙,晋中山(今河北省定州)人,官中书郎、颍川太守,后归东海王司马越,任长史。太傅:指东海王司马越,他曾任太傅,故称。 ②于时:当时,一时。构:构陷,陷害。 ③庾子嵩:庾敳,字子嵩,颍川鄢陵(今河南省鄢陵西北)人,侍中庾峻第三子,恢廓有度量,官至豫州长史等。纵心事外:指行止高逸、超脱物外。 ④迹:行迹,行为。间(jiàn):离间,挑拨。 ⑤性俭:性格吝啬。 ⑥说(shuì):劝说。换:借。千万:指千万金钱。 ⑦冀:希望。 ⑧于此可乘:指乘机离间构陷。 ⑨颓然:本指精神不振的样子,此指醉的样子。 ⑩帻(zé):头巾。堕:跌落。几(jī):几案。 ⑪就:靠近。 ⑫故:确实。可:表约数。两娑千万:两三千万。 ⑬道:说及。 ⑭度(duó):推测。

11. 王夷甫与裴景声志好不同①,景声恶欲取之②,卒不能回③。乃故诣王④,肆言极骂⑤,要王答己,欲以分谤⑥。王不为动色,徐曰:"白眼儿遂作⑦。"

[注释]①王夷甫:王衍,见本门8注①。裴景声:裴邈,字景声,河东闻喜(今山西闻喜)人,少有通才,历太傅从事中郎、左司马等职。志好:志趣爱好。 ②③两句:此两句句意难解。一说是景声厌恶王衍欲起用他,并且始终不能使他改变主意;一说是景声诋毁王衍,希望赚得他的报复,终于不能;一说句读应为"景声恶,欲取之,卒不能回",意思是景声恼怒,想要折服他,但终究不能改变。 ④诣:造访。 ⑤肆言极骂:大肆谩骂。 ⑥分谤:分担批评、指责。 ⑦白眼儿:指发怒而瞪大眼、眼白暴露的人。作:发作。

12. 王夷甫长裴成公四岁①,不与相知②。时共集一处,皆当时名士,谓王曰:"裴令令望何足计③?"王便卿裴④,裴曰:"自可全君雅志⑤。"

[注释]①裴成公:裴頠,谥成,故称。 ②相知:相互了解,成为知己。③令望:好的名望。足:值得。计:在乎。 ④卿裴:称裴为卿。卿用于上称下、长称幼,此处表明王对裴有轻视的意味。 ⑤全:成全,满足。雅志:雅趣,此处有不与计较的意思。

13.有往来者云①:"庾公有东下意②。"或谓王公③:"可潜稍严④,以备不虞⑤。"王公曰:"我与元规⑥,虽俱王臣,本怀布衣之好⑦,若其欲来,吾角巾径还乌衣⑧,何所稍严⑨?"

[注释]①往来者:往来于京城和武昌间的人。 ②庾公:庾亮。有东下意:有意沿江东下入京。陶侃死后,庾亮都督江、荆、豫、益、雍、梁六州军事,镇武昌,有意罢黜王导,后被人劝止。 ③王公:王导,时任丞相。 ④可:可以,应该。潜:暗地里。严:严防,戒备。 ⑤不虞:不测。虞:意料。 ⑥元规:庾亮的字。 ⑦布衣之好:犹言布衣之交,未发达时的交情。布衣为平民所穿,因以之代指平民。 ⑧角巾:方巾,有棱角的头巾,为古代隐士冠饰。径:径直,直接。乌衣:即乌衣巷,晋时建康地名,在朱雀桥南,为王氏族人聚居处,故址在今南京市秦淮河南。本句的意思是解官隐退。 ⑨何所:意思是何必。

14.王丞相主簿欲检校帐下①,公语主簿:"欲与主簿周旋②,无为知人几案间事③。"

[注释]①王丞相:指王导,时任丞相。主簿:官名,负责文书簿籍。检校(jiào):检查。帐下:指衙内办事人员。 ②周旋:交涉,打交道。 ③无为:不必。几案间事:指案卷文书之类的事。

15. 祖士少好财①,阮遥集好屐②,并恒自经营③,同是一累④,而未判其得失⑤。人有诣祖⑥,见料视财物⑦。客至,屏当未尽⑧,余两小簏⑨,箸背后⑩,倾身障之⑪,意未能平⑫。或有诣阮⑬,见自吹火蜡屐⑭,因叹曰:"未知一生当箸几量屐⑮!"神色闲畅⑯。于是胜负始分。

[注释]①祖士少:祖约,字士少,晋范阳(今河北省涿州)人,祖逖之弟,累迁平西将军、豫州刺史,与苏峻谋反,峻败,祖约投石勒,后被石勒所杀。②阮遥集:阮孚,字遥集,陈留(今河南开封东北)人,阮咸子,累迁侍中、吏部尚书、广州刺史。屐(jī):木屐,底下有齿的木鞋。 ③并:都。恒自:经常。经营:筹划,管理。 ④累:负担,拖累。 ⑤判:分辨。得失:指优劣。⑥诣:拜访。 ⑦料视:料理。 ⑧屏当:收拾,料理。 ⑨簏(lù):竹箱。⑩箸(zhuó):放置。 ⑪倾身:侧身。障:遮挡。 ⑫意未能平:心神有些不安。 ⑬或:有人。 ⑭自:正。蜡屐:给木屐打蜡。 ⑮箸(zhuó):穿。几量:几双。句意为感叹人生短暂。 ⑯闲畅:平闲安然。

16. 许侍中、顾司空俱作丞相从事①,尔时已被遇②,游宴集聚,略无不同③。尝夜至丞相许戏④,二人欢极。丞相便命使入己帐眠。顾至晓回转⑤,不得快孰⑥;许上床便哈台大鼾⑦。丞相顾诸客曰:"此中亦难得眠处⑧。"

[注释]①许侍中:许璪(zǎo),字思文,义兴阳羡(今江苏宜兴南)人。顾司空:顾和,字君孝,官至尚书令。丞相:指王导。从事:属官名。 ②遇:知遇,赏识。 ③略无不同:意为二人待遇相同。 ④许:处。戏:娱乐。⑤至晓:通宵达旦。回转:辗转反侧。 ⑥孰:同"熟"。 ⑦哈(hāi)台:打鼾声。 ⑧此中亦难得眠处:意思是有人打鼾,让人难于入眠。

17. 庾太尉风仪伟长①,不轻举止②,时人皆以为假③。

亮有大儿数岁④,雅重之质⑤,便自如此,人知是天性。温太真尝隐幔怛之⑥,此儿神色恬然⑦,乃徐跪曰:"君侯何以为此⑧?"论者谓不减亮⑨。苏峻时遇害⑩。或云:"见阿恭,知元规非假。"

[注释]①庾太尉:庾亮,字元规,死后追赠太尉,故称。风仪:风度仪态。伟长:高大伟岸。 ②不轻举止:不轻易举动,指其人安静稳定。 ③假:假装。 ④大儿:名会,字会宗,小字阿恭。 ⑤雅重:端庄稳重。质:品质。⑥温太真:温峤,字太真。隐幔:隐藏在帐幔后。怛(dá):恐吓。 ⑦恬然:安然。 ⑧君侯:古代称列侯为君侯,此是对尊贵者的尊称。 ⑨不减:不比……差。 ⑩苏峻:字子高,庾亮执政时欲夺其兵权,苏峻于咸和二年(公元327年)兵反,攻入建康,后兵败被杀。

18. 褚公于章安令迁太尉记室参军①,名字已显而位微②,人未多识。公东出,乘估客船③,送故吏数人④,投钱唐亭住⑤。尔时⑥,吴兴沈充为县令⑦,当送客过浙江⑧。客出⑨,亭吏驱公移牛屋下。潮水至⑩,沈令起彷徨⑪,问:"牛屋下是何物人⑫?"吏云:"昨有一伧父来寄亭中⑬,有尊贵客,权移之⑭。"令有酒色⑮,因遥问:"伧父欲食饼不?姓何等?可共语?"褚因举手答曰:"河南褚季野⑯。"远近久承公名⑰,令于是大遽⑱,不敢移公,便于牛屋下修刺诣公⑲,更宰杀为馔具⑳,于公前鞭挞亭吏㉑,欲以谢惭㉒。公与之酌宴㉓,言色无异,状如不觉㉔。令送公至界㉕。

[注释]①褚公:褚裒(póu),字季野,晋河南阳翟(今河南省禹州市)人,有简贵之风,累迁江、兖二州刺史,赠侍中、太傅。于:从。章安令:章安县(在今浙江省临海县东南章安)令。迁:迁官,调职。太尉:官名,为三公之一,此指庾亮。记室参军:太尉属官,掌管文书事务。 ②名字已显:指名声已显

赫。位:职位。微:低微。 ③估客:商人。 ④送故吏:送别原任长官的吏人。 ⑤钱唐亭:钱唐驿亭,"唐"一作"塘"。亭:驿亭,古代供旅客食宿的处所。 ⑥尔时:此时。 ⑦吴兴:郡名,治所在乌程。沈充:字士居,事王敦,王敦反,因为其谋主,兵败被杀。 ⑧当:将。 ⑨客出:客人出现,客人到达。 ⑩潮水至:钱塘江上潮。 ⑪起:起身。彷徨:来回踱步。 ⑫物人:一本无"人"字。 ⑬伧父:粗鄙人。寄:投宿。 ⑭权:权且。 ⑮酒色:醉意。 ⑯河南:郡名,治所在今河南省洛阳。 ⑰承:听说。 ⑱大遽(jù):十分惊恐。 ⑲修刺:书写名帖。刺:名帖,犹今之名片。 诣:拜见。 ⑳更:重新,另外。馔具:酒食。 ㉑鞭挞(tà):鞭打。 ㉒谢惭:表达歉意。 ㉓酌宴:饮宴。 ㉔状:情状,神色。 ㉕界:指县界。

19. 郗太傅在京口①,遣门生与王丞相书②,求女婿。丞相语郗信③:"君往东厢④,任意选之。"门生归,白郗曰⑤:"王家诸郎⑥,亦皆可嘉⑦,闻来觅婿,咸自矜持⑧。唯有一郎,在东床上坦腹卧,如不闻。"郗公云:"正此好!"访之⑨,乃是逸少⑩。因嫁女与焉⑪。

[注释]①郗(xī)太傅:郗鉴,字道徽,晋高平金乡(今山东省金乡)人,以儒雅著称。京口:古城名,今江苏镇江。 ②门生:依附世族在其门下供役使的人。王丞相:王导。书:书信。 ③语(yù):对……说。信:信使,即"门生"。 ④东厢:正房东面的厢房。 ⑤白:报告。 ⑥郎:少年男子。 ⑦可嘉:值得称道,意为优秀。 ⑧咸自:各自,都。矜(jīn)持:故作庄重。 ⑨访:打听。 ⑩逸少:王羲之的字。 ⑪焉:他。

20. 过江初①,拜官舆饰供馔②。羊曼拜丹阳尹③,客来蚤者④,并得佳设⑤,日晏渐罄⑥,不复及精。随客早晚,不问贵贱。羊固拜临海⑦,竟日皆美供⑧。虽晚至亦获盛馔⑨。时论以固之丰华⑩,不如曼之真率。

[注释]①过江:指晋室南渡建立东晋。 ②拜官:授官。舆:众,指所有授官的人。饬(chì):同"饬",整治,备办。供馔:酒宴。 ③羊曼:字延祖,泰山南城(今山东省费县)人,颓纵宏任,累迁丹阳尹,为苏峻所害。丹阳:郡名,治所在建业。尹:官名,多为主管之官。 ④蚤:同"早"。 ⑤并:都。佳设:精美的饮食。 ⑥晏:晚。罄(qìng):尽。 ⑦羊固:字道安,泰山人,善书法,避乱渡江,累迁黄门侍郎,赠大鸿胪。临海:郡名,治所在章安(今浙江省临海)。 ⑧竟日:终日。美供:精美的酒食。 ⑨虽:即使。盛馔:美食。 ⑩丰华:丰盛精美。

21.周仲智饮酒醉①,瞋目还面谓伯仁曰②:"君才不如弟,而横得重名③!"须臾④,举蜡烛火掷伯仁。伯仁笑曰:"阿奴火攻⑤,固出下策耳⑥。"

[注释]①周仲智:周嵩,字仲智,汝南人,性狷直,官至太守、御史中丞,周顗(yǐ)之弟。 ②瞋(chēn)目:瞪眼。还(xuán)面:转过脸。伯仁:周顗,字伯仁,晋汝南安城(今河南省汝南东)人,有风流才气,累迁尚书仆射,为王敦所害。 ③横(hèng):突然,意外。重名:很好的声誉。 ④须臾:一会儿。 ⑤阿奴:长对幼的昵称。火攻:本为一种军事战术,此用为讥讽。 ⑥固:确实。

22.顾和始为扬州从事①,月旦当朝②,未入,顷停车州门外③。周侯诣丞相④,历和车边⑤,和觅虱,夷然不动⑥。周既过⑦,反还⑧,指顾心曰:"此中何所有?"顾搏虱如故⑨,徐应曰:"此中最是难测地。"周侯既入,语丞相曰:"卿州吏中有一令仆才⑩。"

[注释]①顾和:字君孝,晋吴郡人,累迁尚书令,卒后追赠侍中、司空。始:刚。从事:官名,州郡属官。 ②月旦:农历每月初一。朝:朝会。 ③顷停车:暂时停车。 ④周侯:周顗。诣:拜见。丞相:指王导。 ⑤历:经过。

⑥夷然:安然。 ⑦既过:已经走过。 ⑧反还:折回来。反:同"返"。
⑨搏:捕捉。 ⑩令仆:尚书令和仆射(yè),魏晋时地位与宰辅相当。

23.庾太尉与苏峻战①,败,率左右十余人乘小船西奔②。乱兵相剥掠③,射④,误中柁工⑤,应弦而倒。举船上咸失色分散⑥,亮不动容,徐曰:"此手那可使箸贼⑦!"众乃安。

[注释]①庾太尉与苏峻战:成帝二年(公元327年),历阳太守苏峻反,次年进逼京城建康,庾亮都督征讨,王师败绩。 ②奔:败逃。 ③乱兵:指叛军。剥掠:抢劫掠夺。 ④射:指庾亮军士用箭射叛军。 ⑤柁(duò)工:舵工,划船掌舵的人。 ⑥举:整个。咸:都。 ⑦手:手法,箭法。那:哪。箸(zhuó):射中。贼:叛军。

24.庾小征西尝出未还①。妇母阮②,是刘万安妻③,与女上安陵城楼上④。俄顷⑤,翼归,策良马⑥,盛舆卫⑦。阮语女:"闻庾郎能骑,我何由得见?"妇告翼。翼便为于道开卤簿⑧,盘马⑨,始两转,坠马堕地,意色自若。

[注释]①庾小征西:指庾翼,庾亮之弟。兄弟二人都曾为征西将军,故称。 ②妇母阮:岳母姓阮。妇:媳妇。刘孝标注引《阮氏谱》曰:"翼娶高平刘绥女,字女静。" ③刘万安:刘绥,字万安,晋高平人,官骠骑长史。刘孝标注引刘氏谱曰:"刘绥妻,陈留阮蕃女,字幼娥。" ④安陵:一说当为"安陆",晋江夏郡治所。 ⑤俄顷:不久。 ⑥策:本为鞭策、赶,引申为骑。 ⑦盛:众多。舆卫:随从护卫。 ⑧开:排开。卤簿:古代帝王驾出时扈从的仪仗队,汉以后亦用于后妃、太子、王公大臣。 ⑨盘马:骑马盘旋。

25.宣武与简文、太宰共载①,密令人在舆前后鸣鼓大叫②,卤簿中惊扰③,太宰惶怖,求下舆,顾看简文④,穆然清恬⑤。宣武语人曰:"朝廷间故复有此贤。"

[注释]①宣武:桓温。简文:司马昱。太宰:司马晞,字道叔,封武陵王,穆帝时为太宰(即太师,晋避司马师讳而改),故称。共载:乘同一辆车。②密:私下里。舆:车厢,代指车。 ③卤簿:见本门24注⑧。 ④顾:回头。⑤穆然清恬:沉稳安然。

26. 王劭、王荟共诣宣武①,正值收庾希家②。荟不自安,逡巡欲去③,劭坚坐不动,待收信还④,得不定⑤,乃出。论者以劭为优。

[注释]①王劭(shào):字敬伦,王导第五子,累迁尚书仆射、吴国内史。王荟(huì):字敬文,王导最小子,官至镇军将军。宣武:桓温。 ②正值:正碰上。收庾希家:抄庾希的家。收:逮捕。庾希:字始彦,鄢陵(今河南省鄢陵西北)人,司空庾冰长子,累迁徐、兖二州刺史。庾希兄弟贵盛,为桓温所忌,后庾希率众讨桓温,事败被杀。 ③逡巡(qūn xún):犹豫徘徊。去:离开。④收信:收捕庾家的使者。 ⑤得不定:语意不明。一说得知不定株连罪,一说得知收捕事还未办完。

27. 桓宣武与郗超议芟夷朝臣①,条牒既定②,其夜同宿。明晨起③,呼谢安、王坦之入④,掷疏示之⑤。郗犹在帐内。谢都无言⑥,王直掷还⑦,云:"多⑧。"宣武取笔欲除⑨,郗不觉,窃从帐中与宣武言⑩,谢含笑曰:"郗生可谓入幕宾也⑪。"

[注释]①桓宣武:桓温。郗超:字景兴,为桓温谋主,深得器重。议:商议,谋划。芟(shān)夷:铲除,此为裁除意。 ②条牒:分条陈述的公文,此指方案。 ③明晨:第二天早晨。 ④谢安:字安石,曾大败苻坚于淝水之

上,卒赠太傅。王坦之:字文度,晋太原晋阳(今山西省太原市)人,器度淳深,有令名,官北中郎将、徐兖二州刺史等。 ⑤掷:用力扔。疏:奏章,即"条牒"。 ⑥都:完全。 ⑦直:径直。掷还:扔回。 ⑧多:意为删裁人员太多。 ⑨欲除:意为从拟删名单中除去一些。 ⑩窃:悄悄地。 ⑪生:先生。入幕宾:本为幕宾、幕僚意,此为双关语,讽刺郗、桓二人勾结,阴谋盘算。

28. 谢太傅盘桓东山时①,与孙兴公诸人泛海戏②。风起浪涌,孙、王诸人色并遽③,便唱使还④。太傅神情方王⑤,吟啸不言⑥。舟人以公貌闲意说⑦,犹去不止⑧。既风转急⑨,浪猛,诸人皆喧动不坐⑩。公徐云:"如此,将无归⑪?"众人即承响而回⑫。于是审其量⑬,足以镇安朝野⑭。

[注释]①谢太傅:谢安,见本门27注④。盘桓:逗留,此指闲居。东山:山名,在今浙江省上虞,谢安早年曾居于此。 ②孙兴公诸人:指谢安交游的孙绰、支道林、王羲之、许询等人。泛海:泛舟海上。戏:游玩。 ③色:神色。并:都。遽(jù):惊慌。 ④唱:同"倡",提议。 ⑤神情:指兴致。方:正。王:同"旺",高盛。 ⑥吟啸:吟咏长啸。言:说话。 ⑦舟人:船夫。以:因。貌闲意说:神色安闲心意快适。说:同"悦"。 ⑧去:指向前。 ⑨既:既而,不久。 ⑩喧动不坐:喧哗骚动,坐立不安。 ⑪将无:莫非,还是。 ⑫承响:应声,响应。 ⑬审:审知,明白。量:器量。 ⑭镇安:安定。朝野:朝廷与民间,指天下。

29. 桓公伏甲设馔①,广延朝士②,因此欲诛谢安、王坦之③。王甚遽④,问谢曰:"当作何计?"谢神意不变,谓文度曰⑤:"晋阼存亡⑥,在此一行!"相与俱前。王之恐状,转见于色⑦;谢之宽容⑧,愈表于貌。望阶趋席⑨,方作洛生咏⑩,讽"浩浩洪流"⑪。桓惮其旷远⑫,乃趣解兵⑬。

王、谢旧齐名⑭,于此始判优劣⑮。

[注释]①桓公:指桓温。伏甲:埋伏士兵。设馔:安排宴席。　②广:大规模。延:邀请。朝士:朝廷大臣。　③因此:趁此。诛:杀。谢安、王坦之:谢安为侍中,王坦之为左卫将军,是朝廷重臣,桓温欲篡位,所以想除此二人。　④遽:惊惶。　⑤文度:王坦之的字。　⑥阼(zuò):大堂前东面的台阶,天子、诸侯、大夫、士皆以阼为主人之位,临朝觐、揖宾客、承祭祀,升降皆由此,因借指帝位。　⑦转:与下文"愈"互文,更加。见:同"现"。　⑧宽容:意思是从容。　⑨望阶趋席:意思是上阶入席。　⑩方:仍。洛生咏:用洛阳口音吟咏。按:洛阳书生吟咏重浊音,称"洛生咏"。　⑪讽:吟诵。浩浩洪流:嵇康《赠秀才入军》诗中句,原诗为"浩浩洪流,带我邦畿。萋萋绿林,奋荣扬晖"。　⑫惮:惧怕。旷远:指心胸豁达高远。　⑬趣:立即。　⑭旧:过去。　⑮判:判别,分辨。

30. 谢太傅与王文度共诣郗超①,日旰未得前②,王便欲去③,谢曰:"不能为性命忍俄顷④?"

[注释]①谢太傅、王文度:指谢安、王坦之,见本门27注④。共:一起。诣:拜访。郗超:见本门27注①。　②日旰(gàn):日晚。前:指被接见。　③去:回转。　④俄顷:一会儿。

31. 支道林还东①,时贤并送于征虏亭②。蔡子叔前至③,坐近林公;谢万石后来④,坐小远⑤。蔡暂起⑥,谢移就其处。蔡还,见谢在焉,因合褥举谢掷地⑦,自复坐。谢冠帻倾脱⑧,乃徐起,振衣就席⑨,神意甚平,不觉瞋沮⑩。坐定,谓蔡曰:"卿奇人,殆坏我面⑪。"蔡答曰:"我本不为卿面作计⑫。"其后二人俱不介意。

[注释]①支道林:支遁,字道林,河内林虑人(一说陈留人),本姓闵,晋

高僧,与谢安、王羲之等结方外之交。还东:支遁为哀帝所迎,久游建康,心怀故山,遂东归会稽。　②时贤:一时名贤。征虏亭:亭名,在建康石头坞,征虏将军谢安所建,故名。　③蔡子叔:蔡系,字子叔,济阳人,有文理,官至抚军长史。前至:先到。　④谢万石:谢万,字万石,谢安之弟,才气高俊,少知名,官西中郎将、豫州刺史。　⑤小:稍。　⑥暂起:指暂时离开。　⑦合褥:连坐褥。掷地:扔在地上。　⑧帻(zé):包头巾。　⑨振衣:抖去衣服上的灰尘。　⑩瞋(chēn)沮:愤怒沮丧。　⑪殆:几乎,差点。坏:毁坏。面:脸。　⑫面:脸面,面子,此语有双关意味。计:考虑。

32. 郗嘉宾钦崇释道安德问①,饷米千斛②,修书累纸③,意寄殷勤④。道安答,直云⑤:"损米⑥。愈觉有待之为烦⑦。"

[注释]①郗嘉宾:郗超。钦崇:敬重。释道安:晋高僧,常山人,本姓卫,孝武帝时避乱襄阳,后入长安,一生讲学译经,艰苦卓绝,支道林等皆宗其理,无疾卒。德问:道德声望。　②饷(xiǎng):馈赠。斛(hú):容量单位,十斗为一斛。　③修书:写信。累纸:多张纸。　④意寄殷勤:表达诚恳亲切的心意。　⑤直:只。　⑥损米:客套话,破费赠米。　⑦有待:佛教语,是说人身须待食物、衣服等资财而生活。

33. 谢安南免吏部尚书①,还东②;谢太傅赴桓公司马③,出西④,相遇破冈⑤。既当远别⑥,遂停三日共语。太傅欲慰其失官,安南辄引以它端⑦。虽信宿中涂⑧,竟不言及此事。太傅深恨在心未尽⑨,谓同舟曰:"谢奉故是奇士⑩。"

[注释]①谢安南:谢奉,字弘道,会稽山阴人,官安南将军、广州刺史、吏部尚书。免:罢官。吏部尚书:吏部最高行政长官,负责官吏的选拔、考评等。　②还东:回东边(会稽),谢为会稽山阴人,故云。　③谢太傅:谢安。赴:赴

任。桓公:桓温。司马:军府属官,掌管兵事。 ④出西:向西面出发。 ⑤破冈:地名,即破冈渎,在建康东,三国时开凿。 ⑥当:将要。 ⑦辄:总是。引:引开。它端:其他事情。 ⑧信宿:意思是连宿两夜。语出《诗经·周颂·有客》:"有客宿宿,有客信信。"毛诗传:"一宿曰宿,再宿曰信。"涂:同"途"。 ⑨恨:遗憾。在心:心意。 ⑩故:确实。奇士:不一般的人。

34. 戴公从东出①,谢太傅往看之②。谢本轻戴,见,但与论琴书③,戴既无吝色④,而谈琴书愈妙。谢悠然知其量⑤。

[注释]①戴公:戴逵,字安道,晋谯国(今安徽省亳州)人,少有清操,善鼓琴,工属文,隐居会稽剡县(今浙江省嵊州西南)。 ②谢太傅:谢安。 ③但:只。论琴书:谈论艺术,不涉世事。 ④吝色:为难不愿意的神色。 ⑤悠然:深远的样子。量:器量。

35. 谢公与人围棋①,俄而谢玄淮上信至②,看书竟③,默然无言,徐向局④。客问淮上利害⑤,答曰:"小儿辈大破贼⑥。"意色举止,不异于常。

[注释]①谢公:谢安。 ②俄而:一会儿。淮上信至:淮水上信使来到。晋孝武帝太元八年(公元383年),前秦苻坚率百万大军南侵,企图灭晋,谢安为征讨大都督,命弟谢石、侄谢玄领八万兵迎战,于淝水大败苻坚。 ③书:信。竟:完毕。 ④徐:慢慢。向局:转向棋局。 ⑤利害:指战事进展情况。 ⑥破:打败。贼:敌军。

36. 王子猷、子敬曾俱坐一室①,上忽发火②,子猷遽走避③,不遑取屐④;子敬神色恬然⑤,徐唤左右扶凭而出⑥,不异平常。世以此定二王神宇⑦。

[注释]①王子猷(yóu)、子敬:王徽之、王献之兄弟,王羲之的两个儿子。②上:指房子上。发火:起火。 ③遽(jù):急忙。走避:逃避。 ④不遑:来不及。取屐:穿上木屐。 ⑤恬然:安然。 ⑥左右:指仆从。扶凭:搀扶。⑦神宇:精神气宇,即胸怀境界。

37. 苻坚游魂近境①,谢太傅谓子敬曰:"可将当轴②,了其此处③。"

[注释]①苻坚:前秦君主,在位二十余年,与东晋对峙,有灭晋统一之志。淝水战败后,国势日弱。后为姚苌所杀。游魂:游荡的鬼魂,指敌军。②将:擒拿。当轴:指掌权的重要人物。 ③了:了断,结束。

38. 王僧弥、谢车骑共王小奴许集①。僧弥举酒劝谢云②:"奉使君一觞③。"谢曰:"可尔④。"僧弥勃然起⑤,作色曰⑥:"汝故是吴兴溪中钓碣耳⑦,何敢诪张⑧!"谢徐抚掌而笑曰⑨:"卫军⑩,僧弥殊不肃省⑪,乃侵陵上国也⑫。"

[注释]①王僧弥:王珉,字季琰,小字僧弥,晋琅邪(今山东省临沂)人,丞相王导之孙,有才艺,善行书,累迁侍中、中书令,赠太常。谢车骑:谢玄,字幼度,死后赠车骑将军,故称。共:一同。王小奴:王荟,字敬文,小字小奴。许:处。集:宴集。 ②劝:敬酒。 ③奉:通"捧",此为敬献之意。使君:汉以后对州郡长官的尊称,谢玄曾官徐州刺史,故称。觞(shāng):满杯酒。④可尔:犹言"好啊",语气不够谦恭。 ⑤勃然:因愤怒或心情紧张而变了脸色的样子。起:站立。 ⑥作色:脸上变色,指神情变严肃或发怒。 ⑦故:只不过。吴兴:郡名,谢安曾任吴兴太守,谢玄随居此。钓碣:站在上面钓鱼的石头。碣(jié):突出水面的石头。谢玄好钓,小字羯,与"碣"同音,故王珉以此骂他。 ⑧诪(zhōu)张:猖狂放肆。 ⑨抚掌:拍手。 ⑩卫军:指王荟,他死后赠卫军将军,然生前不可能有此称呼,此处应有误。 ⑪殊:很,非

常。肃省(xǐng):敬慎识理。　⑫侵陵:侵犯欺凌。上国:先秦中原诸侯国为上国,此指尊贵者。

39. 王东亭为桓宣武主簿①,既承藉②,有美誉③,公甚欲其人地④,为一府之望⑤。初见,谢失仪⑥,而神色自若。坐上宾客即相贬笑⑦,公曰:"不然⑧。观其情貌⑨,必自不凡。吾当试之。"后因月朝阁下伏⑩,公于内走马直出突之⑪,左右皆宕仆⑫,而王不动。名价于是大重⑬,咸云:"是公辅器也⑭。"

[注释]①王东亭:王珣,初为大司马桓温掾,温极重之,任为主簿。②承藉:凭借,依靠。指王珣凭借王氏家族的声望地位。　③美誉:美好的名声。　④公:指桓温。人地:人的才能和门第。欲:一作"敬"。　⑤府:指官衙。望:意思是仰望的楷模。　⑥谢:谢礼,答谢。失仪:举止不当。　⑦贬笑:贬低讥笑。　⑧不然:不是这样。　⑨情貌:神情气貌。　⑩月朝:旧时每月初一官僚拜见长官。阁下:官衙前。伏:拜伏。　⑪走马:纵马。突:冲。⑫左右:指周围一起跪拜的人。宕(dàng)仆:躲避跌倒。　⑬名价:指名声。⑭公辅:三公和宰辅。器:才具。

40. 太元末①,长星见②,孝武心甚恶之。夜,华林园中饮酒③,举杯属星云④:"长星,劝尔一杯酒⑤,自古何时有万岁天子?"

[注释]①太元:东晋孝武帝司马曜年号,公元376年至396年。　②长星:即彗星,俗称扫帚星,古人认为是不吉之星。见:同"现"。　③华林园:园林名,西晋洛阳有华林园,南渡后,在吴旧宫苑基础上建园,称华林园。④属(zhǔ):劝请。　⑤劝:敬。

41. 殷荆州有所识作赋①,是束晳慢戏之流②。殷甚以为有才,语王恭③:"适见新文④,甚可观⑤。"便于手巾函中出之⑥。王读,殷笑之不自胜⑦。王看竟⑧,既不笑,亦不言好恶,但以如意帖之而已⑨。殷怅然自失⑩。

[注释]①殷荆州:殷仲堪,曾官荆州刺史,故称。后与桓玄兵争,战败被杀。所识:认识的人。 ②束晳(xī):字广微,阳平元城(今河北省大名)人,博学多识,为文甚俳谑,有《饼赋》留传。慢戏:轻慢诙谐。流:类。 ③王恭:字孝伯,晋太原晋阳(今山西省太原市)人,清廉贵峻,志存格正,官历著作郎、丹阳尹、中书令等。 ④适:刚才。文:魏晋有文笔之辨,有韵为文,无韵为笔,赋有韵,故曰文。 ⑤可观:值得看。 ⑥函:封套。出:拿出。 ⑦不自胜(shēng):不自禁。 ⑧竟:完毕。 ⑨但:只。如意:器物名,梵语"阿那律"的意译,古之爪杖,用骨、角、竹、木、玉、石、铜、铁等制成,长三尺许,前端做手指形。脊背有痒,手所不到,用以搔抓,可如人意,因而得名。或作指划和防身用。又,和尚宣讲佛经时,也持如意,记经文于上,以备遗忘。帖:同"贴",贴伏,抚平。 ⑩怅然自失:心中怅惘,若有所失。

42. 羊绥第二子孚①,少有俊才②,与谢益寿相好③。尝蚤往谢许④,未食。俄而王齐、王睹来⑤,既先不相识⑥,王向席有不说色⑦,欲使羊去⑧。羊了不眄⑨,唯脚委几上⑩,咏瞩自若⑪。谢与王叙寒温数语毕⑫,还与羊谈赏⑬,王方悟其奇⑭,乃合共语⑮。须臾,食下,二王都不得餐⑯,唯属羊不暇⑰。羊不大应对之而盛进食⑱,食毕便退。遂苦相留,羊义不住⑲,直云⑳:"向者不得从命㉑,中国尚虚㉒。"二王是孝伯两弟㉓。

[注释]①羊绥:字仲彦,晋泰山郡(今山东省泰安市东南)人,官太学博士、太傅主簿、中书郎等。孚:字子道,晋泰山(今山东省泰安市)人,官太学博

士、太尉参军。　②俊才:卓越的才学。　③谢益寿:谢混,小字益寿,晋陈郡阳夏(今河南省太康)人,谢安之孙,善文学,累迁中书令、尚书左仆射。相好:交情好。　④蚤:同"早"。许:处。　⑤俄而:一会儿。王齐:王熙,字叔和,小字齐,官太子洗马。王睹:王爽,字季明,小字睹,官至侍中。　⑥既:既然。⑦向席:入座。说:同"悦"。　⑧去:离开。　⑨了:根本。眄(miǎn):斜视,此为理睬的意思。⑩委:放置。几:几案。　⑪咏瞩:吟咏观看。自若:意思是不为外物所动。　⑫叙寒温:寒暄,客套。　⑬谈赏:谈论品赏。⑭悟:感悟到。　⑮合共语:交谈。　⑯都不得餐:指根本顾不上吃。⑰属:劝请,劝食。　⑱盛:尽情,大力。　⑲义:按道义,指坚决。　⑳直:只。　㉑不得从命:没有服从吩咐。指王当初希望他离开而他没走。　㉒中国尚虚:腹中尚空着。中国:比喻腹心。　㉓孝伯:王恭之字。

识鉴第七

1. 曹公少时①,见乔玄②,玄谓曰:"天下方乱③,群雄虎争④,拨而理之⑤,非君乎?然君实是乱世之英雄,治世之奸贼⑥。恨吾老矣⑦,不见君富贵,当以子孙相累⑧。"

[注释]①曹公:曹操,字孟德,小名阿瞒,东汉沛国谯(今安徽省亳州)人,在汉末乱世中"挟天子以令诸侯",封魏公,晋爵魏王,其子曹丕篡汉后,追尊为武帝。 ②乔玄:字公祖,东汉睢阳(今河南省商丘南)人,有才略,长于知人,累迁尚书令。 ③天下:国家。方:正。 ④群雄:指东汉末年各路军阀。虎争:像虎一样相争。 ⑤拨:整顿。理:治理。 ⑥治世:与"乱世"相对之称,指安定的时代社会。 ⑦恨:遗憾。 ⑧当:将要。相累:相拖累,指烦劳照顾。

2. 曹公问裴潜曰①:"卿昔与刘备共在荆州②,卿以备才如何?"潜曰:"使居中国③,能乱人,不能为治④;若乘边守险⑤,足为一方之主。"

[注释]①裴潜:字文行,河东闻喜(今山西省闻喜)人,官至魏尚书令。②刘备:字玄德,涿郡涿县(今河北省涿州)人。汉末军阀割据,刘备与曹操、孙权三分天下,刘备占据西蜀,在成都称帝,国号汉,史称蜀汉。在位三年。

③使:假使。居:占据。中国:中原地区。　④为治:使社会安定。　⑤乘边守险:占据边远,守住要塞。乘:凭借。

3. 何晏、邓飏、夏侯玄并求傅嘏交①,而嘏终不许。诸人乃因荀粲说合之②。谓嘏曰:"夏侯太初一时之杰士③,虚心于子④,而卿意怀不可交⑤。合则好成⑥,不合则致隙⑦。二贤若穆⑧,则国之休⑨,此蔺相如所以下廉颇也⑩。"傅曰:"夏侯太初志大心劳⑪,能合虚誉⑫,诚所谓利口覆国之人⑬;何晏、邓飏有为而躁⑭,博而寡要⑮,外好利而内无关籥⑯,贵同恶异⑰,多言而妒前⑱。多言多衅⑲,妒前无亲⑳。以吾观之,此三贤者,皆败德之人尔㉑。远之犹恐罹祸㉒,况可亲之邪?"后皆如其言。

[注释]①何晏:字平叔,魏南阳宛(今河南省南阳市)人。姿容美,开服散风气,善清谈,后为司马懿所杀。邓飏(yáng):字玄茂,南阳宛(今河南省南阳市)人,邓禹之后,正始中迁侍中尚书,为人贪财,京师传说道:"以官易富邓玄茂。"后以党曹爽被诛。夏侯玄:字太初,三国谯(今安徽省亳州)人,曾任魏征西将军。傅嘏(gǔ):字兰硕,三国魏北地泥阳(今陕西省耀县东)人,官河南尹、尚书,善玄谈。交:结交为友。　②因:通过。荀粲:字奉倩。说合:从中介绍,促使事情成功,或使两方面能说到一块儿。　③一时:当代。杰士:俊杰之人。　④虚心:谦虚,不自满。子:尊称对方。　⑤卿:犹"子",敬称。意怀:心意。　⑥合:和合。好成:犹言"好"。　⑦致隙:造成隔阂。⑧穆:通"睦",和睦。　⑨休:吉,善。　⑩此蔺相如所以下廉颇也:蔺(lìn)相如、廉颇皆战国时赵国人,相如出使秦国有功,拜上卿,位在将军廉颇之上。廉颇怒,欲辱之,相如总退让,并对门客说,强秦之所以不敢加兵于赵,正是因为有他们二人,若两虎相斗,必弱国家。廉颇闻后,负荆请罪。　⑪志大心劳:志向远大,能力不济,故心力劳苦。　⑫合:迎合。虚誉:虚名。　⑬诚:诚然。利口:巧舌善言。覆国:倾覆国家。语出《论语·阳货》:"恶利口之覆

邦家者。" ⑭有为而躁:有所作为然而轻率。 ⑮博而寡要:广博而不得要领。 ⑯外:指言行表现。内:指内在意志。关籥(yuè):门下上贯横曰、下插入地的直木或直铁棍,此为主见之意。籥:通"钥"。 ⑰贵同恶异:重视相同意见,厌恶不同意见。 ⑱妒前:妒忌比自己强的人。 ⑲衅(xìn):祸患。 ⑳亲:指亲近之人。 ㉑败德:德行败坏。 ㉒罹(lí)祸:遭遇祸害。

4.晋武帝讲武于宣武场①。帝欲偃武修文②,亲自临幸③,悉召群臣④。山公谓不宜尔⑤,因与诸尚书言孙、吴用兵本意⑥,遂究论⑦。举坐无不咨嗟⑧,皆曰:"山少傅乃天下名言⑨。"后诸王骄汰⑩,轻遘祸难⑪,于是寇盗处处蚁合⑫,郡国多以无备⑬,不能制服⑭,遂渐炽盛⑮,皆如公言。时人以谓山涛不学孙、吴⑯,而暗与之理会⑰。王夷甫亦叹云⑱:"公暗与道合。"

[注释]①晋武帝:司马炎,字安世,咸熙二年(公元265年),代魏称帝,国号晋,史称西晋,谥武。讲武:讲习武事、操演军队。宣武场:魏晋都城讲武之所。 ②偃(yǎn)武修文:停止武备,追求文教。 ③临幸:帝王亲临。 ④悉:全部。 ⑤山公:山涛,字巨源,晋河内怀(今河南省武陟境内)人,好老庄,与嵇康友善,为"竹林七贤"之一。谓:认为。不宜尔:不应该这样。 ⑥尚书:官名,管理朝廷机要政事,晋有吏部、屯田、度支等六曹尚书。孙:指孙武,春秋齐人,著名军事家。吴王阖闾用为将,大败各国,称霸诸侯。著有《孙子》。吴:指吴起,战国卫人,古代军事家。辗转任事鲁、魏、楚等国,皆战无不胜。著有《吴子》。 ⑦究论:深入讨论。 ⑧举坐:举座,所有人。咨(zī)嗟(jiē):赞叹。 ⑨山少傅:山涛官太子少傅,故称。 ⑩⑪两句:指西晋"八王之乱"。晋初,大封同姓子弟为王,并掌握军政大权,晋武帝死后,诸王争夺权力,互相攻伐,历时16年,晋国势大衰,史称"八王之乱"。骄汰:骄奢。轻:轻易。遘(gòu):通"构",造成。 ⑫蚁合:像蚂蚁一样聚合,指数量很多。 ⑬郡国:州郡和王国。以:因。无备:没有战备。 ⑭制服:指平定

寇盗。　⑮炽(chì)盛:炽旺盛大。　⑯以谓:以为。不学孙、吴:指没有专门研习兵法。　⑰暗:暗地里,实际上。理:道理。会:合,相通。　⑱王夷甫:王衍,字夷甫,琅邪临沂人,王戎从弟,后为石勒所害。

5. 王夷甫父乂为平北将军①,有公事②,使行人论③,不得。时夷甫在京师,命驾见仆射羊祜、尚书山涛④。夷甫时总角⑤,姿才秀异⑥,叙致既快⑦,事加有理⑧,涛甚奇之⑨。既退,看之不辍⑩,乃叹曰:"生儿不当如王夷甫邪?"羊祜曰:"乱天下者,必此子也。"

[注释]①王夷甫:见本门4注⑱。　②有公事:指诉讼案件之类。③行人:使者。论:申诉,申论。　④命驾:命人驾车马,谓立即动身。仆射(yè):官名,秦始置,汉以后因之,魏晋时有左右仆射,尚书省次官,尚书令不在,可以主持尚书省工作。羊祜(hù):字叔子,晋泰山南城(今山东省费县西南)人,武帝时,官尚书右仆射,都督荆州军事,谋划灭吴,未果。尚书:见本门4注⑥。山涛:见本门4注⑤。　⑤总角:古时儿童束发为两结,向上分开,形状如角,故称总角,后用以借指童年。　⑥姿才:容貌和才能。秀异:优秀杰出。　⑦叙致:陈述表达。快:快捷。　⑧事加有理:辩说事情很有道理。⑨奇之:以之为奇,对他感到惊奇。　⑩辍(chuò):停。

6. 潘阳仲见王敦小时①,谓曰:"君蜂目已露②,但豺声未振耳③。必能食人④,亦当为人所食。"

[注释]①潘阳仲:潘滔,字阳仲,荥阳(今属河南省)人,太常潘尼侄,官河南尹。王敦:字处仲,晋临沂人,王导从兄,以讨平杜弢之乱而任征南大将军,后居功自傲并谋逆,未果而病死。　②③两句:眼睛已经像毒蜂,但声音还不像豺狼。蜂目豺声,古代认为是恶人之征。《左传·文公元年》:"蜂目而豺声,忍人也。"　④必能食人:一定能吃人。

7.

石勒不知书①,使人读《汉书》②,闻郦食其劝立六国后③,刻印将授之,大惊曰:"此法当失④,云何得遂有天下⑤?"至留侯谏⑥,乃曰:"赖有此耳⑦。"

[注释]①石勒:字世龙,上党(今山西省长治东南)人,羯族,十六国时后赵国主。不知书:不识字。 ②《汉书》:史书,东汉班固撰,记述西汉历史。 ③郦食(yì)其(jī):秦末儒生,陈留高阳(今河南省杞县西)人,刘邦谋士。劝立六国后:《汉书》载:项羽围刘邦于荥阳,刘邦与郦食其谋,食其劝立六国后为王,以削弱楚国。刘邦从其计,令刻印让食其去封授。 ④此法当失:按此策,一定会失去天下。 ⑤云何:怎么。得:能,会。有天下:拥有天下。 ⑥留侯:张良,字子房,刘邦谋士,助刘邦得天下,因功封留侯。谏:指张良谏劝刘邦不可立六国后。 ⑦赖:幸好。

8.

卫玠年五岁①,神衿可爱②。祖太保曰③:"此儿有异④,顾吾老⑤,不见其大耳!"

[注释]①卫玠:字叔宝,晋河东安邑(今山西省夏县西北)人,颖识通达,官太子洗马。 ②神衿(jīn):神情气度。衿:同"襟",古代衣服的交领,喻指胸怀。 ③祖太保:卫玠祖父卫瓘(guàn),字伯玉,官至太保,故称。 ④有异:非同寻常。 ⑤顾:只是。

9.

刘越石云①:"华彦夏识能不足②,强果有余③。"

[注释]①刘越石:刘琨,字越石,晋中山魏昌(今河北省无极东北)人,官至并州刺史。 ②华彦夏:华轶,字彦夏,平原(今山东省平原)人,初为博士,累迁散骑常侍,永嘉中,任江州刺史,流亡士民多依附之。晋怀帝被匈奴虏后,司马睿为安东将军镇建业,下属劝轶归之,不许,后被讨杀。识能:识见才能。 ③强果:刚强果敢。

10.张季鹰辟齐王东曹掾①,在洛见秋风起②,因思吴中菰菜羹、鲈鱼脍③,曰:"人生贵得适意尔④,何能羁宦数千里以要名爵⑤?"遂命驾便归⑥。俄而齐王败⑦,时人皆谓为见机⑧。

[注释]①张季鹰:张翰,字季鹰,吴郡吴县(今江苏省苏州)人,有清才美望,博学善属文,放达不拘。辟:被征辟。齐王:司马冏。永康元年(公元300年)赵王伦起兵,废惠帝自立,齐王冏与成都王颖联合讨伐,帝复位,冏专权辅政,又为长沙王乂攻杀。东曹掾:大司马府属官。 ②洛:洛阳,西晋都城,今河南省洛阳市。 ③菰(gū)菜:茭白。羹:用肉类或菜蔬等制成的带浓汁的食物。鲈鱼:一种体形扁长、味美的鱼。脍(kuài):细切的肉。 ④适意:舒心,惬意。 ⑤羁宦:旅居为官。羁:寄居在外。要(yāo)求取。名爵:名位。 ⑥命驾:命人驾车马。 ⑦俄而:不久。 ⑧见机:看见苗头。机:同"几",先兆。

11.诸葛道明初过江左①,自名道明②,名亚王、庾之下③。先为临沂令④,丞相谓曰⑤:"明府当为黑头公⑥。"

[注释]①诸葛道明:诸葛恢,字道明,琅邪阳都(今山东省沂南县)人,累迁尚书令。初过江左:刚到江东。 ②自名:自称。 ③名:名位。亚:次于。王、庾:指王导、庾亮。 ④先:之前,当初。临沂:县名,今山东省临沂。 ⑤丞相:指王导。 ⑥明府:汉对太守的尊称,魏晋也用以称县令。当:将要。黑头公:指头发未白而位登三公的人。

12.王平子素不知眉子①,曰:"志大其量②,终当死坞壁间③。"

[注释]①王平子:王澄,字平子,琅邪临沂(今属山东省)人,为荆州刺史时,因滥杀流民,流民反抗,王澄兵败逃亡,途经王敦处,因言语失和,被王敦

所杀。素:向来。知:赏识。眉子:王玄,字眉子,王衍之子,王澄之侄,官陈留太守,大行威罚,为坞人所害。 ②志大其量:心志高于才干。 ③当:一定会。坞壁:战时防御用的堡垒。

13. 王大将军始下①,杨朗苦谏不从②,遂为王致力③。乘中鸣云露车径前曰④:"听下官鼓音⑤,一进而捷!"王先把其手⑥,曰:"事克⑦,当相用为荆州。"既而忘之⑧,以为南郡⑨。王败后,明帝收朗⑩,欲杀之。帝寻崩⑪,得免。后兼三公⑫,署数十人为官属⑬。此诸人当时并无名,后皆被知遇⑭。于时称其知人。

[注释]①王大将军:指王敦,见本门6注①。下:顺江东下。永昌元年(公元322年),王敦以讨刘隗为名,起兵反,从武昌(今湖北省鄂州)沿江东下,进逼京城。 ②杨朗:字世彦,晋弘农(今河南省灵宝南)人,有器识才量,官至雍州刺史。苦谏:极力劝谏。 ③致力:尽力,效力。 ④中鸣云露车:古代的一种战车,车上有望楼,并置金鼓,以指挥士卒。径前:径直到王敦面前。 ⑤下官:谦辞,官吏在上级面前自称。 ⑥先:抢先,立即。把:握。 ⑦事克:事成。 ⑧既而:后来。 ⑨南郡:郡名,治所在江陵,为荆州所辖。 ⑩明帝:司马绍。收:拘捕。 ⑪寻:不久。崩:皇帝死曰崩。 ⑫兼:兼任。三公:一说下脱一"曹"字,指三公曹郎,主管典选。 ⑬署:任用。 ⑭知遇:赏识重用。

14. 周伯仁母冬至举酒赐三子①,曰:"吾本谓度江托足无所②,尔家有相③,尔等并罗列吾前④,复何忧?"周嵩起⑤,长跪而泣曰⑥:"不如阿母言。伯仁为人,志大而才短,名重而识暗⑦,好乘人之弊⑧,此非自全之道⑨。嵩性狼抗⑩,亦不容于世。唯阿奴碌碌⑪,当在阿母目下耳⑫。"

[注释]①周伯仁母:周𫖮母亲,名络秀,汝南李氏女,安东将军周浚妻。冬至:二十四节气之一,今阳历12月21日或22日,从这一天开始,昼渐长,古人重视,以之为节日。举酒赐三子:端起酒劝三个儿子饮。三子:指周𫖮、周嵩、周谟。 ②本谓:本来以为。度江:渡江,指西晋名门大族南下归依东晋政权。托足无所:无处托身。 ③尔家有相:你们家有福气。相(xiàng):佑助。 ④罗列:排列,此为聚集意。 ⑤周嵩:字仲智,周𫖮之弟,官至御史中丞,为王敦所杀。 ⑥长跪:直身而跪。古时席地而坐,坐时两膝据地,臀部著足跟,跪时则伸直腰股,以示庄重恭敬。 ⑦名重:名气大。识暗:识见昏聩。 ⑧乘人之弊:犹乘人之危。 ⑨自全:自我保全。道:方法。 ⑩性:性格。狼抗:高傲刚愎。 ⑪唯:只有。阿奴:旧时长对幼的昵称,此指周谟。周谟官少府、丹阳尹、侍中、中护军,封平西侯。碌碌:平庸的样子。 ⑫目下:眼下,跟前。

15. 王大将军既亡①,王应欲投世儒②,世儒为江州③;王含欲投王舒④,舒为荆州。含语应曰:"大将军平素与江州云何⑤,而汝欲归之?"应曰:"此乃所以宜往也⑥。江州当人强盛时,能抗同异⑦,此非常人所行。及睹衰厄⑧,必兴愍恻⑨。荆州守文⑩,岂能作意表行事⑪?"含不从,遂共投舒。舒果沈含父子于江⑫。彬闻应当来⑬,密具船以待之⑭,竟不得来⑮,深以为恨⑯。

[注释]①王大将军既亡:晋明帝时,王敦以诛奸臣为名,第二次起兵谋反,败,愤郁而死。 ②王应:字安期,王含子,王敦无子,养为继子。世儒:王彬字,王敦从弟,为人有气节,官江州刺史、尚书左仆射。 ③为江州:指任江州刺史。江州:郡名,东晋时治所在柴桑(今江西省九江)。 ④王含:字处弘,王敦兄,王应父,官至徐州刺史、光禄勋,与王敦谋反,兵败被杀。王舒:字处明,官荆州刺史、尚书仆射,出为会稽太守,讨苏峻有功,封彭泽侯,赠车骑

大将军。　⑤大将军平素与江州云何:意思是王敦与王彬平日关系如何。⑥此乃所以宜往也:这正是可以去的理由。刘孝标注引《王彬别传》:王彬与周顗素善,王敦杀周顗,王彬前往哭尸,并面斥王敦。　⑦抗:抗衡,争辩。同异:偏义词,指异。　⑧睹:见。衰厄:衰弱危难。　⑨兴:产生。愍恻:怜悯同情。　⑩守文:遵守法令。　⑪意表行事:行意外之事,不按成法办事,即收留有罪之人。　⑫沈含父子于江:将王含、王应父子处以沉江死。沈:通"沉"。　⑬当:将。　⑭密:悄悄地。　⑮竟:最终。　⑯恨:遗憾。

16. 武昌孟嘉作庾太尉州从事①,已知名。褚太傅有知人鉴②,罢豫章③,还,过武昌,问庾曰:"闻孟从事佳,今在此不?"庾云:"试自求之④。"褚眄睐良久⑤,指嘉曰:"此君小异⑥,得无是乎⑦?"庾大笑曰:"然。"于时既叹褚之默识⑧,又欣嘉之见赏⑨。

[注释]①武昌:郡名,治所在今湖北省鄂州。孟嘉:字万年,祖籍江夏,后徙居阳新(今湖北省阳新西南),少以清操知名,官庾亮从事、桓温参军。庾太尉:庾亮,字元规,晋颍川鄢陵(今河南省鄢陵)人,官至征西大将军、荆州刺史。从事:州府所设属官。　②褚太傅:褚裒(póu),字季野,晋河南阳翟(今河南省禹州市)人,有简贵之风,累迁江、兖二州刺史,赠侍中、太傅。知人:识别人才。鉴:洞察力。　③罢豫章:罢免豫章太守。豫章:郡名,治所在今南昌。　④求:寻找,辨认。　⑤眄(miǎn)睐(lài):顾盼。　⑥小异:稍微特殊。　⑦得无:该不会。　⑧默识:暗中鉴识(能力)。　⑨欣:欣喜。见赏:被赏识。

17. 戴安道年十余岁①,在瓦官寺画②。王长史见之③,曰:"此童非徒能画④,亦终当致名⑤,恨吾老⑥,不见其盛时耳⑦。"

[注释]①戴安道:戴逵,字安道,晋谯国(今安徽省亳州)人,少有清操,

善鼓琴,工属文。 ②瓦官寺:东晋名寺,故址在今南京。 ③王长史:王濛,字仲祖,晋太原晋阳(今山西省太原市)人,风流雅正,官至司徒左长史,故称。 ④非徒:不只。 ⑤当:将。致名:成名。 ⑥恨:遗憾。 ⑦盛:兴盛,发达。

18.王仲祖、谢仁祖、刘真长俱至丹阳墓所省殷扬州①,殊有确然之志②。既反③,王、谢相谓曰:"渊源不起④,当如苍生何⑤?"深为忧叹。刘曰:"卿诸人真忧渊源不起邪?"

[注释]①王仲祖:王濛。谢仁祖:谢尚。刘真长:刘惔。丹阳墓所:指丹阳郡殷浩祖墓。省(xǐng):看望。殷扬州:殷浩,字渊源,少有重名,官至扬州刺史、中军将军。 ②殊:很,颇。确然:坚定的样子。句意为殷浩有坚决不出仕之志。 ③既反:已经回来。反:同"返"。 ④起:出仕。 ⑤如苍生何:百姓怎么办。

19.小庾临终①,自表以子园客为代②。朝廷虑其不从命③,未知所遣④,乃共议用桓温⑤。刘尹曰⑥:"使伊去⑦,必能克定西楚⑧,然恐不可复制⑨。"

[注释]①小庾:庾翼,庾亮之弟,兄弟俩并知名,故人称小庾。 ②表:启奏,上奏章给皇帝。园客:庾爱之,字仲真,小字园客,庾翼次子。代:代替,接替。 ③虑:担心。不从命:指不听从朝廷安排。 ④未知所遣:意为不知派谁去接替为好。 ⑤桓温:字子元,晋谯国龙亢(今安徽省怀远西)人,少有豪迈之气,官至征西大将军、大司马。 ⑥刘尹:刘惔,字真长,晋沛国萧(今安徽省萧县)人,有雅裁,官至侍中、丹阳尹等。 ⑦伊:第三人称代词,他。 ⑧克定:平定。西楚:指荆州一带。 ⑨不可复制:以后又不可控制。

20.桓公将伐蜀①,在事诸贤咸以李势在蜀既久②,承借累叶③,且形据上流④,三峡未易可克⑤。唯刘尹云⑥:"伊必能克蜀⑦。观其蒲博⑧,不必得则不为⑨。"

[注释]①桓公:桓温。伐蜀:晋穆帝永和二年(公元346年),桓温率军伐蜀。 ②在事诸贤:指当局官员。咸:都。李势:字子仁,洛阳临渭人,十六国成汉君主。 ③承借:继承凭借。累叶:多代。 ④形据上流:地理形势占据长江上流。 ⑤三峡:长江三峡,即瞿塘峡、巫峡、西陵峡,山势险峻,水流湍急。克:攻克。 ⑥刘尹:刘惔,见本门19注⑥。 ⑦伊:他。 ⑧蒲博:即樗(chū)蒲,古代的一种博戏。 ⑨必得:指必胜的把握。

21. 谢公在东山畜妓①,简文曰②:"安石必出③,既与人同乐,亦不得不与人同忧。"

[注释]①谢公:谢安。东山:山名,在今浙江省上虞,谢安出仕前隐居于此。畜:蓄养。妓:歌女。 ②简文:简文帝司马昱。 ③安石:谢安的字。必出:一定会出仕。

22. 郗超与谢玄不善①。苻坚将问晋鼎②,既已狼噬梁、岐③,又虎视淮阴矣④。于时朝议遣玄北讨,人间颇有异同之论⑤。唯超曰:"是必济事⑥。吾昔尝与共在桓宣武府⑦,见使才皆尽⑧,虽履屐之间⑨,亦得其任⑩。以此推之,容必能立勋⑪。"元功既举⑫,时人咸叹超之先觉,又重其不以爱憎匿善⑬。

[注释]①郗超:字景兴,晋高平金乡(今山东省金乡)人,有旷世之度。谢玄:字幼度,神理明俊,善微言。不善:关系不好。 ②苻坚:前秦君主,在位二十余年,与东晋对峙,有灭晋统一之志。淝水战败后,国势日弱。后为姚苌所杀。问晋鼎:觊觎东晋政权。问鼎:相传夏禹铸九鼎,历商至周,为传国之重器,后遂用来指代国家政权和帝位。《左传·宣公三年》:"定王使王孙

满劳楚子。楚子问鼎之大小轻重焉。" ③狼噬(shì):像狼一样吞噬。梁:梁州,古九州之一,今四川和陕西西南部地区。岐:岐山地区,今陕西岐山境内。 ④虎视淮阴:对淮阴虎视眈眈。淮阴:淮河以南地区,已渐近东晋都城建康。 ⑤人间:指朝臣间。异同之论:偏义词,指不同看法。 ⑥是:这,指派谢玄北伐。必:一定。济事:成功。 ⑦桓宣武府:桓温衙门。 ⑧使才皆尽:言其尽职尽责。 ⑨履屐:鞋类,比喻小事。 ⑩得其任:尽到职责。任:责任,职责。 ⑪容:或许。立勋:立功。 ⑫元功既举:大功告成,指谢玄大败苻坚,取得淝水之战的胜利。 ⑬重:推重,敬重。不以爱憎匿善:不因个人情感的喜爱或憎恶而藏匿别人的长处。

23.韩康伯与谢玄亦无深好①,玄北征后②,巷议疑其不振③。康伯曰:"此人好名,必能战。"玄闻之甚忿④,常于众中厉色曰⑤:"丈夫提千兵入死地⑥,以事君亲故发⑦,不得复云为名!"

[注释]①韩康伯:韩伯,字康伯,晋颍川长社(今河南省长葛)人,曾官豫章太守。深好:深厚情谊。 ②北征:北讨苻坚。 ③巷议:街谈巷议,民间舆论。不振:不振奋,不能成功。 ④忿:恼怒。 ⑤常:同"尝",曾经。 ⑥丈夫:大丈夫,男子汉。提:带领。千兵:千军万马,军队。死地:战场。 ⑦以事:报效。君亲:君王父母,此为偏义词,指君王。发:出发,出征。

24.褚期生少时①,谢公甚知之②,恒云:"褚期生若不佳者,仆不复相士③。"

[注释]①褚期生:褚爽,字茂弘,小字期生,太傅褚裒之孙,俊迈有风气,好老庄之言,累迁中书郎、义兴太守。 ②谢公:谢安。知:赏识。 ③仆:谦辞,我。相(xiàng)士:品鉴人物。

25.郗超与傅瑗周旋①。瑗见其二子②,并总发③,超观之良久,谓瑗曰:"小者才名皆胜④,然保卿家终当在兄⑤。"即傅亮兄弟也⑥。

[注释]①郗超:见本门22注①。傅瑗:字叔玉,北地灵州(今陕西省耀县东南)人,官护军长史、安城太守。周旋:交往。 ②见(xiàn):引见。 ③并:都。总发:总角。古时儿童束发为两结,向上分开,形状如角,称总角或总发。借指童年。 ④才名:才气和名声。胜:优秀。 ⑤保:保全。卿:尊称对方。 ⑥傅亮兄弟:傅迪、傅亮兄弟。傅迪字长猷,位至五兵尚书,赠太常。傅亮字季友,历尚书令、光禄大夫,后因罪被杀。

26. 王恭随父在会稽①,王大自都来拜墓②,恭暂往墓下看之③。二人素善,遂十余日方还。父问:"恭何故多日?"对曰:"与阿大语,蝉连不得归④。"因语之曰:"恐阿大非尔之友,终乖爱好⑤。"果如其言。

[注释]①王恭:字孝伯,晋太原晋阳(今山西省太原市)人,清廉贵峻,官历著作郎、中书令等。父:王蕴,字叔仁,时任会稽内史。 ②王大:王忱,小字佛大,故称,为王恭族叔。都:东晋都城建康(今江苏省南京)。拜墓:祭拜祖先陵墓。 ③暂:临时。 ④蝉连:连续相承,也作"蝉联"。 ⑤终:终究。乖:违背。

27. 车胤父作南平郡功曹①,太守王胡之避司马无忌之难②,置郡于澧阴③。是时胤十余岁,胡之每出,尝于篱中见而异焉④。谓胤父曰:"此儿当致高名⑤。"后游集⑥,恒命之⑦。胤长,又为桓宣武所知⑧,清通于多士之世⑨,官至选曹尚书⑩。

[注释]①车胤(yìn):字武子,南平(今湖南省安乡北)人,早年勤学,囊萤夜读,官丹阳尹、护军将军、吏部尚书。其父名育。功曹:功曹史,简称功

曹,郡守属官。　②太守:郡的最高行政长官。王胡之:字修龄,王廙(yì)之子。司马无忌:字公寿,司马丞之子。永昌元年王敦举兵反叛时,王廙杀司马丞,故司马无忌与王胡之有杀父之仇。　③澧阴:澧水之南。　④尝:通"常"。篱中:篱笆。异:惊异。　⑤致:得到。　⑥游集:集聚交游。　⑦命:召唤。　⑧桓宣武:桓温。知:赏识。　⑨清通:清明通达。多士:众多的贤士。　⑩选曹尚书:即吏部尚书,掌管官吏的选拔、考核、升调等。

28. 王忱死①,西镇未定②,朝贵人人有望③。时殷仲堪在门下④,虽居机要⑤,资名轻小⑥,人情未以方岳相许⑦。晋孝武欲拔亲近腹心⑧,遂以殷为荆州。事定,诏未出。王珣问殷曰⑨:"陕西何故未有处分⑩?"殷曰:"已有人。"王历问公卿⑪,咸云:"非。"王自计才地⑫,必应在己。复问:"非我邪?"殷曰:"亦似非。"其夜诏出,用殷。王语所亲曰⑬:"岂有黄门郎而受如此任⑭?仲堪此举⑮,乃是国之亡征⑯。"

[注释]①王忱:官荆州刺史,死于任上。　②西镇:指荆州,因在建康西,故称。　③朝贵:朝廷显贵。　④殷仲堪:晋陈郡(今河南省淮阳)人,官振威将军、荆州刺史,后与桓玄兵争,战败被杀。门下:即黄门,后称门下省,皇帝近署。　⑤机要:重要部门。　⑥资名:资历,名声。　⑦人情:众人心理。方岳:指镇守一方的地方长官。许:推许,期许。　⑧晋孝武:司马曜。拔:提拔。　⑨王珣:字元琳,王导之孙,少以清秀称,封东亭侯,累迁尚书左仆射、尚书令。　⑩陕西:借指荆州。西周时周公、召公分治陕东、陕西,夹辅周室;东晋东西分别有扬州、荆州二重镇,故以陕西借指西边的荆州。处分:安排。　⑪历:逐个地。公卿:三公九卿,借指王公大臣。　⑫自计才地:自我估计才能地位。　⑬所亲:亲近的人。　⑭黄门郎:黄门侍郎,门下省的高级官员。　⑮举:任用。　⑯亡征:灭亡的征兆。

赏誉第八

1.陈仲举尝叹曰①:"若周子居者②,真治国之器③。譬诸宝剑④,则世之干将⑤。"

[注释]①陈仲举:即陈蕃,字仲举,东汉汝南平舆(今河南平舆北)人,为人刚正不阿,曾任豫章太守、太傅等,后与窦武等官合谋诛除宦官,因事情泄露而被杀。尝:曾经。叹:赞叹。　②周子居:周乘,字子居,东汉汝南安城(今河南汝南县东南)人,天资聪颖,官至泰山太守。　③治国之器:治国的人才。器:人才。　④譬诸宝剑:用宝剑来比喻(周子居)。诸:之于。　⑤干将:古宝剑名,相传春秋吴国有干将、莫邪夫妇善铸剑,为阖闾铸阴阳剑,阳曰"干将",阴曰"莫邪",后以此二名代称稀世宝剑。

2.世目李元礼①:"谡谡如劲松下风②。"

[注释]①世:世人。目:品评,评论。李元礼:李膺,字元礼,颍川襄城(今属河南)人,东汉名臣,因反对宦官专权而遇害。　②谡谡(sù sù):风声,形容风强劲有力,比喻人刚劲庄重。

3.谢子微见许子将兄弟①,曰:"平舆之渊②,有二龙焉③。"见许子政弱冠之时④,叹曰⑤:"若许子政者,有干国之器⑥。正色忠謇⑦,则陈仲举之匹⑧;伐恶退不肖⑨,范孟博之风⑩。"

[注释]①谢子微:谢甄,字子微,汉末汝南(今河南汝南)人,明识人品,官至豫章从事。许子将:许劭,字子将,有人伦鉴识。 ②平舆:县名,故城在今河南汝南东南。渊:深潭。 ③二龙:比喻许虔与许劭兄弟二人。 ④许子政:许虔,字子政,许劭的哥哥,言行高洁。弱冠:古时以男子二十岁为成人,开始加冠,因体仍未壮,故称弱冠,此处代指年少时。 ⑤叹:赞叹。 ⑥干国:治国。器:才能。 ⑦正色:本指表情严肃,此指为人庄重。忠謇:忠诚正直。謇(jiǎn):正直。 ⑧陈仲举:陈蕃,见本门1注①。匹:匹敌,指许虔严肃正直,可与陈蕃相比。 ⑨伐恶:打击邪恶。伐:抨击。退:屏退,驱逐。不肖:不才,不正派。 ⑩范孟博:范滂,字孟博,汝南(今属河南)人,为功曹,征为公府掾,疾恶如仇,有澄清天下之志。风:作风,指许虔在打击、屏退邪恶势力方面有范滂的风格。

4. 公孙度目邴原①:"所谓云中白鹤,非燕雀之网所能罗也②。"

[注释]①公孙度:字升济(一说叔济),汉末襄平(今辽宁省辽阳市)人,官至冀州刺史、辽东太守。目:品评,评论。邴原:字根矩,汉末朱虚(今山东省临朐县)人,与管宁齐名,后归三国曹魏,任五官将长史。 ②罗:张网捕捉。

5. 钟士季目王安丰①:"阿戎了了解人意②。"谓裴公之谈③,经日不竭④。吏部郎阙⑤,文帝问其人于钟会⑥,会曰:"裴楷清通⑦,王戎简要⑧,皆其选也⑨。"于是用裴。

[注释]①钟士季:即钟会,字士季,魏太傅钟繇的儿子,三国时魏国谋士、将领,官至司徒。目:品评,评论。王安丰:即王戎,字濬冲,晋琅邪临沂(今属山东)人,曾封安丰侯,官至司徒,"竹林七贤"之一。 ②了了:聪慧。解:理

解。　③谓：认为。裴公：即裴楷，字叔则，三国魏河东闻喜（今属山西）人，精通《老子》《周易》，后入晋，官至中书令。谈：清谈，谈玄。　④经日：整天。竭：尽。　⑤吏部郎：官名，主管官吏选拔。阙：同"缺"，指职位空缺。　⑥文帝：即司马昭，三国魏相国，封晋公，死后谥号"文王"，其子晋武帝司马炎代魏称帝后，追尊昭为"文皇帝"。人：指吏部郎的人选。于：向。　⑦清通：明察，通达。　⑧简要：简约干练。　⑨皆其选：指裴楷、王戎都是吏部郎的人选。

6.王濬冲、裴叔则二人①，总角诣钟士季②。须臾去后③，客问钟曰："向二童何如④？"钟曰："裴楷清通，王戎简要。后二十年，此二贤当为吏部尚书⑤，冀尔时天下无滞才⑥。"

[注释]①王濬冲：即王戎，见本门5注①。裴叔则：即裴楷，见本门5注③。　②总角：古代儿童束发为二结，向上分开，形状如角，所以称总角，多用来借指童年。诣：拜访。钟士季：即钟会，见本门5注①。　③须臾：一会儿。去：离开。　④向：刚才。何如：怎么样。　⑤当：将。吏部尚书：官名，吏部的长官，主管官吏的任免、考绩、升降等。　⑥冀：希望。尔时：那时。滞才：遗漏的人才。滞：埋没，遗落。

7.谚曰①："后来领袖有裴秀②。"

[注释]①谚：俗语。　②后来领袖：后世楷模。领袖：人们的表率、模范。裴秀：字季彦，晋河东闻喜（今属山西）人，官至左光禄、司空。

8.裴令公目夏侯太初①："肃肃如入廊庙中②，不修敬而人自敬③。"一曰："如入宗庙④，琅琅但见礼乐器⑤。见钟士季⑥，如观武库⑦，但睹矛戟⑧。见傅兰硕⑨，汪廜靡所不有⑩。见山巨源⑪，如登山临下⑫，幽然深远⑬。"

[注释]①裴令公:即裴楷,见本门5注③。目:品评,评论。夏侯太初:即夏侯玄,字太初,三国魏人,当时的玄学领袖,任征西将军等官。 ②肃肃:恭敬的样子。廊庙:殿下屋和太庙,是古代君臣议论政事的地方,借指朝廷。 ③修敬:整饬仪表,以表敬意。 ④宗庙:古代帝王、诸侯祭祀祖先的处所。 ⑤琅琅:有光彩,美好的样子。但:只。礼乐器:礼器和乐器,祭祀时行礼奏乐所用的各种器具。④⑤两句形容夏侯玄为人恭谨肃穆。 ⑥钟士季:即钟会,见本门5注①。 ⑦武库:储藏兵器的仓库。 ⑧睹:见。矛戟:泛指兵器。⑥⑦⑧三句形容钟会有将才。 ⑨傅兰硕:傅嘏,字兰硕,三国魏人,善言义理,历任河南尹、尚书。 ⑩汪廧(qiáng):同"汪洋",水势浩大的样子,形容广博。靡所不有:无所不有。靡:无。 ⑪山巨源:山涛,字巨源,西晋河内(今河南省沁阳县)人,历任吏部尚书、太子少傅、司徒等官,"竹林七贤"之一。 ⑫登山临下:如同"居高临下"。临下:从上往下看。 ⑬幽然:深远的样子。形容山涛学问渊博。

9. 羊公还洛①,郭弈为野王令②,羊至界③,遣人要之④,郭便自往。既见,叹曰⑤:"羊叔子何必减郭太业⑥!"复往羊许⑦,小悉还⑧,又叹曰:"羊叔子去人远矣⑨!"羊既去⑩,郭送之弥日⑪,一举数百里⑫,遂以出境免官⑬。复叹曰:"羊叔子何必减颜子⑭!"

[注释]①羊公:羊祜(hù),字叔子,泰山南城(今山东省平邑县)人,西晋著名的战略家,官至征南大将军,死后赠太傅。还洛:回洛阳。 ②郭弈:字泰业,晋太原阳曲(今属山西)人,有才望,历任雍州刺史、尚书。野王令:官名,野王县令,掌管一县政令。野王:县名,今河南沁阳市。 ③界:指野王县之境。 ④要(yāo):拦阻,阻截。《孟子·公孙丑下》:"(孟仲子)使数人要于路。"此指郭弈派人使过境的羊祜停留下来。 ⑤叹:赞叹。 ⑥何必:未必。减:不如,比不上。郭太业:即郭弈。 ⑦复:又。许:处,住处。 ⑧小悉:少顷,一会儿。 ⑨去:距离,此指超出。 ⑩去:离开。 ⑪弥日:多日。弥:久。 ⑫一举数百里:此指一送就送了几百里。举:动。 ⑬遂:于是。

以:因为。出境:离开野王县辖境。 ⑭颜子:指颜回,春秋鲁国人,孔子高足,好学不倦,乐道安贫,以德行著称。

10. 王戎目山巨源①:"如璞玉浑金②,人皆钦其宝③,莫知名其器④。"

[注释]①王戎:见本门5注①。目:品评,评论。山巨源:即山涛,见本门8注⑪。 ②璞玉浑金:没有琢磨过的玉石,没有提炼过的金矿石,比喻本性纯美。 ③钦:钦佩,爱慕。 ④莫知名其器:不知怎样对他的才识性情进行估量,暗指山涛为人广博深沉。名:称说。器:才能,本领。

11. 羊长和父繇①,与太傅祜同堂相善②,仕至车骑掾③,蚤卒④。长和兄弟五人,幼孤。祜来哭⑤,见长和哀容举止⑥,宛若成人⑦,乃叹曰⑧:"从兄不亡矣⑨!"

[注释]①羊长和:即羊忱,字长和,一名陶,晋泰山南城(今山东省平邑县)人,曾任太傅长史、扬州刺史、侍中等官。繇:即羊繇,字堪甫,羊忱的父亲,官至车骑掾。 ②太傅祜:即羊祜,见本门9注①。同堂:同祖父的兄弟。相善:相互交好,友善。 ③仕:做官。车骑掾:车骑将军的属官。 ④蚤:通"早"。卒:死亡。 ⑤哭:哭吊,吊丧。 ⑥哀容:悲伤的神态。 ⑦宛若:仿佛,好像。 ⑧叹:感叹。 ⑨从兄:堂兄。

12. 山公举阮咸为吏部郎①,目曰②:"清真寡欲③,万物不能移也④。"

[注释]①山公:即山涛,见本门8注⑪。举:举荐。阮咸:字仲容,阮籍的侄子,与阮籍并称"大小阮",曾任散骑侍郎、始平太守,"竹林七贤"之一。吏部郎:官名,主管官吏选拔。 ②目:品评,评论。 ③清真寡欲:清纯质朴,少有贪念。 ④移:动摇,改变。

13.王戎目阮文业①:"清伦有鉴识②,汉元以来未有此人③。"

[注释]①王戎:见本门5注①。目:品评,评论。阮文业:即阮武,字文业,三国魏陈留尉氏(今属河南)人,阔达博通,官至清河太守。 ②清伦:高雅超群。鉴识:审察辨识的能力,多指识别人才。 ③汉元:汉初。元:开始。

14.武元夏目裴、王曰①:"戎尚约②,楷清通③。"

[注释]①武元夏:武陔,字元夏,魏光禄大夫武周之子,初仕魏,后入晋,官至光禄大夫。目:品评,评论。裴:指裴楷,见本门5注③。王:指王戎,见本门5注①。 ②尚:崇尚。约:简约。 ③清通:明察,通达。

15.庾子嵩目和峤①:"森森如千丈松②,虽磊砢有节目③,施之大厦④,有栋梁之用⑤。"

[注释]①庾子嵩:庾敳,字子嵩,晋颍川鄢陵(今属河南)人,好老庄之学,曾任司马太傅从事中郎。目:品评,评论。和峤:字长舆,晋汝南西平(今属河南)人,有盛名,任尚书、太子少傅等官。 ②森森:树木高耸的样子。 ③磊砢:树木多节的样子。节目:树木与枝干交接处叫节,纹理纠结不顺的部分叫目。 ④施:用。 ⑤栋梁:房屋的脊檩和正梁,喻指担负国家重任的人。

16.王戎云①:"太尉神姿高彻②,如瑶林琼树③,自然是风尘外物④。"

[注释]①王戎:见本门5注①。云:说。 ②太尉:指王衍,字夷甫,晋琅邪临沂(今属山东)人,才思敏捷,好谈玄理,官至尚书令、太尉。神姿:神情仪态。高彻:豪迈通达。 ③瑶林琼树:传说是仙界中的玉树,比喻人的品格高洁。 ④风尘外物:世俗之外的人,形容超凡脱俗。

17. 王汝南既除所生服①,遂停墓所②。兄子济每来拜墓③,略不过叔④,叔亦不候⑤。济脱时过⑥,止寒温而已⑦。后聊试问近事⑧,答对甚有音辞⑨,出济意外,济极惋愕⑩;仍与语⑪,转造精微⑫。济先略无子侄之敬⑬,既闻其言,不觉懔然⑭,心形俱肃⑮。遂留共语⑯,弥日累夜⑰。济虽俊爽⑱,自视缺然⑲,乃喟然叹曰⑳:"家有名士,三十年而不知。"济去㉑,叔送至门。济从骑有一马绝难乘㉒,少能骑者。济聊问叔:"好骑乘不㉓?"曰:"亦好尔㉔。"济又使骑难乘马,叔姿形既妙㉕,回策如萦㉖,名骑无以过之㉗。济益叹其难测㉘,非复一事㉙。既还,浑问济㉚:"何以暂行累日㉛?"济曰:"始得一叔㉜。"浑问其故㉝,济具叹述如此㉞。浑曰:"何如我㉟?"济曰:"济以上人。"武帝每见济㊱,辄以湛调之㊲,曰:"卿家痴叔死未㊳?"济常无以答。既而得叔后㊴,武帝又问如前,济曰:"臣叔不痴。"称其实美。帝曰:"谁比?"济曰:"山涛以下㊵,魏舒以上㊶。"于是显名㊷,年二十八始宦㊸。

[注释]①王汝南:王湛,字处冲,三国魏司空王昶的儿子,司徒王浑的弟弟,官至汝南内史。既:已经。除所生服:脱去为亡母服丧所穿的丧服。所生:亲生母亲。 ②遂:于是。停:留居。 ③兄子济:即王济,字武子,晋司徒王浑的儿子,善于清谈,官至太仆,死后追赠骠骑将军。拜墓:祭扫坟墓。 ④略不:几乎完全不。过:拜访。 ⑤候:迎候。 ⑥脱时:偶然。脱:或许,偶然。 ⑦止:只。寒温:寒暄。 ⑧聊:姑且,暂且。 ⑨音辞:文辞。 ⑩惋愕:惊愕,惊讶。 ⑪仍:乃,于是。与语:(和他)交谈。 ⑫转:逐渐。造:达到。精微:精妙细微。 ⑬略无:完全没有。 ⑭懔然:敬畏的样子。 ⑮心形俱肃:内心、仪表都变得恭敬起来。 ⑯留:留宿。共语:一起交谈。

⑰弥日累夜:连日连夜,夜以继日。弥日:累日。累:连续。 ⑱俊爽:豪迈爽朗。 ⑲自视缺然:自认为不足。 ⑳喟然:感叹的样子。 ㉑去:离开。 ㉒从骑:随从骑士。绝:极,非常。 ㉓好:喜欢。不:同"否"。 ㉔亦:也。尔:此,这个。 ㉕姿形:姿态。 ㉖回策:挥动马鞭。策:马鞭。萦绕,环绕。 ㉗无以:无法。过:胜过。 ㉘益:更加。叹:赞叹。难测:难以捉摸。 ㉙非复:不只是。 ㉚浑:王浑,字玄冲,三国魏司空王昶的儿子,王济的父亲,官至司徒。 ㉛何以:为什么。暂行:短时间的行程。累日:多日,好几天。 ㉜始:才,刚刚。得:获得,此指真正了解。 ㉝故:原因。 ㉞具:具体。叹:感叹地。 ㉟何如:与……相比怎么样。 ㊱武帝:晋武帝司马炎,司马昭的长子,公元265年废魏称帝,建立晋朝,在位25年。 ㊲辄:总是。调:戏弄。 ㊳卿:你。未:用在句末,表询问,同"否"。 ㊴既而:不久。 ㊵山涛:见本门8注⑪。 ㊶魏舒:字阳元,晋任城樊(今山东微山县西北)人,官至司徒。 ㊷显名:名声远扬。 ㊸宦:做官。

18. 裴仆射①,时人谓为"言谈之林薮"②。

[注释]①裴仆射:裴頠(wěi),字逸民,晋河东闻喜(今属山西)人,博学有远识,善于论辩,官至尚书左仆射。 ②时人:当时的人。林薮:山林与川泽,比喻事物聚集的地方。

19. 张华见褚陶①,语陆平原曰②:"君兄弟龙跃云津③,顾彦先凤鸣朝阳④,谓东南之宝已尽⑤,不意复见褚生⑥。"陆曰:"公未睹不鸣不跃者耳⑦。"

[注释]①张华:字茂先,三国魏末人,入晋,封壮武郡公,官至司空。褚陶:字季雅,晋吴郡(治今江苏苏州)人,清淡闲默,官至中尉。 ②语:告诉。陆平原:即陆机,字士衡,三国吴丞相陆逊之孙,大司马陆抗之子,入晋,任著作郎,官至平原内史。 ③君:尊称,你。云津:天河,银河。 ④顾彦先:即顾荣,字彦先,初仕吴,后为晋朝名臣,死后追赠骠骑将军。凤鸣朝阳:语出

《诗经·大雅·卷阿》:"凤皇鸣矣,于彼高冈;梧桐生矣,于彼朝阳。"比喻贤才遇时而起。 ⑤谓:以为。宝:指人才。 ⑥不意:不料。复:又。生:"先生"的省称,指有才学的人。 ⑦公:尊称。睹:见。耳:罢了。

20. 有问秀才①:"吴旧姓何如②?"答曰:"吴府君③,圣王之老成④,明时之俊乂⑤;朱永长⑥,理物之至德⑦,清选之高望⑧;严仲弼⑨,九皋之鸣鹤⑩,空谷之白驹⑪;顾彦先⑫,八音之琴瑟⑬,五色之龙章⑭;张威伯⑮,岁寒之茂松⑯,幽夜之逸光⑰;陆士衡、士龙⑱,鸿鹄之裴回⑲,悬鼓之待槌⑳。凡此诸君㉑,以洪笔为钼耒㉒,以纸札为良田㉓,以玄默为稼穑㉔,以义理为丰年㉕,以谈论为英华㉖,以忠恕为珍宝㉗,著文章为锦绣㉘,蕴五经为缯帛㉙,坐谦虚为席荐㉚,张义让为帷幙㉛,行仁义为室宇㉜,修道德为广宅。"

[注释]①秀才:指蔡洪,字叔开,吴郡吴(今江苏苏州)人,多才善辩,初仕吴,后举秀才入晋,官至松滋令。 ②吴:东吴,长江下游地区,三国吴曾在此建国。旧姓:旧族,原来的名门望族。何如:怎么样。 ③吴府君:即吴展,字士季,三国吴人,官至广州刺史、吴郡太守,吴灭亡后,隐居故里。 ④圣王:才德超群的帝王。老成:年高有德,泛指德高望重的人。 ⑤明时:政治清明的时代。俊乂:才德出众的人。 ⑥朱永长:朱诞,字永长,三国吴人,清正平和。 ⑦理物:治国治民。至德:此指有崇高道德的人。 ⑧清选:公平选拔(人才)。高望:此指有很高威望的人。 ⑨严仲弼:严隐,字仲弼,三国吴人,官至宛陵令。 ⑩九皋之鸣鹤:比喻出类拔萃的贤人声名远扬,语出《诗经·小雅·鹤鸣》:"鹤鸣于九皋,声闻于野。"九皋,曲折深远的沼泽。 ⑪空谷之白驹:语出《诗经·小雅·白驹》:"皎皎白驹,在彼空谷。"空谷:空旷幽深的山谷,多指贤者隐居的地方。白驹:白色骏马,比喻贤人、隐士。 ⑫顾彦先:见本门19注④。 ⑬八音:我国古代对乐器的统称,通常为金、

石、丝、竹、匏、土、革、木八种不同质材所制。琴瑟:琴、瑟两种乐器,属弦乐,古称丝,声音悠扬平和。 ⑭五色:青、赤、白、黑、黄五种颜色,泛指各种颜色。龙章:龙形的花纹,比喻富盛华美的文采。 ⑮张威伯:张畅,字威伯,三国吴人,性情坚毅。 ⑯岁寒之茂松:语出《论语·子罕》:"岁寒,然后知松柏之后彫也。"(彫:通"凋",凋落)比喻在逆境中仍坚守节操的人。 ⑰幽夜:黑夜。逸光:四射的光芒。 ⑱陆仕衡:即陆机,见本门19注②。士龙:陆云,字士龙,陆机的弟弟,仕晋,官至清河内史。 ⑲鸿鹄:天鹅。裴回:通"徘徊",盘旋。 ⑳悬鼓:悬挂在架子上的鼓。椎(chuí):敲击。 ㉑凡:所有。诸君:以上这些人。 ㉒洪:大。钼耒:锄和犁,泛指农具。 ㉓纸札:纸张。 ㉔玄默:清静无为。稼穑:耕种和收获,泛指农业劳动。 ㉕义理:经义名理。丰年:丰收之年。 ㉖英华:奇葩。 ㉗忠恕:忠诚宽厚。 ㉘著:写作。锦绣:花纹精美的丝织品。 ㉙蕴:积聚。五经:五部儒家经典,即《易》、《书》、《诗》、《礼》、《春秋》。缯帛:丝织品的统称。 ㉚席荐:草席,草垫子。 ㉛张:伸张。义让:礼让,谦让。 ㉜室宇:房舍。

21. 人问王夷甫①:"山巨源义理何如②?是谁辈③?"王曰:"此人初不肯以谈自居④,然不读《老》、《庄》⑤,时闻其咏⑥,往往与其旨合⑦。"

[注释]①王夷甫:即王戎,见本门5注①。 ②山巨源:即山涛,见本门8注⑪。义理:经义名理。何如:怎么样。 ③辈:同一类的人。 ④初不:完全不,一点也不。谈:清谈,谈论玄理。 ⑤然:但是。《老》:即《老子》,又名《道德经》,相传为春秋时期老子所著,主张自然无为,分上下两篇,五千多字。《庄》:即《庄子》,战国时期庄子及其弟子等人所著,推崇老子的思想。 ⑥时:偶尔。闻:听到。咏:吟诵。 ⑦旨:宗旨。

22. 洛中雅雅有三嘏①:刘粹字纯嘏②,宏字终嘏③,漠字冲嘏④,是亲兄弟,王安丰甥⑤,并是王安丰女壻。宏,真长祖也⑥。洛中铮铮冯惠卿⑦,名荪,是播子⑧。荪与邢乔俱司徒李胤外孙⑨,及胤子顺并知名⑩。时称:"冯才清⑪,李才明⑫,纯粹邢⑬。"

[注释]①洛:洛阳。雅雅:温文尔雅的人。 ②刘粹:沛国(今安徽濉溪县西北)人,官至侍中、南中郎将。 ③宏:刘宏,官至秘书监、光禄大夫。 ④漠:刘漠,与王衍交好,官至湘州刺史。 ⑤王安丰:即王戎,见本门5注①。 ⑥真长:即刘惔,字真长,晋沛国相(今安徽濉溪县西北)人,官至丹阳尹。祖:祖父。 ⑦铮铮:金属撞击声,形容人名声响亮。冯惠卿:冯荪,官至侍中。 ⑧播:冯播,字友声,冯荪的父亲,官至大宗正。 ⑨邢乔:字曾伯,河间(今属河北)人,有才学,官至司隶校尉。俱:都。李胤:字宣伯,辽东(今辽宁辽阳市老城区)人,高风亮节,官至司徒。 ⑩及:与,和。顺:李顺,官至太仆卿。 ⑪清:高洁。 ⑫明:明察。 ⑬纯粹:淳朴。

23. 卫伯玉为尚书令①,见乐广与中朝名士谈议②,奇之③,曰:"自昔诸人没已来④,常恐微言将绝⑤,今乃复闻斯言于君矣⑥。"命子弟造之⑦,曰:"此人,人之水镜也⑧,见之若披云雾睹青天⑨。"

[注释]①卫伯玉:卫瓘,字伯玉,晋初河东安邑(今山西夏县)人,学问渊博,曾任尚书令等,为官清简有政绩。尚书令:官名,尚书省的长官,负责政令。 ②乐广:字彦辅,善清谈,西晋名士,后接替王戎为尚书令。中朝:晋南渡以后称西晋为中朝。谈议:谈论玄理。 ③奇:感到惊奇。 ④昔诸人:指以前那些善于清谈的人,如何晏等。没:死。已来:以来。 ⑤恐:担心。微言:精深微妙的言语,此处特指清谈。绝:灭绝。 ⑥乃:竟然。复:又。闻:听到。斯言:这样的言语。君:尊称,你。 ⑦造:拜访。 ⑧水镜:明澈的止水与明镜,喻指明鉴之人。 ⑨披:拨开。睹:见。

24. 王太尉曰①:"见裴令公精明朗然②,笼盖人上③,

非凡识也④。若死而可作⑤,当与之同归⑥。"或云王戎语⑦。

[注释]①王太尉:王衍,见本门16注②。 ②裴令公:即裴楷,见本门5注③。朗然:通达。 ③笼盖:高出……之上,高居。 ④非凡识:指不是普通之辈。 ⑤作:起,指死而复活。 ⑥当:将。同归:同往,此指成为朋友。归:归宿。 ⑦或:有的人。云:说。王戎:见本5注①。

25. 王夷甫自叹①:"我与乐令谈②,未尝不觉我言为烦③。"

[注释]①王夷甫:即王衍,见本门16注②。叹:叹息。 ②乐令:即乐广,见本门23注②。谈:谈玄。 ③烦:烦琐。

26. 郭子玄有俊才①,能言《老》、《庄》②,庾敳尝称之③,每曰④:"郭子玄何必减庾子嵩⑤!"

[注释]①郭子玄:即郭象,字子玄,好《老》、《庄》,并注《庄子》,善清谈,仕晋,官至黄门侍郎、太傅主簿。俊才:卓越的才智。 ②《老》、《庄》:见本门21注⑤。 ③庾敳:见本门15注①。尝:曾经。称:称赞。 ④每:常常。 ⑤何必:未必。减:不如,比不上。

27. 王平子目太尉①:"阿兄形似道②,而神锋太俊③。"太尉答曰:"诚不如卿落落穆穆④。"

[注释]①王平子:即王澄,字平子,王衍的弟弟,曾任荆州刺史等。目:品评,评论。太尉:即王衍,见本门16注②。 ②形似道:外表看起来像得道高人。 ③神锋:精神气概。俊:突出,杰出。 ④诚:确实。卿:你。落落穆穆:疏淡平和。

28. 太傅府有三才①：刘庆孙长才②，潘阳仲大才③，裴景声清才④。

[注释]①太傅：指司马越，字元超，晋宗室，曾任司空、太傅等，封东海王。②刘庆孙：刘舆，字庆孙，晋中山（今河北定县）人，与弟弟刘琨在当时都很著名，官至中书侍郎。长才：高才。③潘阳仲：潘滔，字阳仲，晋荥阳（今属河南）人，有文学才识，官至河南尹。大才：通才，超群出众之才。④裴景声：裴邈，字景声，裴颜的堂弟，有学识，善清谈，曾官太傅从事中郎、左司马。清才：品行高洁的人。

29. 林下诸贤①，各有俊才子②：籍子浑③，器量弘旷④；康子绍⑤，清远雅正⑥；涛子简⑦，疏通高素⑧；咸子瞻⑨，虚夷有远志⑩；瞻弟孚⑪，爽朗多所遗⑫；秀子纯、悌⑬，并令淑有清流⑭；戎子万子⑮，有大成之风⑯，苗而不秀⑰；唯伶子无闻⑱。凡此诸子⑲，唯瞻为冠⑳，绍、简亦见重当世㉑。

[注释]①林下诸贤：指"竹林七贤"，魏晋之间阮籍、嵇康、山涛、向秀、阮咸、王戎、刘伶相与友善，常宴集于竹林之下，时人称为"竹林七贤"。②俊才：才智卓越。子：儿子。③籍：即阮籍，字嗣宗，三国魏末陈留尉氏（今属河南）人，好老庄之学，放任不羁，与嵇康齐名，曾任步兵校尉，所以世称"阮步兵"。浑：阮浑，字长成，清虚寡欲，官至太子中庶子。④器量：度量。弘旷：宽宏坦荡。⑤康：嵇康，字叔夜，三国魏谯国（今安徽亳州）人，好《老子》、《庄子》，任性放达，官至中散大夫，后被司马昭所杀。绍：嵇绍，字延祖，仕晋，官至侍中，性格刚烈，后因保护惠帝，被乱兵射杀。⑥清远：人品清淳，志向高远。雅正：正直。⑦涛：山涛，见本门8注⑪。简：山简，字季伦，任尚书、征南将军。⑧疏通：爽朗通达。高素：高雅淳朴。⑨咸：阮咸，见本门12注①。瞻：阮瞻，字千里，官至太子舍人。⑩虚夷：清心寡欲。⑪孚：阮孚，字遥集，嗜酒任情，曾任安东将军、吏部尚书、丹阳尹等。⑫多所遗：不

拘小节。遗：遗漏。　⑬秀：向秀，字子期，三国魏末河内（今河南沁阳）人，好《老子》《庄子》，后任官黄门侍郎、散骑常侍等。纯：向纯，字长悌，官至侍中。悌：向悌，官至御史中丞。　⑭令淑：美好。清流：德行高洁而负有名望。　⑮戎：王戎，见本门5注①。万子：王绥，字万子，召为太尉掾，不就，十九岁去世。　⑯大成：成大才。风：风度。　⑰苗而不秀：比喻人未成年而早夭。秀：开花抽穗。　⑱伶：刘伶，字伯伦，三国魏末沛国（今安徽濉溪县西北）人，嗜酒放任。无闻：没有名声，不为人知。　⑲凡：所有。　⑳冠：首，居首位。㉑见：被，表被动。重：推重，看重。

30. 庾子躬有废疾①，甚知名，家在城西，号曰"城西公府②"。

[注释]①庾子躬：即庾琮（cóng），字子躬，晋颍川（今河南许昌）人，太常庾峻第二子，官至太尉掾。废疾：残疾。　②公府：三公之府（晋代以太尉、司徒、司空为三公），庾琮曾为太尉掾，人们钦敬其才名，尊称为"城西公府"。

31. 王夷甫语乐令①："名士无多人②，故当容平子知③。"

[注释]①王夷甫：即王衍，见本门16注②。语：告诉。乐令：即乐广，见本门23注②。　②无多人：指人不是很多。　③故当：自然，当然。容：允许。平子：即王澄，见本门27注①。知：了解，此指品评鉴赏。

32. 王太尉云①："郭子玄语议②，如悬河写水③，注而不竭④。"

[注释]①王太尉：即王衍，见本门16注②。云：说。　②郭子玄：即郭象，见本门26注①。语议：议论，清谈。　③悬河：瀑布。写：通"泻"，倾泻。　④注：灌注。竭：干涸。

33. 司马太傅府多名士①，一时俊异②。庾文康云③："见子嵩在其中④，常自神王⑤。"

[注释]①司马太傅：指司马越，见本门28注①。 ②一时：当时。俊异：才识卓越的人。 ③庾文康：即庾亮，字元规，庾敳的侄儿，曾任征西大将军、荆州刺史等官，死后谥文康，追赠太尉。云：说。 ④子嵩：即庾敳，见本门15注①。 ⑤常自：常常。神王：精神旺盛。王：通"旺"。

34. 太傅东海王镇许昌①，以王安期为记室参军②，雅相知重③。敕世子毗曰④："夫学之所益者浅⑤，体之所安者深⑥。闲习礼度⑦，不如式瞻仪形⑧；讽味遗言⑨，不如亲承音旨⑩。王参军人伦之表⑪，汝其师之⑫。"或曰⑬："王、赵、邓三参军人伦之表，汝其师之。"谓安期、邓伯道、赵穆也⑭。袁宏作《名士传》⑮，直云王参军⑯。或云赵家先犹有此本⑰。

[注释]①太傅东海王：即司马越，见本门28注①。许昌：县名，今河南许昌市东。 ②王安期：即王承，字安期，晋太原晋阳（今山西太原）人，为人清虚寡欲，曾为太傅参军，官至东海太守。记室参军：官名，诸王、三公及将军、都督幕府中所设置的掌管文书记录的幕僚。 ③雅：非常。知重：赏识器重。 ④敕：告诫。世子：被指定继承父亲爵禄的公卿贵族家的儿子，一般是嫡长子。毗：司马毗，司马越的儿子，官至镇军将军，后被石勒虏杀。 ⑤益：收益，收获。浅：肤浅。 ⑥体：体验，亲身实践。安：习惯，此指深入体会。 ⑦闲习：熟习。礼度：礼仪法度。 ⑧式瞻：瞻仰。式：敬辞，相当于"敬"、"仰"。仪形：仪容形貌。 ⑨讽味：诵读。遗言：古训。 ⑩亲承音旨：亲自聆听言教。承：闻听。音旨：言辞。 ⑪人伦之表：人们的表率、楷模。 ⑫汝：你。其：语气助词，表祈使。师：学习，效法。 ⑬或：另外一种说法。 ⑭邓伯道：邓攸，字伯道，晋平阳襄陵（今山西襄汾东北）人，曾为太傅参军，官至吏部尚书、尚书右仆射。赵穆：字季子，晋汲郡（今河南卫辉市）人，才识清

通,曾任尚书郎、太傅参军。 ⑮袁宏:字彦伯,小字虎,晋陈郡(今河南淮阳)人,文章绝美,官至东阳太守。《名士传》:书名,晋袁宏撰,全名为《竹林名士传》,以夏侯玄、何晏等人为正始名士,以阮籍、嵇康等七人为竹林名士,以裴楷、乐广等人为中朝名士,正始、竹林、中朝各为一卷。 ⑯直:只。 ⑰或:有人。先:先前。犹:还。

35. 庾太尉少为王眉子所知①,庾过江②,叹王曰③:"庇其宇下④,使人忘寒暑。"

[注释]①庾太尉:即庾亮,见本门33注③。少:年轻时。为:被。王眉子:即王玄,字眉子,晋太尉王衍的儿子,有俊才,性格豪放,任梁国内史,后由于为政苛刻被人袭杀。知:赏识。 ②过江:渡过长江,指随晋室南渡。 ③叹:赞叹。 ④庇:隐蔽,寄托。宇:屋檐。

36. 谢幼舆曰①:"友人王眉子清通简畅②,嵇延祖弘雅劭长③,董仲道卓荦有致度④。"

[注释]①谢幼舆:谢鲲,字幼舆,晋陈郡(今河南淮阳)人,曾任王敦长史,官至豫章太守。 ②王眉子:即王玄,见本门35注①。清通:明察,通达。简畅:简约爽朗。 ③嵇延祖:即嵇绍,见本门29注⑤。弘雅劭长:宽宏正直,美好高尚。劭:美好。 ④董仲道:董养,字仲道,淡泊名利,不乐仕宦。卓荦:超凡脱俗。致度:神采风度。

37. 王公目太尉①:"岩岩清峙②,壁立千仞③。"

[注释]①王公:即王导,字茂弘,琅邪临沂(今属山东)人,东晋功臣,官至丞相。目:品评,评论。太尉:即王衍,见本门16注②。 ②岩岩:高峻的样子。清峙:清俊挺拔。峙:耸立。 ③壁立:像峭壁一样笔直耸立。仞:古代长度单位,或说七尺为一仞,或说八尺为一仞。千仞:形容非常高。

38. 庾太尉在洛下①,问讯中郎②,中郎留之云③:"诸人当来④。"寻温元甫、刘王乔、裴叔则俱至⑤,酬酢终日⑥。庾公犹忆刘、裴之才俊⑦,元甫之清中⑧。

[注释]①庾太尉:即庾亮,见本门33注③。洛下:洛阳。 ②问讯:问候。中郎:指庾敳,庾亮是其侄儿,见本门15注①。 ③云:说。 ④当:将。 ⑤寻:一会儿,不久。温元甫:温几,字元甫,晋太原(治所在今山西太原)人,才性清婉,官至司徒右长史、湘州刺史。刘王乔:刘畴,字王乔,晋彭城(今江苏徐州)人,善谈名理,官至司徒左长史。裴叔则:即裴楷,见本门5注③。俱:都。 ⑥酬酢:主宾相互敬酒,指朋友间对饮、畅谈。酬:主人敬客人。酢:客人敬主人。终日:一整天。 ⑦庾公:指庾亮。犹:仍然,还。忆:记得。才俊:才华卓越。 ⑧清中:清新平和。

39. 蔡司徒在洛①,见陆机兄弟住参佐廨中②,三间瓦屋,士龙住东头,士衡住西头。士龙为人文弱可爱③,士衡长七尺余,声作钟声④,言多忼慨⑤。

[注释]①蔡司徒:即蔡谟,字道明,晋陈留考城(今河南民权)人,任左光禄大夫、司徒等。洛:洛阳。 ②陆机兄弟:指陆机、陆云,陆机字士衡,陆云字士龙,分别见本门19注②和20注⑱。参佐:部下,僚属。廨(xiè):官署,官吏办公及居住的地方。 ③为人:指人在品性方面表现出来的特征。文弱:文雅柔弱。 ④声作钟声:声音像钟声一样洪亮。 ⑤忼慨:情绪激昂。忼:同"慷"。

40. 王长史是庾子躬外孙①,丞相目子躬云②:"入理泓然③,我已上人④。"

[注释]①王长史:即王濛,字仲祖,晋太原晋阳(今山西太原市)人,母亲是庾琮之女,曾任司徒左长史。庾子躬:庾琮,见本门30注①。 ②丞相:即

王导,见本门 37 注①。目:品评,评论。云:说。 ③入理:领悟玄理。泓然:宽广精深的样子。泓(hóng):深。 ④已上:同"以上"。

41.庾太尉目庾中郎①:"家从谈谈之许②。"

[注释]①庾太尉:即庾亮,见本门 33 注③。目:品评,评论。庾中郎:指庾敳,是庾亮的叔父,见本门 15 注①。 ②家从:本家叔父。谈谈:犹"沉沉",言论深邃。许:属,一类人。

42.庾公目中郎①:"神气融散②,差如得上③。"

[注释]①庾公:即庾亮,见本门 33 注③。目:品评,评论。中郎:指庾敳,见本门 15 注①。 ②神气:神态风度。融散:豁达疏阔。 ③差如:大致可以。得:能够。上:超脱。

43.刘琨称祖车骑为朗诣①,曰:"少为王敦所叹②。"

[注释]①刘琨:字越石,晋中山魏昌(今河北定县南)人,曾任司徒长史、尚书左丞、司空。称:称赞。祖车骑:即祖逖,字士稚,范阳遒(今河北涞水)人,东晋初有志于恢复中原而致力北伐的大将,死后赠车骑将军。朗诣:豪迈豁达。 ②少:年轻时。为:被。王敦:字处仲,晋琅邪临沂(今属山东)人,曾任青州刺史、大将军等官。叹:赞赏。

44.时人目庾中郎①:"善于托大②,长于自藏③。"

[注释]①时人:当时的人。目:品评,评论。庾中郎:即庾敳,见本门 15 注①。 ②托大:身居高位而不被事务牵缠住,即超脱世俗。 ③长:擅长。自藏:隐蔽,保护自己。

45.王平子迈世有俊才①,少所推服②。每闻卫玠

言③,辄叹息绝倒④。

[注释]①王平子:即王澄,见本门 27 注①。迈世:超越世俗。俊才:卓越的才智。　②少所推服:指很少有让他推崇的人。推服:推许佩服。　③闻:听。卫玠:字叔宝,小字虎,晋河东安邑(今山西夏县)人,好言玄理,曾任太子洗马。　④辄:总是。绝倒:倾倒,形容极其佩服。

46. 王大将军与元皇表云①:"舒风概简正②,允作雅人③,自多于邃④,最是臣少所知拔⑤。中间夷甫、澄见语⑥:'卿知处明、茂弘⑦。茂弘已有令名⑧,真副卿清论⑨;处明亲疏无知之者。吾常以卿言为意⑩,殊未有得⑪,恐已悔之。'臣慨然曰⑫:'君以此试⑬。'顷来始乃有称之者⑭。言常人正自患知之使过⑮,不知使负实⑯。"

[注释]①王大将军:即王敦,见本门 43 注②。与:给。元皇:东晋元帝司马睿,在位 5 年(公元 317~322 年)。表:奏章的一种。云:说。　②舒:王舒,字处明,晋琅邪(治今山东临沂北)人,有文武才干,曾任荆州刺史、尚书仆射,封彭泽侯。风概:风格气概。简正:简素端正。　③允:确实。雅人:正直的人。　④自:自然。多:胜过。邃:王邃,字处重,王舒的弟弟,善治政事,官至中领军、尚书左仆射。　⑤最是:特别是。臣:王敦自称。少:年轻时。知拔:赏识提拔。　⑥中间:曾经。夷甫:指王衍,见本门 16 注②。澄:即王澄,见本门 27 注①。见语:对我说。见:称代自己。　⑦卿:你。知:赏识。茂弘:指王导,见本门 37 注①。　⑧令名:好的名声。　⑨真:确实。副:符合。清论:公正的评论。　⑩吾:我。以卿言为意:把你的话放心上。　⑪殊未有得:完全没有收获。殊:极,非常。　⑫慨然:感慨的样子。　⑬君:尊称,你。　⑭顷来:近来,最近。乃:才。称:称扬。　⑮正自:只。患:担心。知:赏识,此指品评。过:超过(实际水平)。　⑯负实:此指埋没实际才干。负:辜负。

47. 周侯于荆州败绩还①,未得用②。王丞相与人书曰③:"雅流弘器④,何可得遗⑤。"

[注释]①周侯:即周顗,字伯仁,晋汝南安城(今河南汝南县东南)人,官至尚书左仆射。荆州败绩:周顗任荆州刺史时,流民作乱,平乱时周顗大败。荆州:州名,治所在今湖北江陵。败绩:军队溃败。 ②得:能够。用:任用。 ③王丞相:即王导,见本门37注①。与:给。书:信。 ④雅流:高雅之辈。弘器:大器,杰出的人才。 ⑤何可:怎能。遗:遗弃。

48. 时人欲题目高坐而未能①,桓廷尉以问周侯②,周侯曰:"可谓卓朗③。"桓公曰④:"精神渊著⑤。"

[注释]①时人:当时的人。题目:品题,品评。高坐:即高坐道人,西晋时的高僧,西域人,原名尸黎密,永嘉中来晋。 ②桓廷尉:即桓彝,字茂伦,桓温的父亲,晋朝名士,死后追赠廷尉。周侯:即周顗,见本门47注①。 ③卓朗:高迈洒脱。 ④桓公:桓温,字元子,谯国龙亢(今安徽怀远)人,东晋大将,死后追赠丞相,谥号"宣武"。 ⑤渊著:高深。

49. 王大将军称其儿云①:"其神候似欲可②。"

[注释]①王大将军:即王敦,见本门43注②。称:称赞。其儿:指王应,本是王敦之兄王含的儿子,王敦无子,过养为嗣。云:说。 ②神候:精神面貌。似欲:仿佛,好像。可:不错,令人满意。

50. 卞令目叔向①:"朗朗如百间屋②。"

[注释]①卞令:即卞壸(kǔn),字望之,晋济阴冤句(今山东菏泽西南)人,官至尚书令。目:品评,评论。叔向:指卞壸的叔叔卞向,其人事迹不详。一说是春秋晋国大夫羊舌肸(xī)。 ②朗朗:宽敞明朗的样子。形容人襟怀坦荡、气度恢弘。

51.王敦为大将军①,镇豫章②,卫玠避乱从洛投敦③,相见欣然④,谈话弥日⑤。于时谢鲲为长史⑥,敦谓鲲曰:"不意永嘉之中⑦,复闻正始之音⑧。阿平若在⑨,当复绝倒⑩。"

[注释]①王敦:见本门43注②。大将军:武官名。 ②豫章:郡名,治所在今江西南昌。 ③卫玠:见本门45注③。洛:洛阳。投:投奔。 ④欣然:十分高兴的样子。 ⑤弥日:几天,连日。 ⑥于时:当时。谢鲲:见本门36注①。长史:属官。 ⑦不意:不料。永嘉:西晋怀帝司马炽的年号(公元307~313年)。 ⑧复:又。正始之音:三国魏正始年间,以何晏等为首,开创玄谈之风,于是后人称魏晋之际崇尚玄学清谈的风尚言论为正始之音。正始:三国魏齐王曹芳的年号(公元240~249年)。 ⑨阿平:即王澄,字平子,见本门27注①。一说是何晏,字平叔。 ⑩当:将,会。绝倒:倾倒,形容极其佩服。

52.王平子与人书①,称其儿"风气日上,足散人怀"②。

[注释]①王平子:即王澄,见本门27注①。与:给。书:信。 ②称:称赞。其儿:指王澄次子王徽,字幼仁,历任尚书郎、右军司马。风气:风度气质。日:一天天,逐渐。上:长进。散人怀:使人舒心。散:排遣。

53.胡毋彦国吐佳言如屑①,后进领袖②。

[注释]①胡毋彦国:胡毋辅之,字彦国,晋泰山奉高(今山东泰安东)人,善知人,放纵不拘小节,官至湘州刺史。吐佳言如屑:指胡毋辅之清谈时娓娓道来,如同锯木出屑,绵绵不绝。 ②后进:后辈、晚辈。领袖:楷模。

54. 王丞相云①："刁玄亮之察察②,戴若思之岩岩③,卞望之之峰距④。"

[注释]①王丞相:即王导,见本门37注①。云:说。 ②刁玄亮:即刁协,字玄亮,晋渤海饶安(今河北盐山西南)人,深得元帝信任,中兴制度多为刁协所建,官至尚书令。察察:明察的样子。 ③戴若思:戴渊,字若思,晋广陵(今江苏扬州)人,年轻时行侠劫掠,经陆机举荐,官至征西将军,后被王敦所害。岩岩:严峻的样子。 ④卞望之:即卞壸,见本门50注①。峰距:高山突兀耸立。比喻人刚正而有锋芒。

55. 大将军语右军①："汝是我佳子弟②,当不减阮主簿③。"

[注释]①大将军:即王敦,见本门43注②。语:告诉。右军:即王羲之,字逸少,王敦的族子,仕晋,曾封官右军将军。 ②汝:你。佳:优秀。 ③当:应该,表推测。不减:不逊色于,比得上。阮主簿:即阮裕,字思旷,晋陈留尉氏(今属河南)人,曾任王敦主簿,后长期隐居会稽剡山,朝廷征以金紫光禄大夫,固辞不就。

56. 世目周侯①："嶷如断山②。"

[注释]①世:世人。目:品评,评论。周侯:周颉,见本门47注①。 ②嶷(nì):高峻,陡峭。形容周颉刚毅冷峻,不易接近。

57. 王丞相招祖约夜语①,至晓不眠②。明旦有客③,公头鬓未理,亦小倦④。客曰:"公昨如是似失眠⑤。"公曰:"昨与士少语,遂使人忘疲⑥。"

[注释]①王丞相:即王导,见本门37注①。招:招来,叫来。祖约:字士少,祖逖异母弟,任平西将军、豫州刺史等。语:交谈。 ②晓:天亮。眠:睡

觉。　③明旦:第二天早上。　④亦:也。小倦:稍感疲倦。　⑤如是:如此,这样。　⑥遂:于是。

58. 王大将军与丞相书①,称杨朗曰②:"世彦识器理致③,才隐明断④。既为国器⑤,且是杨侯淮之子⑥,位望殊为陵迟⑦,卿亦足与之处⑧。"

[注释]①王大将军:即王敦,见本门43注②。与:给。丞相:即王导,见本门37注①。书:信。　②称:称赞。杨朗:字世彦,东晋弘农(今河南灵宝)人,杨准的儿子,有器量才识,官至雍州刺史。　③识器:见识器量。理致:思想情致。　④才隐:才学深邃。明断:决断高明。　⑤国器:治国之才。　⑥杨侯淮:疑"淮"当为"准",杨准,字始立,杨修的孙子,官至冀州刺史。　⑦位望:地位,名声。殊:极,非常。陵迟:衰落,低微。　⑧卿:你。亦:也。足:值得。处:交往。

59. 何次道往丞相许①,丞相以麈尾指坐②,呼何共坐曰③:"来,来,此是君坐④。"

[注释]①何次道:即何充,字次道,晋庐江灊(今安徽霍山)人,曾任骠骑将军、扬州刺史等官。丞相:即王导,见本门37注①。许:处,处所。　②麈尾:用以驱虫、掸尘的一种形似羽扇的工具,魏晋名士清谈时必拿麈尾,成为名流雅器,不谈时也常握在手。麈(zhǔ):鹿类。　③共:一起。　④君:尊称。

60. 丞相治扬州廨舍①,按行而言曰②:"我正为次道治此尔③。"何少为王公所重④,故屡发此叹⑤。

[注释]①丞相:即王导,见本门37注①。治:修建。扬州:郡名,治所在建康(今江苏南京)。廨舍:官署,官吏办公及居住的地方。　②按行:巡行,

巡视。　③正:只。次道:即何充,见本门59注①。尔:罢了。　④少:年轻时。为:被,表被动。重:器重。　⑤故:所以。屡:多次。

61.王丞相拜司徒而叹曰①:"刘王乔若过江②,我不独拜公③。"

[注释]①王丞相:即王导,见本门37注①。拜:授官。司徒:三公之一,晋时以太尉、司徒、司空为三公。叹:感叹。　②刘王乔:即刘畴,见本门38注⑤。过江:渡过长江,指随晋王室南渡。　③独:单独。公:三公。

62.王蓝田为人晚成①,时人乃谓之痴②。王丞相以其东海子③,辟为掾④。常集聚,王公每发言,众人竞赞之⑤,述于末坐曰⑥:"主非尧、舜⑦,何得事事皆是⑧!"丞相甚相叹赏⑨。

[注释]①王蓝田:王述,字怀祖,晋东海太守王承的儿子,袭爵蓝田侯。为人:做人。晚成:成名较晚,一说是才智未显的隐语。　②时人:当时的人。乃:于是。谓:认为。痴:傻。　③王丞相:即王导,见本门37注①。以:因为。东海:即王承,见本门34注②。　④辟:征召。掾:属官。　⑤竞:争相。⑥末坐:座次靠后的座位。　⑦主:下属对长官的称呼,此指王导。尧、舜:唐尧和虞舜的并称,传说中的圣明君主。　⑧何得:哪能。是:正确。　⑨甚:非常。叹赏:赞叹,赞赏。

63.世目杨朗沉审经断①,蔡司徒云②:"若使中朝不乱③,杨氏作公方未已④。"谢公云⑤:"朗是大才⑥。"

[注释]①世:世人。目:品评,评论。杨朗:见本门58注②。沉审:深沉明察。经断:果断,有决断。　②蔡司徒:即蔡谟,见本门39注①。云:说。③若使:假使,假设。中朝:晋南渡以后称西晋为中朝。　④杨氏:指杨家。

公:指三公,晋时以太尉、司徒、司空为三公。方:将,将会。未已:连续不断。 ⑤谢公:谢安,字安石,初寓居会稽东山(在今浙江绍兴),无仕宦之心,年逾四十才出仕,成为东晋名臣,死后追赠太傅。 ⑥大才:才识很高的人。

64. 刘万安①,即道真从子②,庾公所谓"灼然玉举"③。又云:"千人亦见④,百人亦见⑤。"

[注释]①刘万安:即刘绥,字万安,晋高平(今山东金乡县西北)人,官至骠骑长史。 ②即:是。道真:刘宝,字道真,晋高平(今山东金乡县西北)人,曾任从事中郎、中书郎、吏部郎等官。从子:侄儿。 ③庾公:即庾琮,见本门30注①。灼然:明显、杰出的样子。一说是晋代科举之名。玉举:如言"玉立",比喻人风姿秀美。 ④⑤两句:形容引人注目,非常出众。

65. 庾公为护军①,属桓廷尉觅一佳吏②,乃经年③。桓后遇见徐宁而知之④,遂致于庾公曰⑤:"人所应有,其不必有⑥;人所应无,己不必无⑦。真海岱清士⑧。"

[注释]①庾公:即庾亮,见本门33注③。护军:官名,即护军将军,魏晋时主管选拔武官等,权势重。 ②属:通"嘱",嘱托。桓廷尉:即桓彝,见本门48注②。觅:寻找。佳:优秀。吏:此处指吏部郎。 ③乃:竟然。经年:过了一年。 ④徐宁:字安期,晋东海郯(今山东郯城)人,通达有德行,历任吏部郎、左将军、江州刺史。知:赏识。 ⑤遂:于是。致:给,此指推荐。 ⑥不必:不一定。 ⑦己:他自身,指徐宁。 ⑧海岱:指东海与泰山之间的地区。清士:高洁的人。

66. 桓茂伦云①:"褚季野皮里阳秋②。"谓其裁中也③。

[注释]①桓茂伦:即桓彝,见本门48注②。云:说。 ②褚季野:即褚裒

(póu),字季野,晋康帝褚皇后之父,曾任江、兖二州刺史,死后追赠侍中、太傅。皮里阳秋:即"皮里春秋",指口头不加评论,内心实有所褒贬。"皮里"指腹中。"阳秋"即"春秋",因简文帝之母郑太后名阿春,故晋人避讳,以"阳"代"春",孔子修《春秋》,行文意寓褒贬,所以"春秋"可表评论之义。③裁中:指心中有所裁断、褒贬。

67. 何次道尝送东人①,瞻望②,见贾宁在后轮中③,曰:"此人不死,终为诸侯上客④。"

[注释]①何次道:即何充,见本门59注①。尝:曾经。东人:从东边来的人。东:东晋时以会稽、吴郡一带为东。 ②瞻望:远望。 ③贾宁:字建宁,长乐人,投靠苏峻助其作乱,后投降,官至新安太守。轮:代指车子。 ④终:终将。诸侯:此指有权势的地方官吏。上客:上等门客,重要幕僚。

68. 杜弘治墓崩①,哀容不称②。庾公顾谓诸客曰③:"弘治至羸④,不可以致哀⑤。"又曰:"弘治哭不可哀。"

[注释]①杜弘治:即杜乂,字弘治,晋镇南大将军杜预的孙子,有盛名,官至丹阳丞。墓崩:祖坟毁坏了。 ②哀容:悲伤的表情。不称:不符合,指哀伤程度不够。 ③庾公:即庾亮,见本门33注③。顾:环视。 ④至:极,非常。羸:瘦弱。 ⑤致哀:过分哀伤。

69. 世称庾文康为丰年玉①,稚恭为荒年谷②。庾家论云③:"是文康称恭为荒年谷,庾长仁为丰年玉④。"

[注释]①称:称赞。庾文康:即庾亮,见本门33注③。丰年玉:比喻太平盛世时的治国人才。 ②稚恭:即庾翼,字稚恭,晋颍川鄢陵(今属河南)人,曾任征西将军、荆州刺史。荒年谷:比喻乱世中能匡扶社稷的人才。 ③庾家论:庾家的人评论。云:说。 ④庾长仁:庾统,字长仁,官至寻阳太守。

70. 世目①:"杜弘治标鲜②,季野穆少③。"

[注释]①世:世人。目:品评,评论。 ②杜弘治:即杜乂,见本门68注①。标鲜:风姿俊美。标:格调,风度。 ③季野:即褚裒,见本门66注②。穆少:严肃寡语。

71. 有人目杜弘治①:"标鲜清令②,盛德之风③,可乐咏也④。"

[注释]①目:品评,评论。杜弘治:即杜乂,见本门68注①。 ②标鲜:风姿俊美。清令:清新美好。 ③盛德:大德,高尚品德。风:风范。 ④乐咏:歌颂。

72. 庾公云①:"逸少国举②。"故庾倪为碑文云③:"拔萃国举④。"

[注释]①庾公:即庾亮,见本门33注③。云:说。 ②逸少:即王羲之,见本门55注①。国举:全国推崇的人。 ③故:所以。庾倪:即庾倩,字少彦,小字倪,晋司空庾冰的儿子,有才识,官至太宰长史。 ④拔萃:出众。

73. 庾稚恭与桓温书称①:"刘道生日夕在事②,大小殊快③,义怀通乐既佳④,且足作友⑤,正实良器⑥,推此与君同济艰不者也⑦。"

[注释]①庾稚恭:即庾翼,见本门69注②。与:给。桓温:见本门48注④。书:信。称:称赞。 ②刘道生:刘恢,字道生,晋沛国(今安徽濉溪县西北)人,有文武才干,官至车骑司马。日夕:日夜,整天。在事:居官任事。 ③大小殊快:大小事情都办得很让人称心。殊:极,非常。快:愉快。 ④义怀:胸怀仁义。通乐:通达开朗。既:不仅,连词。 ⑤足:值得。 ⑥正实:确实是。良器:大器,杰出的人才。 ⑦推:推荐。君:敬称。济:度过。艰

不:艰难。否(pǐ):困厄,不顺。

74.

王蓝田拜扬州①,主簿请讳②,教云③:"亡祖、先君④,名播海内⑤,远近所知;内讳不出于外⑥。余无所讳⑦。"

[注释]①王蓝田:即王述,见本门62注①。拜:授官。扬州:指扬州刺史。 ②主簿:负责文书簿籍、掌管印鉴的属官。请讳:请教家讳,即请教需要避讳的尊长者的名字。 ③教:批示。云:说。 ④亡祖:死去的祖父,即王湛。先君:去世的父亲,即王承。 ⑤名播海内:即名扬天下。 ⑥内讳:指母亲、祖母等妇女的名字。于:到。 ⑦余:其他。

75.

萧中郎①,孙承公妇父②,刘尹在抚军坐③,时拟为太常④。刘尹云:"萧祖周不知便可作三公不⑤?自此以还⑥,无所不堪⑦。"

[注释]①萧中郎:即萧轮,字祖周,晋乐安(治今山东博兴西南)人,有才学,历任常侍、国子博士。 ②孙承公:即孙统,字承公,晋太原中都(今山西平遥)人,善于作文,官至余姚令。妇父:妻子的父亲,即岳丈。 ③刘尹:即刘惔,见本门22注⑥。抚军:指晋简文帝司马昱,曾以抚军大将军辅政。 ④时:当时。拟:商议。太常:官名,也称太常卿,掌管祭祀礼乐等事宜。 ⑤便:立刻,马上。三公:晋时以太尉、司徒、司空为三公。不:同"否"。 ⑥以还:以下。 ⑦无所不堪:没有什么官职不可以担任。堪:胜任。

76.

谢太傅未冠①,始出西②,诣王长史③,清言良久④。去后⑤,苟子问曰⑥:"向客何如尊⑦?"长史曰:"向客亹亹⑧,为来逼人⑨。"

[注释]①谢太傅:即谢安,见本门63注⑤。未冠:指未成年,古代男子二

十岁时举行冠礼,表示已经成人。 ②始:才,刚刚。出西:指到京城建康,谢安早年寓居会稽,晋时以会稽、吴郡为东,所以从会稽到建康是由东往西。 ③诣:拜访。王长史:即王濛,见本门40注①。 ④清言:即清谈,谈玄。良久:很久。 ⑤去:离开。 ⑥苟子:即王修,字敬仁,小字苟子,王濛的儿子,曾任著作佐郎、琅邪王文学。 ⑦向:刚才。何如:与……相比怎么样。尊:称父亲。 ⑧亹亹(wěi wěi):谈论滔滔不绝的样子。 ⑨为来逼人:谈论时气势逼人。为:做某事,此指谈玄。来:表示一段时间,相当于"的时候"。

77. 王右军语刘尹①:"故当共推安石②。"刘尹曰:"若安石东山志立③,当与天下共推之。"

[注释]①王右军:即王羲之,见本门55注①。语:告诉。刘尹:即刘惔,见本门22注⑥。 ②故当:应该。共:一起。推:举荐。安石:指谢安,见本门63注⑤。 ③若:假如。东山志立:确立隐居东山的志向。东山:山名,在今浙江上虞县西南,谢安早年隐居于此,后来用"东山"或"东山志"代指隐居。

78. 谢公称蓝田掇皮皆真①。

[注释]①谢公:即谢安,见本门63注⑤。称:称赞。蓝田:即王述,见本门62注①。掇皮皆真:指王述内外真率,不虚伪。掇皮:去掉皮。掇(duō):通"剟",削,除去。

79. 桓温行经王敦墓边过①,望之云:"可儿②!可儿!"

[注释]①桓温:见本门48注④。王敦:见本门43注②。 ②可儿:即可人,令人称心的人。

80. 殷中军道王右军云①:"逸少清贵人②,吾于之甚至③,一时无所后④。"

[注释]①殷中军:即殷浩,字渊源,晋陈郡长平(今河南西华)人,官至扬州刺史、中军将军。道:评价。王右军:即王羲之,字逸少,见本门55注①。云:说。 ②清贵:清高尊贵。 ③于之甚至:和他的交情很深厚。于:与,和。至:厚。 ④一时:当时。无所后:指没有能赶得上他的人。

81. 王仲祖称殷渊源非以长胜人①,处长亦胜人②。

[注释]①王仲祖:即王濛,见本门40注①。称:称赞。殷渊源:即殷浩,见本门80注①。非:不只,不仅。以:用,凭借。长:长处,优点。胜:胜过。 ②处长:对待自己的长处。处:对待。亦:也。

82. 王司州与殷中军语①,叹云②:"己之府奥③,蚤已倾写而见④;殷陈势浩汗⑤,众源未可得测⑥。"

[注释]①王司州:王胡之,字修龄,王廙的儿子,曾任西中郎将、司州刺史。殷中军:即殷浩,见本门80注①。语:交谈,此指谈玄。 ②叹:赞叹。云:说。 ③己:自己。府奥:胸中蕴藏的学识。 ④蚤:通"早"。倾写:即倾泻。写:通"泻"。 ⑤陈势:通"阵势",此指论战的情势。浩汗:广大辽阔的样子。 ⑥众源未可得测:形容学识渊博。得:能。测:估量。

83. 王长史谓林公①:"真长可谓金玉满堂②。"林公曰:"金玉满堂,复何为简选③?"王曰:"非为简选,直致言处自寡耳④。"

[注释]①王长史:即王濛,见本门40注①。林公:即支遁,字道林,东晋僧人,人称支公或林公。 ②真长:即刘惔,见本门22注⑥。金玉满堂:形容财富很多,比喻人才学丰富渊博。 ③复:又。何为:为什么。简选:选择。

④直:只。致言处:谈论的时候。自:本来。寡:指言语少。耳:罢了。

84. 王长史道江道群①:"人可应有②,乃不必有③;人可应无,已必无④。"

[注释]①王长史:即王濛,见本门40注①。道:评论。江道群:江灌,字道群,晋陈留圉(今河南开封杞县)人,有才识,官至尚书中护军。 ②人可应有:别人应该拥有的。可:通"所",下句的"可"相同。 ③乃:却。不必:不一定。 ④己:他自身,指江道群。

85. 会稽孔沉、魏颐、虞球、虞存、谢奉并是四族之俊①,于时之杰②。孙兴公目之曰③:"沉为孔家金,颐为魏家玉,虞为长、琳宗④,谢为弘道伏⑤。"

[注释]①会稽:郡名,治所在今浙江绍兴。孔沉:字德度,晋会稽山阴(今浙江绍兴)人,官至琅邪王文学。魏颐:字长齐,晋会稽(今浙江绍兴)人,官至山阴令。虞球:字和琳,晋会稽(今浙江绍兴)人,官至黄门侍郎。虞存:字道长,晋会稽山阴(今浙江绍兴)人,官至尚书吏部郎。谢奉:字弘道,晋会稽山阴人,历任安南将军、广州刺史、吏部尚书。并:都。四族:四个家族。俊:才智卓越的人。 ②于时:当时。杰:杰出人才。 ③孙兴公:即孙绰,字兴公,晋太原中都(今山西平遥)人,历任太学博士、大著作、散骑常侍。目:品评,评论。 ④虞为长、琳宗:指虞家尊崇虞存、虞球。宗:尊崇。 ⑤谢为弘道伏:指谢家钦佩谢奉的才识。伏:通"服",佩服。

86. 王仲祖、刘真长造殷中军谈①,谈竟俱载去②。刘谓王曰:"渊源真可③。"王曰:"卿故堕其云雾中④。"

[注释]①王仲祖:即王濛,见本门40注①。刘真长:即刘惔,见本门22注⑥。造:到。殷中军:即殷浩,见本门80注①。谈:清谈,谈玄。 ②竟:

完,结束。俱载:一起乘车。去:离开。　③可:令人称心如意。　④卿:你。故:仍然,还。堕:落,陷入。

87. 刘尹每称王长史云①:"性至通而自然有节②。"

[注释]①刘尹:即刘惔,见本门22注⑥。每:常常。称:称赞。王长史:即王濛,见本门40注①。云:说。　②性:性情。至:极,非常。通:通达。节:节制。

88. 王右军道谢万石"在林泽中为自遒上"①,叹林公"器朗神俊"②,道祖士少"风领毛骨,恐没世不复见如此人"③,道刘真长"标云柯而不扶疏"④。

[注释]①王右军:即王羲之,见本门55注①。道:评论。谢万石:即谢万,字万石,晋太傅谢安的弟弟,历任吏部、西中郎将、豫州刺史等。林泽:喻指隐居的地方。为自:为人。遒上:挺拔高迈。　②叹:赞叹。林公:即支遁,字道林,东晋僧人,人称支公或林公。器朗神俊:胸怀宽广,神采超逸。③祖士少:即祖约,见本门57注①。风领毛骨:体格轻举,清爽超凡。恐:恐怕。没世:终身。复:再。　④刘真长:即刘惔,见本门22注⑥。标云柯:树枝高耸入云,比喻身居高官。标:树梢。柯:树枝。扶疏:枝叶散乱的样子。不扶疏:喻指刘惔虽居高位,但自我抑制,淡泊名利。

89. 简文目庾赤玉①:"省率治除②。"谢仁祖云③:"庾赤玉胸中无宿物④。"

[注释]①简文:晋简文帝司马昱,元帝司马睿的幼子,在位两年(公元370~372年)。目:品评,评论。庾赤玉:庾统,字长仁,小字赤玉,晋颖川(今河南许昌)人,官至寻阳太守。　②省率:爽直坦率。治除:修养治身。③谢仁祖:即谢尚,字仁祖,晋豫章太守谢鲲的儿子,谢安的堂兄,官至镇西将军、豫州刺史。云:说。　④宿物:隔夜的东西,存留之物。"胸中无宿物"喻

指人直率坦诚。

90.殷中军道韩太常曰①:"康伯少自标置②,居然是出群器③;及其发言遣辞④,往往有情致⑤。"

[注释]①殷中军:即殷浩,见本门80注①。道:评论。韩太常:即韩伯,字康伯,晋颍川长社(今河南长葛东)人,曾任豫章太守、领军将军等官。②少:年轻时。标置:标举品第,评定位置。 ③居然:显然。器:人才。④及:等到。发言遣词:清谈议论。 ⑤情致:情趣。

91.简文道王怀祖①:"才既不长②,于荣利又不淡③,直以真率少许④,便足对人多多许⑤。"

[注释]①简文:晋简文帝司马昱,见本门89注①。道:评论。王怀祖:即王述,见本门62注①。 ②才:才能。长:突出。 ③于:对于。荣利:功名利禄。淡:淡漠。 ④直:只。真率:坦诚直率。少许:一点点。 ⑤对:抵得上,匹敌。多多许:许许多多。

92.林公谓王右军云①:"长史作数百语②,无非德音③,如恨不苦④。"王曰:"长史自不欲苦物⑤。"

[注释]①林公:即支遁,见本门88注②。王右军:即王羲之,见本门55注①。 ②长史:即王濛,见本门40注①。 ③德音:善言,有真知灼见的言谈。 ④如:而,只是。恨:遗憾。苦:用言辞使人困窘为难。 ⑤自:原本,本来。欲:想,希望。物:指人。

93.殷中军与人书①,道谢万②:"文理转遒③,成殊不易④。"

[注释]①殷中军:即殷浩,见本门80注①。与:给。书:信。 ②道:评

论。谢万:见本门88注①。　③文理:文辞义理。转:逐渐,更加。遒:强劲。
④成:通"诚",确实。殊:很,非常。易:容易。

94.王长史云①:"江思悛思怀所通②,不翅儒域③。"

[注释]①王长史:即王濛,见本门40注①。　②江思悛:江惇,字思悛,晋陈留(今河南开封)人,博览群书,儒道兼宗,终身不仕。思怀:指胸中的学识。通:通晓,明白。　③不翅:通"不啻",不只,不仅。儒域:儒学领域。

95.许玄度送母始出都①,人问刘尹②:"玄度定称所闻不③?"刘曰:"才情过于所闻④。"

[注释]①许玄度:即许询,字玄度,高阳(治今河北蠡县)人,有才学,东晋名士。始:刚。出都:到京城建康。出:至,到。　②刘尹:即刘惔,见本门22注⑥。　③定:究竟,到底。称:符合。所闻:所传闻的情况。不:同"否"。
④才情:才思,才华。过:超过。

96.阮光禄云①:"王家有三年少②:右军、安期、长豫③。"

[注释]①阮光禄:即阮裕,见本门55注③。　②年少:年轻人。　③右军:即王羲之,见本门55注①。安期:即王应,见本门49注①。长豫:王悦,字长豫,王导长子,官至中书侍郎,先王导而死。

97.谢公道豫章①:"若遇七贤②,必自把臂入林③。"

[注释]①谢公:即谢安,见本门63注⑤。道:评论。豫章:指谢鲲,见本门36注①。　②若:假设。七贤:魏晋之间阮籍、嵇康、山涛、向秀、阮咸、王戎、刘伶相与友善,常宴集于竹林之下,时人称为"竹林七贤"。　③必自:一定。把臂:挽着手。

98. 王长史叹林公①:"寻微之功②,不减辅嗣③。"

[注释]①王长史:即王濛,见本门40注①。叹:赞叹。林公:即支遁,见本门88注②。 ②寻微:探求精微玄妙的义理。功:本领。 ③不减:不逊色于,比得上。辅嗣:王弼,字辅嗣,三国魏山阳(今河南焦作)人,好老庄之言,与何晏倡导玄学,有名于时,官至尚书郎,曾注释《周易》、《老子》。

99. 殷渊源在墓所几十年①,于时朝野以拟管、葛②。起不起以卜江左兴亡③。

[注释]①殷渊源:即殷浩,见本门80注①。在墓所:居住在墓地旁,为长辈守孝。几:几乎,将近。 ②于时:当时。朝野:朝廷内外,指全国上下。以:将,把。拟:比作。管:指管仲,名夷吾,春秋时齐国人,相齐桓公,九合诸侯,一匡天下,辅佐桓公以成霸业。葛:指诸葛亮,字孔明,三国蜀丞相,负有盛名。 ③起:指出仕,做官。卜:预测。江左:长江下游以东地区,此处特指东晋。

100. 殷中军道右军①:"清鉴贵要②。"

[注释]①殷中军:即殷浩,见本门80注①。道:评论。右军:即王羲之,见本门55注①。 ②清鉴:明察,有高明的鉴别能力。贵要:尊贵显要。

101. 谢太傅为桓公司马①。桓诣谢②,值谢梳头③,遽取衣帻④。桓公云:"何烦此⑤?"因下共语至暝⑥。既去⑦,谓左右曰⑧:"颇曾见如此人不⑨?"

[注释]①谢太傅:即谢安,见本门63注⑤。桓公:即桓温,见本门48注④。司马:官名,高级武官的属官,专管兵事。 ②诣:拜访。 ③值:碰上,正逢。 ④遽:急忙,赶快。帻(zé):古代包扎发髻的头巾。 ⑤何:哪里,表

反问。烦:烦劳,麻烦。 ⑥因:于是。下:坐下。共语:交谈。暝:夜晚。⑦既去:离开后。 ⑧左右:身边侍从的人。 ⑨颇曾:可曾。不:同"否"。

102. 谢公作宣武司马①,属门生数十人于田曹中郎赵悦子②。悦子以告宣武,宣武云:"且为用半③。"赵俄而悉用之④,曰:"昔安石在东山⑤,搢绅敦逼⑥,恐不豫人事⑦。况今自乡选⑧,反违之邪⑨?"

[注释]①谢公:即谢安,见本门63注⑤。宣武:即桓温,见本门48注④。司马:官名,高级武官的属官,专管兵事。 ②属(zhǔ):同"嘱",嘱咐,委托。门生:依附世族供使役的人。田曹中郎:官名,掌管农政事宜。赵悦子:赵悦,字悦子,晋下邳(治今江苏睢宁西北)人,历任大司马参军、左卫将军等官。③且:暂且。 ④俄而:不久。悉:全部。 ⑤东山:山名,在今浙江上虞县西南,谢安早年隐居于此。 ⑥搢绅:插笏于绅。绅:古代仕宦者围于腰间的大带,后用"搢绅"代指士大夫。敦逼:敦促逼迫。 ⑦恐:担心。豫:参与。人事:世事。 ⑧况:何况,况且。自:亲自。乡选:从乡里选拔人才。 ⑨反:反而。违:违背。邪:语气词,表反问。

103. 桓宣武表云①:"谢尚神怀挺率②,少致民誉③。"

[注释]①桓宣武:即桓温,见本门48注④。表:奏章的一种。云:说。②谢尚:见本门89注③。神怀:胸怀。挺率:直爽坦率。 ③少:年轻时。致:招致,获得。民誉:民众的赞誉。

104. 世目谢尚为"令达"①。阮遥集云②:"清畅似达③。"或云④:"尚自然令上⑤。"

[注释]①世:世人。目:品评,评论。谢尚:见本门89注③。令达:美好通达。 ②阮遥集:即阮孚,字遥集,嗜酒任情,曾任安东将军、吏部尚书、丹

阳尹等官。云:说。　③清畅:高雅通畅。似:近似。达:通达。　④或:有的人。　⑤令上:美好卓越。

105. 桓大司马病①,谢公往省病②,从东门入。桓公遥望,叹曰:"吾门中久不见如此人。"

[注释]①桓大司马:即桓温,见本门48注④。　②谢公:即谢安,见本门63注⑤。省病:探病,探望。

106. 简文目敬豫为"朗豫"①。

[注释]①简文:晋简文帝司马昱,见本门89注①。目:品评,评论。敬豫:即王恬,字敬豫,小字螭虎,晋丞相王导之子,曾任中书郎、魏郡太守、会稽内史等,死后赠中军将军。朗豫:开朗和悦。

107. 孙兴公为庾公参军①,共游白石山②,卫君长在坐③。孙曰:"此子神情都不关山水④,而能作文。"庾公曰:"卫风韵虽不及卿诸人⑤,倾倒处亦不近⑥。"孙遂沐浴此言⑦。

[注释]①孙兴公:孙绰,见本门85注③。庾公:即庾亮,见本门33注③。参军:军府或王国中的属官。　②共:一起。白石山:山名,在今江苏省。③卫君长:即卫永,字君长,晋成阳(今山东濮县东南)人,官至左军长史。在坐:此指参与其中。坐:同"座"。　④子:对男子的尊称。都不:完全不,一点也不。关:关涉,关心。　⑤风韵:风度,情趣。不及:比不上。卿诸人:你们这些人。　⑥倾倒处:令人折服的地方。亦:也。近:浅近,肤浅。　⑦遂:于是。沐浴:此处是信服的意思。

108. 王右军目陈玄伯①:"垒块有正骨②。"

[注释]①王右军:即王羲之,见本门55注①。目:品评,评论。陈玄伯:即陈泰,字玄伯,魏司空陈群的儿子,曾任尚书等官。 ②垒块:比喻心中郁结不平之气,愤世嫉俗。正骨:正直刚毅的气质。

109.王长史云①:"刘尹知我②,胜我自知③。"

[注释]①王长史:即王濛,见本门40注①。云:说。 ②刘尹:刘惔,见本门22注⑥。知:了解。 ③胜:胜过。

110.王、刘听林公讲①,王语刘曰:"向高坐者②,故是凶物③。"复更听④,王又曰:"自是钵釪后王、何人也⑤。"

[注释]①王、刘:指王濛、刘惔。林公:即支遁,见本门88注②。讲:讲授经义。 ②向:刚才。高坐:借指僧人。 ③故:确实。凶物:厉害的人,形容水平很高。 ④复:再。更:又。 ⑤自:原来,本来。钵釪:钵盂,佛门传法之器,借指佛门。钵釪后:指佛门中。王、何:指王弼、何晏,两人都是玄学清谈的倡导者。

111.许玄度言①:"《琴赋》'所谓非至精者②,不能与之析理③',刘尹其人④;'非渊静者⑤,不能与之闲止⑥',简文其人⑦。"

[注释]①许玄度:即许询,见本门95注①。 ②《琴赋》:嵇康著。至:极,最。精:精通。 ③析理:分析义理,研讨玄理。 ④刘尹:即刘惔,见本门22注⑥。其人:这样的人。 ⑤渊静:沉静恬淡。 ⑥闲止:悠闲的止息,安居。 ⑦简文:晋简文帝司马昱,见本门89注①。

112.魏隐兄弟少有学义①,总角诣谢奉②,奉与语③,大说之④,曰:"大宗虽衰⑤,魏氏已复有人⑥。"

[注释]①魏隐兄弟:魏隐,字安时,晋会稽(今浙江绍兴)人,历任义兴太守、御史中丞;弟弟魏遏,官至黄门侍郎。少:年轻时。学义:才学,学识。②总角:古代儿童束发为两结,向上分开,形状如角,所以称总角,借指童年。诣:拜访。谢奉:见本门85注①。 ③语:交谈。 ④说:通"悦",喜欢,赏识。 ⑤大宗:周代以来宗法制度以始祖的嫡长子为大宗,后用来指称世家大族。衰:衰落。 ⑥复:又。

113. 简文云①:"渊源语不超诣简至②,然经纶思寻处③,故有局陈④。"

[注释]①简文:晋简文帝司马昱,见本门89注①。云:说。 ②渊源:指殷浩,见本门80注①。超诣:高超脱俗。简至:简练缜密。 ③经纶:整理丝缕。理出丝绪叫"经",编丝成绳叫"纶",统称经纶,引申为整理思路。思寻:思虑,思考。 ④故:确实。局陈:即"局阵",布局,安排。陈:通"阵"。

114. 初①,法汰北来②,未知名③,王领军供养之④。每与周旋行来⑤,往名胜许⑥,辄与俱⑦;不得汰,便停车不行,因此名遂重⑧。

[注释]①初:当初。 ②法汰:竺法汰,晋僧人,道行深厚,有名于时。北来:从北方来。 ③知名:闻名。 ④王领军:即王洽,字敬和,晋丞相王导的儿子,曾任吴郡内史、中领军等官。 ⑤每:常常。周旋行来:交往应酬。 ⑥许:处,地方。 ⑦辄:总是。俱:一起。 ⑧名:名声。遂:于是。重:大。

115. 王长史与大司马书①,道渊源②:"识致安处③,足副时谈④。"

[注释]①王长史:即王濛,见本门40注①。与:给。大司马:即桓温,见本门48注④。书:信。 ②道:评论。渊源:指殷浩,见本门80注①。

③识致:见识,情趣。安处:安然闲居。 ④足:足够。副:符合。时谈:当时人们的评论。

116. 谢公云①:"刘尹语审细②。"

[注释]①谢公:即谢安,见本门63注⑤。云:说。 ②刘尹:即刘惔,见本门22注⑥。语:特指清谈。审细:周密精细。

117. 桓公语嘉宾①:"阿源有德有言②,向使作令仆③,足以仪刑百揆④,朝廷用违其才耳⑤!"

[注释]①桓公:即桓温,见本门48注④。语:告诉。嘉宾:即郗超,字景兴,小字嘉宾,晋司空郗愔的长子,善谈论,交游士林,当时获宠于桓温,负有盛名。 ②阿源:指殷浩,见本门80注①。有言:指善于言谈。 ③向使:假使,假设。令仆:尚书令与仆射的合称。 ④以:用来。仪刑:示范,做榜样。百揆:百官。 ⑤用违其才:指现任职位与他的才能不相符合,当时殷浩任中军将军。用:任用。

118. 简文语嘉宾①:"刘尹语末后亦小异②,回复其言③,亦乃无过④。"

[注释]①简文:晋简文帝司马昱,见本门89注①。语:告诉。嘉宾:即郗超,见本门117注①。 ②刘尹:即刘惔,见本门22注⑥。语:特指清谈。末后:最后,结尾的时候。亦:皆,常常。小异:稍微不同。 ③回复:回味。 ④亦:也。乃:竟然。过:过失,不当。

119. 孙兴公、许玄度共在白楼亭①,共商略先往名达②。林公既非所关③,听讫④,云:"二贤故自有才情⑤。"

[注释]①孙兴公:即孙绰,见本门85注③。许玄度:即许询,见本门95注①。共:一起。白楼亭:亭名,在今浙江绍兴。　②商略:品评,评论。先往:以前。名达:有名望的贤人。　③林公:即支遁,见本门88注②。关:牵涉,此指参与。　④讫:尽,完。　⑤二贤:两位贤人,指孙绰、许询。故自:确实。才情:才华。

120. 王右军道东阳①:"我家阿林②,章清太出③。"

[注释]①王右军:即王羲之,见本门55注①。道:评论。东阳:指王临之,字仲产,晋琅邪(治今山东临沂北)人,官至东阳太守。　②阿林:应为"阿临",即王临之。　③章:彰显,显露。清:清明,高洁。太出:十分突出。

121. 王长史与刘尹书①,道渊源"触事长易"②。

[注释]①王长史:即王濛,见本门40注①。与:给。刘尹:即刘惔,见本门22注⑥。书:信。　②道:评论。渊源:即殷浩,见本门80注①。触事:遇事,办事。长:擅长。易:整治,变通。

122. 谢中郎云①:"王修载乐托之性②,出自门风③。"

[注释]①谢中郎:指谢万,见本门88注①。云:说。　②王修载:即王耆之,字修载,晋荆州刺史王廙的儿子,历任中书郎、鄱阳太守等。乐托:不拘小节,放任不羁。性:性情。　③自:从。门风:家风。

123. 林公云①:"王敬仁是超悟人②。"

[注释]①林公:即支遁,见本门88注②。云:说。　②王敬仁:即王修,见本门76注⑥。超悟:脱俗,聪慧。

124. 刘尹先推谢镇西①,谢后雅重刘②,曰:"昔尝北

面③。"

[注释]①刘尹:即刘惔,见本门22注⑥。推:推崇。谢镇西:谢尚,见本门89注③。　②雅:极,非常。重:推重。　③昔:过去。尝:曾经。北面:古礼,臣拜君、卑幼拜尊长,皆面向北行礼,因而居臣下、晚辈之位曰"北面",可引申为拜人为师。

125. 谢太傅称王修龄曰①:"司州可与林泽游②。"

[注释]①谢太傅:谢安,见本门63注⑤。称:称赞。王修龄:即王胡之,见本门82注①。　②林泽:山林水泽,代指隐居的地方。游:游玩。此形容王胡之不为世事羁绊,超凡脱俗。

126. 谚曰①:"扬州独步王文度②,后来出人郗嘉宾③。"

[注释]①谚:谚语。　②扬州:州名,治所在今江苏南京。独步:独一无二。王文度:王坦之,字文度,太原晋阳(今山西太原)人,东晋名臣。　③出人:出众的人才。郗嘉宾:即郗超,见本门117注①。

127. 人问王长史江虨兄弟群从①,王答曰:"诸江皆复足自生活②。"

[注释]①王长史:即王濛,见本门40注①。江虨(bīn):字思玄,陈留圉(今河南开封杞县)人,东晋中兴大臣,曾任尚书左仆射、护军将军。群从:众子侄辈。　②诸江:江家众人。皆:都。复:助词,无实义。足:足够。自:自己。生活:安身立命。

128. 谢太傅道安北①:"见之乃不使人厌②,然出户去不复使人思③。"

[注释]①谢太傅:即谢安,见本门63注⑤。道:评论。安北:指王坦之,字文度,死后追赠安北将军。 ②乃:并,也。厌:讨厌。 ③然:但是。去:离开。复:再。思:思念。

129. 谢公云①:"司州造胜遍决②。"

[注释]①谢公:即谢安,见本门63注⑤。云:说。 ②司州:王胡之,善于谈玄,参见本门82注①。造胜:谈及玄理。胜:理。刘孝标注:"宋明帝《文章志》曰:'胡之性简,好达玄言也。'"遍决:各个击破,指全面解决疑难。

130. 刘尹云①:"见何次道饮酒②,使人欲倾家酿③。"

[注释]①刘尹:即刘惔,见本门22注⑥。云:说。 ②何次道:即何充,见本门59注①。 ③倾:倾尽。家酿:家中的美酒。

131. 谢太傅语真长①:"阿龄于此事②,故欲太厉③。"刘曰:"亦名士之高操者④。"

[注释]①谢太傅:即谢安,见本门63注⑤。语:告诉。真长:即刘惔,见本门22注⑥。 ②阿龄:即王胡之,见本门82注①。于:对于,一说作"看重"解。 ③故:确实。欲:好像。厉:严厉,严肃。 ④亦:也。高操者:品行高尚的人。

132. 王子猷说①:"世目士少为朗②,我家亦以为彻朗③。"

[注释]①王子猷:王徽之,字子猷,王羲之第五子,东晋名士,放任不羁,官至黄门侍郎。 ②世:世人。目:品评,评论。士少:祖约,见本门57注①。朗:开朗。 ③我家:我。亦:也。彻朗:通达爽朗。

133. 谢公云①:"长史语甚不多②,可谓有令音③。"

[注释]①谢公:即谢安,见本门63注⑤。云:说。 ②长史:即王濛,见本门40注①。语:言语。甚:很,非常。 ③令音:美言,善言。

134. 谢镇西道敬仁①:"文学镞镞②,无能不新③。"

[注释]①谢镇西:谢尚,见本门89注③。道:评论。敬仁:即王修,见本门76注⑥。 ②文学:辞章学问。镞镞(zú zú):挺拔出众的样子。 ③无能不新:即"无所不新",各方面都能别出心裁,有所创新。

135. 刘尹道江道群①:"不能言而能不言②。"

[注释]①刘尹:即刘惔,见本门22注⑥。道:评论。江道群:江灌,见本门84注①。 ②能:擅长。

136. 林公云①:"见司州警悟交至②,使人不得住③,亦终日忘疲。"

[注释]①林公:即支遁,见本门88注②。云:说。 ②司州:即王胡之,见本门82注①。警悟:机敏聪慧。交至:并现,同时出现。 ③不得:不能。住:停止。

137. 世称①:"荀子秀出②,阿兴清和③。"

[注释]①世:世人。称:称赞。 ②荀子:即王修,见本门76注⑥。秀出:优秀杰出。 ③阿兴:即王蕴,字叔仁,晋太原晋阳(今山西太原)人,小字阿兴,王濛的儿子,曾任镇军将军、会稽内史等官,死后追赠左光禄大夫。清和:清静温和。

138. 简文云①:"刘尹茗柯有实理②。"

[注释]①简文:晋简文帝司马昱,见本门89注①。云:说。 ②刘尹:即刘惔,见本门22注⑥。茗柯:疑为"茗打",即"茗芋"、"酩酊",大醉的样子,引申为懵懂。有实理:指(貌似糊涂,而)内心拥有真正的义理。

139. 谢胡儿作著作郎①,尝作《王堪传》②,不谙堪是何似人③,咨谢公④。谢公答曰:"世胄亦被遇⑤。堪,烈之子⑥,阮千里姨兄弟⑦,潘安仁中外⑧,安仁《诗》所谓'子亲伊姑,我父唯舅⑨'。是许允婿⑩。"

[注释]①谢胡儿:即谢朗,字长度,小字胡儿,晋太傅谢安的侄子,官至东阳太守。著作郎:官名,专掌编纂国史。 ②尝:曾经。王堪:字世胄,晋东平(治今山东东平南)人,有高尚节操,官至尚书左丞。 ③谙:熟悉。何似:怎样。 ④咨:询问。谢公:即谢安,见本门63注⑤。 ⑤亦:也。被遇:受到君主或上级的赏识与重用。 ⑥烈:王烈,字阳秀,官至治书御史。 ⑦阮千里:即阮瞻,字千里,晋始平太守阮咸的儿子,官至太子舍人。 ⑧潘安仁:潘岳,字安仁,善作文,官至黄门侍郎,后被孙秀所害。中外:指中表之亲,姑母的儿女叫外兄弟,舅父姨母的儿女叫内兄弟。 ⑨子亲伊姑,我父唯舅:你的母亲是我的姑姑,我的父亲是你的舅舅。子:对男子的尊称。伊、唯:语气助词,无实义。 ⑩许允:字士宗,三国魏国人,官至领军将军,后被晋景王(司马师)所害。

140. 谢太傅重邓仆射①,常言:"天地无知,使伯道无儿②。"

[注释]①谢太傅:即谢安,见本门63注⑤。重:推崇。邓仆射:即邓攸,见本门34注⑭。 ②使伯道无儿:邓攸弟早亡,邓攸在避乱途中抛弃自己的儿子而保全侄儿,认为理不可绝,而自己安定后尚可再生育。

141.谢公与王右军书曰①:"敬和栖托好佳②。"

[注释]①谢公:即谢安,见本门63注⑤。与:给。王右军:王羲之,见本门55注①。书:信。 ②敬和:即王洽,见本门114注④。栖托:寄托,安身。

142.吴四姓旧目云①:"张文②,朱武③,陆忠④,顾厚⑤。"

[注释]①吴四姓:吴郡有顾、陆、朱、张四姓,三国时期,此四姓非常兴盛。旧目:以前的评论。云:说。 ②张文:指张昭一族,多以文才著名。 ③朱武:指朱桓一族,多出武官。 ④陆忠:指陆逊一族,多为忠良之士。 ⑤顾厚:指顾雍一族,多以宽厚著称。

143.谢公语王孝伯①:"君家蓝田②,举体无常人事③。"

[注释]①谢公:即谢安,见本门63注⑤。语:告诉。王孝伯:即王恭,字孝伯,晋长史王濛的孙子,曾任丹阳尹,中书令,青、兖二州刺史等官。②君:尊称,你。家:家族。蓝田:指王述,见本门62注①。 ③举体:全身,借指为人处世的各个方面。举:全。

144.许掾尝诣简文①,尔夜风恬月朗②,乃共作曲室中语③。襟情之咏④,偏是许之所长⑤,辞寄清婉⑥,有逾平日⑦。简文虽契素⑧,此遇尤相咨嗟⑨,不觉造膝⑩,共叉手语⑪,达于将旦⑫。既而曰⑬:"玄度才情⑭,故未易多有许⑮。"

[注释]①许掾:即许询,字玄度,东晋名士,曾被征为司徒掾,不就,一生隐居不仕。尝:曾经。诣:拜访。简文:晋简文帝司马昱,见本门89注①。

②尔夜:那夜。风恬月朗:风淡月明。 ③乃:于是。共:一起。曲室:深邃隐蔽的密室。语:交谈。 ④襟情:情怀。 ⑤偏:特别,最。长:擅长。 ⑥辞寄:言辞情感。清婉:清新婉约。 ⑦逾:超过。 ⑧契素:一向交好。素:向来。 ⑨遇:相会。尤:更加。咨嗟:赞叹。 ⑩造膝:犹"促膝",对坐时两人膝盖互相接近,表示亲切交谈。 ⑪叉手:拱手,两手相合,表示恭敬。 ⑫达:到。旦:天亮。 ⑬既而:事后。 ⑭才情:才华。 ⑮故:确实。未易多有:不可多得。许:语气助词,表感叹。

145. 殷允出西①,郗超与袁虎书云②:"子思求良朋③,托好足下④,勿以开美求之⑤。"世目袁为"开美"⑥,故子敬诗曰⑦:"袁生开美度⑧。"

[注释]①殷允:字子思,晋陈郡(今河南淮阳)人,性情谦逊,官至吏部尚书。出西:到西边去,指去京城建康。 ②郗超:见本门117注①。与:给。袁虎:即袁宏,见本门34注⑮。书:信。云:说。 ③良朋:好友。 ④托好:倾心。足下:同辈的敬称。 ⑤开美:豁达美好。求:要求。 ⑥世:世人。目:品评,评论。 ⑦故:所以。子敬:即王献之,字子敬,王羲之的儿子,善书法,官至中书令。 ⑧袁生:指袁宏。生:"先生"的省称,泛指有才学的读书人。度:风度。

146. 谢车骑问谢公①:"真长性至峭②,何足乃重③?"答曰:"是不见耳④。阿见子敬⑤,尚使人不能已⑥。"

[注释]①谢车骑:指谢玄,字幼度,小字遏,晋太傅谢安的侄儿,死后赠车骑将军。谢公:即谢安,见本门63注⑤。 ②真长:即刘惔,见本门22注⑥。至:极,非常。峭:严厉。 ③何足:哪里值得。乃:如此,这般。重:推崇,敬重。 ④耳:罢了。 ⑤阿:我。子敬:即王献之,见本门145注⑦。 ⑥尚:尚且。不能已:指钦佩不已。已:停止。

147.谢公领中书监①,王东亭有事②,应同上省③。王后至,坐促④,王、谢虽不通⑤,太傅犹敛膝容之⑥。王神意闲畅⑦。谢公倾目⑧。还谓刘夫人曰⑨:"向见阿瓜⑩,故自未易有⑪。虽不相关⑫,正是使人不能已已⑬。"

[注释]①谢公:即谢安,见本门63注⑤。领:兼任较低的职务。中书监:官名,中书省的长官,掌管传宣诏令。 ②王东亭:即王珣,字元琳,小字法护,或又小字阿瓜,晋丞相王导之孙,以文学知名,曾封东亭侯,官至尚书令。③省:指中书省,官署名,掌管国家机要、发布政令。 ④坐:同"座",座位。促:狭窄。 ⑤通:来往,交往。 ⑥犹:仍然。敛:收。 ⑦神意:神态。闲畅:自在安详。 ⑧倾目:侧目而视,注视。 ⑨还:回来。刘夫人:谢安的妻子。 ⑩向:刚才。阿瓜:指王珣。 ⑪故自:确实,的确。未易有:不可多得,难得。 ⑫相关:相关联,指来往。 ⑬正:的确,实在。不能已已:指钦佩之情不能自制。已:停止。

148.王子敬语谢公①:"公故萧洒②。"谢曰:"身不萧洒③,君道身最得④,身正自调畅⑤。"

[注释]①王子敬:即王献之,见本门145注⑦。语:告诉。谢公:即谢安,见本门63注⑤。 ②公:尊称,指谢安。故:确实,的确。萧洒:洒脱超群。萧:通"潇"。 ③身:我。 ④君:尊称,你。道:说,称道。最得:最自得潇洒。 ⑤正自:只,只不过。调畅:豁达开朗。

149.谢车骑初见王文度①,曰:"见文度,虽萧洒相遇②,其复憘憘竟夕③。"

[注释]①谢车骑:即谢玄,见本门146注①。王文度:即王坦之,见本门126注②。 ②萧洒:舒畅。萧:通"潇"。相遇:此指刚会面时。 ③复:却,也。憘憘:和悦亲切的样子。竟夕:整夜。

150. 范豫章谓王荆州①:"卿风流俊望②,真后来之秀③。"王曰:"不有此舅,焉有此甥④?"

[注释]①范豫章:即范宁,字武子,晋慎阳(今河南正阳)人,博学通览,官至中书郎、豫章太守。王荆州:即王忱,字元达,小字佛大,晋平北将军王坦之的儿子,官至荆州刺史、建武将军,其母亲是范宁的妹妹,所以范宁是王忱的舅舅。 ②卿:你。风流:英俊潇洒。俊望:出众而有名声。 ③真:的确。后来之秀:后辈中的杰出人才。 ④焉:哪里,表反问。

151. 子敬与子猷书①,道②:"兄伯萧索寡会③,遇酒则酣畅忘反④,乃自可矜⑤。"

[注释]①子敬:即王献之,见本门145注⑦。与:给。子猷:即王徽之,见本门132注①。书:信。 ②道:称道。 ③兄伯:兄长。萧索:卓然不群,孤傲。寡会:与人交往甚少,不合世俗。 ④酣畅:尽情饮酒。反:同"返",回。 ⑤乃自:却,然而。可矜:值得骄傲,可贵。

152. 张天锡世雄凉州①,以力弱诣京师②。虽远方殊类③,亦边人之桀也④。闻皇京多才⑤,钦羡弥至⑥。犹在渚住⑦,司马著作往诣之⑧。言容鄙陋⑨,无可观听,天锡心甚悔来,以遐外可以自固⑩。王弥有俊才美誉⑪,当时闻而造焉⑫。既至⑬,天锡见其风神清令⑭,言话如流,陈说古今,无不贯悉⑮,又谙人物氏族⑯,中来皆有证据⑰。天锡讶服⑱。

[注释]①张天锡:字纯嘏,安定(治今甘肃泾川北)人,占据凉州自立为凉州牧,后被苻坚攻下,投降苻坚,淝水之战苻坚失败后,又投降晋,任庐江太守。世雄:世代称雄。凉州:州名,治所在今甘肃武威。 ②以:因为。力弱:势力衰弱。诣:到。京师:京都。 ③远方殊类:边远地区的人。殊:不同的。

④亦:也。桀:通"杰",杰出的人才。　⑤闻:听说。皇京:指京城建康。　⑥钦羡弥至:非常钦佩爱慕。弥:非常。至:极。　⑦犹:还,仍然。渚:水边。住:停留。　⑧司马著作:生平不详。诣:拜访。　⑨言容:言谈举止。鄙陋:庸俗浅薄。　⑩以:认为。遐外:边远地方,指凉州。自固:自我安定。　⑪王弥:王珉,字季琰,小字僧弥,晋丞相王导之孙,王珣的弟弟,官至侍中、尚书令。俊才:卓越的才智。　⑫闻:听说。造:拜访。　⑬既至:到了之后。　⑭风神:风度神采。清令:清秀美好。　⑮贯悉:通晓明白。　⑯谙:熟悉。　⑰中来:得来,讲起来。　⑱讶服:惊讶佩服。

153. 王恭始与王建武甚有情①,后遇袁悦之间②,遂致疑隙③。然每至兴会④,故有相思时⑤。恭尝行散至京口射堂⑥,于时清露晨流⑦,新桐初引⑧。恭目之⑨,曰:"王大故自濯濯⑩。"

[注释]①王恭:见本门143注①。王建武:即王忱,见本门150注①。甚:很,非常。有情:有交情,友好。　②袁悦:字元礼,晋陈郡阳夏(今河南太康)人,有口才,投靠会稽王司马道子,劝道子专揽朝政,后被孝武帝诛杀。间(jiàn):离间。　③致:招致。疑隙:嫌隙,因猜疑而产生仇怨。　④兴会:有兴致时。　⑤故:仍然,还。　⑥尝:曾经。行散:魏晋南北朝士大夫好服五石散(一名寒食散),服后须行走以散发药性,叫做"行散"。京口:古城名,故址在今江苏镇江。射堂:习箭的场所。　⑦于时:当时。　⑧引:发芽。　⑨目:品评,评论。　⑩王大:即王忱。故自:确实。濯濯:清朗明净。

154. 司马太傅为二王目曰①:"孝伯亭亭直上②,阿大罗罗清疏③。"

[注释]①司马太傅:指会稽王司马道子,晋简文帝之子,官至太傅。目:品评,评论。　②孝伯:即王恭,见本门143注①。亭亭直上:指王恭正直刚烈。亭亭:高耸的样子。直上:挺拔向上。　③阿大:指王忱,见本门150注

①。罗罗:疏阔放任的样子。清疏:清爽豁达。

155. 王恭有清辞简旨①,能叙说而读书少,颇有重出②。有人道孝伯常有新意③,不觉为烦④。

[注释]①王恭:见本门143注①。清辞简旨:清新的言辞,简明的旨意。②颇:很,多。重出:重复出现。 ③道:评论。 ④烦:繁复,繁杂。

156. 殷仲堪丧后①,桓玄问仲文②:"卿家仲堪③,定是何似人④?"仲文曰:"虽不能休明一世⑤,足以映彻九泉⑥。"

[注释]①殷仲堪:晋陈郡(今河南淮阳)人,殷仲文的堂兄,曾任荆州刺史。丧:去世。 ②桓玄:字敬道,晋大司马桓温之子,袭封南郡公。仲文:殷仲文,桓玄的姐夫,曾任侍中、尚书。 ③卿:你。 ④定:到底,究竟。何似:怎样。 ⑤休明:使……美好。一世:一个时代。 ⑥足:足够。映彻:照耀到,映照。九泉:地下最深处。

品藻第九

1.汝南陈仲举①,颍川李元礼②,二人共论其功德③,不能定先后。蔡伯喈评之曰④:"陈仲举强于犯上⑤,李元礼严于摄下⑥,犯上难,摄下易。仲举遂在三君之下⑦,元礼居八俊之上⑧。"

[注释]①汝南:郡名,东汉时治所在今河南平舆县北。陈仲举:即陈蕃,东汉汝南人,为人刚正不阿,曾任豫章太守、太傅等,后与窦武等官合谋诛除宦官,因事情泄露而被杀。 ②颍川:郡名,汉时治所在今河南禹州。李元礼:李膺,字元礼,东汉名臣,因反对宦官专权而遇害。 ③二人:疑为"士人"。共:一起。论:谈论。 ④蔡伯喈:即蔡邕,字伯喈,东汉末年人,博学善文,官至左中郎将,被司徒王允所杀。 ⑤强于:敢于。犯上:冒犯上级。 ⑥严:严厉。摄下:管治下属。 ⑦遂:于是。三君:当时的人称窦武、刘淑、陈蕃为三君。 ⑧居:处于。八俊:当时称李膺、王畅、荀绲、朱寓、魏朗、刘佑、杜楷、赵典为八俊。按:三君、八俊都是对当时贤贵之人的美称,而"三君"的美誉又在"八俊"之上。

2.庞士元至吴①,吴人并友之②,见陆绩、顾劭、全琮③,而为之目曰④:"陆子所谓驽马有逸足之用⑤,顾子所谓驽牛可以负重致远⑥。"或问⑦:"如所目⑧,陆为胜邪⑨?"曰:"驽马虽精速⑩,能致一人耳⑪。驽牛一日行百里,所致岂一人哉⑫?"吴人无以难⑬。"全子好声名⑭,似汝南樊子昭⑮。"

[注释]①庞士元:庞统,字士元,东汉末襄阳(今属湖北)人,辅佐刘备,后进攻雒县时,身中流矢而亡,谥靖侯。吴:吴郡(治今江苏苏州)。 ②并:都。友之:与他交朋友。 ③陆绩:字公纪,博学多通,官至郁林太守。顾劭:字孝则,任豫章太守,举善教民,风化大行。全琮:字子璜,有德行,任右大司马。 ④目:品评,评论。 ⑤子:对男子的美称。驽马:劣马。逸足:疾足,奔跑快。 ⑥驽牛:走得慢的牛。负重致远:负载重物走远路。 ⑦或:有人。 ⑧如所目:按照这样的评论。 ⑨胜:超过。邪(yé):疑问语气词。 ⑩精速:(跑得)很快。精:非常,极。 ⑪致一人:使一个人到达。耳:罢了。 ⑫岂:难道。 ⑬无以:无法。难:诘难,反驳。 ⑭好:喜欢。声名:名声。 ⑮似:如同。汝南:郡名,东汉至晋初治所在今河南平舆县北。樊子昭:汉末汝南人,因德行被许劭提拔,进退恬然,名重于时。

3. 顾劭尝与庞士元宿语①,问曰:"闻子名知人②,吾与足下孰愈③?"曰:"陶冶世俗④,与时浮沉⑤,吾不如子;论王霸之余策⑥,览倚仗之要害⑦,吾似有一日之长⑧。"劭亦安其言⑨。

[注释]①顾劭:见本门2注③。尝:曾经。庞士元:即庞统,见本门2注①。宿语:夜里交谈。 ②闻:听说。子:对男子的尊称。名知人:因为善于知人而闻名。知人:能鉴察人的品性、才能。 ③吾:我。足下:敬称,你。孰:谁。愈:胜出,超过。 ④陶冶:教化培育。世俗:社会风俗。 ⑤与时浮沉:指随时势变化。 ⑥王霸:王业和霸业,指称霸一方、统一天下的事业。余策:前人遗留下来的策略。 ⑦览:洞察。倚仗:疑为"倚伏",是《老子》"祸兮福之所倚,福兮祸之所伏"的缩语,指祸福相互依存、转化。要害:事物的关键。 ⑧一日之长:(在某一方面)比别人稍微强一点。 ⑨亦:也。安:

认为妥帖,满意。

4.诸葛瑾、弟亮及从弟诞①,并有盛名②,各在一国。于时以为蜀得其龙③,吴得其虎,魏得其狗。诞在魏,与夏侯玄齐名④;瑾在吴,吴朝服其弘量⑤。

[注释]①诸葛瑾:字子瑜,三国吴人,历任大将军、左都护、豫州牧。弟亮:即诸葛亮,字孔明,诸葛瑾的弟弟,三国蜀丞相,死后谥忠武侯。从弟:堂弟。诞:诸葛诞,字公休,三国魏人,官至扬州刺史、镇东将军,后因谋反罪被杀。 ②并:都。盛名:很高的名望。 ③于时:当时。此处的"龙"和下面的"虎"、"狗",喻指才德的大、中、小。 ④夏侯玄:字太初,三国魏人,当时的玄学领袖,任征西将军等官。 ⑤服:佩服。弘量:宽宏的器量,指很有才识、度量。

5.司马文王问武陔①:"陈玄伯何如其父司空②?"陔曰:"通雅博畅③,能以天下声教为己任者④,不如也⑤;明练简至⑥,立功立事⑦,过之⑧。"

[注释]①司马文王:司马昭,三国魏相国,封晋公,死后谥文王,其儿子司马炎代魏称帝后,追尊为"文皇帝"。武陔:字元夏,魏光禄大夫武周之子,初仕魏,后入晋,官至光禄大夫。 ②陈玄伯:即陈泰,字玄伯,魏司空陈群之子,曾任尚书等。何如:与……相比怎么样。司空:指陈群,字长文,秉性亮直,仕魏,官至司空。 ③通雅博畅:通达正直,学识渊博。 ④以:把。声教:声威教化。 ⑤不如:比不上。 ⑥明练简至:精明利落,简练周到。 ⑦立功立事:建功立业。 ⑧过:胜出,超过。

6.正始中①,人士比论②,以五荀方五陈③:荀淑方陈寔④,荀靖方陈谌⑤,荀爽方陈纪⑥,荀彧方陈群⑦,荀顗方陈泰⑧。又以八裴方八王：裴徽方王祥⑨，裴楷方王夷甫⑩，裴康方王绥⑪，裴绰方王澄⑫，裴瓒方王敦⑬，裴遐方王导⑭，裴頠方王戎⑮，裴邈方王玄⑯。

[注释]①正始：三国魏齐王曹芳（公元240～249年）的年号。 ②比论：比较、评论。 ③方：比。 ④荀淑：字季和，东汉颍川（今河南许昌）人，博学，善治事，任当涂长、朗陵侯相，八个儿子都有名，人称"八龙"。陈寔：字仲弓，汉末颍川（今河南许昌）人，以平正闻名，曾任太丘县长。 ⑤荀靖：字叔慈，荀淑第三子，有才识德行，以孝著名，隐居终身。陈谌：字季方，陈寔之子，与父、兄陈纪并有高名，时称三君。 ⑥荀爽：一名荀谞，字慈明，荀淑第六子，学识渊博，以著述为业，号为硕儒，官至司空。陈纪：字元方，陈寔的长子，有德行，官至大鸿胪。 ⑦荀彧（yù）：字文若，荀淑之孙，为人有度量，礼贤下士，官至侍中、守尚书令。陈群：字长文，陈纪之子，秉性亮直，仕魏，官至司空。 ⑧荀顗（yǐ）：字景倩，荀彧之子，博学治礼，曾任光禄大夫、太尉，德高望重，死后谥康公。陈泰：字玄伯，陈群之子，曾任尚书等。 ⑨裴徽：字文季，三国魏河东闻喜（今属山西）人，有高才，善言玄妙事，官至冀州刺史。王祥：字休徵，三国魏末琅邪（治今山东临沂北）人，为人至孝忠清，入晋后官至太保，晋爵为公。 ⑩裴楷：字叔则，裴徽第三子，精通《老子》、《周易》，初仕魏，后入晋，官至中书令。王夷甫：王衍，字夷甫，琅邪临沂（今属山东）人，才思敏捷，好谈玄理，西晋名臣，官至尚书令、太尉。 ⑪裴康：字仲豫，裴徽之子，有度量，官至太子左率。王绥：字彦猷，晋太原晋阳（今山西太原）人，有孝行，官至荆州刺史。 ⑫裴绰：字季舒，裴楷的弟弟，官至中书、黄门侍郎。王澄：字平子，王衍的弟弟，曾任荆州刺史等。 ⑬裴瓒：字国宝，裴楷之子，豪爽有才气，官至中书郎。王敦：字处仲，晋琅邪临沂（今山东）人，曾任青州刺史、丞相、大将军等官。 ⑭裴遐：字叔道，裴徽之孙，裴绰之子，谦虚平和，善言玄理，曾任司空掾、散骑侍郎。王导：字茂弘，琅邪临沂（今山东）人，东晋功臣，官至丞相。 ⑮裴頠（wěi）：字逸民，晋河东闻喜（今属山西）人，博学有远识，官至尚书左仆射。王戎：字濬冲，晋琅邪临沂（今山东）人，"竹林七贤"之一，官至司徒。 ⑯裴邈：字景声，裴頠的堂弟，有学识，善清谈，曾

官太傅从事中郎、左司马。王玄:字眉子,王衍之子,有俊才,性格豪放,任梁国内史,后由于为政苛刻被人袭杀。

7. 冀州刺史杨淮二子乔与髦①,俱总角为成器②。淮与裴颜、乐广友善③,遣见之④。颜性弘方⑤,爱乔之有高韵⑥,谓淮曰:"乔当及卿⑦,髦小减也⑧。"广性清淳⑨,爱髦之有神检⑩,谓淮曰:"乔自及卿,然髦尤精出⑪。"淮笑曰:"我二儿之优劣,乃裴、乐之优劣⑫。"论者评之:以为乔虽高韵,而检不匝⑬;乐言为得⑭,然并为后出之俊⑮。

[注释]①冀州:州名,辖境包括河北、河南等省的部分地区。刺史:官名,魏晋时重要州郡置都督兼领刺史,掌管一州军事大权。杨淮:疑为"杨准",字始立,西晋弘农(今河南灵宝)人,杨修的孙子,年轻时与嵇绍、山简齐名,曾任冀州刺史。乔:字国彦,爽朗有雅致。髦:字士彦,清和平易。 ②俱:都。总角:古代儿童束发为两结,向上分开,形状如角,所以称总角,此处借指童年。成器:美好的器物,喻指优秀的人才。 ③裴颜:见本门6注⑮。乐广:字彦辅,西晋名士,后接替王戎为尚书令。 ④遣见之:派(乔与髦)拜见裴颜与乐广。 ⑤弘方:宽宏正直。 ⑥高韵:高雅的风度。 ⑦当:将会。及:赶上,比得上。卿:你。 ⑧小减:稍微差些。 ⑨清淳:高洁纯朴。 ⑩神检:精神操守。 ⑪尤:更加。精出:优秀杰出。 ⑫乃:是。 ⑬不匝:不全,不足。匝:周全。 ⑭得:得当。 ⑮并:都。后出之俊:后起之秀。俊:才智出众的人。

8. 刘令言始入洛①,见诸名士而叹曰:"王夷甫太解明②,乐彦辅我所敬③,张茂先我所不解④,周弘武巧于用短⑤,杜方叔拙于用长⑥。"

[注释]①刘令言:刘讷,字令言,晋彭城(今江苏徐州)人,官至司隶校尉。洛:洛阳。 ②王夷甫:王衍,见本门6注⑩。解明:精明。 ③乐彦辅:

乐广,见本门7注③。敬:敬佩。　④张茂先:张华,字茂先,三国魏末人,入晋,晋封壮武郡公,官至司空,后被赵王司马伦所害。解:理解。　⑤周弘武:周恢,字弘武,晋汝南(今河南)人,官至秦相。短:不足,缺点。　⑥杜方叔:杜育,字方叔,晋襄城(今属河南)人,聪慧有才藻,官至国子祭酒。拙:不擅长。长:长处,优点。

9. 王夷甫云①:"间丘冲优于满奋、郝隆②。此三人并是高才③,冲最先达④。"

[注释]①王夷甫:王衍,见本门6注⑩。云:说。　②间丘冲:字宾卿,晋高平(今山东金乡县西北)人,性格通达,博学好音乐,官至太傅长史、光禄勋。优:优秀。于:比。满奋:字武秋,晋高平(今山东金乡县西北)人,官至尚书令、司隶校尉。郝隆:字弘始,晋高平(今山东金乡县西北)人,为人通达,官至吏部郎、扬州刺史。　③并:都。高才:才智出众的人。　④达:显贵。

10. 王夷甫以王东海比乐令①,故王中郎作碑云②:"当时标榜③,为乐广之俪④。"

[注释]①王夷甫:王衍,见本门6注⑩。王东海:王承,字安期,晋太原晋阳(今山西太原)人,为人清虚寡欲,曾任东海太守。乐令:乐广,见本门7注③。　②故:所以。王中郎:王坦之,字文度,王承的孙子,曾任北中郎将,是晋朝名臣。作碑:写碑文。　③标榜:品评。　④俪:相配,相匹敌的人。

11. 庾中郎与王平子雁行①。

[注释]①庾中郎:庾敳,字子嵩,晋颍川鄢陵(今属河南)人,好老庄之学,曾任司马太傅从事中郎。王平子:王澄,见本门6注⑫。雁行:像雁一样列阵齐飞,比喻二人难分高下。

12. 王大将军在西朝时①,见周侯②,辄扇障面不得住③。后度江左④,不能复尔⑤,王叹曰:"不知我进伯仁退⑥?"

[注释]①王大将军:王敦,见本门6注⑬。西朝:指西晋,西晋都城洛阳在东晋都城建康的西边,所以东晋人称西晋为西朝。 ②周侯:即周顗(yǐ),字伯仁,晋汝南安城(今河南汝南县东南)人,官至尚书左仆射。 ③辄:就。扇障面:用扇子遮住脸。不得住:不能停。 ④度:同"渡"。江左:指江东,指长江下游以东地区,古人地理以东为左,所以称江东为江左。 ⑤复尔:再这样。 ⑥进:进步。退:退步。

13. 会稽虞騑①,元皇时与桓宣武同侪②,其人有才理胜望③。王丞相尝谓騑曰④:"孔愉有公才而无公望⑤,丁潭有公望而无公才⑥,兼之者其在卿乎⑦?"騑未达而丧⑧。

[注释]①会稽:郡名,治所在今浙江绍兴。虞騑(fēi):字思行,曾任吏部郎、吴兴守、金紫光禄大夫等官。 ②元皇:东晋元帝司马睿,在位5年(公元317~322年)。桓宣武:桓温,字元子,谯国龙亢(今安徽怀远)人,东晋名臣,曾任大司马,死后谥宣武,但疑此处指的是桓温的父亲桓彝。同侪:疑为"同僚"。 ③才理:才思,才智。胜望:很高的声望。 ④王丞相:王导,见本门6注⑭。尝:曾经。 ⑤孔愉:字敬康,晋会稽山阴(今浙江绍兴)人,官至尚书左仆射,死后赠车骑将军。公:指三公,中央最高官衔,晋代以太尉、司徒、司空为三公。望:声望,名声。 ⑥丁潭:字世康,晋会稽山阴人,官至侍中、光禄大夫,封永安伯。 ⑦兼之者:指才、望两方面同时具备的人。卿:你。 ⑧达:显贵。丧:死。

14. 明帝问周伯仁①:"卿自谓何如郗鉴②?"周曰:"鉴方臣③,如有功夫④。"复问郗⑤,郗曰:"周顗比臣,有国士门风⑥。"

[注释]①明帝:即东晋明帝司马绍,晋元帝司马睿的长子,在位3年(公元322～325年)。周伯仁:即周颢,见本门12注②。 ②卿:你。自谓:自认为。何如:和……相比怎么样。郗鉴:字道徽,晋高平金乡(今属山东)人,官至司空、太尉。 ③方:比,比拟。臣:周颢自称。 ④功夫:本领,造诣。 ⑤复:又。 ⑥国士:一国中才能杰出的人。门风:风范,风气。

15. 王大将军下①,庾公问②:"闻卿有四友③,何者是④?"答曰:"君家中郎⑤,我家太尉、阿平⑥,胡毋彦国⑦。阿平故当最劣⑧。"庾曰:"似未肯劣⑨。"庾又问:"何者居其右⑩?"王曰:"自有人⑪。"又问:"何者是?"王曰:"噫⑫！其自有公论⑬。"左右蹑公⑭,公乃止⑮。

[注释]①王大将军:王敦,见本门6注⑬。下:从武昌(今湖北鄂州)到处于下游的都城建康(今江苏南京)。 ②庾公:指庾亮,字元规,晋颍川鄢陵(今属河南)人,明穆皇后的长兄,曾任征西大将军、荆州刺史。 ③闻:听说。卿:你。 ④何者是:是哪些人。 ⑤君家:你家。君:尊称。中郎:指庾敳,见本门11注①。 ⑥太尉:指王衍,见本门6注⑩。阿平:指王澄,见本门6注⑫。 ⑦胡毋彦国:胡毋辅之,字彦国,晋泰山奉高(今山东泰安东)人,善知人,放纵不拘小节,官至湘州刺史。 ⑧故当:当然。劣:差。 ⑨似:似乎。未肯:未必。 ⑩居:处于。右:古代崇尚右,以右为上为贵。 ⑪自:自然。 ⑫噫:表感叹。 ⑬公论:公正的评论。此处暗指王敦认为应该是自己"居其右"。 ⑭左右:身边侍从之人。蹑:踩。公:尊称,指庾亮。 ⑮乃:才。止:停止,指不再追问。

16. 人问丞相①:"周侯何如和峤②?"答曰:"长舆嵯蘖③。"

[注释]①丞相:指王导,见本门6注⑭。 ②周侯:指周顗,见本门12注②。何如:与……相比怎么样。和峤:字长舆,晋汝南西平(今属河南)人,有盛名,任尚书、太子少傅等官。 ③嵯嶪(cuó niè):山高峻的样子,形容人高尚超群。

17. 明帝问谢鲲①:"君自谓何如庾亮②?"答曰:"端委庙堂③,使百僚准则④,臣不如亮⑤;一丘一壑⑥,自谓过之⑦。"

[注释]①明帝:司马绍,见本门14注①。谢鲲:字幼舆,晋陈郡(今河南淮阳)人,曾任王敦长史,后为豫章太守。 ②君:尊称,你。自谓:自认为。何如:与……相比怎么样。庾亮:见本门15注②。 ③端委庙堂:身穿朝服在朝廷办事,指辅佐朝政。端委:端正宽长的朝服,此指穿朝服。庙堂:指朝廷。 ④百僚:泛指官员。准则:效法,学习。 ⑤臣:谢鲲自称。不如:比不上。 ⑥⑦两句:意思是在退隐于野、放情山水方面,自认为超过了他。"丘"、"壑":借指隐居的地方。

18. 王丞相二弟不过江①,曰颖、曰敞②。时论以颖比邓伯道③,敞比温忠武④。议郎、祭酒者也⑤。

[注释]①王丞相:王导,见本门6注⑭。过江:渡过长江,特指随晋室南渡。 ②曰:名叫。颖:王颖,字茂英,官至议郎。敞:王敞,字茂平,召为丞相祭酒,不赴任,袭爵堂邑公。 ③时论:当时的社会评论。以:拿。邓伯道:邓攸,字伯道,晋平阳襄陵(今山西襄汾东北)人,官至吏部尚书、尚书右仆射。 ④温忠武:温峤,字太真,太原祁(今山西祁县)人,东晋名臣,官至骠骑大将军,死后谥忠武。 ⑤议郎:官名,掌管顾问应对之事。王颖曾任议郎。祭酒:官名,晋有国子祭酒、丞相祭酒之官,掌文教之事。王敞曾被召为丞相祭酒,不就任。

19.明帝问周侯①:"论者以卿比郗鉴②,云何③?"周曰:"陛下不须牵颁比④。"

[注释]①明帝:司马绍,见本门14注①。周侯:即周颛,见本门12注②。 ②论者:品评议论的人。以:拿。卿:你。郗鉴:见本门14注②。 ③云何:怎么样。 ④陛下:对君主的尊称。不须:不必。牵:拿……来,有强迫的意味。

20.王丞相云①:"顷下论以我比安期、千里②,亦推此二人③;唯共推太尉④,此君特秀⑤。"

[注释]①王丞相:即王导,见本门6注⑭。云:说。 ②顷下:近来,时下。论:评论。以:拿。安期:王承,见本门10注①。千里:即阮瞻,字千里,阮咸的儿子,官至太子舍人。 ③亦:也。推:推许,推崇。 ④唯:只,只是。共:一同。太尉:指王衍,见本门6注⑩。 ⑤君:对人的尊称。特秀:杰出优秀。

21.宋祎曾为王大将军妾①,后属谢镇西②。镇西问祎:"我何如王③?"答曰:"王比使君④,田舍贵人耳⑤。"镇西妖冶故也⑥。

[注释]①宋祎(yī):晋时艺伎,善吹笛,据说先后属晋明帝、阮孚、王敦、谢尚等人。王大将军:即王敦,见本门6注⑬。 ②属:归属,属于。谢镇西:即谢尚,字仁祖,谢鲲的儿子,谢安的堂兄,官至镇西将军、豫州刺史。 ③何如:与……相比怎么样。王:指王敦。 ④使君:对刺史等州郡长官的尊称,谢尚曾任豫州刺史。 ⑤田舍:乡下人。耳:罢了。 ⑥妖冶:艳丽。故:原因。

22.明帝问周伯仁①:"卿自谓何如庾元规②?"对

曰③:"萧条方外④,亮不如臣⑤;从容廊庙⑥,臣不如亮。"

[注释]①明帝:司马绍,见本门14注①。周伯仁:即周顗,见本门12注②。 ②卿:你。自谓:自认为。何如:与……相比怎么样。庾元规:即庾亮,见本门15注②。 ③对曰:回答说。 ④萧条方外:指隐居山林。萧条:清闲自得。方外:世俗之外。 ⑤不如:比不上。臣:周顗自称。 ⑥从容:回旋,指进退自如。廊庙:指朝廷。

23. 王丞相辟王蓝田为掾①,庾公问丞相②:"蓝田何似③?"王曰:"真独简贵④,不减父祖⑤;然旷澹处故当不如尔⑥。"

[注释]①王丞相:王导,见本门6注⑭。辟:征用。王蓝田:王述,字怀祖,晋太原晋阳(今山西太原)人,袭爵蓝田侯。掾:属官。 ②庾公:即庾亮,见本门15注②。 ③何似:怎么样。 ④真独简贵:真率脱俗,简约清高。 ⑤不减:不亚于,比得上。父祖:父亲与祖父。 ⑥然:但是。旷澹:豁达,淡泊名利。处:方面。故当:自然,当然。不如:比不上。尔:语气词,相当于"了"。

24. 卞望之云①:"郗公体中有三反②:方于事上③,好下佞己④,一反;治身清贞⑤,大修计校⑥,二反;自好读书,憎人学问⑦,三反。"

[注释]①卞望之:即卞壸,字望之,晋济阴冤句(今山东菏泽西南)人,官至尚书令。云:说。 ②郗公:郗鉴,见本门14注②。体中:身上。三反:三对矛盾。 ③方:正直。事上:侍奉上级。 ④好:喜欢。下:下属。佞:奉承,献媚。 ⑤治身:自我修养。清贞:廉洁正派。 ⑥大修:十分在乎。计校:同"计较",算计,为个人得失打算。 ⑦憎:忌恨。

25.世论温太真是过江第二流之高者①。时名辈共说人物第一将尽之间②,温常失色③。

[注释]①世论:社会评论。温太真:温峤,见本门18注④。过江:渡过长江。西晋末年,大批北方名士南渡避乱。高:杰出。 ②时:当时。名辈:名流。共说:一起品评。尽:结束。之间:之时,……的时候。 ③失色:脸色因惶恐而变化。

26.王丞相云①:"见谢仁祖②,恒令人得上③。"与何次道语④,唯举手指地曰⑤:"正自尔馨⑥。"

[注释]①王丞相:王导,见本门6注⑭。云:说。 ②谢仁祖:即谢尚,见本门21注②。 ③恒:总是。得上:使人向上,振奋。 ④何次道:何充,字次道,晋庐江灊(今安徽霍山)人,曾任骠骑将军、扬州刺史等官。 ⑤唯:只。举:抬起。 ⑥正自:正是。尔馨:这样。按:"举手指地"与上文"得上"形成对比,喻指何充如大地般厚德载物,稳重宽宏。

27.何次道为宰相①,人有讥其信任不得其人②。阮思旷慨然曰③:"次道自不至此④。但布衣超居宰相之位⑤,可恨唯此一条而已⑥!"

[注释]①何次道:何充,见本门26注④。 ②讥:讥讽。信任不得其人:指何充所亲信任用的都不是合适的人选。 ③阮思旷:阮裕,字思旷,陈留尉氏(今属河南)人,东晋名士,后长期隐居会稽剡山,朝廷征以金紫光禄大夫,固辞不就。慨然:感叹。 ④自不至此:自然不至于这样。 ⑤布衣:指平民。超:越级提升。居:处于。 ⑥可恨:使人遗憾。唯:只。

28.王右军少时①,丞相云②:"逸少何缘复减万安邪③!"

[注释]①王右军:王羲之,字逸少,王导的侄子,仕晋,曾封官右军将军。少时:年轻时。 ②丞相:王导,见本门6注⑭。云:说。 ③何缘:哪里,表反问。复:助词,无实义。减:不如,不及。万安:即刘绥,字万安,晋高平(今山东金乡县西北)人,官至骠骑长史。邪:语气词,表反问。

29. 郗司空家有伧奴①,知及文章②,事事有意③。王右军向刘尹称之④,刘问:"何如方回⑤?"王曰:"此正小人有意向耳⑥,何得便比方回⑦?"刘曰:"若不如方回⑧,故是常奴耳⑨。"

[注释]①郗司空:郗愔,字方回,高平金乡(今属山东)人,晋太尉郗鉴长子,曾任镇军将军等,死后赠官侍中、司空。伧奴:来自北方的奴仆。伧:晋时南方人对北方人的蔑称。 ②知及:通晓。 ③有意:有心思,聪明。 ④王右军:王羲之,见本门28注①。刘尹:刘惔,字真长,晋沛国相(今安徽濉溪县西北)人,官至丹阳尹。称:称赞。 ⑤何如:与……相比怎么样。 ⑥正:只是。小人:指奴仆。有意向:有心思,留意。耳:罢了。 ⑦何得:哪能。 ⑧若:如果。不如:比不上。 ⑨故:仍然。常奴:普通的奴仆。

30. 时人道阮思旷骨气不及右军①,简秀不如真长②,韶润不如仲祖③,思致不如渊源④,而兼有诸人之美⑤。

[注释]①时人:当时的人。道:评论。阮思旷:即阮裕,见本门27注③。骨气:风度气质。右军:即王羲之,见本门28注①。 ②简秀:简约清秀。真长:刘惔,见本门29注④。 ③韶润:美好温和。仲祖:王濛,字仲祖,晋太原晋阳(今山西太原)人,曾任司徒左长史。 ④思致:思想情趣。渊源:殷浩,字渊源,晋陈郡长平(今河南西华)人,官至扬州刺史、中军将军。 ⑤兼:同时具备。诸人:众人。美:优点。

31. 简文云①:"何平叔巧累于理②,嵇叔夜俊伤其道③。"

[注释]①简文:晋简文帝司马昱,元帝司马睿的幼子,在位两年(公元370~372年)。云:说。 ②何平叔:何晏,字平叔,三国魏人,好老庄之学,著有《道德论》等,官至尚书。巧累于理:机巧的性格妨碍了他所钟情的玄学义理。累:牵累,妨碍。 ③嵇叔夜:嵇康,字叔夜,三国魏谯国(今安徽亳州)人,好《老子》《庄子》,任性放达,"竹林七贤"主要代表人物之一,官至中散大夫,后被司马昭所杀。俊伤其道:才能出众、外露,反而伤害了他所崇尚的自然之道。俊:才能超群。

32. 时人共论晋武帝出齐王之与立惠帝①,其失孰多②。多谓立惠帝为重③。桓温曰④:"不然⑤,使子继父业⑥,弟承家祀⑦,有何不可?"

[注释]①时人:当时的人。共论:都讨论。晋武帝:即司马炎,字安世,司马昭长子,公元265年废魏称帝,建立晋朝,在位25年。齐王:司马攸,字大猷,晋武帝的弟弟,亲贤下士,仁惠好施,甚得民心,晋武帝畏忌,将他遣归封国。惠帝:即晋惠帝司马衷,晋武帝之子,在位17年,昏庸无能。 ②失:过失。孰:哪个。 ③谓:认为。重:指过失严重。 ④桓温:见本门13注②。 ⑤不然:不是这样。 ⑥子继父业:指立惠帝为太子。 ⑦弟承家祀:指遣齐王回封国。家祀:祭祀祖先。

33. 人问殷渊源①:"当世王公以卿比裴叔道②,云何③?"殷曰:"故当以识通暗处④。"

[注释]①殷渊源:殷浩,见本门30注④。 ②王公:泛指达官贵人。以:拿。卿:你。裴叔道:裴遐,见本门6注⑭。 ③云何:为什么。 ④故当:或许,表推测。以:因为。识:见识,识解。通:洞察,通彻。暗处:玄学义理的隐晦之处。按:殷浩、裴遐都善清言,故有此语。

34. 抚军问殷浩①："卿定何如裴逸民②？"良久答曰③："故当胜耳④。"

[注释]①抚军：指晋简文帝司马昱，曾以抚军大将军辅政。殷浩：见本门30注④。　②卿：你。定：究竟，到底。何如：与……相比怎么样。裴逸民：裴颜，见本门6注⑮。　③良久：很久。　④故当：自然，当然。胜：胜过，超过。

35. 桓公少与殷侯齐名①，常有竞心②。桓问殷："卿何如我③？"殷云："我与我周旋久④，宁作我⑤。"

[注释]①桓公：指桓温，见本门13注②。少：年轻时。殷侯：指殷浩，见本门30注④。　②竞心：争胜之心。　③卿：你。何如：与……相比怎么样。　④周旋：交往，应酬。　⑤宁作我：宁愿仍作我自己，言外之意是不屑效法桓温的为人而满意自己的人生态度。

36. 抚军问孙兴公①："刘真长何如②？"曰："清蔚简令③。""王仲祖何如④？"曰："温润恬和⑤。""桓温何如⑥？"曰"高爽迈出⑦。""谢仁祖何如⑧？"曰："清易令达⑨。""阮思旷何如⑩？"曰："弘润通长⑪。""袁羊何如⑫？"曰："洮洮清便⑬。""殷洪远何如⑭？"曰："远有致思⑮。""卿自谓何如⑯？"曰："下官才能所经⑰，悉不如诸贤⑱；至于斟酌时宜⑲，笼罩当世⑳，亦多所不及。然以不才㉑，时复托怀玄胜㉒，远咏《老》、《庄》㉓，萧条高寄㉔，不与时务经怀㉕，自谓此心无所与让也㉖。"

[注释]①抚军：指晋简文帝司马昱，曾以抚军大将军辅政。孙兴公：即孙绰，字兴公，晋太原中都（今山西平遥）人，历任太学博士、大著作、散骑常侍。　②刘真长：即刘惔，见本门29注④。何如：怎么样。　③清蔚简令：清淳而富

有才思,简约美好。　④王仲祖:王濛,见本门 30 注③。　⑤温润恬和:温和柔顺,恬静平和。　⑥桓温:见本门 13 注②。　⑦高爽迈出:高傲豪爽,卓越杰出。　⑧谢仁祖:即谢尚,见本门 21 注②。　⑨清易令达:清明平易,美好通达。　⑩阮思旷:即阮裕,见本门 27 注③。　⑪弘润通长:大度温和,渊博贯通。　⑫袁羊:即袁乔,字彦叔,小字羊,晋陈郡(今河南淮阳)人,曾任尚书郎、江夏相。　⑬洮洮清便:口若悬河,有口才。洮洮:犹"滔滔",连续不断。清便:顺畅。　⑭殷洪远:即殷融,字洪远,晋陈郡(今河南淮阳)人,曾任吏部尚书、太常卿。　⑮远有致思:超逸有情趣。　⑯卿:你。自谓:自认为。⑰下官:谦辞,下级官吏对上级的自称。经:擅长。　⑱悉:全,全部。不如:不及,比不上。诸贤:各位贤人。　⑲斟酌时宜:衡量、把握时局。斟酌:估量,考虑。时宜:时势的特点。　⑳笼罩当世:综观时势全局。笼罩:统括,整治。　㉑然:但是。以:因为。不才:谦辞,没有才能。　㉒时:时时,经常。复:又。托怀:寄情。玄胜:玄学义理。　㉓远咏:高唱,尽情吟诵。《老》、《庄》:指《老子》《庄子》,道家学派的代表作,是魏晋玄学的思想基础。㉔萧条:清静闲适。高寄:寄托高远,超脱世俗。　㉕不与:不以,不因为。时务:世俗事务。经怀:经心,烦心。　㉖此心无所与让:这种心境不比别人差。让:谦让。

37.

桓大司马下都①,问真长曰②:"闻会稽王语奇进③,尔邪④?"刘曰:"极进⑤,然故是第二流中人耳⑥。"桓曰:"第一流复是谁⑦?"刘曰:"正是我辈耳⑧。"

[注释]①桓大司马:即桓温,见本门 13 注②。下都:到都城建康,建康在长江下游,所以东晋人常说去都城为下都。　②真长:即刘惔,见本门 29 注④。　③闻:听说。会稽王:指晋简文帝司马昱,曾封会稽王。语:特指谈玄。奇进:进步很快。奇:极,非常。　④尔邪:是这样吗。邪:疑问语气词。⑤极进:进步极快。　⑥然:但是。故:仍然。耳:罢了。　⑦复:又。　⑧我辈:我们这些人。

38. 殷侯既废①，桓公语诸人曰②："少时与渊源共骑竹马③，我弃去④，已辄取之⑤，故当出我下⑥。"

[注释]①殷侯既废：永和六年(公元350年)，殷浩以中军将军，都督扬、徐、豫、兖、青五州军事，率众北征，九年底，大败于姚襄，次年被桓温奏弹，免为庶人，迁东阳。　②桓公：桓温，见本门13注②。　③少时：年轻时。共：一起。竹马：儿童游戏时当马骑的竹竿。　④弃去：丢弃。　⑤已：随即，马上。辄：就。取：拿。　⑥故当：自然，当然。出我下：居我之下。

39. 人问抚军①："殷浩谈竟何如②？"答曰："不能胜人③，差可献酬群心④。"

[注释]①抚军：指晋简文帝司马昱，曾以抚军大将军辅政。　②殷浩：见本门30注④。谈：清谈，谈玄。竟：究竟，到底。何如：怎么样。　③胜：胜过。　④差可：尚可，大致可以。献酬：本指饮酒时主客互相敬酒，此指迎合、满足。群心：众人的情趣、兴致。

40. 简文云①："谢安南清令不如其弟②，学义不及孔岩③，居然自胜④。"

[注释]①简文：晋简文帝司马昱，见本门31注①。云：说。　②谢安南：谢奉，字弘道，晋会稽山阴(今浙江绍兴)人，曾任安南将军、广州刺史、吏部尚书。清令：清秀美好。　③学义：才学，学识。孔岩：字彭祖，晋会稽山阴人，有才学，封西阳侯，官至吴兴太守。　④居然自胜：显然自成名流。

41. 未废海西公时①，王元琳问桓元子②："箕子、比干迹异心同③，不审明公孰是孰非④？"曰："仁称不异⑤，宁为管仲⑥。"

[注释]①废海西公：公元371年，桓温废晋帝司马奕为海西公，立司马昱

为帝,称简文帝。　②王元琳:王珣,字元琳,晋丞相王导之孙,以文学知名,初为晋大司马桓温主簿,后官至尚书令。桓元子:指桓温,见本门13注②。③箕子:商纣王时人,因多次向纣王进谏不被采纳,于是装狂为奴,被纣王囚禁。比干:传说纣王淫乱,比干犯颜强谏,使纣王大怒,比干被剖心而死,与箕子、微子合称殷之"三仁"。迹:行迹,做的事情。　④不审:不知。明公:尊称有地位、有名望的人。孰是孰非:认为谁对谁错。　⑤仁称不异:同样可以称为仁。　⑥宁:宁愿。管仲:名夷吾,春秋时齐国人,相齐桓公,九合诸侯,一匡天下,辅佐桓公以成霸业。

42. 刘丹阳、王长史在瓦官寺集①,桓护军亦在坐②,共商略西朝及江左人物③。或问④:"杜弘治何如卫虎⑤?"桓答曰:"弘治肤清⑥,卫虎弈弈神令⑦。"王、刘善其言⑧。

[注释]①刘丹阳:刘惔,见本门29注④。王长史:王濛,见本门30注③。瓦官寺:东晋著名佛寺名,位于建康(今江苏南京)城西南。集:聚会。　②桓护军:即桓伊,字叔夏,小字子野,晋谯国铚(今安徽濉溪)人,曾任豫州刺史、护军将军。　③共:一起。商略:品评,评论。西朝:指西晋,西晋都城洛阳在东晋都城建康的西边,所以东晋人称西晋为西朝。江左:江东,指长江下游以东地区,古人在地理上以东为左,所以称江东为江左。　④或:有人。　⑤杜弘治:杜乂,字弘治,晋镇南大将军杜预的孙子,有盛名,官至丹阳丞。何如:与……相比怎么样。卫虎:卫玠,字叔宝,小字虎,晋河东安邑(今山西夏县)人,好言玄理,曾任太子洗马。　⑥肤清:外表清丽。　⑦弈弈:通"奕奕",精神抖擞、焕发。神:精神。令:美好。　⑧善其言:认为他说得好。

43. 刘尹抚王长史背曰①:"阿奴比丞相②,但有都长③。"

[注释]①刘尹:即刘惔,见本门29注④。王长史:即王濛,见本门30注

③。　②阿奴:尊长者对卑幼者的昵称,也用于同辈相称。此处指王濛。丞相:指王导,见本门6注⑭。　③但:只。都长:美貌忠厚。都(dū):美好,闲雅。《诗经·郑风·有女同车》:"彼美孟姜,洵美且都。"《朱熹集传》:"都,闲雅也。"

44. 刘尹、王长史同坐①,长史酒酣起舞②。刘尹曰:"阿奴今日不复减向子期③。"

[注释]①坐:同"座"。　②酒酣:酒兴正浓。　③不复减:不亚于,比得上。复:助词,无实义。向子期:向秀,字子期,三国魏末年河内(今河南沁阳)人,为人率真、放任,好《老子》《庄子》,后任黄门侍郎、散骑常侍等。

45. 桓公问孔西阳①:"安石何如仲文②?"孔思未对③,反问公曰:"何如?"答曰:"安石居然不可陵践④,其处故乃胜也⑤。"

[注释]①桓公:桓温,见本门13注②。孔西阳:孔岩,见本门40注③。②安石:谢安,字安石,陈郡阳夏(今河南太康)人,初寓居会稽东山(今浙江绍兴),无仕宦之心,年逾四十才出仕,成为东晋名臣,死后追赠太傅。何如:与……相比怎么样。仲文:殷仲文,晋陈郡(今河南淮阳)人,桓温的女婿,曾官侍中、尚书。　③对:回答。　④居然:显然。陵践:侵凌,欺侮。陵:通"凌"。　⑤处:与"出"相对,隐居。故乃:确实是。胜:胜过别人。桓温本想推崇自己的女婿殷仲文,孔岩不以为然(实际上殷仲文也确实不及谢安),于是反问桓公,桓温只好自我解嘲说"谢安隐居时确实胜过殷仲文"。

46. 谢公与时贤共赏说①,遏、胡儿并在坐②。公问李弘度曰③:"卿家平阳何如乐令④?"于是李潸然流涕曰⑤:"赵王篡逆⑥,乐令亲授玺绶⑦。亡伯雅正⑧,耻处乱朝⑨,

遂至仰药⑩。恐难以相比⑪。此自显于事实⑫,非私亲之言⑬。"谢公语胡儿曰:"有识者果不异人意⑭。"

[注释]①谢公:谢安,见本门45注②。时贤:当时名流。共:一同。赏说:品评谈论(人物)。 ②遏:即谢玄,字幼度,小字遏,谢安的侄子,东晋名将。胡儿:谢朗,字长度,小字胡儿,谢安的侄子,官至东阳太守。并:都。 ③李弘度:李充,字弘度,晋江夏(今湖北安陆)人,官至中书侍郎。 ④卿家:你家。平阳:即李重,字茂曾,李充的伯父,官至平阳太守。乐令:即乐广,见本门7注③。 ⑤潸然:流泪的样子。流涕:流泪。 ⑥赵王篡逆:司马伦,司马懿第九子,封赵王,永康元年(公元300年),废贾后,自任相国、侍中,都督中外诸军事;永宁元年(公元301年),废晋惠帝,自立为帝,同年被齐王冏等起兵逼杀。 ⑦亲授:亲自持授。玺绶:印玺上系的彩丝带,此处借指玺印。 ⑧亡伯:死去的伯父,指李重。雅正:正直。 ⑨耻:以……为耻辱。 ⑩遂:最终。仰药:服毒自杀。 ⑪恐:恐怕。 ⑫自:自然。显:明显。 ⑬私亲:偏袒亲属。私:偏爱。 ⑭果:果然。不异人意:不违众望,符合人的心意。

47. 王修龄问王长史①:"我家临川②,何如卿家宛陵③?"长史未答。修龄曰:"临川誉贵④。"长史曰:"宛陵未为不贵⑤。"

[注释]①王修龄:王胡之,字修龄,王廙的儿子,曾任西中郎将、司州刺史。王长史:王濛,见本门30注③。 ②临川:指王羲之,见本门28注①。 ③何如:与……相比怎么样。卿家:你家。宛陵:指王述,字怀祖,曾为宛陵令。 ④誉贵:名声显贵。 ⑤未为:未必。

48. 刘尹至王长史许清言①,时苟子年十三②,倚床边听③。既去④,问父曰:"刘尹语何如尊⑤?"长史曰:"韶音令辞不如我⑥,往辄破的胜我⑦。"

[注释]①刘尹:即刘惔,见本门29注④。王长史:王濛,见本门30注③。许:处,处所。清言:清谈,谈玄。魏晋时期崇尚《老》、《庄》,摈弃世务,竞谈玄理。 ②时:当时。荀子:即王修,字敬仁,小字荀子,晋太原晋阳(今山西太原)人,王濛的儿子,曾任著作佐郎、琅邪王文学。 ③倚:靠。床:坐榻。 ④既去:离开以后。 ⑤语:特指清谈。何如:与……相比怎么样。尊:称父亲。 ⑥韶音令辞:言语生动,辞藻美妙。韶:优美。令:美好。 ⑦往:发,射箭。辄:就。破的:射中箭靶,此指言语击中要点。胜:胜过。

49. 谢万寿春败后①,简文问郗超②:"万自可败③,那得乃尔失士卒情④?"超曰:"伊以率任之性⑤,欲区别智勇⑥。"

[注释]①谢万:字万石,晋太傅谢安的弟弟,历任吏部、西中郎将、豫州刺史等。寿春败:晋穆帝升平二年(公元358年),谢万受命北征,次年与鲜卑战,在寿春大败而回,被贬为庶人。寿春:县名,今安徽寿县。 ②简文:晋简文帝司马昱。郗超:字景兴,小字嘉宾,晋司空郗愔的长子,善谈论,交游士林,当时获宠于桓温,负有盛名。 ③自可败:本来就会失败。 ④那得:哪能,怎么会。乃尔:竟然这样。失士卒情:失去士兵的拥护之心。 ⑤⑥两句:他希望(在战场上)用直率、放任自然的性情行为来代替智谋与勇武。伊:他。

50. 刘尹谓谢仁祖曰①:"自吾有四友②,门人加亲③。"谓许玄度曰④:"自吾有由⑤,恶言不及于耳⑥。"二人皆受而不恨⑦。

[注释]①刘尹:即刘惔,见本门29注④。谢仁祖:即谢尚,见本门21注②。 ②四友:疑为"回也"。《尚书大传》:"孔子曰:'自吾得回也,门人加亲,是非胥附邪?'"自:自从。回:颜回,春秋鲁国人,孔子高足弟子,好学不倦,乐道安贫,"不迁怒、不贰过",以德行著称。 ③门人:指弟子。加亲:更

加亲近。②③两句指刘惔以孔子自居,以颜回比谢尚。 ④许玄度:即许询,字玄度,高阳(治今河北蠡县)人,东晋名士。 ⑤⑥两句:《尚书大传》:"孔子曰:'自吾得由也,恶言不入于耳,是非御侮邪?'"由:仲由,字子路,春秋鲁国人,孔子弟子,性格抗直,闻过则喜。恶言:无礼、中伤的话。此处以子路比许询。 ⑦受:接受。恨:遗憾,不满。

51. 世目殷中军"思纬淹通"①,比羊叔子②。

[注释]①世:世人。目:品评,评论。殷中军:即殷浩,见本门30注④。思纬淹通:思理精深广博。 ②羊叔子:即羊祜(hù),字叔子,泰山南城(今山东平邑)人,西晋著名的战略家,德高望重,官至征南大将军。

52. 有人问谢安石、王坦之优劣于桓公①。桓公停欲言②,中悔③,曰:"卿喜传人语④,不能复语卿⑤。"

[注释]①谢安石:即谢安,见本门45注②。王坦之:见本门10注②。优劣:才能高低。桓公:即桓温,见本门13注②。 ②停欲言:正要说。停:正。③中悔:中途后悔,指突然改变了想法。 ④卿:你。喜:喜欢。传人语:传播别人的话语。 ⑤复:无实义。语:告诉。

53. 王中郎尝问刘长沙曰①:"我何如荀子②?"刘答曰:"卿才乃当不胜荀子③,然会名处多④。"王笑曰:"痴⑤。"

[注释]①王中郎:即王坦之,见本门10注②。尝:曾经。刘长沙:即刘奭,字文时,晋彭城(今江苏徐州)人,历任车骑咨议、长沙相、散骑常侍。②何如:与……相比怎么样。荀子:即王修,见本门48注②。 ③卿:你。乃当:自然是。胜:超过。 ④然:但是。会名处:领悟、领会名理的地方。⑤痴:傻。

54.支道林问孙兴公①:"君何如许掾②?"孙曰:"高情远致③,弟子蚤已服膺④;一吟一咏⑤,许将北面⑥。"

[注释]①支道林:即支遁,字道林,东晋僧人,人称支公或林公。孙兴公:即孙绰,见本门36注①。 ②君:尊称,你。何如:与……相比怎么样。许掾:即许询,字玄度,东晋名士,曾被征为司徒掾,不就,一生隐居不仕。 ③高情远致:高尚的情操、深远的情趣,此指隐居山林的高雅志趣。 ④弟子:俗中人对佛教徒的自称。蚤:通"早"。服膺:佩服。 ⑤一吟一咏:吟诗作对,写作诗文。 ⑥北面:旧时君见臣、尊长见卑幼,南面而坐,所以用"北面"表示向人称臣或居于人下,此处是说"许询不如我孙绰"。

55.王右军问许玄度①:"卿自言何如安石②?"许未答。王因曰③:"安石故相为雄④,阿万当裂眼争邪⑤!"

[注释]①王右军:即王羲之,见本门28注①。许玄度:即许询,见本门54注②。 ②卿:你。何如:与……相比怎么样。安石:即谢安,见本门45注②。 ③因:于是。 ④故:当然。相为:相比。雄:居人之上。 ⑤阿万:指谢万,谢安的弟弟,见本门49注①。当:将。裂眼:瞪大眼,表示着急或发怒。邪:语气助词,表感叹。

56.刘尹云①:"人言江彪田舍②,江乃自田宅屯③。"

[注释]①刘尹:即刘惔,见本门29注④。云:说。 ②江彪(bīn):字思玄,陈留圉(今河南开封杞县)人,东晋中兴大臣,曾任尚书左仆射、护军将军。田舍:乡下人,比喻土气。 ③乃自:确实是。田宅:偏指田地。屯:满,指很多。此句比喻江彪博学多才。

57.谢公云①:"金谷中②,苏绍最胜③。"绍是石崇姊夫④,苏则孙⑤,愉子也⑥。

[注释]①谢公:即谢安,见本门45注②。云:说。 ②金谷:地名,在今河南洛阳西北有金石涧,晋代石崇在此筑园,世称金谷园。石崇经常邀集当时名流在此园中游宴赋诗。 ③苏绍:字子嗣,晋始平(今陕西兴平)人,官至晋武帝子吴王宴师、议郎,封关中侯。 ④石崇:字季伦,小字齐奴,曾任荆州刺史,劫夺杀人以至巨富,生活奢华。 ⑤苏则:字文师,三国魏扶风武功(今属陕西)人,苏绍祖父,刚直疾恶,官至侍中、河东相。 ⑥愉:苏愉,字休豫,苏则的儿子,苏绍的父亲,忠义有智慧,官至光禄大夫。

58. 刘尹目庾中郎①:"虽言不憎憎似道②,突兀差可以拟道③。"

[注释]①刘尹:刘惔,见本门29注④。目:品评,评论。庾中郎:庾敳,见本门11注①。 ②憎憎:幽远深微。道:此指深谙道家学说的道士。 ③突兀:突出,孤傲不群。差:大致,大略。拟:比拟,类似。

59. 孙承公云①:"谢公清于无奕②,润于林道③。"

[注释]①孙承公:孙统,字承公,晋太原中都(今山西平遥)人,善于作文,官至余姚令。 ②谢公:即谢安,见本门45注②。清:高洁。于:比。无奕:即谢奕,字无奕,谢安之兄,曾任晋陵太守、安西将军、豫州刺史等官。 ③润:温和。林道:即陈逵,字林道,封广陵公,曾任黄门郎、西中郎将、淮南太守等。

60. 或问林公①:"司州何如二谢②?"林公曰:"故当攀安提万③。"

[注释]①或:有人。林公:即支遁,见本门54注①。 ②司州:王胡之,见本门47注①。何如:与……相比怎么样。二谢:指谢安、谢万,分别见本门45注②和49注①。 ③故当:自然是。攀安提万:指王胡之的才能处于二谢中间,不及谢安,但是高于谢万。攀:追攀。提:提携。

61. 孙兴公、许玄度皆一时名流①。或重许高情②,则鄙孙秽行③;或爱孙才藻④,而无取于许⑤。

[注释]①孙兴公:即孙绰,见本门36注①。许玄度:即许询,见本门54注②。一时:当时。名流:知名人士。 ②或:有人。重:推重。高情:高远的情趣。 ③鄙:鄙视。秽行:卑劣的行径。 ④才藻:才思,文采。 ⑤无取于许:不认可、不欣赏许询的才思。取:认可。

62. 郗嘉宾道谢公①:"造膝虽不深彻②,而缠绵纶至③。"又曰④:"右军诣嘉宾⑤。"嘉宾闻之云⑥:"不得称诣⑦,政得谓之朋耳⑧。"谢公以嘉宾言为得⑨。

[注释]①郗嘉宾:郗超,见本门49注②。道:评论。谢公:指谢安,见本门45注②。 ②造膝:即"造膝而谈",引申为谈论、议论,此指谈玄。深彻:深刻透彻。 ③缠绵:错综连绵,滔滔不绝的样子。纶至:缜密周详。 ④又曰:又有人说。 ⑤右军:指王羲之,见本门28注①。诣:造诣深,此指造诣超过郗超。一说此处"嘉宾"二字是衍文。 ⑥闻:听说。 ⑦不得:不能。 ⑧政得:只能。政:通"正",只。朋:相类,同等。耳:罢了。 ⑨以:认为。得:得当,恰当。

63. 庾道季云①:"思理伦和②,吾愧康伯③;志力强正④,吾愧文度⑤。自此以还⑥,吾皆百之⑦。"

[注释]①庾道季:即庾龢,字道季,晋太尉庾亮的儿子,善清谈,官至丹阳尹、中领军。云:说。 ②思理:思辨能力。伦和:顺畅有条理。 ③吾:我。愧:惭愧,此指不如。康伯:即韩伯,字康伯,晋颍川长社(今河南长葛东)人,曾任豫章太守、领军将军等官。 ④志力:意志。强正:刚正不阿。 ⑤文度:即王坦之,见本门10注②。 ⑥自此以还:除此之外,指在其他方面。

⑦皆:都。百:超过百倍。之:指康伯、文度。

64.王僧恩轻林公①。蓝田曰②:"勿学汝兄③,汝兄自不如伊④。"

[注释]①王僧恩:王祎之,字文劭,王述的儿子,娶寻阳公主。年少知名,官至中书郎。轻:轻视。林公:即支遁,见本门54注①。 ②蓝田:即王述,字怀祖,王坦之、王祎之的父亲,袭爵蓝田侯。 ③汝兄:你哥哥,指的是王坦之。 ④自:本来。不如:比不上。伊:他,指林公。

65.简文问孙兴公①:"袁羊何似②?"答曰:"不知者不负其才③,知之者无取其体④。"

[注释]①简文:晋简文帝司马昱。孙兴公:即孙绰,见本门36注①。 ②袁羊:袁乔,见本门36注⑫。何似:怎么样。 ③知:了解。不负:不舍弃。此指欣赏、看重他的才华。 ④无取:不接受,不认可。体:品质,人品。指袁羊有才而无德。

66.蔡叔子云①:"韩康伯虽无骨干②,然亦肤立③。"

[注释]①蔡叔子:疑为"蔡子叔",即蔡系,字子叔,晋司徒蔡谟的儿子,有文理,官至抚军长史。云:说。 ②韩康伯:即韩伯,体形肥胖,参见本门63注③。骨干:骨架,骨骼。 ③然:但是。亦:也。肤立:指外形仪表尚可。

67.郗嘉宾问谢太傅曰①:"林公谈何如嵇公②?"谢云:"嵇公勤著脚③,裁可得去耳④。"又问:"殷何如支⑤?"谢曰:"正尔有超拔⑥,支乃过殷⑦;然亹亹论辩⑧,恐殷欲制支⑨。"

[注释]①郗嘉宾:即郗超,见本门49注②。谢太傅:即谢安,见本门45注②。 ②林公:即支遁,见本门54注①。谈:清谈,谈玄。何如:与……相比怎么样。嵇公:即嵇康,见本门31注③。 ③勤著脚:不停地跑,指努力奋进。著脚:落脚。 ④裁:通"才"。得:能。去:离开,此指不被林公的言语困住。 ⑤殷:指殷浩,见本门30注④。 ⑥正尔:恰好。超拔:超脱世俗,此代指关于佛学的言谈。 ⑦乃:才。过:胜过。 ⑧亹亹:通"娓娓",谈论滔滔不绝的样子。论辩:辩论。 ⑨恐:恐怕,或许。欲:会。制:制胜,胜过。

68. 庾道季云①:"廉颇、蔺相如虽千载上死人②,懔懔恒如有生气③;曹蜍、李志虽见在④,厌厌如九泉下人⑤。人皆如此⑥,便可结绳而治⑦,但恐狐狸獑狢啖尽⑧。"

[注释]①庾道季:庾龢,见本门63注①。云:说。 ②廉颇:战国时期赵国名将,屡立战功,闻名诸侯。蔺相如:战国时赵国上卿,与廉颇为刎颈之交,两人共同辅佐赵国,成为赵国名臣。千载上:千年前。 ③懔懔(lǐn lǐn):严正、令人敬畏的样子。恒:常常。 ④曹蜍(chú):曹茂之,字永世,小字蜍,晋彭城(今江苏徐州)人,官至尚书郎。李志:字温祖,晋散骑常侍李重的孙子,官至员外常侍、南康相。见在:现在活着。 ⑤厌厌:委靡不振的样子。九泉:犹"黄泉",指人死后埋葬的地方。 ⑥皆:都。如此:像曹蜍、李志一样。 ⑦结绳而治:上古的一种记事方法,用绳子打结来标记不同的事件。比喻最原始最简单的治理方法。 ⑧但恐:只怕。獑(tuān):猪獾。狢(hé):貉子,一种野兽,像狐狸。啖(dàn):吃。

69. 卫君长是萧祖周妇兄①。谢公问孙僧奴②:"君家道卫君长云何③?"孙曰"云是世业人④。"谢曰:"殊不尔⑤,卫自是理义人⑥。"于时以比殷洪远⑦。

[注释]①卫君长:卫永,字君长,晋成阳(今山东濮县东南)人,官至左军长史。萧祖周:萧伦,字祖周,晋乐安(今山东博兴西南)人,孙统的岳父,有才

学。妇兄:妻子的哥哥。 ②谢公:谢安,见本门45注②。孙僧奴:即孙腾,字伯海,小字僧奴,孙统的儿子,博学,官至中庶子、廷尉。 ③君家:敬称对方,相当于"您"。道:评价。云何:怎么样。 ④云:说。世业人:立功名、办事业的人。 ⑤殊不尔:绝不是这样。殊:甚,极。尔:这样。 ⑥自:本,本来。理义人:清谈名士,指擅长玄学义理的人。 ⑦于时:当时。殷洪远:即殷融,见本门36注⑭。

70. 王子敬问谢公①:"林公何如庾公②?"谢殊不受③,答曰:"先辈初无论④,庾公自足没林公⑤。"

[注释]①王子敬:即王献之,字子敬,王羲之的儿子,善书法,官至中书令。谢公:即谢安,见本门45注②。 ②林公:即支遁,见本门54注①。庾公:指庾亮,见本门15注②。 ③殊不受:很不接受,此指极不情愿回答。 ④先辈:前人。初无:完全没有。论:议论。 ⑤自:本来。没:淹没,此指胜过。

71. 谢遏诸人共道"竹林"优劣①,谢公云②:"先辈初不臧贬'七贤'③。"

[注释]①谢遏:即谢玄,小字遏,谢安的侄子。共:一起。道:评论。竹林:竹林七贤,魏晋之间阮籍、嵇康、山涛、向秀、阮咸、王戎、刘伶相与友善,常宴集于竹林之下,时人号称"竹林七贤"。 ②谢公:即谢安,见本门45注②。云:说。 ③先辈:前人。初不:完全不,从来不。臧贬:褒贬,品评高下。

72. 有人以王中郎比车骑①,车骑闻之曰②:"伊窟窟成就③。"

[注释]①王中郎:指王坦之,见本门10注②。车骑:指谢玄,字幼度,小字遏,死后赠车骑将军。 ②闻:听说。 ③伊:他。窟窟:通"矻矻(kū kū)",勤奋不懈的样子。

73. 谢太傅谓王孝伯①："刘尹亦奇自知②,然不言胜长史③。"

[注释]①谢太傅:即谢安,见本门45注②。王孝伯:即王恭,字孝伯,晋长史王濛的孙子,曾任丹阳尹、中书令,青、兖二州刺史等官。 ②刘尹:即刘惔,见本门29注④。奇:很,非常。自知:了解自己的才情。 ③然:但是。胜:胜过,超过。长史:指王濛,与刘惔齐名,参见本门30注③。

74. 王黄门兄弟三人俱诣谢公①,子猷、子重多说俗事②,子敬寒温而已③。既出④,坐客问谢公："向三贤孰愈⑤?"谢公曰："小者最胜⑥。"客曰："何以知之⑦?"谢公曰："吉人之辞寡⑧,躁人之辞多⑨。推此知之⑩。"

[注释]①王黄门:即王徽之,字子猷,王羲之第五子,东晋名士,放任不羁,官至黄门侍郎。俱:一起。诣:拜访。谢公:即谢安,见本门45注②。 ②子重:王操之,字子重,王羲之第六子,曾任侍中、尚书、豫章太守等官。俗事:寻常事。 ③子敬:即王献之,王羲之第七子,参见本门70注①。寒温:寒暄,说客套话。 ④既出:(王氏兄弟)出去以后。 ⑤向:刚才。三贤:指王徽之兄弟三人。孰:谁。愈:胜出,更突出。 ⑥小者:指王献之。 ⑦何以:根据什么,怎样。 ⑧⑨两句:语出《周易·系辞》。吉人:贤人。辞:言辞。寡:少。躁人:浮躁的人。 ⑩推:推想。

75. 谢公问王子敬①："君书何如君家尊②?"答曰："固当不同③。"公曰："外人论殊不尔④。"王曰："外人那得知⑤!"

[注释]①谢公:指谢安,见本门45注②。王子敬:即王献之,见本门70注①。 ②君:尊称,你。书:书法。何如:与……相比怎么样。君家尊:你父

亲。　③固当:本来。　④论:议论。殊不尔:绝不是这样。殊:甚,极。
⑤那得:哪能,怎么能够。

76. 王孝伯问谢太傅①:"林公何如长史②?"太傅曰:"长史韶兴③。"问:"何如刘尹④?"谢曰:"噫⑤,刘尹秀⑥。"王曰:"若如公言⑦,并不如此二人邪⑧?"谢云:"身意正尔也⑨。"

[注释]①王孝伯:即王恭,见本门 73 注①。谢太傅:指谢安,见本门 45 注②。　②林公:即支遁,见本门 54 注①。何如:与……相比怎么样。长史:即王濛,王恭的祖父,参见本门 30 注③。　③韶兴:美好的情趣。　④刘尹:即刘惔,与王濛齐名,参见本门 29 注④。　⑤噫:感叹词。　⑥秀:俊美,杰出。　⑦若:如果。如:像。公:尊称,您。　⑧并:都。邪:疑问语气词。　⑨身意正尔:我的意思正是这样。身:我。

77. 人有问太傅①:"子敬可是先辈谁比②?"谢曰:"阿敬近撮王、刘之标③。"

[注释]①太傅:谢安,见本门 45 注②。　②子敬:王献之,见本门 70 注①。可:能够。　③近:大致。撮:汇聚,此指兼有。王、刘:指王濛、刘惔。标:风度,风范。

78. 谢公语孝伯①:"君祖比刘尹②,故为得逮③。"孝伯云:"刘尹非不能逮,直不逮④。"

[注释]①谢公:即谢安,见本门 45 注②。语:告诉。孝伯:即王恭,见本门 73 注①。　②君祖:你祖父,指王濛,见本门 30 注③。刘尹:指刘惔,见本门 29 注④。　③故:本来。得:能够。逮:赶上,比得上。　④直:只,只不过。

79. 袁彦伯为吏部郎①,子敬与郗嘉宾书曰②:"彦伯已入③,殊足顿兴往之气④。故知捶挞自难为人⑤,冀小却当复差耳⑥。"

[注释]①袁彦伯:即袁宏,字彦伯,小字虎,晋陈郡(今河南淮阳)人,文章绝美,官至东阳太守。吏部郎:官名,主管官吏选拔。 ②子敬:即王献之,见本门70注①。与:给。郗嘉宾:即郗超,见本门49注②。书:信。 ③已入:指已经入朝任吏部郎。 ④殊:很,非常。顿:挫伤。兴往:迈往,勇往直前。气:锐气,气势。 ⑤故:本来。捶挞:杖击,鞭打。自:自然,确实。难为人:难以做人。按:东汉以来,郎官有过失则受杖刑,晋时仍承袭了这个旧例。 ⑥冀:希望。小却:稍后,以后。当复:将。差:减少,此指减免对郎官的杖刑。耳:语气词,无实义。

80. 王子猷、子敬兄弟共赏《高士传》人及赞①。子敬赏井丹高洁②。子猷云:"未若长卿慢世③。"

[注释]①王子猷:即王徽之,见本门74注①。子敬:即王献之,见本门70注①。共:一起。赏:欣赏。《高士传》:三国魏嵇康撰,已经散佚,清朝严可均辑一卷。赞:文体名,用于赞颂人物等,多为韵语。 ②井丹:字大春,东汉扶风郿地(今陕西眉县)人,博学多才,通五经,不慕荣贵,后隐居。 ③未若:不如,比不上。长卿:司马相如,字长卿,西汉蜀郡成都(今属四川)人,善辞赋。慢世:玩世不恭,轻蔑世事。

81. 有人问袁侍中曰①:"殷仲堪何如韩康伯②?"答曰:"理义所得③,优劣乃复未辨④;然门庭萧寂⑤,居然有名士风流⑥,殷不及韩⑦。"故殷作诔云⑧:"荆门昼掩⑨,闲庭晏然⑩。"

[注释]①袁侍中:即袁恪之,字元祖,晋陈郡阳夏(今河南太康)人,曾任侍中,官至黄门侍郎。 ②殷仲堪:晋陈郡(今河南淮阳)人,曾任荆州刺史。何如:与……相比怎么样。韩康伯:即韩伯,见本门63注③。 ③理义:指玄学义理。 ④优劣:水平高低。乃复:竟然。未辨:没有区别。 ⑤然:但是。萧寂:冷清。 ⑥居然:显然,确实。名士:此指恃才放达、好谈玄理、鄙弃礼法、不拘小节的人士。风流:风度,气质。 ⑦不及:比不上。 ⑧故:所以。诔:悼念死者的文章。云:说。 ⑨荆门:柴门。昼:白天。掩:关闭。 ⑩闲庭晏然:在闲静的庭院里悠然自得。喻指安于寂寞,不慕权贵,不为世俗所烦扰。

82. 王子敬问谢公①:"嘉宾何如道季②?"答曰:"道季诚复钞撮清悟③,嘉宾故自上④。"

[注释]①王子敬:王献之,见本门70注①。谢公:谢安,见本门45注②。②嘉宾:即郗超,见本门49注②。何如:与……相比怎么样。道季:庾龢,见本门63注①。 ③诚复:确实。钞撮:汇聚,此指集取众人之说。清悟:聪明,有悟性。 ④故自:本来。上:自然超群,此处指与生俱有的脱俗气质高于后天刻苦形成的修养。

83. 王珣疾①,临困②,问王武冈曰③:"世论以我家领军比谁④?"武冈曰:"世以比王北中郎⑤。"东亭转卧向壁,叹曰:"人固不可以无年⑥。"

[注释]①王珣:字元琳,晋丞相王导之孙,王洽的儿子,以文学知名,初为晋大司马桓温主簿,后官至尚书令,封东亭侯。 ②临:将。困:病情危重。③王武冈:王谧,字雅远,晋丞相王导之孙,有才干,袭爵武冈侯,官至司徒。④世论:社会评论。我家领军:我家父亲中领军,即王洽,字敬和,王导的儿子,曾任吴郡内史、中领军。 ⑤王北中郎:即王坦之,曾任北中郎将。⑥固:的确,确实。无年:寿命不长。此处暗含之意:王珣认为父亲王洽的德

望本应该超过王坦之,可惜父亲短寿。

84. 王孝伯道谢公浓至①。又曰:"长史虚②,刘尹秀③,谢公融④。"

[注释]①王孝伯:即王恭,见本门73注①。道:评论。谢公:即谢安,见本门45注②。浓:深沉。至:极,非常。 ②长史:即王濛,王恭的祖父,参见本门30注③。虚:清心含蓄。 ③刘尹:即刘惔,见本门29注④。秀:俊美,杰出。 ④融:温和通达。

85. 王孝伯问谢公①:"林公何如右军②?"谢曰:"右军胜林公③,林公在司州前亦贵彻④。"

[注释]①王孝伯:即王恭,见本门73注①。谢公:即谢安,见本门45注②。 ②林公:即支遁,见本门54注①。右军:指王羲之,见本门28注①。 ③胜:胜过,超过。 ④司州:即王胡之,见本门47注①。亦:也。贵彻:高雅通达。

86. 桓玄为太傅①,大会②,朝臣毕集③,坐裁竟④,问王桢之曰⑤:"我何如卿第七叔⑥?"于时宾客为之咽气⑦。王徐徐答曰⑧:"亡叔是一时之标⑨,公是千载之英⑩。"一坐欢然⑪。

[注释]①桓玄:字敬道,晋大司马桓温之子,袭封南郡公。太傅:疑为"太尉",三公之一。 ②会:聚会。 ③毕:全。集:聚集。 ④裁:通"才",刚刚。竟:结束,此指坐定。 ⑤王桢之:字公干,晋黄门侍郎王徽之的儿子,曾任侍中、大司马长史。 ⑥何如:与……相比怎么样。卿:你。第七叔:指王献之,王献之是王羲之的第七子,王徽之的弟弟,王桢之的叔叔。 ⑦于时:当时。咽气:屏气,不敢喘息,形容气氛紧张。 ⑧徐徐:从容不迫的样

子。 ⑨亡叔:死去的叔叔,指王献之。一时:当世。标:楷模。 ⑩公:尊称,您。千载:千年。英:精英,英才。 ⑪一坐:满座。欢然:喜悦的样子。

87. 桓玄问刘太常曰①:"我何如谢太傅②?"刘答曰:"公高③,太傅深④。"又曰:"何如贤舅子敬⑤?"答曰:"樝梨橘柚⑥,各有其美⑦。"

[注释]①桓玄:见本门86注①。刘太常:即刘瑾,字仲璋,晋南阳(今属河南)人,有才力,历任尚书、太常卿。 ②谢太傅:即谢安,见本门45注②。 ③公:尊称,您。高:豪迈。 ④深:深沉。 ⑤贤舅:尊称,你的舅舅。刘瑾的母亲是王羲之的女儿,所以王献之(子敬)是刘瑾的舅舅。 ⑥⑦两句:语出《庄子·天运》:"故譬三皇五帝之礼义法度,其犹樝梨橘柚邪?其味相反而皆可于口。"樝(zhā):同"楂",与"梨"、"橘"、"柚"一样,都是水果名。

88. 旧以桓谦比殷仲文①。桓玄时②,仲文入,桓于庭中望见之③,谓同坐曰④:"我家中军那得及此也⑤!"

[注释]①旧:以前。桓谦:字敬祖,桓冲的儿子,桓玄的堂兄,官至尚书仆射、中军将军。殷仲文:晋陈郡(今河南淮阳)人,曾官侍中、尚书。 ②桓玄时:指桓玄废帝篡位的时候。 ③于:在。庭:厅堂。 ④坐:同"座"。 ⑤我家中军:指桓谦。那得:怎能。及:比得上。此:这人,指殷仲文。

规箴第十

1.汉武帝乳母尝于外犯事①,帝欲申宪②,乳母求救东方朔③。朔曰:"此非唇舌所争④,尔必望济者⑤,将去时⑥,但当屡顾帝⑦,慎勿言⑧,此或可万一冀耳⑨。"乳母既至,朔亦侍侧⑩,因谓曰⑪:"汝痴耳⑫!帝岂复忆汝乳哺时恩邪⑬?"帝虽才雄心忍⑭,亦深有情恋⑮,乃凄然愍之⑯,即敕免罪⑰。

[注释]①汉武帝:刘彻,汉景帝之子,汉朝第五代皇帝。在位的54年是西汉的鼎盛时期。乳母:奶妈。尝:曾经。犯事:做违法的事。 ②申宪:依法惩办。申:施行。宪:法律。 ③东方朔:字曼倩,汉平原厌次(今山东惠民)人,汉武帝时官至太中大夫,为人滑稽多智,善文辞。 ④唇舌:指言语。 ⑤尔:你。望:希望。济:成功,此指脱难。 ⑥去:离开。 ⑦但当:只要。屡:频频,多次。顾:回头看。 ⑧慎:千万,表警戒。 ⑨或可:也许,可能。万一:万分之一,形容侥幸。冀:希望。耳:语气词。 ⑩侍侧:在旁边陪侍。 ⑪因:乘机。谓:说。 ⑫汝:你。痴:傻。 ⑬岂:难道。复:还。忆:记得。乳哺:哺乳。邪:疑问语气词。 ⑭心忍:狠心,心地残忍。 ⑮情恋:情谊。 ⑯凄然:悲伤的样子。愍:怜悯,哀怜。 ⑰即:立即。敕:下命令。

2.京房与汉元帝共论①,因问帝②:"幽、厉之君何以亡③？所任何人④？"答曰："其任人不忠。"房曰："知不忠而任之，何邪⑤？"曰："亡国之君各贤其臣⑥，岂知不忠而任之⑦？"房稽首曰⑧："将恐今之视古⑨，亦犹后之视今也⑩。"

[注释]①京房：字君明，西汉东郡顿丘（今河南清丰西南）人，汉元帝时官至魏郡太守，是西汉今文《易》学京氏学的创始人。汉元帝：刘奭，西汉第八代皇帝，公元前48年至公元前33年在位。共：一起。论：谈论。　②因：趁机。　③幽：指周幽王，荒淫无能，被犬戎所杀。厉：指周厉王，暴虐无道，被国人放逐。君：国君。何以：为什么。　④任：任用。　⑤何：为什么。邪：疑问语气词。　⑥各贤其臣：都认为他们的臣子很贤能。贤：认为……贤明。　⑦岂：难道。　⑧稽首：古时一种跪拜礼，叩头至地。　⑨将恐：恐怕，或许。将：表猜度、委婉语气。视：看待。　⑩亦：也。犹：如同。

3. 陈元方遭父丧①，哭泣哀恸②，躯体骨立③，其母愍之④，窃以锦被蒙上⑤。郭林宗吊而见之⑥，谓曰："卿海内之俊才⑦，四方是则⑧，如何当丧⑨，锦被蒙上？孔子曰：'衣夫锦也⑩，食夫稻也⑪，于汝安乎⑫？'吾不取也⑬。"奋衣而去⑭。自后宾客绝百所日⑮。

[注释]①陈元方：即陈纪，字元方，东汉太丘长陈寔的长子，有德行，官至大鸿胪。遭：遭遇。父丧：指其父亲陈寔去世。　②哀恸：极度悲伤。　③骨立：形容极其消瘦，仅剩骨架支撑。　④愍：怜爱，哀怜。　⑤窃：悄悄地。以：用。锦被：锦缎做的被子。蒙：盖。　⑥郭林宗：郭泰，字林宗，东汉名士，博通经典，善处世事。吊：吊唁。　⑦卿：第二人称代词，相当于"你"。海内：国内。俊才：才智卓越的人。　⑧四方是则：各地的人都以你为准则。是：代词，指陈纪。则：效法，以……为准则。　⑨如何：为什么。当丧：居丧的时候。　⑩⑪⑫三句：《论语·阳货》有："食夫稻，衣夫锦，于汝安乎？"　衣(yì)：穿。夫：指示代词，相当于"那个"。锦：锦衣，华丽的衣服。于汝：对于你来说。安：安心。　⑬吾：我。取：接受，认可。　⑭奋衣：甩动衣袖，表示

愤怒。 ⑮自后:从此以后。绝:断绝,指不来往。百所日:一百多天。所:通"许",表约数。

4.孙休好射雉①,至其时②,则晨去夕反③,群臣莫不止谏④:"此为小物,何足甚躭⑤?"休曰:"虽为小物,耿介过人⑥,朕所以好之⑦。"

[注释]①孙休:三国吴景帝,字子烈,吴大帝孙权第六子,在位七年。好:喜欢。雉:野鸡。 ②至其时:到了可以射猎野鸡的时节。 ③夕:晚上。反:同"返",回。 ④莫:没有谁。止谏:劝阻。 ⑤何:怎么,哪里。足:值得。耽:沉迷。 ⑥耿介:正直,有节操。过:超过。 ⑦朕:我,帝王自称。

5.孙皓问丞相陆凯曰①:"卿一宗在朝有几人②?"陆曰:"二相、五侯、将军十余人③。"皓曰:"盛哉④!"陆曰:"君贤臣忠,国之盛也;父慈子孝,家之盛也。今政荒民弊⑤,覆亡是惧⑥,臣何敢言盛!"

[注释]①孙皓:三国吴末代君主,孙权之孙,公元280年晋军攻至建业,东吴灭亡,孙皓降晋,封归命侯。陆凯:字敬风,三国吴人,耿直正义,官至左丞相。 ②卿:你。一宗:一族。宗:宗族,同族。在朝:指在朝廷做官。 ③相:丞相。侯:仅次于王的封爵。 ④盛:兴盛。哉:语气词,表感叹。 ⑤政荒民弊:政事废弛,百姓困穷。 ⑥覆亡是惧:即"惧覆亡",害怕国家覆灭。是:指示代词,复指前置宾语,表强调。

6.何晏、邓飏令管辂作卦①,云②:"不知位至三公不③?"卦成,辂称引古义④,深以戒之⑤。飏曰:"此老生之常谈⑥。"晏曰:"知几其神乎⑦,古人以为难;交疏吐诚⑧,今人以为难。今君一面⑨,尽二难之道⑩,可谓'明德惟馨'⑪,《诗》不云乎,'中心藏之⑫,何日忘之⑬!'"

[注释]①何晏:字平叔,三国魏人,好老庄之学,著有《道德论》等,官至尚书。邓飏:字玄茂,三国魏南阳新野(今属河南)人,为人浮华贪贿,因依附曹爽被杀。管辂:字公明,三国魏平原(今山东平原西南)人,通《周易》,善卜筮,官至少府丞。作卦:算卦。 ②云:说。 ③位:官位。三公:古代中央三种最高官衔的合称,魏晋以太尉、司徒、司空为三公。不:同"否"。 ④称引:援引,引用。古义:古来的解释。 ⑤戒:告诫。 ⑥老生之常谈:老书生常说的话,指人的言论没有新意。 ⑦几:事物细微的迹象、先兆。神:神妙。 ⑧交疏吐诚:交情不深而言语真诚。 ⑨君:你,对人的尊称。一面:初次见面。 ⑩道:事理。 ⑪明德惟馨:语出《尚书·君陈》,大意是:完美的德性芳香清醇。 ⑫⑬两句:语出《诗经·小雅·隰桑》,大意是:心中深深记得,永不忘怀。

7. 晋武帝既不悟太子之愚①,必有传后意②,诸名臣亦多献直言③。帝尝在陵云台上坐④,卫瓘在侧⑤,欲申其怀⑥,因如醉⑦,跪帝前,以手抚床曰⑧:"此坐可惜!"帝虽悟,因笑曰:"公醉邪⑨?"

[注释]①晋武帝:司马炎,司马昭的长子,公元265年废魏称帝,建立晋朝。既:既然。悟:明白。太子:指司马衷,武帝第二子,即后来的晋惠帝。 ②传后:传皇位。意:意愿。 ③献直言:指直言进谏。 ④尝:曾经。陵云台:楼台名,三国魏文帝曹丕所建,在洛阳城内。 ⑤卫瓘:字伯玉,晋初河东安邑(今山西夏县)人,曾任尚书令等,为官清简有政绩,学问渊博,后因与贾后失和,被贾后矫诏诛杀。侧:旁边。 ⑥申:述说,表达。怀:内心的想法。 ⑦因:于是。如醉:假装醉酒。如:像。 ⑧抚:摸。床:坐榻。 ⑨公:尊称,指卫瓘。邪:疑问语气词。

8. 王夷甫妇①,郭泰宁女②,才拙而性刚③,聚敛无厌④,干豫人事⑤。夷甫患之而不能禁⑥。时其乡人幽州刺史李阳⑦,京都大侠⑧,犹汉之楼护⑨,郭氏惮之⑩。夷甫骤谏之⑪,乃曰⑫:"非但我言卿不可⑬,李阳亦谓卿不可。"郭氏小为之损⑭。

[注释]①王夷甫:王衍,字夷甫,琅邪临沂(今属山东)人,西晋名臣,官至尚书令、太尉。妇:妻子。 ②郭泰宁:郭豫,字泰宁,晋太原(治所在今山西太原)人,官至相国参军。 ③拙:笨。刚:强硬。 ④聚敛:贪求、聚集财物。厌:满足。 ⑤干豫:干预。 ⑥患:讨厌,憎恶。禁:阻止。 ⑦时:当时。乡人:同乡的人。幽州:州名,汉十三部刺史之一,晋时治涿(今河北涿州)。刺史:官名,魏晋时重要州郡都督兼领刺史,掌管一州军事大权。李阳:字景祖,晋高平(今山东金乡县西北)人,性游侠,晋武帝时为幽州刺史。⑧京都大侠:京城里闻名的侠客。 ⑨犹:如同。楼护:字君卿,汉朝齐(治所在今山东淄博)人,学识渊博,善辩,官至天水太守。 ⑩惮:畏惧。 ⑪骤:多次,反复。谏:劝阻。 ⑫乃:于是。 ⑬非但:不只。卿:你。不可:不对。⑭小:稍微。为之:因此。损:减少,此指收敛恶行。

9. 王夷甫雅尚玄远①,常嫉其妇贪浊②,口未尝言"钱"字③。妇欲试之,令婢以钱绕床④,不得行⑤。夷甫晨起,见钱阂行⑥,呼婢曰:"举却阿堵物⑦!"

[注释]①王夷甫:王衍,见本门8注①。雅:很,非常。尚:崇尚。玄远:玄奥高远,指超脱世俗。 ②嫉:憎恶。妇:妻子。贪浊:贪污。 ③未尝:从来没有。 ④以:用。绕:围绕。 ⑤不得行:不能行走。 ⑥阂(hé):阻碍。 ⑦举却:拿走,拿去。阿堵物:这些东西。阿堵:这个,这些。

10. 王平子年十四五①,见王夷甫妻郭氏贪欲②,令婢路上儋粪③。平子谏之④,并言不可⑤。郭大怒,谓平子曰:"昔夫人临终以小郎嘱新妇⑥,不以新妇嘱小郎。"急捉衣裾⑦,将与杖⑧。平子饶力⑨,争得脱⑩,逾窗而走⑪。

[注释]①王平子:王澄,字平子,王衍的弟弟,官至荆州刺史。 ②王夷甫:王衍,见本门8注①。贪欲:贪心,贪婪。 ③儋:同"担"。 ④谏:规劝。 ⑤不可:不应该,不对。 ⑥昔:以前。夫人:指王澄的母亲,郭氏的婆婆。小郎:称丈夫的弟弟。嘱:托付。新妇:已婚妇女自称。 ⑦捉:抓,拉。衣裾:衣襟。 ⑧与杖:用棍子打他。与:给。 ⑨饶力:力气大。饶:多。 ⑩争:挣扎。得:得以。 ⑪逾(yú):越过。走:逃跑。

11.元帝过江犹好酒①,王茂弘与帝有旧②,常流涕谏③,帝许之④,命酌酒一酣⑤,从是遂断⑥。

[注释]①元帝:东晋元帝司马睿,公元317年至公元322年在位。过江:晋王室渡过长江,建都建康,建立东晋。犹:仍然。好:喜欢。 ②王茂弘:即王导,字茂弘,琅邪临沂(今属山东)人,东晋功臣,官至丞相。旧:老交情。 ③流涕:流泪。谏:规劝。 ④许:答应。 ⑤命:命令。酌酒:斟酒,倒酒。酣:畅饮。 ⑥从是:从此。遂:就。断:戒绝。

12.谢鲲为豫章太守①,从大将军下至石头②。敦谓鲲曰:"余不得复为盛德之事矣③!"鲲曰:"何为其然④?但使自今已后⑤,日亡日去耳⑥。"敦又称疾不朝⑦,鲲谕敦曰⑧:"近者明公之举⑨,虽欲大存社稷⑩,然四海之内⑪,实怀未达⑫。若能朝天子,使群臣释然⑬,万物之心于是乃服⑭。仗民望以从众怀⑮,尽冲退以奉主上⑯,如斯则勋侔一匡⑰,名垂千载⑱。"时人以为名言⑲。

[注释]①谢鲲:字幼舆,晋陈郡(今河南淮阳)人,曾任豫章太守,死后追赠太常。豫章:郡名,治所在今江西南昌。太守:官名,一郡最高的行政长官。

②从:跟随。大将军:即王敦,字处仲,王导的堂兄,曾任青州刺史、大将军等。永昌元年(公元322年),王敦以"清君侧"为名起兵,逼谢鲲同行,攻陷石头城,杀周顗等,自立为丞相。下:王敦当时为荆州刺史,荆州在建康的上游,所以称到建康为下。石头:石头城,故址在今江苏南京清凉山,晋时为建康军事重镇。 ③余:我。不得:不能。复:再。盛德之事:指辅佐天子建立功业之事。 ④何为:为什么。然:这样。 ⑤但:只,只要。自:从。 ⑥日亡日去:随着时间消失逐渐忘记过去的事情,指忘记君臣前嫌。亡:通"忘"。耳:语气词,表肯定。 ⑦称疾:借口有病。不朝:不朝见皇帝。 ⑧谕:规劝,开导。 ⑨近者:近来,最近。明公:尊称有地位、有名望的长官。举:举动。 ⑩大存:努力保存。社稷:指国家。 ⑪四海之内:指全国。 ⑫实怀未达:内心没有理解。达:明白,通晓。 ⑬释然:疑虑消除。 ⑭万物:万众,众人。服:信服。 ⑮仗:凭借,依赖。民望:在人民中的信用和声望。从众怀:顺应民心。 ⑯冲退:谦让,谦和。奉:侍奉。主上:臣下对君主的称呼。 ⑰斯:这样。勋:功劳。侔:相当,等同。一匡:语出《论语·宪问》:"管仲相桓公,霸诸侯,一匡天下,民到于今受其赐。"后用"一匡"指辅佐王室、匡正天下、建立霸业的大功劳。 ⑱垂:流传。载:年。 ⑲时人:当时的人。

13. 元皇帝时①,廷尉张闿在小市居②,私作都门③,蚤闭晚开④,群小患之⑤,诣州府诉⑥,不得理⑦。遂至枹登闻鼓⑧,犹不被判⑨。闻贺司空出⑩,至破冈⑪,连名诣贺诉。贺曰:"身被征作礼官⑫,不关此事⑬。"群小叩头曰:"若府君复不见治⑭,便无所诉⑮。"贺未语⑯,令:"且去⑰,见张廷尉当为及之⑱。"张闻,即毁门,自至方山迎贺⑲,贺出见,辞之曰⑳:"此不必见关㉑,但与君门情㉒,相为惜之㉓。"张愧谢曰㉔:"小人有如此㉕,始不即知㉖,蚤已毁坏㉗。"

[注释]①元皇帝:晋元帝司马睿,公元317年至公元322年在位。

②廷尉:官名,掌管刑狱。张闿:字敬绪,晋丹阳(今江苏江宁县东)人,有威望,曾任侍中、晋陵内史等。居:居住。　③都门:市门。　④蚤:通"早"。　⑤群小:指百姓。患:厌恶。　⑥诣:到,往。州府:州官府,州衙门。诉:控诉,控告。　⑦不得理:得不到审理。　⑧挝(zhuā):击,敲打。登闻鼓:为了听取臣民谏议或冤情,在朝堂外悬鼓,允许击鼓从而使上官听闻。登闻鼓的名称始于魏晋。　⑨犹:仍然。判:审断。　⑩闻:听说。贺司空:贺循,字彦先,晋会稽山阴(今浙江绍兴)人,官至太常,死后追赠司空。出:到京城去。　⑪破冈:沟渠名,即破冈渎,在今江苏句容至丹阳之间。　⑫身:我。征:任用。礼官:执掌礼乐的官职,此指太常。　⑬不关:不参与,不管。　⑭若:如果。府君:汉魏时对太守或其他长官的尊称。复:还,又。见治:审理。见:用在动词前面,表示谦让、客套。　⑮无所:无处,没有地方。　⑯语:说话。　⑰且:暂且。去:离开。　⑱当:将。及:提及,谈到。　⑲自:亲自。方山:山名,在今江苏江宁县东。　⑳辞:辞谢。　㉑见关:被牵涉。　㉒君:尊称,你。门情:世代相交之情。　㉓相为惜之:为你惋惜。　㉔愧:惭愧。谢:谢罪。　㉕小人:自称的谦辞。　㉖即:立即。知:知道过错。　㉗蚤:通"早"。

14. 郗太尉晚节好谈①,既雅非所经②,而甚矜之③。后朝觐④,以王丞相末年多可恨⑤,每见必欲苦相规诫⑥。王公知其意⑦,每引作它言⑧。临还镇⑨,故命驾诣丞相⑩,丞相翘须厉色⑪,上坐便言⑫:"方当乖别⑬,必欲言其所见。"意满口重⑭,辞殊不流⑮。王公摄其次曰⑯:"后面未期⑰,亦欲尽所怀⑱,愿公勿复谈⑲!"郗遂大瞋⑳,冰衿而出㉑,不得一言㉒。

[注释]①郗太尉:郗鉴,字道徽,晋高平金乡(今属山东)人,官至司空、太尉。晚节:晚年。好谈:喜欢评论。　②既:本来。雅:平素,向来。经:擅长。　③矜:自夸,自负。　④朝觐:臣子朝见君主。　⑤以:因为。王丞相:即王导,见本门11注②。末年:晚年。可恨:使人不满,遗憾。　⑥苦:竭力。

规诫:规劝告诫。　⑦意:想法。　⑧每:常常。引作它言:将话题引到别的方面。　⑨临:将。还镇:返回镇守之地。　⑩故:特意。命驾:命令人驾车马。诣:拜访。　⑪翘须:翘起胡须。厉色:表情严厉。　⑫上坐便言:指郗鉴坐下就说。　⑬方当:将要。乖别:离别。　⑭意满口重:气势盛,语调重。⑮辞:言辞。殊:很,非常。不流:不流畅,吞吐。　⑯摄其次曰:紧接着说。摄:趁着,跟随。次:表时间,指言谈之间。　⑰面:会面。期:约定。　⑱怀:内心想法。　⑲公:尊称。复:再。　⑳瞋:瞪眼。　㉑冰矜:疑为"冰矝",形容脸色阴沉、难看。《全三国文》卷五一嵇康《家戒》:"非意所钦者而来戏调蚩笑之阙者,但莫应从,小共转至于不共,而勿大冰矜趋。以不言答之,势不得久,行自止也。"　㉒不得一言:不能再说一句话。

15.

王丞相为扬州①,遣八部从事之职②,顾和时为下传还③,同时俱见④,诸从事各奏二千石官长得失⑤,至和独无言。王问顾曰:"卿何所闻⑥?"答曰:"明公作辅⑦,宁使网漏吞舟⑧,何缘采听风闻⑨,以为察察之政⑩?"丞相咨嗟称佳⑪,诸从事自视缺然也⑫。

[注释]①王丞相:王导,见本门11注②。为扬州:任扬州刺史。扬州:州名,治所在今江苏南京。　②遣:派。八部从事:扬州当时管辖丹阳、会稽、吴、吴兴、宣城、东阳、临海、新安八郡,每郡各置部从事一人,是刺史的属官,代刺史考察地方政治。之职:履行职责。之:到。　③顾和:字君孝,顾荣族侄,仕晋,官至尚书令。时:当时。下传:巡察下属政务。传(zhuàn):驿站,此代指所管辖的郡县。还:回。　④俱:一起。见:接见,召见。　⑤二千石:汉朝制度,郡守俸禄为二千石,后世因此称郡守为"二千石",所以"二千石官长"即郡守(也称太守)。　⑥卿:第二人称代词,相当于"你"。闻:听说。⑦明公:尊称有地位、有名望的长官,此指王导。作辅:任宰相。　⑧宁:宁愿。网漏吞舟:网目太疏,能漏掉吞舟的大鱼,比喻法令宽松、刑罚不严。⑨何缘:为什么。采:收集。风闻:传闻。　⑩察察:精察明辨,多指苛察小事。按:顾和主张宽和的政策。　⑪咨嗟:赞叹。　⑫自视缺然:自认为不如

(顾和)。缺然:感到不足的样子。

16. 苏峻东征沈充①,请吏部郎陆迈与俱②,将至吴③,密敕左右④,令入阊门放火以示威⑤。陆知其意⑥,谓峻曰:"吴治平未久⑦,必将有乱;若为乱阶⑧,请从我家始⑨。"峻遂止⑩。

[注释]①苏峻:字子高,晋长广掖县(今山东莱州)人,后因造反被杀,晋明帝太宁二年(公元324年),奉明帝令征讨助王敦为逆的沈充。沈充:字士居,谄事王敦,王敦事败后,明帝使苏峻讨伐沈充,充被以前的部下诱杀。②吏部郎:官名,主管官吏选拔。陆迈:字功高,晋吴郡吴(今江苏苏州)人,为官清正,曾任振威长史、尚书吏部郎。与俱:一同前往。 ③吴:指吴郡吴县,治所在今江苏苏州。 ④密:暗地里。敕:命令。左右:身边随从的部下。 ⑤阊门:城门名,在今江苏省苏州市城西。 ⑥意:意图。 ⑦治平:太平,安定。 ⑧若:如果。乱阶:祸乱缘由,祸端。 ⑨始:开始。按:陆迈为吴郡人。 ⑩遂:于是。止:停止。

17. 陆玩拜司空①,有人诣之②,索美酒③,得,便自起泻箸梁柱间地④,祝曰⑤:"当今乏才⑥,以尔为柱石之用⑦,莫倾人栋梁⑧。"玩笑曰:"戢卿良箴⑨。"

[注释]①陆玩:字士瑶,晋吴郡吴(今江苏苏州)人,有器量,因讨伐苏峻有功,封兴平伯,后任司空,死后赠太尉。拜:授官。司空:官名,魏晋时,与司徒、太尉并称三公。 ②诣:拜访。 ③索:索要。 ④便自:就。起:起身。泻:倾倒。箸(zhuó):到,在。梁柱:支撑屋梁的柱子。 ⑤祝:祷告。 ⑥乏:缺乏,缺少。 ⑦尔:你。柱石:屋柱及其下面的基石,比喻担当国家重任的人。 ⑧莫:不要。倾:使……倒塌。栋梁:房屋的大梁。 ⑨戢(jí):怀藏,牢记。卿:你。箴:规劝,告诫。

18.小庾在荆州①,公朝大会②,问诸僚佐曰③:"我欲为汉高、魏武④,何如⑤?"一坐莫答⑥。长史江彪曰⑦:"愿明公为桓、文之事⑧,不愿作汉高、魏武也。"

[注释]①小庾:庾翼,字稚恭,晋颍川鄢陵(今属河南)人,庾亮的弟弟,人称"小庾",曾任征西将军、荆州刺史。在荆州:任荆州刺史。荆州:州名,治所在今湖北江陵。 ②公朝:朝廷。会:集会。 ③僚佐:属官,属吏。 ④汉高:即汉高祖刘邦,灭秦,建立汉朝。魏武:即曹操,汉末先后统一北方,其子曹丕建魏称帝,追封曹操为武帝。 ⑤何如:怎么样。 ⑥一坐:满座。莫:没有谁。 ⑦长史:官名,魏晋时,丞相、三公、都督府、将军府都设有长史,为辅助官吏。江彪(bīn):字思玄,陈留圉(在今河南开封杞县)人,东晋中兴大臣,曾任尚书左仆射、护军将军。 ⑧明公:尊称有地位、有名望的长官。桓:指齐桓公,春秋时齐侯,五霸之一,九合诸侯,一匡天下,为诸侯国盟主。文:晋文公,春秋时晋国国君,五霸之一,曾流亡国外十九年,在秦援助下回国继位。

19.罗君章为桓宣武从事①,谢镇西作江夏②,往检校之③。罗既至,初不问郡事④,径就谢数日饮酒而还⑤。桓公问:"有何事?"君章云⑥:"不审公谓谢尚何似人⑦?"桓公曰:"仁祖是胜我许人⑧。"君章云:"岂有胜公人而行非者⑨?故一无所问⑩。"桓公奇其意而不责也⑪。

[注释]①罗君章:罗含,字君章,晋桂阳耒阳(今属湖南)人,曾任桓温征西参军,官至长沙相。桓宣武:即桓温,字元子,谯国龙亢(今安徽怀远)人,东晋大将,死后谥宣武。从事:官名,三公或州郡长官的僚属。 ②谢镇西:谢尚,字仁祖,晋陈郡(今河南淮阳)人,谢安的堂兄,官至镇西将军、豫州刺史。作江夏:任江夏相。江夏:郡名,治所在安陆(今湖北云梦)。 ③检校:考察,检察。之:代指谢尚。 ④初不:完全不,一点也不。郡事:江夏郡的政事。 ⑤径:直接。就:到,往。还:回。 ⑥云:说。 ⑦不审:不知。公:尊称。

谓:认为。何似人:什么样的人。　⑧胜:超过。我许:我辈,我们这些人。⑨岂:哪里,表反问。行非:做坏事。　⑩故:所以。一无所问:什么都没有问。　⑪奇:认为……新奇。意:想法。责:责备。

20. 王右军与王敬仁、许玄度并善①,二人亡后②,右军为论议更克③。孔岩诫之曰④:"明府昔与王、许周旋有情⑤,及逝没之后⑥,无慎终之好⑦,民所不取⑧。"右军甚愧⑨。

[注释]①王右军:即王羲之,字逸少,王导的侄子,仕晋,曾任右军将军。王敬仁:即王修,字敬仁,小字苟子,王濛之子,曾任著作佐郎、琅邪王文学。许玄度:即许询,字玄度,东晋名士。并:都。善:交好,友好。　②亡:死。③论议:议论,评论。更:却,反而。克:苛刻。　④孔岩:字彭祖,晋会稽山阴(今浙江绍兴)人,为官清正,官至吴兴太守。诫:劝诫。　⑤明府:汉魏以来对太守等的尊称,又称明府君。昔:过去。周旋:交往,来往。　⑥及:到,等到。逝没:去世。　⑦慎终:旧时指对丧事能尽礼节,此指始终尊重过去的朋友。　⑧民:孔岩自称。取:接受,认可。　⑨甚:很。愧:惭愧。

21. 谢中郎在寿春败①,临奔走②,犹求玉帖镫③。太傅在军前后初无损益之言④。尔日犹云⑤:"当今岂须烦此⑥!"

[注释]①谢中郎:谢万,字万石,太傅谢安的弟弟,历任吏部、西中郎将、豫州刺史。在寿春败:晋穆帝升平二年(公元358年),谢万受命北征,次年与鲜卑战,在寿春大败而回,被贬为庶人。寿春:县名,今安徽寿县。　②临:将。奔走:奔逃,逃跑。　③犹:还。求:索要。玉帖镫:供骑马时踏脚用的器具,以玉为装饰。　④太傅:即谢安,字安石,陈郡阳夏(今河南太康)人,东晋名臣,死后追赠太傅。初无:完全没有,一点也没有。损益之言:兴除利弊、进善抑恶的话语,指批评或规劝之言。　⑤尔日:那天。犹:却。云:说。

⑥当今:现在。岂:难道。须:需要。烦:劳烦,操心。

22. 王大语东亭①:"卿乃复论成不恶②,那得与僧弥戏③?"

[注释]①王大:即王忱,字元达,小字佛大,晋平北将军王坦之的儿子,官至荆州刺史。语:说,告诉。东亭:王珣,字元琳,小字法护,丞相王导之孙,以文学知名,曾封东亭侯,官至尚书令。 ②卿:你。乃复:原本,本来。论成:成论、定论,指社会形成的评论。一说,"论成"应作"伦伍",同辈之意。"伦伍不恶"意思是伙伴不错。 ③那得:怎能,表反问。僧弥:王珉,字季琰,小字僧弥,王珣的弟弟,官至侍中、尚书令。戏:嬉戏,玩乐。

23. 殷觊病困①,看人政见半面②。殷荆州兴晋阳之甲③,往与觊别,涕零④,属以消息所患⑤。觊答曰:"我病自当差⑥,正忧汝患耳⑦。"

[注释]①殷觊(jì):又作殷顗(yǐ),字伯通,小字巢,晋陈郡(今河南淮阳)人,与堂弟殷仲堪齐名。病困:病重。 ②政:通"正",只。半面:半边脸。 ③殷荆州:即殷仲堪,曾任荆州刺史。晋阳之甲:典出《春秋公羊传·定公十三年》,春秋晋国赵鞅以清君侧为名调动晋阳之兵,驱逐荀寅、士吉射,后世因此称地方长吏不满朝廷而举兵进攻为兴"晋阳之甲"。此处"晋阳之甲"指东晋孝武帝死后,殷仲堪与王恭、杨佺期、桓玄等人合谋,举兵讨伐掌握朝廷实权的会稽王司马道子。甲:士兵。 ④涕零:流泪。零:落。 ⑤属:同"嘱",嘱咐。消息:调息,疗养。所患:指所患的病。 ⑥自:自然。当:将会。差(chài):同"瘥",病愈。 ⑦正:只。忧:担心。汝患:你的祸患,指殷仲堪起兵后可能招致杀身之祸。后因内部不和,仲堪果然被桓玄追杀。耳:罢了。

24. 远公在庐山中①,虽老,讲论不辍②。弟子中或有

堕者③,远公曰:"桑榆之光④,理无远照⑤;但愿朝阳之晖⑥,与时并明耳⑦。"执经登坐⑧,讽诵朗畅⑨,词色甚苦⑩。高足之徒⑪,皆肃然增敬⑫。

[注释]①远公:指慧远和尚,俗姓贾,望族之后,南渡后隐居庐山,名闻中外,威重佛门。庐山:山名,也称匡庐,在今江西九江。 ②讲论:讲授佛经。辍:停止。 ③堕:通"惰",懈怠。 ④⑤两句:指照射到桑、榆树梢上的落日余晖按理来说不能光照长远,喻指人到晚年精力衰退。理:理论上,按道理来说。 ⑥⑦两句:指早晨的阳光,与时俱进,越来越亮,比喻年轻人朝气蓬勃,前景光明。晖:光辉。 ⑧执:拿。 ⑨讽诵:讲诵。朗畅:(声音)清亮而流畅。 ⑩词色:言语、神态。苦:竭力。 ⑪高足:高才弟子。 ⑫肃然:恭敬的样子。

25.桓南郡好猎①,每田狩②,车骑甚盛③,五六十里中,旌旗蔽隰④,骋良马⑤,驰击若飞⑥,双甄所指⑦,不避陵壑⑧。或行陈不整⑨,麏兔腾逸⑩,参佐无不被系束⑪。桓道恭⑫,玄之族也⑬,时为贼曹参军⑭,颇敢直言⑮。常自带绛绵绳箸腰中⑯,玄问:"此何为?"答曰:"公猎⑰,好缚人士⑱,会当被缚⑲,手不能堪芒也⑳。"玄自此小差㉑。

[注释]①桓南郡:即桓玄,字敬道,晋大司马桓温之子,袭封南郡公。好:喜爱。 ②田狩:打猎。 ③车骑:车马。盛:众多。 ④隰(xí):低湿的地方,泛指原野。 ⑤骋:驰骋。 ⑥驰击:疾速追击。 ⑦双甄:打猎或作战时阵形的左右两翼。 ⑧陵壑:山陵沟壑。 ⑨或:有时。行陈:即"行阵",行列阵形。 ⑩麏(jūn):獐子,形状似鹿,没有角。腾逸:四处逃窜。 ⑪参佐:部下,僚属。系束:捆绑。 ⑫桓道恭:曾任淮南太守,桓玄叛逆称帝建楚后,任道恭为江夏相,后被诛杀。 ⑬族:宗族。 ⑭时:当时。贼曹参军:官名,掌管处理盗贼之事的属官。 ⑮颇:很。 ⑯绛:深红色。箸(zhuó):系在。 ⑰公:尊称。 ⑱缚:捆绑。人士:人。 ⑲会当:终将,终归。

⑳堪:忍受。芒:芒刺。　㉑自此:从此。小差:稍微减轻。

26. 王绪、王国宝相为唇齿①,并上下权要②。王大不平其如此③,乃谓绪曰④:"汝为此欻欻⑤,曾不虑狱吏之为贵乎⑥?"

[注释]①王绪:字仲业,晋太原晋阳(今山西太原)人,与堂兄王国宝弄权,后被王恭等逼杀。王国宝:晋平北将军王坦之的儿子,有宠于会稽王司马道子,权震内外。唇齿:比喻关系密切,相互依存。　②上下权要:玩弄权势,扰乱国政。"上下"为"卞"之误(古代行文竖排),"卞"是"弄"的异体字。③王大:即王忱,王国宝的弟弟,参见本门22注①。不平:不满,愤怒。④乃:于是。　⑤汝:你。欻欻(xū xū):躁动,此指轻举妄动。　⑥曾:竟,竟然。不虑:不顾忌。狱吏之为贵:据《史记·绛侯周勃世家》记载,汉丞相周勃曾被人诬陷谋反被捕入狱,受到狱吏侮辱,周勃出狱后,感叹道:"吾尝将百万之军,然安知狱吏之为贵乎!"狱吏:管理监狱的小吏。贵:尊贵。

27. 桓玄欲以谢太傅宅为营①,谢混曰②:"召伯之仁③,犹惠及甘棠④;文靖之德⑤,更不保五亩之宅⑥?"玄惭而止⑦。

[注释]①桓玄:见本门25注①。谢太傅:即谢安,见本门21注④。宅:住宅。营:军营。按:此时谢安已去世。　②谢混:字叔源,谢安的孙子,曾任中书令、尚书左仆射。　③④两句:据《韩诗外传》记载,召伯在朝时,有司请求为召伯营建房屋,召伯说:"以一身劳百姓,非吾先君文王之志也。"于是在甘棠下办公。《诗经·召南·甘棠》:"蔽芾甘棠,勿剪勿伐,召伯所茇。"(蔽芾:茂盛。茇(bá):草舍。)此处是赞美召伯。召伯:指姬奭,周的支族,被封于召,所以称召伯,是周武王的大臣。犹:尚且。甘棠:木名。　⑤文靖:谢安的谥号。　⑥更:竟然。保:保全。五亩之宅:儒家主张一对夫妇授宅地五亩,所以后世以"五亩之宅"指一户人家的居住地。　⑦惭:惭愧。止:中止。

捷悟第十一

1.杨德祖为魏武主簿①,时作相国门②,始构榱桷③,魏武自出看,使人题门作"活"字④,便去⑤。杨见,即令坏之⑥,既竟⑦,曰:"'门'中'活','阔'字,王正嫌门大也⑧。"

[注释]①杨德祖:即杨修,字德祖,有才学,曹操为丞相时,征用杨修为主簿。魏武:曹操,其子曹丕建魏称帝,追封曹操为武帝。主簿:官名,汉代中央及郡县官署多设置此官,其职责为主管文书簿籍及印鉴,至魏晋时逐渐为将帅重臣的主要属官。 ②时:当时。作:建。相国门:丞相府大门。相国:古官名,春秋战国时,除楚国外,各国都设相国一职,为百官之长,秦及汉初,其位尊于丞相,后为宰相的尊称,此处指丞相。 ③榱桷(cuī jué):屋椽,即放在檩子上架屋面板和瓦的条木。 ④题:写。 ⑤去:离开。 ⑥即:立刻。坏:拆毁。 ⑦既竟:(拆毁)完成之后。 ⑧王:指曹操,曾封魏王。正:正是。

2.人饷魏武一杯酪①,魏武啖少许②,盖头上题"合"字以示众③,众莫能解④。次至杨修⑤,修便啖,曰:"公教人啖一口也,复何疑⑥!"

[注释]①饷:赠送。魏武:曹操,见本门1注①。酪:用牛羊马等的乳汁炼制成的食品。 ②啖:吃。少许:一点点。 ③盖头上:盖子上。题:写。示众:给众人看。 ④莫:没有谁。 ⑤次:按顺序,依次。杨修:见本门1注①。 ⑥何疑:疑惑什么。

3. 魏武尝过曹娥碑下①,杨修从②。碑背上见题作"黄绢、幼妇、外孙、齑臼"八字③。魏武谓修曰:"解不④?"答曰:"解。"魏武曰:"卿未可言⑤,待我思之。"行三十里,魏武乃曰:"吾已得。"令修别记所知⑥。修曰:"黄绢,色丝也,于字为'绝'⑦;幼妇,少女也,于字为'妙';外孙,女子也⑧,于字为'好';齑臼,受辛也,于字为'辞'⑨:所谓'绝妙好辞'也⑩。"魏武亦记之,与修同,乃叹曰⑪:"我才不及卿,乃觉三十里⑫。"

[注释]①魏武:即曹操,见本门1注①。尝:曾经。曹娥碑:曹娥的墓碑。曹娥:东汉会稽上虞(今属浙江)人,十四岁时,父亲溺水而亡,因思念其父,曹娥也投江而死。 ②杨修:见本门1注①。从:跟随。 ③题:写。齑臼:用来捣齑的石臼。齑(jī):捣碎的姜、蒜、葱等。 ④解:理解,明白。不:同"否"。 ⑤卿:第二人称代词,相当于"你"。未可:不要。 ⑥别:另外。记:写下。 ⑦于字:从字的角度来看。这里用拆字、合字的方法来隐晦地表达意思。 ⑧女子:女儿所生的儿子。 ⑨辞:古文也作"辤"。 ⑩绝妙好辞:指极其美妙的文辞。 ⑪乃:于是。 ⑫乃:竟然。觉(jiào):通"较",相差。

4. 魏武征袁本初①,治装②,余有数十斛竹片③,咸长数寸④,众云并不堪用⑤,正令烧除。太祖思所以用之⑥,谓可为竹椑楯⑦,而未显其言⑧,驰使问主簿杨德祖⑨,应声答之,与帝心同。众伏其辩悟⑩。

[注释]①魏武:曹操,见本门1注①。袁本初:袁绍,字本初,汉末汝南汝阳(今属河南)人,据河北之地,与曹操抗衡,官渡之战中大败,最终忧愤而死。②治装:整理行装。 ③余:剩下。斛:古代容量单位,十斗为一斛。 ④咸:都。 ⑤云:说。不堪:不可,不能。 ⑥太祖:曹操,庙号太祖。所以:用来……的方法。 ⑦谓:认为。椑楯:椭圆形的盾牌。椑(pí):一种椭圆形的酒器,引申为椭圆形。楯:同"盾"。 ⑧显:说出,张扬。 ⑨驰:急速,急忙。主簿:见本门1注①。杨德祖:即杨修,见本门1注①。 ⑩伏:佩服。辩悟:聪明,思维敏捷。

5. 王敦引军垂至大桁①,明帝自出中堂②。温峤为丹阳尹③,帝令断大桁,故未断④,帝大怒瞋目⑤,左右莫不悚惧⑥。召诸公来⑦,峤至,不谢⑧,但求酒炙⑨。王导须臾至⑩,徒跣下地⑪,谢曰:"天威在颜⑫,遂使温峤不容得谢⑬。"峤于是下谢,帝乃释然⑭。诸公共叹王机悟名言⑮。

[注释]①王敦:字处仲,王导的堂兄,曾任青州刺史、大将军等官,后有不臣之心,率兵作乱。引:率领。垂至:将到。大桁(háng):指朱雀桥,也叫朱雀桁,建康朱雀门外的浮桥。 ②明帝:晋明帝司马绍,字道畿,元帝长子,公元322年至公元325年在位。中堂:京城屯兵的地方。 ③温峤:字太真,太原祁(今山西祁县)人,东晋名臣,官至骠骑大将军。丹阳尹:丹阳郡的行政长官。丹阳郡治建康,故城在今江苏江宁东。 ④故:仍然,还。 ⑤瞋(chēn)目:瞪眼。 ⑥左右:身边侍从之人。莫:没有谁。悚(sǒng)惧:恐惧害怕。 ⑦诸公:各位官员。 ⑧谢:谢罪。 ⑨但:只。求:索要。炙:烤肉。 ⑩王导:字茂弘,琅邪临沂(今属山东)人,东晋功臣,官至丞相。须臾:一会儿。 ⑪徒跣(xiǎn):光着脚。 ⑫天威在颜:指皇上发怒。天威:帝王的威严。颜:面容,脸色。 ⑬不容得:不能够。 ⑭乃:于是。释然:怒气平

息。 ⑮叹：称赞。机悟：聪明机敏。

6. 郗司空在北府①，桓宣武恶其居兵权②。郗于事机素暗③，遣笺诣桓④："方欲共奖王室⑤，修复园陵⑥。"世子嘉宾出行⑦，于道上闻信至⑧，急取笺，视竟⑨，寸寸毁裂，便回还更作笺⑩，自陈老病⑪，不堪人间⑫，欲乞闲地自养⑬。宣武得笺大喜，即诏转公督五郡、会稽太守⑭。

[注释]①郗司空：即郗愔，字方回，晋太尉郗鉴长子，死后赠司空。北府：北中郎将之府，而北中郎将常任徐州刺史，所以也称徐州刺史为北府；后来徐州刺史移镇京口，又称京口为北府。 ②桓宣武：即桓温，字元子，谯国龙亢（今安徽怀远）人，东晋名臣，曾任大司马，死后谥号宣武。恶：憎恨，厌恶。居：占据，拥有。 ③于：对于。事机：时机，计谋。素：向来。暗：迟钝，不明了。 ④遣：派送。笺（jiān）：信。诣：往，到。 ⑤方欲：正要。共：一起。奖：辅助。王室：朝廷。 ⑥修复园陵：指收复中原。园陵：帝王的墓地，西晋都城洛阳一带，即中原地区。 ⑦世子：帝王或诸侯正妻所生的长子。嘉宾：郗超，字景兴，小字嘉宾，郗愔的长子。 ⑧于：在。闻：听说。信：信使。 ⑨视竟：看完。 ⑩更：另外，重新。 ⑪陈：陈说。 ⑫不堪人间：不能胜任朝廷公务。人间：官场，政事。 ⑬乞：请求。闲地：清闲之地。 ⑭即：立刻。诏：下命令。转：调换官职。公：指郗愔。督五郡：指都督五郡军事。会稽：郡名，治所在今浙江绍兴。太守：官名，郡的最高长官。

7. 王东亭作宣武主簿①，尝春月与石头兄弟乘马出郊②。时彦同游者连镳俱进③，唯东亭一人常在前④，觉数十步⑤，诸人莫之解⑥。石头等既疲倦⑦，俄而乘舆回⑧，诸人皆似从官⑨，唯东亭弈弈在前⑩，其悟捷如此⑪。

[注释]①王东亭：王珣，字元琳，小字法护，丞相王导之孙，以文学知名，曾封东亭侯，官至尚书令。桓宣武：即桓温，见本门6注②。主簿：官名，见本

门1注①。　②尝:曾经。春月:春天。石头:桓熙,字伯道,小字石头,桓温长子,官至豫州刺史。出郊:到郊外去。　③时彦:当时的贤俊、名流。连镳俱进:并马一起前进。镳:马嚼子。　④唯:只有。　⑤觉(jiào):通"较",相差。　⑥莫之解:即"莫解之",没有人明白他这样做的原因。　⑦既:已经。⑧俄而:一会儿。舆:车子。　⑨似:好像。从官:部下,僚属。　⑩弈弈:精神抖擞的样子。　⑪悟捷:聪慧敏捷。

夙惠第十二

1. 宾客诣陈太丘宿①，太丘使元方、季方炊②。客与太丘论议③，二人进火④，俱委而窃听⑤，炊忘箸箄⑥，饭落釜中⑦。太丘问："炊何不馏⑧？"元方、季方长跪曰⑨："大人与客语⑩，乃俱窃听，炊忘箸箄，饭今成糜⑪。"太丘曰："尔颇有所识不⑫？"对曰："仿佛志之⑬。"二子俱说，更相易夺⑭，言无遗失⑮。太丘曰："如此但糜自可⑯，何必饭也！"

[注释]①诣：拜访。陈太丘：即陈寔，字仲弓，汉末颍川（今河南许昌）人，曾任太丘县长。宿：住宿，过夜。　②元方：即陈纪，字元方，陈寔长子，有德行，官至大鸿胪。季方：即陈谌，字季方，陈寔之子，与父、兄并有高名，号称三君。炊：做饭。　③论议：议论，指谈论玄理。　④进火：烧火。　⑤俱：都。委：丢下，此指将做饭的事搁置不管。窃听：偷听。　⑥箸（zhuó）：放。箄（bì）：通"箅"，蒸饭的器具，放在甑底以防米粒漏到锅里。　⑦釜：锅。⑧何：为什么。馏：把米放在锅里煮开，再漉出蒸熟。　⑨长跪：直身而跪，古时席地而坐，坐时两膝据地，将臀部放在足跟上，跪则伸直腰股，以示庄重恭敬。　⑩大人：敬称，此指父亲。　⑪糜：稀饭。　⑫尔：你们。颇：疑问副词，相当于"可"。识（zhì）：记住。不：同"否"。　⑬仿佛：大略。志：记住。⑭更相：互相。易夺：改正补充。　⑮遗失：遗漏。　⑯但：只。

2.何晏七岁①,明惠若神②,魏武奇爱之③,因晏在宫内④,欲以为子。晏乃画地令方⑤,自处其中。人问其故⑥,答曰:"何氏之庐也⑦。"魏武知之,即遣还⑧。

[注释]①何晏:字平叔,三国魏人,好老庄之学,著有《道德论》等,官至尚书。 ②明惠:聪慧,聪明。 ③魏武:即曹操,曾封魏王,其子曹丕建魏称帝,追封曹操为武帝。奇:非常,特别。 ④因晏在宫内:何晏父亲早亡,曹操娶何晏母亲,所以宴居住在宫中。 ⑤乃:于是。画地令方:在地上画个方框。 ⑥故:原因。 ⑦庐:房屋。 ⑧遣还:送回家。

3.晋明帝数岁①,坐元帝膝上②。有人从长安来③,元帝问洛下消息④,潸然流涕⑤。明帝问何以致泣⑥,具以东渡意告之⑦。因问明帝:"汝意谓长安何如日远⑧?"答曰:"日远。不闻人从日边来⑨,居然可知⑩。"元帝异之⑪。明日⑫,集群臣宴会,告以此意,更重问之⑬,乃答曰⑭:"日近。"元帝失色曰⑮:"尔何故异昨日之言邪⑯?"答曰:"举目见日⑰,不见长安。"

[注释]①晋明帝:司马绍,字道畿,元帝长子,公元322年至公元325年在位。数岁:几岁。 ②元帝:晋元帝司马睿,在位5年(公元317~322年)。 ③长安:古城名,今陕西西安。 ④洛下:洛阳,西晋都城。 ⑤潸(shān)然流涕:哭,流泪。潸然:流泪的样子。 ⑥何以:为什么。 ⑦具:详细。东渡:西晋灭亡后,晋王室渡过长江,元帝建都于江东建康。意:缘故。 ⑧汝:你。意谓:以为。何如:与……相比怎么样。 ⑨闻:听说。 ⑩居然:显然,明显。 ⑪异:感到惊奇。 ⑫明日:第二天。 ⑬更:又,再。 ⑭乃:却,竟然。 ⑮失色:因吃惊而改变脸色。 ⑯尔:你。异:与……不同。 ⑰举:抬。

4.司空顾和与时贤共清言①。张玄之、顾敷是中外孙②,年并七岁③,在床边戏④,于时闻语⑤,神情如不相属⑥。暝于灯下⑦,二儿共叙客主之言,都无遗失⑧。顾公越席而提其耳曰⑨:"不意衰宗复生此宝⑩。"

[注释]①顾和:字君孝,顾荣族侄,仕晋,官至尚书令,死后追赠司空。共:一起。清言:清谈,特指魏晋名士崇尚老庄之学,大畅玄风的谈论。②张玄之:又名张玄,字祖希,曾任吏部尚书、冠军将军、吴兴太守等官,与同时代的谢玄齐名,时称"南北二玄"。顾敷:字祖根,吴郡吴(今江苏苏州)人,顾和的孙子,官至著作佐郎。中外孙:孙子与外孙。 ③并:都。 ④床:坐具。戏:玩耍。 ⑤于时:当时。闻:听说。 ⑥如:似乎。相属:关注。属:关联,关涉。 ⑦暝:睡,打瞌睡。 ⑧都无:完全没有,一点也没有。遗失:遗漏。 ⑨顾公:指顾和。越席:越过坐席,离开座位。 ⑩不意:不料。衰宗:衰败的家族。

5.韩康伯数岁①,家酷贫②,至大寒③,止得襦④。母殷夫人自成之⑤,令康伯捉熨斗⑥,谓康伯曰:"且箸襦⑦,寻作复裈⑧。"儿云:"已足,不须复裈也。"母问其故⑨,答曰:"火在熨斗中而柄热,今既箸襦,下亦当暖⑩,故不须耳。"母甚异之⑪,知为国器⑫。

[注释]①韩康伯:即韩伯,字康伯,晋颍川长社(今河南长葛东)人,曾任豫章太守、领军将军等官。数岁:几岁。 ②酷:很,非常。 ③大寒:二十四节气之一,一般是我国气候最冷的时候。 ④止:只。襦(rú):短衣,短袄。 ⑤成:制作,缝制。 ⑥令:使。捉:拿,握。 ⑦且:暂且。箸(zhuó):穿。 ⑧寻:不久。复裈(kūn):夹层的裤子。 ⑨故:原因。 ⑩下:下身。 ⑪甚:很,非常。异:感到惊奇。 ⑫国器:治国之才,栋梁之才。

6.晋孝武年十二①,时冬天,昼日不箸复衣②,但箸单练衫五六重③;夜则累茵褥④。谢公谏曰⑤:"圣体宜令有常⑥,陛下昼过冷⑦,夜过热,恐非摄养之术⑧。"帝曰:"昼动夜静⑨。"谢公出,叹曰⑩:"上理不减先帝⑪。"

[注释]①晋孝武:司马曜,简文帝之子,公元372年至公元396年在位。②昼日:白天。箸(zhuó):穿。复衣:夹层的衣服。 ③但:只。单练衫:单薄的丝织衣衫。练:白色熟绢,泛指丝绸。重:层。 ④累:重叠。茵褥:床垫子。 ⑤谢公:即谢安,字安石,陈郡阳夏(今河南太康)人,东晋名臣。谏:规劝。 ⑥圣体:称帝王的身体。 ⑦陛下:对帝王的尊称。 ⑧恐:恐怕,担心。摄养:保养,养身。术:方法。 ⑨昼动夜静:白天活动,身体暖和,不需要穿厚实;晚上平静,身体易冷,所以要多铺盖。 ⑩叹:称赞。 ⑪上:皇上。理:义理。减:亚于,比……差。先帝:晋简文帝司马昱。

7.桓宣武薨①,桓南郡年五岁②,服始除③,桓车骑与送故文武别④,因指语南郡⑤:"此皆汝家故吏佐⑥。"玄应声恸哭⑦,酸感傍人⑧。车骑每自目己坐曰⑨:"灵宝成人,当以此坐还之。"鞠爱过于所生⑩。

[注释]①桓宣武:即桓温,字元子,谯国龙亢(今安徽怀远)人,东晋名臣,曾任大司马,死后谥号宣武。薨:称诸侯之死。 ②桓南郡:即桓玄,字敬道,小字灵宝,晋大司马桓温的儿子,袭封南郡公。 ③服始除:服丧期满,刚刚脱去丧服。 ④桓车骑:即桓冲,字幼子,桓温的弟弟,曾任荆州刺史、车骑将军。文武:文武官员。 ⑤因:于是。 ⑥汝家:你家。故吏佐:老部下,旧僚属。 ⑦恸哭:痛哭。 ⑧酸:悲伤。感:使……感动。傍人:旁人。 ⑨每:常常。目:看,注视。坐:同"座",借指职位,桓温死后,桓冲代任其职,所以下文说"以此坐还之"。 ⑩鞠:抚育,养育。过:超过。所生:自己的亲生子女。

豪爽第十三

1.王大将军年少时①,旧有田舍名②,语音亦楚③。武帝唤时贤共言伎艺事④,人皆多有所知⑤,唯王都无所关⑥,意色殊恶⑦。自言知打鼓吹⑧,帝令取鼓与之⑨。于坐振袖而起⑩,扬槌奋击,音节谐捷⑪,神气豪上⑫,傍若无人。举坐叹其雄爽⑬。

[注释]①王大将军:即王敦,字处仲,王导的堂兄,曾任青州刺史、大将军等官。年少时:年轻时。　②旧:从前。田舍:乡下人,指土里土气。名:名声。　③语音亦楚:说话时楚音重,不清雅。　④武帝:即晋武帝司马炎,司马昭的长子,公元265年废魏称帝,建立晋朝,在位25年。时贤:当时有才德之人。伎艺:技能才艺。　⑤知:擅长。　⑥唯:只有。都无:完全没有。关:涉及。　⑦意色:神色。殊恶:很不好看。　⑧自言:自称。鼓吹:乐曲名,用鼓、钲、箫、笳等乐器合奏,源于我国古代北方民族,本为军中之乐,后被广泛运用。　⑨与:给。　⑩于:在。坐:同"座"。振:挥动,抖动。　⑪谐捷:和谐急速。　⑫豪上:豪迈高扬。　⑬举坐:满座,所有在座的人。举:全。叹:称赞。雄爽:雄壮豪迈。

2.王处仲①,世许高尚之目②。尝荒恣于色③,体为之弊④,左右谏之⑤,处仲曰:"吾乃不觉尔⑥,如此者,甚易耳。"乃开后阁⑦,驱诸婢妾数十人出路⑧,任其所之⑨。时人叹焉⑩。

[注释]①王处仲:即王敦,见本门1注①。 ②许:赞同,认同。目:品评,评论。 ③尝:曾经。荒恣于色:放纵淫乐。 ④为:因为。弊:困顿,疲弊。 ⑤左右:身边侍从之人。谏:规劝。 ⑥乃:竟然。觉:发现。尔:这样。 ⑦乃:于是。后阁:后房,妇女住的小房。 ⑧驱:赶。出路:到路上去,上路。 ⑨任:随,听任。之:到。 ⑩时人:当时的人。叹:称赞。

3. 王大将军自目①:"高朗疏率②,学通《左氏》③。"

[注释]①王大将军:即王敦,见本门1注①。目:品评,评论。 ②高朗:高迈爽朗。疏率:放达直率。 ③左氏:即《春秋左氏传》,也称《左氏春秋》,相传为春秋时鲁国史官左丘明所撰。

4. 王处仲每酒后①,辄咏"老骥伏枥,志在千里。烈士暮年,壮心不已"②。以如意打唾壶③,壶口尽缺④。

[注释]①王处仲:即王敦,见本门1注①。 ②辄:就。"老骥伏枥"四句引自三国魏曹操《步出夏门行·龟虽寿》,大意是:老马虽在马槽中,可还是希望驰骋千里;有志之士虽已年老,可是仍有雄心壮志。骥:骏马。枥:马槽。暮年:晚年。已:止。 ③如意:器物名,古之爪杖,用骨、角、竹、木、玉、石、铜、铁等制成,约长三尺,前端做手指形状,脊背痒,手挠不到时,用以搔抓,可如人意,因而得名。近代"如意",多供人玩赏。唾壶:痰盂。 ④尽:全。

5. 晋明帝欲起池台①,元帝不许②。帝时为太子③,好养武士④,一夕中作池⑤,比晓便成⑥。今太子西池是也。

[注释]①晋明帝:司马绍,字道畿,元帝长子,公元322年至公元325年在位。起:建造。池台:供游玩欣赏的池苑台榭。 ②元帝:晋元帝司马睿,

公元317年至公元322年在位。许:同意,允许。 ③帝:指明帝。时:当时。 ④好:喜欢。武士:勇士。 ⑤一夕:一夜。 ⑥比:及,到。晓:早晨。

6. 王大将军始欲下都①,处分树置②,先遣参军告朝廷③,讽旨时贤④。祖车骑尚未镇寿春⑤,瞋目厉声语使人曰⑥:"卿语阿黑⑦,何敢不逊⑧!催摄面去⑨,须臾不尔⑩,我将三千兵槊脚令上⑪。"王闻之而止⑫。

[注释]①王大将军:即王敦,见本门1注①。下都:到京都建康。下:沿长江顺流而下。 ②处分:安排,处置。树置:布置,建树。 ③遣:派遣。参军:官名,军府和王国皆设置参军,为重要幕僚。 ④讽旨:委婉含蓄地暗示意图。时贤:当时的名流。 ⑤祖车骑:即祖逖,字士稚,范阳遒(今河北涞水)人,是东晋初有志于恢复中原而致力北伐的大将,死后赠车骑将军。寿春:县名,晋属淮南郡,治所在今安徽寿县。 ⑥瞋目:瞪眼。使人:使者。 ⑦卿:第二人称代词,相当于"你"。阿黑:王敦的小字。 ⑧何敢:怎么敢。逊:谦逊,恭敬。 ⑨催:快,迅速。摄:撤退,撤回。面:同"偭",回。此句的意思是赶紧撤退回去。 ⑩须臾:一会儿,马上。不尔:不这样做。 ⑪将(jiàng):率领。槊(shuò):长矛,此指用长矛刺、戳。令上:使(他)回去。上:沿江而上,与"下"相对。 ⑫闻:听说。止:停止。

7. 庾稚恭既常有中原之志①,文康时②,权重未在己③;及季坚作相④,忌兵畏祸⑤,与稚恭历同异者久之⑥。乃果行⑦。倾荆、汉之力⑧,穷舟车之势,师次于襄阳⑨,大会参佐⑩,陈其旌甲⑪,亲授弧矢曰⑫:"我之此行,若此射矣。"遂三起三叠⑬。徒众属目⑭,其气十倍⑮。

[注释]①庾稚恭:即庾翼,字稚恭,晋颍川鄢陵(今属河南)人,曾任征西将军、荆州刺史。中原之志:收复中原的志向。 ②文康:庾亮掌权时,晋明帝死后,庾亮以帝舅身份执掌朝政,死后谥文康。 ③权重:权力。 ④季

坚:即庾冰,字季坚,晋颍川鄢陵(今属河南)人,庾亮的弟弟,击苏峻有功,曾为丞相。　⑤忌:畏忌,害怕。兵:代指战争。　⑥同异:偏义副词,偏指"异",指不同的意见或做法。　⑦乃:才。果:最终。行:采取行动。　⑧倾:尽。荆、汉:指荆州、汉水一带。荆州:治所在今湖北江陵。　⑨师:军队。次:驻扎。襄阳:今湖北襄樊。　⑩会:聚集。参佐:属官。　⑪陈:陈列。旌甲:旗帜和铠甲,泛指军队。　⑫亲:亲自。授:引,拉。弧矢:弓箭。　⑬三起三叠:指三发三中。起:发。叠:击鼓,军中演武射箭时中的就击鼓为号。　⑭徒众:部属,士兵。属目:瞩目,注视。　⑮气:士气。

8. 桓宣武平蜀①,集参僚置酒于李势殿②,巴、蜀搢绅莫不来萃③。桓既素有雄情爽气④,加尔日音调英发⑤,叙古今成败由人⑥,存亡系才⑦,其状磊落⑧,一坐叹赏⑨。既散⑩,诸人追味余言⑪,于时寻阳周馥曰⑫:"恨卿辈不见王大将军⑬。"

[注释]①桓宣武:即桓温,字元子,谯国龙亢(今安徽怀远)人,东晋名臣,曾任大司马,死后谥号宣武。平蜀:在晋穆帝永和二年(公元346年),桓温率兵攻成汉,次年汉主李势投降。蜀:指成汉李氏政权。　②参僚:属官,部下。李势:字子仁,十六国成汉末代皇帝,在位4年(公元343~347年),永和三年(公元347年)成汉被桓温所灭,李势归降东晋,封归义侯。　③巴、蜀:巴郡、蜀郡,古人巴蜀连称,泛指四川地区。搢绅:指士大夫。莫:没有谁。萃:聚集。　④既:本来。素:平素,向来。雄情爽气:性情豪爽。　⑤尔日:那天。音调:语调。英发:焕发,豪迈奔放。　⑥由:因为。　⑦系:依靠。　⑧状:仪态。磊落:英俊洒脱。　⑨一坐:满座,所有在座的人。叹赏:称赞,赏识。　⑩既散:散会之后。　⑪追味:回味。　⑫于时:当时。寻阳:郡名,治所在今江西九江。周馥:有将才,曾作王敦掾,官至晋寿太守。　⑬恨:遗憾。卿辈:你们这些人。王大将军:即王敦,见本门1注①。

9. 桓公读《高士传》①,至於陵仲子②,便掷去③,曰:"谁能作此溪刻自处④!"

[注释]①桓公:即桓温,见本门8注①。《高士传》:书名,晋皇甫谧撰,记载古代高隐之士的生平事迹。 ②於陵仲子:即陈仲子,战国时隐士,隐居在於陵(今山东邹平东南),终身不仕。 ③掷:扔。 ④溪刻自处:苛刻地对待自己。溪刻:刻薄,苛刻。

10. 桓石虔①,司空豁之长庶也②,小字镇恶,年十七八,未被举③,而童隶已呼为镇恶郎④。尝住宣武斋头⑤。从征枋头⑥,车骑冲没陈⑦,左右莫能先救⑧。宣武谓曰:"汝叔落贼⑨,汝知不?"石虔闻之⑩,气甚奋⑪,命朱辟为副⑫,策马于数万众中⑬,莫有抗者⑭,径致冲还⑮,三军叹服⑯。河朔后以其名断疟⑰。

[注释]①桓石虔:桓豁的儿子,有才干,屡有战功,官至豫州刺史。 ②豁:桓豁,字朗子,桓温的弟弟,有美名于时,官至荆州刺史,死后赠司空。长庶:妾所生而年居长的儿子。 ③举:正式承认身份地位,常针对庶出子女而言。 ④童隶:未成年的奴仆。郎:奴仆对主人的称呼。 ⑤尝:曾经。宣武:即桓温,见本门8注①。斋头:房屋里。 ⑥枋头:太和四年(公元369年),桓温率大军北伐前燕,在枋头(今河南浚县西南)大败。 ⑦车骑:即桓冲,字幼子,桓温的弟弟,曾任荆州刺史、车骑将军。没陈:陷入敌阵。陈:通"阵"。 ⑧左右:身边的侍从。莫:没有谁。 ⑨汝:你。落:陷入,落入。贼:敌人。 ⑩闻:听说。 ⑪奋:激昂。 ⑫副:副职,助手。 ⑬策:驱赶。 ⑭抗:抵抗。 ⑮径:直接。致:获得。 ⑯三军:全军。叹服:称赞佩服。 ⑰河朔:泛指黄河以北的地方。断疟:禁绝疟鬼。古人认为疟疾是因鬼所致,其鬼小弱,畏惧壮士,所以迷信者呼喊壮士的名字以驱逐疟鬼。

11. 陈林道在西岸①,都下诸人共要至牛渚会②。陈理既佳③,人欲共言折④,陈以如意拄颊⑤,望鸡笼山叹曰⑥:"孙伯符志业不遂⑦!"于是竟坐不得谈⑧。

[注释]①陈林道:即陈逵,字林道,曾任淮南太守,戍守历阳(今安徽和县)。历阳在都城建康以西,所以称"在西岸"。 ②都下:都城建康(今江苏南京)。共:一起。要:同"邀",邀请。牛渚:山名,在今安徽当涂西北。会:聚会。 ③理:玄理。 ④欲:想。言:谈玄。折:使……理屈,此指使陈逵屈服。 ⑤如意:见本门4注③。拄:撑。 ⑥鸡笼山:山名,在建康(江苏南京)西北。 ⑦孙伯符:孙策,字伯符,吴郡吴(今江苏苏州)人,东吴基业的奠定者。志业:志向,事业。遂:成功。 ⑧竟坐:满座。得:能够。

12. 王司州在谢公坐①,咏"入不言兮出不辞,乘回风兮载云旗②。"语人云③:"当尔时④,觉一坐无人⑤。"

[注释]①王司州:王胡之,字修龄,曾任西中郎将、司州刺史。谢公:即谢安,字安石,陈郡阳夏(今河南太康)人,东晋名臣。 ②入不言兮出不辞,乘回风兮载云旗:出自屈原《九歌·少司命》,大意是:进来时不说话,出去时不告辞;乘着旋风以云为旗帜。回风:旋风。云旗:以云为旗。 ③语:告诉。云:说。 ④尔时:那时。 ⑤一坐:满座。

13. 桓玄西下①,入石头②,外白司马梁王奔叛③。玄时事形已济④,在平乘上笳鼓并作⑤,直高咏云⑥:"箫管有遗音⑦,梁王安在哉⑧?"

[注释]①桓玄西下:元兴元年(公元402年),身任荆、江二州刺史的桓玄率兵自江陵东下,攻入京城建康。西:从西边。 ②石头:古城名,故址在今江苏南京。 ③外:佐吏,仆人。白:禀告。司马梁王:司马珍之,字景度,曾封梁王。奔叛:奔逃,逃亡。 ④时:当时。事形:事态局势。济:成功。 ⑤平乘:大船。笳鼓:古代的两种乐器。作:奏。 ⑥直:只。高咏:高声咏唱。 ⑦⑧两句:出自阮籍《咏怀》第三十一首《驾言发魏都》,大意是:魏王

宴会淫乐的余音至今未消,可是魏王自己现在在哪里呢? 箫管:排箫和大管,泛指乐器。梁王:战国时的魏王,因为魏国都城在大梁,所以称梁王。安在:在哪里。这里用彼梁王来讽刺此司马梁王。

容止第十四

1. 魏武将见匈奴使①,自以形陋②,不足雄远国③,使崔季珪代④,帝自捉刀立床头⑤。既毕⑥,令间谍问曰⑦:"魏王何如⑧?"匈奴使答曰:"魏王雅望非常⑨,然床头捉刀人,此乃英雄也。"魏武闻之,追杀此使。

[注释]①魏武:即曹操,曾封魏王,其子曹丕建魏称帝,追封曹操为武帝。使:使者。 ②以:认为。形陋:形体丑陋。 ③雄:称雄,威慑。 ④崔季珪:即崔琰,字季珪,仕魏,官至中尉。 ⑤捉:拿,握。床:坐榻。头:旁边。 ⑥毕:完,结束。 ⑦间谍:侦探。 ⑧何如:怎么样。 ⑨雅望:美好的仪表。望:仪容,风采。非常:不同寻常。

2. 何平叔美姿仪①,面至白②。魏明帝疑其傅粉③,正夏月④,与热汤饼⑤。既啖⑥,大汗出,以朱衣自拭⑦,色转皎然⑧。

[注释]①何平叔:即何晏,字平叔,三国魏人,好老庄之学,著有《道德论》等,官至尚书。姿仪:容貌,仪表。 ②至:极,非常。 ③魏明帝:即曹叡,魏文帝曹丕的儿子,公元226年至公元239年在位。傅粉:搽粉。 ④正:正当。夏月:夏天。 ⑤与:给。汤饼:带汤的面条。 ⑥啖:吃。

⑦朱衣:红色外衣。拭:擦。 ⑧色:脸色。转:更加。皎然:洁白的样子。

3. 魏明帝使后弟毛曾与夏侯玄共坐①,时人谓"蒹葭倚玉树"②。

[注释]①后:皇后。毛曾:三国魏明帝毛皇后的弟弟,官为驸马都尉、散骑侍郎。夏侯玄:字太初,三国魏人,当时的玄学领袖,任征西将军等官。共:一起。 ②时人:当时的人。谓:认为。蒹葭:价值低贱的水草。比喻微贱的人。倚:依靠。玉树:传说中的仙树。比喻姿容秀美、才华出众的人。

4. 时人目夏侯太初"朗朗如日月之入怀"①,李安国"颓唐如玉山之将崩"②。

[注释]①时人:当时的人。目:评论,品评。夏侯太初:即夏侯玄,见本门3注①。朗朗:形容人的心胸开朗,襟怀坦荡。 ②李安国:即李丰,字安国,三国时期魏国大臣,官至中书令,后被司马师所杀。颓唐:委靡不振的样子。玉山:比喻仪容俊美的人。

5. 嵇康身长七尺八寸①,风姿特秀②。见者叹曰:"萧萧肃肃③,爽朗清举④。"或云⑤:"肃肃如松下风⑥,高而徐引⑦。"山公曰⑧:"嵇叔夜之为人也⑨,岩岩若孤松之独立⑩;其醉也,傀俄若玉山之将崩⑪。"

[注释]①嵇康:字叔夜,三国魏谯国(今安徽亳州)人,好《老子》、《庄子》,任性放达,"竹林七贤"之一,与阮籍交好,官至中散大夫,后被司马昭所杀。 ②风姿:风度,容貌。特:格外。秀:秀美。 ③萧萧:潇洒大方。肃肃:庄重。 ④爽朗:清爽俊朗。清举:清高飘逸。 ⑤或:有的人。 ⑥肃肃:象声词,风声。 ⑦高而徐引:高远绵长。徐:慢慢的。引:延伸。 ⑧山公:即山涛,字巨源,晋河内人(今河南沁阳),历任吏部尚书、太子少傅、司徒

等官,"竹林七贤"之一。 ⑨为人:人的容貌特征。 ⑩岩岩:高耸的样子。
⑪傀(guī)俄:倾颓的样子。多形容醉态。

6. 裴令公目王安丰①:"眼烂烂如岩下电②。"

[注释]①裴令公:即裴楷,字叔则,河东闻喜(今属山西)人,初仕魏,后入晋,曾任河南尹、中书令等官。目:评论,品评。王安丰:即王戎,字濬冲,晋琅邪临沂(今属山东)人,官至司徒,封安丰侯,"竹林七贤"之一。 ②烂烂:明亮的样子。岩:高峻的山峰。电:闪电。

7. 潘岳妙有姿容①,好神情②。少时挟弹出洛阳道③,妇人遇者,莫不连手共萦之④。左太冲绝丑⑤,亦复效岳游遨⑥,于是群妪齐共乱唾之⑦,委顿而返⑧。

[注释]①潘岳:字安仁,善作文,官至黄门侍郎,后被孙秀所害。妙:很,非常。姿容:容貌,仪表。 ②神情:神态。 ③少时:年轻时。挟:带。弹:弹弓。出洛阳道:在洛阳街上行走。洛阳:西晋都城,今河南洛阳。 ④莫:没有谁。连手:手拉手。共:一起。萦:围绕。 ⑤左太冲:即左思,字太冲,齐国临淄(今山东淄博)人,西晋著名文学家,代表作有《三都赋》、《咏史诗》等。绝:极,非常。 ⑥亦复:也。效:效仿。游遨:游逛。 ⑦妪:妇女的通称。齐共:一起。 ⑧委顿:狼狈不堪。

8. 王夷甫容貌整丽①,妙于谈玄②,恒捉白玉柄麈尾③,与手都无分别④。

[注释]①王夷甫:即王衍,字夷甫,琅邪临沂(今属山东)人,西晋名臣,官至尚书令、太尉。整丽:端庄漂亮。 ②妙:精,擅长。玄:玄理,老庄之学。 ③恒:经常。捉:拿。麈尾:用以驱虫、掸尘的一种工具,在细长的木条两边及上端插设兽毛,或直接让兽毛垂露外面,魏晋名士清谈时必拿麈尾,为名流雅器,不谈时也常握在手。麈(zhǔ):鹿类。 ④都无:完全没有。

9.潘安仁、夏侯湛并有美容①,喜同行,时人谓之"连璧"②。

[注释]①潘安仁:即潘岳,见本门7注①。夏侯湛:字孝若,魏征西将军夏侯渊的曾孙,善作文,与潘岳交好,官至中书侍郎。并:都。 ②时人:当时的人。谓:称。连璧:并连在一起的玉璧,比喻同样美好的人物。

10.裴令公有俊容姿①,一旦有疾②,至困③。惠帝使王夷甫往看④。裴方向壁卧⑤,闻王使至⑥,强回视之⑦。王出,语人曰:"双眸闪闪若岩下电⑧,精神挺动⑨,体中故小恶⑩。"

[注释]①裴令公:即裴楷,见本门6注①。俊:美好的。容姿:容貌,仪表。 ②一旦:有一天。 ③至:很,非常。困:疲乏。 ④惠帝:即晋惠帝司马衷,晋武帝司马炎之子,在位十七年,昏庸无能。王夷甫:即王衍,见本门8注①。看:看望。 ⑤方:正,正在。向:面对着。 ⑥闻:听说。王使:天子或王侯的使者。 ⑦强:勉强。回视:回头看。 ⑧岩:高峻的山峰。电:闪电。 ⑨挺动:动,振作。 ⑩故:只是,不过。小恶:小病。

11.有人语王戎曰①:"嵇延祖卓卓如野鹤之在鸡群②。"答曰:"君未见其父耳③。"

[注释]①王戎:见本门6注①。 ②嵇延祖:即嵇绍,字延祖,嵇康长子,仕晋,官至侍中,性格刚烈,后因保护惠帝,被乱兵射杀。卓卓:突出的样子。野鹤之在鸡群:鹤立鸡群,比喻人的才能或仪表出类拔萃。 ③君:尊称,相当于"你"。其父:指嵇康。耳:罢了。

12.裴令公有俊容仪①,脱冠冕②,粗服乱头皆好③,时人以为"玉人"④。见者曰:"见裴叔则,如玉山上行,光映照人⑤。"

[注释]①裴令公:即裴楷,见本门6注①。俊:美好的。容仪:容貌,仪表。 ②冠冕:古代帝王、官员所戴的礼帽。 ③粗服乱头:衣服粗劣、头发蓬乱,形容不修边幅、不加修饰。 ④时人:当时的人。玉人:玉石雕琢的人,形容容貌美丽的人。 ⑤光映照人:犹"光彩照人"。

13. 刘伶身长六尺①,貌甚丑悴②,而悠悠忽忽③,土木形骸④。

[注释]①刘伶:字伯伦,三国魏末沛国(今安徽濉溪县西北)人,好饮酒,放任不羁,"竹林七贤"之一。 ②丑悴:丑陋。 ③悠悠忽忽:悠闲懒散。 ④土木形骸:形容形体像土木一样不加修饰,质朴自然。形骸:人的形体、躯壳。

14. 骠骑王武子是卫玠之舅①,俊爽有风姿②。见玠,辄叹曰③:"珠玉在侧④,觉我形秽⑤。"

[注释]①骠骑:即骠骑将军,魏晋将军名号之一。王武子:即王济,字武子,晋司徒王浑的儿子,官至太仆,死后追赠骠骑将军。卫玠:字叔宝,小字虎,晋河东安邑(今山西夏县)人,好言玄理,曾任太子洗马。 ②俊爽:聪慧爽直。风姿:风度。 ③辄:总是。 ④珠玉:珍珠美玉,比喻才德或仪表出众的人。 ⑤形秽:形态外貌鄙俗、丑陋。此处是谦虚的说法。

15. 有人诣王太尉①,遇安丰、大将军、丞相在坐②。往别屋③,见季胤、平子④。还,语人曰:"今日之行,触目见琳琅珠玉⑤。"

[注释]①诣:拜访。王太尉:即王衍,见本门8注①。 ②安丰:即王戎,

见本门 6 注①。大将军:即王敦,字处仲,王导的堂兄,曾任青州刺史、大将军等官。丞相:即王导,字茂弘,琅邪临沂(今属山东)人,东晋功臣,官至丞相。　③别:另外的。　④季胤:王诩,字季胤,王衍的弟弟,官至修武令。平子:王澄,字平子,王衍的弟弟,官至荆州刺史。　⑤琳琅珠玉:美玉珠宝,比喻仪容美好、超群脱俗的人。

16. 王丞相见卫洗马①,曰:"居然有羸形②,虽复终日调畅③,若不堪罗绮④。"

[注释]①王丞相:即王导,见本门 15 注②。卫洗马:即卫玠,见本门 14 注①。　②居然:显然,确实。羸形:身体瘦弱。　③虽复:尽管。终日:整天。调畅:吃药调养。　④若:似乎。不堪:承受不住。罗绮:用轻软丝织品制成的衣服。此处夸张地形容卫玠极其瘦弱。

17. 王大将军称①:"太尉处众人中②,似珠玉在瓦石间。"

[注释]①王大将军:即王敦,见本门 15 注②。称:称赞。　②太尉:即王衍,见本门 8 注①。

18. 庾子嵩长不满七尺①,腰带十围②,颓然自放③。

[注释]①庾子嵩:即庾敳,字子嵩,晋颍川鄢陵(今属河南)人,好老庄之学,永嘉中被石勒等所杀。　②围:量词,一围约为五寸。"腰带十围"形容很粗壮。　③颓然:精神不振的样子。自放:自我放纵,潇洒自如。

19. 卫玠从豫章至下都①,人久闻其名,观者如堵墙②。玠先有羸疾③,体不堪劳④,遂成病而死⑤。时人谓"看杀卫玠"⑥。

[注释]①卫玠:见本门14注①。豫章:郡名,治所在今江西南昌。下都:东晋都城建康(今南京),与上都洛阳相对而言。 ②堵墙:墙壁,比喻围观者多而密集。 ③羸疾:瘦弱多病。 ④不堪:经不起。劳:劳累。 ⑤遂:于是。 ⑥时人:当时的人。谓:认为。

20.周伯仁道桓茂伦①:"嶔崎历落②,可笑人③。"或云谢幼舆言④。

[注释]①周伯仁:即周颢(yǐ),字伯仁,晋汝南安城(今河南汝南东南)人,官至尚书左仆射。道:评论。桓茂伦:即桓彝,字茂伦,桓温的父亲,晋朝名士,死后追赠廷尉。 ②嶔崎(qīn qí):山高峻的样子,比喻人出类拔萃。历落:磊落,胸怀坦荡。 ③可笑人:令人欢喜之人,可爱之人。 ④或:有人。云:说。谢幼舆:即谢鲲,字幼舆,晋陈郡(今河南淮阳)人,曾任王敦长史,后为豫章太守。

21.周侯说王长史父①:"形貌既伟②,雅怀有概③,保而用之④,可作诸许物也⑤。"

[注释]①周侯:即周颢,见本门20注①。说:评说。王长史父:即王濛的父亲王讷,字文开,官至新淦令。 ②形貌:外形容貌。伟:魁梧,壮美。 ③雅怀:高雅的情怀。概:气概,风度。 ④保:保持。 ⑤诸许:许多。许:表约数。物:事情。

22.祖士少见卫君长云①:"此人有旄仗下形②。"

[注释]①祖士少:即祖约,字士少,祖逖异母弟,任平西将军、豫州刺史等官。卫君长:即卫永,字君长,晋成阳(今山东濮县东南)人,官至左军长史。云:说。 ②旄仗:即旄幢,用牦牛尾为饰的旌旗。形:相貌。旄仗下形:借指有将帅风度。

23. 石头事故①,朝廷倾覆②,温忠武与庾文康投陶公求救③。陶公云:"肃祖顾命不见及④。且苏峻作乱⑤,衅由诸庾⑥,诛其兄弟⑦,不足以谢天下⑧。"于时⑨,庾在温船后,闻之⑩,忧怖无计⑪。别日⑫,温劝庾见陶,庾犹豫未能往。温曰:"溪狗我所悉⑬,卿但见之⑭,必无忧也。"庾风姿神貌⑮,陶一见便改观⑯,谈宴竟日⑰,爱重顿至⑱。

[注释]①石头事故:晋明帝死后,庾亮以帝舅身份执掌朝政,谋划削夺苏峻兵权,晋成帝咸和二年(公元327年),苏峻等以讨庾亮为名,举兵攻入建康,迁晋成帝到石头城,次年九月苏峻被陶侃、温峤等击败。石头:石头城,故址在今江苏南京清凉山,为魏晋军事重镇。 ②倾覆:颠覆。 ③温忠武:即温峤,字太真,太原祁(今山西祁县)人,东晋名臣,官至骠骑大将军,死后谥忠武。庾文康:庾亮,字元规,晋颍川鄢陵(今属河南)人,曾任征西大将军、荆州刺史等官,死后谥文康。投:投奔。陶公:即陶侃,字士衡,晋朝名臣,官至荆州刺史。 ④肃祖:晋明帝司马绍的庙号。顾命:帝王的临终遗命。不见及:没有被提及。 ⑤苏峻:字子高,晋长广掖县(今山东莱州)人,封邵陵公,后因造反被杀。 ⑥衅:事情的开端、缘起。 ⑦诛:杀。 ⑧谢:谢罪。 ⑨于时:当时。 ⑩闻:听说。 ⑪忧怖:担心害怕。无计:没有办法。 ⑫别日:另一天。 ⑬溪狗:即"傒狗",魏晋南北朝时期,对江西九江、豫章一带人的辱骂之词,陶侃是豫章人,所以温峤如此说。悉:熟悉,了解。 ⑭卿:第二人称代词,相当于"你"。但:只,只要。 ⑮风姿:风度。神貌:外貌。 ⑯改观:改变看法。 ⑰谈宴:谈笑宴饮。竟日:终日,整天。 ⑱爱重:欣赏器重。顿:立刻,一下子。

24. 庾太尉在武昌①,秋夜气佳景清②,使吏殷浩、王胡之之徒登南楼理咏③,音调始遒④,闻函道中有屐声甚厉⑤,定是庾公。俄而⑥,率左右十许人步来⑦,诸贤欲起避之。公徐云⑧:"诸君少住⑨,老子于此处兴复不浅⑩。"

因便据胡床与诸人咏谑⑪,竟坐甚得任乐⑫。后王逸少下⑬,与丞相言及此事⑭,丞相曰:"元规尔时风范不得不小颓⑮。"右军答曰:"唯丘壑独存⑯。"

[注释]①庾太尉:即庾亮,死后赠太尉,参见本门23注③。武昌:晋郡名,治所在今湖北鄂州。 ②气佳景清:空气清新,景色怡人。 ③使吏:疑为"佐吏",辅佐僚属。殷浩:字渊源,晋陈郡长平(今河南西华)人,官至扬州刺史、中军将军。王胡之:字修龄,曾任西中郎将、司州刺史。之徒:这类人。南楼:楼名,在今湖北鄂州南。理咏:在音乐伴奏下吟诵诗歌。 ④音调:腔调,声调。始:正,正在。遒:高亢有力。 ⑤闻:听到。函道:楼梯。屐(jī):木制的鞋,底大多有二齿。厉:声音重而急促。 ⑥俄而:一会儿。 ⑦左右:身边侍从之人。许:表约数,相当于"左右"、"大概"。步来:走来。 ⑧徐:慢慢地。 ⑨少(shǎo):稍微。住:停留。 ⑩老子:老年人自称,相当于"老夫"。于此处:对于此事。兴:兴致。复:也。 ⑪因:于是。便:就。据:靠,坐。胡床:即交椅,一种腿交叉、有靠背、可以折叠的轻便坐具,又称交床。谑:开玩笑。 ⑫竟:终,指整个过程。任乐:自由自在,尽情欢乐。 ⑬王逸少:即王羲之,字逸少,善书法,仕晋,曾任右军将军。下:指到都城建康。 ⑭丞相:即王导,见本门15注②。 ⑮尔时:那时。风范:风度,气派。小:稍微。颓:衰败。 ⑯唯:只。丘壑:深山幽谷,此指高雅的情趣。独:依然,还。

25.王敬豫有美形①,问讯王公②。王公抚其肩曰:"阿奴恨才不称③。"又云:"敬豫事事似王公。"

[注释]①王敬豫:即王恬,字敬豫,小字螭虎,晋丞相王导之子,曾任魏郡太守、会稽内史等官。美形:美丽的形貌。 ②问讯:请安,问候。王公:即王导,王恬的父亲。 ③阿奴:长辈对晚辈的昵称。此指王敬豫。恨:遗憾,可惜。才:才华。称:符合,相称。

26. 王右军见杜弘治①，叹曰："面如凝脂②，眼如点漆③，此神仙中人。"时人有称王长史形者④，蔡公曰⑤："恨诸人不见杜弘治耳⑥。"

[注释]①王右军：即王羲之，见本门24注⑬。杜弘治：杜乂，字弘治，晋镇南大将军杜预的孙子，有盛名，官至丹阳丞。 ②凝脂：凝结的油脂，形容皮肤柔滑洁白。 ③眼如点漆：形容眼睛像漆一样乌黑光亮。 ④时人：当时的人。称：称赞。王长史：即王濛，字仲祖，晋太原晋阳（今山西太原）人，曾任司徒左长史。 ⑤蔡公：即蔡谟，字道明，晋陈留考城（今河南民权）人，曾任左光禄大夫、扬州刺史等官。 ⑥恨：遗憾。耳：罢了。

27. 刘尹道桓公①："鬓如反猬皮②，眉如紫石棱③，自是孙仲谋、司马宣王一流人④。"

[注释]①刘尹：即刘惔，字真长，晋沛国相（今安徽濉溪县西北）人，官至丹阳尹。道：评论，评价。桓公：即桓温，字元子，谯国龙亢（今安徽怀远）人，东晋名臣，曾任大司马，死后谥宣武。 ②猬：刺猬。皮：《太平御览》三六八卷引作"毛"，眉如紫石棱：形容桓温两鬓的胡须多而硬。 ③眉如紫石棱：形容桓温眉骨突起像石棱。②③两句描绘桓温威武之相。 ④自是：正是。孙仲谋：即孙权，字仲谋，三国吴大帝。司马宣王：即司马懿，晋国初建时，追尊宣王。

28. 王敬伦风姿似父①。作侍中②，加授桓公③，公服从大门入④。桓公望之曰："大奴固自有凤毛⑤。"

[注释]①王敬伦：即王劭，字敬伦，晋丞相王导之子，清贵简约，曾任尚书左仆射、吴国内史。风姿：风度。 ②侍中：官名，侍从皇帝左右，职掌宾赞礼仪、护驾陪乘等。 ③加授：加官授爵。桓公：即桓温，见本门27注①。 ④公服：官服，此指穿着官服。 ⑤大奴：昵称，一说王劭小名。固自：确实。凤毛：凤凰的羽毛，比喻有父辈的风采。

29.林公道王长史①:"敛衿作一来②,何其轩轩韶举③。"

[注释]①林公:即支遁,字道林,东晋僧人,人称支公或林公。道:评论,评价。王长史:即王濛,见本门26注④。 ②敛衿:提起衣襟,表示恭敬。作一来:做一次(动作)。来:指某种动作。这句话的大意是:收敛一下衣襟。 ③何其:多么。轩轩:气宇轩昂的样子。韶举:优美的举止。

30.时人目王右军①:"飘如游云②,矫若惊龙③。"

[注释]①时人:当时的人。目:品评,评论。王右军:即王羲之,见本门24注⑬。 ②飘:飘逸。 ③矫:矫健。

31.王长史尝病①,亲疏不通②。林公来③,守门人遽启之曰④:"一异人在门⑤,不敢不启。"王笑曰:"此必林公。"

[注释]①王长史:即王濛,见本门26注④。尝:曾经。 ②亲疏不通:指不见任何人。亲疏:关系亲近和疏远的人。通:通报,传达。 ③林公:即支遁,见本门29注①。 ④遽:迅速,急忙。启:禀报,报告。 ⑤异人:不同寻常的人。

32.或以方谢仁祖①,不乃重者②,桓大司马曰③:"诸君莫轻道仁祖④,企脚北窗下弹琵琶⑤,故自有天际真人想⑥。"

[注释]①或:有人。以:有时。方:议论,评论。谢仁祖:即谢尚,字仁祖,谢鲲的儿子,谢安的堂兄,官至镇西将军、豫州刺史。 ②不乃重:不太看重,

轻视。乃:甚,很。 ③桓大司马:即桓温,见本门27注①。 ④诸君:你们。莫:不要。轻道:随便议论,看不起。道:评论。 ⑤企脚:踮起脚跟。 ⑥故自:确实,的确。天际:天边。真人:仙人。想:情怀,心境。

33.王长史为中书郎①,往敬和许②。尔时积雪③,长史从门外下车,步入尚书④,著公服⑤。敬和遥望,叹曰:"此不复似世中人⑥。"

[注释]①王长史:即王濛,见本门26注④。中书郎:官名,即中书侍郎,是中书监、中书令的副职。 ②敬和:即王洽,字敬和,丞相王导第三子,曾任吴郡内史等官。许:处,处所。 ③尔时:那时。 ④步入:走入。尚书:尚书省,中央执行政务的总机构。 ⑤著(zhuó):穿。公服:官服。 ⑥不复似:不像。复:无实义。世中:人世间,凡间。

34.简文作相王时①,与谢公共诣桓宣武②。王珣先在内③,桓语王:"卿尝欲见相王④,可住帐里⑤。"二客既去⑥。桓谓王曰:"定何如⑦?"王曰:"相王作辅⑧,自然湛若神君⑨。公亦万夫之望⑩,不然,仆射何得自没⑪?"

[注释]①简文:晋简文帝司马昱,元帝司马睿的幼子,公元370年至公元372年在位。相王:位为宰相而又封王的人。 ②谢公:即谢安,字安石,陈郡阳夏(今河南太康)人,东晋名臣,曾任尚书仆射等,死后追赠太傅。共:一起。诣:拜访。桓宣武:即桓温,见本门27注①。 ③王珣:字元琳,小字法护,丞相王导之孙,以文学知名,曾封东亭侯,官至尚书令。 ④卿:第二人称代词"你"。尝:通"常"。 ⑤住:停留。帐:帷幔。 ⑥既去:离开之后。⑦定:到底,究竟。何如:怎样。 ⑧辅:辅佐,此指宰相。 ⑨湛:澄清的样子,此指安详、安定。神君:神灵,神仙。 ⑩公:指桓温。万夫:众人。望:景仰,瞻仰。 ⑪仆射:指谢安。何得:怎能。自没:自叹不如,甘心居后。

35. 海西时①,诸公每朝②,朝堂犹暗③。唯会稽王来④,轩轩如朝霞举⑤。

[注释]①海西:晋废帝司马奕,公元371年,大司马桓温废晋帝司马奕为海西公,立简文帝司马昱。 ②诸公:指群臣。 ③犹:都。 ④唯:只。会稽王:即晋简文帝司马昱,当时以会稽王辅佐朝政。 ⑤轩轩:气宇轩昂的样子。举:升起。

36. 谢车骑道谢公①:"游肆复无乃高唱②,但恭坐捻鼻顾睐③,便自有寝处山泽间仪④。"

[注释]①谢车骑:即谢玄,字幼度,小字遏,谢安的侄儿,死后追赠车骑将军。道:评论。谢公:即谢安,见本门34注②。 ②游肆:游玩,游乐。复:无实义,表强调。无乃:不怎么。高唱:放声歌唱。 ③但:只,只要。恭坐:端正地坐着。捻:捏,按。顾睐:环视。顾:回头看。睐:斜视。 ④便自:就。寝处山泽:指隐居。寝处:栖息,居住。山泽:山林川泽。仪:仪态风度。按:谢安出仕之前,长年隐居在会稽东山(在今浙江绍兴)。

37. 谢公云①:"见林公双眼②,黯黯明黑③。"孙兴公见林公④,"棱棱露其爽⑤"。

[注释]①谢公:即谢安,见本门34注②。云:说。 ②林公:即支遁,见本门29注①。 ③黯黯:深邃乌黑的样子。明黑:乌黑明亮。 ④孙兴公:即孙绰,字兴公,晋太原中都(今山西平遥)人,历任太学博士、大著作、散骑常侍。 ⑤棱棱:威严庄重的样子。爽:爽直,豪爽。

38. 庾长仁与诸弟入吴①,欲住亭中宿②。诸弟先上,见群小满屋③,都无相避意④。长仁曰:"我试观之。"乃策杖将一小儿⑤,始入门⑥,诸客望其神姿⑦,一时退匿⑧。

[注释]①庾长仁:即庾统,字长仁,小字赤玉,庾亮的侄子,有美名,官至寻阳太守。吴:吴郡(治今江苏苏州)。 ②住:停留。亭:官方设于路边供官吏及旅客食宿的屋亭。 ③群小:庶民,普通百姓。 ④都无:完全没有。 ⑤策杖:拄着手杖。将:携带。 ⑥始:才。 ⑦诸客:指上文的"群小"。神姿:风度神态。 ⑧一时:一下子,立刻。退匿:退避,退让。

39. 有人叹王恭形茂者①,云:"濯濯如春月柳②。"

[注释]①叹:赞叹。王恭:字孝伯,晋光禄大夫王蕴的儿子,曾任中书令,青、兖二州刺史等官。形:形貌。茂:美好。 ②濯濯:清朗光洁的样子。春月柳:春天的柳条,形容清新秀美。

自新第十五

1.周处年少时①,凶强侠气②,为乡里所患③,又义兴水中有蛟④,山中有邅迹虎⑤,并皆暴犯百姓⑥,义兴人谓为"三横"⑦,而处尤剧⑧。或说处杀虎斩蛟⑨,实冀三横唯余其一⑩。处即刺杀虎,又入水击蛟,蛟或浮或没,行数十里,处与之俱⑪,经三日三夜,乡里皆谓已死⑫,更相庆⑬。竟杀蛟而出。闻里人相庆⑭,始知为人情所患⑮,有自改意⑯。乃自吴寻二陆⑰,平原不在,正见清河⑱,具以情告⑲,并云:"欲自修改而年已蹉跎⑳,终无所成。"清河曰:"古人贵朝闻夕死㉑,况君前途尚可。且人患志之不立㉒,亦何忧令名不彰邪㉓?"处遂改励㉔,终为忠臣孝子。

[注释]①周处:字子隐,晋阳羡(今江苏宜兴)人,年轻时横行乡里,后改过自新,成为吴国将吏。 ②凶强:凶恶强横。侠气:指好任意胡为。 ③患:憎恶。 ④义兴:郡名,治所在今江苏宜兴。蛟:似为鳄鱼之类。 ⑤邅迹虎:因觅食而徘徊行迹的坐山虎,一说邪足虎。 ⑥暴犯:侵犯,危害。 ⑦横(hèng):蛮横,此指蛮横强暴的人或物。 ⑧尤:尤其,格外。剧:甚,厉害。 ⑨或:有的人。说(shuì):劝说。 ⑩冀:希望。唯:只。 ⑪俱:一起。 ⑫谓:以为,认为。 ⑬更相:相互。庆:庆祝。 ⑭闻:听说。里人:

乡里人。 ⑮始:才。人情:人心。 ⑯意:意向,愿望。 ⑰乃:于是。自吴:疑为"入吴"。吴:吴郡,治所在今江苏苏州。二陆:指陆机、陆云兄弟。陆机:字士衡,吴郡(治今江苏苏州)人,三国吴丞相陆逊之孙,大司马陆抗之子,入晋,任著作郎,官至平原内史,所以下文称平原。陆云:字士龙,陆机之弟,入晋,官至清河内史,所以下文称清河。 ⑱正:只。 ⑲情:实际情形。 ⑳修改:悔改,去恶向善。蹉跎(cuō tuó):失时,虚度光阴。 ㉑贵:以……为可贵,注重。朝闻夕死:语出《论语·里仁》:"朝闻道,夕死可矣。"意思是早晨闻道,晚上可死去,形容对真理或某种信仰追求的迫切。 ㉒患:担心。 ㉓令名:好的名声。彰:彰显,显著。 ㉔遂:于是。改励:改过自勉。

2. 戴渊少时①,游侠不治行检②,尝在江淮间攻掠商旅③。陆机赴假还洛④,辎重甚盛⑤,渊使少年掠劫。渊在岸上,据胡床指麾左右⑥,皆得其宜。渊既神姿峰颖⑦,虽处鄙事⑧,神气犹异⑨。机于船屋上遥谓之曰⑩:"卿才如此⑪,亦复作劫邪⑫?"渊便泣涕⑬,投剑归机⑭。辞厉非常⑮,机弥重之⑯,定交⑰,作笔荐焉⑱。过江,仕至征西将军⑲。

[注释]①戴渊:字若思,晋广陵(今江苏扬州)人,年轻时行侠劫掠,经陆机举荐,官至征西将军,后被王敦所害。少时:年轻时。 ②游侠:本指好结交、轻生重义、勇于救人急难的人,这里指意气用事、好生事端。治:修治,此可理解为注重。行检:约束行为。检:约束。 ③尝:曾经。攻掠:攻击抢劫。商旅:商人,旅客。 ④陆机:见本门1注⑰。赴假:假满回任。洛:洛阳。 ⑤辎(zī)重:外出时携带的行李、物资。盛:多。 ⑥据:靠,坐。胡床:即交椅,一种腿交叉、有靠背、可以折叠的轻便坐具,又称交床。指麾:指挥。左右:随从的人。 ⑦既:本来。神姿:神情姿态。峰颖:高超不凡。 ⑧虽:尽管。处鄙事:做坏事。 ⑨神气:神态,气质。犹:仍然。 ⑩船屋:船舱。 ⑪卿:第二人称代词,相当于"你"。 ⑫亦:也。作劫:当强盗。 ⑬泣涕:流

泪。　⑭投:扔。　⑮辞厉:言辞慷慨激昂。非常:不同寻常。　⑯弥:更加。重:器重。　⑰定交:结为朋友。　⑱作笔:写信。荐:推荐。　⑲仕:做官。征西将军:武官名。

企羡第十六

1. 王丞相拜司空①,桓廷尉作两髻、葛裙、策杖②,路边窥之③,叹曰:"人言阿龙超④,阿龙故自超⑤!"不觉至台门⑥。

[注释]①王丞相:即王导,字茂弘,琅邪临沂(今属山东)人,东晋功臣,官至丞相。拜:授官。司空:官名,魏晋时是三公(太尉、司徒、司空)之一。②桓廷尉:即桓彝,字茂伦,桓温的父亲,晋朝名士,死后追赠廷尉。葛裙:穿着用葛布制成的下衣。策杖:拄着拐杖。 ③窥:偷看。 ④阿龙:王导小名赤龙。超:高超,出众。 ⑤故自:的确,确实。 ⑥台门:中央官署之门。古代中央政府的官署称台。

2. 王丞相过江①,自说昔在洛水边②,数与裴成公、阮千里诸贤共谈道③。羊曼曰④:"人久以此许卿⑤,何须复尔⑥?"王曰:"亦不言我须此⑦,但欲尔时不可得耳⑧!"

[注释]①王丞相:即王导,见本门1注①。过江:随晋室南渡。 ②洛水:即今河南洛河。 ③数(shuò):多次。裴成公:裴頠(wěi),字逸民,晋河东闻喜(今属山西)人,善言名理,官至尚书左仆射,死后谥成。阮千里:即阮瞻,字千里,阮咸的儿子,官至太子舍人。共:一起。道:玄理,老庄之学。

④羊曼:字延祖,泰山南城(今山东平邑县)人,晋中兴名臣,官至丹阳尹。
⑤以此:因此。许:推许,称赞。卿:第二人称代词,相当于"你"。 ⑥复尔:再这样说。 ⑦亦不:并不。 ⑧但:只,只是。尔时:那时。耳:罢了。

3. 王右军得人以《兰亭集序》方《金谷诗序》①,又以己敌石崇②,甚有欣色③。

[注释]①王右军:即王羲之,字逸少,善书法,仕晋,曾任右军将军。得:得知。以:把。《兰亭集序》:王羲之撰,晋穆帝永和九年(公元353年)三月三日,王羲之和谢安等四十一人在会稽山阴的兰亭聚会,与会者作诗,总为一集,王羲之为之作序,即《兰亭集序》。方:比并,与……相比。《金谷诗序》:晋惠帝元康六年(公元296年)时,石崇在他的别墅金谷园举行的集会上所作的诗序。 ②敌:匹敌,并列。 ③甚:很。欣色:喜悦的表情。

4. 王司州先为庾公记室参军①,后取殷浩为长史②,始到③,庾公欲遣王使下都④,王自启求住⑤,曰:"下官希见盛德⑥,渊源始至,犹贪与少日周旋⑦。"

[注释]①王司州:即王胡之,字修龄,曾任西中郎将、司州刺史等官。庾公:即庾亮,字元规,晋颍川鄢陵(今属河南)人,曾任征西大将军、荆州刺史等官。记室参军:官名,魏晋以来,诸王、三公及将军、都督的幕府中设置的属官,掌管文书记录。 ②取:任用。殷浩:字渊源,晋陈郡长平(今河南西华)人,官至扬州刺史、中军将军。长史:官名,魏晋时,丞相、三公、都督府、将军府都设有长史,为辅助官吏。 ③始:才,刚刚。 ④使:出使。下都:东晋都城建康(今南京),与上都洛阳相对而言。 ⑤启:禀告。住:留,留下。⑥下官:谦辞,下级官吏对上级的自称。希:通"稀",少。盛德:大德,此指德高望重的人。 ⑦犹:还。贪:欲,希望。少日:几天。周旋:来往,交往。

5. 郗嘉宾得人以己比苻坚①,大喜。

[注释]①郗嘉宾:即郗超,字景兴,小字嘉宾,晋司空郗愔的长子,当时获宠于桓温,负有盛名。得:得知。以:把。苻坚:字永固,前秦君主,在位二十多年,与东晋对峙。

6.孟昶未达时①,家在京口②。尝见王恭乘高舆③,被鹤氅裘④。于时微雪⑤,昶于篱间窥之⑥,叹曰:"此真神仙中人。"

[注释]①孟昶:字彦达,官至尚书左仆射。达:显贵。 ②京口:古城名,故址在今江苏镇江。尝:曾经。王恭:字孝伯,晋光禄大夫王蕴的儿子,曾任丹阳尹,中书令,青、兖二州刺史等官。 ③高舆:高车。 ④被:通"披"。鹤氅裘:用鸟羽做成的外套。氅(chǎng):泛指用羽毛做的外衣。 ⑤于时:当时。 ⑥篱:篱笆。间:后面。窥:偷看。

伤逝第十七

1.王仲宣好驴鸣①,既葬,文帝临其丧②,顾语同游曰③:"王好驴鸣,可各作一声以送之。"赴客皆一作驴鸣④。

[注释]①王仲宣:即王粲,字仲宣,"建安七子"之一,初依附刘表,不受器重,后归附曹操,官至侍中,建安二十一年(公元216年),随曹操征吴,次年在道中病死。好(hào):喜欢。 ②文帝:即魏文帝曹丕,公元220年曹丕废汉称帝,建立魏国,在位6年,死后谥文皇帝。临其丧:参加他的葬礼。③顾:回头。同游:同行的人。 ④赴客:前来送葬的客人。

2.王濬冲为尚书令①,著公服②,乘轺车③,经黄公酒垆下过④。顾谓后车客⑤:"吾昔与嵇叔夜、阮嗣宗共酣饮于此垆⑥。竹林之游⑦,亦预其末⑧。自嵇生夭、阮公亡以来⑨,便为时所羁绁⑩。今日视此虽近,邈若山河⑪。"

[注释]①王濬冲:即王戎,字濬冲,晋琅邪临沂(今属山东)人,官至司徒,"竹林七贤"之一。尚书令:官名,本掌管奏章文书,魏晋后开始管理政事,地位渐高。 ②著(zhuó):穿。公服:官服。 ③轺(yáo)车:用一匹马拉的轻便马车。 ④酒垆:酒店。垆:酒店里安放酒瓮的炉形土台子。下:表示属

于某一地点范围。过:经过。 ⑤顾:回头。 ⑥嵇叔夜:即嵇康,字叔夜,三国魏谯国(今属安徽亳州)人,好《老子》《庄子》,任性放达,与阮籍交好,官至中散大夫,后被司马昭所杀,"竹林七贤"主要人物之一。阮嗣宗:即阮籍,字嗣宗,三国魏末陈留尉氏(今属河南)人,好老庄之学,放任不羁,与嵇康齐名,"竹林七贤"主要人物之一。共:一起。酣饮:畅饮。垆:此指酒店。⑦竹林之游:魏晋之间,阮籍、嵇康、山涛、向秀、刘伶、阮咸、王戎相与友善,常宴集在竹林之下,时人称为"竹林七贤"。 ⑧预:参与。末:末位,此处为谦辞。 ⑨自:从。夭:夭折,早死。 ⑩时:时务。羁绁(xiè):羁绊,束缚。⑪邈:遥远。

3. 孙子荆以有才少所推服①,唯雅敬王武子②。武子丧时③,名士无不至者。子荆后来,临尸恸哭④,宾客莫不垂涕⑤。哭毕⑥,向灵床曰⑦:"卿常好我作驴鸣⑧,今我为卿作。"体似真声⑨,宾客皆笑。孙举头曰:"使君辈存⑩,令此人死!"

[注释]①孙子荆:即孙楚,字子荆,晋初太原平都(今山西平遥)人,有才气,与王济友善,官至冯翊太守。以:因为。推服:推崇佩服。 ②唯:只。雅:很,非常。敬:敬重。王武子:即王济,字武子,晋司徒王浑的儿子,太原晋阳(今山西太原)人,仕晋,官至太仆。 ③丧:死亡。 ④临:靠近。恸(tòng)哭:痛哭。 ⑤莫:没有谁。垂涕:落泪。 ⑥毕:完。 ⑦灵床:入殓前停放尸体的床。 ⑧卿:第二人称,相当于"你"。 ⑨体:模仿。 ⑩君辈:你们这些人。

4. 王戎丧儿万子①,山简往省之②,王悲不自胜③。简曰:"孩抱中物④,何至于此!"王曰:"圣人忘情⑤,最下不及情⑥。情之所钟⑦,正在我辈⑧。"简服其言⑨,更为之恸⑩。

[注释]①王戎:见本门 2 注①。万子:即王绥,字万子,王戎之子。②山简:字季伦,山涛之子,曾任荆州刺史、征南将军等官。省:探望,看望。③胜:禁受得住。 ④孩抱中物:尚在襁褓中的婴儿。孩:婴儿。 ⑤忘情:忘却喜怒哀乐等常人之情,指修炼到不为荣辱得失等所动的最高境界。⑥最下:指最下等的人。不及:不懂。 ⑦钟:汇聚,专注。 ⑧我辈:我们这些人。 ⑨服:信服。 ⑩更:反而,转而。恸:悲痛。

5. 有人哭和长舆曰①:"峨峨若千丈松崩②。"

[注释]①哭:吊唁,哭吊。和长舆:即和峤,字长舆,晋汝南西平(今属河南)人,有盛名,任尚书、太子少傅等官。 ②峨峨:高峻挺拔的样子。若:像。崩:倒塌。

6. 卫洗马以永嘉六年丧①,谢鲲哭之②,感动路人③。咸和中④,丞相王公教曰⑤:"卫洗马当改葬。此君风流名士⑥,海内所瞻⑦,可修薄祭⑧,以敦旧好⑨。"

[注释]①卫洗马:即卫玠,字叔宝,小字虎,晋河东安邑(今山西夏县)人,好言玄理,曾任太子洗马。以:在。永嘉六年:即公元 312 年。永嘉:西晋怀帝司马炽的年号(公元 307~312 年)。丧:死亡。 ②谢鲲:字幼舆,晋陈郡(今河南淮阳)人,曾任王敦长史,后为豫章太守。哭:吊唁,哭吊。 ③感动:使……感动。 ④咸和:东晋成帝司马衍的年号(公元 326~334 年)。⑤王公:即王导,字茂弘,琅邪临沂(今属山东)人,东晋功臣,官至丞相。教:此指命令。 ⑥风流:杰出且有才华。 ⑦海内:国内人士。瞻:瞻仰,敬仰。⑧修:施行,备办。薄祭:简单俭约的祭奠,这是对死者的谦辞。 ⑨敦:使……敦厚,加深。旧好:老交情。

7. 顾彦先平生好琴①,及丧②,家人常以琴置灵床上③。张季鹰往哭之④,不胜其恸⑤,遂径上床鼓琴⑥,作

数曲竟⑦,抚琴曰:"顾彦先颇复赏此不⑧?"因又大恸⑨,遂不执孝子手而出⑩。

[注释]①顾彦先:即顾荣,字彦先,初仕吴,后为晋朝名臣,死后追赠骠骑将军。平生:平素,生前。 ②丧:死亡。 ③以:把。置:放。灵床:此指为悼念死者而虚设的座位。 ④张季鹰:即张翰,字季鹰,晋吴郡吴(今江苏苏州)人,见当时祸乱将起,弃官归隐。哭:吊唁,哭吊。 ⑤胜:禁得起。恸:极度悲痛。 ⑥遂:于是。径:径直,直接。鼓琴:弹琴。 ⑦竟:完,结束。 ⑧颇:疑问副词,相当于"可"。复:再。赏:欣赏。不:同"否"。 ⑨恸:痛哭。 ⑩遂:竟然。执:握。孝子:儿子居父母丧时称孝子。按:依照丧礼,吊丧者离开时应与孝子握手。

8.庾亮儿遭苏峻难遇害①。诸葛道明女为庾儿妇②,既寡,将改适③,与亮书及之④。亮答曰:"贤女尚少⑤,故其宜也⑥。感念亡儿⑦,若在初没⑧。"

[注释]①庾亮:字元规,晋颍川鄢陵(今属河南)人,曾任征西大将军、荆州刺史等官,长子庾会,字会宗。苏峻难:晋明帝死后,庾亮以帝舅身份执掌朝政,谋削夺苏峻兵权,晋成帝咸和二年(公元327年),苏峻等以讨庾亮为名,举兵攻入建康,次年九月被陶侃、温峤等击败。 ②诸葛道明:即诸葛恢,字道明,官至尚书令,其长女诸葛文彪,初嫁庾会,后改嫁。 ③改适:改嫁。 ④与:给。书:信。及:涉及,提到。之:指改嫁的事情。 ⑤尚:还。少:年轻。 ⑥故其宜:本该这样。故:本来,确实。 ⑦感念:思念。 ⑧初:刚刚,不久。没:通"殁",死。

9.庾文康亡①,何扬州临葬云②:"埋玉树箸土中③,使人情何能已已④?"

[注释]①庾文康:即庾亮,死后谥文康,参见本门8注①。亡:死。 ②何扬州:即何充,字次道,晋庐江灊(今安徽霍山)人,曾任骠骑将军、扬州刺

10. 王长史病笃①,寝卧灯下②,转麈尾视之③,叹曰:"如此人,曾不得四十④!"及亡,刘尹临殡⑤,以犀柄麈尾箸柩中⑥,因恸绝⑦。

[注释]①王长史:即王濛,字仲祖,晋太原晋阳(今山西太原)人,曾任司徒左长史。病笃:病重。 ②寝卧:躺卧。 ③麈尾:用以驱虫、掸尘的一种工具,在细长的木条两边及上端插设兽毛,或直接让兽毛垂露外面,魏晋名士清谈时必拿麈尾,为名流雅器,不谈时,也常握在手。麈(zhǔ):鹿类。 ④曾:竟然。 ⑤刘尹:即刘惔,字真长,晋沛国相(今安徽濉溪县西北)人,与王濛交好,官至丹阳尹。临殡:参加殡敛。 ⑥箸:放。柩:已放入尸体的棺材。 ⑦因:继而,接着。恸绝:因极度悲痛而昏厥。

11. 支道林丧法虔之后①,精神霣丧②,风味转坠③。常谓人曰:"昔匠石废斤于郢人④,牙生辍弦于钟子⑤,推己外求⑥,良不虚也⑦。冥契既逝⑧,发言莫赏⑨,中心蕴结⑩,余其亡矣⑪!"却后一年⑫,支遂殒⑬。

[注释]①支道林:即支遁,字道林,东晋僧人,人称支公或林公,与法虔为同学。 ②霣:同"陨",坠落。霣丧:委靡不振。 ③风味:风采神韵。转:逐渐。坠:衰退。 ④昔匠石废斤于郢人:此句典故出于《庄子·徐无鬼》:"郢人垩慢其鼻端,若蝇翼,使匠石斫之。匠石运斤成风,听而斫之,尽垩而鼻不伤,郢人立不失容。"匠石:名叫石的匠人。废斤:废弃斧头。于:因为。郢:地名,春秋战国时楚国的都城。此句大意是:郢人死后匠石不再使用斧头。 ⑤牙生:伯牙,春秋时精于琴艺的人。辍:停止。弦:借指琴。钟子:即钟子期,伯牙的知音。此句的大意是:钟子期死后,伯牙不再弹琴。 ⑥推己外求:根据自己推想别人。 ⑦良:的确。虚:假。 ⑧冥契:相互投合的知音。

既:已经。逝:死。 ⑨发言:说话。莫:没有谁。赏:欣赏。 ⑩中心:心中。蕴结:思想、情感郁结不能抒发。 ⑪余:我。其:将。亡:死。 ⑫却后:此后,以后。 ⑬殒(yǔn):死。

12. 郗嘉宾丧①,左右白郗公②:"郎丧③。"既闻不悲,因语左右:"殡时可道④。"公往临殡,一恸几绝⑤。

[注释]①郗嘉宾:即郗超,字景兴,小字嘉宾,晋司空郗愔的长子,当时获宠于桓温,负有盛名,先于其父而死。 ②左右:身边服侍的人。白:禀告。郗公:即郗愔,郗超之父。 ③郎:对主人之子的敬称,相当于"少爷"。 ④殡:将死者入棺,停放灵柩。道:说,告诉。 ⑤恸:痛哭。几:几乎。绝:昏厥。

13. 戴公见林法师墓①,曰:"德音未远②,而拱木已积③。冀神理绵绵④,不与气运俱尽耳⑤。"

[注释]①戴公:即戴逵,字安道,晋谯国(今安徽亳州)人,擅长书法绘画,不乐仕宦。林法师:即支遁,见本门11注①。 ②德音:指支遁充满智慧和哲理的言辞。 ③拱木:此指墓旁的树木。积:密集。 ④冀:希望。神理:灵魂,精神意志。绵绵:连续不断的样子。 ⑤气运:气数,寿命。俱尽:一起消亡。

14. 王子敬与羊绥善①。绥清淳简贵②,为中书郎③,少亡④。王深相痛悼⑤,语东亭云⑥:"是国家可惜人⑦。"

[注释]①王子敬:王献之,字子敬,王羲之的儿子,善书法,官至中书令。羊绥:字仲彦,泰山南城(今山东平邑)人,官至中书侍郎。善:友善,交好。 ②清淳:高洁淳朴。简贵:单纯清高。 ③中书郎:官名,即中书侍郎,是中书令、中书监的副职。 ④少:年轻。亡:死。 ⑤相痛悼:沉痛悼念他。 ⑥东亭:即王珣,字元琳,小字法护,丞相王导之孙,以文学知名,曾封东亭侯,

官至尚书令。云:说。 ⑦可惜人:值得惋惜的人才。

15. 王东亭与谢公交恶①。王在东闻谢丧②,便出都③,诣子敬④,道欲哭谢公⑤。子敬始卧,闻其言,便惊起曰:"所望于法护⑥。"王于是往哭。督帅刁约不听前⑦,曰:"官平生在时⑧,不见此客。"王亦不与语,直前哭⑨,甚恸⑩,不执末婢手而退⑪。

[注释]①王东亭:即王珣,见本门14注⑥。谢公:即谢安,字安石,陈郡阳夏(今河南太康)人,东晋名臣,死后追赠太傅。交恶:互相憎恨仇视。②东:指会稽(今浙江绍兴),因为东晋建都建康,以会稽、吴郡为东。闻:听说。 ③出都:到都城建康。出:至,到。 ④诣:拜访。子敬:即王献之,见本门14注①。 ⑤道:说。欲:想。哭:吊唁,哭吊。 ⑥所望于法护:此句的大意是:这正是我对法护的希望。 ⑦督帅:府中总管,掌督察、总务等职。刁约:东晋谢安府中属吏,生平不详。不听:不允许。 ⑧官:对尊长的敬称,此指谢安。平生:平常,平素。 ⑨直:直接。 ⑩甚恸:非常悲痛。 ⑪执:握。末婢:即谢琰,字瑗度,小字末婢,谢安少子。按:依照丧礼,吊丧者离开时应与孝子握手。

16. 王子猷、子敬俱病笃①,而子敬先亡。子猷问左右②:"何以都不闻消息③?此已丧矣!"语时了不悲④。便索舆来奔丧⑤,都不哭。子敬素好琴⑥,便径入坐灵床上⑦,取子敬琴弹,弦既不调⑧,掷地云⑨:"子敬,子敬,人琴俱亡!"因恸绝良久⑩。月余亦卒⑪。

[注释]①王子猷:即王徽之,字子猷,王羲之的儿子,东晋名士,放任不羁,官至黄门侍郎。子敬:即王献之,见本门14注①。俱:都。病笃:病重。②左右:身边侍从之人。 ③何以:为什么。都不:完全不,一点也不。闻:听

说。　④了:完全。　⑤索:要。舆:车。奔丧:从外地赶往吊唁或料理丧事。⑥素:平素,向来。　⑦径:径直,直接。灵床:此指为悼念死者而虚设的座位。　⑧既:已经。调:谐调。　⑨掷:扔。云:说。　⑩因:因而,接着。恸绝:因极度悲痛而昏厥。良久:很久。　⑪卒:死。

17. 孝武山陵夕①,王孝伯入临②,告其诸弟曰:"虽榱桷惟新③,便自有《黍离》之哀④。"

[注释]①孝武:晋孝武帝司马曜,简文帝之子,公元372年至公元396年在位。山陵:本指帝王的坟墓,此指帝王去世。　②王孝伯:即王恭,字孝伯,晋光禄大夫王蕴的儿子,曾任丹阳尹、中书令、青、兖二州刺史等官。入:指到都城建康。临:哭吊。　③榱桷(cuī jué):屋椽。比喻担负重任、支撑时局的人,此指司马道子等人。　④便自:却。《黍离》:本为《诗经·王风》中的篇名,诗序说,西周灭亡后,周大夫经过故都时,看到宫室宗庙全长满了禾黍,彷徨不忍离去,因而作此诗。后用作感慨亡国之词。当时朝廷由司马道子、王国宝等人掌权,国家危机四伏,王恭因此而悲叹。

18. 羊孚年三十一卒①,桓玄与羊欣书曰②:"贤从情所信寄③,暴疾而殒④。祝予之叹⑤,如何可言⑥!"

[注释]①羊孚:字子道,羊绥之子,曾任兖州别驾、太尉参军,是桓玄心腹。卒:死。　②桓玄:字敬道,晋大司马桓温之子,晋安帝时执掌朝政,逼晋帝禅位,建国号楚,后被刘裕诛灭。与:给。羊欣:字敬元,与羊孚是再从兄弟。书:信。　③贤:有才华的,此是敬称。从:指再从兄弟羊孚。信寄:信赖,寄托。　④暴疾:突发而猛烈的疾病。殒:死亡。　⑤祝予之叹:语出《公羊传》哀公十四年:"子路死,子曰:'噫,天祝予!'"　祝予:(老天)断送我。祝:断。　⑥如何可言:指这哪能完全道出我的痛苦。

19. 桓玄当篡位①,语卞鞠云②:"昔羊子道恒禁吾此意③。今腹心丧羊孚④,爪牙失索元⑤,而匆匆作此诋突⑥,讵允天心⑦?"

[注释]①桓玄:见本门 18 注②。当:将。 ②卞鞠:即卞范之,字敬祖,晋济阴冤句(今山东菏泽西南)人,桓玄将篡晋时,以卞鞠为丹阳尹,后因桓玄失败而被杀。云:说。 ③羊子道:即羊孚,见本门 18 注①。禁:劝阻。此意:指篡位的念头。 ④腹心:即心腹。丧:失去。 ⑤爪牙:喻指得力的助手。索元:字天保,桓玄部将,曾任征虏将军、历阳太守等官。 ⑥匆匆:仓促,匆忙。诋突:唐突、鲁莽之事,此指篡位作乱。 ⑦讵(jù):岂,怎能。允:符合。天心:天意。

栖逸第十八

1. 阮步兵啸闻数百步①。苏门山中②,忽有真人③,樵伐者咸共传说④。阮籍往观,见其人拥膝岩侧⑤,籍登岭就之⑥,箕踞相对⑦。籍商略终古⑧,上陈黄、农玄寂之道⑨,下考三代盛德之美以问之⑩,仡然不应⑪。复叙有为之教、栖神导气之术以观之⑫,彼犹如前⑬,凝瞩不转⑭。籍因对之长啸⑮。良久⑯,乃笑曰⑰:"可更作⑱。"籍复啸。意尽,退还半岭许⑲,闻上嗒然有声⑳,如数部鼓吹㉑,林谷传响㉒,顾看㉓,乃向人啸也㉔。

[注释]①阮步兵:即阮籍,字嗣宗,三国魏末陈留尉氏(今属河南)人,好老庄之学,放任不羁,"竹林七贤"之一,与嵇康齐名,曾任步兵校尉,所以世称"阮步兵"。啸:相当于现在所谓"吹口哨",即撮口(或用手指辅助)吹气以发出长声,啸成为魏晋时期的风气。闻:听到。 ②苏门山:山名,又名苏岭、百门山,是太行山支脉,在今河南辉县西北。 ③真人:道家称存养本性、修行得道的人。 ④樵伐者:伐木砍柴的人。咸共:都,全部。 ⑤拥:抱。 ⑥就:靠近。 ⑦箕踞:一种傲慢、不礼貌的坐姿,即随意张开两腿坐着,形似簸箕。 ⑧商略:品评,评论。终古:往昔,自古以来。 ⑨陈:论说。黄、农:指上古黄帝轩辕氏、炎帝神农氏。玄寂:玄虚寂静,指清静无为。道:思想,理论。 ⑩考:追述。三代:指夏、商、周。盛德:大德。 ⑪仡然:抬头注视的

样子。仡(yì):抬头。　⑫有为之教:有所作为的学说,即儒家思想。栖神导气:此指道家的修炼功课,凝神专一、摄气运息。术:方法。　⑬彼:那人,他。犹:仍然。　⑭凝瞩不转:目不转睛地注视。　⑮因:于是。　⑯良久:很久。⑰乃:才。　⑱更:再。　⑲半岭:半山腰。许,处,地方。　⑳嗜然:声音悠长的样子。　㉑鼓吹:乐曲名,用鼓、钲、箫、笳等乐器合奏,源于我国古代北方民族,本为军中之乐,后被广泛运用。　㉒林谷:树林与山谷,泛指山林。传响:传递回声。　㉓顾:回头。　㉔乃:是,原来是。向:刚才。

2. 嵇康游于汲郡山中①,遇道士孙登②,遂与之游。康临去③,登曰:"君才则高矣,保身之道不足④。"

[注释]①嵇康:字叔夜,三国魏谯国(今安徽亳州)人,好《老子》、《庄子》,任性放达,与阮籍交好,"竹林七贤"之一,官至中散大夫,后被司马昭所杀。游:游览。于:在。汲郡:西晋郡名,治所在今河南卫辉西南。　②道士:道教徒。孙登,字公和,三国魏末汲郡共人,隐居于汲郡山中。　③临:将要。去:离开。　④保身:保全自身。道:方法。

3. 山公将去选曹①,欲举嵇康②,康与书告绝③。

[注释]①山公:即山涛,字巨源,三国魏末河内(今河南沁阳)人,后入晋,历任吏部尚书、仆射、太子少傅、司徒等官。去:此指辞去。选曹:主管选拔官吏的官署,特指吏部,山涛曾仕魏任吏部尚书郎。　②举:举荐,推荐。③与:给。书:信。告绝:宣告绝交。

4. 李廞是茂曾第五子①,清贞有远操②,而少羸病③,不肯婚宦④。居在临海⑤,住兄侍中墓下⑥。既有高名⑦,王丞相欲招礼之⑧,故辟为府掾⑨。廞得笺命⑩,笑曰:"茂弘乃复以一爵假人⑪!"

[注释]①李廞:字宗子,江夏钟武(今河南信阳)人。茂曾:即李重,字茂曾,李廞之父,仕晋,曾任平阳太守。 ②清贞:清正,清廉正直。远操:高远的志向。 ③赢病:体弱多病。 ④婚宦:结婚做官。 ⑤居:住所。临海:郡名,治所在今浙江临海。 ⑥侍中:指李廞之兄李式,字景则,官至侍中。墓下:指墓地旁。 ⑦高名:盛名,很好的名声。 ⑧王丞相:即王导,字茂弘,琅邪临沂(今属山东)人,东晋功臣,官至丞相。招:招聘做官。礼:礼遇,以礼相待。 ⑨故:所以。辟:征召,招聘。府掾(yuàn):官府中的属官。 ⑩笺命:授官的文书。 ⑪乃复:竟然,居然。爵:官位。假:强加,给予。以一爵假人:语出《左传·成公二年》:"唯器与名不可以假人。"器:官职,爵位。

5.何骠骑弟以高情避世①,而骠骑劝之令仕②,答曰:"予第五之名③,何必减骠骑④!"

[注释]①何骠骑:即何充,字次道,晋庐江灊(今安徽霍山)人,曾任骠骑将军,其弟何准,字幼道,终身不仕。高情:高雅的情致。避世:避开世俗,指隐居。 ②仕:做官。 ③予:我。第五:何准是何充的第五弟。名:名声。 ④何必:未必,不见得。减:不及,不如。

6.阮光禄在东山①,萧然无事②,常内足于怀③。有人以问王右军④,右军曰:"此君近不惊宠辱⑤,虽古之沈冥⑥,何以过此⑦!"

[注释]①阮光禄:即阮裕,字思旷,陈留尉氏(今属河南)人,东晋名士,后长期隐居会稽剡山,朝廷征以金紫光禄大夫,固辞不就。东山:此指会稽剡山(在今浙江嵊州西南)。 ②萧然:清静的样子。 ③内足于怀:内心感到满足。 ④王右军:即王羲之,字逸少,善书法,仕晋,曾封官右军将军。 ⑤近:几乎。不惊宠辱:不被荣辱得失所惊扰。语出《老子》:"宠为上,辱为下;得之若惊,失之若惊。" ⑥虽:即使。沈(chén)冥:深藏不露,指隐居的人。 ⑦何以:如何,怎么。过:超过。

7.孔车骑少有嘉遁意①,年四十余,始应安东命②。未仕宦时③,常独寝歌吹自箴诲④,自称"孔郎",游散名山⑤。百姓谓有道术⑥,为生立庙⑦,今犹有孔郎庙⑧。

[注释]①孔车骑:即孔愉,字敬康,晋会稽山阴(今浙江绍兴)人,曾任尚书左仆射,赠车骑将军。嘉遁:合乎正道或时宜的退隐。意:意向。 ②始:才。安东:即晋元帝司马睿,当时任安东将军,起用孔愉为参军。 ③仕宦:做官。 ④歌吹:歌唱,吹奏。箴诲:告诫,教导。 ⑤游散:游览。 ⑥谓:以为,认为。道术:方术,道教或神仙家的养身之术。 ⑦为生立庙:为活着的人立祠庙。 ⑧犹:仍然。

8.南阳刘驎之①,高率善史传②,隐于阳岐③。于时苻坚临江④,荆州刺史桓冲将尽䜣谟之益⑤,征为长史⑥,遣人船往迎,赠贶甚厚⑦。驎之闻命便升舟⑧,悉不受所饷⑨,缘道以乞穷乏⑩,比至上明亦尽⑪。一见冲,因陈无用⑫,翛然而退⑬。居阳岐积年⑭,衣食有无⑮,常与村人共;值己匮乏⑯,村人亦如之⑰,甚厚⑱,为乡闾所安⑲。

[注释]①南阳:郡名,治所在宛县(今河南南阳)。刘驎之:一名刘遗民,晋南阳(今属河南)人,终身不仕,隐居阳岐。 ②高率:高洁真率。善史传:擅长历史学问。 ③阳岐:即阳岐村,濒临长江,离荆州二百里。 ④于时:当时。苻坚:字永固,前秦君主,在位二十多年,与东晋对峙。临江:侵犯长江沿岸。 ⑤荆州:州名,晋时治所在今湖北江陵。刺史:官名,魏晋时重要州郡置都督兼领刺史,掌管一州军事大权。桓冲:字幼子,大将军桓温的弟弟,曾任荆州刺史、车骑将军等官。䜣谟:大的谋划,此指计划防御前秦的进攻。益:力。 ⑥征:征召,聘用。长史:官名,魏晋时,丞相、三公、都督府、将军府

等都设长史,为辅佐官吏。 ⑦赠贶(kuàng):赠送,赐予。甚:很。 ⑧闻命:听到命令。升舟:登船,上船。 ⑨悉:全部。所饷:所馈赠的东西。 ⑩缘道:沿路。乞(qì):赠,给予。穷乏:贫困的人。 ⑪比:及,等到。至:到达。上明:城名,东晋时曾为荆州刺史治所,旧址在今湖北松滋西。亦:皆,都。 ⑫因:便,就。陈:陈说。无用:没有才能。 ⑬翛(xiāo)然:超脱自在的样子。 ⑭积年:多年。 ⑮有无:偏指"有"。 ⑯值:遇到。匮乏:缺乏,不足。 ⑰如之:像他一样。 ⑱甚厚:指村人对刘骥之很热情。 ⑲乡间:乡里,此指村人。安:此指安然相处。

9.南阳翟道渊与汝南周子南少相友①,共隐于寻阳②。庾太尉说周以当世之务③,周遂仕④。翟秉志弥固⑤。其后周诣翟⑥,翟不与语⑦。

[注释]①南阳:郡名,治所在宛县(今河南南阳)。翟道渊:即翟汤,字道渊,东晋隐士,有名德于世。汝南:郡名,东晋时治所在悬瓠(今河南汝南)。周子南:即周邵,字子南,初与翟汤隐居在寻阳庐山,后被庾亮起用,官至镇蛮护军、西阳太守。 ②共:一起。隐:隐居。寻阳:县名,东晋时治所在今江西九江。 ③庾太尉:即庾亮,字元规,晋颍川鄢陵(今属河南)人,曾任征西大将军、荆州刺史等官,死后赠太尉。说(shuì):说服。以:用。当世之务:当时的政治形势。 ④遂:于是。仕:做官。 ⑤秉:坚持。弥:更加。固:坚决。 ⑥诣:拜访。 ⑦语:说话。

10.孟万年及弟少孤①,居武昌阳新县②。万年游宦③,有盛名当世④。少孤未尝出京邑⑤,人士思欲见之,乃遣信报少孤云⑥:"兄病笃⑦。"狼狈至都⑧,时贤见之者⑨,莫不嗟重⑩,因相谓曰⑪:"少孤如此,万年可死。"

[注释]①孟万年:即孟嘉,字万年,晋江夏鄳(今河南罗山)人,有文才,

为当时名流所器重。少孤:即孟陋,字少孤,博学多通,终身不仕,闻名当时。 ②武昌:晋郡名,治所在今湖北鄂州。阳新县:县名,晋属武昌郡,即今湖北阳新县。 ③游宦:外出做官。 ④盛名:大名,好的名声。 ⑤出:至,到。京邑:京都,即建康。 ⑥乃:于是。遣:派。信:信使。云:说。 ⑦病笃:病重。 ⑧狼狈:急速,匆忙。 ⑨时贤:当时的名流。 ⑩莫:没有谁。嗟重:赞叹器重。 ⑪因:便,于是。相谓:交谈。

11. 康僧渊在豫章①,去郭数十里立精舍②,旁连岭,带长川③,芳林列于轩庭④,清流激于堂宇⑤。乃闲居研讲⑥,希心理味⑦。庾公诸人多往看之⑧,观其运用吐纳⑨,风流转佳⑩,加已处之怡然⑪,亦有以自得⑫,声名乃兴⑬。后不堪⑭,遂出⑮。

[注释]①康僧渊:东晋名僧,本西域人,生于长安,晋成帝时渡江南下,精于佛理,在豫章山立寺讲说佛经。豫章:郡名,治所在今江西南昌。 ②去:距离。郭:外城,古代在城的外围加筑的一道城墙。立:建造。精舍:道士或僧人修炼、讲经的地方。 ③带:围绕。长川:长的河流。 ④芳林:花草树木。轩庭:庭院。 ⑤堂宇:此指室外。 ⑥乃:于是。闲居:避人独自居住。研讲:研究讲习。 ⑦希心:潜心,专心。理味:研究体会。 ⑧庾公:即庾亮,见本门9注③。 ⑨吐纳:吐故纳新,即把胸中的浊气呼出,再慢慢吸入清鲜之气,是古代道家的养生之术。 ⑩风流:风度神采。转:更加。佳:好。 ⑪怡然:喜悦的样子。 ⑫有以:有用来……的方法。自得:自在。 ⑬声名:名声。乃:于是。兴:兴盛,兴旺。 ⑭不堪:经不住,不能承受(外人的打扰)。 ⑮遂:就。出:出山。

12. 戴安道既厉操东山①,而其兄欲建式遏之功②,谢太傅曰③:"卿兄弟志业④,何其太殊⑤?"戴曰:"下官不堪其忧⑥,家弟不改其乐。"

[注释]①戴安道:即戴逵,字安道,晋谯国(今安徽亳州)人,擅长书法绘画,不乐仕宦。厉操:磨炼节操。东山:指会稽剡山(在今浙江嵊州西南)。 ②其兄:指戴逯(lù),字安丘,因武勇而出名,封广陵侯,官至大司农。式遏:语出《诗经·大雅·民劳》:"式遏寇虐,憯不畏明。柔远能迩,以定我王。"本指遏止恶人暴掠,此指保卫疆土、建功立业。 ③谢太傅:即谢安,字安石,陈郡阳夏(今河南太康)人,初寓居会稽东山(在今浙江上虞西南),无仕宦之心,后出仕成为东晋名臣,死后追赠太傅。 ④卿:第二人称代词,相当于"你"。志业:志向事业。 ⑤何其:为什么那样。殊:不同。 ⑥下官:谦辞,下级官吏在上级面前的自称。"不堪其忧"和下句中的"不改其乐"均出自《论语·雍也》:"贤哉,回也!一箪食,一瓢饮,在陋巷,人不堪其忧,回也不改其乐。"大意是别人受不了穷苦的忧愁,颜回却不改变他自有的快乐。此处戴逯借用其句,表明两兄弟性情的不同。

13.许玄度隐在永兴南幽穴中①,每致四方诸侯之遗②。或谓许曰③:"尝闻箕山人似不尔耳④。"许曰:"筐篚苞苴⑤,故当轻于天下之宝耳⑥。"

[注释]①许玄度:即许询,字玄度,高阳(治今河北蠡县)人,东晋名士,不乐仕宦。隐:隐居。永兴:县名,晋时属会稽郡,在今浙江萧山西。幽穴:深山的山洞。 ②每:常常。致:获得,得到。四方诸侯:各地官员。遗(wèi):馈赠。 ③或:有人。 ④尝:曾经。闻:听说。箕山人:指许由。相传尧让天下给许由,许由不接受,逃至箕山下隐居。似:似乎。尔:这样。 ⑤筐篚(fěi):盛物竹器,方曰筐,圆曰篚,此处借指馈赠的礼物。苞苴(jū):包裹鱼肉的草包,此处借指馈赠的礼物。 ⑥故当:当然。天下之宝:指天下之位。

14.范宣未尝入公门①,韩康伯与同载②,遂诱俱入郡③,范便于车后趋下④。

[注释]①范宣:字宣子,陈留(今河南开封东北)人,东晋儒者,以讲诵为

业,终生不仕。公门:官府之门,即衙门。 ②韩康伯:即韩伯,字康伯,晋颖川长社(今河南长葛东)人,曾任豫章太守、领军将军等官。同载:共同乘坐一辆车。 ③遂:于是。俱:一起。郡:郡太守官舍,即郡衙。 ④于:从。趋:疾走,跑。

15. 郗超每闻欲高尚隐退者①,辄为办百万资②,并为造立居宇③。在剡④,为戴公起宅⑤,甚精整⑥。戴始往旧居⑦,与所亲书曰⑧:"近至剡,如官舍⑨。"郗为傅约亦办百万资⑩,傅隐事差互⑪,故不果遗⑫。

[注释]①郗超:字景兴,小字嘉宾,晋司空郗愔的长子,当时获宠于桓温,负有盛名。闻:听说。高尚:志存高远,指不愿做官。隐退:辞官隐居。 ②辄:就。办:准备。资:钱财。 ③居宇:房舍,住宅。 ④剡(shàn):县名,治所在今浙江嵊州西南。 ⑤戴公:即戴逵,见本门12注①。起:建造。 ⑥甚:很。精整:精致齐整。 ⑦始往旧居:疑本无"旧"字,《艺文类聚》三六、《太平御览》五一○引《世说新语》均无"旧"字。 ⑧与:给。所亲:亲近的人。书:信。 ⑨如:好像。 ⑩傅约:傅瑗,小字约,生平事迹不详。 ⑪隐事:隐居的事情。差互:蹉跎,指出了差错变化或没有办成。 ⑫故:所以。果:果真。遗(wèi):赠送。

16. 许掾好游山水①,而体便登陟②。时人云③:"许非徒有胜情④,实有济胜之具⑤。"

[注释]①许掾:即许询,曾征召为司徒掾,不就,参见本门13注①。 ②登陟:攀登。陟(zhì):升,登。 ③时人:当时的人。云:说。 ④非徒:不只。胜情:美好的情趣。 ⑤济胜之具:指具有游览名山胜景的强健身体。济:成,成就。

17. 郗尚书与谢居士善①,常称谢庆绪识见虽不绝人②,可以累心处都尽③。

[注释]①郗尚书:即郗恢,字道胤,小字阿乞,晋高平金乡(今属山东)人,曾任雍州刺史、尚书等官。谢居士:即谢敷,字庆绪,信奉佛教,终身不仕,人称"谢居士"。居士:在家的奉佛者。善:亲善,交好。 ②称:称赞。识见:见识。绝人:超过别人,出众。 ③累心处:扰乱心绪的因素。都:全部。尽:消除。

贤媛第十九

1. 陈婴者①,东阳人②。少修德行③,著称乡党④。秦末大乱⑤,东阳人欲奉婴为主⑥,母曰:"不可!自我为汝家妇,少见贫贱⑦。一旦富贵,不祥!不如以兵属人⑧。事成,少受其利⑨;不成,祸有所归。"

[**注释**]①陈婴:曾为秦末东阳令史,后归汉,且被封侯。 ②东阳:秦朝县名,约在今江苏盱眙县以东。 ③修德行:修养道德品行。 ④著称:闻名。乡党:乡里。 ⑤秦末大乱:指秦末陈胜、吴广起义。 ⑥奉:推举,拥立。 ⑦见:遭受。 ⑧属(zhǔ):托付,交给。 ⑨少(shǎo):稍微。利:好处。

2. 汉元帝宫人既多①,乃令画工图之②,欲有呼者,辄披图召之③。其中常者④,皆行货赂⑤。王明君姿容甚丽⑥,志不苟求⑦,工遂毁为其状⑧。后匈奴来和⑨,求美女于汉帝,帝以明君充行⑩。既召见而惜之。但名字已去,不欲中改⑪,于是遂行。

[**注释**]①汉元帝:刘奭,西汉第8代皇帝,公元前48年至公元前33年在位。宫人:宫女。既:已经。 ②图:绘画,描摹。 ③披:翻开,翻阅。图:画

像。 ④常者:相貌普通的宫女。 ⑤货赂:贿赂。 ⑥王明君:王嫱,即王昭君,因避晋文帝司马昭的讳,改称"明君"。 ⑦苟求:苟且贪求。该句的意思是说昭君决意不苟且(讨好画工而)求得皇帝临幸。 ⑧工:画工。毁:诋毁,丑化。毁为其状:绘制昭君的画像时进行丑化。 ⑨匈奴来和:指竟宁元年(公元前33年),匈奴呼韩邪单于来汉朝请求和亲。 ⑩充行:充数出行。汉代和亲政策是公主下嫁,但实际上多用其他女子以公主的名义远嫁。 ⑪中改:中途改变。

3. 汉成帝幸赵飞燕①,飞燕谗班婕妤祝诅②,于是考问③。辞曰④:"妾闻死生有命,富贵在天。修善尚不蒙福⑤,为邪欲以何望⑥?若鬼神有知,不受邪佞之诉⑦;若其无知,诉之何益?故不为也。"

[注释]①汉成帝:刘骜,元帝子,西汉第9代皇帝,公元前32年至公元前7年在位。赵飞燕:即汉成帝赵皇后,本为长安宫女,后深得皇上宠幸。因体态轻盈,善歌舞,号称"飞燕"。幸:宠幸。 ②班婕妤:原名不详,汉成帝时入宫。婕妤(jié yú):古代宫中女官名(汉武帝时始置),是帝王嫔妃的称号。谗:诬蔑。祝(zhòu)诅:向鬼神诉说,使其降祸于所憎恨的人。 ③考问:审问。 ④辞:供词。 ⑤修善:做好事。蒙福:蒙受佑护,恩泽。 ⑥为邪:做邪恶的事情。望:希望,指望。 ⑦邪佞:奸邪伪善之人。

4. 魏武帝崩①,文帝悉取武帝宫人自侍②。及帝病困③,卞后出看疾④。太后入户⑤,见直侍并是昔日所爱幸者⑥。太后问:"何时来邪?"云:"正伏魄时过⑦。"因不复前而叹曰:"狗鼠不食汝余⑧,死故应尔⑨!"至山陵⑩,亦竟不临⑪。

[注释]①魏武帝:曹操。其子曹丕建魏称帝,追封曹操为武帝。崩:古代帝王去世的讳称。 ②文帝:指魏文帝曹丕,公元220年至公元226年在位。

悉:全部。自侍:侍奉自己。 ③帝:指文帝。病困:病重。 ④卞后:卞太后,文帝曹丕的母亲。看疾:探望病情。 ⑤户:门。 ⑥直侍:在帝王身边侍奉的宫女。并:全。 ⑦伏魄:伏,通"复"。复魄:即"招魂",古代一种风俗迷信,在人刚死的时候,拿出死者生前所穿衣服,登上高处呼其魂魄归来欲使其复活。这里指在曹操刚死的时候。 ⑧狗鼠不食汝余:连狗鼠也不吃他吃剩的东西。古时俗语,比喻被人极端鄙视。 ⑨死故应尔:本来就该死。应尔:应该这样。 ⑩山陵:指帝王或皇后的坟墓,这里指魏文帝去世。 ⑪临(lìn):哭吊死者。

5. 赵母嫁女①,女临去②,敕之曰③:"慎勿为好④!"女曰:"不为好,可为恶邪?"母曰:"好尚不可为⑤,其况恶乎?⑥"

[注释]①赵母:三国时吴国人,桐乡(今安徽桐城北)令虞韪的妻子,颍川(今河南许昌)赵氏女,有才学,韪死后,被孙权诏入宫,作《列女传解》。 ②临:将要。 ③敕(chì):告诫。 ④慎勿为好:千万不要做善事(以免遭人嫉妒)。 ⑤尚:尚且。 ⑥其况:犹"岂况",何况。晋葛洪《抱朴子·勖学》:"夫童谣犹助圣人之耳目,岂况《坟》《索》之弘博哉?"

6. 许允妇是阮卫尉女①,德如妹②,奇丑③。交礼竟④,允无复入理⑤,家人深以为忧。会允有客至⑥,妇令婢视之,还,答曰:"是桓郎⑦。"桓郎者,桓范也。妇云:"无忧,桓必劝入。"桓果语许云:"阮家既嫁丑女与卿⑧,故当有意⑨,卿宜察之。"许便回入内。既见妇,即欲出。妇料其此出,无复入理,便捉裾停之⑩。许因谓曰:"妇有四德⑪,卿有其几?"妇曰:"新妇所乏唯容尔⑫。然士有百行⑬,君有几?"许云:"皆备⑭。"妇曰:"夫百行以德为首,君好色不好德,何谓皆备?"允有惭色⑮,遂相敬重。

[注释]①许允:字士宗,三国魏国人,官至领军将军。后被晋景王(司马师)所害。阮卫尉:即阮共,字伯彦,仕魏,官至卫尉卿。 ②德如:阮共的儿子,名侃,字德如,官至河内太守。 ③奇:极,十分。 ④交礼:婚礼中的交拜礼。竟:结束。 ⑤复:再。理:道理。 ⑥会:正逢,恰好。 ⑦桓郎:即桓范,字符则,三国魏沛郡(治所约在今江苏沛县)人,官至大司农,后被晋宣王司马懿所杀。郎:对青少年男子的通称。 ⑧卿:相当于第二人称代词"你"。 ⑨故当:必定。有意:有缘故。 ⑩捉:拉。裾:衣襟。停:使……停止,阻止。 ⑪四德:妇德、妇言、妇容、妇功(见《周礼·天官·九嫔》),即封建礼教要求妇女应有的四种德行:品德、言辞、容貌、纺织。 ⑫新妇:泛指已婚妇女。乏:缺少。唯:只,只是。容:容貌。尔:而已。 ⑬百行:多方面的德行。百:泛指许多。 ⑭备:具备。 ⑮惭色:羞愧的脸色。

7. 许允为吏部郎①,多用其乡里②,魏明帝遣虎贲收之③。其妇出,诫允曰:"明主可以理夺④,难以情求。"既至,帝核问之⑤。允对曰:"'举尔所知⑥',臣之乡人,臣所知也。陛下检校为称职与不⑦。若不称职,臣受其罪。"既检校,皆官得其人⑧,于是乃释。允衣服败坏⑨,诏赐新衣。初⑩,允被收,举家号哭⑪。阮新妇自若云⑫:"勿忧,寻还⑬。"作粟粥待。顷之⑭,允至。

[注释]①许允:见本门6注①。吏部郎:古官名,隶属于吏部尚书,主管选举人才。 ②乡里:同乡的人。 ③魏明帝:即曹叡,曹丕的儿子。虎贲:官名,这里指宫中卫士。收:拘捕。 ④明主:贤明的君主。夺:使……动摇或改变。该句的意思是:要用道理来改变明帝的看法。 ⑤核问:查问。 ⑥举尔所知:举荐你所了解的人。语出《论语·子路》:"仲弓为季氏宰,问政。子曰:'先有司,赦小过,举贤才。'曰:'焉知贤才而举之?'子曰:'举尔所知,尔所不知,人其舍诸?'" ⑦检校(jiào):核查,察看。与不:与否。

⑧官得其人:每个官职都有合适的人选。 ⑨败坏:破烂损坏。 ⑩初:用于追叙以前的事情。 ⑪举家:全家。 ⑫新妇:泛指已婚妇女。自若:镇静自如。 ⑬寻:不久,随即。 ⑭顷之:不久,不一会儿。

8. 许允为晋景王所诛①,门生走入告其妇②。妇正在机中③,神色不变,曰:"蚤知尔耳④。"门人欲藏其儿,妇曰:"无豫诸儿事⑤。"后徙居墓所,景王遣钟会看之⑥,若才流及父⑦,当收⑧。儿以咨母⑨,母曰:"汝等虽佳,才具不多⑩。率胸怀与语⑪,便无所忧。不须极哀,会止便止⑫;又可少问朝事⑬。"儿从之。会反⑭,以状对⑮,卒免⑯。

[注释]①晋景王:即司马师,字子元,司马懿之子,任魏大将军,专国政,晋国初建,被追尊为景王,司马炎称帝时,封其尊号为景帝。 ②门生:依附于世族、在其门下供役使的人。走:跑。妇:妻子。 ③正在机中:正在机子上织布。 ④蚤:通"早"。尔:这样。耳:语气助词,表肯定。 ⑤豫:牵涉,关系。 ⑥钟会:字士季,三国魏太傅钟繇之子,魏国谋士、将领,官至司徒,后因谋反被杀。看:观察。 ⑦才流:才智。及:比得上。 ⑧收:拘捕。一说收养。 ⑨咨:征询,请教。 ⑩才具:才能。 ⑪率胸怀与语:心里如何想的就如何说,指坦率地(跟钟会)交谈。率:遵循。 ⑫会:钟会。止:不哭。 ⑬少(shǎo):略微。朝事:朝廷之事。 ⑭反:同"返"。 ⑮状:情况。对:回复,报告。 ⑯卒:最终。免:幸免于难。

9. 王公渊娶诸葛诞女①,入室,言语始交②,王谓妇曰:"新妇神色卑下③,殊不似公休④。"妇曰:"大丈夫不能仿佛彦云⑤,而令妇人比踪英杰⑥!"

[注释]①王公渊:王广,字公渊,王凌的儿子,三国魏名士,父子均被司马

懿所杀。诸葛诞:字公休,三国魏国人,曾做扬州刺史、镇东将军、司空。后因谋反被杀。　②交:交谈。　③新妇:新娘子。卑下:卑微,不大方。　④殊:很。公休:指诸葛诞,王妻的父亲。　⑤仿佛:相似,类似。彦云:王凌,字彦云,王广的父亲。　⑥比踪:与……相比,和……相当。英杰:才智杰出的人。

10. 王经少贫苦①,仕至二千石②,母语之曰:"汝本寒家子,仕至二千石,此可以止乎!"经不能用③。为尚书④,助魏,不忠于晋⑤,被收⑥。涕泣辞母曰:"不从母敕⑦,以至今日。"母都无戚容⑧,语之曰:"为子则孝,为臣则忠。有孝有忠,何负吾邪⑨?"

[注释]①王经:字彦纬,三国魏国人,官至尚书。因高贵乡公(曹髦)之难被杀,他母亲也一同被杀害。　②二千石:古代官员俸禄的等级。二千石以上有万石、中二千石、真二千石,下有比二千石。如汉魏时的太守、大司农、中郎将、中护军等都是二千石的俸禄,人们常常用二千石直接指称这个级别的官员。　③用:听从。　④尚书:官名。始置于战国时,或称掌书,尚即执掌之义。到汉武帝时设尚书五人,地位逐渐重要。三国魏设有吏部、左民、客曹、五兵、度支共五曹尚书,以吏部尚书最为重要。　⑤晋:指司马氏。⑥收:拘捕。　⑦敕:告诫。　⑧都无:完全没有。戚容:悲伤的神情。⑨负:辜负。

11. 山公与嵇、阮一面①,契若金兰②。山妻韩氏觉公与二人异于常交,问公,公曰:"我当年可以为友者③,唯此二生耳④。"妻曰:"负羁之妻亦亲观狐、赵⑤;意欲窥之⑥,可乎?"他日⑦,二人来,妻劝公止之宿⑧,具酒肉⑨。夜穿墉以视之⑩,达旦忘反⑪。公入曰:"二人何如?"妻曰:"君才致殊不如⑫,正当以识度相友耳⑬。"公曰:"伊辈亦常以我度为胜⑭。"

[注释]①山公：即山涛，字巨源，"竹林七贤"之一，仕西晋，历任吏部尚书、仆射、太子少傅、司徒等官。嵇：即嵇康，字叔夜，三国曹魏人，官至中散大夫。阮：阮籍，字嗣宗，三国曹魏末年诗人。嵇康与阮籍均为"竹林七贤"的主要人物。面：见面。　②契若金兰：比喻情意相投，友情深厚。金兰：语出《周易·系辞上》："二人同心，其利断金；同心之言，其臭如兰。"后用来比喻契合的友情，深交。契：合，投合。　③当年：当生，今生。《列子·杨朱篇》："而欲尊礼义以夸人，矫情性以招名，吾以此为弗若死矣。为欲尽一生之欢，穷当年之乐……"　④生：指有才学的人。　⑤负羁：即僖负羁，春秋时曹国大夫。狐：狐偃。赵：赵衰。狐、赵两人跟从晋文公重耳在外流亡多年，后为晋国大夫。据《左传·僖公二十三年》记载：晋公子逃亡，经过曹国，曹共公无礼，想看晋公子的骈胁（肋骨紧密连接为一）。僖负羁之妻曰："吾观晋公子之从者，皆足以相国……"亲：亲自。　⑥窥：暗中偷看。　⑦他日：有一天。⑧止：留。　⑨具：准备。　⑩穿墉（yōng）：在墙壁上凿孔。　⑪反：同"返"。　⑫才致：才华。殊：很。　⑬正当：只能。正：只。识度：见识，度量。⑭伊辈：他们。胜：好。

12.王浑妻钟氏生女令淑①，武子为妹求简美对而未得②。有兵家子③，有俊才④，欲以妹妻之⑤，乃白母⑥。曰⑦："诚是才者⑧，其地可遗⑨。然要令我见⑩。"武子乃令兵儿与群小杂处⑪，使母帷中察之⑫。既而⑬，母谓武子曰："如此衣形者是汝所拟者非邪⑭？"武子曰："是也。"母曰："此才足以拔萃⑮，然地寒⑯，不有长年不得申其才用⑰。观其形骨必不寿⑱，不可与婚。"武子从之。兵儿数年果亡。

[注释]①王浑：字玄冲，三国曹魏司空王昶的儿子，西晋大将军。钟氏：名琰之，三国魏太傅钟繇的曾孙女。令淑：德行美好，为人贤淑。　②武子：

王济,字武子,王浑的儿子,仕晋,官至太仆。求简:物色,选择。美对:好的配偶。 ③兵家:魏晋时兵士出身称"兵家"。 ④俊才:卓越的才智。 ⑤妻(qì):嫁。 ⑥白:禀告,告诉。 ⑦"曰"前省略了主语"母"。 ⑧诚:的确。 ⑨地:门第。遗:不论,不管。 ⑩要:助动词,应当,须。 ⑪群小:指社会地位卑下的人们。杂处:共处,混在其中。 ⑫帏:帷幕,起遮蔽作用的布帛制品。察:观察。 ⑬既而:不久后,事后。 ⑭拟:打算,准备。 ⑮拔萃:出众。 ⑯地寒:门第寒微。 ⑰长年:长时间。申:施展。才用:才能。 ⑱形骨:形貌骨相。寿:长寿。

13. 贾充前妇是李丰女①,丰被诛,离婚徙边②。后遇赦得还,充先已取郭配女③,武帝特听置左右夫人④。李氏别住外,不肯还充舍。郭氏语充,欲就省李⑤,充曰:"彼刚介有才气⑥,卿往不如不去。"郭氏于是盛威仪⑦,多将侍婢⑧。既至,入户,李氏起迎,郭不觉脚自屈⑨,因跪再拜。既反⑩,语充⑪;充曰:"语卿道何物⑫?"

[注释]①贾充:字公闾,西晋王朝的开国元勋。前妇:前妻。李丰:字安国,三国时期魏国大臣,官至中书令,后为司马师所杀。其女名李婉。 ②徙边:古代的一种刑罚,把犯人流放到边境地区服劳役。这里指李婉被流放。 ③取:通"娶"。郭配:字南仲,三国魏人,车骑将军郭淮的弟弟,官至城阳太守。其女名玉璜,一曰名槐。 ④武帝:即晋武帝司马炎,字安世,司马昭的长子,公元265年废魏称帝,建立晋朝,在位25年。特:特地,特意。听:听凭,这里指"允许"。 ⑤就:去,往。省(xǐng):探望。 ⑥刚介:刚强正直。 ⑦盛威仪:使服饰仪表华美庄重。 ⑧将(jiāng):带领。 ⑨不觉:不禁。脚:腿。屈:弯。 ⑩反:同"返"。 ⑪语:告诉。 ⑫道:说。何物:什么。

14. 贾充妻李氏作《女训》行于世①。李氏女,齐献王妃②;郭氏女,惠帝后③。充卒,李、郭女各欲令其母合葬,经年不决④。贾后废⑤,李氏乃祔葬⑥,遂定。

[注释]①贾充:见本门13注①。行:流行。 ②齐献王:即齐王司马攸,死后谥献,字大猷,司马昭的儿子,晋武帝司马炎的弟弟。 ③惠帝:即晋惠帝司马衷,晋武帝司马炎之子,在位17年,昏庸无能。 ④经年:多年。 ⑤贾后:即晋惠帝贾皇后,贾充后妻郭氏所生之女。 ⑥祔(fù)葬:合葬。

15. 王汝南少无婚①,自求郝普女②。司空以其痴③,会无婚处④,任其意⑤,便许之⑥。既婚,果有令姿淑德⑦,生东海⑧,遂为王氏母仪⑨。或问汝南⑩:"何以知之?"曰:"尝见井上取水⑪,举动容止不失常⑫,未尝忤观⑬,以此知之。"

[注释]①王汝南:王湛,字处冲,三国魏司空王昶的儿子,司徒王浑的弟弟,官至汝南内史。无婚:没有娶妻。 ②郝普:字道匡(一曰名匡,字仲时),王湛的岳父,官至洛阳太守。该句的意思是:自己请求要娶郝普的女儿为妻。 ③司空:即王昶,字文叔,为三国曹魏司空,是王浑、王湛的父亲。痴:呆,愚笨。 ④会:正逢,恰好。婚处:婚配的对象。 ⑤任:听凭,不阻止。 ⑥许:答应。 ⑦令姿淑德:美丽的容貌,美好的德行。 ⑧东海:即王承,字安期,西晋人,曾任东海太守一职。 ⑨母仪:为人母亲的典范。仪:表率,标准。 ⑩或:有人。 ⑪尝:曾经。 ⑫举动:行动。容止:仪表行为。失常:违背常礼。 ⑬忤观:面对面看,与人对视。

16. 王司徒妇①,钟氏女②,太傅曾孙,亦有俊才女德③。钟、郝为娣姒④,雅相亲重⑤:钟不以贵陵郝⑥,郝亦不以贱下钟⑦。东海家内则郝夫人之法⑧,京陵家内范钟夫人之礼⑨。

[注释]①王司徒:即王浑,曾封官司徒,是三国曹魏司徒王昶的儿子,王

湛的哥哥。妇:妻子。 ②钟氏女:黄门侍郎钟徽的女儿,三国魏太傅钟繇的曾孙女。 ③俊才:卓越的才智。女德:犹妇德,旧时妇女应该具备的品德。 ④郝:指王湛的妻子郝氏。娣姒(dì sì):妯娌。哥哥的妻子为姒,弟弟的妻子为娣。 ⑤雅:很,非常。亲重:亲近敬重。 ⑥贵:门第高贵。陵:欺侮,侵犯。 ⑦贱:门第低微。下:居人之下,对人低声下气。 ⑧东海:即王承,王湛的儿子,封官东海太守。则:以……为准则,效法。 ⑨京陵:指王浑,封京陵侯。范:以……为规范。前句的"法"与该句的"礼"形成互文,均为"礼法"的意思。

17. 李平阳①,秦州子②,中夏名士③,于时以比王夷甫④。孙秀初欲立威权⑤,咸云⑥:"乐令民望⑦,不可杀;减李重者又不足杀⑧。"遂逼重自裁⑨。初⑩,重在家,有人走从门入⑪,出髻中疏示重⑫,重看之色动⑬。入内示其女,女直叫"绝"⑭,了其意⑮,出则自裁。此女甚高明,重每咨焉⑯。

[注释]①李平阳:即李重,字茂曾,西晋江夏钟武(今河南信阳东南)人,官至平阳太守。 ②秦州:即李秉,字玄胄,三国魏末任秦州刺史,李重的父亲。 ③中夏:中原地区。 ④于时:当时。王夷甫:即王衍,字夷甫,琅邪临沂(今属山东)人,西晋名臣,官至尚书令、太尉。 ⑤孙秀:字俊忠,西晋赵王司马伦篡位后,孙秀被任命为中书令,专断朝政,后为齐王司马冏所杀。立:树立。威权:威势和权力,这里主要指威信。 ⑥咸:都。 ⑦乐令:即乐广,字彦辅,西晋名士,后替代王戎为尚书令。民望:享有声望的人。 ⑧减:不如,不及。减李重者:不如李重的人。不足:不值得。 ⑨自裁:自杀。 ⑩初:用于追叙以前的事情。 ⑪走:跑。从门:旁门。 ⑫疏:书信。示:将……给人看。 ⑬色动:脸色有变。 ⑭直:只。绝:亡,完了。 ⑮了(liǎo):明白。 ⑯咨:询问,咨询。焉:于之,即向她(咨询)。

18.周浚作安东时①,行猎②,值暴雨③,过汝南李氏④。李氏富足,而男子不在。有女名络秀,闻外有贵人⑤,与一婢于内宰猪羊,作数十人饮食,事事精办⑥,不闻有人声。密觇之⑦,独见一女子⑧,状貌非常⑨。浚因求为妾⑩,父兄不许,络秀曰:"门户殄瘁⑪,何惜一女⑫!若连姻贵族⑬,将来或大益⑭。"父兄从之⑮。遂生伯仁兄弟⑯。络秀语伯仁等:"我所以屈节为汝家作妾⑰,门户计耳⑱。汝若不与吾家作亲亲者⑲,吾亦不惜余年⑳!"伯仁等悉从命。由此,李氏在世得方幅齿遇㉑。

[注释]①周浚:字开林,初仕魏为尚书郎,晋武帝时从御史中丞转为扬州刺史,加安东将军之号。作安东:指任安东将军。 ②行猎:外出打猎。 ③值:遇,碰上。 ④过:拜访。汝南:郡名,汉朝时设置,晋时移治县瓠城,即今河南汝南。 ⑤贵人:显贵之人。 ⑥精办:精细地安排。 ⑦密:暗地里,悄悄地。觇(chān):窥视,偷看。 ⑧独:只。 ⑨状貌:容貌。非常:不同一般,出众。 ⑩因:因而,于是。 ⑪殄瘁(tiǎn cuì):困穷,困苦,这里指门第衰败。 ⑫何:何必,用反问的语气表示不必。惜:怜惜,舍不得。 ⑬连姻:两家通过婚姻关系结成亲戚。贵族:当时门第显望的家族。 ⑭或:或许,也许。大益:大有好处。 ⑮从:听从,同意。 ⑯伯仁:即周顗,字伯仁,晋汝南安城(今河南汝南县东南)人,周浚长子,官至尚书左仆射,在东晋元帝时,被王敦杀害。其弟有周嵩、周谟。 ⑰所以:……的原因。屈节:降低身份相从。汝家:汝父,你们家父亲。 ⑱门户:门第。计:考虑。耳:罢了。 ⑲吾家:我的家族。亲亲:亲戚。 ⑳余年:余生。不惜余年:不惜去死。 ㉑世:社会。方幅:魏晋南北朝时期的方言,本指形体方正、整齐有度,引申为正当。齿遇:礼遇,平等相待。该句的意思是:从此,李家在社会上受到了正当的礼遇。

19.陶公少有大志①,家酷贫②,与母湛氏同居③。同郡范逵素知名④,举孝廉⑤,投侃宿⑥。于时⑦,冰雪积日⑧,侃室如悬磬⑨,而逵马仆甚多⑩。侃母湛氏语侃曰:"汝但出外留客⑪,吾自为计⑫。"湛头发委地⑬,下为二髲⑭,卖得数斛米⑮。斫诸屋柱⑯,悉割半为薪⑰;剉诸荐以为马草⑱。日夕⑲,遂设精食⑳,从者皆无所乏。逵既叹其才辩㉑,又深愧其厚意㉒。明旦去㉓,侃追送不已,且百里许㉔。逵曰:"路已远,君宜还。"侃犹不返,逵曰:"卿可去矣,至洛阳当相为美谈㉕。"侃乃返。逵及洛,遂称之于羊晫、顾荣诸人㉖,大获美誉㉗。

[注释]①陶公:即陶侃,字士衡,一说字士行,晋朝名臣,原籍鄱阳(今江西鄱阳),后徙居庐江寻阳(今江西九江),官至荆州刺史。 ②酷贫:极其贫困。 ③同居:住在一起。 ④范逵:其人不详。素:向来,一向。知名:出名。 ⑤举:推荐,选用。孝:指孝悌者。廉:清廉之士。"孝廉"分别为统治阶级选拔人才的科目,汉代时开始设置,后往往合称为孝廉一科。该句的意思是:(范逵)被选拔为孝廉。 ⑥投:投宿。 ⑦于时:当时。 ⑧积日:连日,连续好几天。 ⑨室如悬磬:房子里空荡无物,形容极度贫穷。磬:古代一种悬挂在架子上的打击乐器。 ⑩马仆:马匹和随从的仆人。 ⑪但:只管,尽管。 ⑫计:谋划,打算。 ⑬委地:下垂至地。 ⑭下:剪下。为:制作。髲(bì):假发。 ⑮斛(hú):由容器名称引申为量词,古代一斛为十斗。 ⑯斫(zhuó):砍。 ⑰薪:柴。 ⑱剉(cuò):切,剁。荐:草垫。 ⑲日夕:傍晚。 ⑳精食:精美的食物。 ㉑叹:赞叹。才辩:智慧与口才。 ㉒愧:感谢。 ㉓明旦:第二天早晨。去:离开。 ㉔且:将近,接近。许:表示约数,相当于"左右"、"大约"。 ㉕当:一定。相为:为你。相:偏指一方对另一方的行为。美谈:美言。 ㉖称:称道,称赞。羊晫:《晋书·陶侃传》作"杨晫",庐江寻阳人,曾引荐过陶侃。顾荣:字彦先,初仕吴,后为晋朝名将,死后追赠骠骑将军。 ㉗美誉:好的声誉。

20. 陶公少时作鱼梁吏①，尝以坩鲊饷母②。母封鲊付使③，反书责侃曰④："汝为吏，以官物见饷⑤，非唯不益⑥，乃增吾忧也⑦。"

[注释]①陶公：即陶侃，见本门19注①。鱼梁吏：管理鱼梁的小官员。鱼梁：拦截水流以捕鱼的设施。 ②尝：曾经。坩（gān）：盛物的陶器。鲊（zhǎ）：用腌、糟等方法加工的鱼类食品。坩鲊：一罐腌制的鱼。饷（xiǎng）：赠送。 ③付：交给。使：信使。 ④反书：回信。 ⑤官物：公家的物品、财产。见：称代自己。见饷：即"送给我"。 ⑥非唯：不但。 ⑦乃：而且，表递进。

21. 桓宣武平蜀①，以李势妹为妾②，甚有宠，常著斋后③。主始不知④，既闻，与数十婢拔白刃袭之⑤。正值李梳头⑥，发委藉地⑦，肤色玉曜⑧，不为动容，徐曰⑨："国破家亡，无心至此。今日若能见杀⑩，乃是本怀⑪。"主惭而退。

[注释]①桓宣武：即桓温，字元子，谯国龙亢（今安徽怀远）人，东晋大将，死后追赠丞相，谥宣武。平蜀：在晋穆帝永和二年（公元346年），桓温率兵攻成汉，永和三年平定蜀地，末主李势投降。 ②李势：字子仁，十六国成汉末代皇帝，公元343年至公元347年在位。永和三年（公元347年）成汉被桓温所灭，李势归降东晋，封归义侯。 ③著（zhuó）：安置。斋：学舍，书斋。 ④主：公主，桓温的妻子是晋明帝司马绍的女儿南康公主。 ⑤白刃：锋利的刀。 ⑥值：遇到，碰上。 ⑦委：下垂。藉地：拖到地上。该句描写李氏的头发很长。 ⑧玉曜：像玉色一样光艳夺目。曜（yào）：明亮，光辉。 ⑨徐：慢慢地。 ⑩见：被，表被动。 ⑪本怀：自己的心愿。

22. 庾玉台①，希之弟也②。希诛，将戮玉台。玉台子妇③,宣武弟桓豁女也④,徒跣求进⑤,阍禁不内⑥,女厉声曰:"是何小人⑦!我伯父门,不听我前⑧!"因突入⑨,号泣请曰:"庾玉台常因人⑩,脚短三寸⑪,当复能作贼不⑫?"宣武笑曰:"婿故自急⑬。"遂原玉台一门⑭。

[注释]①庾玉台:即庾友,字惠彦,小字玉台,庾冰的第三个儿子,官至中书郎、东阳太守。 ②希:即庾希,字始彦,庾冰的长子,官至徐、兖二州刺史。因为兄弟皆显贵当时,遭桓温嫉妒,庾希为桓温所杀。 ③子妇:儿媳妇,这里指庾友长子庾宣的妻子。 ④宣武:即桓温,见本门21注①。桓豁:字朗子,桓温的弟弟,东晋人,官至征西大将军。 ⑤徒跣:赤着脚。 ⑥阍(hūn):守门人。内:古"纳"字,使进入,放入。 ⑦小人:对小官吏的蔑称。 ⑧听:听任,任凭。前:进。 ⑨因:于是。突入:冲进去。 ⑩因:依靠,凭借。 ⑪脚:腿。 ⑫当复:"还"的意思。作贼:作乱,造反。不:同"否"。 ⑬婿:同"婿",女婿。故:当然,必定。如果杀了庾友,那么他的儿子庾宣也会受到牵连,所以说"婿故自急"。 ⑭原:赦免,宽恕。一门:一家。门:家庭,家族。

23. 谢公夫人帏诸婢①,使在前作伎②,使太傅暂见③,便下帏④。太傅索更开⑤,夫人云:"恐伤盛德⑥。"

[注释]①谢公夫人:即谢安的夫人,晋陵太守刘耽的女儿,刘真长的妹妹。帏:同"帷",帷帐,这里用为动词,用帷帐围起来。 ②伎:唱歌跳舞。 ③太傅:即谢安,字安石,陈郡阳夏(今河南太康)人,晋朝名臣,死后追赠太傅。使:假使,如果。暂:乍,忽然,突然。 ④下帏:放下帷帐。 ⑤索:要求。更:再次。 ⑥伤:损害。盛德:美德。

24. 桓车骑不好箸新衣①,浴后,妇故送新衣与②。车骑大怒,催使持去③。妇更持还④,传语云⑤:"衣不经新,何由而故⑥?"桓公大笑,箸之。

[注释]①桓车骑:即桓冲,字幼子,桓温的弟弟,曾任车骑将军。箸(zhuó):穿。 ②故:故意,特意。与:给,后面省略了宾语。 ③持:拿。 ④更:再次。还(huán):返回。 ⑤传语:传话,转告。 ⑥何由:怎么。故:旧。

25. 王右军郗夫人谓二弟司空、中郎曰①:"王家见二谢②,倾筐倒庋③;见汝辈来④,平平尔⑤。汝可无烦复往⑥。"

[注释]①王右军:即王羲之,字逸少,曾封官右军将军。郗夫人:王羲之的妻子,晋太尉郗鉴的女儿。司空:即郗愔(yīn),字方回,郗鉴长子,曾授官司空。中郎:即郗昙,字重熙,郗鉴的第二个儿子,曾任北中郎将。 ②二谢:指谢安、谢万。王珣兄弟都是谢氏的女婿,王、谢两家关系亲密。 ③倾筐倒庋:倾其所有,比喻盛情款待。庋(guǐ):搁放器物的板或架子。 ④汝辈:你们。 ⑤平平:很平淡。尔:通"耳",罢了,而已。 ⑥无烦:不须烦劳,不用。复:再。

26. 王凝之谢夫人既往王氏①,大薄凝之②。既还谢家,意大不说③。太傅慰释之曰④:"王郎⑤,逸少之子⑥,人身亦不恶⑦,汝何以恨乃尔⑧?"答曰:"一门叔父⑨,则有阿大、中郎⑩;群从兄弟⑪,则有封、胡、遏、末⑫。不意天壤之中⑬,乃有王郎⑭!"

[注释]①王凝之:字叔平,王羲之的第二个儿子,曾任江州刺史、左将军、会稽内史等官。谢夫人:即王凝之的妻子谢道韫(一作蕴),晋太傅谢安的侄女,安西将军谢奕的女儿,有文才。往王氏:嫁给王家。 ②大:很,非常。薄:轻视,看不起。 ③意:神情。说(yuè):古"悦"字,高兴。 ④太傅:即谢安,字安石,陈郡阳夏(今河南太康)人,晋朝名臣,死后追赠太傅。慰释:宽慰,劝解。 ⑤王郎:指王凝之。郎:对青少年男子的通称。 ⑥逸少:即王

羲之,字逸少。 ⑦人身:人材。不恶:不坏,不差。 ⑧何以:为什么。恨:抱怨,不满。乃尔:如此。 ⑨一门:一家。 ⑩阿大、中郎:可能分别指谢尚(谢安的堂哥)、谢据(谢安的第二个哥哥)。 ⑪群:众。从兄弟:堂兄弟。 ⑫封、胡、遏、末:依据《晋书·列女传》,分别是谢韶、谢朗、谢玄、谢渊的小名。谢韶:字穆度,谢万(谢安的弟弟)的儿子,官至车骑司马。谢朗:字长度,谢据的长子,官至东阳太守。谢玄:字幼度,谢奕(谢安的哥哥)的儿子,死后追赠车骑将军。谢渊:字叔度,谢奕的儿子,官至义兴太守。 ⑬不意:不料,想不到。天壤之中:天地之间。 ⑭乃:竟然。

27.韩康伯母隐古几毁坏①,卞鞠见几恶②,欲易之③,答曰:"我若不隐此,汝何以得见古物④?"

[注释]①韩康伯:即韩伯,字康伯,晋颍川长社(今河南长葛东)人,曾任豫章太守、领军将军等官。隐(yìn):倚,靠着。几:古人坐时凭依或搁置物件的小桌。 ②卞鞠:又名卞范之,字敬祖,韩伯母亲的外孙。恶:破旧。 ③易:更换。 ④何以:怎么,如何。得:能够。

28.王江州夫人语谢遏曰①:"汝何以都不复进②?为是尘务经心③,天分有限④?"

[注释]①王江州:即王凝之,曾任江州刺史,所以称王江州,其夫人为谢道韫,是谢玄的姐姐。谢遏:即谢玄,遏是其小名。 ②何以:为什么。都:全,完全。复:再。进:长进。 ③为是:选择连词,表示"抑或"、"还是"。尘务:世俗事务。经心:扰心,烦心。 ④天分:天资,天赋。③④两句的意思是:是世俗烦心,还是天资有限?

29.郗嘉宾丧①,妇兄弟欲迎妹还②,终不肯归,曰:"生纵不得与郗郎同室③,死宁不同穴④?"

[注释]①郗嘉宾:即郗超,字景兴,小字嘉宾,晋司空郗愔的长子。丧:去

世。　②妇:郗超的妻子。　③纵:纵然,虽然。得:能够。　④宁(nìng):岂,难道。同穴:夫妻死后合葬。

30. 谢遏绝重其姊①。张玄常称其妹②,欲以敌之③。有济尼者并游张、谢二家④,人问其优劣,答曰:"王夫人神情散朗⑤,故有林下风气⑥;顾家妇清心玉映⑦,自是闺房之秀⑧。"

[注释]①谢遏:即谢玄,见本门26注⑫。绝:极,最。重:敬重,推崇。②张玄:又名张玄之,字祖希,曾任吏部尚书、冠军将军、吴兴太守等官,与同时代的谢玄齐名,时称"南北二玄"。称:称道,称赞。　③敌:匹敌。　④济尼:名叫"济"的尼姑。并:同时。游:结交,交往。　⑤王夫人:谢玄的姐姐谢道韫,嫁与王凝之为妻。散朗:爽朗洒脱。　⑥林下风气:指竹林名士(竹林七贤)的风度和气质,用此来凸显谢道韫在女子中的出类拔萃。　⑦顾家妇:张玄的妹妹,嫁给顾氏。清心玉映:清秀纯洁,如玉般晶莹剔透。　⑧闺房:借指女性。闺房之秀:妇女中的优秀人物。

31. 王尚书惠尝看王右军夫人①,问:"眼耳未觉恶不②?"答曰:"发白齿落,属乎形骸③;至于眼耳,关于神明④,那可便与人隔⑤?"

[注释]①王尚书惠:王惠,字令明,初仕东晋,后入南朝宋,官至吏部尚书。尝:曾经。看:探望。王右军夫人:即王羲之的妻子郗夫人,参看本门25注①。　②未觉恶不:即"有觉恶不"。恶:这里指视力听力衰退。不:同"否"。　③形骸:人的躯体。　④关于:关涉,关系。神明:人的精神。⑤那:同"哪",怎么。隔:分离,指视听不能从一个人的存在中分离出去(因为它们关系到人的精神)。言外之意是视听并未减退。

32. 韩康伯母殷①,随孙绘之之衡阳②,于阖庐洲中逢桓南郡③。卞鞠是其外孙④,时来问讯⑤。谓鞠曰:"我不死,见此竖二世作贼⑥。"在衡阳数年,绘之遇桓景真之难也⑦。殷抚尸哭曰:"汝父昔罢豫章⑧,征书朝至夕发⑨。汝去郡邑数年⑩,为物不得动⑪,遂及于难⑫,夫复何言⑬!"

[注释]①韩康伯:韩伯,见本门27注①。康伯母殷:晋豫章太守殷羡的女儿。　②绘之:韩绘之,字季轮,韩伯的儿子,仕晋,官至衡阳太守,在桓亮叛乱中被杀害。之:往。衡阳:古郡名,三国吴国设,晋代沿置,治所在今湖南湘潭西。　③阖庐洲:长江中小洲的名称,具体位置不明。桓南郡:即桓玄,字敬道,晋大司马桓温之子,袭封南郡公。　④卞鞠:见本门27注②。⑤时:当时。问讯:问候。　⑥竖:小子,对人的鄙称。二世:指桓温、桓玄父子。作贼:作乱,造反。　⑦桓景真:即桓亮,字景真,晋大司马桓温的孙子。桓景真之难:指的是在叔父桓玄篡逆失败被杀后,义熙元年(公元405年),桓亮聚众于长沙,自号湘州刺史,杀太宰甄恭、衡阳太守韩绘之等十余人。⑧昔:过去。罢豫章:罢免豫章太守一职。　⑨征书:征召或征调的文书。发:出发。　⑩去郡邑:离开郡邑,这里指免官。⑪为:因为。物:事务。不得动:不能脱身。　⑫及:遭受。　⑬夫:发语词。复:还。

术解第二十

1. 荀勖善解音声①,时论谓之"暗解"②。遂调律吕③,正雅乐④。每至正会⑤,殿庭作乐,自调宫商⑥,无不谐韵⑦。阮咸妙赏⑧,时谓"神解"⑨。每公会作乐⑩,而心谓之不调⑪。既无一言直勖⑫,意忌之⑬,遂出阮为始平太守⑭。后有一田父耕于野⑮,得周时玉尺⑯,便是天下正尺⑰。荀试以校己所治钟鼓、金石、丝竹⑱,皆觉短一黍⑲,于是伏阮神识⑳。

[注释]①荀勖(xù):字公曾,颍川颍阴(今河南许昌)人,汉朝司空荀爽的曾孙,初仕魏任安阳令,入晋后任侍中、中书监等官。解:理解,通晓。音声:音乐。 ②时论:当时的舆论。谓:认为。暗解:心领意会。 ③调:调节,调和。律吕:指乐律或音律。古乐有十二律,阳声阴声各六,阳为律,阴为吕,六律即黄钟、太簇、姑洗、蕤宾、夷则、无射;六吕为林钟、仲吕、夹钟、大吕、应钟、南吕。 ④正:使纯正、庄重。雅乐:古代帝王祭祀天地、祖先或朝贺、宴享时所用的舞乐。 ⑤正(zhēng)会:皇帝元旦朝会群臣、接受朝贺的礼仪,也称元会。 ⑥自:亲自。宫商:代指古代五音宫、商、角、徵(zhǐ)、羽。 ⑦谐韵:乐音和谐。 ⑧阮咸:字仲容,晋陈留尉氏(今属河南)人,阮籍的侄儿,"竹林七贤"之一,曾任散骑侍郎、始平太守等官。妙赏:赏鉴能力卓越。 ⑨神解:形容音乐天赋极高,悟性过人。 ⑩公会:因公事而集会。 ⑪谓:

认为。调:协调,和谐。该句的主语是阮咸。 ⑫直:认为……合理;认可,肯定。 ⑬意:内心。忌:怨恨。 ⑭出:由京官外调为地方官。 ⑮田父:老农。野:田野。 ⑯玉尺:玉制的尺。 ⑰正尺:标准的尺度。 ⑱校(jiào):比对。治:调理。钟鼓、金石、丝竹:指各种不同类型的乐器。 ⑲觉:发现。黍:古时度量衡定制的基本依据。长度即取黍的中等子粒,以一个纵黍为一分,百黍即一尺。 ⑳伏:通"服",佩服。神识:高超的见识。

2. 荀勖尝在晋武帝坐上食笋进饭①,谓在坐人曰②:"此是劳薪炊也③。"坐者未之信④,密遣问之⑤,实用故车脚⑥。

[注释]①荀勖:见本门1注①。尝:曾经。晋武帝:即司马炎,字安世,司马昭的长子,公元265年废魏称帝,建立晋朝,在位25年。坐:座席,这里指宴席。 ②在坐:同"在座"。 ③劳薪:旧时木轮车的车轮运转不停,吃力最大,使用数年后,劈了当做柴烧,所以叫"劳薪"。 ④未之信:是"未信之"的倒装。 ⑤密:秘密,暗中。 ⑥实:确实。故:旧的。车脚:车轮。

3. 人有相羊祜父墓①,后应出受命君②,祜恶其言③,遂掘断墓后以坏其势④。相者立视之⑤,曰:"犹应出折臂三公⑥。"俄而祜坠马折臂⑦,位果至公。

[注释]①相:占视,这里指看墓地风水。羊祜(hù):字叔子,泰山南城(今山东平邑县)人,西晋著名的战略家,官至征南大将军。 ②应:将。受命君:受命君主,封建统治者宣称君主受命于天。 ③恶(wù):畏惧。 ④掘:挖。势:形势,这里指风水兆头。 ⑤立:立刻。 ⑥犹:还。折:断。三公:古代中央三种最高官衔的合称,魏晋以太尉、司徒、司空为三公,这里指高官。 ⑦俄而:不久。

4. 王武子善解马性①。尝乘一马②,箸连钱障泥③,前有水,终日不肯渡④。王云:"此必是惜障泥。"使人解去⑤,便径渡⑥。

[注释]①王武子:即王济,字武子,晋司徒王浑的儿子,太原晋阳(今山西太原)人,仕晋,官至太仆,善解马性,杜预称他有"马癖"。马性:马的习性、脾性。 ②尝:曾经。 ③箸(zhuó):穿、戴。连钱:饰物,花纹像相连的铜钱。障泥:垂于马腹两侧、用于遮挡尘土的马具。连钱障泥:在这里指的是有连钱式花纹的障泥。 ④终日:很久。 ⑤解:解开。去:去掉,脱下。 ⑥径:径直,直接。

5. 陈述为大将军掾①,甚见爱重②。及亡,郭璞往哭之③,甚哀,乃呼曰:"嗣祖,焉知非福④?"俄而大将军作乱⑤,如其所言。

[注释]①陈述:字嗣祖,晋颍川许昌(今河南许昌)人。大将军:即王敦,字处仲,晋琅邪临沂(今属山东)人,曾任青州刺史、侍中、丞相、大将军、扬州牧等官。掾(yuàn):官府中辅助性属官的通称。 ②见:表被动,相当于"被"、"受到"。爱重:喜爱看重。 ③郭璞:字景纯,晋河东闻喜(今属山西)人,好经术,博学多才,尤其精通五行、天文、卜筮之术。哭:哭吊。 ④焉:哪里,怎么。 ⑤俄而:不久。

6. 晋明帝解占冢宅①,闻郭璞为人葬②,帝微服往看③,因问主人④:"何以葬龙角⑤?此法当灭族⑥。"主人曰:"郭云'此葬龙耳⑦,不出三年⑧,当致天子⑨'。"帝问:"为是出天子邪⑩?"答曰:"非出天子,能致天子问耳⑪。"

[注释]①晋明帝:即司马绍,字道畿,晋元帝司马睿的长子,公元322年至公元325年在位。解:知道,会。占冢(zhǒng)宅:看墓地的风水以测吉凶。冢宅:坟墓,坟地。 ②闻:听说。郭璞:见本门5注③。为人葬:替人相墓地

安葬。　③微服:为隐藏身份、避人注目而改换平民服装。　④因:从而。　⑤何以:为什么。龙角:旧时堪舆家(风水先生)称山脉的走势为龙,根据青乌子《相冢书》所说,葬在龙角之地,虽会突然富贵,但是以后将有灭门之灾。　⑥当:将,将要。灭族:有诛灭九族的祸患。　⑦龙耳:龙耳之地,古堪舆家(风水先生)称之为风水特好的葬地。　⑧出:超过。　⑨致:招致。　⑩为是:因为这个。出:产生。邪:语气助词,表疑问。　⑪耳:罢了。

7. 郭景纯过江①,居于暨阳②,墓去水不盈百步③。时人以为近水,景纯曰:"将当为陆④。"今沙涨⑤,去墓数十里皆为桑田⑥,其诗曰:"北阜烈烈⑦,巨海混混⑧;垒垒三坟⑨,唯母与昆⑩。"

[注释]①郭景纯:郭璞,见本门5注③。过江:渡过长江南下。　②暨阳:晋代县名,治所在今江苏江阴。　③墓:指郭璞母亲的墓地。去:距离。盈:满,足。　④将当:将要,将会。　⑤沙涨:沙子淤积露出水面。　⑥桑田:种植桑树与农作物的田地。　⑦北阜:北面的山冈。烈烈:形容山高峻险阻。　⑧巨海:大海。混混:形容波涛滚滚。　⑨垒垒:重叠累积的样子,这里形容坟墓相连。　⑩昆:兄长。

8. 王丞相令郭璞试作一卦①。卦成,郭意色甚恶②,云:"公有震厄③。"王问:"有可消伏理不④?"郭曰:"命驾西出数里⑤,得一柏树,截断如公长⑥,置床上常寝处,灾可消矣。"王从其语⑦。数日中,果震柏粉碎。子弟皆称庆⑧。大将军云⑨:"君乃复委罪于树木⑩。"

[注释]①王丞相:即王导,字茂弘,琅邪临沂(今属山东)人,东晋功臣,官至丞相。郭璞:见本门5注③。卦:《周易》中一套有象征意义的卜筮符号。作一卦:即卜一卦,依据《周易》八卦进行。　②意色:神色。恶:不好。　③震厄:雷击之灾。震:八卦之一,象征雷震。厄:灾难。　④消伏:消除。

理:方法。不:同"否"。　⑤命驾:命人驾车马,指立即出发。西出:往西去。⑥如公长:和公的身高一样长。　⑦从:听从。　⑧称庆:道贺。　⑨大将军:即王敦,丞相王导的堂哥,曾任大将军,参见本门5注①。　⑩乃复:居然,竟然。委罪:推卸罪责。

9. 桓公有主簿善别酒①,有酒辄令先尝②,好者谓"青州从事"③,恶者谓"平原督邮④"。青州有齐郡⑤,平原有鬲县⑥;从事言到脐⑦,督邮言在鬲上住⑧。

[注释]①桓公:即桓温,字元子,谯国龙亢(今安徽怀远)人,东晋大将,死后追赠丞相,谥号宣武。主簿:官名,汉代中央及郡县官署多设置此官,其职责为主管文书簿籍及印鉴,至魏晋时逐渐为将帅重臣的主要属官。别:区别,鉴别。　②辄:总是。尝:品尝。　③好者:好酒。青州:古九州之一,汉、魏至晋初,青州刺史治临淄(即今山东临淄),后置青州于东阳(今山东青州)。从事:官名,三公及州郡长官自己所辟设的属官。　④恶者:不好的酒,差酒。平原:郡国名,西汉置郡,晋改为国,故治在今山东平原南。督邮:官名,汉朝设置,郡的重要属吏,代表太守督察县乡,宣达教令,兼管诉讼、纠举非法之事。　⑤齐郡:晋朝郡名,属于青州,治所在临淄。　⑥鬲县:晋代县名,属于平原国,故城在今山东安德北。　⑦从事言到脐:"齐"、"脐"音同。青州从事可以管治下属齐郡的事务,用谐音的方法来隐指美酒的酒气可以直到脐部,"青州从事"也就成了美酒的代称。　⑧督邮言在鬲上住:"鬲"、"膈"音同。平原督邮可以巡察下属鬲县的事务,喻指劣酒的酒气只到膈部就停止了,从而使"平原督邮"成为劣酒的隐语。

10. 郗愔信道甚精勤①,常患腹内恶②,诸医不可疗③,闻于法开有名④,往迎之⑤。既来便脉⑥,云:"君侯所患⑦,正是精进太过所致耳⑧。"合一剂汤与之⑨。一服即大下⑩,去数段许纸⑪,如拳大,剖看,乃先所服符也⑫。

[注释]①郗愔(yīn)：字方回，高平金乡（今属山东）人，晋镇军将军，死后赠官侍中、司空。信道：信奉天师道（早期道教流派之一）。精勤：虔诚勤勉。 ②患：患病。恶：这里指疾病，不舒服。 ③疗：医治。 ④闻：听说。于法开：东晋僧人，开始以学问义理著名，后学医术。 ⑤迎：请。 ⑥既来：来了以后。脉：把脉。 ⑦君侯：对尊者的敬称。 ⑧正是：只是。精进：佛教语，为"六波罗蜜"之一，梵语 vīrya 的意译，谓坚持修善法、断恶法，毫不懈息。 ⑨合：配制。汤：中药汤剂。与：给。 ⑩服：喝药。下：泻。 ⑪去：去掉，除去。数段许：大约几段。许：表示约数，相当于"大约"、"左右"。 ⑫符：符箓，道士称它可以遣神役鬼、镇魔压邪、治病求福。

11. 殷中军妙解经脉①，中年都废②。有常所给使③，忽叩头流血。浩问其故，云："有死事④，终不可说。"诘问良久⑤，乃云："小人母年垂百岁⑥，抱疾来久⑦，若蒙官一脉⑧，便有活理⑨，讫就屠戮无恨⑩。"浩感其至性⑪，遂令舁来⑫，为诊脉处方⑬。始服一剂汤便愈⑭。于是悉焚经方⑮。

[注释]①殷中军：即殷浩，字渊源，晋陈郡长平（今河南西华）人，官至扬州刺史、中军将军。妙解：精通。经脉：中医学名词，人体内气血运行的主要通路，经络系统中纵行的干线。 ②都：全。废：荒废。 ③给使：供人差遣的人。 ④死事：关乎人命的事。 ⑤诘问：追问，责问。良久：很久。 ⑥垂：将近。 ⑦抱疾：患病。来：从……以来。 ⑧蒙：敬辞，承蒙，即"受到"之意。官：属官对长官的敬称。脉：把脉诊病。 ⑨活理：生存的办法。 ⑩讫：完毕，这里指母亲病愈后。就：受，被。屠戮：杀。恨：遗憾。 ⑪至性：至诚的孝心。 ⑫舁(yú)：抬。 ⑬处方：给病人开药方。 ⑭始：才。汤：汤药。 ⑮悉：全部。焚：烧。经方：古代医药配方、医书的统称。

巧艺第二十一

1. 弹棋始自魏宫内用妆奁戏①,文帝于此戏特妙②,用手巾角拂之③,无不中④。有客自云能⑤,帝使为之。客箸葛巾角⑥,低头拂棋,妙逾于帝⑦。

[注释]①弹棋:古代的一种游戏。妆奁(lián):女子梳妆用的镜匣之类,这里指的是在镜匣上或梳妆台上进行游戏。 ②文帝:指魏文帝曹丕,曹操的儿子,公元220年至公元226年在位。特妙:特别精通。 ③手巾:拭面或擦手用的巾。拂:拨,撇。 ④中(zhòng):击中。 ⑤能:擅长。 ⑥箸(zhuó):戴。葛巾:用葛布制作的头巾。 ⑦妙:巧妙,高明。逾(yú):超过,胜过。

2. 陵云台楼观精巧①,先称平众木轻重②,然后造构③,乃无锱铢相负揭④。台虽高峻,常随风摇动,而终无倾倒之理⑤。魏明帝登台⑥,惧其势危⑦,别以大材扶持之⑧,楼即颓坏⑨。论者谓轻重力偏故也⑩。

[注释]①陵云台:楼台名,三国魏文帝曹丕所建,在洛阳城内。楼观(guàn):高大的建筑物,即楼台。 ②称平众木轻重:称量使得所有木材的重量均衡。平:使……均衡。 ③造构:建造。 ④锱铢(zī zhū):比喻轻微

细小。负揭:高下,这里指"差别"。负:亏,欠。揭:高,举。该句的意思是:于是没有一点轻重不均衡的差误。 ⑤终:绝,绝对。理:可能。 ⑥魏明帝:即曹叡,文帝曹丕的儿子,公元226年至公元239年在位。 ⑦势危:形势危险。 ⑧别:另外。大材:大木头。扶持:支撑。 ⑨颓坏:倒塌。 ⑩论者:议论的人。谓:认为。轻重力偏:重心偏斜。故:原因。

3. 韦仲将能书①。魏明帝起殿②,欲安榜③,使仲将登梯题之④。既下⑤,头鬓皓然⑥,因敕儿孙勿复学书⑦。

[注释]①韦仲将:即韦诞,字仲将,汉末京兆杜陵(今陕西西安东南)人,后入曹魏,官至光禄大夫。能:擅长。书:书法。 ②魏明帝:即曹叡,见本门2注⑥。起殿:建造宫殿。 ③安:安置。榜:匾额。 ④题:书写。 ⑤既下:下来后。 ⑥头鬓:头发。皓然:很白的样子。 ⑦因:于是。敕:告诫。复:再。

4. 钟会是荀济北从舅①,二人情好不协②。荀有宝剑,可直百万③,常在母钟夫人许④。会善书⑤,学荀手迹⑥,作书与母取剑⑦,仍窃去不还⑧。荀勗知是钟而无由得也⑨,思所以报之⑩。后钟兄弟以千万起一宅⑪,始成⑫,甚精丽⑬,未得移住⑭。荀极善画,乃潜往画钟门堂作太傅形象⑮,衣冠状貌如平生⑯。二钟入门⑰,便大感恸⑱,宅遂空废⑲。

[注释]①钟会:字士季,颍川长社(今河南长葛东)人,三国魏太傅钟繇的儿子,魏国谋士,官至司徒,后因谋反被杀。荀济北:即荀勗(xù),字公曾,颍川颍阴(今河南许昌)人,初仕魏任安阳令,入晋后任侍中、中书监等官,曾被封为济北郡公,所以称荀济北。从舅:表舅。 ②情好:感情,交情。协:和睦。 ③直:同"值",价值。 ④许:处,处所。 ⑤善书:擅长书法。 ⑥手迹:笔迹。 ⑦作书:写信。 ⑧仍:乃,于是。窃:骗取。 ⑨由:办法。

⑩报:报复。 ⑪起:建造。 ⑫始成:刚刚落成。 ⑬精丽:精美华丽。 ⑭未得:还没有。移住:迁居。 ⑮潜:暗中,偷偷。门堂:厅堂,堂屋。太傅:即钟繇,字元常,三国魏颍川长社(今河南长葛东)人,官至太傅,是钟毓、钟会的父亲。形象:肖像。 ⑯状貌:相貌。平生:生前。 ⑰二钟:钟毓、钟会两兄弟。 ⑱感恸:感伤哀痛。 ⑲空废:荒废,荒芜。

5. 羊长和博学工书①,能骑射,善围棋。诸羊后多知书②,而射、奕余艺莫逮③。

[注释]①羊长和:即羊忱,字长和,一名陶,晋泰山南城(今山东平邑县)人,曾任太傅长史、扬州刺史、侍中等官。工书:擅长书法。 ②羊后:羊氏后代。知书:善于书法。 ③奕:通"弈",指围棋。余艺:其他技艺。逮:及,比得上。

6. 戴安道就范宣学①,视范所为②,范读书,亦读书;范抄书,亦抄书。唯独好画,范以为无用,不宜劳思于此③。戴乃画《南都赋》图④,范看毕咨嗟⑤,甚以为有益,始重画⑥。

[注释]①戴安道:即戴逵,字安道,晋谯国(今安徽亳州)人,擅长书法绘画,不乐仕宦。就:前往,到。范宣:字宣子,晋陈留(今河南开封东北)人,终身不仕,以授徒为业。 ②视:效法。 ③劳思:冥思苦想,这里指费精力。 ④《南都赋》:东汉张衡作《南都赋》。南都:在今河南南阳,是东汉光武帝刘秀生长的地方,在京城洛阳的南面,所以称南都。 ⑤毕:完。咨嗟:赞叹。 ⑥重:重视。

7. 谢太傅云①:"顾长康画②,有苍生来所无③。"

[注释]①谢太傅:即谢安,字安石,陈郡阳夏(今河南太康)人,晋朝名

臣,死后追赠太傅。　②顾长康:即顾恺之,字长康,晋陵无锡(今属江苏)人,东晋著名画家。　③苍生:人类。

8.戴安道中年画行像甚精妙①,庾道季看之②,语戴云:"神明太俗③,由卿世情未尽④。"戴云:"唯务光当免卿此语耳⑤。"

[注释]①戴安道:即戴逵,见本门6注①。行像:佛像,一说为行乐图,即游玩消遣状的人像图画。精妙:精到巧妙。　②庾道季:即庾龢,字道季,善清谈,仕晋,官至丹阳尹、中领军。　③神明:精神,神情。俗:世俗。　④由:由于,因为。卿:相当于第二人称代词"你"。世情:世俗之情,普通人的情感欲望。　⑤务光:夏朝隐士,相传汤打败桀后,想将天下让给务光,而务光认为当世无道,固辞不受,沉江而死。当:可以。免:省去,免去。

9.顾长康画裴叔则①,颊上益三毛②。人问其故③,顾曰:"裴楷俊朗有识具④,正此是其识具⑤。"看画者寻之⑥,定觉益三毛如有神明⑦,殊胜未安时⑧。

[注释]①顾长康:即顾恺之,见本门7注①。裴叔则:即裴楷,字叔则,河东闻喜(今属山西)人,初仕魏,后入晋,曾任河南尹、中书令等官。　②颊:脸颊。益:添加。　③故:原因。　④俊朗:英俊爽朗。识具:见识。　⑤正:只,只有。　⑥寻:寻味,体会。　⑦定:确实。觉:发现。神明:精神。⑧殊:很,非常。安:加上。

10.王中郎以围棋是坐隐①,支公以围棋为手谈②。

[注释]①王中郎:即王坦之,字文度,太原晋阳(今山西太原)人,晋朝名臣,曾任北中郎将,所以称王中郎。以:认为。坐隐:是指下棋时聚精会神,超脱于世俗,如同进入清净的隐居境界。　②支公:即支遁,字道林,东晋僧人。

手谈:是指下棋时,如同凭借棋子进行无声的清谈。

11. 顾长康好写起人形①,欲图殷荆州②,殷曰:"我形恶③,不烦耳④。"顾曰:"明府正为眼尔⑤。但明点童子⑥,飞白拂其上⑦,使如轻云之蔽日。"

[注释]①顾长康:即顾恺之,见本门7注②。写:描摹。起:及,涉及。人形:人的形象。写起人形:画人物像。 ②图:画。殷荆州:即殷仲堪,晋陈郡(今河南淮阳)人,一目失明,曾任荆州刺史。 ③形恶:相貌丑陋。 ④烦:劳烦,麻烦。 ⑤明府:汉魏以来对郡守、牧尹的尊称,又称明府君。正:只,只是。为:因为。尔:同"耳",罢了。 ⑥但:只要。童子:瞳孔。童:通"瞳"。明点童子:将瞳孔点画明亮。 ⑦飞白:本是源于东汉的一种特殊书法,笔画中丝丝露白,像枯笔所写,后来借用到中国画中,成为一种枯笔露白的画法。拂:掠。

12. 顾长康画谢幼舆在岩石里①。人问其所以②,顾曰:"谢云'一丘一壑,自谓过之'③,此子宜置丘壑中④。"

[注释]①顾长康:即顾恺之,见本门7注②。谢幼舆:即谢鲲,字幼舆,晋陈郡(今河南淮阳)人,曾任豫章太守,死后追赠太常。 ②所以:……的原因。 ③一丘一壑,自谓过之:在退隐于野、放情山水方面,我认为自己超过了他。《世说新语·品藻》第17:"明帝问谢鲲:'君自谓何如庾亮?'答曰:'端委庙堂,使百僚准则,臣不如亮;一丘一壑,自谓过之。'"丘壑:隐居的地方。 ④子:古代对男子的尊称。宜:应该。

13. 顾长康画人①,或数年不点目精②。人问其故③,顾曰:"四体妍蚩④,本无关于妙处⑤;传神写照⑥,正在阿堵中⑦。"

[注释]①顾长康:即顾恺之,见本门7注②。 ②或:有时。数年:多年。目精:眼珠。 ③故:原因。 ④四体:四肢。妍蚩(yán chī):美与丑。 ⑤无关:没有关联。妙处:神奇美妙的所在。 ⑥写照:写真,指摹画人的肖像。 ⑦正:只。阿堵:这,这个。

14.顾长康道①:"画'手挥五弦'易②,'目送归鸿'难。"

[注释]①顾长康:即顾恺之,见本门7注②。 ②"手挥五弦"和下句的"目送归鸿"出于嵇康《赠秀才入军》:"目送归鸿,手挥五弦,俯仰自得,游心泰玄。"顾恺之认为人物的传神之处在于眼睛,那么"目送归鸿"所蕴涵的神意就更难表现了,用此来表达形似为易、神至则难的观点。

宠礼第二十二

1.元帝正会①,引王丞相登御床②,王公固辞③,中宗引之弥苦④。王公曰:"使太阳与万物同晖⑤,臣下何以瞻仰⑥?"

[注释]①元帝:即东晋元帝司马睿,公元317年至公元322年在位。正(zhēng)会:皇帝元旦朝会群臣、接受朝贺的礼仪,也称元会。 ②引:牵,拉。王丞相:即王导,字茂弘,琅邪临沂(今属山东)人,东晋功臣,官至丞相。御床:御座,皇帝用的坐具。 ③固:坚决。辞:推辞。 ④中宗:晋元帝司马睿的庙号。弥:更加。苦:极力,竭力,这里指殷情、迫切。 ⑤使:假使,假设。晖:同"辉",光辉。 ⑥何以:如何,怎么。瞻仰:仰望。

2.桓宣武尝请参佐入宿①,袁宏、伏滔相次而至②。莅名③,府中复有袁参军④。彦伯疑焉⑤,令传教更质⑥。传教曰:"参军是袁、伏之袁⑦,复何所疑⑧。"

[注释]①桓宣武:即桓温,字元子,谯国龙亢(今安徽怀远)人,东晋大将,死后追赠丞相,谥宣武。尝:曾经。参佐:部下,僚属。 ②袁宏:字彦伯,小名虎,晋陈郡(今河南淮阳)人,初为桓温府记室,后任东阳太守。伏滔:字玄度,平昌安丘(今属山东)人,始为桓温参军,后任掌国史、游击将军等官。

相次:相继,先后。 ③莅名:签到,到来者上报自己的姓名。莅(lì):到。 ④复:还。参军:官名。从晋朝直到宋朝,军府和王国皆设置参军,是重要幕僚。 ⑤彦伯:指袁宏。 ⑥传教:传达教令的郡吏。更:再次。质:询问。 ⑦袁、伏:袁宏与伏滔的合称。《晋书·袁宏传》:"与伏滔在温府,府中呼为'袁伏'。" ⑧复:还。

3. 王珣、郗超并有奇才①,为大司马所眷拔②。珣为主簿③,超为记室参军④。超为人多须⑤,珣状短小⑥。于时⑦,荆州为之语曰⑧:"髯参军⑨,短主簿,能令公喜⑩,能令公怒。"

[注释]①王珣:字元琳,丞相王导的孙子,以文学知名,初为晋大司马桓温主簿,后官至尚书令。郗超:字景兴,小字嘉宾,有文才,官至中书郎、司徒左长史。并:都。奇才:非凡的才能。 ②大司马:即桓温,曾为晋大司马,见本门2注①。眷拔:器重提拔。 ③主簿:官名,汉代中央及郡县官署多设置此官,其职责为主管文书簿籍及印鉴,至魏晋时逐渐为将帅重臣的主要属官。 ④记室参军:官名,军府、督府中掌管文书的属官,或称记室督、记室等。 ⑤为人:指人在外貌或品行方面所表现出来的特征,这里指长相、相貌。须:胡须。 ⑥状:模样,体形。短小:矮小。 ⑦于时:当时。 ⑧荆州:州名,治所在今湖北江陵。 ⑨髯:胡须多。 ⑩令:使。公:尊称,指桓温。

4. 许玄度停都一月①,刘尹无日不往②,乃叹曰③:"卿复少时不去④,我成轻薄京尹⑤。"

[注释]①许玄度:即许询,字玄度,高阳(治今河北蠡县)人,东晋名士。停:停留。都:京城建康(今江苏南京)。 ②刘尹:即刘惔,字真长,晋沛国相(今安徽濉溪县西北)人,官至丹阳尹。 ③乃:于是。 ④卿:相当于第二人称代词"你"。复:再。少时:短时间。去:离开。 ⑤轻薄:轻浮,不稳重。京尹:即"京兆尹",京都地区的行政长官。

5. 孝武在西堂会①,伏滔预坐②。还,下车呼其儿,语之曰:"百人高会③,临坐未得他语④,先问:'伏滔何在?在此不⑤?'此故未易得⑥。为人作父如此⑦,何如?"

[注释]①孝武:东晋孝武帝司马曜,公元372年至公元396年在位。西堂:宫殿的西厅。会:宴会。 ②伏滔:见本门2注②。预坐:在坐,在场。预:参与,参加。 ③百人:上百人。百:泛指多。高会:盛大的宴会。 ④临坐:将要就座时。未得他语:还没有说其他话。 ⑤不:同"否"。 ⑥故:确实。 ⑦为人作父:在社会上作人,在家作父亲。

6. 卞范之为丹阳尹①。羊孚南州暂还②,往卞许③,云:"下官疾动④,不堪坐⑤。"卞便开帐拂褥⑥,羊径上大床⑦,入被须枕⑧。卞回坐倾睐⑨,移晨达莫⑩。羊去,卞语曰:"我以第一理期卿⑪,卿莫负我!"

[注释]①卞范之:即卞鞠,字敬祖,晋济阴冤句(今山东菏泽西南)人,桓玄将篡晋时,以卞鞠为丹阳尹,后因桓玄失败而被杀。丹阳尹:犹丹阳太守。丹阳:郡名,治所在今江苏江宁东南。 ②羊孚:字子道,晋泰山南城(今山东平邑)人,曾任太学博士、兖州别驾、太尉参军等官,也是桓玄心腹。南州:此处泛指南方地区。暂:暂且,临时。 ③许:处,处所。 ④下官:官吏自称的谦辞。疾动:疾病发作。 ⑤堪:能够,可以。 ⑥拂褥:掸除垫被上的灰尘。 ⑦径:径直,直接。 ⑧须:依靠。 ⑨回坐:回到座位上。倾睐:侧头斜视,表倾慕。 ⑩移晨达莫:从早到晚。莫:同"暮",晚上。 ⑪理:通"礼",礼节。期:待,对待。卿:相当于第二人称代词"你"。

# 任诞第二十三

1. 陈留阮籍、谯国嵇康、河内山涛三人年皆相比①,康年少亚之②。预此契者③,沛国刘伶、陈留阮咸、河内向秀、琅邪王戎④。七人常集于竹林之下,肆意酣畅⑤,故世谓"竹林七贤"。

[注释]①陈留阮籍:阮籍字嗣宗,三国魏末陈留尉氏(今属河南)人,好老庄之学,放任不羁,与嵇康齐名,曾任步兵校尉,所以世称"阮步兵"。谯国嵇康:嵇康字叔夜,三国魏谯国(今安徽亳州)人,好《老子》《庄子》,任性放达,与阮籍交好,官至中散大夫,后为司马昭所杀。河内山涛:山涛字巨源,河内人(今河南沁阳),仕西晋,历任吏部尚书、太子少傅、司徒等官。相比:相近,差不多。 ②亚:次于,小于。 ③预:参加,参与。契:契交,情投意合的朋友。 ④沛国刘伶:刘伶字伯伦,三国魏末沛国(今安徽濉溪县西北)人,好饮酒。陈留阮咸:阮咸字仲容,晋陈留尉氏(今属河南)人,阮籍的侄子,与阮籍并称"大小阮",嗜酒,曾任散骑侍郎、始平太守等官。河内向秀:向秀字子期,三国魏末河内(今河南沁阳)人,好《老子》《庄子》,后任黄门侍郎、散骑常侍等官。琅邪王戎:王戎字濬冲,琅邪临沂(今属山东)人,仕晋,官至司徒。 ⑤肆意:纵任,不受拘束。酣畅:尽情饮酒。

2. 阮籍遭母丧①,在晋文王坐②,进酒肉。司隶何曾亦在坐③,曰:"明公方以孝治天下④,而阮籍以重丧显于公坐饮酒食肉⑤,宜流之海外⑥,以正风教⑦。"文王曰:"嗣宗毁顿如此⑧,君不能共忧之⑨,何谓⑩?且有疾而饮酒食肉⑪,固丧礼也⑫。"籍饮啖不辍⑬,神色自若。

[注释]①阮籍:见本门1注①。遭:遭遇。 ②晋文王:即司马昭,三国魏大将军,封晋公,死后谥文王,其儿子司马炎代魏称帝后,追尊为"文皇帝"。坐:同"座",宴席。 ③司隶:官名,即司隶校尉,汉武帝时设置,领兵一千二百人,管理京城及周边郡县的治安,后来其权势地位提高。何曾:字颖考,陈郡阳夏(今河南太康)人,初仕魏,官至司隶校尉,后入晋,官至太宰。 ④明公:旧时对有名望、有权位者的尊称。方:正,正在。以:用。 ⑤重丧:指父母双亲的丧事。显:出现。 ⑥流:流放。海外:四海之外,泛指边远的地方。⑦正:端正。风教:风俗教化。 ⑧毁顿:因居丧过于哀痛而导致憔悴、委靡。 ⑨忧:忧虑,关心。 ⑩何谓:为什么。 ⑪且有疾而饮酒食肉:出自《礼记·曲礼》:"居丧之礼,头有创则沐,身有伤则浴,有疾则饮酒食肉,疾止复初。不胜丧乃比于不慈不孝。"且:况且。 ⑫固:本来。 ⑬啖(dàn):吃。辍:停止。

3.刘伶病酒①,渴甚②,从妇求酒③。妇捐酒毁器④,涕泣谏曰⑤:"君饮太过⑥,非摄生之道⑦,必宜断之⑧!"伶曰:"甚善。我不能自禁,唯当祝鬼神自誓断之耳⑨。便可具酒肉⑩。"妇曰:"敬闻命⑪。"供酒肉于神前,请伶祝誓。伶跪而祝曰:"天生刘伶,以酒为名⑫;一饮一斛⑬,五斗解酲⑭。妇人之言,慎不可听⑮。"便引酒进肉⑯,隗然已醉矣⑰。

[注释]①刘伶:见本门1注④。病酒:醉酒。 ②甚:很。 ③从:向。妇:妻子。求:索要。 ④捐:弃,丢弃。器:盛酒的器具。 ⑤涕泣:哭泣。

谏:劝说。 ⑥过:过度,太多。 ⑦摄生:养生。 ⑧断:戒除,禁绝。
⑨当:应当。祝:祷告。誓:发誓。 ⑩具:准备。 ⑪敬:谦辞,表甘愿。闻
命:接受命令,这里指听从安排。 ⑫名:通"命"。 ⑬斛:古代的一种量器,
十斗为一斛。 ⑭醒:醉酒。 ⑮慎:千万,表警戒。 ⑯引酒:即"饮酒"。
⑰隗然:委靡不振的样子。隗(wěi):倒。

4. 刘公荣与人饮酒①,杂秽非类②。人或讥之③,答曰:"胜公荣者不可不与饮,不如公荣者亦不可不与饮,是公荣辈者又不可不与饮④,故终日共饮而醉。"

[注释]①刘公荣:即刘昶,字公荣,曹魏末年沛国(今安徽濉溪县西北)人,官至兖州刺史。 ②杂秽:杂乱不纯。这里指同刘昶饮酒的人鱼龙混杂,不属于同一类型。 ③或:有的人。讥:讥笑。 ④是公荣辈者:与刘公荣同类的人。辈:类。

5. 步兵校尉缺①,厨中有贮酒数百斛②,阮籍乃求为步兵校尉③。

[注释]①步兵校尉:官职名,汉武帝时设置八校尉,步兵校尉是其一,三国沿置,是天子禁军首领之一。缺:(职位)空缺。 ②厨:厨房。贮:储存。斛:古代的一种量器,十斗为一斛。 ③阮籍:见本门1注①。求:谋求,请求。

6. 刘伶恒纵酒放达①,或脱衣裸形在屋中②。人见讥之,伶曰:"我以天地为栋宇③,屋室为裈衣④,诸君何为入吾裈中⑤?"

[注释]①刘伶:见本门1注④。恒:常。纵酒:酗酒,任意狂饮。放达:豪放豁达,不拘礼俗。 ②或:有时。 ③栋宇:房屋的正中和四垂,这里指房

屋。　④裈(kūn)衣:裤子。　⑤诸君:你们,指讥笑他的人。何为:为什么。

7.阮籍嫂尝还家①,籍见与别②。或讥之③,籍曰:"礼岂为我辈设也④?"

[注释]①阮籍:见本门1注①。尝:曾经。还家:回娘家。　②别:道别。③或:有的人。《礼记·曲礼》有"嫂叔不通问",所以有人讥刺阮籍。④礼:礼教,礼法。岂:难道。我辈:我们这些人。辈:类。

8.阮公邻家妇有美色①,当垆酤酒②。阮与王安丰常从妇饮酒③,阮醉,便眠其妇侧④。夫始殊疑之⑤,伺察⑥,终无他意⑦。

[注释]①阮公:即阮籍,见本门1注①。邻家妇:邻居家的妻子。　②当垆酤酒:在酒店卖酒。垆(lú):放酒坛的土墩。酤(gū):卖。　③王安丰:即王戎,曾封安丰侯,见本门1注④。从:往,到。　④眠:睡。侧:旁。　⑤殊:很,非常。　⑥伺察:侦视,观察。　⑦他意:别的企图。

9.阮籍当葬母①,蒸一肥豚②,饮酒二斗,然后临诀③,直言④:"穷矣⑤!"都得一号⑥,因吐血,废顿良久⑦。

[注释]①阮籍:见本门1注①。当:将,将要。　②豚(tún):小猪。③临诀:瞻仰遗容,最后告别。临:视,看。诀:永别。　④直:只。　⑤穷矣:唐长孺《魏晋南北朝史论丛》认为:"孝子唤奈何、唤穷,疑为洛阳及其附近风俗,盖父母之丧,孝子循例要唤'穷'也。"　⑥都:总共。号:大声哭。　⑦废顿:昏厥,昏倒。良久:很久。

10.阮仲容、步兵居道南①,诸阮居道北②;北阮皆富,南阮贫。七月七日③,北阮盛晒衣④,皆纱罗锦绮⑤。仲容

以竿挂大布犊鼻裈于中庭⑥。人或怪之⑦,答曰:"未能免俗,聊复尔耳⑧。"

[注释]①阮仲容:即阮咸,见本门1注④。步兵:即阮籍,见本门1注①。②诸阮:其他阮姓人家。 ③七月七日:古时风俗认为在此日将衣服与书籍拿出曝晒,可免生虫。 ④盛:众多。 ⑤纱罗锦绮(qǐ):指华美的丝织品。⑥以:用。大布:麻制粗布。犊鼻裈:短裤,一说围裙,形似犊鼻。中庭:即"庭中",庭院之中。 ⑦或:有的人。怪:以……为怪,感到奇怪。 ⑧聊复:姑且。尔:这样。耳:罢了。

11. 阮步兵丧母①,裴令公往吊之②。阮方醉③,散发坐床④,箕踞不哭⑤。裴至,下席于地⑥,哭,吊唁毕便去⑦。或问裴⑧:"凡吊,主人哭,客乃为礼⑨。阮既不哭,君何为哭⑩?"裴曰:"阮方外之人⑪,故不崇礼制⑫。我辈俗中人⑬,故以仪轨自居⑭。"时人叹为两得其中⑮。

[注释]①阮步兵:即阮籍,见本门1注①。 ②裴令公:即裴楷,字叔则,河东闻喜(今属山西)人,初仕魏,后入晋,官至中书令。吊:吊唁,哀悼死者并慰问家属。 ③方:正,正好。 ④床:古代坐具。 ⑤箕踞:一种傲慢、不礼貌的坐姿,即随意张开两腿坐着,形似簸箕。 ⑥下席于地:将垫席放在地上。 ⑦吊唁(yàn):即吊唁。毕:完,结束。 ⑧或:有的人。 ⑨为礼:行礼。 ⑩何为:为什么。 ⑪方外:世俗礼法之外。 ⑫崇:尊崇,注重。⑬我辈:我们这样的人。 ⑭仪轨:礼法规矩。自居:自处,要求自己。⑮中:当,适当。

12. 诸阮皆能饮酒①,仲容至宗人间共集②,不复用常杯斟酌③,以大瓮盛酒④,围坐,相向大酌⑤。时有群猪来饮,直接去上⑥,便共饮之。

[注释]①诸阮:阮氏家族的人。 ②仲容:即阮咸,见本门1注④。宗人:同族人。共集:一起聚会。 ③复:再。常杯:一般的杯子。斟酌:倒酒。 ④瓮(wèng):坛子。 ⑤相向:相对,面对面。大酌:大喝。酌:饮酒。 ⑥去上:上前。

13. 阮浑长成①,风气韵度似父②,亦欲作达③。步兵曰④:"仲容已预之⑤,卿不得复尔⑥。"

[注释]①阮浑:字长成,阮籍的儿子,晋陈留尉氏(今属河南)人,官至太子中庶子。长成:在此不是表示阮浑的字,而是"长大成人"之意。 ②风气韵度:风度气质。 ③作达:仿效旷达的为人方式。 ④步兵:即阮籍,见本门1注①。 ⑤仲容:即阮咸,见本门1注④。预:参与,参加。 ⑥卿:相当于第二人称代词"你"。不得:不能。复:再。尔:这样。

14. 裴成公妇①,王戎女②。王戎晨往裴许③,不通径前④,裴从床南下,女从北下,相对作宾主⑤,了无异色⑥。

[注释]①裴成公:即裴頠(wěi),字逸民,晋河东闻喜(今属山西)人,官至尚书左仆射,死后追谥"成"。妇:妻子。 ②王戎:见本门1注④。 ③许:处,处所。 ④通:通报。径:径直,直接。 ⑤相对:面对面。作:充当。宾主:宾客与主人。 ⑥了:完全。异色:异样的、不正常的表情。

15. 阮仲容先幸姑家鲜卑婢①,及居母丧②,姑当远移③,初云当留婢。既发④,定将去⑤。仲容借客驴,箸重服自追之⑥,累骑而返⑦,曰:"人种不可失⑧!"即遥集之母也⑨。

[注释]①阮仲容:即阮咸,见本门1注④。幸:亲近,宠爱。鲜卑:我国古

代少数民族名,游牧部落东胡族的一支。　②居母丧:为母守孝。　③当:将,将要,下句中"当"同。远移:迁移到远方去。　④既发:出发后。　⑤定:终究,到底。将(jiàng)去:带走。　⑥箸(zhuó):穿。重服:重丧服,即父母双亲去世时所穿的孝服。　⑦累骑:两人共骑。　⑧人种:传宗接代的人。　⑨遥集:即阮孚,字遥集,阮咸的次子。

16. 任恺既失权势①,不复自检括②。或谓和峤曰③:"卿何以坐视元裒败而不救④?"和曰:"元裒如北夏门⑤,拉攞自欲坏⑥,非一木所能支⑦。"

[注释]①任恺:字元裒(póu),乐安博昌(今山东博兴)人,有经国之才,魏明帝女婿,后入晋,任侍中,遭贾充中伤,被免官。　②复:再。检括:约束。　③或:有的人。和峤:字长舆,晋汝南西平(今属河南)人,有盛名,任尚书、太子少傅等官,与任恺友善。　④卿:相当于第二人称代词"你"。何以:为什么。败:颓废。　⑤北夏门:即大夏门,洛阳北面有大夏、广莫二门,北面西头汉朝曰夏门,魏、晋曰大夏门,在洛阳十二门中大夏门最为壮丽。　⑥拉攞:断裂,崩塌。攞(luō):裂,撕。　⑦支:支撑,扶持。

17. 刘道真少时①,常渔草泽②,善歌啸③,闻者莫不留连④。有一老姁识其非常人⑤,甚乐其歌啸,乃杀豚进之⑥。道真食豚尽,了不谢⑦。姁见不饱,又进一豚;食半余半,乃还之。后为吏部郎⑧,姁儿为小令史⑨,道真超用之⑩,不知所由⑪。问母,母告之。于是赍牛酒诣道真⑫,道真曰:"去,去⑬!无可复用相报⑭。"

[注释]①刘道真:即刘宝,字道真,晋高平(今山东金乡县西北)人,曾任从事中郎、中书郎、吏部郎等官。少时:年轻时。　②渔:捕鱼。草泽:低洼积水野草丛生的地方。　③歌啸:以"啸"声模拟歌的曲调,是一种口哨音乐。啸:相当于现代所谓的"吹口哨"。　④留连:舍不得离开。　⑤老姁:老妇

人。常人:一般的人。 ⑥豚:小猪。进:奉上,送给。 ⑦了不:完全不,一点也不。 ⑧吏部郎:古官名,主管选举人才。 ⑨小令史:掌管文书事务的小官吏。 ⑩超用:越级任用。 ⑪由:原因。 ⑫赍(jī):携带。牛酒:牛肉和酒。诣:拜访。 ⑬两"去"连用表示要求赶快离去。 ⑭复:再。报:回报,报答。这句话的意思是:(不要再对我有所馈赠,)我没有东西可以再拿来回报你们了。

18.阮宣子常步行①,以百钱挂杖头②,至酒店,便独酣畅③。虽当世贵盛④,不肯诣也⑤。

[注释]①阮宣子:即阮修,字宣子,晋陈留尉氏(今属河南)人,好《周易》《老子》,曾官鸿胪丞、太子洗马等。 ②杖:手杖,拐杖。 ③酣畅:畅饮,尽情饮酒。 ④虽:即使。贵盛:高贵显赫的人。 ⑤诣:拜访。

19.山季伦为荆州①,时出酣畅②,人为之歌曰:"山公时一醉③,径造高阳池④;日莫倒载归⑤,茗艼无所知⑥。复能乘骏马⑦,倒箸白接篱⑧;举手问葛强⑨,何如并州儿⑩?"高阳池在襄阳⑪。强是其爱将,并州人也。

[注释]①山季伦:即山简,字季伦,山涛的儿子,曾任荆州刺史、吏部尚书、征南将军等官。为荆州:任荆州刺史。荆州:治所在今湖北江陵。 ②时:时常,经常。酣畅:畅饮。 ③山公:指山简。时:经常。 ④径:直接。造:到,去。高阳池:池名,在今湖北襄阳岘山南,本名"习郁池"或"习家池",是汉朝侍中习郁依照范蠡之法所做的鱼池,晋人山简镇襄阳时,每临此池,未尝不大醉而归,狂呼"此是我高阳池也",于是后来改称为高阳池。"高阳"之典大概出于西汉郦食其,他来自古高阳乡(今河南开封东南),自称高阳酒徒,后来"高阳"逐渐成为"酒徒"的代名词,而"高阳池"也就是酒池之意。 ⑤莫:同"暮",日落。倒(dǎo)载:倒卧在车里。载:车子。 ⑥茗艼(míng dǐng):即酩酊,大醉。 ⑦复:还,又。 ⑧倒(dào):反,颠倒。箸(zhuó):

戴。白接篱:一种以白鹭羽为装饰的帽子。 ⑨葛强:山简的爱将,并州人。 ⑩何如:何似,与……比怎么样。并州:州名,位于今山西太原。 ⑪襄阳:郡名,治所在今湖北襄樊。

20. 张季鹰纵任不拘①,时人号为"江东步兵"②。或谓之曰③:"卿乃可纵适一时④,独不为身后名邪⑤?"答曰:"使我有身后名,不如即时一杯酒⑥。"

[注释]①张季鹰:即张翰,字季鹰,晋吴郡吴(今江苏苏州)人,见当时祸乱将起,弃官归隐。纵任:放纵。 ②步兵:即阮籍,见本门1注①。张翰为人放纵不拘,且是吴人,所以被比作"江东阮籍"。江东:长江至芜湖与南京间作西南、东北流向,所以秦汉以来,泛称长江此河段的南岸地区为"江东"。 ③或:有的人。 ④卿:相当于第二人称代词"你"。乃可:岂可,哪可,怎么可以。纵适:恣意享乐。 ⑤独:难道。身后:死后。邪:表反问语气。 ⑥即时:当下,此时。

21. 毕茂世云①:"一手持蟹螯②,一手持酒杯,拍浮酒池中③,便足了一生④。"

[注释]①毕茂世:即毕卓,字茂世,晋新蔡(今属河南)人,嗜酒,曾任吏部郎、平南长史。 ②持:拿。蟹螯:螃蟹第一对钳状的大脚。 ③拍浮:浮游,游泳。 ④了:了结,结束。

22. 贺司空入洛赴命①,为太孙舍人②。经吴阊门③,在船中弹琴。张季鹰本不相识④,先在金阊亭⑤,闻弦甚清⑥,下船就贺⑦,因共语⑧,便大相知说⑨。问贺:"卿欲何之⑩?"贺曰:"入洛赴命,正尔进路⑪。"张曰:"吾亦有事北京⑫,因路寄载⑬。"便与贺同发。初不告家,家追问,乃知⑭。

[注释]①贺司空:即贺循,字彦先,晋会稽山阴(今浙江绍兴)人,官至太常,死后追赠司空。洛:洛阳,西晋都城。赴命:就任。 ②太孙舍人:《晋书·贺循传》作"太子舍人",当是皇太子的属官。 ③吴阊(chāng)门:古吴县(今江苏苏州)城门名,今苏州城西门。 ④张季鹰:即张翰,见本门20注①。 ⑤金阊亭:亭名,旧址在今江苏省苏州市阊门内。 ⑥弦:指琴声。清:清雅。 ⑦就:到,靠近。 ⑧因:因而,于是。共语:交谈。 ⑨知说:赏识爱慕。说(yuè):同"悦"。 ⑩卿:你。何之:到哪里。之:到。 ⑪正尔:正要,即将。进路:上路出发。 ⑫北京:即西晋京城洛阳。贺循、张翰皆为吴地人,所以称北方的京城为北京。 ⑬因路:顺路。寄载:搭乘。 ⑭乃:才。

23. 祖车骑过江时①,公私俭薄②,无好服玩③。王、庾诸公共就祖④,忽见裘袍重叠⑤,珍饰盈列⑥。诸公怪问之⑦,祖曰:"昨夜复南塘一出⑧。"祖于时恒自使健儿鼓行劫钞⑨,在事之人⑩,亦容而不问⑪。

[注释]①祖车骑:即祖逖,字士稚,范阳遒(今河北涞水)人,东晋初有志于恢复中原而致力北伐的大将,死后赠车骑将军。过江:渡过长江南下。②公私俭薄:公库私府都物质微薄,不富足。 ③服玩:服饰器用和玩赏之物。 ④王:指王导,字茂弘,琅邪临沂(今属山东)人,东晋功臣,官至丞相。庾:即庾亮,字元规,晋颍川鄢陵(今属河南)人,明穆皇后的长兄,曾任征西大将军、荆州刺史等官。公:敬称。共:一同。就:往,到。 ⑤裘袍:皮袍。⑥珍饰:珍贵的装饰品。盈列:摆满。 ⑦怪:感到奇怪。 ⑧复:又。南塘:秦淮河南岸。一出:一次,一趟。 ⑨于时:当时。恒:常。健儿:勇士,壮士。鼓行:本是击鼓行军,这里指大张声势公然前去。劫钞:抢劫,掠夺。钞:抢掠,后写作"抄"。 ⑩在事之人:相关的负责官员。 ⑪容:纵容。问:过问,追究。

24. 鸿胪卿孔群好饮酒①,王丞相语云②:"卿何为恒饮酒③?不见酒家覆瓿布④,日月糜烂⑤?"群曰:"不尔⑥。不见糟肉乃更堪久⑦?"群尝书与亲旧⑧:"今年田得七百斛秫米⑨,不了曲糵事⑩。"

[注释]①鸿胪卿:官名,掌管朝祭礼仪。孔群:字敬林,晋会稽山阴(今浙江绍兴)人,嗜酒,曾任鸿胪卿、御史中丞等官。 ②王丞相:即王导,见本门23注④。 ③何为:为什么。恒:常。 ④瓿(bù):陶制或青铜制的容器。覆瓿布:盖酒坛子的布。 ⑤日月:过一段时间。 ⑥尔:这样。 ⑦糟肉:用酒或酒糟(造酒剩下的渣滓)腌制的肉。乃:却,反而。堪久:耐久,经久。 ⑧尝:曾经。书:写信。亲旧:亲戚朋友。 ⑨斛:古代的一种量器,十斗为一斛。秫(shú)米:糯米,一说高粱。 ⑩了:解决。曲糵(qū niè):酒曲,酿酒用的发酵物。曲糵事:指酿酒。

25. 有人讥周仆射与亲友言戏①,秽杂无检节②。周曰:"吾若万里长江,何能不千里一曲③!"

[注释]①周仆射:即周𫖮(yǐ),字伯仁,晋汝南安城(今河南汝南县东南)人,官至尚书左仆射。亲友:亲朋好友。言戏:谈笑戏谑。 ②秽杂:言行污秽不雅。检节:约束节制。 ③何能:怎能。

26. 温太真位未高时①,屡与扬州、淮中估客樗蒲②,与辄不竞③。尝一过大输物④,戏屈⑤,无因得反⑥。与庾亮善⑦,于舫中大唤亮曰⑧:"卿可赎我!"庾即送直⑨,然后得还。经此数四⑩。

[注释]①温太真:即温峤,字太真,太原祁(今山西祁县)人,东晋名臣,官至骠骑大将军,封始安郡公。位:官位。 ②屡:多次。扬州:州名,治所在今江苏南京。淮中:淮河中游地带。估客:贩货的行商。樗蒲(chū pú):古代

的一种赌博游戏,由掷骰后的骰色组合决定胜负。 ③与:参与。辄:总是。竟:得胜。 ④尝:曾经。一过:一次。输:交纳。此句指下了很大的赌注。 ⑤屈(jué):尽,这里指赌博全输光了。 ⑥无因:没有办法。反:同"返"。 ⑦庾亮:见本门23注④。善:友好。 ⑧舫(fǎng):船。 ⑨即:立即。直:同"值",这里指赎金。 ⑩数四:好几次,多次。

27. 温公喜慢语①,卞令礼法自居②。至庾公许③,大相剖击④,温发口鄙秽⑤,庾公徐曰⑥:"太真终日无鄙言⑦。"

[注释]①温公:即温峤,见本门26注①。慢语:说话傲慢、轻佻。 ②卞令:即卞壸,字望之,晋济阴冤句(今山东菏泽西南)人,官至尚书令。自居:自处,约束自己。 ③庾公:即庾亮,见本门23注④。许:处,处所。 ④剖击:即掊击,抨击,用言语攻击。 ⑤发口:开口,此指说话。鄙秽:浅薄低俗。 ⑥徐:慢慢地。 ⑦太真:即温峤,字太真。

28. 周伯仁风德雅重①,深达危乱②。过江积年③,恒大饮酒,尝经三日不醒④。时人谓之"三日仆射"⑤。

[注释]①周伯仁:即周顗(yǐ),字伯仁,晋汝南安城(今河南汝南县东南)人,官至尚书左仆射。风德:风范德行。雅重:正直稳重。 ②深达:深知,很明了。危乱:危险动乱。 ③过江:渡过长江南下。积年:多年。 ④尝:曾经。经:经过。 ⑤三日仆射:周顗曾任尚书左仆射,因酒醉三日不醒,所以称"三日仆射"。

29. 卫君长为温公长史①,温公甚善之②。每率尔提酒脯就卫③,箕踞相对弥日④。卫往温许⑤,亦尔⑥。

[注释]①卫君长:即卫永,字君长,晋成阳(今山东濮县东南)人,官至左

军长史。温公:即温峤,见本门 26 注①。长史:官名,郡府属官,掌兵马。②善:友好。 ③每:常常。率尔:随便,随意。脯:干肉。就:往,到。 ④箕踞:一种傲慢、不礼貌的坐姿,即随意张开两腿坐着,形似簸箕。相对:面对面。弥日:终日,整天。 ⑤许:处,处所。 ⑥尔:这样。

30. 苏峻乱①,诸庾逃散②。庾冰时为吴郡③,单身奔亡④。民吏皆去,唯郡卒独以小船载冰出钱塘口⑤,蓬篨覆之⑥。时峻赏募觅冰⑦,属所在搜检甚急⑧。卒舍船市渚⑨,因饮酒醉,还,舞棹向船曰⑩:"何处觅庾吴郡⑪?此中便是!"冰大惶怖⑫,然不敢动。监司见船小装狭⑬,谓卒狂醉,都不复疑⑭。自送过浙江⑮,寄山阴魏家⑯,得免⑰。后事平,冰欲报卒⑱,适其所愿⑲。卒曰:"出自厮下⑳,不愿名器㉑。少苦执鞭㉒,恒患不得快饮酒㉓,使其酒足余年㉔,毕矣㉕。无所复须㉖。"冰为起大舍㉗,市奴婢㉘,使门内有百斛酒㉙,终其身。时谓此卒非唯有智,且亦达生㉚。

[注释]①苏峻:字子高,晋长广掖县(今山东莱州)人,封邵陵公,后因造反被杀。苏峻乱:晋明帝死后,庾亮以帝舅身份执掌朝政,谋削夺苏峻兵权,晋成帝咸和二年(公元 327 年),苏峻等以讨庾亮为名,举兵攻入建康,次年九月被陶侃、温峤等击败。 ②诸庾:庾家兄弟。 ③庾冰:字季坚,晋颍川鄢陵(今属河南)人,庾亮的弟弟,讨苏峻有功,后接替王导为相,死后册赠侍中、司空。吴郡:郡名,治所在今江苏苏州。为吴郡:做吴国内史。 ④奔亡:逃亡。 ⑤郡卒:郡府差役。钱塘口:即钱塘江口,在今浙江。 ⑥蓬篨(qú chú):用芦苇或竹篾编成的粗席。覆:盖。 ⑦时:当时。赏募:悬赏号召。觅:搜捕。 ⑧属:同"嘱",命令。所在:到处,各处。搜检:搜查。 ⑨舍船:离开船。市渚:到小洲上买东西。市:买。渚(zhǔ):小洲。 ⑩舞:挥动。棹(zhào):船桨。 ⑪庾吴郡:即庾冰。 ⑫大:很,非常。惶怖:恐惧。 ⑬监

司:负责监察的官吏。装狭:指船的容量小。装:此指船舱。 ⑭都不:完全不。 ⑮自:亲自。浙(zhè)江:即浙江。 ⑯寄:寄居。山阴:县名,治所在今浙江绍兴。 ⑰免:脱离危难。 ⑱报:报答。 ⑲适其所愿:满足他的愿望。适:符合。 ⑳厮下:地位低贱的仆役。 ㉑名器:大器,国家的栋梁之才,这里指做大官。 ㉒苦:厌恶。执鞭:持鞭驾车,借指卑贱的差役。 ㉓恒:经常。快:痛快,尽兴。 ㉔余年:余生。 ㉕毕:齐全。毕矣:满足了。 ㉖复:再。须:需求。 ㉗起:建造。大舍:大房子。 ㉘市:买。 ㉙斛:古代的一种量器,十斗为一斛。 ㉚达生:语出《庄子·达生》:"达生之情者,不务生之所无以为。"郭象注:"生之所无以为者,分外物也。"后来以"达生"指参透人生、不受世事牵累的处世态度。

31. 殷洪乔作豫章郡①,临去,都下人因附百许函书②。既至石头③,悉掷水中④,因祝曰⑤:"沉者自沉,浮者自浮,殷洪乔不能作致书邮⑥。"

[注释]①殷洪乔:即殷羡,字洪乔,晋陈郡(今河南淮阳)人,殷浩的父亲,曾任豫章太守、光禄勋。作豫章郡:任豫章太守。豫章郡:郡名,治所在今江西南昌。 ②都下:京城,一说"都"为"郡"之误。因:趁机,顺便。附:寄,捎带。许:表约数,相当于"左右"、"大约"。函书:书信。 ③石头:古城名,故址在今江苏南京,本是楚金陵城,汉建安十七年孙权重筑改名,城负山面江,南临秦淮河口,六朝时为建康军事重镇。一说石头为古地名,在今江西南昌。 ④悉:全部。掷:投。 ⑤祝:祷告。 ⑥致书邮:送信的邮差。

32. 王长史、谢仁祖同为王公掾①。长史云:"谢掾能作异舞②。"谢便起舞,神意甚暇③。王公熟视④,谓客曰:"使人思安丰⑤。"

[注释]①王长史:即王濛,字仲祖,晋太原晋阳(今山西太原)人,王修、王蕴的父亲,曾任司徒左长史。谢仁祖:即谢尚,字仁祖,晋陈郡(今河南淮

阳)人,谢鲲的儿子,谢安的堂兄,官至镇西将军、豫州刺史。王公:王导,字茂弘,琅邪临沂(今属山东)人,东晋功臣,官至丞相。掾:官府中的辅助官吏。②作异舞:跳奇特的舞。　③神意:神态。暇:悠闲,从容。　④熟视:仔细看。　⑤安丰:即王戎,曾封安丰侯,见本门1注④。

33. 王、刘共在杭南①,酣宴于桓子野家②。谢镇西往尚书墓还③,葬后三日反哭④。诸人欲要之⑤,初遣一信⑥,犹未许⑦,然已停车;重要⑧,便回驾⑨。诸人门外迎之,把臂便下⑩。裁得脱帻箸帽⑪,酣宴半坐⑫,乃觉未脱衰⑬。

[注释]①王、刘:指东晋王濛(见本门32注①)、刘惔(字真长,晋沛国相(今属安徽)人,官至丹阳尹)。共:一同。杭南:"杭"通"航",即秦淮南岸的朱雀航,距朱雀航不远有王谢诸名族所居住的乌衣巷,杭南指的就是王谢诸大族所居之地。　②酣宴:聚在一起纵情吃喝。桓子野:即桓伊,字叔夏,小字子野,晋谯国铚(今安徽濉溪)人,曾任豫州刺史、护军将军。　③谢镇西:即谢尚,见本门32注①。尚书:指谢裒(póu),字幼儒,晋陈郡(今河南淮阳)人,谢尚的叔叔,曾任吏部尚书。　④反哭:古代丧葬仪式之一,安葬后,丧主要捧神主(死者牌位)归而哭。　⑤要:通"邀",邀请。　⑥遣:派。信:信使。　⑦犹:还。许:答应。　⑧重:再次。　⑨回驾:回转其车。　⑩把臂:拉着其手臂,表亲密。　⑪裁:通"才",仅仅,只。帻(zé):古代包扎发髻的头巾。箸(zhuó):戴。　⑫半坐:坐了半晌,坐了好久。　⑬乃:才。觉:发现。衰(cuī):古代丧服,用粗麻布制成,披在胸前。

34. 桓宣武少家贫①,戏大输②,债主敦求甚切③。思自振之方④,莫知所出。陈郡袁耽俊迈多能⑤,宣武欲求救于耽。耽时居艰⑥,恐致疑⑦,试以告焉,应声便许⑧,略无嫌吝⑨。遂变服⑩,怀布帽,随温去与债主戏。耽素有艺名⑪,债主就局⑫,曰:"汝故当不办作袁彦道邪⑬?"遂共戏⑭。十万一掷⑮,直上百万数⑯,投马绝叫⑰,傍若无人。探布帽掷对人曰⑱:"汝竟识袁彦道不⑲?"

[注释]①桓宣武:即桓温,字元子,谯国龙亢(今安徽怀远)人,东晋大将,死后追赠丞相,谥宣武。 ②戏:博戏,此指赌博。 ③敦求:催促,追讨。切:急迫。 ④自振:自救。方:方法。 ⑤陈郡:郡名,治陈县,即今河南淮阳。袁耽:字彦道,晋陈郡阳夏(今河南太康)人,平苏峻之乱有功,曾任历阳太守、从事中郎。俊迈多能:英俊豪迈,多才多艺。 ⑥时:当时。居艰:居丧,服丧。 ⑦恐:担心。疑:迟疑,犹豫。 ⑧应声:随声。许:答应,同意。⑨略无:全无,毫无。嫌:避忌,忌讳。吝:为难。 ⑩变服:换掉丧服。⑪素:向来。艺名:技艺高超的声誉。 ⑫就:靠近。局:博具,棋盘之类。⑬故当:一定,必定。不办作:不,不会是。袁彦道:即袁耽。 ⑭共:一同。⑮一掷:赌博时以赌具投掷一次谓"一掷",这里指一局。 ⑯上:上升到。⑰马:同"码",筹码。绝叫:大声叫喊。绝:极,最。 ⑱探:摸取。掷:扔。对人:对方。 ⑲竟:究竟,到底。不:同"否"。

35. 王光禄云①:"酒正使人人自远②。"

[注释]①王光禄:即王蕴,字叔仁,晋太原晋阳(今山西太原)人,王濛的儿子,曾任镇军将军、会稽内史等官,死后追赠左光禄大夫。 ②自远:即"远自",超脱自己。

36. 刘尹云①:"孙承公狂士②,每至一处,赏玩累日③;或回至半路却返④。"

[注释]①刘尹:即刘惔,见本门33注①。 ②孙承公:即孙统,字承公,晋太原中原(今山西平遥)人,好游玩山水,官至余姚令。狂士:狂放之士。③赏玩:观赏游玩。累日:多日。 ④或:有时。却返:退回。却:退,使退。

37. 袁彦道有二妹①：一适殷渊源②，一适谢仁祖③。语桓宣武云④："恨不更有一人配卿⑤。"

[注释]①袁彦道：即袁耽，见本门34注⑤。 ②适：嫁给。殷渊源：即殷浩，字渊源，晋陈郡长平（今河南西华）人，官至扬州刺史、中军将军。 ③谢仁祖：即谢尚，见本门32注①。 ④桓宣武：即桓温，见本门34注①。 ⑤恨：遗憾。更：再。配：许配。卿：相当于第二人称代词"你"。

38. 桓车骑在荆州①，张玄为侍中②，使至江陵③，路经阳歧村④。俄见一人持半小笼生鱼⑤，径来造船⑥，云："有鱼欲寄作脍⑦。"张乃维舟而纳之⑧。问其姓字⑨，称是刘遗民⑩。张素闻其名⑪，大相忻待⑫。刘既知张衔命⑬，问："谢安、王文度并佳不⑭？"张甚欲话言⑮，刘了无停意⑯。既进脍⑰，便去⑱，云："向得此鱼⑲，观君船上当有脍具⑳，是故来耳。"于是便去。张乃追至刘家，为设酒，殊不清旨㉑，张高其人㉒，不得已而饮之。方共对饮㉓，刘便先起，云："今正伐荻㉔，不宜久废㉕。"张亦无以留之㉖。

[注释]①桓车骑：即桓冲，字幼子，大将军桓温的弟弟，曾任荆州刺史、车骑将军等官。荆州：治所在今湖北江陵。 ②张玄：又名张玄之，字祖希，曾任吏部尚书、冠军将军、吴兴太守等官，与同时代的谢玄齐名，时称"南北二玄"。侍中：官名，秦朝始置，是正规官职外的加官之一，侍从皇帝左右，出入宫廷，与闻朝政，晋以后，曾相当于宰相。 ③使：派遣。江陵：县名，治所在今湖北江陵。 ④阳歧村：村名，濒临长江，离荆州二百里。 ⑤俄：突然。生鱼：活鱼。 ⑥径：径直，直接。造：到。 ⑦寄：借。脍（kuài）：细切的鱼肉。 ⑧维舟：系船停泊。纳：引进，即"让其上船"。 ⑨姓字：即姓名。 ⑩刘遗民：即刘骥之，一名刘遗民，晋南阳（今属河南）人，无意官场，隐居阳

歧。 ⑪素:向来,一向。 ⑫忻待:热情接待。忻(xīn):欣喜。 ⑬衔命:身负使命。 ⑭谢安:字安石,陈郡阳夏(今河南太康)人,东晋名臣,死后追赠太傅。王文度:即王坦之,字文度,太原晋阳(今山西太原)人,东晋名臣。并:都。不:同"否"。 ⑮话言:谈论,交谈。 ⑯了无:完全没有。 ⑰进:奉上,交给。这里指张玄将鱼加工成脍后交还给刘遗民。 ⑱去:离开。 ⑲向:刚才。 ⑳脍具:加工成脍的工具。 ㉑殊:很,非常。清旨:清醇甘美。 ㉒高:尊崇,敬仰。 ㉓方:才,刚刚。共:一起。 ㉔伐:砍,割。荻:多年生草本植物,与芦同类。 ㉕废:停止,耽搁。 ㉖无以:没有办法。

39. 王子猷诣郗雍州①,雍州在内,见有㲪毵②,云:"阿乞那得此物③?"令左右送还家④。郗出觅之⑤,王曰:"向有大力者负之而趋⑥。"郗无忤色⑦。

[注释]①王子猷:即王徽之,字子猷,王羲之的儿子,东晋名士,放任不羁,官至黄门侍郎。诣:拜访。郗雍州:即郗恢,字道胤,晋高平(今山东金乡县西北)人,曾任雍州刺史。 ②㲪毵(tà dēng):彩纹细毛毯。 ③阿乞:郗恢的小名。那:即"哪"。 ④左右:随从伺候之人。 ⑤觅:寻找。 ⑥向:刚才。负:背。趋:跑。 ⑦忤色:怨怒的表情。

40. 谢安始出西戏①,失车牛②,便杖策步归③。道逢刘尹④,语曰:"安石将无伤⑤?"谢乃同载而归。

[注释]①谢安:见本门38注⑭。出西:去城西。出:至,到。戏:赌博。 ②失:输掉。车牛:车和驾车的牛。 ③杖策:拄着手杖。杖:握,持。策:手杖,拐棍。 ④刘尹:即刘惔,见本门33注①。 ⑤安石:即谢安,字安石。将无:莫非,表揣测的语气。

41. 襄阳罗友有大韵①,少时多谓之痴。尝伺人祠②,欲乞食③,往太蚤④,门未开。主人迎神出见⑤,问以非时

何得在此⑥。答曰:"闻卿祠,欲乞一顿食耳。"遂隐门侧⑦,至晓⑧,得食便退,了无怍容⑨。为人有记功⑩:从桓宣武平蜀⑪,按行蜀城阙观宇⑫,内外道陌广狭⑬,植种果竹多少,皆默记之。后宣武漂洲与简文集⑭,友亦预焉⑮。共道蜀中事,亦有所遗忘,友皆名列⑯,曾无错漏⑰。宣武验以蜀城阙簿⑱,皆如其言⑲,坐者叹服⑳。谢公云㉑:"罗友讵减魏阳元㉒?"后为广州刺史㉓,当之镇㉔,刺史桓豁语令莫来宿㉕。答曰:"民已有前期㉖,主人贫,或有酒馔之费㉗,见与甚有旧㉘。请别日奉命㉙。"征西密遣人察之㉚,至日乃往荆州门下书佐家㉛,处之怡然㉜,不异胜达㉝。在益州㉞,语儿云:"我有五百人食器㉟。"家中大惊,其由来清㊱,而忽有此物,定是二百五十沓乌樏㊲。

[注释]①襄阳:郡名,治所在今湖北襄樊。罗友:字宅仁,晋襄阳人,旷达、嗜酒,初为荆州从事,后入桓温幕府,历任襄阳太守、广州刺史、益州刺史等。大韵:不同一般的气度、情趣。 ②尝:曾经。伺:侦察,观察。祠:祭神。 ③乞:乞讨。 ④蚤:通"早"。 ⑤迎神:古代的一种迷信活动,迎接神灵到来。 ⑥以:于,在。非时:不是时候,不是适当的时间内。 ⑦隐:躲避。 ⑧晓:天亮。 ⑨了无:完全没有。怍容:羞愧的表情。 ⑩为人:指人在外貌或品行方面所表现出来的特征。记功:记忆力。 ⑪桓宣武:即桓温,见本门34注①。蜀:指成汉李氏政权。平蜀:在晋穆帝永和二年(公元346年),桓温率兵攻成汉,次年平定蜀地。 ⑫按行:巡视。城阙:宫阙城楼。观(guàn)宇:楼阁台榭。 ⑬道陌:道路。 ⑭漂洲:当作溧洲,亦作洌洲,在今江苏江宁西南,因洌山而得名。简文:司马昱,晋简文帝,晋元帝司马睿的幼子,公元370年至公元372年在位。集:聚会。 ⑮预:参加。 ⑯名列:一一描绘出来。 ⑰曾:竟,竟然。 ⑱验:核对。城阙簿:记录城阙情况的册籍。 ⑲如其言:和他说的一样。 ⑳叹服:赞叹,佩服。 ㉑谢公:谢安,

见本门38注⑭。 ㉒讵(jù):岂,难道,表反问。减:不如,比不上。魏阳元:魏舒,字阳元,任城樊(今山东微山县西北)人,官至司徒。 ㉓广州:晋郡名,指番禺,治所在今广东省。刺史:官名,魏晋时重要州郡置都督兼领刺史,掌管一州军事大权。 ㉔当:将,将要。之:到。 ㉕桓豁:字朗子,桓温的弟弟,东晋人,官至征西大将军,时任荆州刺史。莫:同"暮",晚上。 ㉖民:犹"我",自称,在长官面前的谦称。期:约定,约会。 ㉗或:或许,可能。费:耗费,破费。这里指可能已经准备了酒食。 ㉘见:用在动词前称代自己,"见与"犹"与我"。有旧:有老交情。 ㉙别日:他日,改天。奉命:听从命令,这里指赴约。 ㉚征西:指桓豁,曾为征西大将军。密:偷偷地,暗中。 ㉛荆州:指桓豁,时任荆州刺史。门下:门客,属下。书佐:主办文书的佐吏。 ㉜怡然:安闲自在的样子。 ㉝异:与……不同。胜达:名流显贵之人。 ㉞益州:州名,治所在今四川成都。 ㉟食器:餐具。 ㊱由来:自始以来,一直。清:清廉。 ㊲沓:量词,套。乌樏(léi):古代一种黑色的餐具,其形似盘而有盖,又似盒,中间分格子,一套可供两人食用。

42. 桓子野每闻清歌①,辄唤:"奈何②!"谢公闻之③,曰:"子野可谓一往有深情④。"

[注释]①桓子野:即桓伊,妙解音律,善吹笛,参见本门33注②。清歌:没有乐器伴奏的歌唱。 ②奈何:《古今乐录》载:"奈何,曲调之遗音。"一人唱,众人以"奈何"相附和。 ③谢公:即谢安,见本门38注⑭。 ④一往:一向,一直以来。这里指桓伊对音乐一直怀有深厚感情。成语"一往情深"即出于此。

43. 张湛好于斋前种松柏①。时袁山松出游②,每好令左右作挽歌③。时人谓:"张屋下陈尸④,袁道上行殡⑤。"

[注释]①张湛:字处度,小字骥,晋高平(今山东金乡县西北)人,有才

学,注《列子》八卷,曾任中书郎。斋:房屋。 ②袁山松:晋陈郡(今河南淮阳)人,善音乐,曾任秘书监、吴国内史。 ③每:常常。左右:随从人员。挽歌:古代送葬时,由牵引灵车的人所唱哀悼死者的歌。 ④陈:陈列,放置。松柏一般种植在坟墓边,所以戏说"张屋下陈尸"。 ⑤行殡:即出殡,送葬。因为袁山松喜欢唱挽歌,所以有此说。

44. 罗友作荆州从事①,桓宣武为王车骑集别②,友进,坐良久③,辞出④。宣武曰:"卿向欲咨事⑤,何以便去⑥?"答曰:"友闻白羊肉美,一生未曾得吃,故冒求前耳⑦,无事可咨。今已饱,不复须驻⑧。"了无惭色⑨。

[注释]①罗友:见本门41注①。荆州:治所在今湖北江陵。从事:官名,汉以后三公及州郡长官皆自己征召僚属,多以从事为称。 ②桓宣武:指桓温,见本门34注①。王车骑:即王洽,字敬和,丞相王导的儿子,曾任吴国内史等官,死后追赠车骑将军。集别:聚会饯行。 ③良久:很久。 ④辞出:告辞退出。 ⑤卿:相当于第二人称代词"你"。向:刚才。咨:征询。咨事:商议公事。 ⑥何以:为什么。便:就。去:离开。 ⑦故:所以。冒:冒昧。求前:请求拜见。 ⑧复:再。驻:停留。 ⑨了无:完全没有。惭色:羞愧的表情。

45. 张骠酒后挽歌甚凄苦①。桓车骑曰②:"卿非田横门人③,何乃顿尔至致④?"

[注释]①张骠:即张湛,见本门43注①。挽歌:古代送葬时,由牵引灵车的人所唱哀悼死者的歌,这里作动词,唱挽歌。凄苦:悲凉痛苦。 ②桓车骑:即桓冲,见本门38注①。 ③卿:相当于第二人称代词"你"。田横:原齐国贵族,后为秦末起义领袖,因羞为汉臣,自杀,其门人唱挽歌以寄哀悼。但挽歌并不始于田横门人,春秋战国时期就已产生,如《左传》有《虞殡》,《庄子》有《绋讴》,皆为送葬歌曲。门人:弟子,门客。 ④何乃:何故,为什么。

顿尔:突然。至致:达到最高境界。这里指进入极度凄凉的情境。

46. 王子猷尝暂寄人空宅住①,便令种竹。或问②:"暂住何烦尔③?"王啸咏良久④,直指竹曰:"何可一日无此君⑤!"

[注释]①王子猷:即王徽之,见本门39注①。尝:曾经。暂:暂时,临时。寄:寄居。 ②或:有人。 ③何烦:何须,何必。尔:这样。 ④啸咏:犹"啸歌",以"啸"声模拟歌的曲调,一种口哨音乐。良久:很久。 ⑤何:如何,怎么。

47. 王子猷居山阴①,夜大雪,眠觉②,开室命酌酒③,四望皎然④。因起彷徨⑤,咏左思《招隐诗》⑥。忽忆戴安道⑦。时戴在剡⑧,即便夜乘小船就之⑨。经宿方至⑩,造门不前而返⑪。人问其故⑫,王曰:"吾本乘兴而行,兴尽而返,何必见戴!"

[注释]①王子猷:即王徽之,见本门39注①。山阴:县名,治所在今浙江绍兴。 ②眠:睡。觉(jiào):睡醒,清醒。 ③开室:打开房门。 ④四望:眺望四方。皎然:洁白的样子。 ⑤因:于是。彷徨:徘徊,来回走动。⑥左思:字太冲,齐国临淄(今山东淄博)人,西晋著名文学家,代表作有《三都赋》、《咏史诗》,另有《招隐诗》两首。 ⑦忆:思念,想念。戴安道:即戴逵,字安道,晋谯国(今安徽亳州)人,擅长书法绘画,不乐仕宦。⑧时:当时。剡(shàn):古县名,在今浙江嵊(shèng)州西南。 ⑨即便:立即。就:往,到。 ⑩经宿:经过一夜。宿(xiǔ):量词,用以计算夜。方:才。 ⑪造:到。前:拜访。 ⑫故:原因。

48. 王卫军云①:"酒正自引人箸胜地②。"

[注释]①王卫军:即王荟,字敬文,丞相王导幼子,官至镇军将军,死后追赠卫将军。 ②正自:的确,确实。箸(zhuó):接触,到达。胜地:美妙的境界。

49. 王子猷出都①,尚在渚下②。旧闻桓子野善吹笛③,而不相识。遇桓于岸上过,王在船中,客有识之者,云是桓子野。王便令人与相闻④,云:"闻君善吹笛,试为我一奏。"桓时已贵显⑤,素闻王名⑥,即便回下车⑦,踞胡床⑧,为作三调⑨。弄毕⑩,便上车去⑪。客主不交一言⑫。

[注释]①王子猷:即王徽之,见本门39注①。出都:至都,到京城建康去。出:去,到。 ②尚:仍,还。渚下:水边。 ③旧:以前,过去。闻:听说。桓子野:即桓伊,见本门33注②。 ④相闻:互通信息。 ⑤时:当时。贵显:尊贵显赫。 ⑥素:素来,一向。 ⑦即便:立即。 ⑧踞:坐。胡床:即交椅,一种腿交叉、有靠背、可以折叠的轻便坐具,又称交床。 ⑨三调:三支曲子。 ⑩弄:吹奏乐器。弄毕:吹奏完毕。 ⑪去:离开。 ⑫交:交谈。

50. 桓南郡被召作太子洗马①,船泊荻渚②。王大服散后已小醉③,往看桓。桓为设酒,不能冷饮,频语左右令"温酒来"④。桓乃流涕呜咽⑤。王便欲去,桓以手巾掩泪⑥,因谓王曰:"犯我家讳⑦,何预卿事⑧!"王叹曰:"灵宝故自达⑨。"

[注释]①桓南郡:即桓玄,字敬道,小字灵宝,晋大司马桓温的儿子,袭封南郡公。太子洗马:官名,为太子官属,掌朝觐宾飨,太子出则为前导,晋时掌图籍。 ②泊:停泊。荻渚:地名,当在今湖北江陵。 ③王大:即王忱,字元达,小字佛大,晋平北将军王坦之的儿子,官至荆州刺史。散:即寒食散,古代

药名,因服用时宜冷食而得名,但不宜饮冷酒。又因这种药物以丹砂、雄黄、白矾、曾青、慈石五种矿物炼成,所以又称五石散。相传其方始于汉代,魏晋南北朝名士服用此散,成为一时的风气。　④频:频繁,多次。左右:随从伺候之人。　⑤流涕:流泪。呜咽:低声哭泣。　⑥掩:止,这里指擦泪。⑦家讳:父亲、祖父的名讳(旧指尊长或所尊敬之人的名字,生前曰名,死后曰讳)。"温"是桓玄父亲桓温的讳。　⑧预:牵涉,相干。　⑨故自:的确,确实。达:豁达。

51. 王孝伯问王大①:"阮籍何如司马相如②?"王大曰:"阮籍胸中垒块③,故须酒浇之。"

[注释]①王孝伯:即王恭,字孝伯,晋光禄大夫王蕴的儿子,曾任丹阳尹,中书令,青、兖二州刺史等官。王大:即王忱,见本门50注③。　②阮籍:见本门1注①。何如:何似,与……比怎么样。司马相如:字长卿,蜀郡成都人,汉代辞赋大家。　③垒块:喻指心中郁结的不平之气。

52. 王佛大叹言①:"三日不饮酒,觉形神不复相亲②。"

[注释]①王佛大:即王忱,见本门50注③。叹:感叹。　②形神:形体与精神。复:再。亲:接触,亲近。

53. 王孝伯言①:"名士不必须奇才,但使常得无事②,痛饮酒③,熟读《离骚》④,便可称名士。"

[注释]①王孝伯:即王恭,见本门51注①。　②但:只要。得:能。③痛:痛快,尽兴。　④《离骚》:战国时期楚人屈原所作,是一篇浪漫主义的政治抒情诗。

54. 王长史登茅山①,大恸哭曰②:"琅邪王伯舆,终当为情死③。"

[注释]①王长史:即王廞,字伯舆,琅邪(治今山东临沂北)人,王荟的儿子,曾任司徒左长史。茅山:山名,在江苏省句容东南,原名句曲山,汉茅盈与弟茅衷、茅固曾采药修道于此,因此改名茅山,也称三茅山。　②恸哭:痛哭。③终:终究。当:将,将会。

简傲第二十四

1. 晋文王功德盛大①,坐席严敬②,拟于王者③。唯阮籍在坐④,箕踞啸歌⑤,酣放自若⑥。

[注释]①晋文王:即司马昭,三国魏相国,封晋公,死后谥文王,其儿子司马炎代魏称帝后,追尊为"文皇帝"。功德:功业与德行。 ②坐席:宴席,这里指宴会的气氛。严敬:威严庄重。 ③拟:比拟,类似。王:君王。 ④阮籍:字嗣宗,三国曹魏末年陈留尉氏(今属河南)人,好《老子》《庄子》,放任不羁,"竹林七贤"的主要人物之一。 ⑤箕踞:一种傲慢、不礼貌的坐姿,即随意张开两腿坐着,形似簸箕。啸:相当于今天所谓"吹口哨"。啸歌:以"啸"声模拟歌的曲调。 ⑥酣放:畅饮放纵。自若:自如。

2. 王戎弱冠诣阮籍①,时刘公荣在坐②,阮谓王曰:"偶有二斗美酒③,当与君共饮,彼公荣者无预焉④。"二人交觞酬酢⑤,公荣遂不得一杯⑥,而言语谈戏⑦,三人无异。或有问之者⑧,阮答曰:"胜公荣者不得不与饮酒,不如公荣者不可不与饮酒,唯公荣可不与饮酒⑨。"

[注释]①王戎:字濬冲,琅邪临沂(今属山东)人,"竹林七贤"之一,仕晋,官至司徒。弱冠:指男子二十岁左右。古时以男子二十岁为成人,初加

冠,因为身体犹未壮,故称弱冠。诣:拜访。阮籍:见本门1注④。　②时:当时。刘公荣:即刘昶,字公荣,嗜酒,曹魏末年沛国(今安徽濉溪县西北)人,官至兖州刺史。　③偶:恰好,正好。　④预:参加,参与。　⑤交觞酬酢:相互举杯敬酒。觞:酒杯。主敬客称酬,客还敬称酢。　⑥遂:终,终究。　⑦谈戏:谈笑。戏:开玩笑。　⑧或:有人。　⑨《任诞第二十三》第4:刘公荣自言:"胜公荣者不可不与饮,不如公荣者亦不可不与饮,是公荣辈者又不可不与饮……"此处是阮籍改其言以讥之。

3.钟士季精有才理①,先不识嵇康②。钟要于时贤俊之士③,俱往寻康④。康方大树下锻⑤,向子期为佐⑥,鼓排⑦,康扬槌不辍⑧,傍若无人⑨,移时不交一言⑩。钟起去⑪,康曰:"何所闻而来⑫,何所见而去⑬?"钟曰:"闻所闻而来⑭,见所见而去⑮。"

[注释]①钟士季:即钟会,字士季,魏太傅钟繇的儿子、三国时魏国谋士、将领,官至司徒,后因谋反被杀。精:甚,极,非常。才理:犹才思、才气和思致。　②嵇康:字叔夜,三国曹魏谯国(今安徽亳州)人,好《老子》、《庄子》,任性放达,与阮籍交好,官至中散大夫,后被司马昭所杀,"竹林七贤"的主要人物之一。　③要:通"邀",邀请。于时:当时。贤俊:才德出众。　④寻:探访。　⑤方:正,正在。锻:锻造,打铁。　⑥向子期:即向秀,字子期,三国魏末年河内(今河南沁阳)人,好《老子》、《庄子》,后任黄门侍郎、散骑常侍等官,"竹林七贤"之一。佐:辅助。　⑦鼓排:拉风箱。排:通"韛(bài)",鼓风吹火的皮囊,俗称风箱。　⑧槌(chuí):铁锤。辍:停止。　⑨傍若无人:同"旁若无人"。　⑩移时:过了一段时间,这里指很久之后。交:交谈。　⑪去:离开。　⑫⑬两句:因为听到了什么而来,又见到了什么而去?　⑭⑮两句:听见了所听到的而来,看见了所见到的而去。

4.嵇康与吕安善①,每一相思②,千里命驾③。安后来,值康不在④,喜出户延之⑤,不入,题门上作"凤"字而去⑥。喜不觉⑦,犹以为欣故作⑧。"凤"字⑨,凡鸟也⑩。

[注释]①嵇康:见本门3注②。吕安:字仲悌,晋东平(治今山东东平南)人,与嵇康交好,后被司马昭所杀。善:友好。 ②相思:思念,想念。 ③千里命驾:不顾路途遥远,命人驾车前往。 ④值:遇到,碰上。 ⑤喜:嵇喜,字公穆,嵇康之兄,历任扬州刺史。延:迎接。 ⑥题:写。去:离开。 ⑦觉:领悟,明白。 ⑧犹:仍,还。欣:高兴。故:所以。作:指题"凤"字。 ⑨凤:"鳳"的简体,许慎《说文解字》:"鳳,神鸟也,从鸟凡声。" ⑩凡鸟:吕安借以称嵇喜为"凡鸟",讥笑其平庸无才。

5. 陆士衡初入洛①,咨张公所宜诣②,刘道真是其一③。陆既往,刘尚在哀制中④。性嗜酒,礼毕⑤,初无他言⑥,唯问:"东吴有长柄壶卢⑦,卿得种来不⑧?"陆兄弟殊失望⑨,乃悔往。

[注释]①陆士衡:即陆机,字士衡,吴郡(治今江苏苏州)人,三国吴丞相陆逊之孙,大司马陆抗之子,入晋,任著作郎,官至平原内史。洛:洛阳,西晋都城。 ②咨:咨询,请教。张公:即张华,字茂先,曹魏末年范阳(今河北涿州)人,入晋,晋封壮武郡公,官至司空,后被赵王司马伦所害。诣:拜访。所宜诣:应该去拜访的人。 ③刘道真:即刘宝,字道真,晋高平(今山东金乡县西北)人,曾任从事中郎、中书郎、吏部郎等官。 ④尚:仍然,还。哀制:父母之丧的礼制。 ⑤礼:指宾主见面的礼节。 ⑥初:全,完全。 ⑦东吴:泛指古吴地,大约相当于现在江苏、浙江两省东部地区。长柄壶卢:即长把葫芦,可用来装酒,便于携带。 ⑧卿:相当于第二人称代词"你"。种:种子。不:同"否"。 ⑨殊:很,非常。

6. 王平子出为荆州①,王太尉及时贤送者倾路②。时庭中有大树,上有鹊巢,平子脱衣巾③,径上树取鹊子④。

凉衣拘阁树枝⑤,便复脱去,得鹊子还,下弄⑥,神色自若⑦,傍若无人⑧。

[注释]①王平子:即王澄,字平子,晋太尉王衍的弟弟,曾任荆州刺史。出为荆州:出任荆州刺史。荆州:治所在今湖北江陵。 ②王太尉:即王衍,字夷甫,琅邪临沂(今属山东)人,西晋名臣,官至尚书令、太尉。时贤:当时名流。倾路:挤满道路。 ③巾:头巾。 ④径:径直,直接。鹊子:雏鹊。 ⑤凉衣:贴身内衣。拘阁:束缚妨碍,这里指钩挂。 ⑥弄:把玩,玩弄。 ⑦自若:自如。 ⑧傍若无人:同"旁若无人"。

7. 高坐道人于丞相坐①,恒偃卧其侧②。见卞令③,肃然改容云④:"彼是礼法人⑤。"

[注释]①高坐道人:西晋时的高僧,西域人,原名尸黎密,永嘉(西晋怀帝司马炽的年号)中来晋。丞相:即王导,字茂弘,琅邪临沂(今山东)人,东晋功臣,官至丞相。 ②恒:总是。偃卧:仰卧。 ③卞令:即卞壶,字望之,晋济阴冤句(今山东菏泽西南)人,官至尚书令。 ④肃然:恭敬的样子。改容:改变仪态。 ⑤彼:他。礼法人:讲究礼法的人。《任诞第二十三》第27:"卞令礼法自居。"

8. 桓宣武作徐州①,时谢奕为晋陵②,先粗经虚怀③,而乃无异常④。及桓迁荆州⑤,将西之间⑥,意气甚笃⑦,奕弗之疑⑧。唯谢虎子妇王悟其旨⑨,每曰⑩:"桓荆州用意殊异⑪,必与晋陵俱西矣⑫。"俄而引奕为司马⑬,奕既上⑭,犹推布衣交⑮。在温坐,岸帻啸咏⑯,无异常日。宣武每曰:"我方外司马⑰。"遂因酒转无朝夕礼⑱,桓舍人内⑲,奕辄复随去,后至奕醉,温往主许避之⑳。主曰:"君无狂司马,我何由得相见㉑?"

[注释]①桓宣武:即桓温,字元子,东晋谯国龙亢(今安徽怀远)人,娶晋元帝女南康长公主为妻,历任琅邪内史、徐州刺史、荆州刺史、征西大将军等官,死后谥宣武。作徐州:任徐州刺史。徐州:治京口,今江苏镇江市。 ②时:当时。谢奕:字无奕,晋陈郡阳夏(今河南太康)人,谢安之兄,谢玄之父,与桓温友好,曾任晋陵太守、安西将军、豫州刺史等官。为晋陵:做晋陵太守。晋陵:郡名,治丹徒,治所在今江苏镇江。 ③粗:略微。经:通。虚怀:谦逊虚心,这里指讲究礼节。这句话的意思是:开始时只是略微礼节性的来往。 ④乃:却。 ⑤迁:晋升或调任。迁荆州:调任荆州刺史。 ⑥西:西行,东晋称荆州为西州。之间:之时。间:一定的时间内。 ⑦意气:情谊,恩义。笃:深厚。 ⑧弗之疑:即"弗疑之"的倒装,不对这种情况产生疑惑。 ⑨谢虎子:即谢据,字玄道,小字虎子,谢奕的弟弟,娶太原王韬之女王绥为妻。悟:领会,明白。旨:意图。 ⑩每:常常。 ⑪桓荆州:即桓温。殊异:很不一般。 ⑫晋陵:即谢奕。 ⑬俄而:不久。引:引荐,推举。司马:官名,军府、州郡中掌管军旅之事。 ⑭上:上任。 ⑮犹:仍然,还。推:推崇。布衣交:即贫贱之交。这里指谢奕还是采取从前贫贱时交友的礼数来对待桓温。 ⑯岸帻:推起头巾,露出前额。形容衣着简率不拘。帻(zé):头巾。啸咏:与"啸歌"同,以"啸"声模拟歌的曲调,是一种口哨音乐。 ⑰方外:世俗礼法之外。 ⑱转:逐渐,更加。朝夕礼:日常的礼节。朝夕:泛指日常生活。 ⑲舍:离开。内:内室。 ⑳主:南康长公主,晋元帝女。许:处,处所。 ㉑何由:怎能。

9.谢万在兄前①,欲起索便器②。于时阮思旷在坐③,曰:"新出门户④,笃而无礼⑤!"

[注释]①谢万:字万石,太傅谢安的弟弟,历任吏部、西中郎将、豫州刺史、散骑常侍。 ②索:索取。便器:尿壶。 ③于时:当时。阮思旷:即阮裕,字思旷,陈留尉氏(今属河南)人,东晋名士,后长期隐居会稽剡山,朝廷征以金紫光禄大夫,固辞不就。 ④新出门户:新兴的显贵家族,在此含有轻蔑之意。谢氏在晋以前,门户不盛,到谢衡为晋国子祭酒,经过谢鲲、谢尚而后

兴盛,至谢万时,人们仍未视谢氏为第一流门阀。　⑤笃:甚,很。而:助词,有强调的意味。此句相当于"甚是无礼"。

10. 谢中郎是王蓝田女婿①,尝箸白纶巾②,肩舆径至扬州听事见王③,直言曰:"人言君侯痴④,君侯信自痴⑤。"蓝田曰:"非无此论,但晚令耳⑥。"

[注释]①谢中郎:即谢万,曾任西中郎将,娶王述之女王荃为妻,参见本门9注①。王蓝田:即王述,字怀祖,晋太原晋阳(今山西太原)人,袭爵蓝田侯。　②尝:曾经。箸(zhuó):戴。纶巾:古代用丝做的头巾,又称诸葛巾。③肩舆:轿子,这里作动词,即乘坐轿子。径:径直,直接。扬州:州名,东晋时治建康,这里指扬州治所官府,当时王述为扬州刺史。听事:厅堂,官府处理事务的地方。　④君侯:对达官贵人的敬称。　⑤信自:果真,确实。⑥但:只,只是。晚令:成名晚,犹大器晚成。令:美名。

11. 王子猷作桓车骑骑兵参军①,桓问曰:"卿何署②?"答曰:"不知何署,时见牵马来,似是马曹③。"桓又问:"官有几马?"答曰:"不问马④,何由知其数?"又问:"马比死多少⑤?"答曰:"未知生⑥,焉知死⑦?"

[注释]①王子猷:即王徽之,字子猷,王羲之的儿子,东晋名士,放任不羁,官至黄门侍郎。桓车骑:即桓冲,字幼子,大将军桓温的弟弟,曾任荆州刺史、车骑将军等。骑兵参军:官名,魏晋时设骑兵曹,僚属有参军。参军:负责参谋军务。　②署:官署,办理公务的机关。　③马曹:管理马匹的官署。④不问马:语出《论语·乡党》:"厩焚。子退朝,曰:'伤人乎?'不问马。"⑤比:近日,近来。　⑥⑦两句:语出《论语·先进》:"季路问事鬼神……曰:'未知生,焉知死!'"焉:怎么。按:王徽之故意断章取义,答非所问,其狂放可见一斑。

12. 谢公尝与谢万共出西①,过吴郡②,阿万欲相与共萃王恬许③。太傅云④:"恐伊不必酬汝⑤,意不足尔⑥。"万犹苦要⑦,太傅坚不回⑧,万乃独往。坐少时⑨,王便入门内,谢殊有欣色⑩,以为厚待己⑪。良久⑫,乃沐头散发而出⑬,亦不坐,仍据胡床⑭,在中庭晒头⑮,神气傲迈⑯,了无相酬对意⑰。谢于是乃还,未至船,逆呼太傅⑱,安曰:"阿螭不作尔⑲。"

[注释]①谢公:即谢安,字安石,陈郡阳夏(今河南太康)人,初寓居会稽(今浙江绍兴),无仕宦之心,后成为东晋名臣,死后追赠太傅。尝:曾经。谢万:谢安的弟弟,见本门9注①。共:一起。出:往,到……去。出西:东晋都城在建康,以会稽为东,二谢居会稽,因此以入吴为出西。 ②吴郡:郡名,治所在今江苏苏州。 ③阿万:谢万。萃:聚集。王恬:字敬豫,小字螭虎,晋丞相王导之子,曾任中书郎、魏郡太守、会稽内史等,死后赠中军将军。许:处,处所。 ④太傅:即谢安。 ⑤伊:他。不必:未必,不一定。酬:应酬,招待。 ⑥意:认为。不足:不值得。尔:这样。 ⑦犹:仍然,还。苦:竭力,极力。要:同"邀"。 ⑧坚:坚决。回:改变。 ⑨少时:一会儿,不久。 ⑩殊:很。欣色:喜悦的表情。 ⑪厚待:优待。 ⑫良久:很久。 ⑬沐头:洗头。 ⑭仍:又。据:依靠。胡床:即交椅,一种腿交叉、有靠背、可以折叠的轻便坐具,又称交床。 ⑮中庭:庭中,庭院之中。 ⑯神气:神态,神情。傲迈:傲慢清高。 ⑰了无:完全没有。酬对:应对,这里指招待。意:意向。 ⑱逆:迎,这里指"迎面"。 ⑲阿螭:即王恬。作:装,做作。意思是王恬不以虚情招待正是其本性。尔:而已。

13. 王子猷作桓车骑参军①,桓谓王曰:"卿在府久,比当相料理②。"初不答,直高视③,以手版拄颊云④:"西山朝来⑤,致有爽气⑥。"

[注释]①王子猷:即王徽之,字子猷,见本门11注①。桓车骑:即桓冲,

见本门 11 注①。参军:骑兵参军,见本门 11 注①。 ②比:近日,最近。当:将。料理:提拔,提携。 ③直:只。高视:向高处看。 ④手版:亦作"手板",即"笏(hù)",古时官吏上朝或谒见上司时,用以指画或记事的狭长板子。拄:支撑,顶着。颊:脸颊。 ⑤朝来:早晨。来:近于词缀,表示一段时间,相当于"……的时候"。 ⑥致:通"至",极,最。爽气:明朗开豁的自然景象。按:王徽之答非所问,似轻慢无礼。

14.谢万北征①,常以啸咏自高②,未尝抚慰众士③。谢公甚器爱万④,而审其必败⑤,乃俱行⑥,从容谓万曰⑦:"汝为元帅,宜数唤诸将宴会⑧,以说众心⑨。"万从之⑩,因召集诸将⑪,都无所说⑫,直以如意指四坐云⑬:"诸君皆是劲卒⑭!"诸将甚忿恨之⑮。谢公欲深箸恩信⑯,自队主将帅以下⑰,无不身造⑱,厚相逊谢⑲。及万事败,军中因欲除之。复云:"当为隐士⑳。"故幸而得免。

[注释]①谢万:见本门 9 注①。北征:晋穆帝升平二年(公元 358 年),谢万受命北征,次年与鲜卑战,在寿春(今安徽寿县)大败而回,被贬为庶人。②啸咏:以"啸"声模拟歌的曲调,一种口哨音乐。自高:自大,自负。 ③未尝:不曾,从来没有。抚慰:安抚体恤。 ④谢公:即谢安,见本门 12 注①。器爱:器重爱护。 ⑤审:明白,清楚。 ⑥俱:一起。 ⑦从容:不慌不忙,语气和缓。 ⑧数:多次。唤:叫,这里指邀请。 ⑨说:同"悦",使……愉悦。 ⑩从:听从。 ⑪因:于是。 ⑫都:完全。 ⑬直:只。如意:器物名,古之爪杖,用骨、角、竹、木、玉、石、铜、铁等制成,约长三尺,前端做手指形状,脊背痒,手挠不到时,用以搔抓,可如人意,因而得名。近代"如意",多供人玩赏。 ⑭劲卒:精壮的士兵。《资治通鉴·晋纪》胡三省注:"凡奋身行伍者,以兵与卒为讳;既为将矣,而谓之卒,所以益恨也。" ⑮忿恨:愤怒怨恨。 ⑯箸(zhuó):施加。恩信:恩德信义。 ⑰队主:一对之主,犹队长。 ⑱身:亲自。造:造访,拜访。 ⑲逊谢:道歉谢罪。 ⑳隐士:指谢安。谢安

当时还没有出仕,故称隐士。

15. 王子敬兄弟见郗公①,蹑履问讯②,甚修外生礼③。及嘉宾死④,皆箸高屐⑤,仪容轻慢⑥。命坐⑦,皆云:"有事不暇坐⑧。"既去,郗公慨然曰⑨:"使嘉宾不死⑩,鼠辈敢尔⑪!"

[注释]①王子敬:即王献之,字子敬,王羲之的儿子,善书法,官至中书令。郗公:即郗愔,字方回,晋太尉郗鉴长子,郗超之父,曾袭父爵南昌县公。 ②蹑履:穿着鞋子。问讯:问候。 ③外生:即外甥,王羲之娶郗鉴之女为妻,所以王献之兄弟是郗愔的外甥。 ④嘉宾:即郗超,字景兴,小字嘉宾,晋司空郗愔的长子,先于其父而死。郗超当时有盛名,且获宠于桓温,所以王献之等因为郗超而尊敬郗愔。 ⑤箸(zhuó):穿。高屐:高底木屐,一种木制的鞋,底多有二齿。 ⑥仪容:神态,举止。轻慢:轻佻,傲慢。 ⑦命:请,使。 ⑧不暇:没有时间。暇:空闲。 ⑨慨然:感慨。 ⑩使:假使,如果。 ⑪鼠辈:对他人的蔑称,意谓鄙俗之人。尔:这样。

16. 王子猷尝行过吴中①,见一士大夫家极有好竹②,主已知子猷当往③,乃洒埽施设④,在听事坐相待⑤。王肩舆径造竹下⑥,讽啸良久⑦,主已失望,犹冀还当通⑧。遂直欲出门⑨。主人大不堪⑩,便令左右闭门⑪,不听出⑫。王更以此赏主人⑬,乃留坐,尽欢而去。

[注释]①王子猷:即王徽之,见本门11注①。尝:曾经。行过:经过。吴中:即东晋吴郡地区,治所在今江苏苏州。 ②士大夫:封建地主阶级内部的士族、文人。极:最,很。 ③当:将,将会。 ④洒埽:打扫。埽:同"扫"。施设:准备酒食。 ⑤听事:大厅,堂屋。待:等待。 ⑥肩舆:轿子,这里指乘坐轿子。径:径直,直接。造:到。 ⑦讽啸:犹啸咏,以"啸"声模拟歌的曲调,一种口哨音乐。良久:很久。 ⑧冀:希望。当:将。通:通报,传达。

⑨遂:竟然。直:直接。　⑩大:很,非常。不堪:不能忍受。　⑪左右:随从伺候之人。　⑫听:允许。　⑬更:反而,却。以此:因此。赏:赏识。

17.王子敬自会稽经吴①,闻顾辟疆有名园②,先不识主人,径往其家③。值顾方集宾友酣燕④,而王游历既毕⑤,指麾好恶⑥,傍若无人⑦。顾勃然不堪曰⑧:"傲主人⑨,非礼也;以贵骄人⑩,非道也。失此二者,不足齿之伧耳⑪!"便驱其左右出门⑫,王独在舆上回转顾望⑬,左右移时不至⑭,然后令送箸门外⑮。怡然不屑⑯。

[注释]①王子敬:即王献之,见本门15注①。会稽:郡国名,治所在今浙江绍兴。经:经过。吴:吴郡,治所在今江苏苏州。　②顾辟疆:晋吴郡人,历任郡功曹,平北参军。　③径:径直,直接。　④值:遇到,碰上。方:正,正在。集:聚集。酣燕:即"酣宴",纵情饮宴。　⑤游历:游览,观赏。毕:完。⑥指麾好恶:指点评论。　⑦傍若无人:同"旁若无人"。　⑧勃然:愤怒的样子。不堪:不能忍受。　⑨傲:轻视。　⑩骄:傲慢对待。　⑪不足齿:不值得一提。齿:提到,说及。伧(cāng):晋和南北朝时南方人对北方人的蔑称。"伧"本义为粗俗鄙陋。　⑫驱:驱赶。左右:此指王献之的随从。　⑬舆:肩舆,即轿子。回转顾望:四面张望。顾:回头。　⑭移时:过了很长一段时间。⑮送箸(zhuó):送到。　⑯怡然:喜悦自在的样子。不屑:不介意,不在意。

排调第二十五

1.诸葛瑾为豫州①,遣别驾到台②,语云:"小儿知谈③,卿可与语。"连往诣恪④,恪不与相见。后于张辅吴坐中相遇⑤,别驾唤恪:"咄咄郎君⑥!"恪因嘲之曰:"豫州乱矣,何咄咄之有?"答曰:"君明臣贤,未闻其乱。"恪曰:"昔唐尧在上⑦,四凶在下⑧。"答曰:"非唯四凶⑨,亦有丹朱⑩。"于是一坐大笑⑪。

[注释]①诸葛瑾:字子瑜,三国吴人,诸葛恪之父,官至豫州牧。豫州:州名,治所在今安徽亳州市。为豫州:任豫州牧。　②别驾:官名,刺史的佐吏,刺史巡行所属部域时,别驾乘驿站专车随行。台:魏晋时期谓朝廷禁省为台。到台:相当于"入朝"。　③知谈:善于言谈。　④连往:接连前往。诣:拜访。　⑤张辅吴:即张昭,字子布,仕吴,任辅吴将军。　⑥咄咄:感叹声,表示赞美。郎君:汉朝时二千石以上官员得任其子为郎,后来门生故吏称长官之子或师门子弟为郎君。　⑦昔:以前。唐尧:古帝名,帝喾之子,姓伊祁(亦作伊耆),名放勋,初封于陶,又封于唐,号陶唐氏。因为其子丹朱不肖,传位给舜。⑧四凶:相传为尧舜时代四个恶名昭彰的部族首领——浑敦、穷奇、梼杌、饕餮。　⑨非唯:不只。　⑩丹朱:帝尧之子,不如其父,无才。　⑪坐:同"座"。一坐:满座。

2.晋文帝与二陈共车①,过唤钟会同载②,即驶车委去③。比出④,已远。既至,因嘲之曰:"与人期行⑤,何以迟迟⑥?望卿遥遥不至⑦。"会答曰:"矫然懿实⑧,何必同群?"帝复问会:"皋繇何如人⑨?"答曰:"上不及尧、舜⑩,下不逮周、孔⑪,亦一时之懿士⑫。"

[注释]①晋文帝:即司马昭,三国魏相国,封晋公,死后谥文王,其儿子司马炎代魏称帝后,追尊为"文皇帝"。二陈:陈骞、陈泰。陈骞:字休渊,魏司徒陈矫之子,仕晋,官至大司马。陈泰:字玄伯,魏司空陈群之子,曾任侍中。共车:同乘一辆车。 ②钟会:字士季,三国魏太傅钟繇之子,仕魏,官至司徒,后因谋反被杀。同载:一起乘坐。 ③即:立即。委:舍弃,丢弃。去:离开。 ④比:等到。这里指等钟会出来时,车已经走远。 ⑤期:相约,约定。 ⑥何以:为什么。迟迟:晚,延迟。 ⑦遥遥:形容时间久。"遥"和"繇"同音,司马昭故意犯钟会父亲的名讳。 ⑧矫然:杰出的样子。懿实:美好充实。陈骞的父亲名矫,司马昭的父亲名懿,陈泰的父亲名群、祖父名寔,钟会连犯其三人的家讳以作回击。 ⑨皋繇:也作"皋陶"、"咎繇",传说是虞舜时的司法官。在此,司马昭再次犯钟会父亲的名讳。何如:怎么样。 ⑩尧、舜:即唐尧、虞舜,传说中的上古贤君。 ⑪逮:及,比得上。周、孔:指周公、孔子。周公:西周政治家,姓姬名旦,周文王之子,武王之弟,武王去世之后辅助幼主成王,相传他制礼作乐,建立周朝典章制度。孔子:名丘,字仲尼,春秋后期鲁国人,是春秋末期伟大的思想家、教育家,儒学学派的创始人。
⑫懿士:有美德的人。钟会再次回击。

3.钟毓为黄门郎①,有机警②,在景王坐燕饮③。时陈群子玄伯、武周子元夏同在坐④,共嘲毓⑤,景王曰:"皋繇何如人⑥?"对曰:"古之懿士⑦。"顾谓玄伯、元夏曰⑧:"君子周而不比⑨,群而不党⑩。"

[注释]①钟毓:字稚叔,颍川长社(今河南长葛)人,魏太傅钟繇长子,钟

会之兄,曾任黄门侍郎、廷尉、青州刺史等官。黄门郎:官名,或称"黄门侍郎",职责是侍从皇上,传达诏令。 ②机警:机智灵敏。 ③景王:即司马师,字子元,司马懿之子。任魏大将军,专国政。晋国初建,被追尊为景王;司马炎称帝时,封其尊号为景帝。燕饮:宴饮,聚在一起吃喝。燕,通"宴"。 ④时:当时。玄伯:即陈泰,见本门2注①。武周:字伯南,东汉末年沛国竹邑(在今安徽濉溪)人,后入魏,官至光禄大夫。元夏:即武陔,字元夏,武周之子,初仕魏,后入晋,官至光禄大夫。 ⑤共:一起。嘲:戏弄。 ⑥皋繇:也作"皋陶"、"咎繇",传说是虞舜时的司法官。司马师故意用"繇"犯钟毓父亲的名讳。何如:怎么样。 ⑦懿士:有美德的人。钟毓用"懿"犯司马师父亲的名讳,以作回击。 ⑧顾:回头。 ⑨周:忠信,引申为亲密。比:勾结。君子周而不比:有修养的人亲近团结而不结党营私。语出《论语·为政》:"君子周而不比,小人比而不周。"钟毓用"周"犯武陔父亲的名讳。 ⑩群:合群,和谐共处。党:勾结,阿附。群而不党:和谐共处而不结党营私。语出《论语·卫灵公》:"君子矜而不争,群而不党。"钟毓用"群"犯陈泰父亲的名讳。

4. 嵇、阮、山、刘在竹林酣饮①,王戎后往②。步兵曰③:"俗物已复来败人意④。"王笑曰:"卿辈意亦复可败邪⑤?"

[注释]①嵇、阮、山、刘:分别指嵇康、阮籍、山涛、刘伶四人,皆为"竹林七贤"人物。嵇康:字叔夜,三国曹魏谯国(今安徽亳州)人,好《老子》、《庄子》,任性放达,官至中散大夫,后被司马昭所杀。阮籍:字嗣宗,三国曹魏末年陈留尉氏(今属河南)人,好《老子》、《庄子》,放任不羁,与嵇康齐名。山涛:字巨源,河内人(今河南沁阳),仕西晋,历任吏部尚书、仆射、太子少傅、司徒等官。刘伶:字伯伦,三国曹魏末年沛国(今安徽濉溪县西北)人,好饮酒。酣饮:纵情饮酒。 ②王戎:字濬冲,琅邪临沂(今属山东)人,仕晋,官至司徒,"竹林七贤"之一。 ③步兵:即阮籍,曾任步兵校尉,所以世称"阮步兵"。 ④俗物:对世俗庸人的鄙称。已、复:均为"又"的意思。败:破坏,扰乱。人意:人的情趣。败人意:相当于"扫兴"。 ⑤卿辈:你们这些人。邪

(yé):语气词,表反问。此句的隐含义是:如果你们的兴致还能被外界影响,那么也只能算是个没有超脱世俗的俗物罢了。王戎这是顺水推舟,请君入瓮。

5. 晋武帝问孙皓①:"闻南人好作《尔汝歌》②,颇能为不③?"皓正饮酒,因举觞劝帝而言曰④:"昔与汝为邻,今与汝为臣。上汝一杯酒⑤,令汝寿万春⑥。"帝悔之。

[注释]①晋武帝:即司马炎,字安世,司马昭长子,公元265年废魏称帝,建立晋朝,在位25年。孙皓:三国吴末代君主,孙权之孙,公元280年晋军攻至建业,东吴灭亡,孙皓降晋,封归命侯。 ②闻:听说。好:喜欢。《尔汝歌》:魏晋时一种带有亲昵情调的民歌。但是"尔"、"汝"多用于称同辈或晚辈,而司马炎贵为帝王,被孙皓口口声声地称"汝",自是威严受损,所以后有"帝悔之"。 ③颇:疑问副词,相当于"可"。不:同"否"。 ④因:于是。觞:酒杯。劝:劝酒。 ⑤上:敬(酒)。 ⑥万春:万年,这里指长寿。

6. 孙子荆年少时欲隐①,语王武子"当枕石漱流"②,误曰"漱石枕流"。王曰:"流可枕,石可漱乎?"孙曰:"所以枕流③,欲洗其耳④;所以漱石,欲砺其齿⑤。"

[注释]①孙子荆:即孙楚,字子荆,晋初太原中原(今山西平遥)人,有才气,与王济友善,官至冯翊太守。隐:隐居。 ②王武子:即王济,字武子,晋司徒王浑的儿子,太原晋阳(今山西太原)人,仕晋,官至太仆。当:将,将要。枕石漱流:以石头为枕,用泉水漱口,喻指隐居山林的生活。 ③所以:……的原因。 ④洗其耳:据晋皇甫谧《高士传·许由》所说,尧让天下于许由,许由于是隐耕于箕山脚下;尧后又召为九州牧,许由不想听,于是洗耳于颍水边。孙楚借用该典故,为自己打了个漂亮的圆场。 ⑤砺:磨,磨治。

7. 头责秦子羽云①:"子曾不如太原温颙、颍川荀寓、范阳张华、士卿刘许、义阳邹湛、河南郑诩②。此数子者,或謇吃无宫商③,或尪陋希言语④,或淹伊多姿态⑤,或谨哗少智谞⑥,或口如含胶饴⑦,或头如巾齑杵⑧。而犹以文采可观⑨,意思详序⑩,攀龙附凤⑪,并登天府⑫。"

[注释]①头责秦子羽:晋张敏撰写《头责子羽》,是一篇讽刺性文章,采用的是子羽之头责备子羽之身的形式。本文摘录的部分对温颙等六人进行了辛辣的嘲弄。秦子羽是张敏之友,生平不详。 ②曾:竟,竟然。太原:郡名,治所在晋阳,今山西太原市西南。温颙:事迹不详。颍川:郡名,治许昌,在今河南许昌东北。荀寓:字景伯,仕晋,官至尚书。范阳:郡名,治所在涿县,今河北涿州。张华:字茂先,三国魏末人,入晋,晋封壮武郡公,官至司空,后被赵王司马伦所害。士卿:官名,又叫宗正卿。刘许:字文生,涿鹿郡(今河北涿鹿)人,晋惠帝时为宗正卿。义阳:郡名,治所在今河南境内。邹湛:字润甫,官至侍中。河南:郡名,治所在今河南洛阳。郑诩:字思渊,任卫尉卿。 ③或:有的。謇吃:口吃。宫商:古代有五音,即宫、商、角、徵、羽,这里用宫商借指五音,"无宫商"形容说话声调不和谐。 ④尪陋:瘦弱丑陋。尪(wāng):指胸、胫、背等处骨骼的弯曲症状。希:同"稀",少。 ⑤淹伊:奉承,献媚。多姿态:矫揉造作。 ⑥谨哗:喧哗,大声说笑。智谞:才智。 ⑦胶饴:带粘性的糖,此处比喻花言巧语。 ⑧齑杵:捣菜用的棒槌。齑(jī):切成碎末的菜或肉。头如巾齑杵:脑袋像是个包着头巾的捣菜棒槌,形容头小而尖。 ⑨犹:仍,仍然。以:凭借。可观:较好。 ⑩意思:思想。详序:周密有条理。 ⑪攀龙附凤:比喻依附帝王以成就功业或扬威,此处比喻依附有声望的人以立名。 ⑫天府:此指朝廷。

8. 王浑与妇钟氏共坐①,见武子从庭过②;浑欣然谓妇曰③:"生儿如此,足慰人意④。"妇笑曰:"若使新妇得配参军⑤,生儿故可不啻如此⑥。"

[注释]①王浑:字玄冲,三国曹魏司空王昶的儿子,西晋大将军。钟氏:

王浑妻子,名琰之,三国魏太傅钟繇的曾孙女。共坐:坐在一起。 ②武子:即王济,见本门6注②。 ③欣然:高兴的样子。 ④慰:满足。人意:人心,人的意愿。 ⑤若使:假使,如果。新妇:已婚妇女的自称。参军:即王沦,字太冲,王浑之弟,曾任大将军司马昭的参军。 ⑥故:一定。不音:不止。

9.荀鸣鹤、陆士龙二人未相识①,俱会张茂先坐②,张令其语③,以其并有大才④,可勿作常语。陆举手曰:"云间陆士龙⑤。"荀答曰:"日下荀鸣鹤⑥。"陆曰:"既开青云睹白雉⑦,何不张尔弓⑧,布尔矢⑨?"荀答曰:"本谓云龙骙骙⑩,定是山鹿野麋⑪。兽弱弩强⑫,是以发迟⑬。"张乃抚掌大笑⑭。

[注释]①荀鸣鹤:即荀隐,字鸣鹤,晋颍川(今河南许昌)人,曾任太子舍人、司徒左西曹掾。陆士龙:即陆云,字士龙,吴郡华亭(今上海松江)人,三国吴大司马陆抗之子,陆机之弟,入晋,官至清河内史。 ②会:会面,相会。张茂先:即张华,字茂先,曹魏末年范阳(今河北涿州)人,入晋,官至司空,后被赵王司马伦所害。 ③令:使,让。 ④以:因为。并:都。 ⑤云间:华亭古名云间,陆云居住在华亭,故称"云间陆士龙"。 ⑥日下:指京都,荀隐是颍川人,与西晋都城洛阳相近,故称"日下荀鸣鹤"。 ⑦青云:高空的云。睹:看见。雉:野鸡。此处陆云嘲弄荀隐是野鸡不是鹤。 ⑧张:拉开。尔:你的。 ⑨布:支上,搭上。矢:箭。 ⑩云龙:即龙,《易·乾》有"云从龙",所以龙可称云龙。骙骙(kuí kuí):雄壮的样子。 ⑪定:终究,到底。麋:麋鹿,也叫"四不像"。此处荀隐还击,嘲笑陆云不是龙。 ⑫弩:弓箭。 ⑬是以:因此。发:射箭。 ⑭抚掌:拍手。

10.陆太尉诣王丞相①,王公食以酪②。陆还,遂病。明日与王笺云③:"昨食酪小过④,通夜委顿⑤。民虽吴人⑥,几为伧鬼⑦。"

[注释]①陆太尉:即陆玩,字士瑶,吴郡吴(今江苏苏州)人,历任侍中、尚书左仆射、尚书令,死后赠太尉。诣:拜访。王丞相:即王导,字茂弘,琅邪临沂(今属山东)人,东晋功臣,官至丞相。 ②王公:王导。食(sì):给……吃。酪:用牛羊马等的乳汁炼制成的食品。 ③明日:第二天。与:给。笺(jiān):书信。 ④小:稍微。过:过量。 ⑤通夜:整夜。委顿:衰弱疲乏。 ⑥民:犹"我",自称,在长官面前的谦称。 ⑦几:几乎,差点。伧鬼:晋和南北朝时南方人对北方人的鄙称,也称"伧人"、"伧父"。陆玩以此来戏弄王导这个北方人。

11. 元帝皇子生①,普赐群臣②,殷洪乔谢曰③:"皇子诞育④,普天同庆⑤。臣无勋焉⑥,而猥颁厚赉⑦。"中宗笑曰⑧:"此事岂可使卿有勋邪⑨?"

[注释]①元帝:即东晋元帝司马睿,公元317年至公元322年在位,庙号中宗。 ②普:遍,全面。 ③殷洪乔:即殷羡,字洪乔,晋陈郡(今河南淮阳)人,曾任豫章太守、光禄勋。 ④诞育:生育,出生。 ⑤普天:全天下的人。 ⑥勋:功劳。焉:语气助词。 ⑦猥(wěi):犹"辱"、"承",谦辞。颁:分赏。赉(lài):赏赐。 ⑧中宗:元帝司马睿。 ⑨卿:相当于第二人称代词"你"。邪(yé):语气词,表反问。

12. 诸葛令、王丞相共争姓族先后①。王曰:"何不言葛、王②,而云王、葛。"令曰:"譬言驴马③,不言马驴,驴宁胜马邪④?"

[注释]①诸葛令:即诸葛恢,字道明,晋琅邪阳都(今山东沂南)人,曾任会稽内史、尚书令。王丞相:即王导,见本门10注①。姓族:姓氏。 ②葛:诸葛氏的祖先原为葛氏,居住于琅邪诸县,后迁移到阳都,而阳都先已有姓葛之人,于是称迁来的葛氏为诸葛氏。 ③譬言:比如说。 ④宁(nìng):岂,难道。邪(yé):语气词,表反问。

13.刘真长始见王丞相①,时盛暑之月,丞相以腹熨弹棋局②,曰:"何乃渹③?"刘既出,人问见王公云何④,刘曰:"未见他异⑤,唯闻作吴语耳⑥。"

[注释]①刘真长:即刘惔,字真长,晋沛国相(今安徽濉溪县西北)人,官至丹阳尹。王丞相:即王导,见本门10注①。 ②熨:贴,紧挨。弹棋局:弹棋盘,用玉石制成,平滑,中间略微隆起。 ③何:为什么。乃:如此,这样。渹(chèng):凉。吴语以冷为"渹"。 ④云何:说了什么。 ⑤他异:其他不同之处。 ⑥闻:听见。作:说,讲。耳:罢了。

14.王公与朝士共饮酒①,举瑠璃盌谓伯仁曰②:"此盌腹殊空③,谓之宝器④,何邪⑤?"答曰:"此盌英英⑥,诚为清彻⑦,所以为宝耳⑧。"

[注释]①王公:即王导,见本门10注①。朝士:朝廷之士,泛称中央官员。共:一起。 ②瑠璃:即琉璃,一种有色半透明的玉石。盌(wǎn):同"碗"。伯仁:即周颛(yǐ),字伯仁,晋汝南安城(今河南汝南县东南)人,官至尚书左仆射。 ③盌腹:碗内。殊:极,很。此处王导戏言周颛虚有其表而内无实才。 ④宝器:珍贵的器物。 ⑤何邪:为什么呢。邪(yé):表疑问。 ⑥英英:晶莹,精美。 ⑦诚:的确,确实。清彻:同"清澈",清净透明。 ⑧耳:语气词,表语句结束。

15.谢幼舆谓周侯曰①:"卿类社树②,远望之,峨峨拂青天③;就而视之④,其根则群狐所托⑤,下聚溷而已⑥。"答曰:"枝条拂青天,不以为高;群狐乱其下,不以为浊。聚溷之秽⑦,卿之所保⑧,何足自称⑨!"

[注释]①谢幼舆:即谢鲲,字幼舆,晋陈郡(今河南淮阳)人,曾任豫章太

守,死后追赠太常。周侯:即周颛,曾封武城侯,见本门14注②。 ②卿:你。类:类似,像。社树:古代封土为社,各栽种其土所适宜的树,称为社树,作为土地神所在的标志。社:古代祭祀土地神的地方。 ③峨峨:高耸挺拔的样子。拂:触到,接近。 ④就:就近,走近。 ⑤托:寄托,依靠。 ⑥溷(hùn):污物,粪便。谢鲲用对社树造成亵渎的"群狐所托"、"下聚溷"来嘲笑周颛虽居高位,但喜欢亵渎朝臣的行为。 ⑦秽:粪便。 ⑧卿:你。保:占有,拥有。⑦⑧两句的意思是:至于下面堆积的肮脏的粪便,那是属于你的。⑨足:值得。自称:自我称扬。

16. 王长豫幼便和令①,丞相爱恣甚笃②。每共围棋③,丞相欲举行④,长豫按指不听⑤,丞相笑曰:"讵得尔⑥? 相与似有瓜葛⑦。"

[注释]①王长豫:即王悦,字长豫,王导长子,官至中书侍郎,先王导而死。和令:和善,温和善良。 ②丞相:即王导,王悦之父,见本门10注①。爱恣:宠爱。笃:深厚,这里表程度深。 ③共:一起。 ④举行:将棋拿起来重新下,即悔棋。 ⑤按指:按住(王导)下棋的手。听:听凭,允许。 ⑥讵(jù):岂,难道,表反问。得:能。尔:这样。 ⑦相与:互相,相互之间。瓜葛:瓜与葛都是蔓生植物,比喻辗转相连的亲戚关系。

17. 明帝问周伯仁①:"真长何如人②?"答曰:"故是千斤犗特③。"王公笑其言④。伯仁曰:"不如卷角牸⑤,有盘辟之好⑥。"

[注释]①明帝:即东晋明帝司马绍,晋元帝司马睿的长子,公元322年至公元325年在位。周伯仁:即周颛,见本门14注②。 ②真长:即刘惔,见本门13注①。何如:怎样。 ③故:应该,表推测。犗(jiè)特:阉割过的公牛,能任重致远,喻指刘惔是国家之良材。 ④王公:即王导,见本门10注①。⑤不如:不及。牸(zì):母牛,犄角卷曲。 ⑥盘辟:盘旋,这里指回旋进退从

容不迫。好：好处，长处。此是嘲弄王导在朝廷中善于周旋，进退自如。

18. 王丞相枕周伯仁膝①，指其腹曰："卿此中何所有？"答曰："此中空洞无物②，然容卿辈数百人③。"

[注释]①王丞相：即王导，见本门10注①。周伯仁：即周颛，见本门14注②。　②空洞：空虚。　③然：然而。容：容纳。卿辈：你这样的人。

19. 干宝向刘真长叙其《搜神记》①，刘曰："卿可谓鬼之董狐②。"

[注释]①干宝：字令升，晋新蔡（今属河南）人，曾任散骑常侍，是我国古代著名的史学家和文学家，有《晋纪》二十卷，时称良史；其《搜神记》更是魏晋志怪小说中成就最高的杰作。刘真长：即刘惔，见本门13注①。叙：叙说。②卿：你。董狐：春秋时晋国史官，《左传·宣公二年》："董狐，古之良史也，书法不隐。"书法：古代史官编修史书的章法，董狐修史直言不讳。

20. 许文思往顾和许①，顾先在帐中眠②，许至，便径就床角枕共语③。既而唤顾共行④，顾乃命左右取杭上新衣⑤，易己体上所著⑥。许笑曰："卿乃复有行来衣乎⑦？"

[注释]①许文思：疑为"许思文"之误，《晋百官名》说"许璪（zǎo）字思文，义兴阳羡人"，官至吏部侍郎。顾和：字君孝，顾荣族侄，仕晋，官至尚书令。许：处，处所。　②眠：睡。　③径：径直，直接。就：靠着。角枕：用兽角制成或用角做装饰的枕头。共语：一起说话。　④既而：不久。唤：叫，这里指邀请。　⑤左右：随从侍候的人。杭：通"桁（hàng）"，衣架。　⑥易：换。著（zhuó）：穿。　⑦卿：你。乃：竟然。复：还。行来：往来，出入。行来衣：此指出行所穿的衣服。

21. 康僧渊目深而鼻高①,王丞相每调之②。僧渊曰:"鼻者,面之山③;目者,面之渊④。山不高则不灵,渊不深则不清。"

[注释]①康僧渊:东晋名僧,本西域人,生于长安,晋成帝时渡江南下,精于佛理,在豫章山立寺讲说佛经。 ②王丞相:即王导,见本门10注①。每:常常。调:嘲笑。 ③面:脸。 ④渊:深水潭。

22. 何次道往瓦官寺礼拜甚勤①,阮思旷语之曰②:"卿志大宇宙,勇迈终古③。"何曰:"卿今日何故忽见推④?"阮曰:"我图数千户郡⑤,尚不能得⑥;卿乃图作佛⑦,不亦大乎?"

[注释]①何次道:即何充,字次道,晋庐江灊(今安徽霍山)人,历任会稽内史、侍中、骠骑将军、扬州刺史,死后赠司空。瓦官寺:佛寺名,东晋哀帝时建立,在今江苏南京。礼拜:向神佛行礼致敬。勤:次数多。 ②阮思旷:即阮裕,字思旷,陈留尉氏(今属河南)人,东晋名士,长期隐居会稽剡山,朝廷征以金紫光禄大夫,固辞不就。 ③勇:勇气。迈:超越。终古:往昔,自古以来。 ④故:原因。见:称代自己。见推:即"推我",推崇我。 ⑤图:谋取。郡:古代地方行政区划名。 ⑥尚:尚且。 ⑦乃:却。

23. 庾征西大举征胡①,既成行,止镇襄阳②。殷豫章与书③,送一折角如意以调之④。庾答书曰:"得所致⑤,虽是败物⑥,犹欲理而用之⑦。"

[注释]①庾征西:即庾翼,字稚恭,晋颍川鄢陵(今属河南)人,曾任征西将军、荆州刺史。胡:古代称北方和西方的少数民族为胡,如匈奴等。征胡:晋康帝建元元年(公元343年),庾翼率领大军北伐,驻军襄阳,但因胡军尚强,又康帝与其兄庾冰去世,终究没有决战,庾翼自还夏口。 ②止:停留,此

指驻扎。镇:镇守。襄阳:郡名,治所在今湖北襄樊。 ③殷豫章:即殷羡,字洪乔,晋陈郡(今河南淮阳)人,曾任豫章太守、光禄勋。与:给。书:信。 ④折角:断角。如意:器物名,古之爪杖,用骨、角、竹、木、玉、石、铜、铁等制成,约长三尺,前端做手指形状,脊背痒,手挠不到时,用以搔抓,可如人意,因而得名。近代"如意",多供人玩赏。调:嘲弄。殷羡送一个折角如意,意思是调笑庾翼北伐未成,壮志受挫,不尽如人意。 ⑤所致:送过来的东西,即如意。 ⑥败物:破损之物。 ⑦犹:仍然。理:修理。

24. 桓大司马乘雪欲猎①,先过王、刘诸人许②。真长见其装束单急③,问:"老贼欲持此何作④?"桓曰:"我若不为此⑤,卿辈亦那得坐谈⑥?"

[注释]①桓大司马:即桓温,字元子,谯国龙亢(今安徽怀远)人,东晋大将,曾任大司马,死后追赠丞相,谥宣武。乘:趁。 ②过:拜访。王、刘:即王濛、刘惔。王濛:字仲祖,晋太原晋阳(今山西太原)人,曾任司徒左长史。刘惔:字真长,见本门13注①。许:处,处所。 ③装束单急:一身戎装打扮。装束:穿着。单急:指戎装。 ④老贼:如"老家伙",对桓温的戏称。持此:打扮成这样。何作:即"作何",干什么。 ⑤若:如果。为此:这样做。 ⑥卿辈:你们这些人。那得:哪能。

25. 褚季野问孙盛①:"卿国史何当成②?"孙云:"久应竟③。在公无暇④,故至今日⑤。"褚曰:"古人'述而不作'⑥,何必在蚕室中⑦。"

[注释]①褚季野:即褚裒(póu),字季野,晋河南阳翟(今河南禹州)人,晋康帝褚皇后之父,曾任江、兖二州刺史,死后追赠侍中、太傅。孙盛:字安国,仕晋,曾任秘书监、给事中,精于史学,著有《魏氏春秋》《晋阳秋》。 ②卿:你。国史:此指《晋阳秋》。何当:何时将要。 ③久:早,很早以前。竟:完成。 ④在公:处理公务。暇:空闲。 ⑤故:所以。 ⑥述而不作:阐

述前人成说,自己并不创新。《论语·述而》:"述而不作,信而好古。" ⑦蚕室:古代宫刑所居的狱室。这里隐含:西汉司马迁入蚕室受宫刑而发愤著书,写出皇皇《史记》。褚裒嘲弄孙盛何必学司马迁写史书。

26. 谢公在东山①,朝命屡降而不动②。后出为桓宣武司马③,将发新亭④,朝士咸出瞻送⑤。高灵时为中丞⑥,亦往相祖⑦,先时多少饮酒⑧,因倚如醉⑨,戏曰⑩:"卿屡违朝旨⑪,高卧东山,诸人每相与言⑫:'安石不肯出,将如苍生何⑬?'今亦苍生将如卿何⑭?"谢笑而不答。

[注释]①谢公:即谢安,字安石,陈郡阳夏(今河南太康)人,初寓居会稽东山(今浙江绍兴),无仕宦之心,后出仕成为东晋名臣,死后追赠太傅。东山:在今浙江上虞西南。 ②朝命:朝廷征召的命令。屡:多次。动:此指受命出仕。 ③出:出仕,出来做官。桓宣武:即桓温,见本门24注①。司马:官名,军府、州郡中掌管军旅之事。 ④发:出发。新亭:亭名,故址在今江苏江宁南,三国吴建,亦是东晋时京师名士游宴之所。 ⑤朝士:朝廷官员。咸:都。瞻送:送行,告别。《诗经·邶风·燕燕》:"……远送于野。瞻望弗及……" ⑥高灵:"灵"疑为"崧"之误。高崧,字茂琰,小字广陵(今江苏扬州)人,曾任吏部郎、侍中。时:当时。中丞:御史台长官,掌管弹劾事务。⑦祖:本有出行时祭祀路神之义,后引申为饯行、送别。相祖:相送。 ⑧先时:之前。多少:略微。 ⑨因:于是。倚:凭借,倚仗。 ⑩戏:开玩笑。⑪卿:你。朝旨:朝廷旨意。 ⑫诸人:大家。每:常常。相与:互相。 ⑬苍生:百姓。如……何:对……怎么办。 ⑭今亦苍生将如卿何:百姓现在该怎样看待你这种前后不一的行为?

27. 初,谢安在东山居布衣时①,兄弟已有富贵者,翕集家门②,倾动人物③。刘夫人戏谓安曰④:"大丈夫不当如此乎⑤?"谢乃捉鼻曰⑥:"但恐不免耳⑦。"

[注释]①谢安:见本门26注①。东山:在今浙江上虞西南。居布衣:当平民。布衣:借指平民百姓。 ②翕集:聚集。翕(xī):聚,合。 ③倾动人物:使人心动,爱慕。 ④刘夫人:谢安的夫人,晋陵太守刘耽的女儿,刘真长的妹妹。戏:开玩笑。 ⑤当:应该。 ⑥乃:于是。捉鼻:捏着鼻子。谢安年轻时鼻子有病,语音重浊,捏着鼻子想使声音清细从而表示鄙夷不屑的意思。 ⑦但:只。此句的意思是:对于做官唯恐避之而不及。一说:只怕免不了要做官了。因为名声已远扬,定有所迫。

28. 支道林因人就深公买印山①,深公答曰:"未闻巢、由买山而隐②。"

[注释]①支道林:即支遁,字道林,东晋僧人,人称支公或林公。因:经由,通过。就:向。深公:即东晋僧人竺法深,名道潜,字法深。印山:疑为卬山,在会稽剡县(今浙江嵊州)。 ②闻:听说。巢:尧时隐士,在树上筑巢而睡,所以称巢父。由:许由,尧时隐士,隐耕于箕山脚下。隐:隐居。

29. 王、刘每不重蔡公①。二人尝诣蔡②,语良久③,乃问蔡曰:"公自言何如夷甫④?"答曰:"身不如夷甫⑤。"王、刘相目而笑曰⑥:"公何处不如?"答曰:"夷甫无君辈客⑦。"

[注释]①王、刘:即王濛、刘惔,见本门24注②。每:常常。重:尊重。蔡公:即蔡谟,字道明,晋陈留考城(今河南民权)人,任左光禄大夫、扬州刺史等,死后赠司空。 ②尝:曾经。诣:拜访。 ③良久:很久。 ④何如:何似,比……怎么样。夷甫:即王衍,字夷甫,琅邪临沂(今属山东)人,西晋名臣,官至尚书令、太尉。 ⑤身:我。 ⑥相目:相视。目:用作动词,看。 ⑦君辈客:你们这样的客人。

30. 张吴兴年八岁①,亏齿②,先达知其不常③,故戏之曰④:"君口中何为开狗窦⑤?"张应声答曰:"正使君辈从此中出入⑥。"

[注释]①张吴兴:即张玄之,字祖希,曾任吏部尚书、冠军将军、吴兴太守等官,与同时代的谢玄齐名,时称"南北二玄"。 ②亏齿:缺齿,此指门牙掉了。 ③先达:有德行学识且名声显扬的前辈。不常:非凡。 ④故:故意。戏:嘲笑。 ⑤何为:为什么。狗窦:狗洞。 ⑥君辈:你们这些人。

31. 郝隆七月七日出日中仰卧①,人问其故②,答曰:"我晒书③。"

[注释]①郝隆:字佐治,晋汲郡(今河南卫辉市)人,官至征西参军。出:至,到。日中:太阳下。 ②故:原因。 ③晒书:古时风俗认为在七月七日这天,将衣服与书籍拿出曝晒,可免生虫。《太平御览》卷三十一引崔寔《四民月令》:"七月七日曝经书及衣裳。"此处是郝隆戏称自己肚子里都是书,经纶满腹。

32. 谢公始有东山之志①,后严命屡臻②,势不获已③,始就桓公司马④。于时人有饷桓公药草⑤,中有"远志"。公取以问谢:"此药又名'小草',何一物而有二称⑥?"谢未即答⑦。时郝隆在坐⑧,应声答曰:"此甚易解。处则为远志⑨,出则为小草⑩。"谢甚有愧色⑪。桓公目谢而笑曰⑫:"郝参军此过乃不恶⑬,亦极有会⑭。"

[注释]①谢公:指谢安,见本门26注①。东山:在今浙江上虞县西南。东山之志:指隐居东山的志向。 ②严命:威严之命,此指朝廷征召的命令。屡:多次。臻:至,到达。 ③势:形势。不获已:不得已。 ④就:就任。桓公:即桓温,见本门24注①。司马:官名,军府、州郡中掌管军旅之事。 ⑤于时:当时。饷:赠送。 ⑥称:名称。 ⑦即:立刻。 ⑧时:当时。郝

隆:见本门31注①。坐:同"座"。 ⑨远志:一种中草药名,根名为"远志",叶则为"小草"。 ⑨⑩两句郝隆一语双关,"根隐处在地下"与"叶长出地面"的两种情形正分别暗指谢安的隐居与出仕,以此讥讽谢安。 ⑪愧色:惭愧的神情。 ⑫目:用作动词,看。 ⑬过:义同"通",表阐述、解释。此过:此通,即此论。不恶:不差。 ⑭极:很。有会:有胜意,有情趣。

33. 庾园客诣孙监①,值行②,见齐庄在外③,尚幼,而有神意④。庾试之曰:"孙安国何在⑤?"即答曰:"庾稚恭家⑥。"庾大笑曰:"诸孙大盛⑦,有儿如此!"又答曰:"未若诸庾之翼翼⑧。"还,语人曰:"我故胜⑨,得重唤奴父名⑩。"

[注释]①庾园客:即庾爰之,字仲真,小字园客,晋征西将军庾翼之子,曾代父为荆州刺史,后被桓温罢免。诣:拜访。孙监:即孙盛,见本门25注①。 ②值:碰上。行:外出。 ③齐庄:即孙放,字齐庄,孙盛之子,官至长沙王相。 ④神意:灵气。 ⑤孙安国:即孙盛,孙放之父。 ⑥庾稚恭:即庾翼,庾爰之的父亲,见本门23注①。 ⑦盛:兴盛。此处庾爰之故意犯孙放父亲的名讳。 ⑧未若:不如。翼翼:兴隆的样子。此处孙放犯庾爰之父亲的名讳以作回击。 ⑨故:终究,毕竟。 ⑩得:能。奴:对人的鄙称。

34. 范玄平在简文坐①,谈欲屈②,引王长史曰③:"卿助我!"王曰:"此非拔山力所能助④。"

[注释]①范玄平:即范汪,字玄平,晋颍阳(今河南许昌西南)人,历任吏部尚书,徐、兖二州刺史。简文:晋简文帝司马昱,元帝司马睿的幼子,公元370年至公元372年在位。坐:同"座"。 ②谈:清谈。魏晋时期崇尚《老子》、《庄子》,形成空谈玄理的风气,亦称谈玄,重心集中在有无、本末之辨。欲:将,将要。屈:理亏。 ③引:拉。王长史:即王濛,见本门24注②。 ④拔山力:源自《史记·项羽本纪》:"力拔山兮气盖世,时不利兮骓不逝。"此

处的意思是:谈玄不是蛮力所能为的。

35. 郝隆为桓公南蛮参军①。三月三日会②,作诗,不能者罚酒三升③。隆初以不能受罚,既饮,揽笔便作一句云④:"娵隅跃清池⑤。"桓问:"娵隅是何物⑥?"答曰:"蛮名鱼为娵隅⑦。"桓公曰:"作诗何以作蛮语⑧?"隆曰:"千里投公⑨,始得蛮府参军⑩,那得不作蛮语也⑪。"

[注释]①郝隆:见本门31注①。桓公:即桓温,见本门24注①。南蛮参军:桓温曾任南蛮校尉,郝隆在其府中任参军。南蛮:我国古代称南方的民族及其居住的地方为南蛮。　②三月三日:古代在春季三月上旬的巳日,有到水滨举行祓除不祥之活动的习俗,并有沐浴、采兰、嬉游、饮酒等活动,三国魏以后定为三月三日。会:聚会。　③升:古量器名。　④揽:拿。　⑤娵隅(jū yú):古代西南少数民族称鱼为娵隅。　⑥何物:什么。　⑦名:称。　⑧何以:为什么。　⑨投:投靠。　⑩始:才。　⑪那得:哪能。

36. 袁羊尝诣刘恢①,恢在内眠未起②。袁因作诗调之曰③:"角枕粲文茵④,锦衾烂长筵⑤。"刘尚晋明帝女⑥,主见诗不平⑦,曰:"袁羊,古之遗狂⑧!"

[注释]①袁羊:即袁乔,字彦叔,小字羊,晋陈郡(今河南淮阳)人,曾任尚书郎、江夏相。尝:曾经。诣:拜访。刘恢:疑为"刘惔",刘惔娶晋明帝女庐陵长公主,名南弟。　②眠:睡觉。起:起床。　③因:于是。调:戏弄。④角枕:用兽角制成或用角做装饰的枕头。粲:华美鲜明。文茵:有花纹的褥子。　⑤锦衾:丝绸做的被子。衾(qīn):被子。烂:色彩绚丽。筵(yán):席子。　④⑤两句袁羊改用《诗经·唐风·葛生》的诗句:"角枕粲兮,锦衾烂兮。予美亡此,谁与独旦?"虽然他只是化用诗句的字面意思来嘲弄刘恢,但这本是一首悼亡诗,公主听了自然不高兴。　⑥尚:专指娶公主为妻。晋明帝:即司马绍,见本门17注①。　⑦主:公主。不平:愤怒,不满。　⑧遗狂:古代

狂妄放荡之士的后代。

37. 殷洪远答孙兴公诗云①:"聊复放一曲②。"刘真长笑其语拙③,问曰:"君欲云那放④?"殷曰:"檎腊亦放⑤,何必其锵铃邪⑥?"

[注释]①殷洪远:即殷融,字洪远,晋陈郡(今河南淮阳)人,曾任吏部尚书、太常卿。孙兴公:即孙绰,字兴公,晋太原中都(今山西平遥)人,历任太学博士、大著作、散骑常侍。 ②聊复:姑且。放一曲:放声长歌一曲。 ③刘真长:即刘惔,见本门13注①。语:诗句。拙:粗糙。 ④那:同"哪",如何,怎么。 ⑤檎腊:答腊鼓,又称揩鼓,古代西北少数民族的打击乐器之一,以手指敲击,后传入中原,"檎腊"本来是用来描摹其鼓声的,"檎"与"榻"同,而"榻"又与"答"语音相近,于是"檎腊"辗转为"答腊"。 ⑥锵铃:金石乐器发出的悦耳之音。殷洪远的意思是:虽然自己的诗句不精致,但足以表情达意,何必要精雕细琢呢?正如鼓声虽然没有金石铿锵,但也足以应和节拍。

38. 桓公既废海西立简文①。侍中谢公见桓公②,拜,桓惊笑曰:"安石,卿何事至尔③?"谢曰:"未有君拜于前④,臣立于后⑤。"

[注释]①桓公:即桓温,见本门24注①。废海西立简文:公元371年,桓温废晋帝司马奕为海西公,立司马昱为帝,称简文帝。 ②侍中:官名,秦朝始置,是正规官职外的加官之一,侍从皇帝左右,出入宫廷,与闻朝政,晋以后,曾相当于宰相。谢公:即谢安,见本门26注①。 ③卿:你。何事:何故,为什么。尔:这样。 ④⑤两句利用"君、臣"一语双关,一方面称桓温为君,是尊称,自己则谦称为臣;另一方面君可以是君王之意,桓温权重过主,谢安隐晦讥刺。

39. 郗重熙与谢公书①,道:"王敬仁闻一年少怀问鼎②,不知桓公德衰③?为复后生可畏④?"

[注释]①郗重熙:即郗昙,字重熙,晋太尉郗鉴之子,曾任北中郎将、吏部尚书郎、徐、兖二州刺史。与:给。谢公:即谢安,见本门26注①。书:信。 ②王敬仁:即王修,字敬仁,小字苟子,晋太原晋阳(今山西太原)人,王濛之子,曾任著作佐郎、琅邪王文学。闻:听说。年少:少年,年轻人。怀:心存……意向。问鼎:《左传·宣公三年》:"楚子伐陆浑之戎,遂至于雒,观兵于周疆。定王使王孙满劳楚子,楚子问鼎之大小轻重焉。"禹铸九鼎,三代视为国宝,楚王问鼎,有取而代周之意,后来称图谋王位为"问鼎"。 ③桓公:齐桓公姜小白,春秋时齐国国君,曾想借口以周王的名义攻打楚国,可见其权重盖过周王。德衰:道德衰败。此处似指齐桓公,实指桓温,暗示其权重过主,有"问鼎"野心。 ④为复:选择连词,还是。后生:少年。

40.张苍梧是张凭之祖①,尝语凭父曰②:"我不如汝③。"凭父未解所以④,苍梧曰:"汝有佳儿。"凭时年数岁⑤,敛手曰⑥:"阿翁⑦!讵宜以子戏父⑧?"

[注释]①张苍梧:即张镇,字义远,晋吴郡吴(今江苏苏州)人,曾任苍梧太守,封兴道县侯。张凭:字长宗,晋吴郡吴(今江苏苏州)人,曾任太常博士、尚书吏部郎、御史中丞等。 ②尝:曾经。 ③汝:你。 ④解:理解,明白。所以:原因。 ⑤时:当时。数岁:几岁,表示年龄小。 ⑥敛手:拱手,表示恭敬。 ⑦阿翁:称祖父。 ⑧讵:岂,怎么,表反问。戏:戏弄。

41.习凿齿、孙兴公未相识①,同在桓公坐②。桓语孙:"可与习参军共语③。"孙云:"蠢尔蛮荆④,敢与大邦为雠⑤!"习云:"薄伐猃狁⑥,至于太原⑦。"

[注释]①习凿齿:字彦威,晋襄阳(今湖北襄樊)人,著《汉晋春秋》。孙兴公:即孙绰,见本门37注①。 ②桓公:即桓温,见本门24注①。 ③习参军:即习凿齿,当时任桓温的参军。共语:交谈。 ④⑤两句:《诗经·小雅·

采芑》描述周宣王时征讨楚国的情形,其中有"蠢尔蛮荆,大邦为雠"。蠢:动,此指动乱。蛮:古代对南方民族的鄙称。荆:楚国的旧称。大邦:大国,此指周国。雠:同"仇",敌对,也有匹敌之意。本意是:狂妄的荆州之蛮,敢与大国结为仇敌? 在此,习凿齿是荆州襄阳人,所以孙绰戏称他为"蠢尔蛮荆",而以大邦自居,宣称习凿齿不是其对手。 ⑥⑦两句:《诗经·小雅·六月》写的是周宣王北伐猃狁,其中有"薄伐玁狁,至于大原"。薄:发语词,无实义。玁狁:也作"猃狁",我国古代北方少数民族名称。大原:古地名,在今宁夏与甘肃的交界地区。但是这里只是借用"太原"一词的语音形式,因为孙绰是太原郡(在今山西)人,两者实际地点并不相同。习凿齿这是以其人之道,还治其人之身。

42. 桓豹奴是王丹阳外生①,形似其舅②,桓甚讳之③。宣武云④:"不恒相似⑤,时似耳⑥。恒似是形,时似是神。"桓逾不说⑦。

[注释]①桓豹奴:即桓嗣,字恭祖,小字豹奴,晋车骑将军桓冲之子,官至江州刺史。王丹阳:即王混,字奉正,晋中军将军王恬之子,官至丹阳尹。外生:外甥。 ②形:外表。 ③讳:忌讳。 ④宣武:即桓温,桓嗣的伯父。 ⑤恒:总是,常常。 ⑥时:有时,偶尔。耳:罢了。 ⑦逾:更加。说:同"悦",高兴。

43. 王子猷诣谢万①,林公先在坐②,瞻瞩甚高③。王曰:"若林公须发并全④,神情当复胜此不⑤?"谢曰:"唇齿相须⑥,不可以偏亡⑦。须发何关于神明⑧!"林公意甚恶⑨,曰:"七尺之躯,今日委君二贤⑩。"

[注释]①王子猷:即王徽之,字子猷,王羲之的儿子,东晋名士,放任不羁,官至黄门侍郎。诣:拜访。谢万:字万石,晋太傅谢安的弟弟,历任吏部、西中郎将、豫州刺史、散骑常侍。 ②林公:即支遁,字道林,东晋僧人,人称

支公或林公。　③瞻瞩:注视。瞻瞩甚高:此指眼光抬得很高,形容林公神态傲慢。　④若:如果。须发:胡须与头发。并:都。全:齐全。　⑤当复:将,将会。胜:超过。不:同"否"。林公是僧人,不能留须发,王徽之故意以此相讥讽。　⑥相须:相互依存。　⑦偏亡:缺少某一方面。　⑧何:怎么,哪里,表反问。关于:关系到。神明:人的精神。　⑨意:神情。恶:不好,此指愤怒。　⑩委:委托,交给。委君二贤:此指任由你们两个人去评论了。

44.郗司空拜北府①,王黄门诣郗门拜云②:"应变将略③,非其所长④。"骡咏之不已⑤。郗仓谓嘉宾曰⑥:"公今日拜⑦,子猷言语殊不逊⑧,深不可容⑨。"嘉宾曰:"此是陈寿作诸葛评⑩,人以汝家比武侯⑪,复何所言⑫?"

　　[注释]①郗司空:即郗愔,字方回,高平金乡(今属山东)人,晋太尉郗鉴长子,曾任镇军将军等,死后赠官侍中、司空。拜:授官。北府:北中郎将之府,而北中郎将常任徐州刺史,所以也称徐州刺史为北府;后来徐州刺史移镇京口,又称京口为北府。拜北府:太和二年(公元367年),郗愔都督徐、兖、青、幽、扬州诸军事,平北将军,徐、兖二州刺史。　②王黄门:即王徽之,字子猷,官至黄门侍郎,郗愔的外甥。诣:拜访。郗门:郗家。拜:祝贺。　③④两句:这是陈寿在《三国志·蜀志》中对诸葛亮的评论,其意思是:他不擅长随机应变的用兵谋略。　⑤骡:多次。咏:吟咏。不已:不停。　⑥郗仓:郗融,字景山,小字仓,晋司空郗愔之子,郗超之弟。嘉宾:即郗超,字景兴,小字嘉宾,郗愔的长子。　⑦公:此指父亲。　⑧殊:很,非常。逊:谦虚,恭顺。⑨深:极,非常。容:容忍。　⑩陈寿:字承祚,巴西安汉(今属四川)人,先在蜀,后入晋任著作郎,他所写的《三国志》是史学名著。诸葛:即诸葛亮。⑪汝家:汝父,你的父亲。武侯:即诸葛亮,三国蜀国丞相,封武乡侯。⑫复:还。言:说。

45.王子猷诣谢公①,谢曰:"云何七言诗②?"子猷承问答曰③:"昂昂若千里之驹④,泛泛若水中之凫⑤。"

[注释]①王子猷:即王徽之,见本门43注①。诣:拜访。谢公:即谢安,见本门26注①。 ②云何:什么是,什么叫做。七言诗:诗体的一种,每句七字或以七字为主,如七言古诗、七言律诗、七言绝句等,近人一般认为七言诗起于汉魏,到了唐朝才真正兴盛起来。 ③承:听,听到。 ④⑤两句:语出《楚辞·卜居》:"宁昂昂若千里之驹乎?将泛泛若水中之凫乎?与波上下,偷以全吾躯乎?"宁:宁愿。昂昂:昂扬出众的样子。千里驹:千里马。泛泛:漂浮的样子,引申为随波逐流。凫(fú):野鸭。偷:苟且。此处王子猷一石二鸟,既从语言形式上回答了什么是七言诗,也从内容上用"千里之驹"和"水中之凫"暗讽了谢安隐居和出仕的两种不同的处世态度。

46. 王文度、范荣期俱为简文所要①,范年大而位小②,王年小而位大。将前③,更相推在前④,既移久⑤,王遂在范后⑥。王因谓曰:"簸之扬之⑦,糠秕在前⑧。"范曰:"洮之汰之⑨,沙砾在后⑩。"

[注释]①王文度:即王坦之,字文度,太原晋阳(今山西太原)人,晋朝名臣。范荣期:即范启,字荣期,晋慎阳(今河南正阳)人,官至黄门郎。俱:一起。简文:晋简文帝司马昱,见本门34注①。要:同"邀",邀请。 ②年:年龄。位:官位。 ③前:进见。 ④更相:相互。推:推让。 ⑤移久:很久。 ⑥遂:终于。 ⑦簸、扬:抖动以扬去谷物中的秕糠杂物。 ⑧糠秕:谷糠和瘪谷。 ⑨洮、汰:即"淘汰",洗去杂质。 ⑩沙砾:沙子和碎石。

47. 刘遵祖少为殷中军所知①,称之于庾公②,庾公甚忻然③,便取为佐④。既见,坐之独榻上⑤,与语。刘尔日殊不称⑥,庾小失望⑦,遂名之为"羊公鹤"。昔羊叔子有鹤善舞⑧,尝向客称之⑨,客试使驱来⑩,䎒䎒而不肯舞⑪。

故称比之⑫。

[注释]①刘遵祖:即刘爱之,字遵祖,晋沛郡(今安徽濉溪县西北)人,曾任中书郎、宣城太守。少:年轻时。殷中军:即殷浩,字渊源,晋陈郡长平(今河南西华)人,官至扬州刺史、中军将军。知:赏识。 ②称:举荐。庾公:即庾亮,字元规,晋颍川鄢陵(今属河南)人,明穆皇后的长兄,曾任征西大将军、荆州刺史。 ③忻然:同"欣然",高兴的样子。 ④取:任用。佐:属吏,佐吏。 ⑤独榻:单独的坐榻。 ⑥尔日:当天。殊:很,非常。称:好,美好。 ⑦小:略微,有点。 ⑧羊叔子:即羊祜(hù),字叔子,泰山南城(今山东平邑)人,西晋著名的战略家,官至征南大将军。 ⑨尝:曾经。称:称赞。 ⑩驱:赶。 ⑪氃氋(tóng méng):羽毛松散、委靡不振的样子。 ⑫故:所以。比:比拟。

48. 魏长齐雅有体量①,而才学非所经②。初宦当出③,虞存嘲之曰④:"与卿约法三章⑤:谈者死⑥,文笔者刑⑦,商略抵罪⑧。"魏怡然而笑⑨,无忤于色⑩。

[注释]①魏长齐:即魏顗,字长齐,晋会稽(治今浙江绍兴)人,官至山阴令。雅:颇,很。体量:气量,度量。 ②才学:学问。经:长,擅长。 ③初宦:初次做官。当:将。出:赴任。 ④虞存:字道长,晋会稽山阴(今浙江绍兴)人,官至尚书吏部郎。嘲:开玩笑。 ⑤卿:你。约法三章:制定三条规定。语出《史记·高祖本纪》:"与父老约,法三章耳:杀人者死,伤人及盗抵罪。" ⑥谈:清谈。魏晋时期崇尚《老子》《庄子》,形成空谈玄理的风气,亦称玄谈,重心集中在有无、本末之辨上。 ⑦文笔:此为动词,写作诗文。刑:刑罚。 ⑧商略:品评,评论。抵:至。抵罪:犯罪。按:"谈"、"文笔"、"商略"都是当时文人士大夫喜好之事,虞存这是故意嘲讽魏长齐学问不深。 ⑨怡然:和悦自在的样子。 ⑩忤:触犯,此指愤怒的意思。色:表情。

49. 郗嘉宾书与袁虎①,道戴安道、谢居士云②:"恒任之风③,当有所弘耳④。"以袁无恒⑤,故以此激之⑥。

[注释]①郗嘉宾:即郗超,见本门44注⑥。书:写信。与:给。袁虎:即袁宏,字彦伯,小字虎,晋陈郡(今河南淮阳)人,文章绝美,官至东阳太守。 ②戴安道:即戴逵,字安道,晋谯国(今安徽亳州)人,擅长书法绘画,不乐仕宦。谢居士:即谢敷,字庆绪,晋会稽(治今浙江绍兴)人,信奉佛教,终身隐居。 ③恒:持久。任:担当,此指坚持所做的事情。风:作风,精神。 ④当:应当。弘:发扬。耳:语气词。 ⑤以:因为。无恒:没有恒心。 ⑥故:因此。激:刺激。

50. 范启与郗嘉宾书曰①:"子敬举体无饶纵②,掇皮无余润③。"郗答曰:"举体无余润,何如举体非真者④?"范性矜假多烦⑤,故嘲之⑥。

[注释]①范启:见本门46注①。与:给。郗嘉宾:即郗超,见本门44注⑥。书:信。 ②子敬:即王献之,字子敬,王羲之的儿子,善书法,官至中书令。举体:全身。饶纵:肌肉丰满。无饶纵:指王献之很瘦。 ③掇(duō)皮:除去皮,喻指彻里彻外。余润:多余的脂肪。 ④何如:何似,比……怎么样。 ⑤性:性格。矜假:拘谨做作。多烦:讲究多,喜欢计较,如本门46中范启的虚情客套。 ⑥嘲:嘲笑。

51. 二郗奉道①,二何奉佛②,皆以财贿③。谢中郎云④:"二郗谄于道⑤,二何佞于佛⑥。"

[注释]①二郗:郗愔(见本门44注①)及其弟郗昙(见本门39注①)。奉道:信奉道教。 ②二何:何充(见本门22注①)和何准(字幼道,何充之弟)。奉佛:信奉佛教。 ③财贿:财物。指他们信教都花去很多财物。 ④谢中郎:即谢万,见本门43注①。 ⑤谄:奉承,献媚。 ⑥佞:献媚,讨好。

52.王文度在西州①,与林法师讲②,韩、孙诸人并在坐③,林公理每欲小屈④。孙兴公曰:"法师今日如著弊絮在荆棘中⑤,触地挂阂⑥。"

[注释]①王文度:即王坦之,见本门46注①。西州:东晋时扬州刺史的治所,因为在建康台城之西,所以叫西州,故址在今江苏南京。 ②林法师:即支遁,字道林,东晋僧人,人称支公或林公。讲:谈论,谈论玄理。 ③韩:韩康伯,即韩伯,字康伯,晋颍川长社(今河南长葛东)人,曾任豫章太守、领军将军等官。孙:即孙绰,见本门37注①。并:都。坐:同"座"。 ④每:常常。欲:将。小:略微。屈:理亏,被驳倒。 ⑤著:穿。弊絮:破棉絮。 ⑥触地:到处,处处。挂阂:阻碍。

53.范荣期见郗超俗情不淡①,戏之曰②:"夷、齐、巢、许一诣垂名③,何必劳神苦形、支策据梧邪④?"郗未答。韩康伯曰:"何不使游刃皆虚⑤?"

[注释]①范荣期:即范启,本门46注①。郗超:见本门44注⑥。俗情:世俗之情。 ②戏:戏弄。 ③夷、齐、巢、许:即伯夷、叔齐、巢父、许由,此四人都是古代著名的隐士。一诣垂名:指一下子就名垂千古。诣:到。垂名:名声流传。 ④劳神苦形:使精神疲惫,身体劳累。支策据梧:语本《庄子·齐物论》:"昭文之鼓琴也,师旷之枝策也,惠子之据梧也,三子之知几乎皆其盛者也,故载之末年。"此谓昭文弹琴、师旷持杖击节、惠子倚在梧桐树下辩论,三人的技艺几乎都算得上登峰造极,所以载誉于晚年。后来以"支策据梧"指通过潜心苦练达到摆脱世情的境界。支:拄着。策:棒。据:依靠。邪:语气助词,表反问。 ⑤游刃皆虚:运刀于虚无之间。语本《庄子·养生主》:"彼节者有间,而刀刃者无厚;以无厚入有间,恢恢乎其于游刃必有余地矣。"此指依乎天理,顺其自然。

54.简文在殿上行①,右军与孙兴公在后②。右军指简文语孙曰:"此啖名客③。"简文顾曰④:"天下自有利齿儿⑤。"后王光禄作会稽⑥,谢车骑出曲阿祖之⑦,王孝伯罢秘书丞⑧,在坐,谢言及此事,因视孝伯曰⑨:"王丞齿似不钝⑩。"王曰:"不钝,颇亦验⑪。"

[注释]①简文:晋简文帝司马昱,见本门34注①。殿:宫殿。 ②右军:即王羲之,字逸少,仕晋,曾封官右军将军。孙兴公:即孙绰,见本门37注①。 ③啖名客:贪求名声的人。啖(dàn):吃,此指嗜好,喜好。 ④顾:回头。 ⑤自:本来。利齿儿:牙齿坚利的人。 ⑥王光禄:即王蕴,字叔仁,晋太原晋阳(今山西太原)人,曾任镇军将军、会稽内史等官,死后追赠左光禄大夫。作会稽:任会稽内史。会稽:郡名,治所在今浙江绍兴。 ⑦谢车骑:即谢玄,字幼度,小字遏,谢安的侄儿,死后追赠车骑将军。出:至,到。曲阿:县名,治所在今江苏丹阳。祖:饯行,送别。 ⑧王孝伯:即王恭,字孝伯,晋光禄大夫王蕴的儿子,曾任丹阳尹、中书令、青、兖二州刺史等官。罢:罢免。秘书丞:官名,掌管文书之事。 ⑨因:于是。 ⑩王丞:即王恭。钝:不锋利。 ⑪颇:略微,稍微。验:验证。王恭虽罢免了旧职,却获得了升迁,此处戏言王恭也是好名之人。

55. 谢遏夏月尝仰卧①,谢公清晨卒来②,不暇著衣③,跣出屋外④,方蹑履问讯⑤,公曰:"汝可谓'前倨而后恭'⑥。"

[注释]①谢遏:即谢玄,见本门54注⑦。夏月:夏天。尝:曾经。 ②谢公:即谢安,谢玄的叔父,见本门26注①。卒(cù):同"猝",突然。 ③不暇:没有时间,来不及。著:穿。 ④跣(xiǎn):光着脚。出:到。 ⑤方:才。蹑履:穿鞋。问讯:问候。 ⑥汝:你。倨(jù):傲慢无礼。恭:恭敬。前倨而后恭:先傲慢后恭敬。语出《史记·苏秦列传》:"苏秦笑谓其嫂曰:'何前倨而后恭也?'"此处谢安只是利用该典故的字面义跟谢玄开玩笑而已,并无责怪之意。

56. 顾长康作殷荆州佐①,请假还东②。尔时例不给布帆③,顾苦求之④,乃得⑤。发至破冢⑥,遭风大败⑦。作笺与殷云⑧:"地名破冢,真破冢而出⑨,行人安稳,布帆无恙⑩。"

[注释]①顾长康:即顾恺之,字长康,晋陵无锡(今属江苏)人,东晋著名画家。殷荆州:即殷仲堪,晋陈郡(今河南淮阳)人,曾任荆州刺史。佐:佐吏,僚属。 ②还东:顾恺之是晋陵人,家乡在荆州以东,所以称回家为还东。 ③尔时:那时,当时。例:照例,按照惯例。布帆:布质的船帆,此借指帆船。帆,"帆"的古字。 ④苦求:极力请求。 ⑤乃:才。 ⑥发:出发。破冢:地名,在今湖北江陵东南。 ⑦遭:遇。败:毁坏。 ⑧作笺:写信。笺(jiān):书信。与:给。 ⑨真破冢而出:在此喻指死里逃生。 ⑩无恙:本指人没有疾病或忧患。此句本应为"行人无恙,布帆安稳",因为布帆已经破败,所以不能说"安稳",于是故意将"无恙"与"安稳"颠倒,将实际状况暗藏于文字之下。

57. 苻朗初过江①,王咨议大好事②,问中国人物及风土所生③,终无极已④。朗大患之⑤。次复问奴婢贵贱⑥,朗云:"谨厚有识⑦,中者⑧,乃至十万⑨;无意为奴婢⑩,问者⑪,止数千耳⑫。"

[注释]①苻朗:字元达,前秦苻坚堂兄之子,任青州刺史,投降于晋后,任为散骑侍郎。 ②王咨议:即王肃之,字幼恭,晋右将军王羲之的儿子,任中书郎、骠骑咨议。大:很。好事:喜欢多事。 ③中国:中原地区,黄河流域一带。风土所生:风土人情及其特产。 ④终无极已:总是没完没了。 ⑤大:很,非常。患:厌烦。 ⑥次:接着。复:又。贵贱:价格高低。 ⑦谨厚:谨慎忠厚。有识:有见识。 ⑧中:符合,满意。 ⑨乃:竟,竟然。 ⑩无意:不愿。为:成为。 ⑪问者:不愿意做奴婢而又喜欢询问奴婢情况的人,实际

上暗指王肃之。 ⑫止:只。耳:罢了。

58. 东府客馆是版屋①,谢景重诣太傅②,时宾客满中③,初不交言④,直仰视云⑤:"王乃复西戎其屋⑥。"

[注释]①东府:东晋扬州刺史的治所,府第在州东,所以称东府,故址在今江苏南京。客馆:招待宾客的处所。版屋:用木板建造的房屋。 ②谢景重:即谢重,字景重,晋东阳太守谢朗之子,官至骠骑长史。诣:拜访。太傅:即会稽王司马道子,晋简文帝之子,官至太傅。 ③时:当时。满中:其中充满,此指屋内坐满了宾客。 ④初不:完全不。交言:交谈。 ⑤直:只。 ⑥王:即会稽王司马道子。乃复:居然,竟然。西戎其屋:《诗经·秦风·小戎》有"在其板屋,乱我心曲",毛亨注:"西戎之板屋也。"西戎,我国古代西北地区少数民族的总称,以板为屋,是西戎人的习俗。在此,谢重不仅讥讽了司马道子的客馆是西戎板屋,自然也顺带嘲弄了屋内的宾客。

59. 顾长康啖甘蔗①,先食尾,人问所以②,云:"渐至佳境③。"

[注释]①顾长康:即顾恺之,见本门56注①。啖(dàn):吃。 ②所以:原因。 ③渐至佳境:此指逐渐进入甜美的感觉,后用来比喻境况逐渐好转或兴味逐渐浓厚。

60. 孝武属王珣求女婿①,曰:"王敦、桓温磊砢之流②,既不可复得③;且小如意④,亦好豫人家事⑤,酷非所须⑥。正如真长、子敬比⑦,最佳。"珣举谢混⑧。后袁山松欲拟谢婚⑨,王曰:"卿莫近禁脔⑩。"

[注释]①孝武:晋孝武帝司马曜,简文帝之子,公元372年至公元396年在位。属:同"嘱",委托,嘱咐。王珣:字元琳,丞相王导之孙,以文学知名,初

为晋大司马桓温主簿,后官至尚书令。求女婿:为晋陵公主物色夫婿。 ②王敦:字处仲,晋琅邪临沂(yí)(今属山东)人,曾任青州刺史、丞相、大将军等官,娶晋武帝女襄城公主。桓温:娶晋元帝女南康长公主,参见本门24注①。磊砢:有壮大、高耸之义,此处比喻才能卓越。流:这类人物。 ③既:已经。复:再。 ④且:而且。小:稍微。如意:得志。 ⑤好:喜欢。豫:通"预",干预。王敦曾起兵叛乱,而桓温废海西公立简文帝,正所谓"好豫人家事"。 ⑥酷:极,绝对。须:需要。 ⑦正:只。真长:即刘惔,娶晋明帝女庐陵长公主,参见本门13注①。子敬:即王献之,娶晋简文帝新安公主,参见本门50注②。比:类,这些人。 ⑧举:推荐。谢混:字叔源,陈郡(今河南淮阳)人,曾任中书令、尚书左仆射,娶晋孝武帝女晋陵公主。 ⑨袁山松:晋陈郡(今河南淮阳)人,善音乐,曾任秘书监,吴国内史。拟:打算。拟谢婚:(袁山松)打算将女儿嫁给谢混。 ⑩卿:你。近:靠近。禁脔:《晋书·谢混传》:"元帝始镇建业,公私窘罄,每得一豚,以为珍膳。项上一脔尤美,辄以荐帝,群下未尝敢食。于时呼为禁脔。"比喻珍美的不容别人分享、染指的东西,后用来称帝王女婿。脔(luán):肉块。

61. 桓南郡与殷荆州语次①,因共作了语②。顾恺之曰③:"火烧平原无遗燎④。"桓曰:"白布缠棺竖旒旐⑤。"殷曰:"投鱼深渊放飞鸟⑥。"次复作危语⑦。桓曰:"矛头淅米剑头炊⑧。"殷曰:"百岁老翁攀枯枝。"顾曰:"井上辘轳卧婴儿⑨。"殷有一参军在坐⑩,云:"盲人骑瞎马,夜半临深池⑪。"殷曰:"咄咄逼人⑫!"仲堪眇目故也⑬。

[注释]①桓南郡:即桓玄,字敬道,晋大司马桓温之子,袭封南郡公。殷荆州:即殷仲堪,见本门56注①。语次:交谈之间。次:时,时候。 ②因:趁,乘机。共:一起。了语:一种机智的语言游戏,要求每句描述终结、终了的情景,句末谐"了"韵。 ③顾恺之:见本门56注①。 ④遗燎:没有被焚烧完的地方。 ⑤旒旐(liú zhào):竖在灵柩前标志死者姓名和官职的旗幡。 ⑥投:放。 ⑦次:接着。复:又。危语:也是一种语言游戏,要求每句都必须

描述危险的情况,句末谐"危"韵。 ⑧淅(xī):淘米。此句的意思是:在矛头上淘米,在剑尖上放锅做饭。表明的是战场上的危急。 ⑨辘轳(lù lú):井上汲水的起重装置。 ⑩参军:官名,从晋朝直到宋朝,军府和王国皆设置参军,是重要幕僚。 ⑪夜半:半夜。临:接近。盲人、瞎马、夜半、临深池,真是险上加险。 ⑫咄咄逼人:晋时口语,此处一方面形容情势(参军所描绘的情景)险恶逼人,另一方面形容言语气势凌人(不留情面,捅到殷仲堪的痛处)。"咄咄"本是惊叹之声。《晋书·顾恺之传》引作:"有一参军云:'盲人骑瞎马临深池。'仲堪眇目,惊曰:'此太逼人!'"殷仲堪一目失明,参军所云"盲人骑瞎马"似出言不逊,直接揭殷仲堪的短处,但殷仲堪也只能感叹"咄咄逼人"。 ⑬眇(miǎo):一目失明。故:原因。

62. 桓玄出射①,有一刘参军与周参军朋赌②,垂成③,唯少一破④。刘谓周曰:"卿此起不破⑤,我当挞卿⑥。"周曰:"何至受卿挞⑦?"刘曰:"伯禽之贵⑧,尚不免挞⑨,而况于卿⑩?"周殊无忤色⑪。桓语庾伯鸾曰⑫:"刘参军宜停读书⑬,周参军且勤学问⑭。"

[注释]①桓玄:见本门61注①。 ②朋赌:分组赌射箭。朋:组。 ③垂成:即将取胜。 ④破:破的,射中靶心。③④两句的意思是:再射中一箭就可以获胜。 ⑤卿:你。起:发,射箭。此起不破:这次发箭不中靶。 ⑥当:将。挞(tà):打。 ⑦何至:何至于,哪里至于。 ⑧⑨两句:《尚书·大传》:"伯禽与康叔见周公,三见而三笞。"《礼记》:"成王有罪,周公则挞伯禽。"伯禽:周公之子,封于鲁国。贵:高贵。尚:尚且。 ⑩而况:何况。 ⑪殊无:一点也没有。忤色:愤怒的表情。 ⑫庾伯鸾:即庾鸿,字伯鸾,颍川(今河南许昌)人,官至辅国内史。 ⑬⑭两句的意思是:刘参军滥用典故,知识没有理解、融会,所以应该暂时停止读书,以免问题越积越多;周参军被骂而毫无反应,大概连伯禽是何许人物都不清楚,所以还需勤奋学习。

63.桓南郡与道曜讲《老子》①,王侍中为主簿②,在坐。桓曰:"王主簿可顾名思义③。"王未答,且大笑④。桓曰:"王思道能作大家儿笑⑤。"

[注释]①桓南郡:即桓玄,见本门61注①。道曜:其人姓氏、生平不详。讲:讲说,谈论。《老子》:又名《道德经》,相传为春秋时期老子所著,主张自然无为,分上下两篇,五千多字。 ②王侍中:即王桢,字公幹,小字思道,曾任侍中、大司马长史。主簿:官名,汉代中央及郡县官署多设置此官,其职责为主管文书簿籍及印鉴,至魏晋时逐渐为将帅重臣的主要属官。 ③王主簿可顾名思义:王主簿看看自己的名字就可以理解《老子》了。因为王桢小字思道,而《老子》主要讲的就是"道",所以桓玄拿这个开玩笑。 ④且:只,只是。此处王桢不知如何做答,用笑来掩饰自己的无知。 ⑤大家儿:即大孩儿。《老子》中多次提到"婴儿"一词,如"专气致柔,能(如)婴儿乎""我独泊兮其未兆,如婴儿之未孩""为天下豁,常德不离,复归于婴儿"。孩:小孩笑。"婴儿",最自然无伪、不加虚饰,用来比喻原始淳朴的美德。桓玄故意化用"婴儿之未孩"为"大家儿笑",言外之意就是嘲笑王桢本来无知却用笑来掩饰,无谦退淳朴之品,实属虚伪世俗之类。

64.祖广行恒缩头①。诣桓南郡②,始下车③,桓曰:"天甚晴朗④,祖参军如从屋漏中来⑤。"

[注释]①祖广:字渊度,晋范阳(今河北涿州)人,官至护军长史。恒:常常,总是。 ②诣:拜访。桓南郡:即桓玄,见本门61注①。 ③始:才。 ④甚:很。 ⑤祖参军:即祖广,当时任桓玄的参军。屋漏:漏雨的房屋。

65.桓玄素轻桓崖①,崖在京下有好桃②,玄连就求之③,遂不得佳者④。玄与殷仲文书以为嗤笑曰⑤:"德之休明⑥,肃慎贡其楛矢⑦;如其不尔⑧,篱壁间物亦不可得也⑨。"

[**注释**]①桓玄:见本门61注①。素:向来。轻:轻视,看不起。桓崖:即桓修,字承祖,小字崖,桓冲之子,娶晋简文帝女武昌公主,曾任左卫将军、抚军将军、散骑常侍。 ②京下:都城,即建康(今江苏南京)。 ③连:连续多次。就:向。求:索取。 ④遂:终究,竟然。 ⑤与:给。殷仲文:字仲文,晋陈郡(今河南淮阳)人,曾任侍中、尚书。书:信。嗤笑:讥笑。 ⑥德之休明:德行美好清明。语出《左传·宣公三年》:"楚子问鼎之大小轻重焉。对曰:'在德不在鼎……德之休明,虽小,重也;其奸回昏乱,虽大,轻也。'" ⑦肃慎:古民族名称,古代居于我国东北地区,周武王、成王时曾以楛(hù)矢、石砮(nǔ)来贡。楛矢:以楛木做杆的箭。 ⑧如:如果。尔:这样,指"德之休明"。 ⑨篱壁间物:指家园内所产之物。

轻诋第二十六

1. 王太尉问眉子①:"汝叔名士,何以不相推重②?"眉子曰:"何有名士终日妄语③!"

[注释]①王太尉:王衍,字夷甫,琅邪临沂(今属山东)人,西晋名臣,官至尚书令、太尉。眉子:即王玄,字眉子,王衍之子,官至陈留太守。其叔王澄,字平子,官至荆州刺史。 ②何以:为什么。推重:推崇尊重。 ③何:哪,哪里,表反问。妄语:胡言乱语。

2. 庾元规语周伯仁①:"诸人皆以君方乐②?"周曰:"何乐?谓乐毅邪③?"庾曰:"不尔④,乐令耳⑤。"周曰:"何乃刻画无盐⑥,以唐突西子也⑦?"

[注释]①庾元规:即庾亮,字元规,晋颍川鄢陵(今河南)人,明穆皇后的长兄,曾任征西大将军、荆州刺史。周伯仁:即周顗(yǐ),字伯仁,晋汝南安城(今河南汝南县东南)人,官至尚书左仆射。 ②诸人:大家。方:比拟,比作。③乐毅:战国时期燕国将军,率领赵、楚、韩、魏、燕五国之军成功伐齐,封昌国君。邪:语气词,表疑问。 ④尔:这样。 ⑤乐令:即乐广,字彦辅,西晋名士,后代王戎为尚书令。 ⑥何乃:为什么。无盐:战国时期,齐国无盐有女名钟离春,相貌极丑。 ⑦唐突:抵触,此指冒犯。西子:西施,春秋末越国美女。⑥⑦两句的字面意思是:为什么要刻画无盐女来冒犯西施呢?隐含意思

是:周伯仁自比乐毅,认为将他与乐广相比,对他是一种冒犯侮辱。

3. 深公云①:"人谓庾元规名士②,胸中柴棘三斗许③。"

[注释]①深公:即东晋僧人竺法深,名道潜,字法深。 ②庾元规:即庾亮,见本门2注①。 ③柴棘:荆棘。此处指有心计,不够直率。许:表约数,"左右"、"大约"。

4. 庾公权重①,足倾王公②。庾在石头③,王在冶城坐④,大风扬尘,王以扇拂尘曰:"元规尘污人⑤。"

[注释]①庾公:即庾亮,见本门2注①。权重:当时庾亮凭太后长兄、帝舅的身份,掌握朝政。 ②足:足够。倾:压倒。王公:即王导,字茂弘,琅邪临沂(yí)(今属山东)人,东晋功臣,官至丞相。 ③石头:古城名,故址在今江苏南京,城负山面江,南临秦淮河口,晋朝时为建康军事重镇。 ④冶城:地名,在今江苏江宁西。 ⑤元规尘污人:庾亮处飞来的尘土污染人。当时庾亮权倾朝野,拥重兵,王导却视其如尘埃。

5. 王右军少时甚涩讷①。在大将军许②,王、庾二公后来③,右军便起欲去,大将军留之,曰:"尔家司空、元规④,复可所难⑤?"

[注释]①王右军:即王羲之,字逸少,仕晋,曾封官右军将军,王导的侄子。甚:很。涩讷:说话迟钝,指口才不好。 ②大将军:即王敦,字处仲,晋琅邪临沂(yí)(今属山东)人,曾任青州刺史、丞相、大将军等官。许:处,处所。 ③王:王导,王敦的堂弟,曾任司空,参见本门4注②。庾:庾亮,见本门2注①。 ④尔:你。 ⑤可:通"何",什么。复可所难:又有什么好为难的呢?

6.王丞相轻蔡公①,曰:"我与安期、千里共游洛水边②,何处闻有蔡充儿③?"

[**注释**]①王丞相:即王导,见本门4注②。轻:轻视,看不起。蔡公:即蔡谟,字道明,晋陈留考城(今河南民权)人,历任左光禄、录尚书事、扬州刺史,死后赠司空。 ②安期:即王承,字安期,晋太原晋阳(今山西太原)人,曾任东海太守等。千里:即阮瞻,字千里,阮咸之子,官至太子舍人。共:一起。洛水:古水名,即今河南洛河。 ③何处:哪里。闻:听说。蔡充:字子尼,蔡谟的父亲,曾任成都王东曹掾。②③两句表达的意思是:当我王导成名的时候,蔡谟还是个根本无人提及的无名小辈。

7.褚太傅初渡江①,尝入东②,至金昌亭③,吴中豪右燕集亭中④。褚公虽素有重名⑤,于时造次不相识⑥,别敕左右多与茗汁⑦,少箸粽⑧,汁尽辄益⑨,使终不得食⑩。褚公饮讫⑪,徐举手共语云⑫:"褚季野。"于是四坐惊散⑬,无不狼狈。

[**注释**]①褚太傅:即褚裒,字季野,晋河南阳翟(今河南禹州)人,晋康帝褚皇后之父,曾任江、兖二州刺史,死后追赠侍中、太傅。初:刚刚。渡江:渡过长江南下,指入东晋。 ②尝:曾经。入:往,到。 ③金昌亭:亭名,旧址在今江苏省苏州市阊门内。 ④吴:吴郡,治所在今江苏省苏州市。豪右:富豪显贵之人。燕集:聚会宴饮。 ⑤素:向来。重名:很高的名望。 ⑥于时:当时。造次:仓猝,匆忙。相识:认出来。 ⑦别:另外,特意。敕:告诫,此指吩咐。左右:随从侍候的人。茗汁:茶水。 ⑧箸(zhuó):放置。粽:疑为"糁"(sǎn),蜜渍瓜果,用以佐茶。 ⑨辄:就。益:增添。 ⑩终:始终。食:指瓜果之类。 ⑪讫:完。 ⑫徐:慢慢地。共语:向着所有人说。 ⑬坐:同"座"。

8.王右军在南①,丞相与书②,每叹子侄不令③,云:

"虎犊、虎㹂④,还其所如⑤。"

[注释]①王右军:即王羲之,见本门5注①。 ②丞相:即王导,见本门4注②。与书:给(他)写信。 ③每:常常。令:优秀,美好。 ④虎犊:即王彭之,字安寿,小字虎犊,官至黄门郎。虎㹂:即王彪之,字叔虎,小字虎㹂,王彭之的弟弟,官至左光禄大夫。犊:小猪。㹂:小牛。 ⑤还其所如:指两人才能不高,如犊、㹂,正像他们的小名一样。

9. 褚太傅南下①,孙长乐于船中视之②。言次及刘真长死③,孙流涕④,因讽咏曰⑤:"人之云亡⑥,邦国殄瘁⑦。"褚大怒,曰:"真长平生⑧,何尝相比数⑨,而卿今日作此面向人⑩!"孙回泣向褚曰⑪:"卿当念我⑫。"时咸笑其才而性鄙⑬。

[注释]①褚太傅:即褚裒,见本门7注①。南下:东晋穆帝永和五年(约公元349年),褚裒请求北伐,拜征讨大都督,失败而退,还镇京口(今江苏镇江),"南下"大概指此事。 ②孙长乐:即孙绰,字兴公,晋太原中都(今山西平遥)人,封长乐侯,历任太学博士、大著作、散骑常侍。视:探望。 ③言次:言谈之间。次:时,时候。及:涉及,谈及。刘真长:即刘惔,字真长,晋沛国相(今安徽濉溪县西北)人,官至丹阳尹。 ④流涕:流泪。 ⑤因:于是。讽咏:诵读,咏唱。 ⑥云:助词,无实义。亡:奔亡,此处指死亡。 ⑦殄瘁(tiǎn cuì):困苦,穷困。⑥⑦两句的意思是:失去了贤人,国家也就会困顿。 ⑧平生:一生。 ⑨比数:相提并论,此指看重。此句的意思是:刘真长生前何时看得起你? ⑩卿:你。作此面:装作这副面孔。向:对,对着。 ⑪回泣:收住眼泪,指停止哭。 ⑫当:应该。念:怜悯,可怜。 ⑬时:当时的人。咸:都。才:有才学。性鄙:品行鄙俗。

10. 谢镇西书与殷扬州①,为真长求会稽②,殷答曰:"真长标同伐异③,侠之大者④。常谓使君降阶为甚⑤,乃复为之驱驰邪⑥?"

[注释]①谢镇西:即谢尚,字仁祖,晋陈郡(今河南淮阳)人,谢安的堂兄,官至镇西将军、豫州刺史。书与:写信给。殷扬州:即殷浩,字渊源,晋陈郡长平(今河南西华)人,官至扬州刺史、中军将军。 ②真长:即刘惔,见本门9注③。会稽:郡名,治所在今浙江绍兴。 ③标同伐异:维护志同道合者,攻击排斥异己。 ④侠:通"狭",气量狭小。大:形容程度深。 ⑤谓:认为。使君:对州郡长官的尊称。降阶:降低身份。阶:级别。甚:过分。 ⑥乃复:居然,竟然。驱驰:比喻奔走效力。邪:疑问语气词。

11. 桓公入洛①,过淮、泗②,践北境③,与诸僚属登平乘楼④,眺瞩中原⑤,慨然曰:"遂使神州陆沉⑥,百年丘墟⑦,王夷甫诸人不得不任其责⑧!"袁虎率尔对曰⑨:"运自有废兴⑩,岂必诸人之过⑪?"桓公懔然作色⑫,顾谓四坐曰⑬:"诸君颇闻刘景升不⑭?有大牛重千斤,啖刍豆十倍于常牛⑮,负重致远,曾不若一羸牸⑯。魏武入荆州⑰,烹以飨士卒⑱,于时莫不称快⑲。"意以况袁⑳。四坐既骇㉑,袁亦失色㉒。

[注释]①桓公:即桓温,字元子,谯国龙亢(今安徽怀远)人,东晋大将,曾任大司马,死后追赠丞相,谥宣武。入洛:太和四年(公元369年),桓温率大军北伐前燕,进入洛阳。一说为东晋穆帝永和十二年(公元356年),桓温率兵征讨姚襄,胜利后入洛阳。 ②淮、泗:指淮河、泗水。 ③践:踏,指到达。北境:泛指中国北方地区,当时被少数民族控制。 ④僚属:属官,属吏。平乘:船名,又名平乘舫。楼:楼船。 ⑤眺瞩:眺望,远望。中原:指黄河流域一带。 ⑥遂:终,最终。神州:此指中原地区。陆沉:国土沦陷。 ⑦百年:形容时间长。丘墟:废墟,荒地。 ⑧王夷甫:即王衍,见本门1注①。任其责:承担这个责任。 ⑨袁虎:即袁宏,字彦伯,小字虎,晋陈郡(今河南淮阳)人,官至东阳太守。率尔:急速、不假思索的样子。 ⑩运:气运,此指国

运。废兴:兴衰。 ⑪岂:难道。过:过错,罪责。 ⑫懔然:严厉的样子。作色:由于愤怒而脸上变色。 ⑬顾:环视。坐:同"座"。 ⑭颇:副词,相当于"可"。闻:听说。刘景升:即刘表,字景升,山阳高平(今山东邹城)人,官至镇南将军、荆州刺史,称雄荆州近二十年,是曹操的强敌之一,病逝后,其子刘琮以荆州归顺曹操。不:同"否"。 ⑮啖(dàn):吃。刍豆:指喂牛的饲料。 ⑯曾:竟,竟然。不若:不如。羸:瘦弱,衰弱。牸(zì):母牛。 ⑰魏武:指曹操,其子曹丕建魏称帝,追封曹操为武帝。入荆州:建安十三年(公元208年)七月,曹操进军南征荆州刘表。 ⑱烹:煮。飨(xiǎng):犒劳。 ⑲于时:当时。称快:叫好。 ⑳况:比况,比拟。 ㉑骇:震惊。 ㉒失色:因惊惧而神情改变。

12. 袁虎、伏滔同在桓公府①,桓公每游燕②,辄命袁、伏③。袁甚耻之④,恒叹曰⑤:"公之厚意⑥,未足以荣国士⑦,与伏滔比肩⑧,亦何辱如之⑨!"

[注释]①袁虎:即袁宏,见本门11注⑨。伏滔:字玄度,平昌安丘(今属山东)人,始为桓温参军,后任掌国史、游击将军等官。桓公:即桓温,见本门11注①。袁虎、伏滔当时都为桓温的参军。 ②游燕:即"游宴",游玩宴饮。 ③辄:总是。 ④耻之:为此感到耻辱。 ⑤恒:常。 ⑥厚意:深厚的情意。 ⑦荣:使……荣耀。国士:国家中才能出众的人。 ⑧比肩:并列,居同等地位。 ⑨亦何辱如之:还有什么耻辱比这更大。如:及,比得上。

13. 高柔在东①,甚为谢仁祖所重②。既出③,不为王、刘所知④。仁祖曰:"近见高柔大自敷奏⑤,然未有所得。"真长云:"故不可在偏地居⑥,轻在角䚗中为人作议论⑦。"高柔闻之,云:"我就伊无所求⑧。"人有向真长学此言者,真长曰:"我寔亦无可与伊者⑨。"然游燕犹与诸人书⑩:"可要安固⑪。"安固者,高柔也。

[注释]①高柔:字世远,晋乐安(治今山东博兴西南)人,曾任司空参军、安固令等官。东:指会稽,东晋都城在建康,以会稽为东。 ②谢仁祖:即谢尚,见本门10注①。重:器重。 ③既出:指到达京城建康。 ④王、刘:指王濛、刘惔。王濛:字仲祖,晋太原晋阳(今山西太原)人,曾任司徒左长史。刘惔:字真长,见本门9注③。知:赏识。 ⑤大自:大力,竭力。敷奏:陈述奏进。 ⑥故:所以。偏地:偏僻的地方。 ⑦轻:轻易,随便。角𦝼(ruò):屋角,角落。为人作议论:向别人发表议论。按:此处谢尚责问为何高柔未得到赏识,刘惔认为高柔的为人与文章气量狭小,立意不远。 ⑧伊:他。 ⑨寔:同"实",确实。与:给予。 ⑩游燕:同"游宴",游玩宴饮。犹:仍然,还。与:给。书:信。 ⑪要:同"邀",邀请。

14. 刘尹、江彪、王叔虎、孙兴公同坐①,江、王有相轻色②。彪以手歙叔虎云③:"酷吏④!"词色甚强⑤。刘尹顾谓⑥:"此是瞋邪⑦?非特是丑言声、拙视瞻⑧。"

[注释]①刘尹:即刘惔,见本门9注③。江彪(bīn):字思玄,陈留圉(在今河南开封杞县)人,东晋中兴大臣,曾任尚书左仆射、护军将军。王叔虎:即王彪之,见本门8注④。孙兴公:即孙绰,见本门9注②。 ②相轻:互相轻视,看不起彼此。色:表情。 ③歙(shè):同"摄",捉持,带有恐吓的意味。 ④酷吏:指滥用刑法残害人民的官吏。 ⑤词色:言语和神态。强:强硬。 ⑥顾:回头。 ⑦瞋(chēn):生气,恼怒。 ⑧非特:不只,不仅。丑言声:难听的言语与语气。拙视瞻:拙劣的神态。

15. 孙绰作《列仙商丘子赞》曰①:"所牧何物②?殆非真猪③。傥遇风云④,为我龙摅⑤。"时人多以为能⑥,王蓝田语人云⑦:"近见孙家儿作文⑧,道'何物真猪'也⑨。"

[注释]①孙绰:见本门9注②。 ②牧:放牧。 ③殆:大概。 ④傥(tǎng):倘若,如果。 ⑤摅(shū):腾跃。龙摅:像龙一样飞腾上天。

⑥能:有才能。　⑦王蓝田:即王述,字怀祖,晋太原晋阳(今山西太原)人,袭爵蓝田侯。　⑧近:最近。孙家儿:孙家那个小子,鄙称。　⑨何物真猪:表面上是引用孙绰原文,实言"何等真猪",其意为"确实是真猪",以此诋毁孙绰。

16.桓公欲迁都①,以张拓定之业②。孙长乐上表谏此议③,甚有理。桓见表心服,而忿其为异④。令人致意孙云⑤:"君何不寻《遂初赋》⑥,而强知人家国事⑦!"

[注释]①桓公:即桓温,见本门11注①。欲迁都:东晋穆帝永和十二年(公元356年),桓温请求迁都洛阳。　②张:扩张。拓定:平定。拓定之业:此指北伐收复失地。　③孙长乐:即孙绰,见本门9注②。表:奏章。谏:此指劝阻。此议:指桓温想迁都的提议。　④忿:气愤。为异:提出异议。⑤致意:传话,转告。　⑥寻:重温。遂初:遂其初愿,谓去官隐居。《晋书·孙绰传》:"孙绰少与高阳许询俱有高尚之志。居于会稽,游放山水,十有余年,乃作《遂初赋》以致其意。"言外之意是要孙绰少管闲事。　⑦强:强行。知:管,过问。

17.孙长乐兄弟就谢公宿①,言至款杂②。刘夫人在壁后听之③,具闻其语④。谢公明日还⑤,问昨客何似⑥,刘对曰:"亡兄门未有如此宾客⑦。"谢深有愧色⑧。

[注释]①孙长乐:即孙绰,见本门9注②。就:到。谢公:即谢安,字安石,陈郡阳夏(今河南太康)人,晋朝名臣,死后追赠太傅。宿:投宿。　②款杂:空泛杂乱。款:空洞。　③刘夫人:谢安的妻子,晋陵太守刘耽的女儿,刘惔的妹妹。　④具:全,都。　⑤明日:第二天。　⑥何似:怎么样。　⑦亡兄:即刘惔,见本门9注③。门:家。　⑧愧色:惭愧的表情。

18.简文与许玄度共语①,许云:"举君、亲以为难②。"

简文便不复答。许去后,而言曰:"玄度故可不至于此③。"

[注释]①简文:司马昱,晋简文帝,晋元帝司马睿的幼子,公元370年至公元372年在位。许玄度:即许询,字玄度,高阳(治今河北蠡县)人,东晋名士。共语:交谈。 ②举:选择。《邴原别传》:"魏五官中郎将尝与群贤共论曰:'今有一丸药,得济一人疾,而君、父俱病,与君邪?与父邪?'"对于这个问题,许玄度认为很难在君主与父亲之间作出选择。 ③故:原本,本来。此句言外之意是:简文自己当时在君位,自然应以君主为先,所以讥诮许询。

19. 谢万寿春败后①,还,书与王右军云②:"惭负宿顾③。"右军推书曰④:"此禹、汤之戒⑤。"

[注释]①谢万:字万石,晋太傅谢安的弟弟,历任吏部、西中郎将、豫州刺史、散骑常侍。寿春败:晋穆帝升平二年(公元358年),谢万受命北征,次年(公元359年)与鲜卑战,在寿春(今安徽寿县)大败而回,被贬为庶人。②书与:写信给。王右军:即王羲之,见本门5注①。 ③惭:惭愧。负:辜负。宿顾:以往的关照。 ④推书:推开书信。 ⑤禹、汤之戒:《左传·庄公十一年》:"禹、汤罪己,其兴也悖(勃)焉。"禹、汤以圣德自律,所以能兴盛。这里是反讽,谢万不能自律,不能礼贤下士,所以致败,即使自责,也是于事无补。

20. 蔡伯喈睹睐笛椽①,孙兴公听妓振且摆折②。王右军闻③,大嗔曰④:"三祖寿乐器⑤,虺瓦吊孙家儿打折⑥。"

[注释]①蔡伯喈:即蔡邕,字伯喈,东汉末年陈留(今河南开封东北)人,多才多艺,官至左中郎将,为王允所害。睹睐:看见,发现。笛椽:可以制成笛子的屋椽竹。伏滔《长笛赋》叙曰:"余同僚桓子野,有故长笛,传之耆老,云蔡邕伯喈之所制也。初,邕避难江南,宿于柯亭之馆,以竹为椽。邕仰眄之,

曰:'良竹也。'取以为笛,音声独绝,历代传之至于今。" ②孙兴公:即孙绰,见本门9注②。听:听凭,任凭。振:抖动,摔。摆折:打断,摔断。 ③王右军:即王羲之,见本门5注①。 ④嗔(chēn):发怒。 ⑤三祖寿乐器:三代相传的乐器。 ⑥虺(huǐ):通常指土虺蛇,色如泥土,此处借指土灰色。吊:跌落,掉落。孙家儿:孙家那个小子,鄙称。打折:打断。此句的意思是:三代相传的珍贵乐器,却被当做低贱的灰瓦一样,让孙家小子给打断了。痛斥孙绰不懂精粹,不知爱惜。

21.

王中郎与林公绝不相得①。王谓林公诡辩②,林公道王云:"箸腻颜帢、䌷布单衣③,挟《左传》④,逐郑康成车后⑤,问是何物尘垢囊⑥?"

[注释]①王中郎:即王坦之,字文度,太原晋阳(今山西太原)人,曾任北中郎将,晋朝名臣。林公:即支遁,字道林,东晋僧人,人称支公或林法师。绝:极。相得:彼此投合,融洽。 ②谓:认为。诡辩:狡辩。 ③箸(zhuó):穿,戴。腻:污垢。颜帢:一种古代的帽子。《晋书·五行志上》:"初,魏造白帢,横缝其前以别后,名之曰颜帢。至永嘉之间,稍去其缝,名无颜帢。"帢(qià):帽子。䌷:疑是"綌"的俗字,粗葛布。单衣:古代官吏的服装,或为士大夫的便服。 ④挟《左传》:王坦之的父亲王述研究《左传》,子承父学,林公以此讥笑王坦之。《左传》:又称《左氏春秋》、《春秋左氏传》,是我国现存最早的较为完备的编年体史书,相传是春秋末年左丘明为解释《春秋》而作,是儒家重要的经典之一。 ⑤逐:追随。郑康成:即郑玄,字康成,东汉末年的经学大师,遍注儒家五经。此句的言外之意是:王坦之独抱遗经,拾人牙慧。 ⑥何物:什么。尘垢囊:装尘垢的袋子。此处比喻无真才实学。

22.

孙长乐作王长史诔云①:"余与夫子②,交非势利③,心犹澄水④,同此玄味⑤。"王孝伯见曰⑥:"才士不逊⑦,亡祖何至与此人周旋⑧!"

[注释]①孙长乐:即孙绰,见本门9注②。王长史:即王濛,见本门13注④。诔:悼念死者的文章。 ②余:我。夫子:古代对男子的敬称。 ③交:交情。 ④心犹澄水:心像水一样清澈,比喻君子之交。《礼记》曰:"君子之交淡若水,小人之交甘若醴。" ⑤玄味:深奥的旨趣,常指老庄之道。 ⑥王孝伯:即王恭,字孝伯,王濛之孙,晋光禄大夫王蕴之子,曾任丹阳尹、中书令,青、兖二州刺史等官。 ⑦才士:有才华的人,此指孙绰。逊:谦虚,恭敬。 ⑧亡祖:去世的祖父,指王濛。周旋:交往。

23. 谢太傅谓子侄曰①:"中郎始是独有千载②。"车骑曰③:"中郎衿抱未虚④,复那得独有⑤?"

[注释]①谢太傅:即谢安,见本门17注①。 ②中郎:即谢万,见本门19注①。始:才。独有千载:千百年来独一无二的。 ③车骑:即谢玄,字幼度,小字遏,谢安的侄子,死后追赠车骑将军。 ④衿抱:怀抱,胸襟。衿抱未虚:不虚心,心胸不开阔。 ⑤复:又。那得:哪能。

24. 庾道季诧谢公曰①:"裴郎云②:'谢安谓裴郎乃可不恶③,何得为复饮酒④。'裴郎又云:'谢安目支道林如九方皋之相马⑤,略其玄黄⑥,取其俊逸⑦。'"谢公云:"都无此二语⑧,裴自为此辞耳。"庾意甚不以为好⑨,因陈东亭《经酒垆下赋》⑩。读毕⑪,都不下赏裁⑫,直云⑬:"君乃复作裴氏学⑭。"于此《语林》遂废⑮。今时有者⑯,皆是先写⑰,无复谢语⑱。

[注释]①庾道季:即庾龢,字道季,善清谈,仕晋,官至丹阳尹、中领军。诧:告知,告诉。谢公:即谢安,见本门17注①。 ②裴郎:即裴启,字荣期,河东(今属山西)人,好论古今人物,辑汉、魏、两晋人士的轶事、言论为《语林》,其书已佚,《世说新语》从中吸取了部分材料。 ③乃:还。不恶:不错。 ④何得:怎能,怎么可以。复:再。 ⑤目:品评,评论。支道林:即支遁,见本

门21注①。九方皋:春秋时人,善相马,相传伯乐推荐他为秦穆公外出求马,他不辨毛色雌雄,而观察马的内神,因得天下良马,伯乐称他"得其精而忘其粗,在其内而忘其外"。 ⑥略:忽略。玄黄:黑色和黄色,比喻外表、非本质的东西。 ⑦俊逸:出类拔萃,此指内在的出众才能。 ⑧都:完全。 ⑨不以为好:不以为然,不赞同。 ⑩因:于是。陈:陈述。东亭:即王珣,字元琳,丞相王导之孙,以文学知名,封东亭侯,官至尚书令。《经酒垆下赋》:据《伤逝第十七》第2,王戎曾经过黄公酒垆,深情悼念嵇康、阮籍。后来王珣就此事作赋。王戎此事可能出于《语林》,庾龢欲以此证明裴启并非杜撰。 ⑪毕:完,结束。 ⑫都不:完全不。下赏裁:发表评论。 ⑬直:只。 ⑭乃:竟,竟然。复:又。 ⑮于此:从此。遂:就。废:废止流行。 ⑯时:时而,偶尔。 ⑰写:抄写。 ⑱无复:不再有,没有。谢语:谢安的话。

25. 王北中郎不为林公所知①,乃箸论《沙门不得为高士论》,大略云②:"高士必在于纵心调畅③。沙门虽云俗外④,反更束于教⑤,非情性自得之谓也⑥。"

[注释]①王北中郎:即王坦之,见本门21注①。林公:即支遁,见本门21注①。知:赏识。 ②大略:大概。 ③高士:志行高洁之人。纵心调畅:放开思绪,和顺舒畅。 ④沙门:僧人。俗外:世俗之外。 ⑤反:反而。束:约束,束缚。教:教规,教义。 ⑥情性:本性。自得:自如,自然。

26. 人问顾长康①:"何以不作洛生咏②?"答曰:"何至作老婢声③!"

[注释]①顾长康:即顾恺之,字长康,晋陵无锡(今属江苏)人,东晋著名画家。 ②何以:为什么。作:学,效仿。洛生咏:指洛阳书生的诵咏声,音色重浊,东晋士大夫多中原旧族,故盛行为"洛生咏"。 ③老婢:年老的女仆。这里含有鄙视意味,洛阳音重浊,而顾恺之是晋陵人,音尚清浅,所以对洛生咏十分鄙夷,不屑为之。

27.殷顗、庾恒并是谢镇西外孙①。殷少而率悟②,庾每不推③。尝俱诣谢公④,谢公熟视殷⑤,曰:"阿巢故似镇西⑥。"于是庾下声语曰⑦:"定何似⑧?"谢公续复云⑨:"巢颊似镇西⑩。"庾复云:"颊似,足作健不⑪?"

[注释]①殷顗(yǐ):字伯通,小字巢,晋陈郡(今河南淮阳)人,与堂弟殷仲堪齐名。庾恒:字敬则,庾亮之孙,庾龢之子,官至尚书仆射。并:都。谢镇西:即谢尚,见本门10注①。 ②率悟:率直聪慧。 ③每:常,总是。推:推崇,赞许。 ④尝:曾经。俱:一起。诣:拜访。谢公:即谢安,见本门17注①。 ⑤熟视:注视,仔细看。 ⑥故:确实。 ⑦下声:低声。 ⑧定:究竟。何:哪里。 ⑨续:继续。 ⑩颊:脸颊。 ⑪足:足够。作健:成为强者,指奋发称雄。健:强壮。《周易·乾卦》:"天行健,君子以自强不息。"不:同"否"。

28.旧目韩康伯①:"将肘无风骨②。"

[注释]①旧:以前,过去。目:品评,评论。韩康伯:即韩伯,字康伯,晋颍川长社(今河南长葛东)人,曾任豫章太守、领军将军等官。 ②将:壮,大。风骨:刚健挺拔的气质。此处嘲讽韩伯肥胖。

29.苻宏叛来归国①,谢太傅每加接引②。宏自以有才③,多好上人④,坐上无折之者⑤。适王子猷来⑥,太傅使共语⑦。子猷直孰视良久⑧,回语太傅云:"亦复竟不异人⑨。"宏大惭而退⑩。

[注释]①苻宏叛来归:晋孝武帝太元十年(公元385年),西燕王慕容冲进攻苻坚,苻坚命苻宏留守长安,宏不敌慕容冲,自率数千骑与母亲、妻子出逃,投奔东晋。叛:逃。 ②谢太傅:即谢安,见本门17注①。每:常常。

加:加以,给予。接引:接待,招待。 ③自以:自认为。 ④多:经常。好:喜欢。上人:凌驾他人之上。 ⑤折:使……屈服,折服。 ⑥适:正好,恰好。王子猷:即王徽之,字子猷,王羲之的儿子,东晋名士,官至黄门侍郎。 ⑦共语:交谈。 ⑧直:只。孰视:同"熟视",仔细看。良久:很久。 ⑨亦复:也。竟:竟然。不异人:没有与别人不同的地方。 ⑩大惭:非常惭愧。

30. 支道林入东①,见王子猷兄弟②,还,人问:"见诸王何如③?"答曰:"见一群白颈乌④,但闻唤哑哑声⑤。"

[注释]①支道林:即支遁,见本门21注①。入东:到会稽去,东晋都城在建康,以会稽为东。 ②王子猷:即王徽之,见本门29注⑥。王羲之有王凝之、王徽之、王献之等七子。 ③何如:怎么样。 ④白颈乌:喻指王子猷兄弟。相传王氏子弟经常穿白色领子的衣服。 ⑤但:只。王导本是北方人,但喜欢学说吴语,王氏子弟也纷纷效仿,支道林是借此嘲讽王氏子弟满口吴语。

31. 王中郎举许玄度为吏部郎①,郗重熙曰②:"相王好事③,不可使阿讷在坐头④。"

[注释]①王中郎:即王坦之,见本门21注①。举:推荐。许玄度:即许询,小字讷,见本门18注①。吏部郎:古官名,主管选举人才。 ②郗重熙:即郗昙,字重熙,晋太尉郗鉴之子,曾任北中郎将,吏部尚书郎,徐、兖二州刺史。 ③相王:即晋简文帝司马昱,当时以会稽王辅政。好事:爱兴事端,喜欢多事。 ④坐头:座位旁,此指不能让许询在简文身边任职。

32. 王兴道谓①:谢望蔡霍霍如失鹰师②。

[注释]①王兴道:即王和之,字兴道,晋琅邪(治今山东临沂北)人,曾任永嘉太守、正员常侍。谓:说。 ②谢望蔡:即谢琰,字瑗度,小字末婢,谢安少子,因淝水之战有功,封望蔡公。霍霍:恍惚,若有所失的样子。失鹰师:丢

失了鹰的驯鹰师。此处用丢失鹰后若有所失的心态来暗讽谢望蔡为世俗所羁绊,不能超脱。

33.桓南郡每见人不快①,辄嗔云②:"君得哀家梨③,当复不烝食不④?"

[注释]①桓南郡:即桓玄,字敬道,晋大司马桓温之子,袭封南郡公。不快:不高兴。 ②辄:就。嗔:生气。 ③哀家梨:相传汉秣陵哀仲家种梨,果实大而味道美。 ④当复:表推测,应该。烝:同"蒸"。不:同"否",句末助词,表询问,相当于现代汉语中放句末表疑问或揣测的"吧"。此句的意思是:该不会蒸着吃吧?桓玄以此来暗讽别人愚蠢。

假谲第二十七

1. 魏武少时①,尝与袁绍好为游侠②。观人新婚,因潜入主人园中③,夜叫呼云:"有偷儿贼④!"青庐中人皆出观⑤,魏武乃入,抽刃劫新妇⑥。与绍还出,失道⑦,坠枳棘中⑧,绍不能得动⑨。复大叫云⑩:"偷儿在此!"绍遑迫自掷出⑪,遂以俱免⑫。

[注释]①魏武:指曹操,其子曹丕建魏称帝,追封曹操为武帝。少时:年轻的时候。 ②尝:曾经。袁绍:字本初,汉末汝南汝阳(治今河南商水)人,据河北之地,与曹操抗衡,官渡之战中大败,最终忧愤而死。游侠:本指豪爽好结交朋友、轻生重义、勇于排难解纷的人,此指任侠,行为放荡,靠武力我行我素。 ③因:趁机。潜:暗中,偷偷地。 ④偷儿:小偷。 ⑤青庐:古代婚俗,用青布幔搭成屋,成为举行婚礼时行交拜礼的地方。 ⑥抽刃:拔刀。劫:劫持。新妇:新娘子。 ⑦失道:迷失道路。 ⑧坠:跌落,陷入。枳棘:枳木与棘木,两种树多刺,此处泛指荆棘。 ⑨动:此指脱身。 ⑩复:又,再次。 ⑪遑迫:惊慌急迫。掷:跳。 ⑫遂:于是。以:因此。俱:一起。免:逃脱。

2. 魏武行役①,失汲道②,军皆渴,乃令曰:"前有大梅林,饶子③,甘酸④,可以解渴。"士卒闻之,口皆出水,乘此得及前源⑤。

[注释]①魏武:即曹操,见本门1注①。行役:行军。 ②汲道:取水的通道,这里指水源。 ③饶子:果实很多。 ④甘酸:又甜又酸。 ⑤乘:趁,凭借。前源:前面的水源。

3. 魏武常言①:"人欲危己②,己辄心动③。"因语所亲小人曰④:"汝怀刃密来我侧⑤,我必说'心动',执汝使行刑⑥,汝但勿言其使⑦,无他⑧,当厚相报⑨。"执者信焉,不以为惧。遂斩之⑩,此人至死不知也。左右以为实⑪,谋逆者挫气矣⑫。

[注释]①魏武:即曹操,见本门1注①。 ②欲:想要。危:危害。己:我自己。 ③辄:就。心动:指心跳,突感不安。 ④因:于是。小人:仆人,侍从。 ⑤汝:你。怀刃:揣藏刀子。密:秘密,偷偷地。侧:旁边。 ⑥执:捉拿。行刑:执行死刑,处斩。 ⑦但:只,只要。其:曹操自称。使:指使,命令。 ⑧无他:没有其他事情,暗指不会处死。 ⑨当:将,将会。报:报答,酬谢。 ⑩遂:最终。 ⑪左右:侍从。以为实:认为是真的。 ⑫谋逆:图谋叛逆。挫气:丧失勇气。

4. 魏武常云①:"我眠中不可妄近②,近便斫人③,亦不自觉④。左右宜深慎此⑤。"后阳眠⑥,所幸一人窃以被覆之⑦,因便斫杀⑧。自尔每眠⑨,左右莫敢近者⑩。

[注释]①魏武:即曹操,见本门1注①。 ②眠:睡觉。妄近:随便接近。 ③斫(zhuó):砍,杀。 ④觉:察觉,知道。 ⑤左右:侍从。宜:应该。深慎:特别当心。 ⑥阳:通"佯",假装。 ⑦幸:宠幸。窃:暗中,悄悄地。以:用。覆:盖。 ⑧因:于是。 ⑨自尔:从此。 ⑩莫:没有人。

5.袁绍年少时①,曾遣人夜以剑掷魏武②,少下③,不箸④。魏武揆之⑤,其后来必高⑥。因帖卧床上⑦,剑至果高⑧。

[注释]①袁绍:见本门1注②。 ②遣:派遣。掷:刺。魏武:曹操。 ③少下:略微偏低。 ④不箸(zhuó):没中,指没有刺着。 ⑤揆:推测,估计。 ⑥后来:指下次刺来的剑。 ⑦因:于是。帖:同"贴",贴紧。 ⑧果:果然。

6.王大将军既为逆①,顿军姑孰②。晋明帝以英武之才③,犹相猜惮④,乃箸戎服⑤,骑巴賨马⑥,赍一金马鞭⑦,阴察军形势⑧。未至十余里,有一客姥居店卖食⑨,帝过憩之⑩,谓姥曰:"王敦举兵图逆⑪,猜害忠良⑫。朝廷骇惧⑬,社稷是忧⑭。故勋劳晨夕⑮,用相觇察⑯。恐形迹危露⑰,或致狼狈,追迫之日⑱,姥其匿之⑲。"便与客姥马鞭而去⑳,行敦营匝而出㉑。军士觉㉒,曰:"此非常人也㉓!"敦卧心动㉔,曰:"此必黄须鲜卑奴来㉕。"命骑追之㉖。已觉多许里㉗,追士因问向姥㉘:"不见一黄须人骑马度此邪㉙?"姥曰:"去已久矣,不可复及㉚。"于是骑人息意而反㉛。

[注释]①王大将军:即王敦,字处仲,晋琅邪临沂(yí)(今属山东)人,曾任青州刺史、丞相、大将军等官。为逆:造反,作乱。晋元帝永昌元年(公元322年),王敦以"清君侧"为名起兵,攻陷石头城,杀周顗等,自立为丞相,晋明帝太宁元年(公元323年),移镇姑孰,自兼扬州牧。 ②顿:屯,驻扎。姑孰:古城名,故址在今安徽当涂。 ③晋明帝:司马绍,东晋元帝长子,公元322年至公元325年在位。 ④犹:仍然。猜惮:疑忌畏惧。 ⑤乃:于是。箸(zhuó):穿。戎服:军服。 ⑥巴賨(cóng):指巴郡地区(今四川)。

⑦赍(jī):携带。 ⑧阴:暗中。察:侦察。 ⑨客姥:外地来的老妇人。
⑩愒(qì):同"憩",休息。 ⑪举兵:起兵。图逆:图谋叛逆。 ⑫猜害:猜忌,迫害。 ⑬骇惧:惊慌恐惧。 ⑭社稷是忧:即"忧社稷",忧虑国家命运。是:助词,将宾语前置。 ⑮勋劳:劳累。勋(qú):劳苦。晨夕:从早到晚。 ⑯用:以,来,表目的。觇察:暗中侦察。觇(chān):侦察。 ⑰恐:担心。形迹:行踪。危露:暴露。 ⑱追迫:追逼。 ⑲其:副词,表示祈使,犹"当"、"可"。匿(nì):隐藏。 ⑳与:给。 ㉑匝(zā):一周,一圈。 ㉒觉:察觉,发现。 ㉓常人:一般的人。 ㉔心动:心跳,突感不安。 ㉕黄须鲜卑奴:晋明帝的母亲荀氏是燕人,明帝的相貌与胡人相似,所以王敦如此称呼。奴:对人的鄙称。 ㉖骑(jì):骑兵。 ㉗觉(jiào):通"较",相差。多许:很多。 ㉘追士:追赶的骑兵。因:于是。向:刚才,先前。 ㉙度:经过。 ㉚复:再。及:赶上。 ㉛息意:打消再追赶的念头。反:同"返"。

7. 王右军年减十岁时①,大将军甚爱之②,恒置帐中眠③。大将军尝先出④,右军犹未起⑤,须臾钱凤入⑥,屏人论事⑦,都忘右军在帐中⑧,便言逆节之谋⑨。右军觉⑩,既闻所论,知无活理⑪,乃剔吐污头面被褥⑫,诈孰眠⑬。敦论事造半⑭,方意右军未起⑮,相与大惊曰⑯:"不得不除之。"及开帐⑰,乃见吐唾从横⑱,信其实孰眠⑲,于是得全⑳。于时称其有智㉑。

[注释]①王右军:即王羲之,字逸少,王导的侄子,仕晋,曾封右军将军。减:不足,不到。 ②大将军:即王敦,见本门6注①。 ③恒:常。眠:睡。 ④尝:曾经。 ⑤犹:仍然,还。 ⑥须臾:一会儿。钱凤:字世仪,晋吴郡(治今江苏苏州)人,任王敦铠曹参军,力促王敦谋反,王敦失败后,钱被杀。 ⑦屏(bǐng):使退避。屏人:将其他人斥退。 ⑧都:完全。 ⑨逆节:指叛逆、作乱。 ⑩觉:睡醒。 ⑪活理:活命的道理。 ⑫乃:于是。剔:往外挑,强迫使吐出来,一作"阳",假装。污:使……脏。 ⑬诈:假装。孰:同

"熟"。孰眠:熟睡。 ⑭造半:进行到一半。造:到。 ⑮方:才。意:通"憶"("忆"字的繁体),想起。 ⑯相与:互相,这里指两个人都。 ⑰及:等到。 ⑱乃:却。从横:即纵横,杂乱的样子。 ⑲实:确实。 ⑳得全:得以保全性命。 ㉑于时:当时。称:称赞。

8.陶公自上流来赴苏峻之难①,令诛庾公②,谓必戮庾③,可以谢峻④。庾欲奔窜则不可⑤,欲会恐见执⑥,进退无计。温公劝庾诣陶⑦,曰:"卿但遥拜⑧,必无它⑨,我为卿保之⑩。"庾从温言诣陶⑪,至便拜,陶自起止之⑫,曰:"庾元规何缘拜陶士衡⑬?"毕⑭,又降就下坐⑮,陶又自要起同坐⑯。坐定,庾乃引咎责躬⑰,深相逊谢⑱,陶不觉释然⑲。

[注释]①陶公:即陶侃,字士衡,晋朝名臣,官至荆州刺史。自:从。上游:长江上游,当时陶侃任荆州刺史,荆州在都城建康的上游,故称"自上游来"。赴……难:往救危难。苏峻:字子高,晋长广掖县(今山东莱州)人,封邵陵公,后因造反被杀。苏峻之难:晋明帝死后,庾亮以帝舅身份执掌朝政,谋削夺苏峻兵权,晋成帝咸和二年(公元327年),苏峻等以讨庾亮为名,举兵攻入建康。 ②诛:杀。庾公:即庾亮,字元规,晋颍川鄢陵(今属河南)人,明穆皇后的长兄,曾任征西大将军、荆州刺史。 ③谓:认为。戮:杀。 ④谢:谢罪。当时认为,苏峻造反,是因庾亮而起,所以只有杀掉庾亮,才能向苏峻谢罪,从而平息叛乱。 ⑤奔窜:逃跑。 ⑥会:见面。恐:害怕。见:被,表被动。执:拘捕。 ⑦温公:即温峤,字太真,太原祁(今山西祁县)人,东晋名臣,官至骠骑大将军,封始安郡公。诣:拜访。 ⑧卿:你。但:只,只要。⑨无它:没有其他事情发生。 ⑩保:保证,担保。 ⑪从:听从。 ⑫自:亲自。止:阻止。 ⑬何缘:为什么。 ⑭毕:完,此指行礼结束。 ⑮降:降低身份。就下坐:在下面的座位就座。 ⑯要:同"邀",邀请。 ⑰乃:就。引咎责躬:承认过失,责备自己。躬:自身。 ⑱逊谢:道歉谢罪。 ⑲不觉:不

知不觉。释然:怨怒消除,心情舒畅。

9.温公丧妇①,从姑刘氏家值乱离散②,唯有一女,甚有姿慧③。姑以属公觅婚④,公密有自婚意⑤,答云:"佳婿难得,但如峤比⑥,云何⑦?"姑云:"丧败之余⑧,乞粗存活⑨,便足慰吾余年⑩,何敢希汝比⑪?"却后少日⑫,公报姑云:"已觅得婚处⑬,门地粗可⑭,婿身名宦尽不减峤⑮。"因下玉镜台一枚⑯,姑大喜。既婚,交礼⑰,女以手披纱扇⑱,抚掌大笑曰⑲:"我固疑是老奴⑳,果如所卜㉑!"玉镜台,是公为刘越石长史㉒,北征刘聪所得㉓。

[注释]①温公:即温峤,见本门8注⑦。丧妇:死了妻子。 ②从姑:堂姑。值乱:遭遇战乱。离散:流离失散。 ③甚:很。姿慧:美丽聪慧。 ④属:同"嘱",嘱托,托付。觅婚:物色女婿。 ⑤密:私下,暗中。自婚:自己娶之。意:念头,打算。 ⑥但:只。比:类。峤比:温峤这类人。 ⑦云何:如何,怎么样。 ⑧丧败之余:遭遇战乱后存活下来的人。 ⑨乞:求。粗:粗略,勉强。 ⑩慰:抚慰。余年:余生。 ⑪何敢:哪敢。希:希望。汝比:你这样的人。 ⑫却后:过后,此后。少日:几天。 ⑬婚处:婚配的对象。 ⑭门地:即门第。粗:大致。 ⑮身:自身,自己。名宦:名声与地位。尽:都。减:次于。 ⑯因:于是。下:下聘礼。玉镜台:玉制的镜台。枚:量词,相当于"个"。 ⑰交礼:结婚时男女交拜的礼仪。 ⑱披:揭开。纱扇:约为纱制的盖头。古时婚俗,结婚时侍女用纱扇遮蔽新娘。 ⑲抚掌:拍手。 ⑳固:本来。老奴:戏称,如同"老家伙"。 ㉑果:果然。卜:猜测。 ㉒刘越石:即刘琨,字越石,晋中山魏昌(今河北定县南)人,曾任司徒长史、尚书左丞、并州刺史。当时温峤任其长史。 ㉓刘聪:十六国汉帝,一名刘载,字玄明,匈奴族,刘渊之子。

10.诸葛令女①,庾氏妇②,既寡,誓云不复重出③。此女性甚正强④,无有登车理⑤。恢既许江思玄婚⑥,乃移家近之⑦。初诳女云⑧:"宜徙⑨。"于是家人一时去⑩,独留女在后。比其觉⑪,已不复得出⑫。江郎莫来⑬,女哭詈弥甚⑭,积日渐歇⑮。江彪暝入宿⑯,恒在对床上⑰。后观其意转帖⑱,彪乃诈厌⑲,良久不悟⑳,声气转急㉑。女乃呼婢云:"唤江郎觉㉒!"江于是跃来就之㉓,曰:"我自是天下男子㉔,厌何预卿事而见唤邪㉕?既尔相关㉖,不得不与人语。"女默然而惭㉗,情义遂笃㉘。

[注释]①诸葛令:即诸葛恢,字道明,晋琅邪阳都(今山东沂南)人,曾任会稽内史、尚书令。 ②庾氏妇:庾家媳妇。诸葛恢长女嫁给晋太尉庾亮的儿子庾会,庾会在苏峻之难时遇害。 ③誓云:发誓说。重出:再嫁。 ④甚:很。正强:正直刚烈。 ⑤登车:上车,此指出嫁。理:道理。 ⑥许:答应。江思玄:即江彪(bīn),字思玄,陈留圉(在今河南开封杞县)人,东晋中兴大臣,曾任尚书左仆射、护军将军。 ⑦乃:于是。近之:靠近江家。 ⑧初:开始。诳:欺骗。 ⑨宜:应该。徙:移居。 ⑩一时:一同。去:离开。 ⑪比:等到。觉:发现。 ⑫复:再。得:能够。 ⑬江郎:即江彪。莫:同"暮",傍晚。 ⑭詈(lì):骂,责备。弥甚:更加厉害。 ⑮积日:累日,过了几天。歇:停止。 ⑯暝:夜晚。 ⑰恒:常,总是。 ⑱转帖:渐渐平息、温顺。转:逐渐。 ⑲诈:假装。厌(yǎn):同"魇",噩梦,在此为动词,做噩梦。 ⑳良久:很久。不悟:不醒。 ㉑声气转急:呼吸越来越急促。 ㉒觉:醒。 ㉓跃:跳。就:靠近。 ㉔自是:本是。 ㉕预:关涉,相干。见唤:唤我。"见"用在动词前面,称代自己。 ㉖既尔:既然。 ㉗默然:沉默不语。惭:羞愧。 ㉘情义:感情。遂:从此。笃:深厚。

11.愍度道人始欲过江①,与一伧道人为侣②。谋曰③:"用旧义往江东④,恐不办得食⑤。"便共立"心无义"⑥。既而此道人不成渡⑦,愍度果讲义积年⑧。后有伧人来,先道人寄语云⑨:"为我致意愍度⑩,无义那可立⑪?治此计权救饥尔⑫,无为遂负如来也⑬!"

[注释]①愍度道人:支愍度,僧人,东晋成帝时过江,创立"心无义"说。 ②伧道人:北方僧人。伧(cāng):晋和南北朝时,南方人对北方人或南渡北人的蔑称。侣:同伴。 ③谋:商议,商讨。 ④旧义:原来的教义。江东:隋唐以前,称芜湖以下长江下游南岸地区为江东,此指江南晋国。 ⑤恐:恐怕,担心。不办:不能。 ⑥心无义:东晋时般若学各派对般若诸经所讲的"空"义产生不同理解,形成"六家七宗",支愍度创立的"心无宗"便是其一。僧肇《不真空论》云:"心无者,无心于万物,万物未尝无。此得在于神静,失在于物虚。""心无义"主张空心不空色("色"指"物"),心神虚豁,虚而能知,无而能应。 ⑦既而:不久,后来。不成:没有实行,此指没有渡江。 ⑧果:果然。讲义:讲传"心无义"。积年:累年,多年。 ⑨先道人:先前的那个僧人。寄语:传话,捎话。 ⑩致意:此指转告。 ⑪那可:即"哪可",怎么能够。 ⑫治:研究,制造。权:姑且,暂且。尔:而已。 ⑬无为:不要。遂:就,因而。负:辜负。如来:佛祖释迦牟尼的十种法号之一。

12. 王文度弟阿智①,恶乃不翅②,当年长而无人与婚③。孙兴公有一女④,亦僻错⑤,又无嫁娶理⑥,因诣文度⑦,求见阿智。既见,便阳言⑧:"此定可,殊不如人所传⑨,那得至今未有婚处⑩!我有一女,乃不恶⑪,但吾寒士⑫,不宜与卿计⑬,欲令阿智娶之。"文度欣然而启蓝田云⑭:"兴公向来⑮,忽言欲与阿智婚。"蓝田惊喜。既成婚,女之顽嚚欲过阿智⑯。方知兴公之诈⑰。

[注释]①王文度:即王坦之,字文度,太原晋阳(今山西太原)人,王述之子,晋朝名臣。阿智:即王处之,字文将,小字阿智。 ②不翅:不啻,不止。恶乃不翅:顽劣得很。 ③年长:年龄已大。 ④孙兴公:即孙绰,字兴公,晋太原中都(今山西平遥)人,封长乐侯,历任太学博士、大著作、散骑常侍。

⑤僻错:顽劣乖张。　⑥嫁娶:此只指出嫁。理:道理。　⑦因:于是。诣:拜访。　⑧阳:通"佯",假装。　⑨殊:极,很。不如:不像。传:传言。　⑩那得:哪能,怎么会。婚处:婚配的对象。　⑪乃:还。不恶:不错。　⑫但:只,只是。寒士:魏晋南北朝时称出身寒微的读书人为寒士。　⑬宜:适宜。卿:你。计:商量。　⑭欣然:喜悦的样子。启:告诉。蓝田:即王述,字怀祖,晋太原晋阳(今山西太原)人,王坦之的父亲,袭爵蓝田侯。　⑮向:刚刚。⑯顽嚚:愚昧狂妄。嚚(yín):暴虐,愚顽。欲:似乎。过:超过。　⑰方:才。诈:欺骗。

13.范玄平为人好用智数①,而有时以多数失会②。尝失官居东阳③,桓大司马在南州④,故往投之⑤。桓时方欲招起屈滞⑥,以倾朝廷⑦,且玄平在京⑧,素亦有誉⑨。桓谓远来投己⑩,喜跃非常⑪。比入至庭⑫,倾身引望⑬,语笑欢甚⑭。顾谓袁虎曰⑮:"范公且可作太常卿⑯。"范裁坐⑰,桓便谢其远来意⑱。范虽实投桓⑲,而恐以趋时损名⑳,乃曰:"虽怀朝宗㉑,会有亡儿瘗在此㉒,故来省视㉓。"桓怅然失望㉔,向之虚伫㉕,一时都尽㉖。

[注释]①范玄平:即范汪,字玄平,晋颍阳(今河南许昌西南)人,历任吏部尚书,徐、兖二州刺史。好:喜欢。智数:计策,心计。数:策略,权术。②以:因为。多数:心计过多。失会:失去机会。会:际会,机会。　③尝:曾经。东阳:郡名,治所在今浙江金华。　④桓大司马:即桓温,字元子,谯国龙亢(今安徽怀远)人,东晋大将,曾任大司马,死后追赠丞相,谥宣武。南州:此指姑孰(在今安徽当涂)。　⑤故:特意。投:投靠。　⑥时:当时。方:正,正在。招起:招纳,起用。屈滞:久居下位未获升迁的人。　⑦倾:倾覆,颠覆。⑧京:京城建康(在今江苏南京)。　⑨素:向来。有誉:有好的名声。⑩谓:认为,以为。　⑪喜跃:兴奋得跳起来,形容十分高兴。非常:不同寻常。　⑫比:等到。　⑬倾身引望:侧着身子,伸长脖子望着。形容态度诚恳

谦虚,满怀期待。 ⑭语笑:谈笑。欢甚:非常愉快。 ⑮顾:回头。袁虎:即袁宏,字彦伯,小字虎,晋陈郡(今河南淮阳)人,官至东阳太守。 ⑯且:将。太常卿:官名,专掌祭祀礼乐。 ⑰裁:通"才",刚刚。 ⑱远来意:远道而来的情意。 ⑲实:确实,的确。 ⑳恐:担心。以:因为。趋时:迎合时势。损名:损害名声。 ㉑怀:怀有……意向。朝宗:本指诸侯朝见天子,后泛指下属拜见长官。 ㉒会:恰好,正逢。瘗(yì):埋葬。 ㉓故:所以。省视:看望。 ㉔怅然:失意不快乐的样子。 ㉕向:刚才。虚伫:虚心期待。伫(zhù):企盼,期待。 ㉖一时:一下子。都:完全。尽:消失。

14. 谢遏年少时①,好箸紫罗香囊②,垂覆手③。太傅患之④,而不欲伤其意⑤,乃谲与赌⑥,得即烧之⑦。

[注释]①谢遏:即谢玄,字幼度,小字遏,谢安的侄子,东晋名将。②好:喜欢。箸(zhuó):佩戴。紫罗香囊:由紫色丝织品制成的装有香料的香袋,可以佩戴于身或挂在帐上当做饰物。 ③垂:悬挂。覆手:不知具体是何物,疑是手巾之类。 ④太傅:即谢安,字安石,陈郡阳夏(今河南太康)人,晋朝名臣,死后追赠太傅。患:担忧。 ⑤不欲:不想。意:情感,情绪。⑥乃:于是。谲:欺骗,假装。 ⑦即:立刻。

黜免第二十八

1.诸葛厷在西朝①,少有清誉②,为王夷甫所重③,时论亦以拟王④。后为继母族党所谮⑤,诬之为狂逆⑥。将远徙⑦,友人王夷甫之徒诣槛车与别⑧,厷问:"朝廷何以徙我⑨?"王曰:"言卿狂逆⑩。"厷曰:"逆则应杀,狂何所徙⑪?"

[注释]①诸葛厷:字茂远,晋琅邪阳都(今山东沂南)人,官至司空主簿。西朝:指西晋。 ②少:年轻时。清誉:美好的名声。 ③王夷甫:即王衍,字夷甫,琅邪临沂(今属山东)人,西晋名臣,官至尚书令、太尉。重:器重。 ④时论:当时的舆论。拟:比作,相比。 ⑤族党:同族亲属。谮:进谗言予以陷害。 ⑥诬:诬蔑,诬陷。狂逆:狂妄叛逆。 ⑦远徙:流放到边远地区。 ⑧徒:同类的人。诣:前往,到。槛车:囚车。 ⑨何以:为什么。 ⑩卿:你。 ⑪何所:为什么。

2.桓公入蜀①,至三峡中②,部伍中有得猿子者③,其母缘岸哀号④,行百余里不去⑤,遂跳上船⑥,至便即绝⑦。破视其腹中,肠皆寸寸断。公闻之怒,命黜其人⑧。

[注释]①桓公:即桓温,字元子,谯国龙亢(今安徽怀远)人,东晋大将,

死后追赠丞相,谥宣武。入蜀:在晋穆帝永和二年(公元346年),桓温率兵伐蜀,第二年平定蜀地,成汉末主李势投降。　②三峡:长江上游的瞿塘峡、巫峡和西陵峡的合称。　③部伍:军队。猨:同"猿"。猨子:小猿猴。　④缘:沿。　⑤去:离开。　⑥遂:最终,终于。　⑦绝:死亡。　⑧黜(chù):罢免,贬降。

3. 殷中军被废①,在信安②,终日恒书空作字③。扬州吏民寻义逐之④,窃视⑤,唯作"咄咄怪事"四字而已⑥。

[注释]①殷中军:即殷浩,字渊源,晋陈郡长平(今河南西华)人,官至扬州刺史、中军将军。晋穆帝永和九年(公元353年),殷浩北征,大败于姚襄,桓温上表黜浩,浩被革职废为庶民。　②信安:县名,故城在今浙江衢县。③终日:整天。恒:常,总是。书空作字:在空中写字。　④寻义:仰慕其品行。逐:追随。按:殷浩曾任扬州刺史,扬州吏民是他旧任治所的人。　⑤窃视:偷看。　⑥唯:只。作:写。咄咄怪事:令人惊讶的怪事。咄咄:惊叹声。

4. 桓公坐有参军椅烝薤①,不时解②,共食者又不助③,而椅终不放④。举坐皆笑⑤。桓公曰:"同盘尚不相助⑥,况复危难乎⑦?"敕令免官⑧。

[注释]①桓公:即桓温,见本门2注①。参军:官名,从晋朝直到宋朝,军府和王国皆设置参军,是重要幕僚。椅:通"挤(jǐ)",用筷子夹。烝:同"蒸"。薤(xiè):一种蔬菜。　②不时解:不能立即分解夹起。不时:不及时。③共食者:一起吃饭的人。　④终:始终,一直。　⑤举:全。　⑥同盘:同在一起吃。尚:尚且。　⑦况复:况且,何况。　⑧敕令:命令。

5. 殷中军废后①,恨简文曰②:"上人箸百尺楼上③,儋梯将去④。"

[注释]殷中军废:见本门3注①。　②恨:怨恨,抱怨。简文:晋简文帝司马昱,元帝司马睿之子,当时简文正以抚军将军、录尚书事辅政,虽是桓温上表黜殷浩,但奏定其罪罚的实为简文。　③上:使……上升。箸(zhuó):到。上人箸百尺楼:让人爬上百尺高的楼。　④儋:同"担",扛。将去:拿走。

6. 邓竟陵免官后赴山陵①,过见大司马桓公②,公问之曰:"卿何以更瘦③?"邓曰:"有愧于叔达④,不能不恨于破甑⑤。"

[注释]①邓竟陵:即邓遐,字应玄,陈郡(今河南淮阳)人,屡次跟从桓温征伐,任竟陵太守。太和四年(公元369年),桓温北伐败于枋头,归罪于邓遐等,免其官。山陵:帝王坟墓,此指参加简文帝的葬礼。　②过见:拜访,看望。桓公:即桓温,当时任大司马,见本门2注①。　③卿:你。何以:为什么。　④愧:惭愧。叔达:据《郭林宗别传》记载,孟敏,字叔达,曾将刚买的甑掉地上打坏了,却头也不回径直走开,有人感到奇怪,他却说:"甑既已破,视之何益?"　⑤恨:遗憾。甑(zèng):用来蒸饭等的炊具。破甑:在此指丢官。

7. 桓宣武既废太宰父子①,仍上表曰②:"应割近情③,以存远计④。若除太宰父子⑤,可无后忧⑥。"简文手答表曰⑦:"所不忍言⑧,况过于言⑨。"宣武又重表,辞转苦切⑩。简文更答曰⑪:"若晋室灵长⑫,明公便宜奉行此诏⑬;如大运去矣⑭,请避贤路⑮。"桓公读诏,手战流汗⑯,于此乃止⑰。太宰父子远徙新安⑱。

[注释]①桓宣武:即桓温,见本门2注①。废:罢免,去官。太宰父子:即司马晞与其子司马综,司马晞是晋元帝之子,简文帝之兄,初封武陵王,拜太宰。太宰:官名,即太师,晋避司马师讳,置太宰以代太师,以辅佐国君处理政务为职。　②仍:还。上表:上奏章。　③近情:亲情。　④存:保存,保全。　⑤除:除去,此指处死。　⑥后忧:后患,以后的祸害。　⑦简文:晋简文帝司

马昱。手答:亲笔批复。 ⑧⑨两句:意思是连说出来都不忍心,更何况还要我去做。 ⑩转:更加。苦切:迫切。 ⑪更:再次。 ⑫若:如果。灵长:广远绵长。 ⑬明公:对有名望有地位之人的尊称。 ⑭如:如果。大运:此指国家命运。 ⑮避:退让。贤路:贤能之人仕进的机会。请避贤路:此指请求让位。 ⑯战:颤抖。 ⑰乃:才。止:中止。 ⑱徙:流放。新安:郡名,故城在今浙江淳安西。

8. 桓玄败后①,殷仲文还为大司马咨议②,意似二三③,非复往日。大司马府听前有一老槐④,甚扶疏⑤。殷因月朔⑥,与众在听,视槐良久⑦,叹曰:"槐树婆娑⑧,无复生意⑨。"

[注释]①桓玄:字敬道,桓温之子,晋安帝元兴二年(公元403年),桓玄废安帝自立,国号"楚",第二年,刘裕起兵讨伐,桓玄兵败被杀。 ②殷仲文:殷仲堪堂弟,桓玄的姐夫,桓玄执政时,弃郡投靠,玄败后,向刘裕投降,任镇军长史。还:回到京都。大司马:即刘裕,中国历史上杰出的政治家、军事家,南北朝时期宋朝的建立者。咨议:官名,旧时备顾问的幕僚。 ③意似二三:不专心,心神不宁。 ④听:同"厅",厅堂,官府办公议事的地方。 ⑤扶疏:枝叶繁茂散乱的样子。 ⑥因:于,在。月朔:月初。朔:农历每月初一为朔。 ⑦良久:很久。 ⑧婆娑:散乱的样子。 ⑨生意:生机,生命力。

9. 殷仲文既素有名望①,自谓必当阿衡朝政②。忽作东阳太守③,意甚不平④。及之郡⑤,至富阳⑥,慨然叹曰⑦:"看此山川形势,当复出一孙伯符⑧。"

[注释]①殷仲文:见本门8注②。既:既然。素:向来。名望:名声威望。 ②自谓:自认为。当:将。阿衡:本是商代官名,后引申为辅佐帝王、主持国政。 ③忽:忽然。东阳:郡名,治所在今浙江金华。太守:官名,是一郡最高的行政长官。 ④意甚不平:心中非常不满。 ⑤及:等到。之:往,到。

⑥富阳:县名,本名富春,晋改为富阳,在今浙江富阳。　⑦慨然:感慨的样子。　⑧当:将。复:再。孙伯符:即孙策,字伯符,汉末吴郡富春(今浙江富阳)人,孙坚之子,孙权之兄,占据江东,奠定东吴基业。

俭啬第二十九

1. 和峤性至俭①,家有好李,王武子求之②,与不过数十③。王武子因其上直④,率将少年能食之者⑤,持斧诣园⑥,饱共啖毕⑦,伐之⑧。送一车枝与和公,问曰:"何如君李⑨?"和既得⑩,唯笑而已⑪。

[注释]①和峤:字长舆,晋汝南西平(今属河南)人,有盛名,任尚书、太子少傅等官。至:极,最。俭:吝啬。 ②王武子:即王济,字武子,太原晋阳(今山西太原)人,和峤妻之弟,仕晋,官至太仆。求:索要。 ③与:给。不过:不超过。 ④因:趁,乘。上直:当值,值班。 ⑤率将:带领。 ⑥持:拿。诣:往,到。 ⑦共:一起。啖(dàn):吃。毕:完。 ⑧伐:砍。 ⑨何如:何似,与……比怎么样。 ⑩既得:收到之后。 ⑪唯:只。

2. 王戎俭吝①,其从子婚②,与一单衣③,后更责之④。

[注释]①王戎:字濬冲,琅邪临沂(今属山东)人,仕晋,官至司徒,"竹林七贤"之一。俭吝:吝啬。 ②从子:侄儿。 ③与:送给。单衣:单层无里子的衣服,也指士大夫的便服。 ④更:又。责:求,索取。

3. 司徒王戎既贵且富①,区宅、僮牧、膏田、水碓之属②,洛下无比③。契疏鞅掌④,每与夫人烛下散筹算计⑤。

[注释]①司徒:官名,三公之一,掌管国家土地与人民教化。王戎:见本门2注①。贵:地位显贵。且:又。 ②区宅:房屋。区:小屋。僮牧:奴仆。僮(tóng):奴婢。牧:放养牲畜的人。膏田:肥沃的田地。水碓(duì):利用水力舂米的工具。之属:之类。 ③洛下:西晋都城洛阳。无比:无人能及。 ④契疏:券契账簿之类。鞅掌:繁多。 ⑤每:常常。散:摆开。筹:筹码,计数的用具。算计:计算。

4.王戎有好李①,卖之,恐人得其种②,恒钻其核③。

[注释]①王戎:见本门2注①。 ②恐:担心。种:种子。 ③恒:总是。钻:穿孔,打眼。

5.王戎女适裴頠①,贷钱数万②。女归③,戎色不说④,女遽还钱⑤,乃释然⑥。

[注释]①适:嫁。裴頠(wěi):字逸民,晋河东闻喜(今属山西)人,官至尚书左仆射。 ②贷:借。 ③归:回娘家。 ④色:脸色。说:同"悦",高兴。 ⑤遽:赶快,立即。 ⑥乃:才。释然:和悦,高兴。

6.卫江州在寻阳①,有知旧人投之②,都不料理③,唯饷"王不留行"一斤④,此人得饷便命驾⑤。李弘范闻之⑥,曰:"家舅刻薄⑦,乃复驱使草木⑧。"

[注释]①卫江州:即卫展,字道舒,河东安邑(今山西夏县)人,曾任江州刺史。寻阳:郡名,治所在今江西九江。 ②知旧人:相识的老朋友。投:投靠,投奔。 ③都:完全。料理:照顾,招待。 ④唯:只。饷:赠送。王不留行:一种中草药名,言外之意就是卫江州逐客。 ⑤命驾:命人驾马车,此指

立即动身离开。 ⑥李弘范:李轨,字弘范,官至尚书郎。闻:听说。 ⑦刻薄:冷酷无情,不厚道。 ⑧乃复:居然,竟然。驱使:差遣,役使。草木:此指王不留行草药。此句的意思是:竟然利用草药来逐客。

7. 王丞相俭节①,帐下甘果盈溢不散②,涉春烂败③。都督白之④,公令舍去⑤,曰:"慎不可令大郎知⑥。"

[注释]①王丞相:即王导,字茂弘,琅邪临沂(今属山东)人,东晋功臣,官至丞相。俭节:即节俭,吝啬。 ②帐下:帐中,此指幕府中专门储藏食物的地方。甘果:香甜的水果。盈溢:充满,堆满。散:分发。 ③涉春:到了春天。烂败:腐烂。 ④都督:总管庶务的人。白:禀报,告诉。 ⑤舍去:扔掉。 ⑥慎:千万,表警戒。令:使,让。大郎:王悦,王导的长子。

8. 苏峻之乱①,庾太尉南奔见陶公②,陶公雅相赏重③。陶性俭吝④,及食⑤,啖薤⑥,庾因留白⑦。陶问:"用此何为⑧?"庾云:"故可种⑨。"于是大叹庾非唯风流⑩,兼有治实⑪。

[注释]①苏峻:字子高,晋长广掖县(今山东莱州)人,封邵陵公,后因造反被杀。苏峻之乱:晋明帝死后,庾亮以帝舅身份执掌朝政,谋削夺苏峻兵权,晋成帝咸和二年(公元327年),苏峻等以讨庾亮为名,举兵攻入建康,次年九月被陶侃、温峤等击灭。 ②庾太尉:即庾亮,字元规,晋颍川鄢陵(今属河南)人,明穆皇后的长兄,死后追赠太尉。南奔:向南逃奔。陶公:即陶侃,字士衡,晋朝名臣。 ③雅:很,非常。赏重:赏识器重。 ④俭吝:吝啬。 ⑤及:等到。 ⑥啖(dàn):吃。薤(xiè):一种蔬菜。 ⑦因:顺便。白:指薤根,因为根为白色,所以称白。 ⑧何为:干什么。 ⑨故:尚,还。 ⑩叹:赞叹。非唯:不仅。风流:俊朗潇洒。 ⑪兼:同时具有。治实:处理实事的才能。

9. 郗公大聚敛①,有钱数千万,嘉宾意甚不同②。常朝旦问讯③,郗家法④,子弟不坐⑤,因倚语移时⑥,遂及财货事⑦。郗公曰:"汝正当欲得吾钱耳⑧。"乃开库一日⑨,令任意用。郗公始正谓损数百万许⑩。嘉宾遂一日乞与亲友、周旋略尽⑪。郗公闻之,惊怪不能已已⑫。

[注释]①郗公:即郗愔,字方回,晋太尉郗鉴长子,郗超之父,曾袭父爵南昌县公。大:大肆。聚敛:搜刮财物。 ②嘉宾:即郗超,字景兴,小字嘉宾,郗愔的长子。意:想法,看法。甚:很,非常。 ③常:平常。朝旦:早晨。问讯:请安问候。 ④郗家法:郗家的家规。 ⑤子弟:泛指年轻后辈。 ⑥因:就,于是。倚:站立。倚语:站着说话。移时:一段时间。 ⑦遂:终于,结果。及:谈到。财货:财物。 ⑧正当:只是。耳:罢了。 ⑨乃:于是。库:指钱库。 ⑩正:只,只是。谓:以为。损:损失。许:表约数,相当于"大约"、"左右"。 ⑪遂:竟然。乞(qì)与:给予,送给。周旋:交往,此指有交往的人。略尽:全部用光了。略:皆,全。 ⑫已已:休止,停止。

汰侈第三十

1.石崇每要客燕集①,常令美人行酒②;客饮酒不尽者,使黄门交斩美人③。王丞相与大将军尝共诣崇④,丞相素不能饮⑤,辄自勉强⑥,至于沈醉⑦。每至大将军,固不饮以观其变⑧,已斩三人,颜色如故⑨,尚不肯饮⑩。丞相让之⑪,大将军曰:"自杀伊家人⑫,何预卿事⑬!"

[注释]①石崇:字季伦,小字齐奴,曾任荆州刺史,劫夺杀人,以至巨富。要:通"邀",邀请。燕集:同"宴集",宴饮聚会。 ②行酒:劝酒。 ③黄门:东汉黄门令、中黄门诸官,皆为宦官充任,所以黄门成为阉人的代称,此指由阉人充当的供内室使令的仆役。交:更替,轮流。 ④王丞相:即王导,字茂弘,琅邪临沂(今属山东)人,东晋功臣,官至丞相。大将军:即王敦,字处仲,王导的堂兄,曾任青州刺史、大将军等官。尝:曾经。共:一起。诣:拜访。 ⑤素:向来,平常。 ⑥辄:就。 ⑦沈醉:即"沉醉",大醉。 ⑧固:坚决。以:来,表目的。 ⑨颜色:脸色。如故:像原来一样。 ⑩尚:仍然,还。 ⑪让:责备。 ⑫伊:他。 ⑬预:关系到,与……相干。卿:你。

2.石崇厕常有十余婢侍列①,皆丽服藻饰②,置甲煎粉、沈香汁之属③,无不毕备④。又与新衣箸令出⑤。客多羞不能如厕⑥。王大将军往⑦,脱故衣⑧,箸新衣,神色傲然⑨。群婢相谓曰⑩:"此客必能作贼⑪!"

[注释]①石崇:见本门1注①。婢:婢女。侍列:列队侍候。 ②丽服:穿着华丽。藻饰:打扮浓艳。 ③置:准备。甲煎粉:香料名,以甲香和沉麝诸药花物制成,可作唇脂。沈香汁:一种香料,由沈香木制成。沈:也作"沉"。之属:之类。 ④毕备:全都具备,齐全。 ⑤与:给。箸(zhuó):穿。令:使。 ⑥如厕:上厕所。如:到。 ⑦王大将军:即王敦,见本门1注④。 ⑧故:旧的,原来的。 ⑨傲然:高傲、完全不在乎的样子。 ⑩相谓:交谈,相互说。 ⑪作贼:造反,此处指偷女人。

3. 武帝尝降王武子家①,武子供馔②,并用瑠璃器③。婢子百余人,皆绫罗绔襦④,以手擎饮食⑤。烝豚肥美⑥,异于常味。帝怪而问之⑦,答曰:"以人乳饮豚⑧。"帝甚不平⑨,食未毕⑩,便去⑪。王、石所未知作⑫。

[注释]①武帝:即晋武帝司马炎,司马昭的长子,公元265年废魏称帝,建立晋朝,在位25年。尝:曾经。降:莅临,临幸,指帝王亲临。王武子:即王济,字武子,娶晋武帝女常山公主,官至太仆。 ②供馔:准备菜肴。馔(zhuàn):食物。 ③并:全,都。瑠璃器:用瑠璃所制成的器皿。瑠璃:也作"琉璃",一种有色半透明的珍贵玉石。 ④绫罗绔襦:丝绸做的衣裙。绫罗:泛指丝织品。绔:即"裤",套裤。襦(luó):妇女上衣。 ⑤以:用。擎:举,端。 ⑥烝:同"蒸"。豚:小猪。 ⑦怪:感到奇怪。 ⑧饮(yìn):给……喝,喂。 ⑨甚:很,非常。不平:愤慨,不满。 ⑩毕:完。 ⑪去:离开。 ⑫王:王恺,字君夫,晋武帝司马炎之舅,官至后军将军。石:石崇,见本门1注①。未知:不能,不会。

4. 王君夫以饴糒澳釜①,石季伦用蜡烛作炊②。君夫作紫丝布步障碧绫里四十里③,石崇作锦步障五十里以敌之④。石以椒为泥⑤,王以赤石脂泥壁⑥。

[注释]①王君夫:即王恺,见本门3注⑫。以饴糖澳釜:用饴糖拌饭擦锅子。饴,同"饴",糖。糒(bèi):干饭。澳釜:刷洗锅子。 ②石季伦:即石崇,见本门1注①。作炊:烧饭。 ③紫丝布:紫色丝绸。步障:用以遮蔽风尘或视线的一种屏幕。碧绫里:用绿色绫罗作里子。 ④锦:有彩色花纹的丝织品。敌:匹敌,抗衡。 ⑤椒:花椒子,可做调味的香料,或供药用,也用以和泥涂抹墙壁。 ⑥赤石脂:风化石的一种,可用来涂墙。泥壁:涂抹墙壁。泥(nì):用稀泥或如稀泥一样的东西涂抹或封固。

5. 石崇为客作豆粥①,咄嗟便办②。恒冬天得韭蓱虀③?,又牛形状气力不胜王恺牛,而与恺出游④,极晚发⑤,争入洛城⑥,崇牛数十步后迅若飞禽⑦,恺牛绝走不能及⑧。每以此三事为扼腕⑨,乃密货崇帐下都督及御车人⑩,问所以⑪。都督曰:"豆至难煮,唯豫作熟末⑫,客至,作白粥以投之⑬。韭蓱虀?是捣韭根,杂以麦苗尔⑭。"复问驭人牛所以驶⑮。驭人云:"牛本不迟⑯,由将车人不及制之尔⑰。急时听偏辕⑱,则驶矣。"恺悉从之⑲,遂争长⑳。石崇后闻㉑,皆杀告者。

[注释]①石崇:见本门1注①。 ②咄嗟:呼吸之间,形容迅速。办:准备好。 ③恒:常,经常。韭蓱虀:用捣碎的韭、蓱、姜、蒜等做成的调味的菜。韭:韭菜。蓱:通"苹",白蒿类,鲜嫩时可食用。虀(jī):用捣碎的姜蒜等制成的调料。 ④出游:出去游玩。 ⑤极:很。发:出发。 ⑥洛城:洛阳。 ⑦迅:迅速。若:像。飞禽:飞鸟。 ⑧绝走:极力奔跑。及:赶上。 ⑨每:常,总是。以:因为。扼腕:握住手腕,表示情绪激动的动作。扼(è):同"扼",捉住,握住。 ⑩乃:于是。密:秘密,暗中。货:贿赂,买通。帐下都督:府中管理膳食的人。御车人:车夫。 ⑪所以:原因。 ⑫唯:只。豫:预先,事先。末:细末。 ⑬以:用来。投:放。 ⑭杂:掺杂。尔:罢了。

⑮驭人:车夫。所以:……的原因。驶:快速。　⑯本:本来。迟:慢。⑰由:因为。将车人:驾车人。不及制之:不懂得如何控制牛车。不及:不理解,不懂。西晋竺法护译《生经》卷下五七:"佛告阿难:'汝知是填所从生不?'对曰:'不及。'"　⑱急时:紧急的时候。听:听凭,允许。偏辕:古时车子用两轮,使车子重心倾向一边,落在一个车轮上,则吃力面减少,车子便灵活易行。辕:车前驾牲口用的直木或曲木,压在车轴上,伸出车舆的前端,左右各一。　⑲悉:全部。从:听从。　⑳遂:终于。争长:争胜。　㉑闻:听说。

6.王君夫有牛名八百里驳①,常莹其蹄角②。王武子语君夫③:"我射不如卿④,今指赌卿牛⑤,以千万对之⑥。"君夫既恃手快⑦,且谓骏物无有杀理⑧,便相然可⑨,令武子先射。武子一起便破的⑩,却据胡床⑪,叱左右速探牛心来⑫。须臾⑬,炙至⑭,一脔便去⑮。

[注释]①王君夫:即王恺,见本门3注⑫。八百里驳:牛名。这牛毛色黑白相间,走得特别快,可日行八百里。　②莹:光洁似玉的美石,此指用莹石装饰。　③王武子:即王济,见本门3注①。　④射:射箭。卿:你。　⑤指:指定,决定。　⑥以千万对之:用千万钱与牛相抵对,即用钱作赌资。⑦恃:依仗。手快:技术熟练,此指箭术好。　⑧骏物:良马,此指八百里驳这头牛。杀理:被杀的道理。　⑨然可:同意,答应。　⑩一起:一发。破的:中的,射中靶心。　⑪却:退后。据:依靠,此指坐。胡床:即交椅,一种腿交叉、有靠背、可以折叠的轻便坐具,又称交床。　⑫叱:大声命令。左右:随从伺候之人。探:取。　⑬须臾:一会儿。　⑭炙:烤熟的肉。　⑮脔(luán):切成块状的肉,这里作量词,一脔即一块。去:离开。

7.王君夫尝责一人无服余衵①,因直内箸曲阁重闺里②,不听人将出③。遂饥经日④,迷不知何处去⑤。后因缘相为⑥,垂死⑦,乃得出⑧。

[注释]①王君夫:即王恺,见本门3注⑫。尝:曾经。责:处罚。无服:没有穿。余袒(nì):内衣。　②因:于是。直:直接。内:同"纳"。内箸(zhuó):放在。阁:同"阁"。曲阁重闺:弯弯绕绕、重重叠叠的房子、宅院。侧面突显王恺房屋很大。　③听:允许。将出:带出。　④经日:过了几天。⑤迷:迷路。不知何处去:不知道往哪里走。　⑥因缘:凭借,依靠。相为:相救。　⑦垂死:将死,快死了。　⑧乃:才。

8.石崇与王恺争豪①,并穷绮丽以饰舆服②。武帝③,恺之甥也,每助恺④。尝以一珊瑚树高二尺许赐恺⑤,枝柯扶疏⑥,世罕其比⑦。恺以示崇⑧,崇视讫⑨,以铁如意击之⑩,应手而碎⑪。恺既惋惜,又以为疾己之宝⑫,声色甚厉⑬。崇曰:"不足恨⑭,今还卿⑮。"乃命左右悉取珊瑚树⑯,有三尺、四尺,条干绝世⑰,光彩溢目者六七枚⑱,如恺许比甚众⑲。恺惘然自失⑳。

[注释]①石崇:见本门1注①。王恺:见本门3注⑫。争豪:比斗奢华。豪:奢侈,豪华。　②并:都。穷:穷尽。绮丽:华美艳丽。以:用来。舆服:车马,服饰。　③武帝:即晋武帝司马炎,见本门3注①。　④每:常常。⑤尝:曾经。珊瑚:由珊瑚虫分泌的石灰质骨骼聚结而成的物质,形状如树枝,也叫珊瑚树。许:表约数,相当于"大约"、"左右"。　⑥枝柯:枝条。扶疏:繁茂参差的样子。　⑦罕:少有。比:匹敌。　⑧示:给……看。　⑨视讫:看完。　⑩如意:古之爪杖,用骨、角、竹、木、玉、石、铜、铁等制成,约长三尺,前端做手指形状,脊背痒,手挠不到时,用以搔抓,可如人意,因而得名,近代"如意",多供人玩赏。　⑪应手:随手。　⑫疾:嫉妒。　⑬声色甚厉:言语和脸色都十分严厉。　⑭足:值得。恨:遗憾,抱怨。　⑮今:现在。卿:你。　⑯左右:侍从。悉:全。　⑰条干:枝干。绝世:绝无仅有。　⑱光彩溢目:光彩夺目。溢目:满目,目不暇接。枚:古量词,相当于"个"。　⑲许:

这般,如此。比:类。此句的意思是:像王恺那样的非常多。 ⑳惘然:失意的样子。

9. 王武子被责①,移第北邙下②。于时人多地贵③,济好马射④,买地作埓⑤,编钱匝地竟埓⑥。时人号曰"金沟"。

[注释]①王武子:即王济,见本门3注①。责:处罚。《晋诸公赞》曰:"(王)济为河南尹,未拜,行过王宫,吏不时下道,济于车前鞭之,有司奏免官,论者以济为不长者。寻转太仆……" ②移第:迁移住宅。第:官邸,大的住宅。北邙:山名,又称邙山,在今河南洛阳东北。 ③于时:当时。 ④好:喜欢。马射:骑马射箭。 ⑤埓(liè):矮墙,此指马射场,周围有矮墙围住。 ⑥编钱:把钱串起来。匝:环绕一圈。竟:尽,完。此句的意思是:(买地作埓)所花的钱可以串起来沿着埓界环绕一圈。

10. 石崇每与王敦入学戏①,见颜、原象而叹曰②:"若与同升孔堂③,去人何必有间④!"王曰:"不知余人云何⑤,子贡去卿差近⑥。"石正色云⑦:"士当令身名俱泰⑧,何至以瓮牖语人⑨!"

[注释]①石崇:见本门1注①。每:常。王敦:见本门1注④。入学:到学堂。戏:玩耍。 ②颜、原:指颜回、原宪,皆为孔子弟子,都能安贫乐道。象:同"像"。 ③若:如果。同升孔堂:指一起作孔子的弟子。 ④去人何必有间:跟他们相比不会有差别。去:距离,相差。何必:用反问的语气表示未必。间:差距,差别。 ⑤余人:其他人。云何:怎么样。 ⑥子贡:端木赐,字子贡,春秋时卫人,孔子弟子,曾经仕鲁,家聚千金。卿:你。差近:略近,差不多。差:比较,略微。 ⑦正色:神情严肃。 ⑧士:此指读书人。令:使。身名俱泰:名誉地位安稳,形容生活安逸。 ⑨何至:何至于,岂有,表反问。瓮牖:以破瓮为窗,此指贫穷之家。意为子贡与石崇相比是贫穷的。语:告

诉,此指教导。

11. 彭城王有快牛①,至爱惜之②。王太尉与射③,赌得之。彭城王曰:"君欲自乘,则不论④;若欲啖者⑤,当以二十肥者代之⑥。既不废啖⑦,又存所爱⑧。"王遂杀啖⑨。

[注释]①彭城王:司马权,字子舆,司马炎称帝时,封彭城王。 ②至:极,很。 ③王太尉:即王衍,字夷甫,琅邪临沂(今属山东)人,西晋名臣,官至尚书令、太尉。 ④不论:不提,不管。 ⑤若:如果。啖(dàn):吃。者:表停顿。 ⑥当:将。以:用。 ⑦废:耽误,妨碍。 ⑧存:保全。 ⑨遂:竟然。

12. 王右军少时①,在周侯末坐②,割牛心啖之③,于此改观④。

[注释]①王右军:即王羲之,字逸少,善书法,仕晋,曾封右军将军。少时:年轻时。 ②周侯:即周𫖮(yǐ),字伯仁,晋汝南安城(今河南汝南县东南)人,官至尚书左仆射。末坐:最末的座位。 ③牛心:当时以牛心为贵,周𫖮特意让王羲之先吃,表明对他很重视。啖(dàn):给……吃。 ④于此:从此。改观:改变看法。

忿狷第三十一

1.魏武有一妓①,声最清高②,而情性酷恶③。欲杀则爱才④,欲置则不堪⑤。于是选百人,一时俱教⑥,少时果有一人声及之⑦,便杀恶性者。

[注释]①魏武:即曹操,其子曹丕建魏称帝,追封曹操为武帝。妓:歌妓。②清高:清脆嘹亮。 ③情性:性格。酷恶:非常坏。酷:程度副词,极。④爱:怜惜。才:技艺。 ⑤置:赦免,此指留下。则:却。不堪:不能忍受。⑥一时:同时。俱:一起。 ⑦少时:不久。及:比得上。

2.王蓝田性急①。尝食鸡子②,以箸刺之③,不得,便大怒,举以掷地④。鸡子于地圆转未止⑤,仍下地以屐齿蹍之⑥,又不得。瞋甚⑦,复于地取内口中⑧,啮破即吐之⑨。王右军闻而大笑曰⑩:"使安期有此性⑪,犹当无一豪可论⑫。况蓝田邪⑬?"

[注释]①王蓝田:即王述,字怀祖,晋太原晋阳(今山西太原)人,袭爵蓝田侯。 ②尝:曾经。鸡子:鸡蛋。 ③箸:筷子。刺:叉,扎取。 ④掷:扔。⑤圆转未止:旋转不停。 ⑥仍:乃,于是。屐:木制的鞋,底大多有二齿。蹍(niǎn):踩,践踏。 ⑦瞋甚:非常恼火。 ⑧复:又。内:同"纳",放入。

⑨啮(niè):咬。 ⑩王右军:即王羲之,字逸少,善书法,仕晋,曾封右军将军。闻:听说。 ⑪使:假使,如果。安期:即王承,字安期,王述的父亲,官至东海太守,是中兴名臣。 ⑫犹:尚且。当:将。无一豪可论:无丝毫可取。豪:通"毫"。 ⑬况:何况。

3. 王司州尝乘雪往王螭许①,司州言气少有牾逆于螭②,便作色不夷③。司州觉恶④,便舆床就之⑤,持其臂曰⑥:"汝讵复足与老兄计⑦!"螭拨其手曰:"冷如鬼手馨⑧,强来捉人臂⑨。"

[注释]①王司州:即王胡之,字修龄,琅邪临沂(今属山东)人,曾任西中郎将、司州刺史。尝:曾经。乘:趁。王螭:王恬,字敬豫,小字螭虎,晋丞相王导之子,曾任中书郎、魏郡太守、会稽内史等。许:处,处所。 ②言气:言辞语气。少:稍微。牾逆:违逆,触犯。 ③作色:因生气而变了脸色。不夷:不高兴。 ④觉:发现,察觉。恶:不好,指王恬生气。 ⑤舆床就之:移动坐榻靠近他。舆:抬,扛。床:坐榻。 ⑥持:握住。 ⑦汝:你。讵复:岂,难道。足:值得。计:计较。 ⑧馨:助词,如同"样"、"般",晋、宋时有俗语"宁馨",表如此,这样。 ⑨强:强行。捉:抓。

4. 桓宣武与袁彦道樗蒲①,袁彦道齿不合②,遂厉色③,掷去五木④。温太真云⑤:"见袁生迁怒⑥,知颜子为贵⑦。"

[注释]①桓宣武:即桓温,字元子,东晋谯国龙亢(今安徽怀远)人,历任荆州刺史、征西大将军等,死后谥宣武。袁彦道:即袁耽,字彦道,晋陈郡阳夏(今河南太康)人,曾任历阳太守、从事中郎。樗蒲(chū pú):亦作"樗蒱",古代的一种博戏,由掷骰后的骰色组合决定胜负。 ②齿:博齿,即骰子。 ③遂:就。厉色:恼怒的样子。 ④掷:扔,丢。五木:古代博具。《樗蒲经》:"古斫木为子,一具凡五子,故名五木。" ⑤温太真:即温峤,字太真,太原祁

(今山西祁县)人,东晋名臣,官至骠骑大将军。　⑥迁怒:将对甲的怒气发泄到乙身上。　⑦颜子:即颜回,孔子弟子。《论语·雍也》:"哀公问:'弟子孰为好学?'孔子对曰:'有颜回者好学,不迁怒,不贰过。不幸短命死矣……'"

5. 谢无奕性粗强①,以事不相得②,自往数王蓝田③,肆言极骂④。王正色面壁不敢动⑤。半日,谢去⑥,良久⑦,转头问左右小吏曰:"去未⑧?"答云:"已去。"然后复坐⑨。时人叹其性急而能有所容⑩。

[注释]①谢无奕:即谢奕,字无奕,谢安之兄,曾任晋陵太守、安西将军、豫州刺史等官。粗强:粗暴蛮横。　②以:因为。不相得:不融洽,不合。③自:亲自。数(shǔ):数落,责备。王蓝田:即王述,见本门2注①。　④肆言极骂:无所顾忌地破口大骂。　⑤正色:表情严肃。面壁:面对墙壁。⑥去:离开。　⑦良久:很久。　⑧未:否,表询问。　⑨复:再。　⑩时人:当时的人。叹:赞叹。容:包容。

6. 王令诣谢公①,值习凿齿已在坐②,当与并榻③。王徙倚不坐④,公引之与对榻⑤。去后,语胡儿曰⑥:"子敬实自清立⑦,但人为尔⑧,多矜咳⑨,殊足损其自然⑩。"

[注释]①王令:即王献之,字子敬,王羲之的儿子,官至中书令。谢公:谢安,字安石,东晋名臣,死后追赠太傅。　②值:遇到,碰上。习凿齿:字彦威,晋襄阳(今湖北襄樊)人,有史才,著《汉晋春秋》。　③并榻:指并排坐。④徙倚:徘徊。　⑤引:牵引,拉。对榻:对面的坐榻。　⑥胡儿:即谢朗,小字胡儿,字长度,谢据的长子,谢安的侄儿,官至东阳太守。　⑦实自:确实。清立:清高特立。　⑧但:只,只是。人为:做作。尔:罢了。　⑨矜咳:矜持拘泥。咳:疑为"硋(ài)",同"碍"。　⑩殊:很,非常。足:足以。损:损害。自然:天然本性。

7. 王大、王恭尝俱在何仆射坐①。恭时为丹阳尹②,大始拜荆州③。讫将乖之际④,大劝恭酒,恭不为饮,大逼强之转苦⑤。便各以裙带绕手⑥。恭府近千人,悉呼入斋⑦;大左右虽少⑧,亦命前,意便欲相杀⑨。何仆射无计⑩,因起排坐二人之间⑪,方得分散⑫。所谓势利之交⑬,古人羞之⑭。

[注释]①王大:即王忱,字元达,小字佛大,晋平北将军王坦之的儿子,官至荆州刺史。王恭:字孝伯,晋光禄大夫王蕴的儿子,曾任丹阳尹、中书令、青、兖二州刺史等官。尝:曾经。俱:一起。何仆射:即何澄,字子玄,曾任尚书左仆射。　②时:当时。丹阳:郡名,治所在今江苏江宁东南。尹:官名,此指郡太守。　③始:刚。拜:授官。荆州:此指荆州刺史。　④讫:通"迄",到。乖:分离,分别。　⑤逼强:强迫。转苦:更加急切。苦:极力,竭力。　⑥裙:下衣。　⑦悉:全部。斋:房屋。　⑧左右:侍从人员。　⑨意:气势。　⑩计:办法。　⑪因:于是。排:推挤。排坐二人之间:指挤在两人中间坐下。　⑫方:才。得:得以。　⑬势力之交:注重权势和利益的交情。　⑭羞:以……为耻辱。

8. 桓南郡小儿时①,与诸从兄弟各养鹅共斗②。南郡鹅每不如③,甚以为忿④。乃夜往鹅栏间⑤,取诸兄弟鹅悉杀之⑥。既晓⑦,家人咸以惊骇⑧,云是变怪⑨,以白车骑⑩。车骑曰:"无所致怪⑪,当是南郡戏耳⑫。"问,果如之⑬。

[注释]①桓南郡:即桓玄,字敬道,晋大司马桓温之子,袭封南郡公。小儿时:小时候。　②诸:各位。从兄弟:堂兄弟。　③每:常,总是。　④甚:很,非常。忿:气愤。　⑤乃:于是。　⑥悉:全部。　⑦既晓:天亮后。

⑧咸:都。惊骇:惊慌害怕。 ⑨云:认为。变怪:灾变怪异。 ⑩白:禀告,告诉。车骑:即桓冲,字幼子,桓温的弟弟,曾任荆州刺史、车骑将军。 ⑪致:招致。 ⑫当:一定。戏:开玩笑。 ⑬如之:如此。

谗险第三十二

1. 王平子形甚散朗①,内实劲侠②。

[注释]①王平子:即王澄,字平子,晋太尉王衍的弟弟,曾任荆州刺史。形:外表。甚:很。散朗:潇洒爽朗。 ②劲侠:刚愎自用,心胸狭隘。

2. 袁悦有口才①,能短长说②,亦有精理③。始作谢玄参军④,颇被礼遇⑤。后丁艰⑥,服除还都⑦,唯赍《战国策》而已⑧。语人曰:"少年时读《论语》、《老子》⑨,又看《庄》、《易》⑩,此皆是病痛事⑪,当何所益邪⑫?天下要物⑬,正有《战国策》⑭。"既下⑮,说司马孝文王⑯,大见亲待⑰,几乱机轴⑱,俄而见诛⑲。

[注释]①袁悦:字元礼,晋陈郡阳夏(今河南太康)人,投靠会稽王司马道子,劝道子专揽朝政,后被孝武帝诛杀。 ②能:擅长。短长说:纵横游说之术。 ③精理:精深的学问。 ④谢玄:字幼度,小字遏,谢安的侄儿,死后追赠车骑将军。参军:官名,从晋朝直到宋朝,军府和王国皆设置参军,是重要幕僚。 ⑤颇:很。被:受。礼遇:以礼相待。 ⑥丁艰:遭遇父母丧事。旧时礼制,父母死后,子女要守丧,三年内不做官,不婚娶,不赴宴,不应考。⑦服除:脱去孝服,指守期满。还都:回到都城建康。 ⑧唯:只。赍(jī):

携带。《战国策》:汉刘向编订战国时诸国史料而成的一部国别体史书,记录的多是纵横家的言语活动。 ⑨《论语》:记录孔子及其弟子言行的一部书。《老子》:又名《道德经》,相传为春秋时期老子所著,主张自然无为。分上下两篇,五千多字。 ⑩《庄》:即《庄子》,战国时期庄子及其弟子等人所著,推崇老子的思想。《易》:即《周易》,本是一本占卜之书,后成为儒家等思想流派的经典,所以也称"易经"。 ⑪病痛事:比喻小事。 ⑫当:将。益:好处。邪:疑问语气词。 ⑬要物:重要的东西。 ⑭正:只。 ⑮既下:回到都城后。都城建康在长江下游,所以晋人常称去建康为"下都"。 ⑯说(shuì):游说。司马孝文王:会稽王司马道子,晋简文帝之子,官至太傅,孝文是其谥号,或作"文孝王"。 ⑰大:很。见:犹"受"。亲待:亲近优待。 ⑱几:几乎。机轴:比喻重要的枢纽,此指朝廷。 ⑲俄而:不久。见诛:被杀。见:此处表被动。

3. 孝武甚亲敬王国宝、王雅①。雅荐王珣于帝②,帝欲见之。尝夜与国宝及雅相对③,帝微有酒色④,令唤珣,垂至⑤,已闻卒传声⑥。国宝自知才出珣下⑦,恐倾夺其宠⑧,因曰:"王珣当今名流⑨,陛下不宜有酒色见之,自可别诏召也⑩。"帝然其言⑪,心以为忠,遂不见珣⑫。

[注释]①孝武:晋孝武帝司马曜,简文帝之子,公元372年至公元396年在位。甚:很。亲敬:亲近敬重。王国宝:晋平北将军王坦之的儿子,有宠于会稽王司马道子,权震内外。王雅:字茂达,东海郯(今山东郯城)人,官至太傅、尚书左仆射。 ②王珣:字元琳,丞相王导之孙,以文学知名,官至尚书令,封东亭侯。 ③尝:曾经。 ④微:略微。酒色:醉意。 ⑤垂至:将到。 ⑥闻:听到。卒传声:士卒传呼的声音。 ⑦才出珣下:才能比不上王珣。 ⑧恐:担心。倾夺:争夺。 ⑨名流:知名人士。 ⑩别诏:另外下诏书。召:召见。 ⑪然:认为正确,同意。 ⑫遂:于是。

4.王绪数谗殷荆州于王国宝①,殷甚患之②,求术于王东亭③。曰:"卿但数诣王绪④,往辄屏人⑤,因论它事⑥。如此,则二王之好离矣⑦。"殷从之⑧。国宝见王绪,问曰:"比与仲堪屏人何所道⑨?"绪云:"故是常往来⑩,无它所论。"国宝谓绪于己有隐⑪,果情好日疏⑫,谗言以息⑬。

[注释]①王绪:字仲业,太原(治所在今山西太原)人,与堂兄王国宝弄权,后被王恭等逼杀。数:多次。谗:说人坏话。殷荆州:即殷仲堪,晋陈郡(今河南淮阳)人,曾任荆州刺史。王国宝:见本门3注①。 ②患:担忧。 ③术:方法。王东亭:即王珣,见本门3注②。 ④卿:你。但:只,只要。诣:拜访。 ⑤辄:就。屏人:使其他人退避。 ⑥因:乘机。它事:此指无关紧要的事。 ⑦好:交情。离:分开,此指疏远。 ⑧从:听从。 ⑨比:近日,最近。道:说。 ⑩故:本,本来。常往来:一般的交往。 ⑪谓:以为。隐:隐瞒。 ⑫果:果然。情好:感情,交情。日疏:日益疏远。 ⑬息:平息,停止。

尤悔第三十三

1.魏文帝忌弟任城王骁壮①,因在卞太后阁共围棋②,并啖枣③,文帝以毒置诸枣蒂中④,自选可食者而进⑤。王弗悟⑥,遂杂进之⑦。既中毒,太后索水救之⑧,帝预敕左右毁瓶罐⑨,太后徒跣趋井⑩,无以汲⑪,须臾遂卒⑫。复欲害东阿⑬,太后曰:"汝已杀我任城,不得复杀我东阿⑭!"

[注释]①魏文帝:即曹丕,公元220年曹丕废汉称帝,建立魏国,在位6年,死后谥号"文皇帝"。忌:妒忌。任城王:曹彰,字子文,卞后第二子,曹丕同母弟,封任城王。骁壮:勇猛强壮。 ②因:趁,乘机。卞太后:曹丕的生母,丕称帝后,尊卞氏为皇太后。阁:同"阁",内室。共:一起。 ③并:一起。啖(dàn):吃。 ④置:放。 ⑤进:吃。 ⑥弗悟:不知道。 ⑦杂进之:指有毒的和无毒的都吃了。 ⑧索:找。 ⑨预:事先。敕:命令。左右:侍从。 ⑩徒跣:光着脚。跣(xiǎn):赤脚。趋:跑向。 ⑪无以:没有什么可以拿来。汲:打水。 ⑫须臾:一会儿。遂:就。卒:死。 ⑬复:又。东阿:指曹植,字子建,曹丕同母弟,曾封东阿王,善诗赋。 ⑭不得:不能。

2.王浑后妻①,琅邪颜氏女②。王时为徐州刺史③,交礼拜讫④,王将答拜,观者咸曰⑤:"王侯州将⑥,新妇州民⑦,恐无由答拜⑧。"王乃止。武子以其父不答拜⑨,不成礼,恐非夫妇⑩;不为之拜⑪,谓为"颜妾"⑫。颜氏耻之⑬。以其门贵⑭,终不敢离。

[注释]①王浑:字玄冲,三国曹魏司空王昶的儿子,曾任尚书左仆射、司徒。 ②琅邪:郡名,治所在今山东临沂。 ③时:当时。徐州:州名,治所在今江苏境内。刺史:官名,魏晋时重要州郡置都督兼领刺史,掌管一州军事大权。 ④交礼:婚礼中男女双方的交拜礼。讫:完毕。 ⑤咸:都。 ⑥王侯:即王浑,袭爵京陵侯。州将:指州刺史,王浑当时任徐州刺史。 ⑦新妇:新娘子。州民:琅邪郡属徐州刺史管辖,所以称州民。 ⑧恐:恐怕。无由:没有理由。 ⑨武子:即王济,字武子,王浑之子,仕晋,官至太仆。 ⑩非夫妇:不是正规夫妇。 ⑪不为之拜:指王济不向颜氏行礼。 ⑫谓:称。 ⑬耻:以……为羞耻。 ⑭以:因为。门贵:门第高贵。

3. 陆平原河桥败①,为卢志所谗②,被诛③。临刑叹曰:"欲闻华亭鹤唳④,可复得乎⑤?"

[注释]①陆平原:即陆机,字士衡,吴郡(治今江苏苏州)人,三国吴大司马陆抗之子,入晋,官至平原内史。河桥败:晋惠帝太安二年(公元303年),成都王司马颖起兵讨长沙王司马乂,任陆机为河北大都督。陆机进兵洛阳,于河桥大败,被卢志等趁机诬蔑谋反,后被司马颖所杀。 ②卢志:字子道,范阳涿(今河北涿州)人,曾任成都王司马颖长史、卫尉卿、尚书郎。谗:说人坏话。 ③诛:杀。 ④闻:听。华亭鹤唳:陆机从吴到洛阳以前,常与弟陆云游于华亭别墅中,后以"华亭鹤唳"为感慨生平、悔入仕途之典。华亭在今上海松江西。唳(lì):鸣。 ⑤复:再,还。得:能够。

4. 刘琨善能招延①,而拙于抚御②。一日虽有数千人归投③,其逃散而去④,亦复如此。所以卒无所建⑤。

[注释]①刘琨:字越石,晋中山魏昌(今河北定县南)人,曾任司徒长史、尚书左丞、司空。善能:擅长。招延:招请,招纳。 ②拙:不善于。抚御:安抚驾驭。 ③归投:归顺投靠。 ④其:那些。 ⑤卒:最终。建:建树,成就。

5.王平子始下①,丞相语大将军②:"不可复使羌人东行③。"平子面似羌④。

[注释]①王平子:即王澄,字平子,晋太尉王衍的弟弟,曾任荆州刺史,后为王敦所害。始:刚。下:指从荆州到都城建康来。 ②丞相:即王导,字茂弘,琅邪临沂(今属山东)人,东晋功臣,官至丞相。大将军:即王敦,字处仲,王导的堂兄,曾任青州刺史、大将军等官。 ③不可:不能。复:再。使:让。羌人:我国古代西部的少数民族之一,此指王澄,因为他的外貌类似羌人。东行:指到建康来。 ④面:相貌。

6.王大将军起事①,丞相兄弟诣阙谢②。周侯深忧诸王③,始入,甚有忧色④。丞相呼周侯曰:"百口委卿⑤!"周直过不应⑥。既入,苦相存救⑦。既释⑧,周大说⑨,饮酒。及出,诸王故在门⑩。周曰:"今年杀诸贼奴⑪,当取金印如斗大⑫,系肘后。"大将军至石头⑬,问丞相曰:"周侯可为三公不⑭?"丞相不答。又问:"可为尚书令不⑮?"又不应。因云⑯:"如此,唯当杀之耳⑰。"复默然⑱。逮周侯被害⑲,丞相后知周侯救己,叹曰:"我不杀周侯,周侯由我而死⑳,幽冥中负此人㉑。"

[注释]①王大将军:即王敦,见本门5注②。起事:起兵谋反。 ②丞相:即王导,见本门5注②。诣:到。阙:指朝廷。谢:谢罪。 ③周侯:即周顗,字伯仁,晋汝南安城(今河南汝南东南)人,官至尚书左仆射。 ④甚:很。

忧色:忧虑的神情。　⑤百口:指全家人。委:托付。卿:你。　⑥直:直接。不应:不回答。　⑦苦:极力,竭力。存救:保全挽救。　⑧释:赦免。　⑨大:非常。说:同"悦",高兴。　⑩故:还,仍然。　⑪今年:这次,这回。贼奴:对贼寇、坏人的骂语,此指王氏兄弟。　⑫当:将。金印:高级官员金制的印玺。　⑬石头:即石头城,故址在今江苏南京清凉山,是建康军事重镇。　⑭三公:古代辅佐国君掌握军政大权的三种最高官衔的总称,晋代以太尉、司徒、司空为三公。不:同"否"。　⑮尚书令:官名,本掌文书及群臣章奏,魏晋以后实为宰相之任。　⑯因:于是。　⑰唯:只有。　⑱复:仍然。默然:沉默无语。　⑲逮:及,等到。　⑳由:因为。　㉑幽冥:地府,阴间。负:辜负。

7. 王导、温峤俱见明帝①,帝问温前世所以得天下之由②。温未答顷③,王曰:"温峤年少未谙④,臣为陛下陈之⑤。"王乃具叙宣王创业之始⑥,诛夷名族⑦,宠树同己⑧,及文王之末高贵乡公事⑨。明帝闻之,覆面箸床⑩,曰:"若如公言⑪,祚安得长⑫?"

[注释]①王导:见本门5注②。温峤:字太真,太原祁(今山西祁县)人,东晋名臣,官至骠骑大将军。俱:一起。明帝:即晋明帝司马绍,东晋元帝长子,公元322年至公元325年在位。　②前世:以往先辈。由:原因。　③未答顷:没有回答之时。顷:时。　④谙:熟悉,知道。　⑤陛下:对帝王的尊称。陈:讲述。　⑥具:详细。宣王:司马懿,晋国初建时,追尊"宣王"。　⑦诛夷:杀害。名族:名门望族。　⑧宠树:宠爱扶植。　⑨文王:司马昭,三国魏大将军,封晋公,死后谥号"文王"。高贵乡公事:甘露五年(公元260年),司马昭杀害魏主高贵乡公,改立曹奂。　⑩覆面箸床:把脸贴伏在坐榻上。箸(zhuó):贴近。床:坐榻。　⑪公:指王导。　⑫祚:通"祚",天子之位,此指国运。安得:怎么能够。

8. 王大将军于众坐中曰①:"诸周由来未有作三公

者②。"有人答曰:"唯周侯邑五马领头而不克③。"大将军曰:"我与周洛下相遇④,一面顿尽⑤。值世纷纭⑥,遂至于此⑦。"因为流涕⑧。

[注释]①王大将军:即王敦,见本门5注②。于:在。坐:同"座"。②诸周:指周颉一家。由来:从来。三公:古代辅佐国君掌握军政大权的三种最高官衔的总称,晋代以太尉、司徒、司空为三公。 ③唯:只有。周侯:指周颉,见本门6注③。邑:疑为"已"之误。五马:樗蒲马子,即五木。不克:不能获胜。"五马领头而不克"用来比喻周颉虽曾任大官,可是最后还是功败垂成。 ④洛下:洛阳。 ⑤一面顿尽:初次见面就无所不谈。顿:立刻。 ⑥值:碰上,遭遇。纷纭:纷争,混乱。 ⑦遂:竟。 ⑧因:因而。流涕:流泪。

9.温公初受刘司空使劝进①,母崔氏固驻之②,峤绝裾而去③。迄于崇贵④,乡品犹不过也⑤。每爵⑥,皆发诏⑦。

[注释]①温公:即温峤,见本门7注①。刘司空:即刘琨,见本门4注①。使:派遣。劝进:劝登帝位,此指劝司马睿(晋元帝)称帝。 ②固:坚决。驻:止住,阻止。 ③绝:断。裾(jū):衣襟。去:离开。 ④迄:到,至。崇贵:尊贵,显贵。 ⑤乡品:乡里的评论。晋代九品中正制取人才一般需要先经过乡里的考核评论。犹:仍然,还。不过:不能通过,不认可。 ⑥爵:授官或赐爵。 ⑦发诏:指颁发诏书允许特进,不考虑乡品。

10.庾公欲起周子南①,子南执辞愈固②。庾每诣周③,庾从南门入,周从后门出。庾尝一往奄至④,周不及去⑤,相对终日。庾从周索食⑥,周出蔬食⑦,庾亦强饭⑧,极欢。并语世故⑨,约相推引⑩,同佐世之任⑪。既仕⑫,

至将军、二千石⑬,而不称意⑭。中宵慨然曰⑮:"大丈夫乃为庾元规所卖⑯!"一叹,遂发背而卒⑰。

[注释]①庾公:指庾亮,字元规,晋颍川鄢陵(今属河南)人,曾任征西大将军、荆州刺史。起:起用。周子南:即周邵,字子南,隐居于寻阳庐山(在今江西九江),后被庾亮起用为镇蛮护军、西阳太守。 ②执:坚持。辞:拒绝。愈:更加。固:坚决。 ③诣:拜访。 ④尝:曾经。一往:一趟,一次。奄:忽然。 ⑤不及:来不及。去:离开。 ⑥从:向。索:要。 ⑦蔬食:粗食,以蔬菜为食物。 ⑧强饭:勉强吃。 ⑨并:一起。语:谈论。世故:世事,局势。 ⑩约:约定。推引:推荐引进。 ⑪同:此指共同承担。佐世:辅佐朝廷。任:责任。 ⑫仕:做官。 ⑬二千石:汉制,郡守俸禄为二千石,从而称郡守为"二千石",周邵曾为西阳太守(晋称郡守为太守)。 ⑭称意:称心满意。 ⑮中宵:半夜。慨然:愤慨的样子。 ⑯乃:却。卖:出卖。 ⑰遂:竟然。发背:背部疾病发作,即背疽发作。卒:死。

11. 阮思旷奉大法①,敬信甚至②。大儿年未弱冠③,忽被笃疾④。儿既是偏所爱重⑤,为之祈请三宝⑥,昼夜不懈⑦。谓至诚有感者⑧,必当蒙佑⑨。而儿遂不济⑩。于是结恨释氏⑪,宿命都除⑫。

[注释]①阮思旷:即阮裕,字思旷,陈留尉氏(今属河南)人,东晋名士,长期隐居会稽剡山,朝廷征以金紫光禄大夫,固辞不就。奉:信奉。大法:指佛教。 ②敬信甚至:信奉极其虔诚。 ③弱冠:古时以男子二十岁为成人,开始加冠,因体犹未壮,故称弱冠。未弱冠:指不到二十岁。 ④被:遭受。笃疾:重病。笃:形容病势严重。 ⑤偏:特别,最。爱重:宠爱器重。 ⑥祈请:祷告祈求。三宝:佛教称佛、法、僧为三宝。 ⑦不懈:不放松。 ⑧谓:认为。至诚有感者:诚挚得能让神灵有所感动的人。 ⑨当:将。蒙佑:受到保佑。 ⑩遂:最终。不济:不成功,此指没有救活。 ⑪释氏:指佛教。 ⑫宿命:前世的生命。佛教认为世人过去之世皆有生命,辗转轮回,此处泛指

佛教信仰。都：完全。除：去除，放弃。

12. 桓宣武对简文帝①，不甚得语②。废海西后③，宜自申叙④，乃豫撰数百语⑤，陈废立之意⑥。既见简文，简文便泣下数十行⑦。宣武矜愧⑧，不得一言⑨。

[注释]①桓宣武：即桓温，字元子，谯国龙亢（今安徽怀远）人，东晋大臣，死后追赠丞相，谥宣武。对：面对。简文帝：晋简文帝司马昱，元帝司马睿的幼子，公元370年至公元372年在位。　②不甚得语：不能畅所欲言。③废海西：公元371年，桓温废晋帝司马奕为海西公，立简文帝司马昱。④自：亲自。申叙：申述，说明。　⑤乃：于是。豫：事先。撰：写。　⑥陈：陈述。废立之意：废旧君立新君的意义、必要性等。　⑦泣下：流泪。　⑧矜愧：怜悯愧疚。　⑨不得一言：不能说一句话。

13. 桓公卧语曰①："作此寂寂②，将为文、景所笑③。"既而屈起坐曰④："既不能流芳后世⑤，亦不足复遗臭万载邪⑥？"

[注释]①桓公：即桓温，见本门12注①。　②寂寂：寂寞冷落，此指没有大作为。　③文：即文王司马昭，杀魏主高贵乡公曹髦，改立曹奂。景：即景王司马师，废魏齐王曹芳，立曹髦为帝。司马氏称帝后，追尊两者为帝。笑：嘲笑。　④既而：一会儿。屈起：突然起身。屈：通"崛"。　⑤流芳：流传美好声誉。　⑥足：值得。遗臭：流传恶名。载：年。邪：疑问语气词，此处表反问。

14. 谢太傅于东船行①，小人引船②，或迟或速③，或停或待④。又放船从横⑤，撞人触岸，公初不呵谴⑥，人谓公常无嗔喜⑦。曾送兄征西葬还⑧，日莫雨驶⑨，小人皆醉，不可处分⑩,公乃于车中手取车柱撞驭人⑪,声色甚厉⑫。夫以水性沈柔⑬,入陿奔激⑭,方之人情⑮,固知迫陿之地⑯,无得保其夷粹⑰。

[注释]①谢太傅:即谢安,字安石,陈郡阳夏(今河南太康)人,东晋名臣,死后追赠太傅。于:从。东:此指会稽,晋都城建康以会稽为东。 ②小人:仆人。引船:驾船。 ③或:有时。迟:慢。速:快。 ④待:等。 ⑤放船从横:任由船只浮泛,不加控制。从横:同"纵横",指任意行驶。 ⑥初:完全,始终。呵谴:斥责。 ⑦谓:认为。嗔:发怒。有人认为"嗔喜"为偏义复词,偏指发怒。 ⑧征西:即谢奕,字无奕,谢安之兄,死后追赠镇西将军。 ⑨日莫:傍晚。莫:同"暮"。雨驶:雨下得很急。驶:快,疾速。 ⑩不可:不能。处分:安排。 ⑪乃:于是。于:从。手取:拿。驭人:车夫。 ⑫声色甚厉:言辞和表情都很严厉。 ⑬夫:发语词,无实义。沈柔:沉静柔顺。沈:通"沉"。 ⑭陿:狭窄的地方。 ⑮方:比,比拟。人情:人的性情。 ⑯固:必然。迫陿:狭窄。 ⑰无得:不能。保:保持。夷粹:平和纯正。

15. 简文见田稻①,不识,问是何草,左右答是稻②。简文还,三日不出,云:"宁有赖其末而不识其本③!"

[注释]①简文:晋简文帝司马昱,见本门12注①。 ②左右:侍从。 ③宁:岂,难道,表反问。赖:依赖。末:树梢,此指稻米。本:树根,此指稻禾。

16. 桓车骑在上明畋猎①,东信至②,传淮上大捷③,语左右云④:"群谢年少大破贼⑤!"因发病薨⑥。谈者以为此死,贤于让扬之荆⑦。

[注释]①桓车骑:即桓冲,字幼子,晋大司马桓温的弟弟,曾任荆州刺史、车骑将军。上明:地名,在今湖北松滋县西。畋猎:打猎。 ②信:信使。 ③淮上大捷:指晋孝武帝太元八年(公元383年),谢玄等率晋军取得淝水之

战的胜利。捷:战胜。　④左右:侍从。　⑤群谢年少:谢家的年轻人,此指谢玄等。贼:敌人,此指前秦苻坚的军队。　⑥因:从而,就。薨:死。　⑦让扬之荆:桓冲认为自己德量不及谢安,所以辞去扬州刺史让与谢安,自己迁任荆州刺史。之:到。

17. 桓公初报破殷荆州①,曾讲《论语》②,至"富与贵是人之所欲,不以其道得之不处③",玄意色甚恶④。

[**注释**]①桓公疑为"桓玄"之误。桓玄:字敬道,晋大司马桓温的儿子,袭封南郡公。殷荆州:即殷仲堪,晋陈郡(今河南淮阳)人,曾任荆州刺史。初:当初。报:报告,告知。破殷荆州:隆安二年(公元398年),殷仲堪与桓玄、王恭等举兵作乱,次年,因与仲堪不合,桓玄率兵攻之,仲堪被玄追兵所获,被逼自杀。　②曾:正,正在。讲:讲说。《论语》:记录孔子及其弟子言行的书。　③富与贵是人之所欲,不以其道得之不处:出自《论语·里仁》。道:此指正常手段。不处:不能安然享受。　④意色:神情。甚:很。恶:不好,此指不高兴。

纰漏第三十四

1.王敦初尚主①。如厕②,见漆箱盛干枣③,本以塞鼻④,王谓厕上亦下果⑤,食遂至尽⑥。既还⑦,婢擎金澡盘盛水⑧,瑠璃碗盛澡豆⑨,因倒箸水中而饮之⑩,谓是干饭。群婢莫不掩口而笑之⑪。

[注释]①王敦:字处仲,晋琅邪临沂(今属山东)人,曾任青州刺史、大将军等官,娶晋武帝女襄城公主,一说娶武帝女舞阳公主。初:刚。尚:专指娶公主为妻。主:公主。 ②如厕:上厕所。如:到。 ③漆箱:黑色的箱子。 ④以:用来。 ⑤谓:以为,认为。下果:摆设果食。 ⑥遂:竟然。至尽:全没有了。 ⑦既还:出来之后。 ⑧擎:举。 ⑨瑠璃:也作"琉璃",一种有色半透明的玉石。澡豆:古代洗沐用品,有去污和营养皮肤的作用。 ⑩因:于是。箸(zhuó):放入。 ⑪莫:没有谁。

2.元皇初见贺司空①,言及吴时事②,问:"孙皓烧锯截一贺头③,是谁?"司空未得言④,元皇自忆曰:"是贺劭⑤。"司空流涕曰⑥:"臣父遭遇无道⑦,创巨痛深⑧,无以仰答明诏⑨。"元皇愧惭,三日不出。

[注释]①元皇:指晋元帝司马睿,东晋第一位君主。初:初次。贺司空:

即贺循,字彦先,晋会稽山阴(今浙江绍兴)人,官至太常,死后追赠司空。 ②言及:谈到。吴:指三国时孙权建立的吴国。 ③孙皓:三国吴末代君主,孙权之孙,公元280年晋军攻至建业,东吴灭亡,孙皓降晋,封归命侯。截:割断。 ④得:能。 ⑤贺劭:字兴伯,贺循的父亲,仕吴,曾任吴郡太守、太子太傅等,因进谏直切,被吴主孙皓所杀。 ⑥流涕:流泪。 ⑦无道:残暴酷刑,不行仁德。 ⑧创巨:创伤巨大。 ⑨无以:无法。仰答:回答。仰:敬辞。明诏:皇帝下达的命令,此指皇帝所提的问题。明:敬辞。

3. 蔡司徒渡江①,见彭蚏②,大喜曰:"蟹有八足③,加以二螯④。"令烹之。既食,吐下委顿⑤,方知非蟹⑥。后向谢仁祖说此事⑦,谢曰:"卿读《尔雅》不熟⑧,几为《劝学》死⑨"!

[注释]①蔡司徒:即蔡谟,字道明,晋陈留考城(今河南民权)人,任左光禄大夫、司徒等。渡江:渡过长江,指随晋室南下。 ②彭蚏:外形像蟹,但比蟹小。 ③④两句:是蔡邕《劝学篇》中的句子,取义于《荀子·劝学》,蔡谟是蔡邕的从曾孙,所以能背诵该语。 ⑤吐下:呕吐下泻。委顿:委靡衰弱。 ⑥方:才。 ⑦谢仁祖:即谢尚,字仁祖,谢安的堂兄,官至镇西将军、豫州刺史。 ⑧卿:你。《尔雅》:是我国现存最早分类解释词义的词典。《尔雅·释鱼》:"蝈蟃,小者蟧。"郭璞注:"螺属,或曰,即彭蚏也,似蟹而小。" ⑨几:几乎。《劝学》此指蔡邕所撰。

4. 任育长年少时①,甚有令名②。武帝崩③,选百二十挽郎④,一时之秀彦⑤,育长亦在其中。王安丰选女婿⑥,从挽郎搜其胜者⑦,且择取四人⑧,任犹在其中⑨。童少时⑩,神明可爱⑪,时人谓育长影亦好⑫。自过江⑬,便失志⑭。王丞相请先度时贤共至石头迎之⑮,犹作畴日相待⑯,一见便觉有异。坐席竟⑰,下饮⑱,便问人云:"此为茶为茗⑲?"觉有异色⑳,乃自申明云:"向问饮为热为冷耳㉑。"尝行从棺邸下度㉒,流涕悲哀㉓。王丞相闻之曰:"此是有情痴。"

[注释]①任育长:任瞻,字育长,乐安(治今山东博兴西南)人,曾任都尉、天门太守等。 ②甚:很。令名:好的名声。 ③武帝:晋武帝司马炎,司马昭长子,公元265年废魏称帝,建立晋朝,在位25年。崩:帝王之死称崩。 ④挽郎:出殡时牵引灵柩唱挽歌的少年。 ⑤一时:当时。秀彦:德才兼备的优秀人士。 ⑥王安丰:即王戎,字濬冲,琅邪临沂(今属山东)人,仕晋,曾封安丰侯,"竹林七贤"之一。 ⑦搜:寻求,找。胜者:出众的。 ⑧且:再,又。 ⑨犹:仍然,还。 ⑩童少:年幼。 ⑪神明:指人的精神,神情。 ⑫时人:当时的人。影:相貌。 ⑬自:自从。过江:过长江南下。 ⑭失志:精神恍惚,失去明智。志:智。 ⑮王丞相:即王导,字茂弘,琅邪临沂(今属山东)人,东晋功臣,官至丞相。先度时贤:先前已经过江的名流。石头:古城名,故址在今江苏南京清凉山,是建康军事重镇。 ⑯犹:仍然。作:按照。畴日:昔日,往日。畴:从前。 ⑰坐席:入座。竟:完。 ⑱下饮:上茶。 ⑲为茶为茗:魏晋时称早采者为茶,晚采者为茗,任瞻没能即时辨认,所以如此问。 ⑳异色:神色异样。 ㉑向:刚才。耳:而已,罢了。此是任瞻用音近的字来掩盖尴尬。 ㉒尝:曾经。棺邸:卖棺材的店铺。度:经过。 ㉓流涕:流泪。

5.谢虎子尝上屋熏鼠①,胡儿既无由知父为此事②,闻人道痴人有作此者③,戏笑之④,时道此非复一过⑤。太傅既了已之不知⑥,因其言次⑦,语胡儿曰:"世人以此谤中郎⑧,亦言我共作此⑨。"胡儿懊热⑩,一月日闭斋不出⑪。太傅虚托引已之过⑫,以相开悟⑬,可谓德教⑭。

[注释]①谢虎子:即谢据,字玄道,小字虎子,谢安之兄。尝:曾经。 ②胡儿:即谢朗,小字胡儿,字长度,谢据的长子,谢安的侄儿,官至东阳太守。无由:无从。 ③闻:听说。 ④戏笑:讥笑。 ⑤时:当时。道:说。非复

不止。一过:一次。 ⑥太傅:即谢安,字安石,晋朝名臣,死后追赠太傅。了:明白。己:指谢郎自己。 ⑦因:趁。言次:言谈之间。 ⑧谤:毁谤。中郎:指谢据。 ⑨共:一起。 ⑩懊热:懊恼,羞愧。 ⑪一月日:一个月。斋:房屋。 ⑫虚托:假托,假装。 ⑬开悟:启发,开导。 ⑭德教:以德教导人。

6. 殷仲堪父病虚悸①,闻床下蚁动②,谓是牛斗③。孝武不知是殷公④,问仲堪:"有一殷病如此不⑤?"仲堪流涕而起曰⑥:"臣进退唯谷⑦。"

[注释]①仲堪:即殷仲堪,晋陈郡(今河南淮阳)人,曾任荆州刺史。虚悸:因虚弱引起的心跳加速、心神不宁的病症。 ②闻:听到。 ③谓:认为。 ④孝武:晋孝武帝司马曜,简文帝之子,公元372年至公元396年在位。殷公:指殷仲堪的父亲。公:父。 ⑤一殷:一个姓殷的人。不:同"否"。 ⑥流涕:流泪。 ⑦进退唯谷:指进退两难。谷:比喻困境。

7. 虞啸父为孝武侍中①,帝从容问曰②:"卿在门下③,初不闻有所献替④。"虞家富春⑤,近海,谓帝望其意气⑥,对曰:"天时尚暖⑦,蟹鱼虾鲚未可致⑧,寻当有所上献⑨。"帝抚掌大笑⑩。

[注释]①虞啸父:会稽(治今浙江绍兴)人,曾任侍中、会稽内史等。孝武:晋孝武帝司马曜,见本门6注④。侍中:官名,侍从皇帝,参与朝政,晋以后,曾相当于宰相。 ②从容:委婉。 ③卿:你。门下:官署名,即门下省,侍从皇帝、审查诏令、驳正违失等,侍中为长官。 ④初:全,始终。闻:听到。献替:进献可行的,废去不可行的,指对君主进谏。 ⑤富春:县名,晋改为富阳,今属浙江。 ⑥谓:以为。意气:馈送财礼。 ⑦天时:天气。尚:还。 ⑧蟹鱼虾鲚:各种鱼虾及其制成品。致:获得。 ⑨寻:不久。当:将。 ⑩抚掌:拍手。

8. 王大丧后①,朝论或云国宝应作荆州②。国宝主簿夜函白事云③:"荆州事已行④。"国宝大喜,而夜开阁唤纲纪话势⑤,虽不及作荆州⑥,而意色甚恬⑦。晓遣参问⑧,都无此事⑨,即唤主簿数之曰⑩:"卿何以误人事邪⑪?"

[**注释**]①王大:即王忱,字元达,小字佛大,晋平北将军王坦之的儿子,官至荆州刺史。丧:死。 ②朝论:朝廷中议论。或:有人。云:说。国宝:即王国宝,王忱的哥哥,有宠于会稽王司马道子,权震内外,后被杀。作荆州:任荆州刺史。荆州:治所在今湖北江陵。 ③主簿:负责文书簿籍、掌管印鉴的属官。函:写信。白:禀报,报告。 ④已行:已定。 ⑤开阁:开门。纲纪:指主簿。话:谈论。势:政治形势。 ⑥不及:不涉及。 ⑦意色:表情,神色。甚:很。恬:安逸,愉悦。 ⑧晓:早晨。参问:询问。 ⑨都:完全。 ⑩数(shǔ):责备。 ⑪卿:你。何以:为什么。邪:疑问语气词。

惑溺第三十五

1.魏甄后惠而有色①,先为袁熙妻②,甚获宠。曹公之屠邺也③,令疾召甄④,左右白⑤:"五官中郎已将去⑥。"公曰:"今年破贼,正为奴⑦。"

[注释]①魏甄后:即魏文帝曹丕的皇后甄氏。惠:聪明。有色:美丽。②袁熙:袁绍次子,袁绍任他为幽州刺史。 ③曹公:指曹操。屠邺:汉献帝建安九年(公元204年),曹操打败袁尚,攻破邺城。屠:杀戮,毁坏。邺:邺城,故址在今河北临漳。 ④疾:急速。 ⑤左右:随从。白:禀告,报告。⑥五官中郎:官名,侍卫官长,此指魏文帝曹丕,当时任五官中郎将。将去:带走。 ⑦奴:鄙称,指甄氏。

2.荀奉倩与妇至笃①,冬月妇病热②,乃出中庭自取冷③,还以身熨之④。妇亡⑤,奉倩后少时亦卒⑥。以是获讥于世⑦。奉倩曰:"妇人德不足称⑧,当以色为主⑨。"裴令闻之⑩,曰:"此乃是兴到之事⑪,非盛德言⑫,冀后人未昧此语⑬。"

[注释]①荀奉倩:即荀粲,字奉倩,魏太尉荀彧之子。妇:妻子。至笃:指感情非常深厚。 ②冬月:冬天。病热:生病发烧。 ③出:到。中庭:庭院

中。自取冷:指将自己身体冻冷。 ④熨(yùn):紧贴。 ⑤亡:死。 ⑥少时:不久。卒:死。 ⑦以是:因此。获讥于世:被世人讥笑。 ⑧德:品德。不足:不值得。称:称赞。 ⑨色:美色。 ⑩裴令:即裴楷,字叔则,河东闻喜(今属山西)人,入晋后官至中书令。闻:听说。 ⑪兴到:兴致所至。 ⑫盛德言:符合高尚品德的言语。 ⑬冀:希望。昧:迷惑。

3.贾公闾后妻郭氏酷妒①。有男儿名黎民,生载周②,充自外还③,乳母抱儿在中庭④,儿见充喜踊⑤,充就乳母手中呜之⑥。郭遥望见,谓充爱乳母⑦,即杀之⑧。儿悲思啼泣,不饮它乳⑨,遂死⑩。郭后终无子。

[注释]①贾公闾:即贾充,字公闾,西晋王朝的开国元勋,晋武帝时官至尚书令。郭氏:即郭槐,晋惠帝贾皇后的母亲。酷:极,非常。妒:忌妒。 ②载周:才一周岁。载:始,刚。 ③自:从。 ④中庭:庭院中。 ⑤喜踊:欢喜跳跃,形容很高兴。 ⑥就:靠近。呜:亲吻。 ⑦谓:认为。 ⑧即:立即。 ⑨不饮它乳:不吃其他人的奶。 ⑩遂:终于,最终。

4.孙秀降晋①,晋武帝厚存宠之②,妻以姨妹蒯氏③,室家甚笃④。妻尝妒⑤,乃骂秀为貉子⑥。秀大不平⑦,遂不复入⑧。蒯氏大自悔责⑨,请救于帝。时大赦⑩,群臣咸见⑪,既出⑫,帝独留秀,从容谓曰⑬:"天下旷荡⑭,蒯夫人可得从其例不⑮?"秀免冠而谢⑯,遂为夫妇如初⑰。

[注释]①孙秀:字彦才,吴郡吴(今江苏苏州)人,因遭吴主孙皓猜忌而降晋,任骠骑将军、交州牧。 ②晋武帝:司马炎,司马昭长子,公元265年废魏称帝,建立晋朝,在位25年。厚:特别。存宠:关心宠爱。 ③妻(qì):嫁给。 ④室家甚笃:指夫妻感情非常深厚。室家:夫妇。 ⑤尝:曾经。妒:忌妒。 ⑥貉子:当时北方人对南方人的蔑称。 ⑦大:很。不平:不满,愤怒。 ⑧复:再。入:指进内室。 ⑨悔责:后悔自责。 ⑩时:当时。大赦:

对全国已判罪犯普遍赦免或减刑。　⑪咸:都。见:进见。　⑫既:全,都。⑬从容:委婉。　⑭旷荡:赦免,赦罪。《梁书·武帝纪下》:"……先有负罪流亡,逃叛入北,一皆旷荡,不问往愆。"　⑮得:能。从其例:按照成例,指得到宽恕、原谅。不:同"否"。　⑯免冠:脱帽。谢:谢罪。　⑰遂:于是。

5.韩寿美姿容①,贾充辟以为掾②。充每聚会,贾女于青璅中看③,见寿,说之④,恒怀存想⑤,发于吟咏⑥。后婢往寿家,具述如此⑦,并言女光丽⑧。寿闻之心动⑨,遂请婢潜修音问⑩,及期往宿⑪。寿矫捷绝人⑫,踰墙而入⑬,家中莫知⑭。自是充觉女盛自拂拭⑮,说畅有异于常⑯。后会诸吏,闻寿有奇香之气,是外国所贡,一箸人则历月不歇⑰。充计武帝唯赐己及陈骞⑱,余家无此香⑲,疑寿与女通⑳,而垣墙重密㉑,门阁急峻㉒,何由得尔㉓?乃托言有盗㉔,令人修墙。使反㉕,曰:"其余无异,唯东北角如有人迹。而墙高非人所踰。"充乃取女左右婢考问㉖,即以状对㉗。充秘之㉘,以女妻寿㉙。

[注释]①韩寿:字德真,南阳赭阳(今属河南)人。姿容:容貌。　②贾充:见本门3注①。辟:征召。掾:官府中的佐助官吏。　③青璅:即"青琐",刻镂成格的窗户。　④说:同"悦",爱慕。　⑤恒:总是。存想:思念,想念。⑥发:表现。　⑦具述:详细叙述。　⑧光丽:光艳美丽。　⑨闻:听说。⑩遂:于是。潜修音问:暗中传达音信。音问:书信,音讯。　⑪及:以至于。期:约定。宿:住宿,过夜。　⑫矫捷:矫健敏捷。绝:超过。　⑬踰(yú):越过。　⑭莫:没有人。　⑮自是:从此。觉:发现。盛:甚,极力。拂拭:打扮。⑯说畅:愉悦舒畅。说:同"悦"。常:往常。　⑰一:一旦。箸(zhuó):沾。历月:几个月。歇:尽,消失。　⑱计:回想。武帝:指晋武帝司马炎,见本门4注②。陈骞:字休渊,魏司徒陈矫之子,仕晋,官至大司马。　⑲余家:别人家。　⑳通:私通,通奸。　㉑垣墙:院墙,围墙。重密:严密。　㉒门阁:门

户。急峻:紧严。 ㉓何由:从哪里。得:能。尔:这样。 ㉔托言:借口。 ㉕使:派去的人。反:同"返"。 ㉖取:抓,捉。左右婢:随身服侍的奴婢。考问:审问。 ㉗即:就。状:情况。对:回答。 ㉘秘:保密。 ㉙妻(qì):嫁给。

6. 王安丰妇①,常卿安丰②。安丰曰:"妇人卿婿③,于礼为不敬④,后勿复尔⑤。"妇曰:"亲卿爱卿,是以卿卿⑥。我不卿卿,谁当卿卿!"遂恒听之⑦。

[注释]①王安丰:即王戎,字濬冲,琅邪临沂(今属山东)人,仕晋,曾封安丰侯,"竹林七贤"之一。妇:妻子。 ②卿:相当于第二人称代词"你",是古代君对臣、长辈对晚辈、尊者对卑者的称谓。此处指妻子常称王安丰为"卿"。 ③婿:同"婿",丈夫。 ④于礼:在礼仪上。 ⑤复:再。尔:这样。 ⑥是以:因此。卿卿:第一个"卿"活用为动词,第二个是代词,即"称你为卿"。 ⑦遂:于是。恒:长久、一直。听:听凭,任凭。

7. 王丞相有幸妾姓雷①,颇预政事②,纳货③。蔡公谓之"雷尚书"④。

[注释]①王丞相:即王导,字茂弘,琅邪临沂(今属山东)人,东晋功臣,官至丞相。幸妾:宠爱的侍妾。 ②颇:很,此指频繁。预:干预。 ③纳货:接受贿赂。 ④蔡公:即蔡谟,字道明,晋陈留考城(今河南民权)人,任左光禄大夫、司徒等。尚书:官名,掌管文书奏章,协助皇上处理政务,此处暗藏讥讽。

仇隙第三十六

1. 孙秀既恨石崇不与绿珠①,又憾潘岳昔遇之不以礼②。后秀为中书令③,岳省内见之④,因唤曰:"孙令,忆畴昔周旋不⑤?"秀曰:"中心藏之⑥,何日忘之⑦!"岳于是始知必不免⑧。后收石崇、欧阳坚石⑨,同日收岳。石先送市⑩,亦不相知⑪。潘后至,石谓潘曰:"安仁,卿亦复尔邪⑫?"潘曰:"可谓'白首同所归!'"潘《金谷集诗》云⑬:"投分寄石友⑭,白首同所归。"乃成其谶⑮。

[注释]①孙秀:字俊忠,西晋赵王司马伦篡位后,孙秀被任命为中书令,专断朝政,后被齐王司马冏所杀。石崇:字季伦,小字齐奴,曾任荆州刺史,劫夺杀人,以致巨富。与:给。绿珠:石崇的宠妓,貌美,善吹笛,孙秀派人索要,石崇没有同意。 ②憾:怨恨。潘岳:字安仁,善作文,官至黄门侍郎,被孙秀所害。遇:对待。 ③中书令:官名,掌传宣诏令,中书省长官。 ④省内:中书省衙门内。 ⑤忆:记得。畴昔:往日,从前。周旋:交往。不:同"否"。 ⑥⑦两句:出于《诗经·小雅·隰桑》。中心:心中。 ⑧始:才。不免:不能免于灾难。 ⑨收:拘捕。欧阳坚石:欧阳建,字坚石,曾任冯翊太守。 ⑩市:街市。古代斩杀犯人大都选在市曹。 ⑪不相知:指不知道潘岳也被捕。 ⑫卿:你。亦复:也。尔:这样。邪:疑问语气词。 ⑬《金谷集诗》:石崇曾经常在他的别墅金谷园(位于洛阳西北金谷涧)中,宴集众友吟诗作赋,

集为《金谷诗集》。 ⑭投分:情投意合。石友:情谊坚如金石的朋友。
⑮乃:竟然。谶(chèn):预言吉凶的文字、图箓。

2. 刘玙兄弟少时为王恺所憎①,尝召二人宿②,欲默除之③。令作坑,坑毕④,垂加害矣⑤。石崇素与玙、琨善⑥,闻就恺宿⑦,知当有变⑧,便夜往诣恺⑨,问二刘所在⑩。恺卒迫不得讳⑪,答云:"在后斋中眠⑫。"石便径入⑬,自牵出,同车而去⑭,语曰:"少年何以轻就人宿⑮!"

[注释]①刘玙兄弟:指刘玙、刘琨二人。刘玙:字庆孙,刘琨之兄,曾任颍川太守、左长史等。刘琨:字越石,中山魏昌(今河北定县南)人,曾任司徒长史、司空等。少时:年轻时。王恺:字君夫,晋武帝司马炎之舅,官至后军将军。憎:恨。 ②尝:曾经。召:邀请。宿:住宿,过夜。 ③默:暗中,私下。除:此指杀掉。 ④毕:完。 ⑤垂:将要。 ⑥石崇:见本门1注①。素:向来,一向。善:友好。 ⑦闻:听说。就:到。 ⑧当:将。变:变故,意外。 ⑨诣:拜访。 ⑩所在:在哪里。 ⑪卒迫:仓促。卒,通"猝"。讳:隐瞒。 ⑫后斋:后屋。眠:睡觉。 ⑬径:径直,直接。 ⑭同车:乘同一辆车。去:离开。 ⑮何以:为什么。轻:轻易,随便。

3. 王大将军执司马愍王①,夜遣世将载王于车而杀之②,当时不尽知也③。虽愍王家亦未之皆悉④,而无忌兄弟皆稚⑤。王胡之与无忌长甚相昵⑥,胡之尝共游⑦。无忌入告母,请为馔⑧。母流涕曰⑨:"王敦昔肆酷汝父⑩,假手世将⑪。吾所以积年不告汝者⑫,王氏门强⑬,汝兄弟尚幼⑭,不欲使此声著⑮,盖以避祸耳⑯。"无忌惊号⑰,抽刃而出⑱,胡之去已远⑲。

[注释]①王大将军:即王敦,字处仲,王导的堂兄,曾任青州刺史、大将军

等。执:抓,拘捕。司马愍王:即司马丞,字元敬,曾任湘州刺史,封谯王,死后谥愍王。 ②遣:派遣。世将:即王廙,字世将,王导堂弟,曾任平南将军。 ③不尽知:不完全知道。 ④虽:即使。亦:也。悉:知道,了解。 ⑤无忌:字公寿,司马丞之子,有文武才干,曾任卫军将军。稚:年幼。 ⑥王胡之:字修龄,王廙之子,曾任西中郎将、司州刺史。长:长大。甚:很。昵:亲近。 ⑦尝:曾经。共游:一起游玩。 ⑧为馔:准备饭菜。馔(zhuàn):食物。 ⑨流涕:流泪。 ⑩肆:肆意,极力。酷:残害。 ⑪假:借。 ⑫积年:多年。汝:你。 ⑬门强:家族势力强盛。 ⑭尚:还。 ⑮声著:声张。 ⑯盖:发语词,无实义。耳:罢了。 ⑰号:大声哭。 ⑱刃:刀。 ⑲去:离开。

4.应镇南作荆州①,王修载、谯王子无忌同至新亭与别②。坐上宾甚多,不悟二人俱到③。有一客道:"谯王丞致祸,非大将军意④,正是平南所为耳⑤。"无忌因夺直兵参军刀⑥,便欲斫⑦。修载走投水⑧,舸上人接取得免⑨。

[注释]①应镇南:应詹,字思远,曾任江州刺史、镇南将军。作荆州:任荆州刺史,一说"荆州"为"江州"之误。 ②王修载:即王耆之,字修载,王廙的儿子,曾任鄱阳太守等。谯王子无忌:即司马丞的儿子无忌,见本门3注⑤。新亭:亭名,故址在今江苏江宁南。 ③不悟:没有察觉。俱:都。 ④大将军:即王敦,见本门3注①。意:意思,意图。 ⑤正:只。平南:即王廙,见本门3注②。 ⑥因:于是。直兵参军:指值班的参军。参军:官名,从晋朝直到宋朝,军府和王国皆设置参军,是重要幕僚。 ⑦斫:砍杀。 ⑧走:逃跑。投水:跳入水中。 ⑨舸(gě):船。接取:指救上来。

5.王右军素轻蓝田①。蓝田晚节论誉转重②,右军尤不平③。蓝田于会稽丁艰④,停山阴治丧⑤。右军代为郡⑥,屡言出吊⑦,连日不果⑧。后诣门自通⑨,主人既哭,不前而去⑩,以陵辱之⑪。于是彼此嫌隙大构⑫。后蓝田临扬州⑬,右军尚在郡⑭。初得消息,遣一参军诣朝廷⑮,求分会稽为越州⑯。使人受意失旨⑰,大为时贤所笑⑱。蓝田密令从事数其郡诸不法⑲,以先有隙⑳,令自为其宜㉑。右军遂称疾去郡㉒,以愤慨致终㉓。

[注释]①王右军:即王羲之,字逸少,善书法,曾封右军将军。素:向来,一向。轻:轻视,看不起。蓝田:王蓝田,即王述,字怀祖,晋太原晋阳(今山西太原)人,袭爵蓝田侯。 ②晚节:晚年。论誉:社会舆论中的声誉。转:逐渐。重:大,指名声大。 ③尤:更加。不平:愤慨,不满。 ④会稽:郡名,治所在山阴县(今浙江绍兴),当时王述任会稽内史。丁艰:遭遇父母丧事。旧时礼制,父母死后,子女要守丧,三年内不做官、不婚娶、不赴宴、不应考。⑤治丧:办理丧事。 ⑥代为郡:指代任会稽内史。 ⑦屡:多次。出吊:去吊唁。 ⑧不果:始终没有实行,此指没有去吊唁。 ⑨诣:到。自通:亲自通报。 ⑩前:会面。去:离开。 ⑪陵辱:同"凌辱",侮辱。 ⑫嫌隙:因猜疑或不满而产生的仇怨。嫌隙大构:深结仇怨。 ⑬临扬州:指赴任扬州刺史。临:出任,到任。扬州:治所在今江苏南京。 ⑭尚在郡:指仍然任会稽内史。 ⑮参军:官名,从晋朝直到宋朝,军府和王国皆设置参军,是重要幕僚。诣:到。 ⑯求分会稽为越州:请求把会稽郡从扬州刺史的管辖下划分出来,另设为越州。 ⑰使人:派去的人。受意失旨:指办事时误解了王羲之的意图。旨:意图。 ⑱时贤:指当时的名流。笑:讥笑。 ⑲密:暗中。从事:官名,三公及州郡长官的僚属。数:数说,责备。诸不法:众多的违法行为。 ⑳以:因为。隙:怨恨。 ㉑自为其宜:自己采取适当的措施。㉒遂:于是。称疾去郡:称病辞去会稽内史之职。 ㉓致:导致。终:死。

6. 王东亭与孝伯语后渐异①。孝伯谓东亭曰:"卿便不可复测②。"答曰:"王陵廷争③,陈平从默④,但问克终云何耳⑤。"

[注释]①王东亭:即王珣,字元琳,丞相王导之孙,官至尚书令,封东亭

侯。孝伯:即王恭,字孝伯,曾任丹阳尹、中书令,青、兖二州刺史等官。语:言语,此指意见。　②卿:你。便:确实。测:推测,捉摸。　③④两句:《史记·陈丞相世家》:高后欲立诸吕为王,问王陵,王陵曰:"不可。"问陈平,陈平伪听之。及吕太后崩,平与太尉勃合谋,卒诛诸吕,立孝文皇帝。廷争:在朝廷上极力劝谏。从默:顺从,沉默。　⑤但:只。克终:最终。云何:怎么样。

7.王孝伯死①,县其首于大桁②。司马太傅命驾出至标所③,孰视首④,曰:"卿何故趣欲杀我邪⑤?"

[注释]①王孝伯:即王恭,见本门6注①。　②县(xuán):同"悬",挂。首:头。大桁:即朱雀桥,东晋、南朝时建康城南的浮桥,正对着朱雀门。桁(héng):浮桥。　③司马太傅:会稽王司马道子,晋简文帝之子,官至太傅。命驾:命令人驾车马,此指乘车。标:指悬头示众的柱子。所:地方。　④孰视:注视,仔细看。孰:同"熟"。　⑤卿:你。何故:为什么。趣(cù):急,急于。邪:疑问语气词。

8.桓玄将篡①,桓修欲因玄在修母许袭之②,庾夫人云③:"汝等近④,过我余年⑤,我养之,不忍见行此事⑥。"

[注释]①桓玄:字敬道,桓温之子,晋安帝元兴二年(公元403年),桓玄废安帝自立,国号"楚",第二年,刘裕起兵讨伐,兵败被杀。篡:篡夺皇位。②桓修:字承祖,小字崖,桓冲之子,娶晋简文帝女武昌公主,曾任抚军将军、散骑常侍。因:趁。许:处,处所。袭:袭击。　③庾夫人:桓冲的妻子,桓修的母亲。　④汝等:你们。近:亲,亲近。　⑤过:度过。余年:晚年。　⑥行此事:指桓修袭杀桓玄之事。

参 考 文 献

余嘉锡:《世说新语笺疏》,中华书局,1983年版。
徐震堮:《世说新语校笺》,中华书局,1984年版。
许绍早:《世说新语译注》,吉林教育出版社,1989年版。
李毓芙:《世说新语新注》,山东教育出版社,1989年版。
萧艾:《世说探幽》,湖南出版社,1992年版。
张永言主编:《世说新语辞典》,四川人民出版社,1992年版。
张万起编:《世说新语词典》,商务印书馆,1993年版。
吴金华:《世说新语考释》,安徽教育出版社,1994年版。
张万起、刘尚慈:《世说新语译注》,中华书局,1998年版。
范子烨:《世说新语研究》,黑龙江教育出版社,1998年版。
阚绪良:《世说新语词语札记》,《安徽广播电视大学学报》2002年第4期。
王建设:《世说新语选译新注》,社会科学文献出版社,2004年版。
杨勇:《世说新语校笺》(修订本),中华书局,2006年版。

近期国学读物要目

国学新读本

诗经　梁锡锋　注说
论语　臧知非　注说
尚书　姜建设　注说
国语　曹建国　张玖青　注说
孔子家语　杨朝明　注说
山海经　郑慧生　注说
墨子　苏凤捷　程梅花　注说
孟子　何晓明　周春健　注说
庄子　曹础基　注说
荀子　杨朝明　注说
韩非子　赵沛　注说
孙子兵法　赵国华　注说
楚辞　李中华　邹福清　注说
潜夫论　王健　注说
文心雕龙　戚良德　注说
商君书　徐莹　注说
战国策　张彦修　注说
淮南子　杨有礼　注说
老子　曹峰　注说
礼记　杨天宇　注说
吕氏春秋　张福祥　注说
世说新语　赵成林　陈艳　注说
史通　李振宏　注说
春秋繁露　曾振宇　注说

百年河大国学旧著新刊

河洛方言诠诂　王广庆　著
三统历表　邵瑞彭　著
中国戏剧概论　卢前　著
晚明思想史论　嵇文甫　著
论语新探　赵纪彬　著

天问研究　孙作云　著
汉魏六朝文学史　李嘉言　著
金艺文志　金登科记考　万曼　著
唐集叙录　万曼　著
中国文学史新编　张长弓　著
汉碑集释　高文　著
袁中郎研究　任访秋　著
东夷杂考　李白凤　著
宋会要辑稿考校　王云海　著
长江集新校　李嘉言　著
高适岑参选集　高文　王刘纯　选著
花间集注　华锺彦　著
庆湖遗老诗集校注　王梦隐　著
曾瑞散曲集校注　李春祥　著
辛弃疾选集　佟培基　选著

于安澜书画学四种
画论丛刊
画史丛书
画品丛书
书学名著选

元典文化丛书
中华第一经——《周易》与中国文化　宋会群　苗雪兰　著
教化百科——《诗经》与中国文化　孙克强　张小平　著
经国治民之典——《周礼》与中国文化　郝铁川　著
哲人的智慧——《老子》与中国文化　高秀昌　龚力　著
圣人箴言录——《论语》与中国文化　李振宏　著
武学圣典——《孙子兵法》与中国文化　龚留柱　著
亚圣思辨录——《孟子》与中国文化　何晓明　著
逍遥之祖——《庄子》与中国文化　白本松　王利锁　著
外王之学——《荀子》与中国文化　张曙光　著
中国帝王术——《韩非子》与中国文化　王宏斌　著
史家绝唱——《史记》与中国文化　邓鸿光　著
诸经总龟——《春秋》与中国文化　涂文学　周德钧　著
管理宝典——《管子》与中国文化　袁闯　著
纵横家书——《战国策》与中国文化　张彦修　著
人仙之间——《抱朴子》与中国文化　徐仪明　冷天吉　著

医学圣典——《黄帝内经》与中国文化　王庆宪　梁晓珍　著
礼乐渊薮——《礼记》与中国文化　黄宛峰　著
词章之祖——《楚辞》与中国文化　李中华　著
星学宝典——《历书天官书》与中国文化　郑慧生　著
天人衡中——《春秋繁露》与中国文化　曾振宇　范学辉　著
王政全书——《吕氏春秋》与中国文化　张富祥　著
神话之源——《山海经》与中国文化　高有鹏　孟芳　著
新道鸿烈——《淮南子》与中国文化　杨有礼　著
史家龟鉴——《史通》与中国文化　曾凡英　著
政事纲纪——《尚书》与中国文化　姜建设　著
春秋弦歌——《左传》与中国文化　龚留柱　著
平民理想——《墨子》与中国文化　苏凤捷　程梅花　著
人伦本原——《孝经》与中国文化　臧知非　著
法典之王——《唐律疏议》与中国文化　徐永康　吉霁光　郑取　著
文论巨典——《文心雕龙》与中国文化　戚良德　著

宋代研究丛书

北宋诗学　张海鸥　著
宋代东京研究　周宝珠　著
宋代地域经济　程民生　著
宋代监察制度　贾玉英　著
宋代官员选任和管理制度　苗书梅　著
宋代地域文化　程民生　著
宋代文学通论　王水照　主编
宋代司法制度　王云海　主编
宋代教育　苗春德　主编
清明上河图与清明上河学　周宝珠　著
宋代文化史　姚瀛艇　主编
黄庭坚与宋代文化　杨庆存　著
宋代交通管理制度研究　曹家齐　著
岳飞和南宋前期政治与军事研究　王曾瑜　著
成圣之道——北宋二程修养工夫论之研究　温伟耀　著
宋代绘画研究　邓乔彬　著

汉语史专书语法研究丛书

《三朝北盟会编》语法研究　刁晏斌　著
《荀子》虚词研究　黄珊　著
《晏子春秋》词类研究　姚振武　著

《聊斋俚曲》语法研究　冯春田　著
《孟子》词类研究　崔立斌　著
《朱子语类辑略》语法研究　吴福祥　著
敦煌变文12种语法研究　吴福祥　著
《吕氏春秋》句法研究　殷国光　著
《尚书》语法论稿　钱宗武　著
《左传》语法研究　何乐士　著
《元典章·刑部》语法研究　李崇兴　祖生利　著
汉语语法史断代专书比较研究　何乐士　著

图书在版编目（CIP）数据

世说新语/赵成林,陈艳注说.—开封：河南大学出版社，2009.12(2015.1重印)
（国学新读本）
ISBN 978-7-5649-0025-0

Ⅰ.世… Ⅱ.①赵… ②陈… Ⅲ.①笔记小说—中国—南朝时代 ②世说新语—注释 Ⅳ.I242.1

中国版本图书馆 CIP 数据核字（2009）第 133681 号

责任编辑　李景奇
责任校对　王可佳
封面设计　马　龙

出版发行	河南大学出版社
	地址：河南省开封市明伦街 85 号　邮编：475001
	电话：0371—22825003（营销部）　网址：www.hupress.com
排　版	河南新华印刷集团有限公司
印　刷	开封智圣印务有限公司
版　次	2010 年 5 月第 1 版　印　次　2015 年 1 月第 2 次印刷
开　本	650mm×960mm　1/16　印　张　37.25
字　数	467 千字　印　数　1001—2000 册
定　价	67.00 元

（本书如有印装质量问题请与河南大学出版社营销部联系调换）